オットー・フォン・ギールケ

ドイツ団体法論

第一巻

ドイツゲノッセンシャフト法史

第四分冊

Das deutsche Genossenschaftsrecht

von

Dr. Otto Gierke

Gerichtsassessor und Dozenten der Rechte an der Universität Berlin.

Erster Band. Rechtsgeschichte der deutschen Genossenschaft.

Berlin, Weidmannsche Buchhandlung. 1868.

オットー・フォン・ギールケ

ドイツ団体法論

第一巻

ドイツゲノッセンシャフト法史

第四分冊

庄子良男訳

信山社

ゲオルク・ベーゼラーに尊敬をもって捧げる

Georg Beseler in Verehrung gewidmet.

Rechtsgeschichte der deutschen Genossenschaft
von
Otto Gierke

Berlin, Weidmannsche Buchhandlung. 1868.

【ギールケ『ドイツ団体法論』第一巻】目　次

【　】内は原著の頁

【第一分冊】

訳者まえがき……37
原著者まえがき（Vorwort）……42
付録・第二巻のまえがき……47
付録・第三巻のまえがき……52
付録・第四巻のまえがき……55

原著者作成の内容目次

序　文【S.1】……1
—Ⅰ　結合体の意義　—Ⅱ　ドイツのゲノッセンシャフト法への課題の境界設定　—Ⅲ　計画と区分
—Ⅳ　第一部

第一部　ドイツゲノッセンシャフト法史……11
第一章　時代区分　—五つの時期の境界設定【S.8】……13
第一期　八〇〇年まで……19
第二章　序　文【S.12】……21
—時代の圧倒的に家父長的な性格　—**1**　ゲノッセンシャフトとヘルシャフトの闘争　—**2**　人格性と

物権性の闘争

A　古代法の自由なゲノッセンシャフト……25

I　**人的団体としての自由なゲノッセンシャフト**……25

第三章　最古の法の氏族ゲノッセンシャフト【S.14】……25
—1　最古のヘルシャフトとしての家　—2　最古のゲノッセンシャフトとしての氏族　—a　対外的な氏族　—民族に対する関係での氏族　—他の諸氏族に対する関係での氏族　—b　対内的な氏族　—ケルパーシャフト的な組織体制の諸痕跡　—その解消【S.14】

第四章　民族ゲノッセンシャフト【S.28】……44
—最古の民族ゲマインデの範囲と性格　—1　構成員たる地位　—完全ゲノッセンと保護ゲノッセン—集会　—平和、軍隊、裁判所および法　—贖罪金と刑罰　—道徳的統一体と経済的統一体　—2　諸幹部　—3　階級的な編成の開始　—a　貴族　—b　不完全自由民

第五章　民族ゲマインデの部分ゲノッセンシャフト【S.39】……61
—1　諸フンデルトシャフト　—意義　—成立　—組織体制　—2　諸ツェーントシャフト　—3　より大きな諸ガウゲノッセンシャフト

第六章　諸部族および諸民族への民族諸団体の拡大、諸同盟、王制、諸帝国【S.45】……69
—ゲルマン的国家発展の特異性　—1　拡大された民族諸団体と民族団体諸同盟の分裂　—2　民族王制　—より大きな諸民族統一体の創造のための意義　—法的な本質　—民族統一体の一部としての独立の担い手としての王　—総体の残存する権利　—その後の諸変化　—3　より大きな諸帝国

II　**自由なゲノッセンシャフトの土地との繋がり**……81

第七章　氏族、部族および民族の定住【S.53】……81
—遊牧制と農業経済　—土地支配と土地所有権　—最初の定住　—ゲノッセンシャフト的な土地取得、

土地区分および経済　—カエサルの諸報告　—タキトゥスによる変化した状態　—民族ラントの運命

第八章　村々と農民団体の諸マルクゲマインデ【S.60】……92
—諸氏族による定住　—**I**　ドルフシャフトの定住　—**1**　村空間　—**2**　フェルトマルク　—区分と分配　—フェルト（耕地）共同体　—耕作強制　—**3**　共同マルク　—特別利用と特別所有における変化　—**II**　農民団体の定住……92
—**III**　ゲマインデ組織体制　—最古のゲマインデの人格　—物的ゲマインデへの漸次的移行　—ゲノッセンシャフトとマルクゲマインシャフト、ゲノッセンレヒトとフーフェ　—移行の諸段階　—ザリエル・フランク族におけるその諸痕跡　—サリカ法典の移住者たちについての章　—分配財産についての隣人たちの相続権　—**IV**　占有の不平等をとおしての解体　—ゲマインデと土地支配（グルントヘルシャフト）　—**V**　ローマの属州の土地への定住の影響【S.70】……99

第九章　より狭いマルクゲマインデとより広いマルクゲマインデ
——政治的ゲマインデと経済的ゲマインデ【S.81】……121
—政治的諸統一体と経済的諸統一体の古い同一性の漸次的解消　—**I**　空間的移動をとおして成立した、圧倒的に経済的な性格を有する諸マルクゲノッセンシャフト：**1**　諸ツェントからの諸マルクゲノッセンシャフト　—**2**　諸ドルフマルクからの諸マルクゲノッセンシャフト　—**3**　定住における最初からの諸マルクゲノッセンシャフト　—本質と年代　—それらはまだ私法的な諸コルポラチオンではない
—**II**　政治的なゲマインデ諸権利と経済的なゲマインデ諸権利の内的な区分は知られていない

第十章　純粋に政治的なゲノッセンシャフトの土地に対する関係【S.85】……129
—フンデルトシャフトゲマインデ、ガウゲマインデ、部族ゲマインデおよび民族ゲマインデにおける増大する物権化

B　ヘルシャフト的な団体……135

Ⅰ　人的団体としてのヘルシャフト的団体……135
第十一章　ヘルシャフト的諸団体の成立【S.89】……135
―共通の源泉および模範としての家　―家の拡大　―自由民の参加　―コンメンダチオン（授手托身行為）　―より上位の諸クラスと確固たる諸制度の完結
タキトゥスと民族法の従士制　―本質　―生活共同体　―奉仕　―誠実　―服従　―実力行使諸権限
―財産権　―自由の減少　―それにもかかわらず従者奉仕へと駆り立てた諸理由　―従者制度の意義【S.93】……139
第十二章　ヘルシャフト的団体の継続的形成と拡がり……150
―ゲノッセンシャフトに対する闘争と勝利　―個々の諸ラントにおける等しからざる諸帰結【S.99】……150
―Ⅰ　組織体制の改変　―民族王制は主人権となる　―1　王の本来的な下僕たちの増加　―2　公的職務が王の奉仕となる　―3　軍隊制度の改変　―4　王の奉仕としての公的諸義務　―5　王の家長権、王の平和、臣民関係　―6　権利創出と裁判　―7　名士たちの審議する集会　―8　民族財産は王の財産となる【S.101】……152
―Ⅱ　階級制度の改変　―奉仕とヘルシャフトによる新たな階級原則　―旧世襲諸階級の後退　―民族貴族と奉仕貴族　―自由と従属諸関係【S.117】……164
Ⅱ　ヘルシャフト団体の土地との繋がり……182
第十三章　グルントヘルシャフトの古さともともとの意義【S.121】……182
―Ⅰ　農場諸団体　―タキトゥスのコロヌス制度　―継続的発展　―1　隷属者たちの導出された占有　―賦与と委託　―従属的占有が人的従属性の原因であるという解釈の成立　―2　他人の土地における自由民　―従属的占有が人的にも従属にするという解釈の成立　―Ⅱ　より上位の奉仕諸関係の物権化　―恩恵制度　―ファッサルレン制との繋がり　―レーン制度への移行　―Ⅲ　領主的システムの成

立　―公的権力の財産権的解釈　―主観的に不動産物権となり客観的に領域ヘルシャフトとなるところの王冠の物権化　―諸ヘルツォークトゥームと諸グラーフシャフトの相似的諸変化

C　ヘルシャフト的諸団体のゲノッセンシャフト的諸団体からの除外……195

第十四章　諸グルントヘルシャフトの、それらを包含する諸ゲノッセンシャフトからの解放の諸開始【S.130】……195

―治外法権（インムニテート）　―マルク共同体からのより大きな諸農場の分離　―最古の治外法権の諸特権　―自由民たる荘民たちへの拡大　―消極的な内容と積極的な内容　―公的権力の譲渡が、―そしてしかもまず最初にツェントグラーフの諸権限の譲渡が、　―やがて個々のガウグラーフの諸権限の譲渡が、　―しかしカロリング朝後の時代において始めてグラーフシャフト権力全体の譲渡が。　―その後の諸進歩

D　ヘルシャフト的団体におけるゲノッセンシャフト……204

第十五章　諸対立を結合するというドイツ法の傾向【S.135】……204

―その三つの部門における裁判権（jus curiae）の形成　―それ〔裁判権〕をとおしての民族法的諸制度の模倣　―従属的な人々のゲノッセン団体の成立　―従士においてのゲノッセン団体の成立か？　―ファッサルレンおよびミニステリアーレンのもとでのゲノッセン団体の成立か？　―始めはおそらく宮廷の隷属者たちの間でのゲノッセン団体の成立　―宮廷ゲノッセンシャフト　―従属的ゲノッセンシャフトの更なる伝播

E　外来の諸影響……217

第十六章　教会とゲノッセンシャフト【S.143】……217

―ヘルシャフト団体としての教会　―教会をとおしての世俗的主人権の促進　―教会をとおしてのゲノッセンシャフト制度の促進

第十七章　ローマの国家理念のドイツゲノッセンシャフトへの影響【S.146】……222
―ゲノッセンシャフトに対する対立物　―それとは反対にローマ帝政とゲルマンの主人権は相通ずる　―ローマ的な諸封土授与へのドイツ的な王の尊厳の繋がり　―国家の諸職務と行政の諸地区　―皇帝の尊厳の革新

F　全体としてのカール大帝の帝国……226

第十八章　第一期の終結、全体としてのカール大帝の帝国【S.149】……226
―対外的な外観にもかかわらず国家ではない　―ローマの民族性とゲルマンの民族性の諸対立　―帝国と教会の諸対立　―ゲノッセンシャフトとヘルシャフトの諸対立　―人格性と物権性とはただ外的にのみ有和されているに過ぎない　―対立と崩壊は不可避

第二期　八〇〇年ないし一二〇〇年……233

第十九章　封建システムの性格【S.153】……235
―**1**　ヘルシャフトと奉仕　―**2**　物権性と領主制　―**3**　それにもかかわらず三重の形式で意味を有するゲノッセンシャフト制度

A　ヘルシャフト的ゲノッセンシャフト……239

第二十章　ヘルシャフト的ゲノッセンシャフト一般【S.155】……239
―性格　―階級形成との関連　―諸種類　―ファミリアとソキエタスとの関係　―一つのヘルシャフト団体におけるいくつかの諸ゲノッセンシャフト　―一〇二四年の聖ペトロのファミリアの諸法律

I　ホーフレヒト（荘園法）的な諸ゲノッセンシャフト……251

第二十一章　ホーフレヒト（荘園法）的な諸ゲノッセンシャフト【S.162】……251
―**I**　諸ホーフゲマインデ　―ホーフマルクゲマインシャフトとホーフゲノッセンシャフト　―ホーフゲノッセンレヒトとホーフフーフェン占有　―非居住民または適法に居住していない人々、保護ゲノッセン、より少数のゲノッセンおよび導出されたゲノッセン諸レヒト　―対外的なホーフ所属性と対内的な独立性　―諸役人　―裁判所　―自律　―自己管理　―財産　―ホーフ財産、ホーフアルメンデ、および、主人財産に対する諸権利　―総体義務　―自由なゲマインデとの諸相似　―ホーフレヒトをとおしての閉鎖性　―この枠の漸次的な破壊

Ⅱ　ホーフレヒト的な諸インヌング　―ホーフの手工業者たちの諸職務　―ホーフ諸インヌング　―自由なツンフト制度との関係【S.176】……264

Ⅱ　**奉仕法的な諸ゲノッセンシャフト**……280

第二十二章　奉仕法的な諸ゲノッセンシャフト【S.180】……280

―従士たちの階級　―1　マンネンゲノッセンシャフト　―奉仕法と奉仕ゲノッセンシャフト　―構成員地位　―自律　―主人の階級による権利の差異　―裁判所　―自己管理と、ヘルシャフト管理への参加　―諸集会　―相互的扶助　―奉仕法をとおしての完結性　―この枠の破壊

―2　貨幣鋳造請負人の諸ゲノッセンシャフト　―奉仕職務としての貨幣鋳造と金銭交換。奉仕職務ゲノッセンシャフト　―財産法的構造をもつ自由なケルパーシャフトへの移行【S.188】……287

Ⅲ　**レーン法〔封建法〕の諸ゲノッセンシャフト**……300

第二十三章　レーン法の諸ゲノッセンシャフト【S.193】……300

―Ⅰ　ファッサルレンの諸ゲノッセンシャフト　―1　レーン貴族　―構成、有機的組織および編成

―2　自由な騎士のファッサルレンの諸ゲノッセンシャフト　―帝国と諸領国の諸リッターシャフトの成立

―Ⅱ　騎士たちの世襲階級の完結へのゲノッセンシャフト理念の影響　―騎兵団、盾の職務および一般的な騎士インヌングのその後の観念【S.199】……307

―Ⅲ　総体レーン付与からの諸ゲノッセンシャフト【S.202】……309

B　古代法の自由なゲノッセンシャフトの諸残存物……315

Ⅰ　**ドルフゲマインデとマルクゲマインデ**……315
第二十四章　ドルフゲマインデとマルクゲマインデ【S.202】……315
—自由な諸ゲマインデのグルントヘルシャフトとの闘争　—自由なおよび混合された諸ゲマインデのグルントヘル的諸ゲマインデへの変化　—散発的な完全に自由な諸ゲマインデ　—保護フォークタイの下での自由な諸ゲマインデ　—全体としてはしかし農民たちの隷属的な職業階級が形成される　—それでもしかしその内的なゲノッセンシャフト組織体制の独立性が継続する　—それらの組織体制の基本的諸特徴　—**1**　マルクゲノッセンシャフトおよびフーフェンゲノッセンシャフトとしてのゲマインデ　—**2**　人的結合としてのゲマインデ　—**3**　有機的組織
Ⅱ　**諸ツェント、諸ガウおよび諸ラントの諸ゲノッセンシャフト**……327
第二十五章　諸ツェント、諸ガウおよび諸ラントの諸ゲノッセンシャフト【S.210】……327
—**A**　インムニテートと領主制が諸ゲノッセンシャフトを破壊する　—諸グラーフシャフトにおける変化の過程、　—ヘルツォークの諸職務における変化の過程、　—フュルストの職務　—民族諸地域の分裂　—民族ゲノッセンシャフトの継続：**1**　自由な諸ツェントにおける継続　—**2**　領主的となった諸グラーフシャフトにおける継続　—**3**　部族諸ラントにおける継続　—**4**　新たな諸領国における継続
—**B**　例外的な諸状態　—**1**　スイス　—**2**　フリースラント【S.218】……334
C　自由なアイヌング……344
第二十六章　自由なアイヌングの諸発端【S.220】……344
—意義　—ゲルマン的ギルド制度の成立　—さまざまな見解　—自由なフェライン形成の必要性の登場　—その主張の種類　—外的な結合点
—ギルドの本質　—ゲノッセン、同輩者たち、兄弟たち　—諸目的の一般性　—宗教的＝、社交的＝、道徳的＝、私法的＝、公法的意義　—有機的組織　—古いゲノッセンシャフトからの諸差異【S.226】……349

—国家と教会の態度　—イングランドにおける承認と警察の利用　—フリスボルガス〔平和誓約団体〕、
—より上位の諸クライスにおけるギルド原則　—フランク帝国とドイツ帝国におけるギルド禁止
【S.233】……356

第二十七章　諸ブリューダーシャフト（兄弟団体）と諸ギルドの継続的形成【S.237】……370

—分枝　—**A**　聖職者の諸ギルド　—諸ブリューダーシャフト　—カーラントの諸ギルド　—**B**　世俗的な諸ギルド　—**I**　保護ギルド　—諸都市における保護ギルド　—構成員地位　—幹部　—集会　—裁判所における援助　—ギルド裁判所　—ドイツにおける保護ギルドか？　—**II**　職業諸ギルド　—旧市民たちの諸ギルド　—営業の諸ギルド　—**1**　商人の諸ギルド　—故郷における商人ギルド　—外国における商人ギルド　—**2**　手工業者たちの諸ギルド　—自由な諸ツンフトの成立と古さ　—**a**　それらの基礎は自由な結合である　—**b**　その自由な結合は、職務としての手工業の譲渡をとおしてツンフトとなる

D　ゲマインデゲノッセンシャフトへのアイヌング原則の採用からの都市的共同団体の成立……388

第二十八章　都市自由の成立に関するさまざまな諸見解【S.249】……388

—アイヌング制度をとおしての自由なマルクゲマインデの改変が都市自由の源泉である　—対立する諸見解：**1**　ローマの諸制度の継続　—**2**　奉仕法的または荘園法的起源

第二十九章　古い司教の諸都市における都市自由の成立【S.252】……392

—**1**　最古の状態　—ガウにおける都市（キヴィタス）　—都市におけるさまざまな諸ゲマインデと諸役人　—都市統一体の創出　(1)特別の空間的平和をとおしての創出　—(2)司教のヘルシャフトの拡大をとおしての創出　—宮廷ゲマインデの吸収　—司教をとおしてのブルクグラーフとツェンテナール〔百人組長〕の任命　—公的裁判所とヘルシャフト的裁判所の混合　—諸例外　—唯一つのゲマインデ　—ホーフレヒトと治外法権概念の除去または形成？

—**2**　司教に対するゲマインデの闘争　—(1)都市の先駆者としての自由なゲマインデ　—**a**　名称　—

b　その他の住民諸階級に対する関係　―c　市民階級と都市の同一性　―(2)諸市民階級の独立した政治的登場　―(3)諸特権　―(4)内部的な組織体制の形成　―アイヌング制度　―a　古い保護ギルドを伴う諸都市　―リッヒャーツェッヒェ　―b　新たな種類の宣誓された平和諸アイヌングを伴う諸都市　―c　外的なギルド諸形態をもたない諸都市　―ビュルガーレヒト（市民権）のためのギルド原則の諸帰結　―都市平和と都市法　―都市国家の理念　―(5)とくに都市機関の発展　―第一段階：行政官庁としての審判人マイスターと審判人たち　―第二段階：ギルド諸委員会またはアイヌング宣誓者たち　―第三段階：ラート　―成立　―ケルンにおける成立　―宣誓された平和アイヌングを伴う諸都市における成立　―その他の諸都市における成立　―時代　―本質　―代理と官憲　―中央集権的傾向　―発展の頂点としての市長職【S.258】……397

第三十章　荘園ゲマインデからの諸都市、または、グルントヘルの土地における諸都市【S.278】……432

―より古い諸模範の効果　―1　王の諸都市　―自由化　―諸特権。宮中伯ミニステリアーレンと荘園隷属民たちの間のブルゲンゼン（市民たち）　―審判人たち　―ラート　―2　フュルスト的な諸都市　―(1)より古い諸ホーフゲマインデからの成立　―荘園法の弱体化、諸階級の均質化および統一的な都市組織体制　―(2)計画的な新設立　―創造的行為、ゲノッセンシャフト的な継続的発展

E　教会とゲノッセンシャフト……442

第三十一章　世俗的発展と教会的発展の並行と敵対【S.285】……442

―聖職者階級と平信徒たち　―教会におけるコルポラティフ（団体的）な要素　―教会会議、司教区評議員会および司教座聖堂参事会　―諸修道院　―僧団（オルデン）　―新たな僧団の慈善施設　―騎士団

【以上、第一分冊】

【第二分冊】

第三期　一二〇〇年ないし一五二五年……I

第三十二章　アイヌング制度の意義【S.296】……3
—時代の性格　—支配的原則としてのアイヌング制度　—その後のコルポラチオン制度との差異　—有効性　—その最終的崩壊の諸原因
A　ゲノッセンシャフトとしての諸都市……10
第三十三章　ドイツの諸都市制度の意義と地位【S.300】……10
—I　外的な成長　—II　成長する独立性　—1　司教の諸都市　—都市に敵対的な諸法律　—その後の発展　—2　王の諸都市　—3　フュルストの諸都市　—4　閉鎖された共同体としてのあらゆる都市の本質　—III　その他の政治的諸勢力に対する地位
第三十四章　ゲノッセンシャフトの継続的形成としての諸都市の組織体制【S.310】……26
—市民団体と都市の融合および統一的な都市概念　—都市の組織体制の基本形態
—I　公的諸権利と私的諸権利の観念的主体としての都市【S.312】……28
—II　都市機関としての〝市長とラート〟　—1　市民の総体の継続する意義　—対立の成立　—広範なまたは外的な諸ラート　—2　その他の諸官吏と諸官庁　—ラートの従属性　—市長職の独立性　—3　構成員数、職務期間、教育に関する諸差異【S.313】……29
—III　都市の担い手としての完全市民ゲマインデ　—諸氏族の貴族制への変化　—その他の諸階級の成長する政治的意識　—完全市民権の拡大を求める諸闘争　—ツンフト諸運動　—法の基礎　—諸成果　—組織体制の諸修正　—共同団体の都市的理念の完成　—統一的な市民階級　—ゲノッセンシャフト的市民共同団体としての都市　—権利と義務の対応【S.319】……35
—IV　保護ゲノッセンのクライス　—彼らの諸権利と諸義務　—聖職者との対立【S.330】……43
B　市民的な諸ゲノッセンシャフト……59
第三十五章　ビュルガーシャフトの特殊なゲマインデへの編成【S.332】……59

1 諸隣人関係 ―意義 ―組織体制 ―ケルンにおける諸ブールシャフト〔隣人団体〕―ケルンにおける都市郊外の農民座席 ―2 ユダヤ人の諸ゲマインデ ―3 人的諸団体をとおしての地域の特殊なゲマインデの駆逐―その後の諸地区

第三十六章 諸氏族の諸ギルド【S.339】……70
―旧市民諸ギルドの成立 ―諸目的の多様性 ―政治的特権の確保が主目的となる ―職務としての解釈 ―構成員性 ―排他性 ―その後の諸運命 ―その他の都市貴族の諸ケルパーシャフト

第三十七章 商人の諸ギルド【S.344】……78
―I 故郷における商人ギルド ―政治的側面、法ゲノッセンシャフト的な側面、および、商業的側面 ―有機的組織
―II 外国におけるドイツ人の商人諸ギルド ―成立と制度 ―総体諸フェラインの形成 ―主な諸中心点 ―a ロンドンのハンザ ―イングランドにおけるドイツ人の諸ハンザの結合 ―b ウィスビューにおける商人組合 ―その他のスカンジナヴィアの諸ギルド ―c ノヴゴロドにおけるドイツ人の商館 ―ギルドとゲマインデの間のその他の中間的諸形成物 ―d ブリュッゲにおけるコントール ―フランドルにおける普通のドイツ人商人とその有機的組織 ―三分の一組織体制【S.349】……81

第三十八章 手工業者の諸ゲノッセンシャフト、自由なツンフト制度【S.358】……98
―意義 ―より古いフロンホーフ経済との対立、および、その後の特権労働との対立
―I 基本的制度 1 自由なアイヌングとしてのツンフト ―2 公的職務としての手工業 ―奉仕職務との差異と営業特権との差異 ―ツンフト強制 ―もともとの意義とその後の意義 ―a 第三者に対する総体の権利 ―b 採用をとおしての営業権の付与 ―諸要件 ―採用義務か？ ―閉鎖性か？ ―売買か？ ―譲渡か？ ―分配か？ ―相続か？【S.359】……99
―II 都市の構成部分としてのツンフト ―自由と従属の関係のための諸結果 ―ツンフト諸制限の原則 ―一方では荘園法的諸制限とそれらの残存物からの差異、および、他方では、その後のコルポラチ

オン後見からの差異　―個別における差異：1　成立　―2　廃止　―3　区分と結合　―4　幹部の選挙　―5　集会権　―6　営業警察　―7　財産の管理　―8　構成員の採用　―9　ツンフト収益　―10　自律　―11　対外的な法的取引【S.371】……106
―Ⅲ　小規模な共同団体としてのツンフト　―1　政治的な団体としてのツンフト　―市民的＝軍隊的諸ツンフトと営業的諸インヌングの分裂　―2　宗教的フェラインとしてのツンフト　―教会的手工業者兄弟団体の別除　―3　社交的フェラインとしてのツンフト　―4　道徳的結合としてのツンフト　―a　相互扶助　―b　道徳警察　―5　経済ゲノッセンシャフトとしてのツンフト　―a　共同の最善と手工業の名誉のための配慮　―ゲノッセンシャフト的な労働警察　―検閲　―租税　―b　ゲノッセンのための配慮　―労働の義務と権利　―労働の名誉　―資本との関係　―経済的領域に譲渡された兄弟性と平等性　―ゲノッセンシャフト的な諸制限：α　材料調達に関する制限　―β　生産の範囲に関する制限　―γ　生産費用に関する制限　―δ　販売に関する制限　―6　ツンフト財産　―7　法ゲノッセンシャフトおよび裁判ゲノッセンシャフトとしてのツンフト【S.383】……114
―Ⅳ　ツンフトの編成と有機的組織：1　完全ゲノッセン　―マイスター権　―ツンフト集会　―2　ツンフト諸機関　―長老たち　―諸委員会　―その他の諸職務　―3　保護ゲノッセン　―a　婦人たちと子供たち　―b　徒弟たちと職人たち　―彼らの権利の諸前提と内容　―職人たちは階級ではない　―漸次的な変化　―職人たちは非独立の労働者の階級となる　―特別の職人たちの諸ツンフト　―4　総体人格としてのツンフト【S.398】……125
―Ⅴ　インヌングの諸フェライン　―クライスの諸フェライン　―ツンフト諸同盟と総体諸ツンフト　―あらゆる手工業の一つの総体ゲノッセンシャフトの理念　―すべての手工業者たちの一つの総体ゲノッセンシャフトの理念　―職人同盟　―ドイツ人石工たちの同盟【S.406】……129

C　アインヌング制度の家族とくに貴族における家族への影響……174

第三十九章　農民的な氏族ゲルパーシャフト・上級貴族の家族ゲノッセンシャフト・下級貴族における家族【S.409】……174
—家族ゲノッセンシャフト一般の欠缺　—A　市民階級と農民階級においては、家族ゲノッセンシャフトはただ例外的にのみ存続する　—ディトマルシェンの農民諸氏族　—フェーマルンにおける従兄弟団体
—B　家族統一体の解消をとおしてその存在において脅かされる上級貴族において家族ゲノッセンシャフトの新たな形成が行われる　—I　家族ゲノッセンシャフトは諸家族の内的なアイヌング傾向の所産である　—1　帝国の共働：—2　ラント諸階級の共働—3　このアイヌング運動の特異性：a　家族の存在がそこで与えられるこのアイヌング運動の特異性　—b　統一的なハウプトがそこで与えられるこのアイヌング運動の特異性　—II　家組織体制と氏族組織体制の混合としての組織体制　—1　最広義における家族　—2　完全ゲノッセンとしての父方の親戚　—3　その生来的機関としての家のハウプト　—4　権利主体としての不可視の家族統一体　—III　家の意義　—自律　—裁判所　—財産【S.412】……177
—C　下級貴族において家族ゲノッセンシャフトを代替するのは：1　騎士諸同盟と騎士諸団体　—2　ゲザムトハント諸関係と共同相続人団体　—家族ゲノッセンシャフトの発生の諸萌芽と家族世襲財産のもとでの停滞【S.423】……187
D　聖職者および学者の諸ゲノッセンシャフト……198
第四十章　聖職者の諸ゲノッセンシャフト【S.426】……198
—I　教会そのもの　—聖職者階級のツンフト　—II　より古い教会の諸コルポラチオン　—III　聖職者騎士団　—IV　托鉢修道会　—V　聖職者の兄弟団体　—VI　より自由な宗教的諸フェライン　—VII　異端者諸ギルド　—VIII　宗教改革にとってのゲノッセンシャフト運動の意義
第四十一章　学者の諸ゲマインハイト【S.437】……215

―諸大学のケルパーシャフト的な成立と組織体制　―ゲノッセンシャフト的な編成　―同国出身学生諸団体〔諸ナチオン〕　―諸学部　―諸同僚団とブルゼン

E　職業ゲノッセンシャフトと個々の目的のためのゲノッセンシャフト……220

第四十二章　職業の諸ゲノッセンシャフトと職業の諸階級【S.439】……220

―職務としての職業　―同一職業者たちの自然的ゲノッセンシャフト　―諸職業ゲノッセンシャフトによる民族の編成：僧侶、貴族、騎士階級、学者階級および市民階級　―鉱夫たちのゲノッセンシャフト的組織体制　―農民階級　―ユダヤ人階級　―流浪民族　―博徒ギルドと剣士ギルド　―乞食ギルドと盗賊ギルド　―傭兵たちの諸ゲノッセンシャフト　―傭兵ゲノッセンシャフトをとおしての軍隊制度の改変　―諸軍隊の職業インヌング的形成

第四十三章　個々の諸目的のための諸ゲノッセンシャフト【S.450】……236

―そのようなものは最初は存在しない　―諸修正：**I**　一時的な諸ギルド　―旅行諸ギルド　―**II**　重複する職業　―聖職者的平信徒諸フェラインと世俗的僧職者諸フェライン　―付随的職業のための諸ギルド　―射的者諸ギルド　―マイスターゼンガー諸ツンフト　―**III**　諸物的ゲマインシャフトと諸契約関係は、諸ゲノッセンシャフトへと移行し、そして、その逆にも移行する　―**1**　物的ゲマインシャフトとゲノッセンシャフト　―ゲザムトハントにおけるゲマイナーたち　―諸ブルンネンゲノッセンシャフト　―鉱山法の諸鉱夫組合　―ゲノッセンシャフトと総体所有権〔総有権〕は始めは「一致」していない　―**2**　契約関係とゲノッセンシャフト　―絶えずゲノッセンシャフト的な統一体への傾向とともに諸目的の一般化への傾向が上昇しそして没落するゆえに、たんなる目的諸フェラインは存在しない　―たんなる目的諸フェラインに最も近くに立つのは政治的諸アイヌングである

F　政治的なアイヌング制度……248

第四十四章　政治的なアイヌング制度一般【S.457】……248

―意義と成立　―Ⅰ　アイヌング権　―Ⅱ　政治的権力統一体としての被結合者たちの平等性　―〝諸階級〟　―Ⅲ　内容　―平和のゲマインシャフト、法のゲマインシャフトおよび利益ゲマインシャフト　―Ⅳ　実現のための手段　―不規則な強度

第四十五章　都市諸同盟【S.463】……256

―Ⅰ　ドイツ人のハンザ　―成立　―低地ドイツの諸商人ギルドの商人総体への成長　―低地ドイツの都市諸同盟の低地ドイツの諸都市総体への成長　―商人および諸都市の〝普通ドイツ人ハンザ〟への成長　―一三五八年以来の名称　―一三六七年のケルン国家連合の意義　―その後の時代におけるハンザの有効性と発展　―衰微と没落　―その最盛期におけるハンザの法的本質　―基礎　―構成員地位　―諸議事日程　―ハウプトと諸構成員　―より狭い諸ゲノッセンシャフト　―法的意義と諸目的　―総体人格【S.470】……256

―Ⅱ　上部ドイツの諸都市のアイヌング運動　―大ライン諸都市同盟　―成立、拡大および崩壊　―残存する諸結果　―形成された同盟の組織体制　―大ライン諸都市同盟の組織体制とハンザの組織体制との比較【S.476】……269

―引き続く時代のより小さな都市諸同盟　―諸都市の諸グループ　―シュワーベン同盟　―ライン同盟による結合と諸都市戦争　―諸都市の変化した地位　―一般的な同盟の再創出の実りなき試み【S.481】……274

第四十六章　貴族諸同盟、騎士諸ゲゼルシャフト、僧侶たちの諸ウニオンおよび農民諸アイヌング【S.487】……292

―Ⅰ　主人階級の諸アイヌング　―Ⅱ　騎士階級の諸アイヌング　―騎士諸ゲゼルシャフトの成立と拡大　―諸領国および帝国の諸騎士階級の成立への影響　―騎士の諸ゲゼルシャフトの法的性質：基礎　―有機的組織　―諸目的　―諸標識　―諸集会　―諸幹部　―財産　―人格　―馬上槍試合諸ゲゼルシャフトと騎士諸僧団への諸分枝　―Ⅲ　聖職者たちの諸アイヌング　―階級的諸同盟　―僧侶たちの

諸ウニオン（Uniones cleri）―Ⅳ 農民たちの諸アイヌング ―成果は散発的 ―すべての諸蜂起において試みられたが

第四十七章 ラント平和諸同盟【S.501】……312
―平和の諸法律と平和の諸フェライン ―帝国権力とラント平和諸同盟 ―ラント平和諸同盟の拡がり ―性質 ―諸目的 ―領邦的および人的な意義 ―継続期間 ―有機的組織 ―構成員の採用 ―諸幹部 ―より狭い諸団体

第四十八章 アイヌングとしての帝国【S.508】……324
―帝国の構成員たちのアイヌングをとおしての帝国の新たな基礎づけを求める諸闘争 ―帝国による民族の追い出し ―帝国の諸階級 ―十三世紀におけるアイヌングの諸試み ―十四世紀におけるアイヌングの諸試み ―十五世紀におけるアイヌングの諸試み ―マクシミリアン皇帝のもとでの締結 ―ラント平和同盟としての帝国 ―シュワーベン同盟のこの帝国組織体制との関係

G アイヌング制度の領邦諸国家の形成への影響……333

第四十九章 諸ランデスゲマインデ【S.514】……333
―それらは農民階級がアイヌング運動に参加する場所でかつその限りで登場する ―発展は都市の模範に従って遂行される ―Ⅰ スイスのタール諸ゲマインデ ―ウーリ ―シュヴィーツ ―ウンターワルデン ―その他のタールゲマインデ ―対外的な解放 ―対内的な継続的形成 ―統一体としてのラント ―ラートの組織体制 ―ラント民の集会 ―荘民たちと付属居住者たち【S.516】……333
―Ⅱ ドイツ北部における自由な諸ランデスゲマインデ ―とくにフリースラントとディトマルシェンにおけるランデスゲマインデ ―ここでもまた古いゲノッセンシャフトの継続的形成 ―統一体としてのラント ―ラートの種類による同僚団的な政府諸官庁 ―総体の継続的な最高権力 ―その後の諸運命【S.521】……340
―Ⅲ その他のドイツにおける平行した諸現象 ―Ⅰ 個々の諸マルクまたは諸ツェントの諸ランデス

ゲマインデへの移行　―2　政治的総体権をもつ諸タール、諸職務および諸裁判所　―3　アイヌング制度の裁判所地区および行政地区の成立および形成への影響【S.527】……344

第五十章　同盟国家的な諸形成【S.530】……358

―Ⅰ　フリースラントの同盟組織体制　―Ⅱ　スイスの誓約ゲノッセンシャフト【S.534】……365

第五十一章　ラント諸階級の諸ケルパーシャフト【S.534】……365

―一つのラント官憲へのさまざまな種類のヘルシャフトの諸権利の集中への方向、および、ドイツのラント国家の諸要素としての一つのランデスゲマインデへの諸階級のゲノッセンシャフト的な結合への方向【S.534】……365

ラントシャフトの構成　―個々の階級諸ゲノッセンシャフトの締結　―高位聖職者たち　―騎士たちおよび主人たち　―諸都市　―農民たち　―総体団体への諸階級の結合　―階級的アイヌング運動の多様性　―アイヌング運動が形式的な総体連合において終結に至る諸ラントの諸例、とくにバイエルンとブラウンシュヴァイク＝リューネブルク　―さまざまな諸ラントの諸階級の諸結合の諸例　―抑圧された諸アイヌングの諸例　―聖職者の諸領国における階級的諸アイヌング　―形式的な総体同盟に至ることなしに、階級的諸ケルパーシャフトがアイヌング制度をとおして成立した諸ラントの諸例、とくにブランデンブルク、ポンメルン、ニーダーラウジッツ、オルデンスラント【S.537】……368

―諸階級のゲノッセンシャフト　―基礎　―構成員地位、完全ゲノッセン権としてのラント階級　―加入、脱退、除名　―相互の諸権利と諸義務　―集会　―議決権の多数決　―諸委員会　―総体人格　―ランデスヘルに対する関係でのゲノッセンシャフト的な独立性　―条件付の服従　―離反の権利と武装蜂起の権利　―自己集会権　―自律　―特別の金庫【S.561】……393

―裁判への諸階級の参加　―立法　―行政　―ラント、諸戦争および諸同盟的結合に関する諸処分　―共同統治、ラントの諸ラート　―空席の王位の場合における地位　―諸税の同意、取立および使用に関する諸権利【S.566】……396

―租税同意に関する諸審議に国家の理念が結びつく　―ランデスヘルとランデスゲノッセンシャフトはもともと個々の諸権利と諸義務の総計をとおして結合された二つの権利主体である　―ラントは完全ゲノッセンとしての諸階級において現われ、その他の住民諸階級は保護ゲノッセンとしてそのように組織されたランデスゲマインデに属する　―このための諸例証　―この古いラント代表の本質　―ランデスヘルとラントシャフトが担い手であるところの次第により高い統一体の理念が成立する　―国家としてのラント　―この発展はそれにもかかわらずいかなる完全な終結にも到達せず、そして、古い二元性の完全な克服は最後にラント諸階級を国家の共同担い手たることから押し出すところのランデスヘルたちに帰する【S.571】……398

H　ラント的ゲノッセンシャフト制度……434

第五十二章　アイヌング制度と諸ラントゲマインデ【S.581】……434

―農民階級のアイヌング運動への不参加は、諸ゲノッセンシャフトの変質と官憲的思想の勝利のための主たる理由である　―散発的な諸例外は原則を証明する　―一般的にはラント的諸ゲノッセンシャフトは内的な継続的形成を知らない　―ラント的諸関係の多様性　―多様性における統一性

第五十三章　ラント的諸ゲノッセンシャフト【S.585】……441

―A　外的な諸差異　―I　マルクの状態による諸差異　―諸ドルフシャフト、諸バウアーシャフトおよび諸マルクゲノッセンシャフト　―大きな諸マルクの減少　―個々のマルク諸部分に関する諸ゲノッセンシャフト　―II　公的権力またはヘルシャフト的権力に対する地位による諸差異　―自由な諸ゲノッセンシャフトおよび荘園諸ゲノッセンシャフト

―B　内的構造　―I　基礎　―マルクとゲノッセンシャフト、両者のいずれをも包含しない〝ゲマインデ〟　―マルクはゲマインデ地域ではないが空間的統一体である　―ゲノッセンシャフトは完結したゲマインデではないが平和のゲマインシャフト（共同体）であり法のゲマインシャフト（共同体）である　―マルクとゲノッセンシャフトの独立性　―相互諸作用　―マルクの閉鎖性　―ゲノッセンレヒトと

フーフェの関係　―ゲマインデ構成員地位の法的性格　―**1**　完全ゲノッセンレヒト　―人的および物的諸前提　―フーフェ占有の要件　―フーフェ概念の交替　―さまざまな農民的占有権原の同列化　―占有の分散の結果における諸変化：**a**　あらゆるフーフェ部分が再びフーフェとみなされる場合の、人的ゲマインデの意味における発展　―自己の家または最小限の土地の占有を完全ゲノッセンとなす諸ゲマインデ　―純粋の人的諸ゲマインデ　―**b**　ゲノッセンレヒトの従物的性質をもつ物的ゲマインデの意味における発展　―***α***　適法な荘園場所の閉鎖された数をもつ諸ゲマインデ　―***β***　ただ一定範囲の土地占有のみがゲノッセンレヒトを与える諸ゲマインデ　―完全なフーフェと半分のフーフェ、および、完全なゲノッセンと半ゲノッセン　―複数の諸ゲノッセンレヒトと部分的諸ゲノッセンレヒトの許容　―**c**　マルク利用から流出するゲノッセンレヒトの独立した物権への上昇をとおしての権能ゲマインデの意味における発展　―**2**　保護ゲノッセン　―非ゲノッセンとの差異　―間接的保護ゲノッセンと直接的保護ゲノッセン　―法的地位　―変化　―彼らはしばしばより僅かなゲノッセン、部分ゲノッセン、または、完全ゲノッセンにすらなるが、大部分はしかし非ゲノッセンとなる【S.589】……444

―**Ⅱ**　法的意義　―経済的諸ゲマインデと政治的諸ゲマインデの同一性　―マルク諸ゲノッセンシャフト、アルプ諸ゲノッセンシャフト、ワイン畑諸ゲノッセンシャフトなどにおける諸修正　―特別の堤防諸ゲマインデおよび水門諸ゲマインデの成立【S.609】……464

―本来のラントゲマインデの諸目的　―**1**　ゲノッセンシャフトの経済　―総体権と固有権：**a**　家経済における総体権と固有権　―**b**　耕地経済における総体権と固有権　―**c**　森経済、牧草地経済および水利経済における総体権と固有権　―アルメンデ　―諸利用権　―総体の諸権利　―とくに共有地の個々の種類についての諸権利、ことに森と牧草地についての諸権利　―特別財産への変化　―**d**　ゲマインデコルポラチオンの経済　―**e**　負担の分配　―**2**　権利保護フェラインとしてのゲマインデ　―**a**　平和と法　―自律　―**b**　裁判権　―**c**　防衛ゲノッセンシャフト　―**3**　**a**　道徳的統一体としてのゲマインデ　―**b**　社会的統一体としてのゲマインデ　―**c**　宗教的統一体としてのゲマインデ

【S.615】…………469
—Ⅲ ゲマインデ組織体制 —1 ゲノッセン集会 —2 代表者と役人 —a 裁判官 —α 大規模マルクにおける最上位のマルク人 —主人権をとおしての駆逐 —β 農民裁判官 —ヘルシャフト的なシュルトハイス〔市町村長〕との関係 —諸変化 —b 代理人 —下級役人と下僕 —3 個々の諸ゲマインデの共同体組織体制への進歩 —ゲマインデ代表者と a 恒常的な審判人 —b 陪席者たちの諸委員会 —c マルクとドルフ（村）における実際のゲマインデ諸ラート【S.624】…………480
—C 中世の終結におけるラント住民の地位 —ゲノッセンシャフト的な独立性を求める農民たちの諸戦争 —大農民戦争 —決定的な転回【S.633】…………490

【以上、第二分冊】

【第三分冊】

第四期 一五二五年ないし一八〇六年
および
第五期 一八〇六年以来

第五十四章 官憲、特権コルポラチオンおよび自由な連合体の本質【S.638】…………3
—A 概観 —Ⅰ 特権コルポラチオン —1 本質 —a 存在根拠 —b 構成と編成 —c 法的意義 —2 その発展史 —Ⅱ 官憲 —1 本質 —臣民概念 —公共の安全（salus publica） —絶対国家 —警察国家 —後見国家 —2 官憲的国家におけるゲノッセンシャフト制度の地位 —法人格 —3 個人化 —自由 —平等 —中央集権化とアトム化 —4 外的な支持的諸モメント —5 官憲的理念の発展史 —Ⅲ 自由な連合体 —1 本質 —a 中世のアイヌングとの類似性 —b 諸差異 —2 従来の有効性 —a 包括的な有効性 —b 新たに創造する有効性
—B 以下の課題

A　ゲマインデ、国家および帝国におけるゲノッセンシャフト……31

I　諸ゲマインデにおけるゲノッセンシャフト……31

第五十五章　古いラント的ゲマインデゲノッセンシャフトの諸運命【S.658】……31

—A　古いマルクゲマインデゲノッセンシャフトの破壊
—**I**　外部から作用する諸力　—**1**　マルクゲマインシャフトの破壊　—**a**　ヘルシャフト的所有権へのマルクの変化に向かう方向　—総体所有権の原理的否定　—法律家たちの表見的諸理由　—至上権と高権をとおしての総体権の原則的諸制限　—コルポラチオンの財産の概念の下にする包摂からの諸帰結　—**b**　固有権への分割に向けての方向　—古い諸分散の継続　—ラント的なゲマインシャフト諸関係に反対する原則的な諸攻撃　—共同体分割、耕地整理および分離の諸法律　—総体所有権の先行する法律的解消　—さまざまな諸理論　—分割の形式と基準への諸理論の影響【S.658】……31
—**2**　ゲノッセンシャフトの破壊　—原則的な否定　—官憲的諸官吏　—裁判権　—自律　—自己管理とくに財産管理の制限　—後見理論　—自己集会権　—採用と構成員性【S.665】……39
—**II**　内的な諸変化　—ゲノッセンシャフト意識の一般的な消滅における密かな生活と抵抗　—排他性　—非ゲマインデ民の増加　—より広いゲマインデとより狭いゲマインデ　—散発的に内部からの分離【S.671】……44
—B　古い経済ゲマインデの農業諸ゲノッセンシャフトにおける存続
—**I**　支配的諸コルポラチオンとしての経済諸ゲマインデ—**1**　物的諸ゲマインデ　—**2**　用益諸ゲマインデ　—ディトマルシェンとヘッセンからの諸例【S.675】……48
—**II**　私的諸コルポラチオンとしての経済諸ゲマインデ　—**1**　その領域がゲマインデ領域と一致しないマルク諸ゲマインデ　—ウンターワルデンのゲノッセン地位　—山岳〔高山牧場〕諸マルク　—**2**　より狭い諸ゲマインデとしての農業諸ゲノッセンシャフト　—**a**　内部から成立した農業ゲノッセンシャフト：**α**　諸都市において成立した農業ゲノッセンシャフト　—とくにメルドルフとポンメルンか

らの諸例　―**β**　諸ラントゲマインデにおいて成立した農業ゲノッセンシャフト　―さまざまな種類の諸例　―**b**　法律的に形成された農業ゲノッセンシャフト：**α**　新たに形成された政治的ゲマインデと並ぶ私的コルポラチオンとしての旧経済ゲマインデの承認をとおして　―**β**　個々の権利者たちの優遇されたただ一つのクラス　―**3**　若干の諸法律の家計諸ゲマインデ【S.678】……52

―**Ⅲ**　経済ゲマインデの没落　―**1**　経済的要素の消滅による没落　―**2**　政治的な諸権利（〃市民的な諸用益権〃）への諸用益権の変化をとおしての没落　しかもとくに、**a**　内部からの　―**b**　強制的諸法律をとおしての　―**3**　純粋に個人的な諸権利への物的ゲマインデ諸権利の変化をとおしての没落【S.689】……65

―C　純粋に政治的なラントゲマインデの成立

―散発的に内部からの成立　―内部の諸変化の共働にもかかわらず、通常は、外部から創造する官憲的な力を通しての成立　―ゲマインデの営造物的性格のための諸結果　―最近の時代のゲノッセンシャフト的な反対の潮流【S.693】……69

第五十六章　都市的共同団体の没落【S.697】……88

―若干の諸都市は、その中で例外的にコルポラチオンがランデスヘルであるところの、官憲的な諸領国となる　―その他の諸都市は、特権を与えられた私法のコルポラチオンがそれらと結合されるところの官憲的な行政地区となる　―ラントの発展との比較

―**Ⅰ**　内的な組織改変　―組織体制諸運動の静止状態　―十五世紀以来のツンフトの諸敗北　―低地ドイツのラート貴族制　―上部ドイツの寡頭政治制　―官憲としてのラートと臣民としての市民たち　―宗教改革時代における都市の民衆ヘルシャフト〔支配〕を求める最後の格闘　―その後の発展　―特権コルポラチオンとしての都市　―〃市民的生計〃を求める権利　―市民の権利の私法的取扱　―政治的な段階　―諸職務【S.697】……89

―**Ⅱ**　都市自由に対する外的な攻撃　―帝国諸都市の例外的地位　―ラント諸都市のあらゆる国家的意

義の否定　―プロイセンからの諸例　―プロイセンラント法の都市ゲマインデ　―法律的諸学説　―フランスの都市システムの影響　―一八〇八年のプロイセン都市条例以来の激変【S.705】……97

第五十七章　十九世紀のゲマインデ諸条例によるオルトゲマインデ【S.710】……108

―ラント諸ゲマインデと都市諸ゲマインデとの間の差異はもはや存在しない　―多様性にもかかわらず一致する本質

―**A**　基礎的な観方　―いわゆる媒介的システム　―真実には、官憲的システムの意味における法人格をもつ国家営造物としてのゲマインデの解釈が今なお支配し、そして、ただ修正的にのみ、その上にすでにより強くまたはより弱く、自ら生きるゲノッセンシャフト的な共同団体としてのゲマインデの解釈が作用する　―それゆえ相互に異なる　―**1**　公法におけるゲマインデの性質　―**2**　私法におけるゲマインデの性質　―成立、改変および廃止【S.713】……109

―**B**　ゲマインデの構成　―**I**　ゲマインデ領域　―国家領域の一部としてのゲマインデ領域　―コルポラチオンの実際としてのゲマインデ領域　―共同体の一部としてのゲマインデ領域か？　―**II**　ゲマインデ所属員たちの団体　―国家市民たちの区分としての　―コルポラティフな団体としての　―ゲノッセンシャフトとしての？　―直接に法律に基づく受入強制、割当ておよびゲマインデ構成員性　―ゲマインデ市民権との国家市民的な任意移住権の混合　―ゲマインデ構成員たることの諸要件と諸効果　―外国人たち　―ゲマインデ所属員たち：**1**　受働的市民　―代理される人々　―古い種類の保護市民　―新たな諸法律による市民権なきゲマインデ所属員たち　―**2**　能働的市民　―彼らの権利の内容　―諸条件：**a**　地方的国家市民権のシステム　―**b**　出生または受入に基づくオルト市民団体のシステム　―**c**　土地占有者ゲマインデのシステム　―**d**　二つの上述の諸形式の結合　―**e**　占有または諸税に基づく能働的市民権　―オルト市民団体との結合　―市民団体の解消と〈議決権の数をとおしての〉それらの賠償のプロイセンのシステム　―これらの諸システムの原則【S.717】……112

―**C**　有機的組織　―ゲマインデ諸機関の本質　―**I**　ゲマインデ集会　―**II**　代表委員会　―**III**　ゲ

マインデ幹部　―1　個人代表者　―a　審判人たちとともに　―b　ゲマインデラートとともに　―2　同僚団的幹部　―a　特別のゲマインデ代理を伴わない同僚団的幹部　―b　特別のゲマインデ代理を伴う同僚団的幹部　―国家機関としてのそしてゲマインデ機関としての幹部の二重の地位。―Ⅳ　その他のゲマインデ諸職務。【732頁】……127
―D　法的意義　―Ⅰ　〝自己管理〟　―ゲマインデ諸案件　―国家の監視または国家の後見　―欠缺する法的保護　―Ⅱ　法人格　―権利能力　―意思能力と行為能力　―Ⅲ　一般的な内部コルポラチオン諸権利　―Ⅳ　ゲマインデ家計　―Ⅴ　自己課税権　―Ⅵ　自律　―Ⅶ　裁判権　―Ⅷ　政治的統一体　―Ⅸ　政治的一般性と道徳的一般性　―オルト警察　―Ⅹ　防衛ゲノッセンシャフト　―Ⅺ　学校制度　―Ⅻ　救貧制度　―XIII　宗教的意義と社交的意義【S.743】……135
―E　従来の発展の概観、立法の諸課題および運動の諸目標　―Ⅰ　本質　―Ⅱ　構成　―Ⅲ　有機的組織　―Ⅳ　ゲマインデの法的意義【S.757】……147
第五十八章　特別の諸目的のためのゲマインデ類似の諸団体【S.765】……183
―本質と成立　―Ⅰ　権利主体性をもたない地区諸団体　―Ⅱ　コルポラチオン権をもつ地区諸団体　―1　教会諸ゲマインデ　―2　学校諸ゲマインデ　―3　貧民諸ゲマインデ　―4　道路諸ゲマインデ　―5　家計諸ゲマインデ　―6　狩猟諸ゲノッセンシャフト　―7　堤防諸ゲノッセンシャフト　―官憲システムのもとでの諸変遷　―新たな堤防諸条例　―a　存在理由　―b　構成　―c　有機的組織　―d　法的意義　―e　集合堤防諸団体　―8　水門保護　―9　用水施設または下水施設のための強制諸ゲノッセンシャフト　―諸前提　―教育　―構成員地位　―有機的組織　―法的意義　―同一の諸目的のための自由な諸ゲノッセンシャフトからの差異
第五十九章　オルトゲマインデの中の諸ゲマインデとオルトゲマインデの上の諸ゲマインデ　地区ゲマインデ、集合ゲマインデ、クライスゲマインデおよび地域ゲマインデ【S.779】……203
―A　オルトゲマインデの内部的編成　―そこでの交替　―現代の諸地区　―それらは諸ゲノッセン

シャフトではない【S.779】……203
―B　オルトゲマインデに関する諸ゲマインデ　―Ⅰ　官憲的システムの下での発展　―階級的編成をもたない地区諸ゲマインデにおけるゲノッセンシャフトの否定　―階級的地区諸団体における　―Ⅱより広いコムーネンにおけるゲノッセンシャフト的思想の再生のための運動　―Ⅲ　オーストリア　―Ⅳ　プロイセン　―一八五〇年三月一一日のクライス、地区および地方条例　―同条例の創設、旧有機的諸組織の再生と新たなラント諸部分のための最新の諸規定　―1　オルトゲマインデとクライスの間の市町村諸団体　―集合諸ゲマインデ　―諸ラントゲマインデ　―地区諸ラート　―ウェストファーレンの職務諸ゲマインデ　―ラインの諸市長職　―ハノーファーの諸職務　―2　諸クライス　―旧諸地方のクライス階級的な諸団体　―譲渡　―3　市町村階級的諸団体　―ハノーファーの諸ラントシャフト　―4　諸地方　―旧地方的階級的諸団体　―新たな有機的諸組織　―Ⅴ　その他のドイツ的諸国家における　―ザクセンの階級諸団体　―バイエルンのディストリクト諸ゲマインデとクライス諸ゲマインデ　―ヴュルテンベルクの職務諸ケルパーシャフト　―その他の集合諸ゲマインデ　―地区諸ラート　―職務諸ゲマインデ　―Ⅵ　地区諸コムーネの発展の諸目標と法的性質【S.781】……204
Ⅱ　国家のゲノッセンシャフト的な諸要素……234
第六十章　官憲的国家におけるラント階級諸団体【S.801】……234
―A　原則的な諸変化　―Ⅰ　諸構成部分との関係における諸変化　―特権の割当としてのラント階級性　―私法的な取扱　―排他性　―変更された組織体制　―諸委員会　―Ⅱ　フュルストとの関係における諸変化　―1　ゲノッセンシャフト的な独立性の喪失　―アイヌングの権利　―東フリースラントとメクレンブルクにおける闘争　―自律　―自己集会　―自助　―2　国家的意義の没落　―租税同意―諸法律における同意　―ラント管理への参加　―公法学者たちの法的諸推論　―内的な正当化の諸根拠　―国家制度からの完全な駆逐　―例えばプロイセンにおける　―形式的な諸破棄　―Ⅲ　ラントとの関係における諸変化　―自己自身だけを代理する特権を与えられた団体……234

—B　復活の不可能性　—代表理念の成立と形成へのその存在の影響　—代表理念への影響　—前世紀〔十八世紀〕の国家法の教師たちの諸見解【S.819】……252
第六十一章　近代ドイツの国家理念のゲノッセンシャフト理念に対する関係【S.822】……264
—I　階級的原則の諸残滓　—代表原則の流布　—階級ケルパーシャフトからの国民代表との区別　—国民代表はゲノッセンシャフトでも、国家とは異なる民族ゲマインデの機関でもないが、正確に決定された諸機能のための同僚的国家機関である　—国家人格の統一性　—直接の国家諸機関と間接の国家諸機関　—II　国家と民族の同一性　—IV　営造物またはフェラインとしての国家　—今日の国家におけるゲノッセンシャフト的基礎と官憲的頂点の和解
III　**帝国におけるゲノッセンシャフト**……281
第六十二章　帝国におけるゲノッセンシャフト【S.834】……281
—A　帝国の変化　—I　コルポラティフな編成　—アイヌング制度の減少する意義　—アイヌング制度に代わる同盟諸条約と諸コルポラチオン　—帝国騎士たちのコルポラチオン　—諸共同相続人団体—宗教諸団体　—帝国の諸クライス　—II　コルポラチオンとしてのその総体における帝国　—階級団体　—国家的な諸要素の没落　—解消
—B　我々の世紀〔十九世紀〕の新たな設立の試み　—C　国際法的な諸国家の諸ゲノッセンシャフト
B　教会におけるゲノッセンシャフト……297
IV　**教会におけるゲノッセンシャフト**……297
第六十三章　教会におけるゲノッセンシャフト【S.844】……297
—A　第四期　—I　教会そのものの営造物概念またはゲノッセンシャフト概念　—1　カトリックの—2　福音主義の　—II　国家との関係　—1　福音教会　—諸理論　—実際上それは国家営造物となる　—2　カトリック教会への適用　—3　私的諸ゲゼルシャフトとしての許容された宗教諸ゲノッ

センシャフト　―Ⅲ　新たな宗教諸ゲノッセンシャフトの形成　―そのための権利は存在しない　―諸信教自由令に従ってもそのための権利は存在しない　―ランデスヘルの許容法　―Ⅳ　聖職者の諸ゲノッセンシャフト　―1　プロテスタント教会における諸残滓　―2　カトリック教会における没落―新たな諸形成をとおしての復活　―カトリック＝ローマ的な連合理念の最高の上昇としてのイエズス会　―3　聖職者の諸ゲノッセンシャフトに反対する国家の闘争……297
―B　第五期　―Ⅰ　教会そのもの　―教会そのもののゲノッセンシャフトとしての理解　―この方向における組織体制の諸変化　―Ⅱ　国家との関係　―純粋に世俗的国家における独立の教会　―Ⅲ　新たな宗教諸ゲゼルシャフトの形成　―一八四八年以前　―宗教的連合の自由の承認　―Ⅳ　聖職者の諸ゲノッセンシャフト　―保護　―新形成　―宗教的諸フェラインとの差異【S.859】……312

【以上、第三分冊】

【第四分冊】

C　自由な諸ゲノッセンシャフト……3
Ⅰ　**精神的、道徳的および社会的諸目的のためのゲノッセンシャフト制度**……3
第六十四章　官憲的国家におけるフェライン制度【S.865】……3
―Ⅰ　中世的諸ゲノッセンシャフトの変遷　―それらに留まる独自の意義が私的な性格を受け取る一方での、国家をとおしての精神的、道徳的および社会的諸一般性としてのそれらの意義の吸収　―外的な諸攻撃と内的な崩壊　―兄弟団体と諸ギルドの個々の諸種類の運命　―貴族の諸連合体の運命　―諸大学の運命【S.866】……4
―Ⅱ　新形成　―連合権の諸制限　―帝国法　―ラント警察諸法律　―個別において：1　政治的および宗教的諸フェラインの新形成はない　―2　精神的諸目的のための諸フェライン　―授業のための諸営造物の優越　―精神的生活一般の国家的諸有機的組織の諸試み　―自由な諸アカデミー、諸ゲゼルシャフトおよび諸僧団　—国家諸アカデミー〔国立大学〕　—3　道徳的諸目的のために諸営造物および諸財団が重要である　—諸慈善施設の国家営造物的な解釈　—4　社会的なゲノッセン諸団体　—秘密諸ゲゼルシャフトの成立と意義　—フリーメイソン同盟　—諸宣誓　—それに反対する立法【S.872】……… 11

第六十五章　政治的、宗教的、精神的、道徳的および社会的な諸目的のための近代の自由なフェライン（社団）制度【S.882】……… 28

A　現代の発展における自由な社団制度の意義【S.882】……… 28

—I　社団法　—イギリスおよびフランスの発展　—ドイツの発展　—外国支配の時代　—旧体制復活の時代　—社団自由と学問の諸見解　—一八四八年の年　—憲法諸証書　—行使に関する諸法律　—現行社団法　—現行社団法の基礎としての集会権　—例外の諸制限【S.883】……… 29

—II　社団制度の実際の伝播　—諸目的による分枝　—1　政治的諸社団　—2　宗教的諸社団　—3　学問的諸社団　—4　芸術家的諸社団　—5　商業、営業、産業および交通のための諸社団　—6　農業および林業のための諸社団　—7　身体的な教育のための諸社団　—8　言語諸社団　—9　保護諸社団　—10　階級、職業クラス、氏族の利益代表のための諸社団　—11　慣習および道徳性のための諸社団　—a　対外的な慣習および道徳性の促進のための諸社団　—b　社交的諸社団および道徳的社会的諸社団　—12　慈善諸社団【S.893】……… 36

—III　ゲノッセンシャフトの歴史における現代的な社団の有機的組織の地位　—ギルド組織体制との関連　—諸集会と諸社団の間の中間的諸段階　—一般化への傾向【S.903】……… 46

B　国家をとおしての社団類似の有機的諸組織の利用【S.906】……… 50

II　**経済的諸目的のための自由なゲノッセンシャフト制度**……… 62

第六十六章　経済的諸有機体のさまざまな種類【S.907】……… 62

—A　中世から残された有機的組織　—I　ゲノッセンシャフト的諸有機体の優位　—II　諸目的の一般性　—異種類の諸原則の混合　—1　基礎に関する　—2　諸目的に関する　—B　十六世紀以来の

諸変化　―Ⅰ　国家経済と個人経済　―1　中世的経済諸有機体の解消　―2　経済の諸目的のための直接および間接の国家の諸営造物　―3　強化された私的経済だけの独立した連合体　―それでもしかし次第に成立するのは、a　資本主義的な経済諸団体　―b　資本諸ゲノッセンシャフト　―4　最後には経済的な人的諸ゲノッセンシャフトもまた　―Ⅱ　諸対立の特別化をとおしての内的な継続的発展　―1　基礎に関する　―2　諸目的に関する　―C　以下の諸章の課題

第六十七章　古い営業ゲノッセンシャフトの諸運命【S.916】……74

―A　ツンフト制度　―Ⅰ　内的な変遷　―1　変化した基礎的観方　―ツンフト精神　―2　特権団体の意味における構成　―私権としての構成員地位　―職人階級　―3　ツンフトの組織体制　―4　法的意義　―家計的意義を前にした、政治的、道徳的および社会的意義の後退【S.916】……74

―Ⅱ　法人格を有する警察営造物としての諸ツンフトの官憲的取扱　―1　法的本質　―成立と廃止　―2　構成　―採用の拒否または保証への官憲の影響　―フライマイスター〔自由親方〕たち　―認可システムへの移行　―3　有機的組織　―集会　―代表者と官吏　―後見人たち　―4　法的意義　―a　法律的人格　―コルポラチオン諸権利　―b　ツンフト自律の没落　―c　ツンフト裁判権と強制権力　―d　ツンフトの経済的側面　―職務観念とゲノッセンシャフト警察の没落　―e　道徳的および社会的意義　―5　職人の諸結合の諸禁止と諸制限【S.921】……81

―B　商人の諸コルポラチオン　―商業利益の確保のための公的に認可された諸社団への漸次的な変化　―法律的な規律【S.944】……97

第六十八章　近代の営業諸法律のゲノッセンシャフト的な有機的諸組織【S.949】……121

A　営業自由と営業諸条例　―Ⅰ　インヌング制度　―1　古い営業諸ケルパーシャフト　―a　廃止　―b　自由な諸ゲノッセンシャフトとしての解散と存続の間の選択　―c　公的諸団体としての保持　―2　新たな形成　―a　すべてを自由な連合体に委ねる諸法律　―b　諸コルポラチオン権に関する諸修正　―c　諸目的の一定の状態において要求される特別の開示に関する諸修正　―d　営業的諸

特権をもたない特別の〝営業的諸ゲノッセンシャフト〟の公的な認可をとおしての諸修正 —**e** ゲマインデ類似の強制諸ゲノッセンシャフト —**f** 営業的諸特権を伴う公的に認可されたそして従属的な諸インヌングのプロイセンのシステム —**Ⅱ** 扶助〔共済〕社団 —強制金庫 —**Ⅲ** 営業および商業諸会議所 —**B** 立法の諸課題 —北ドイツ同盟のための営業条例草案の諸提案

第六十九章　財産ゲノッセンシャフトの成立と完成【S.965】……142

—株式社団において帰着する一つの発展 —**Ⅰ** 諸ラントゲマインデにおける財産ゲノッセンシャフトか？ —**Ⅱ** ゲザムトハントにおいてか？ —船舶共有組合か？ —共同団体からの諸ケルパーシャフトか？ —**Ⅲ** 諸水車ゲノッセンシャフトか？ —とくにケルンの水車相続人たち【S.965】……142

—**Ⅳ** 鉱山法の諸鉱山組合 —官憲的な鉱山建造物の時代における発展と形成 —物権法的な構造 しかしコルポラティフな組織体制はその構造から流出するのではなく、鉱山官庁の有機体組織において基づく —プロイセンラント法の鉱山組合 —より古い法的本質 —株式社団の模範に従う最新の鉱山諸法律をとおしての改変 —完全に形成された財産ゲノッセンシャフトとしての鉱山組合【S.971】……150

—**Ⅴ** 岩塩鉱法の諸ゲノッセンシャフト —最古の有機的組織 —タール〔谷〕共同体 —岩塩封土〔レーン〕受領者たちの財産諸ゲマインシャフト、岩塩労働者たちの諸兄弟団体、製塩業者たちの諸ゲノッセンシャフト —製塩業者組合の発展と性格【S.980】……157

—**Ⅵ** 諸商事組合 —合名商事組合と合資組合は諸ゲノッセンシャフトではなく、いまだ非人的な財産諸社団である —とくに：**1** 合名組合 —**a** 集合的に結合された多数性としての —**b** 契約の債権債務としての —**2** 合資組合 —歴史 —合資組合もまた、**a** ゲノッセンシャフトではない —**b** それは一つの債権債務関係である —**3** 株式合資組合 —歴史 —本質【S.981】……158

—**Ⅶ** 株式社団 —その発展の原則【S.990】……165

—**A** 株式社団とその法の歴史 —**1** イタリアのモンテス —銀行 —その他の資本諸社団 —**2** 世界商業の諸会社 —オランダ —イギリス —**3** イギリスにおける株式諸社団の複製 —一七二〇

年以来の立法　―最新のイギリス法　―**4**　大陸の、そしてとくにフランスの発展　―資本主義的性質の完成、国家からの従属性の確証　―法典（Code）　―一八六三年と一八六七年の最新のフランス立法　―**5**　ドイツにおける発展　―より古い諸株式組合〔株式会社〕の国家営造物的諸性格　―ランデスヘルの許可〔オクトロイ〕の本質　―イニシアティヴと形態付与の、結合する資本主義者たちへの移行　―個々の諸国の株式組合〔株式会社〕の諸法律　―ドイツ商法典　―国家的な承認の許可〔オクトロイ〕からの差異【S.991】……166

―**B**　財産ゲノッセンシャフトとしての最新のドイツ法の株式社団　―歴史的地位と諸理論の正当づけ　―より古い法律家たち　―ソキエタス〔組合〕の近代の諸理論　―ウニヴェルシタスの近代の諸理論　―修正されたソキエタスの近代の諸理論　―修正された法人の諸理論　―ゲノッセンシャフトの近代の諸理論　―修正されたコムニオまたはゲザムトハントの対立する資本主義的諸理論　―目的財産の諸理論　―財団の諸理論【S.1005】……181

―法律生活における株式社団の発展　―定款と法律　―株式「社団」の外の「株式」原則　―混合諸形式　―人的諸社団との結合　―諸営造物との結合【S.1010】……186

―純粋の株式社団：**1**　財産の結合としての株式社団　―**a**　全体としての財産をとおして、***α***　条件づけられた株式社団　―***β***　決定された株式社団　―**b**　同様に構成員地位が財産の割合的持分をとおして、***α***　条件づけられた株式社団　―***β***　決定された株式社団　―**2**　ゲノッセンシャフトとしての株式社団　―**a**　存在の基礎は総体意思である　―**b**　構成は人的結合であり、それゆえ社団との関係における構成員地位は、***α***　自由な私権ではない　―***β***　純粋の財産権でもない　―**c**　人的な有機的組織　―組織体制　―**d**　ゲノッセンシャフト人格としての法的意味【S.1014】……188

―**C**　経済的な総体生活のための株式諸社団の実際的意味【S.1028】……203

第七十章　経済的諸目的のための人的ゲノッセンシャフト【S.1030】……235

―**A**　古さと発展　―**I**　その法的な本質の大体の記述　―**1**　ゲノッセンシャフトとしての　―**2**

人的社団としての　―ゲノッセンシャフト有機体組織への資本の編入　―3　諸目的の個別化と正確化―個々人が放棄する人格の断片の決定　―4　主たる諸種類【S.1030】……235

―Ⅱ　実際的な意義　―一般における　―とくに労働する諸クラス〔労働諸階級〕のための　―現代の経済発展の諸危険　―資本をとおしての人格の威嚇　―経済的連合をとおしての援助　―さまざまな諸方向　―上からのそして外からの有機的組織の諸理論と諸試み　―「自由な」連合　―自助と並ぶ国家援助と私的補助　―自助に基づく経済の連合　―諸前段階　―イギリスにおけるゲノッセンシャフト運動の経過と諸帰結　―フランスにおける　―ドイツにおける　―ラント住民のための利用　―将来のための意義【S.1035】……243

―B　個々の経済的人的諸ゲノッセンシャフト　―Ⅰ　損害担保諸ゲノッセンシャフト　―1　物の損害担保　―a　運送保険　―b　火災保険　―歴史　―公的保険、自由な諸相互組合および生業諸営造物　―c　雹損害に対する保険　―d　家畜保険　―e　その他の諸場合【S.1049】……262

―2　まず最初に人に生ずる損害に対する保険　―a　死亡の損害担保　―生命保険　―死亡諸金庫―寡婦および孤児諸金庫　―b　長すぎる生命に対する損害担保　―老齢生活保護諸社団　―c　一定の諸事故に対する損害担保　―病気と廃疾　―恩給諸社団　―病人と廃疾者の諸社団　―一般的な補助および援助諸ゲノッセンシャフト　―強制諸ゲノッセンシャフト、とくに鉱夫諸集団　―そして自由な諸社団【S.1058】……269

―Ⅱ　金銭取引諸ゲノッセンシャフト　―1　資本流通のための諸ゲノッセンシャフト【S.1065】……275

―2　資本調達のための諸ゲノッセンシャフト　―生業諸組合と信用諸営造物との信用諸ゲノッセンシャフトの差異　―後者の諸種類　―中間的構成諸部分　―a　不動産信用のための諸ゲノッセンシャフト　―より古い地方的な信用諸社団　―その諸社団の設立と有機的組織　―より最近の時代における諸変化【S.1066】……276

―b　人的信用のための諸ゲノッセンシャフト　―信用および貸付諸社団　―原則　―連帯責任　―社

団の担い手としての人格　―資本の有機的な編入　―営業諸持分の性質　―組織体制　―ラント住民への拡大【S.1074】……281
―3　貯蓄諸ゲノッセンシャフト【S.1079】……286
―Ⅲ　経済的な配分的諸ゲノッセンシャフト　―1　通常の家計のためのゲノッセンシャフト　―a　消費諸社団　―さまざまな諸原則　―組織体制　―共同の生産への移行　―b　住居諸ゲノッセンシャフト　―2　構成員たちの同種類の生産的経済のためのゲノッセンシャフト　―a　原料諸ゲノッセンシャフト　―営業的な　―ラント的な　―制度と組織体制　―b　生産諸手段の共同体的調達と利用のための諸ゲノッセンシャフト　―それらの制度の多様性　―営業的な　―道具、工場諸ゲノッセンシャフトなど　―ラント的な諸ゲノッセンシャフト　―経済諸設備、諸機械など　―牧場諸ゲノッセンシャフト　―土地改良諸ゲノッセンシャフト　―c　販売諸ゲノッセンシャフト　―諸種類　―生産連合体への移行【S.1080】……287
―Ⅳ　生産ゲノッセンシャフト　―発展　―部分的な生産諸ゲノッセンシャフト　―全体的な生産諸ゲノッセンシャフト　―1　本来的な労働ゲノッセンシャフト　―その人的な構造　―社団の担い手としての労働　―利益分配の諸システム　―諸修正　―道徳的意義　―組織体制　―2　労働者株式諸社団　―資本ゲノッセンシャフトの修正、それゆえ資本ゲノッセンシャフトは結果において労働ゲノッセンシャフトとなる　―3　産業的パートナーシップ【S.1088】……294
―C　経済的人的諸ゲノッセンシャフトの法システムにおける地位　―Ⅰ　イギリス法　―一般的な組合諸法律　―それらと並ぶ特殊の諸法律　―Ⅱ　フランス法　―可変資本に基づく組合法　―普通法　―ラントの諸法律　―理論　―生業および経済の諸ゲノッセンシャフト〔協同組合〕　―プロイセンおよび北ドイツのゲノッセンシャフト法律　―人的ケルパーシャフトとしての登記されたゲノッセンシャフト　―1　成立、変更および解散　―2　構成　―ゲノッセンレヒト　―a　獲得と喪失　―b　性質と内容　―3　有機的組織　―4　法的意義【S.1097】……301

結語【S.1111】……315
【以上、ドイツ団体法論第一巻・ドイツゲノッセンシャフト法史・完】

《付録1》
オットー・ギールケ「株式会社論」ホルツェンドルフ編『法律学百科事典』所収（一八八〇年）……355

《付録2》
ウルリッヒ・シュトゥッツ「オットー・フォン・ギールケの思い出」（一九二一年一一月二八日ベルリン法律家協会での追悼演説）……377

《付録3》
カール・ヴィーラント『オットー・フォン・ギールケ』（全商法雑誌八六巻二六九頁、一九二三年）……421

《解　説》
オットー・フォン・ギールケ『ドイツ団体法論』（全四巻）……庄子良男……427
一　はじめに（428）
二　本書訳出の動機と意図（429）
三　ギールケと『ドイツ団体法論』（439）
四　本書『ドイツゲノッセンシャフト法史』について（446）
五　『ドイツ団体法論』の翻訳と本書の付録について（459）
六　翻訳に用いた辞書類（462）
七　おわりに（464）
【付記】　ギールケに関する若干の重要文献の紹介（468）

ギールケ『ドイツ団体法論』第一巻（全四分冊）総索引
全四分冊・事項索引（五十音順）
全四分冊・人名索引（ABC順）
全四分冊・地名索引（ABC順）
第四分冊付録1・ギールケ「株式会社論」事項索引（目次に順ずる内容順）
第四分冊付録2・シュトゥッツ「ギールケの思い出」事項索引・人名索引
第四分冊付録3・ヴィーラント「ギールケ」索引
第四分冊・庄子良男「解説」事項索引・人名索引

第四期　一五二五年ないし一八〇六年
および
第五期　一八〇六年以来

（承前）

C　自由な諸ゲノッセンシャフト

I　精神的、道徳的および社会的諸目的のためのゲノッセンシャフト制度

第六十四章　官憲的国家におけるフェライン制度

官憲的システムの影響のもとでの自由な諸ゲノッセンシャフトの運命と地位は、すでに上述（第五十四章）において一般的に示されている。一方では、いかにして宗教改革の時代の力強い民族運動の消滅後に、ゲノッセンシャフト的な精神がドイツ民族から次第に消え失せたのか、それゆえ、いかにして自由な結合の領域における創造的な新形成がほとんどもはや問題とはならず、近世へともたらされた中世的なアイヌングの諸ゲノッセンシャフトが〈しかし硬直的となった諸形式の枠内において〉特権諸コルポラチオンへと変質し、そして、対外的に、それらの構成員たちに対すると同様に、いまなおただ〈個々人の総計にそれらの一体化された諸特別性の強化された主張のための手段を提供したところの〉諸特別性の意義のみを有したのか、について言及されてきている。他方では、いかにして官憲的国家が、貫徹された国家絶対主義の目標の追求の中で、個々人の絶対的な解放と並んで、すべてのケルパーシャフトの公法的側面を自らの中に吸収することに努力し、私法的個人的諸関係のためには、しかし〈単なる組合またはコムニオンの諸関係へと解消されなかったところの〉諸フェラインに、それら

の生ける総体人格の影を〈官憲的に擬制されそして生命を与えられた、警察的に認可されそして後見された〉神秘的な人格において返却したのかということが、〔そして〕いかにして、それゆえより古い諸ゲノッセンシャフトが、それらがローマの諸ソキエタス（societates 組合）または諸コムニオ（communiones 共同団体）の概念の下に入らない限りでは、諸ウニヴェルシタス（universitates）として、半分は国家的または教会的な諸営造物（Anstalten）となり、他の半分は技術的な私法的諸主体（Privatrechtssubjekte）となり、それとは反対に、あらゆる独立のゲノッセンシャフト的な新形成に対しては、警察的なフェラインの制限とローマ法学的なコルポラチオン理論という二重の制限が対立したのかということが、暗示されている。

これらの変化によって最も強力に〈精神的、道徳的および社会的な領域に関連するところの〉ゲノッセンシャフト制度の側面ならびにゲノッセンシャフトの諸形式が突き当たられたことは自明のことであった。

I　存続したかまたは模倣された「中世的」諸ゲノッセンシャフトは、なるほど、まず最初は、それらの包括的な性格を保持し、そして、〈経済的諸目的と「並んで」であれ、経済的諸目的「なしに」であれ〉、結合された人々の一つの政治的、宗教的、精神的、道徳的および社会的なゲマインシャフトを基礎づけた。しかしながら、すでに十六世紀において、諸フェラインの中の一つのクラスにおいては、この側面を経済的な結合の単なる付属物として形作り、その他のクラスにおいては、そのような諸目的をなるほど主たる諸目的として構成したが、しかしその代わりにコルポラティフな諸要素を次第しだいに諸営造物の概念と組織体制の中に解消する、という傾向が開始した。両者の場合において、内部的な崩壊と外部的な制限とが、〈ゲノッセンシャフトそのものにおいて湧出する精神的、道徳的、社会的諸関係に一つの「私的な」性格を付与し、精神的、道徳的、社会的な「一般性」のいくらか存続する意義を、官憲的な認許へと帰着させる〉という方向において、出会ったのである。

十六世紀においては、ゲノッセンシャフト的生活の〈中世のアイヌング制度にその色彩豊かなそして調和的な特徴を与えたところの〉あの古い多面性が、まだ存在していた。あらゆるアイヌングが、かつては「政治的に」

都市または領国の発展の構成部分として、一つの役割を引き受けており、そして、同時に、それらの諸構成部分のために一つの政治的共同団体が小規模において存在していたとすれば、現在もまた、政治的意義を有する多数のケルパーシャフトが留まっていた。しかしながら、官憲的な国家理念が勝利すればするほど、それだけ一層すべての政治的諸ケルパーシャフトは没落したのであり、政治的諸ケルパーシャフトがたとえ原始的に当事者たちの創造的な意思行為から生じたとしても、国家の強制諸組織のもとでは、それらは、諸ゲマインデおよび地区諸団体と同様に、国家目的の地方的達成のための官憲的諸制度として現れたのである。ゲノッセンシャフト的な権利団体、平和団体、裁判所団体、防衛団体および警察団体については、それゆえそれ以上には問題とならず、〈旧政治的諸アイヌングまたは同時に政治的な諸ギルド、諸ツンフトおよび諸ゲゼルシャフトが、権利創造および権利保護のために、平和処理、裁判所組織体制、防衛組織体制、および、警察の組織体制のために無意味なものに留まった限りで〉、それらは、国家に従属的な諸構成部分として挿入され、それらの諸権限を国家の認可から導出し、コルポラティフな諸要素を上から来る決定のために修正しなければならなかった。かつてはあらゆる自由なフェラインを教会生活と結びつけ、その内的生活に一層高い尊厳を付与したところの、「宗教的」ゲマインシャフトは、宗教改革によって、その土台において震撼されられた。ただ外面的な追憶においてのみ、それ以来、諸ギルドとすべてのその他の自由な諸ゲノッセンシャフトの宗教的要素が、存続した。その一方では、それらの施設上、とりわけまたは本質的な部分について、宗教的なもともと自由意思に基づいた諸フェラインは、教会的または国家的な諸営造物へと移行した。あらゆるゲノッセンシャフトは、それが中世においてあったように、それらの諸構成員のための「教育フェライン」(Bildungsverein)に留まり、そして、構成員の階級と職業に従って、フェラインの名において彼らの身体的、知的、芸術的または技術的な教育を促進した。しかしながら、国家がその臣民たちの精神的な福祉のための配慮を、そして、とりわけ教育制度および授業制度を、次第しだいに〈それについて国家がなるほど教会と今日まで戦わざるをえず、しかし私的連合とは、ほとんど深刻な衝突を持たなかったところの〉国家の独占とみなすことによって、この領域ですら、なお許可されたゲノッセンシャフト的な自己形成または自己教育の最終的な理由は、官憲の認許において見出されたのである。古い諸ゲノッセンシャフトが存続した限りで、〈氏族から氏族へと伝わる「慣習」の共同体〔ゲマインシャフト〕とあらゆるゲノッセンの諸クライスにおける緊密な「社交的」な友好関係を生み出したところの〉ドイツの生活のあの美しい特徴は、それらに付着せざるを得なかった。しかし、どこでも、ここ以上には、内的な崩壊は公然とはならなかった。まだ十六世紀においては、宗教的諸混乱をとおして曇らされたにもかかわらず、〈あらゆるフェラインに拡張された家族、《従ってゲノッセンの妻子と従者をもまた包含する》家族の外観を与えたところの〉中世的共同生活の輝きが継続した。まだ、祝祭の諸集会と祝祭の諸行列、食事とダンスの陽気な結合、諸宴会および社交的な諸行事は、しばしば、多くの諸団体の主たる目的であったとしても、いかなるケルパーシャフトも、〈ドイツ人の社交感覚が、彼らの集会所を同時に酒場および祝祭広間に形作り、あらゆる集会に陽気な食事を並べ、そして、ただこのクライスにおいてのみ妥当するポエジーに富む慣習の生き生きとした潮流を生み出すことがなかったほどに〉、真面目でも、あるいは、専ら政治的または法律的でもなかった。それにもかかわらず、それ以来、自由に継続的に形成されそして新たに生み出される慣習から、硬直した、時代遅れの、浅薄な儀式が生まれた。古い色彩に富む諸シンボルから、空虚な理解しがたい諸儀礼が作られた。コルポラティフ〔団体的〕な諸会議は、小事に拘泥するかまたは無秩序であるか、あるいは、同時にその両者となった。ゲノッセンシャフトの精神の代わりに、〝団体精神（Korpsgeist）〟が登場し、そして、それは、狭量な閉鎖、諸特権への自慢、外面的な事柄の偏狭な強調、旧構成員たちをとおしての新たに加入した構成員たちの〈とりわけしかし《最も笑うべきそして最も下らない諸帰結へと導いた》誇張された表面的な名誉概念における〉濫用において示された。要するに、フェライン生活のあの諸退廃が生じたのである。そして、それらについては、十七世紀および十八世紀の学生諸団体と手工業者諸フェラインが、最も雄弁な証言を与えている。別の側面から、やがてここでもまた、官憲は、阻止的、制限的および取締的に介入し、そして、結局、あらゆるフェラインの慣習とあらゆるフェラインの社交を官憲の認許と監督に従属させた。最後には、しかし、古い諸ゲノッセンシャフトから、次第しだいにその最も美しい側面である、「道徳的」ゲマインシャフトとしてのそれらの意義もまた、逃げ去った。全くなるほど、アイヌング制度の最も深い崩壊ですら、〈それに従ってあらゆるゲノッセンシャフトが、愛と苦しみのために共同で宣誓した兄弟同盟として、ゲノッセン〔仲間たち〕を、死を超えて及ぶまでの生命と財産をもってする相互扶助のために義務づけ、そして、そのようにして常に同時に、貧民〔救済〕金庫、病人金庫および死亡金庫を、しばしば保険フェラインおよび信用フェラインをもまた、自己の中に含んだところの〉高い理解を、消失させることはできなかった。しかしながら、相互的な愛の諸義務は、一部分は、空虚な諸形式となり、一部分は、それらは、国家によって〈それゆえもはやゲノッセン団体にではなく、外的な強制の中に根を置いた〉法律的な諸債務と宣言された。そして、もし古い諸ゲノッセンシャフトが、それらの構成員たちのための配慮をもって彼らの道徳的な任務に十分であるとは信じず、敬虔かつ公益的な諸目的の促進、キリスト的な愛の諸事業の遂行、救援物の分配を、フェラインの問題とみなした場合には、なるほどこのためにもまた、フェライン活動は、必ずしも完全には中止したわけではなかったが、しかし、一般には、一部は、教会と国家の諸営造物が、一部は、認可された私的諸営造物の形式へと着衣した諸慈善施設が、益々多くゲノッセンシャフト的な諸施設の代わりに登場したのである。

個別においては、〈国家または教会の政治的または宗教的な諸営造物へと移行した〉中世の自由意思に基づく諸ゲノッセンシャフトは、すでに言及されており、それ以来とりわけ経済諸フェラインとして発展させられた諸ゲノッセンシャフトの継続的形成（営業諸ギルド、諸職人組合〔Gewerkschaften 労働組合〕、支援諸団体）については、しかし、以下に問題とされるであろうから、ここでは、さらに〈社会的、道徳的または精神的な領域がそれらにとってフェラインの本質を決定する主たる内容に留まったか、または、主たる内容となったところの〉より古い諸ゲノッセンシャフトの運命が言及されなければならない。

中世の諸ギルドの見過ごしえない数のうち、〈純粋に政治的な諸団体とも、宗教的な諸営造物ともならず、とりわけ、《商人、手工業者およびその他の営業経営者たちの営業諸コルポラチオンにおける》経済的諸営造物、および、緊急の諸場合のための支援諸団体としてもまた、生き残らなかった〉諸ギルドは、大部分、それらがそもそも宗教改革の時期を生き延びた限りで、主として社交的な傾向をもつ諸フェラインへと移行した。このようにして、多くの諸都市において、旧市民たちの諸ギルドが、ユンカー〔土地貴族〕諸コンパニー（Junkerkompagnien）、商工業者諸ゲゼルシャフト〔組合〕（Stubengesellschaften）、諸アルトゥスホーフ〔アーサー王の諸宮廷〕（Artushöfe）として、存続するか、あるいは、一時的な没落後にすら新たに再興された。それらのうちの若干の諸ギルドは、もちろん、排他的な社会的性格と〈それらに基づいて諸ギルドがその構成員たちに僧禄を保証し、あるいは、《フランクフルトにおけるアルト＝リンプルクとフラウエンシュタインの共同相続人団体（Ganerbschaften）、および、リューベックにおけるサークル兄弟団体（Zirkelbrüderschaft）、商人コンパニー（Kaufmannskompagnie）およびショーネン航海者たちの同僚団（Kollegium der Schonenfahrer）〔鰊取引をしたハンザ商人〕、のような》政治的な諸特権をすら自らのために確保したところの〉より重要な諸資本の占有を結びつけた。[1] それとは反対に、プロイセンの諸都市のアルトゥス諸兄弟団体（Artusbrüderschaften）は、ラート能力ある商人たち（Kaufleute）、布地仕立職人たち（Gewandschneider）、小売商人たち（Krämer）、海船船員たち（Seeschiffer）および醸造業者たち（Brauer）の純粋に社交的な諸結合であった。その一方、営業的諸目的のためのそれらの諸結合は、特別の諸コルポラチオンへと結合されたままであった。オウム諸ゲゼルシャフト（Papageiengesellschaften）、射撃諸ギルド（Schützengilden）および防衛諸コンパニー（Wehrkompagnien）もまた、〈構成員たちの兵役能力のための教育というその主たる目的が、そのかつての戦闘能力を失ったドイツの市民階級において無意味となってしまって以来[2]〉、とくに社交的な諸フェラインとなった。それでもしかし、それらの諸フェラインは、まだ十六世紀においては、たとえオランダの共同団体におけるほど強力ではないとしても、ドイツにおいて開花し続け、それらのうちの多くのものは、〈長い病いの後に、新たに目覚めた市民的精神から、ふたたびより新鮮な生命とより重要な内容をもって生気を吹き込まれんがために〉我々の時代に到達している。市民的な歌手の諸ツンフト（Sängerzünfte）は、職匠歌人の歌（Meistersang）そのものとともに、十七世紀以来崩壊したが、それでもしかし、それらの中からもまた、個々の残存物は、我々の時代の諸境界に至るまで維持されることができた。同じ運命を有したのは、芸術家たちと音楽家たちの諸ゲノッセンシャフトであった。ドイツの石工たちの同盟は、しかし、フランスによるシュトラスブルクの併合後は、帝国〔フランス〕のゆえに、廃止された。

喜ばしくない方法において変質したのは、〈以下それらについて話題とされるであろうところの〉手工業者仲間たちの兄弟団体的諸結合、および、古い国民制度（Nationswesen）から生じた諸農民団体（Landsmannschaften）、諸僧団（Orden）および学生たちの諸サークル（Kränzchen der Studenten）であった。それらは、〃上級生圧制（Pennalismus）〃と暴飲、より若い構成員たちの濫用を、より古い排他的な団体精神と時代遅れの社交をとおして形式的なシステムの中へともたらしたのである。(3)

しばしば騎士諸同盟、僧団の諸フェライン、馬上槍試合諸組合などの貴族連合制度もまた、結局は、排他的な階級の傾向をもつ社交的な諸フェラインとなった。これとは反対に、貴族諸フェラインがゲノッセンシャフト的な諸権利と諸義務への参加を象徴する組合記章（Ordenszeichen）において発展させたところの、政治的名誉と公的な顕彰というモメントは、その継続をフュルスト的な騎士団諸制度（Ordensinstituten）において見出した。そして、その騎士団諸制度においては、それらがそれらの近代的な形姿に近づけば近づくほど、それだけ一層ただ名称と個々の副次的な諸制度だけがケルパーシャフトの組織体制を想起させたにすぎないのである。(4) 散在的に、ひとは、もちろん最も最近の時代において、新たに基礎づけられたかまたは新たに活性化された騎士団におけるゲノッセンシャフト理念に、〈例えば、プロイセンにおいて一八四三年において白鳥騎士団（Schwanenorden）の再生の際、そして、一八五三年においてヨハネ修道会騎士団（Johanniterorden）の世俗の貴族フェラインとしての再有機的組織化の際におけるように〉再びより多く妥当性を与えようと試みてきている。〔そして、それらの騎士団は〕、とくに病院の設立において、傷病兵の看護において、そして、その他のキリストの愛の諸事業において、その任務を見出している。(5)

ゲノッセンシャフト的結合から生じた学者たちの諸共同体は、それをとおして諸総合大学（Universitäten）が独立の諸ケルパーシャフトとして国家と教会の間に設立されたのであるが、公的精神と公法の諸変化によって影響を受けずには留まらなかった。(6)内部的には、自らを形成する〝学術的なツンフト精神〟（akademischer Zunftgeist）が、特権を与えられた諸コルポラチオンの意味における諸大学の組織体制にもまた影響を与え、対外的には、諸大学、とくに新たに設立されそしてしばしばランデスヘルによって基金を寄付された諸大学は、〈自ら、または、任命された政府官吏たち（事務局長 Kanzler、管理人たち Kuratoren）をとおして、諸地位の任命およびコルポラティフな諸案件の指揮と管理に、決定的な影響力を行使した〉ランデスヘルに従属するものとなった。それにもかかわらず、しかしなお、フランスにおけるとは異なり、ドイツの諸大学（Hochschulen）は、一度も、ひとつの中央集権化された国立学校制度における、単なる同僚的な授業諸官庁とはならなかった。ドイツの分裂は、少なくとも、諸総合大学に単なる領邦国家的意義よりも高度な意義を、そしてそれによってドイツの学問に自由で一般的な性格を、総合大学の諸組織体制にはしかしコルポラティフな諸要素を、〔それぞれ〕確保するという「利点」を有したのである。我々の世紀〔十九世紀〕においてはじめて、ドイツ同盟（der deutsche Bund）と多くの個別の諸政府は、諸大学のコルポラティフな独立性をそれらの攻撃の目標としたが、(7)しかし一八四八年以来、ここでもまた、ゲノッセンシャフト的な自律と自己管理が、再び高められた承認へと到達した。それにもかかわらず、諸総合大学およびそれらの諸構成員、諸学部には、ゲノッセンシャフト的な諸権利が留まっており、そしてそれらに対して、大部分、明示的に〝諸コルポラチオン〟または〝特権を与えられた諸コルポラチオン〟

の法的性質が付与されているとしても、それでもやはり、もはやゲノッセンシャフトの原則ではなく、国家営造物の原則が、それらの本質にとって決定的なものである。それらは、全くそして徹底して、諸コルポラチオンという特別の形式においてのみ有効となる諸制度である。それら〔諸総合大学〕は、それゆえ、もはやかつてのように、〈自己自身をとおして存在し、そして、国家団体（Staatsverband）にただ諸構成部分として挿入される〉自由な諸ゲノッセンシャフトではなく、その存在の根拠と原則は国家意思であり、そして、ただ国家的な認可をとおしてのみ、それらに、それらの目的のより良い達成のために一つのコルポラティフな組織体制が付与されまたは許可されているのである。[8]

Ⅱ　そのようにより古い由来をもつ自由な諸ゲノッセンシャフトが、営造物となり、あるいは、純粋に私的な、とりわけ社交的な性格を受け取ったとすれば、政治的、宗教的、精神的、社会的および道徳的な結合の領域における創造的な新「形成」のためには、官憲的国家のシステムの中では、さらに僅かにしか場所は残されていなかった。民事法〔ローマ法〕的なコルポラチオン理論が、〈あらゆる有機的に組織されたフェラインの形成を国家の承認なしには不可能とし、この承認をとおしてしかしあらゆるフェラインを多かれ少なかれ決定的にゲゼルシャフト〔組合〕的な組織体制をもつ国家の営造物とするために〉いかに寄与したかは、第二部〔ドイツ団体法論第二巻〕において示されるであろう。しかし、警察的諸視点からもまた、あらゆる独立のフェライン形成は、一部は、不必要なものとして、一部は、有害なものとして、禁止され、そして、罰せられた。有害でそれゆえ無条件に禁止されたのは、あらゆる「政治的」連合〔体 Association〕であった。それ自体許される諸目的のためにもまた、しかし、〈その構成員たちの純粋に個人的な諸利益を超えて及ぶ〉あらゆる結合は不必要であった。ただ扇動的な臣民だけが自由な諸ゲノッセンシャフトを求める要求を担うことができたのである！　国家とその諸営造物がより広い諸クライスおよびより狭い諸クライスにおいて解決しなければならない一般的な諸任務を自助をとおして解決せんがために、人が自力で結合することを熱望する場合に、そのことは、すでに官憲の全智性に対する不信と全配慮についての疑念を漏らしてはいなかったであろうか？　いずれにせよ官憲には〈そのような結合を調査し、そして、それを純粋な私的組合として承認するか、それともコルポラティフに構成された営造物として国家奉仕へと取り込むことの〉権利が帰属した。それから、秘密の諸結合は、それらがこのコントロールから逃れたゆえに、完全に拒絶されたことは、〈官憲にはあらゆるフェラインを廃止することがあらゆる瞬間に帰属する〉というさらなる命題と同様に、それ自体から結果した。諸結合について妥当したことは、諸フェラインの諸集会についても妥当し、そして、より以上にさらに自由な諸集会についてもまた妥当した。それらは、それらが前もって官憲によって認可されていなかった限りで、一般的に許されないものとして罰せられた。それでもしかし、我々が見てきたように、諸ゲマインデ、階級諸団体、諸ツンフトおよびすべての種類の特権を与えられた諸コルポラチオンからさえ、自己集会権（Selbstversammlungsrecht）は奪われたのである！[9]

すべての同意されない諸フェラインの一般的な帝国法的な禁止は、存在しなかったとしても、それでもしかし、〈一定の種類の諸アイヌング（とくに、ことさらにラント平和の破壊および軍隊の諸徴集のような、許されない諸目的、または、それ自体違法な諸目的をもつ諸アイヌング）を禁止したところの〉[10]帝国法律は、刑事法学者たちおよび公法学者たちによってローマ法の助けを借りて、〈臣民たちの諸結合は、上位者の確認訴訟（praejudicium superioris〔上位者の予審〕）において疑いのある場合にはローマのセディーチオ seditio〔謀反〕の原則に従って、しかし、すべての明示的に承認されない諸ゲゼルシャフト〔組合〕は禁止された自力として、罰せられなければならない〉[11]というように解釈され、または拡大された。個々の諸領国の警察諸法律は、大部分さらに進み[12]、そして、「実務的に」妥当する集会法（Versammlungsrecht）およびフェライン法（Vereinsrecht）は、ほとんど全ドイツにおいて十七世紀と十八世紀において、〔次のような〕唯一の命題へと総括された。すなわち、諸集会と諸フェラインは、何時でも撤回できるランデスヘルの承認と結合され、しかし政治的な諸結合およびすべての秘密の諸ゲゼルシャフトは、すべての諸事情のもとで可罰的な軽犯罪（Vergehen）である、と。ただ、大部分の法学者たちの考えに従えば、明示的な承認は、黙示的な許容をとおして代替されるべきである。その時代の警察諸法律と刑罰諸法律は、それゆえ、自力による諸集会を〝徒党 Zusammenrottungen〟として、同意されなかった諸フェラインを〝諸集会 Vergadderungen〟、〝諸共謀 Verschwörungen〟、〝同盟的諸結合 Bündnisse〟、秘密諸集会〝Konventikel〟などとして、謀反（Empörung）および叛乱（Aufruhr）と本質的に同一のものとして取り扱った。我々は、三十年戦争から前世紀〔十八世紀〕の終わりに至るまで、ほとんど一般的なフェラインの諸制限について聞くことはないが、このことは、諸官憲の寛容に存したというよりも、むしろドイツの連合精神がそこに捉えられていた瀕死のまどろみに存したのである。反抗的なドイツ国民がそれへと変化したところの忍耐強い臣民民族からは、〈かつては最も自由な自助から新たな生活諸形式を自らのために創造したこと〉についての追憶すら消失したとすれば、権利の観念すら、自由な任意に基づくゲノッセンシャフトから離脱しているように見えた。それとは反対に、〈手工業仲間たちの間のように〉古い連合精神のまだ独立した諸活動が示された場所では、帝国諸法律およびラント諸法律は、直ちに抑止的に介入した（第六十七章）。学生たちの諸サークル、諸結社（Orden）および諸同郷人会すらが、帝国議会を不安ならしめた[13]。そして、プロイセンラント法が一般的なフェラインの禁止について何ものも含んでおらず、ただ〈国家自体およびその安全に影響を持ちうるかもしれないような〉秘密の諸結合のためにのみ官憲的な調査と承認を規定し、すべてのその他の諸ゲゼルシャフトに対しては、しかし、ただ要求に基づいてのみ、官憲に対しての彼らの諸集会の目的と意図に関する証明を義務としたとすれば[14]、独立したフェライン精神の諸開始が、フランス革命をとおして生み出された運動の結果において示されたとき、一七九八年一〇月二七日の勅令は、空白を補充することを急ぎ、そして、厳格な刑罰をもって、秘密の諸目的、知られない上位者たちまたは神秘的な諸形式をもつ諸フェラインを禁止したのみならず、国家の組織体制〔憲法〕および行政における変更を主要目的または付随的目的として目指すすべての諸連合、それゆえすべての政治的諸フェライン一般を禁止した[15]。――〔それは〕前世紀〔十八世紀〕の終わりと今世紀〔十九世紀〕の初めにおいて、ほとんどすべてのその他のドイツの諸立法が、とくに秘密諸ゲゼルシャフト〔秘密結社〕の成立の機会から、あるいは、それらの成立の恐れから、それに続いたところの一例である。[16]

1　個別においては、それゆえ臣民たち一般の「政治的」諸結合については、問題とはならない。[17]同様に、「宗教的な」領域における自由なフェライン制度は、存在しなかった。[18]

2　「精神的」領域においては、教会から学問と芸術に対する監督と教育制度の支配を奪い、それらを国家に譲渡するという、大きな変化が生じた。しかし、国家と教会の間のこの対決においては、自由な結合は、何ものをも獲得しなかった。なぜなら国家は、精神的諸関心の最高の配慮を、国家の譲渡しえない権利および国家の道徳的義務として把握することに留まらず、国家の手中にあの配慮を独占するに至るまで、しかり精神的形成に関していわゆる〝教育および授業至上権〟(Erziehungs= und Unterrichtsregal)の引受に至るまで、国家理念を推し進めたからである。国立学校制度および学問と芸術のための国家諸営造物の設置へと関連した終わりのない福祉的な諸結果と並んで、そのようにして同時に〈市民たちのあらゆる自己創造的な活動を排除し、授業諸団体の独立性と《私人たち、諸フェラインおよび諸ゲマインデによって設置された》諸学校の独立性を最も極端に制限し、そして、この領域にもまた国家的な指揮と後見を譲り渡したところの〉システムの諸不利益が示されざるを得なかった。ドイツの分裂は、もちろん事実上、フランス的な意味における中央集権化を妨げた。しかし原理的には、あらゆる個別国家は、精神生活の官憲的な有機的組織を追求に値する目標とみなした。[19]それらの外的な法的形成においては、それゆえ、とくにすべての「学校」は、直接または間接の国家の諸営造物として現れた。〝諸学校と諸総合大学は国家の諸企画である。〟と、プロイセンラント法の第二部第十二章は始まっており、そして、同章は一定の諸制限のもとに私立学校の設立をもまた許しているが、同章は、それでもしかし、明らかに〈そのようにして設立された諸営造物もまた、それらの計画の要求された国家の承認と調査をとおして国家の諸営造物となり、そして「それゆえ」臨検と監督に服する[20]〉という見解から出発している。新たに設立されたより上級の諸学校と授業の諸営造物は、それゆえ、いまやそれらを国家自身が設立しあるいはただ間接的に自らのために所有しようとしたとしても、諸総合大学と同様に、諸コルポラチオンとしてではなく、全くただ諸営造物または諸慈善施設としてのみ、出現したのである。プロイセンラント法が、諸ギムナジウム、および、学術的な芸術学校または営業学校に〝諸コルポラチオンの対外的諸権利〟を与えているとき、それによって同様に、まさにただコルポラチオンの「対外的」諸権利、従って〝法人〟の諸権利のみが、考えられている。これらの諸制度は、〈営造物に極めて近いが、しかしいつでもやはり〝ゲゼルシャフト〔組合〕〟という種類概念を前提とする〉ラント法的なコルポラチオン概念によってすら、現実の諸コルポラチオンとはみなされえない。それらの内部的な組織体制は、それゆえ、徹底してゲゼルシャフト的、コルポラティフな要素を含んでいない。(21) そして、今日まで、すべてのこれらのそしてほとんどすべての極めて大きな数において新たに加わる、学問、芸術または技術の個々の諸分野のための教育諸営造物（芸術学校、絵画大学、音楽学校、戦争大学（Kriegsakademien〔陸軍大学〕）、建築大学、師範学校、獣医学校、航海学校および商業学校、営業大学と営業学校、鉱山大学と林業大学、農業大学など）、ならびに、公的な諸図書館および諸博物館、医学的＝外科的な諸営造物および自然科学的な諸営造物、営業的または農業的および林業的な諸試験所および模範諸研究所などは、これらすべてに独自の私法的な人格が帰属する限りで、諸総合大学からの諸差異として、純粋な営造物の性格を保持してきている。しかり、それらは、徹底してコルポラティフな組織体制をもたないのみならず、大部分の場合に同僚的な組織体制をもまたもっていない。けだしそれらは、諸ゲマインデまたは諸保護者たちを伴ないまたは伴なわずに、上から任命された理事者たちをとおして、国家的な上級指揮のもとに指揮されそして管理されるからである。

いかなる時代にも、「学問的」および「芸術的」な諸目的のためのフェライン形成が全く止むことはなかったが、それでもしかし、これらの諸フェラインは、ただ私的で一時的な性格だけを有したか、それともしかし、それらはただ国家の諸営造物の形成のためのイニシアティヴのみを与えたに過ぎない。学者の諸フェライン、芸術家の諸ゲゼルシャフト、詩人諸同盟、音楽の諸ゲゼルシャフトなどは、散発的にすべての諸世紀において設立され、そして、しかしここそこでさまざまな諸形式において、とくに結社（Orden）の形式において、より堅固な有機的組織と一つの領邦の諸境界を超えて及ぶ意味とを自らに与えることを求めた。十五世紀と十六世紀において自由な学者たちおよび芸術家たちの諸ゲノッセンシャフト、すなわち、いわゆる自由な諸アカデミーによって種を蒔かれた[22]イタリアの例に従って、ドイツにおいてもまた、十六世紀において多数の自由な学者諸フェラインが成立し[23]、そして、十七世紀および十八世紀においてとくにドイツ語の改良のためにいくつかの諸ゲノッセンシャフトが形成されたが[24]、そこから十七世紀の終わり以来、ドイツにおいてもまた、その他の諸国におけるようにすでに早くから[25]、国家的な諸アカデミーが、国家によって設立されそして維持された学問と芸術のための公的な諸営造物として、〈たとえ多かれ少なかれ独立したゲゼルシャフト的な組織体制を伴なってであるとしても〉生じた[26]。そして、自由な結合は、これらの諸制度の前に、〈その後ようやく十八世紀の後半において、再びより大きな飛躍を受け取らんがために〉極めて限界づけられた領域へと後退したのである[27]。

3　「道徳的」諸目的のための、とくに慈善および共同の便益という諸任務のための本来的なフェラインの活動は、中世的なギルド制度および兄弟団体制度の崩壊とともに、もはや行われなくなった。国家または教会の直接または間接の配慮は、その代わりに、そして、フェラインが自らを慈善のそして共同利益の目的のために形成した場所で、登場したので、それは、国家的または教会的な諸営造物のシステムに、構成部分として自らを挿入せざるを得なかった。もちろんすでに中世において極めて至るところで活発な私的活動は、私的諸営造物（Privatanstalten）または諸慈善施設（Stiftungen）の設立という方法において、生き生きとした流れの中に留まったのであり、そして、そのような諸慈善施設がそこから出発したのは、たんに諸個人および既存の諸コルポラチオンであったのみならず、このための（ad hoc）諸フェラインおよび諸連合もまた、そのために活動していた[28]。しかしながらそのように設立された諸施設は、まさに諸施設であって、諸コルポラチオンではなかった。それらの諸施設は、それらを生命へと呼び出している諸個々人または諸フェラインとの関係においては、〈これら〔の諸個人および諸フェライン〕がそれらへと譲渡したところの〉第三の諸権利主体であり、そして、それらは、国家との関係においては、いつでも国家的な（あるいはまず第一には教会的な、または、ゲマインデ的なおよび間接的に国家的な）諸営造物より以上のものとみなされ、そして、官憲的な認可、指揮およびコントロールに従わされた。慈善的な諸施設に関する立法がこの時期の終わりに、時おりまさに、慈善施設の財産を国家財産であると宣言したとしても[29]、なるほど必ずしもすべての諸法律はこの極端にまでは行かなかったが、しかしながら、ひとが慈善施設に特別の権利主体性を認めた場所でもまた[30]、ひとは、それでもしかしこれらの人格化を、設立者意思（des stifterischen Willens〔財団寄付行為者の意思〕）の流出物としてではなく、国家意思の流出物として取り扱ったので、それゆえ、設立のために国家的な承認を要求し、そして、国家のために、内部的な構成、監督、管理、修正および会計検査に関する命令を留保し、設立者がそれに関して何もしなかった限りでは、いずれにせよしかし広範な監督権と臨検権、ならびに最後に、それらの廃止とそれらの財産の没収の権利に関する諸命令を留保した[31]。

4　社会的な兄弟化の目標をもつ「社会的」なゲノッセン諸団体は、それらが私的な種類の社交的なゲマインシャフトだけを目指す限りで、何時でも形成することができた。そして、事実、多種多様にさまざまな貴族および市民の、階級と職業に従って区別された諸クライスが成立した。それらが自らに法的な有機的組織を（しばしば結社 Orden、例えば、馬鹿者オルデン Narrenorden、愚者オルデン Geckenorden、禁酒オルデン（Mäßigkeitsorden）、学生オルデンとして）与えた限りでは、そして、法的諸統一体として、会館またはその他の財産を占有しようとしたときは、それらは、もちろんその他の諸ゲゼルシャフトと同様に、国家的な承認を必要とした。その上、それらは、現在、絶対主義的な政府のやり方の時代におけるどこかで通常であったように、官憲をとおしての疑い深い監視から逃れることはなく、秘密の政治的または宗教的な諸傾向の疑いによって、しばしば十分に禁止された。警察的な諸制限に対する当然の保護手段は、秘密であることであり、不自由性と秘密性とは、絶えず最も近く兄弟のように親密であった。それゆえフェラインの諸制限と並んで、何時でも秘密の諸結合が生じた。前世紀〔十八世紀〕の初め以来、しかしとくに第二半期〔後半〕において、〈それらが追跡された場所ではそれらの存在を、しかしこのことが問題とならなかった場所でもまたそれらの内容を、非構成員たちに隠し、そして、沈黙を最も主要なゲノッセンの諸義務の一つとして基礎づけたところの〉秘密の諸ゲゼルシャフトが、豊富な豊かさにおいて形成されたとき、そのことは、ドイツにとっては、その隣国たちにとってと同様に、公的権利の欠缺と新たに成長する公的精神との同時的な証明であった。しばしば不明瞭なまたは神秘的な観方から出発しており、そして、それらの諸目標において空想的ではあったが、それでもしかし、すべてのこれらの諸連合は、それらが、ゲノッセンシャフトの思想がやがて新たに獲得すべきであろうところの力強い意義の予感において、道徳的なゲノッセンシャフトの理念、すなわち社会的な兄弟化の理念を実現することを求めた点において、一致していた。それらは、それゆえ、ゲノッセンシャフトの理念の深化にとって、低く評価されるべきではない意義を有したのである!。とりわけ〈偉大なドイツの石工兄弟団体（Steinmetzenbruderschaft）との一定の関連において立って、その確定的な構成を十八世紀の初めにイギリスにおいて受け取り、そして、そこからすべての諸国へと拡がったところの〉フリーメイソン同盟（Freimaurerbund）は、この意味において作用した。ドイツの若干の諸政府によって、とくにプロイセンによって採用されそして保護されて、たとえ教皇によって咎められたとしても、偉大な同盟は、それだけ一層妨げられずに、一連の詳細にまたは緊密に結合された地方的な諸ゲゼルシャフトにおいて、〈古い手工業者兄弟諸団体から引き出された兄弟性（Brüderlichkeit）という道徳的＝社会的な理念を、人間性（Humanität）という新しい理念をもって豊かにしたところの〉その高い諸目標を追求することができた。同様に、もともとは主として手工業的および宗教的な諸伝統から成立した儀式に関連したところの秘密が、次第しだいにフェラインの本質全体に拡張され、そして、さまざまに権利を与えられそして神聖化された諸段階のシステムの発展が、自由に選ばれた一人の議長のもとに立つ平等の権利を有する兄弟たちの同盟という元々の形式を消失させたとき、その偉大なゲノッセンシャフトは、あらゆる連合体の不可欠の基礎である兄弟的共同意識の再生に向けて、幾重にも豊かな祝福をもって作用したのである。〈十八世紀の後半において非常にさまざまな有機的組織において、そして、非常にさまざまな種類の目標を伴なって、成立し[38]、そして、諸政府によって時おり優遇または許容され、しばしば禁止または迫害されて[39]、新たに目覚めたフェライン精神（Vereinsgeist）を告知したところの〉多数のその他の秘密の諸兄弟団体、誓約諸ゲノッセンシャフトおよび諸ゲゼルシャフトは、はるかに僅かな意義しかもたなかった。政治的な諸転覆の時代が登場して以来、これらの秘密の諸ゲゼルシャフトは、しばしば政治的な諸傾向をもまたフェラインの目的の下に受け容れた。あるいは、それらを受け容れたという嫌疑へと陥った。フランス革命から我々の時代に至るまで、その後多くの民族のもとで、とくにロマン民族において、しかしまたスラヴ民族およびケルト民族においてもまた、秘密の諸フェラインは、すべての政治的および社会的な諸運動および諸痙攣の中で、重要な役割を演じてきている[40]。ドイツにおいては、これとは反対に、秘密の諸フェラインは、現実の中でよりも、より多く諸政府の恐怖の中に、そしてそれらに反対して制定された禁止諸法律の中に、存在してきており、あるいは、そうでないとしても、それらは、上昇するフェラインの諸制限が一八四八年以前にそれらにまさに挑戦した限りでは、発展の過程へとほとんど影響を与えなかった[41]。ゲルマン的なゲノッセンシャフト意識とローマ的な宣誓の精神（Verschwörungsgeist）とは、同一でないのみならず、それらは相互に排除しあうのである。なぜなら、秘密の諸ゲゼルシャフトの成果は、目に見えない統一体の下への熱狂的な服従と厳格な中央集権化とに対する能力に基づくからであり、生産的なゲルマン的ゲノッセンシャフトの形成は、しかし、独立した共同意識と自己管理の能力を要求するからである。

【以上、第六十四章、終わり】

【以下、第六十四章の注】

（1）　上述、第三十四章、第三十六章、第三十七章注（7）を参照せよ。フランクフルトの都市貴族たちのギルド（Patriciergilden）については、Fichard S. 187 f. 201 f., Wilda S. 209 f.　一五五六年にシュウェービッシュ・ゲミュントとニュルンベルクからの七人の商人たちによって設立された、フランクフルトにおける都市貴族のギルドに関しては、ウィルダ Wilda S. 270. 271 を参照せよ。リューベックの都市貴族の諸コレーギウム〔団体〕のその後の形成に関しては、マルクアルドゥス Marquardus, de jure mercat. Lib. III. c. 1. Nr. 35-63. S. 365 f. を参照せよ。商人コンパニー（Kaufleute=Kompagnie）は、宗教改革後、ほとんど全く衰亡していたが、しかし一五八一年、新たになった。すなわち、かつて一つの固有のフィッテ（Vitte 魚の水揚地）と一人のフォークトをショーネン（Schonen スコーネン〔地名〕）に有したところの、ショーネン航海者（Schonenfahrer）は、同様に、ただ、いまなお停滞した生活を送っていた。すべての三つの諸コレーギウムは、閉鎖された一定数の構成員（三十人の商人たち）および〈彼らが寄贈したところの〉定められた僧禄（Präbenden）（十六人の商人たち）を有した。構成員が死亡すると、補欠選挙が行われた。彼らは、公的な諸集会と定期的な饗宴をもち、土地、家々、共同の店舗および共同の標章と印章を保有し（S. 449）、そして、特別の教会堂座席を所有した。選ばれた長老たち（Altermänner）（penes quos omnis est directio et auctoritas〔彼らのもとにすべての指揮と命令がある。〕, ib. Nr. 53）が頂点に立っていた。諸コレーギウムは、〈彼らがとくに罰金と除名刑を判決し、そして、彼らの按察官たち aediles、弁護士たち advocati、訴訟代理人たち procuratores、公証人たち notarii、および、ペデルリ pedelli を有したことによって（Nr. 56. 57）〉一定の裁判権を行使した。他の諸都市におけるこれらおよび類似の諸コレーギウムの権利の永続性を正当化するために、いかに苦労の多い諸推論をマルクアルトが払ったか（Nr. 50-63）は、特筆に価する。彼らが黙示的または明示的に承認され（Nr. 51）、そして特権を与えられ（Nr. 53）、そして、ローマ法の諸ウニヴェルシタス（universitates）のすべてのメルクマールを有する（Nr. 53-58）ことは、違法な諸コレーギウム（collegia illicita）という非難に対して諸ケルパーシャフトを維持するためには、彼にはまだ十分であるとはみえなかった。彼は、さらに、市参事会員たち Rathmannen や学者たちがそのような諸コンパニーに属していたこと（Nr. 59）、グライフスワルトの商人仲間にポンメルンのヘルツォークさえもが参加していること（Nr. 60）、そして、諸コレーギウムは、しかも若干の便益（公の集会 publica concilia、適当に区別された諸職務 distincta officia、Nr. 61）を有したこと、の上に自らを基礎づけた。最も特徴的であるのは、その結びの議論（Nr. 62. 63）である。なぜなら、彼がここでは、エテロ（Jethro）が彼の女婿であるモーゼ（Moses）に与えた助言（旧約聖書・出エジプト記第十八章 Mos. II. c. 18 v. 17-23）、すなわち、〝確かに、上位の長が、すべてのことがらについて心を配り、すべてのことを観察し、そして、秩序立てることはできないであろうときは、行政の諸階級が生まれることを、経験が我々に教えたのである。〟（cum enim magistratus superior omnibus non possit invigilare, omnia observare et disponere, usus nos docuit, ut gradus administrationum fierent.)、という助言を、諸コレーギウムの妥当性のために引用することによって、いかに帝国自由都市リューベックの一市民すら、十七世紀の終わり頃にはゲノッセンシャフトをもはや観念することができず、これをむしろ官憲的な行政的営造物としてのみ考えることができたのか！を示しているからである。

(2) Vgl. Stenzel, Kriegsv. S. 161 f.

(3) クリューバー Klüber, öff. R. §501 Note g. における〔大学上級生による〕新入生圧制（Pennalismus）の文献。

(4) Vgl. Moser, teut. Hofrecht（1755）II. c. 2.: von den Ritterorden teutscher Höfe. G. Schulze, Chronik sämmtlicher bekannter Ritterorden und Ehrenzeichen. Berl. 1855. Heffter, im Staatswörterb. VII. 381 f. すべての僧団諸規約によれば、主権者となったのは、大マイスター（Großmeister）であった。いくつかの僧団においては、コルポラティフな制度は、新たな騎士たちの採用または宣誓が行われた点において、存続した。そしてまた、指名と並んで登場する選挙、いくつかの僧団の閉鎖された数、その他の僧団の生来的な構成員地位は、そのことを想起させるのである。本来の僧団参事会（Ordenskapitel）は、すでに十五世紀以来、滅多に招集されなかった。

(5) 〝白鳥騎士団（Schwanenorden）〟に関しては、Patent〔特許〕v. 24. Dec. 1843（G. S. S. 411）、〝ヨハネ騎士修道会（Johanniterorden）〟に関しては、Erlaß〔公布〕v. 15. Oct. 1852（G. S. v. 1853 S. 1）および Ordensstatut〔僧団規約〕v. 24. Juni. 1853（im Staatsanzeiger〔官報〕v. 1854 S. 3230）を参照せよ。

(6) Vgl. Marquardsen, Universitäten, im Staatswörterbuch VII., bes. S. 683 f.

(7) とくに、一八一九年九月二〇日、一八二四年八月一六日、一八三二年六月五日、一八三四年一一月一三日の、同盟の諸決議。

(8) 例えば、プロイセン一般ラント法（Pr. A. L. R. II, 12. §1）〝諸大学は、国家の諸施設である。云々〟。§67〝諸大学は、特権を与えられた諸コルポラチオンのすべての諸権利を有する〟。§68〝大学の内部的組織体制、大学評議員会とその時々の代表者のゲマインシャフト的な諸案件の配慮と管理における諸権利は、諸特権と〈国家によって承認されたあらゆる大学の〉諸規約をとおして規定されている。〟さらに個々の諸点においては§68–129。

(9) このことをモーザー Moser, von der Unterthanen Rechte und Pflichten II. S. 261 f. は認めている。同様に、最近の事柄については、Leist, St. R. S. 501, Klüber §360, Feuerbach, peinl. R. 434, Heffter, Strafr. §223, Zachariä, Staatsr. I. §90 IV., Zöpfl, Staatsr. II. §467. 帝国諸法律をより一般的にツィルクラー Zirkler, das Associationsrecht S. 87-96. は、解釈している。彼によれば、「あらゆる」連合体（Association）は、ランデスヘルの了知（Vorwissen）と許可（Erlaubniß）なしには、帝国法的に許されず、そして、無効であるべきである。S. 93.

(10)　金印憲章（die Goldene Bulle）c. XV §1-3 と選挙協約（Wahlkapitulation）art. 15 §6 のほか、とくに、一五五五年の帝国執行条例（Reichsexek. Ordn. v. 1555）§34. 43. 44 および一五四八年のラント平和条約（Landfrieden v. 1548 pr.）。

(11)　Limnaeus, ad aur. Bull. XV. §1-3 u. zur Wahlkap. Karl's V S. 233 f.（疑わしい場合、結合は、犯罪の一種であろう。in dubio unio sit de genere delicti）, Reinking, de Imp. sec. et eccles. 2. 3. 4. Nr. 26; Boerius, de seditione c. 5. Nr. 1. 3. 4. Ludovici Doctrina Pandectarum lib. 17 tit. 22：「違法な諸団体、すなわち、君主によって認められない諸団体は、確かに憎むべきものであり、そして、それゆえに禁止される。……なぜならそれらはさまざまな逸脱に機会を与えるからである。それゆえにそれらは解散させられる。むろん諸団体が何ら違法行為を確かに今までは犯していないとしても、それにもかかわらず、将来犯すのではないかという、恐れが存在するからである。」（collegia illicita i.e. a Principe non confirmata, valde odiosa sunt et hinc prohibentur.... quia variis excessibus occasionem dant. Dissolvuntur itaque. Si nimirum collegae nihil illiciti quidem hactenus commiserunt, metus tamen adest, ne futuro tempore fiat.）やがてさらに、「私人たちのすべての諸会合」（conventicula von privati）は、〝陰謀または叛乱と同種の〟異常な犯罪（crimen extraordinarium "instar factionis et seditionis"）と説明され、そして、それに対しては金印憲章が引用される。Vgl. Brunnemann, Comment. in L Libros Pandectarum ad tit. de coll. et corp. Marquardus, de jure merc. L. III. c. 1. Nr. 11-16. より詳細は、第二部〔本書第二巻〕において。

(12)　例えば、一五六七年以来ヴュルテンベルクにおいて妥当している法については、ライシャー Reyscher, publicist. Versuche S. 169 f. および、ツィルクラー Zirkler, das Associationsrecht S. 50 f. を、リューベック法については、メーヴィウス Mevius, ad jus Lubec. lib. IV. tit. 13. S. 731-743. を、ニュールンベルクのフェライン禁止と集会禁止については、マルクアルドゥス Marquardus, de jure merc. L. III. c. 1. Nr. 16. を、参照せよ。

(13)　一七九二年にライヒスターク（帝国議会）はそれらと取り組んだが、しかし問題を脱落させた。詳細は、Klüber, öff. R. §501. Weiß, Staatsr. §141.

(14)　Pr. A. L. R. II, 20. §184. 185.

(15)　Ed. v. 20. Oct. 1798. §2. 5-8. 共同関知者の密告義務および密告者の不可罰性すら基礎づけられた！

(16)　本章の最後の注において引用された諸法律を参照せよ。

(17)　どこまで広くさらに諸階級の政治的諸アイヌングが登場したかは、上述のところで言及されている。第六十章。

(18)　前章〔第六十三章〕を参照せよ。

(19)　ひとは、ただ、公法または警察に関して取り扱う書物においてのみ、市民たちの勉強（studia civium）などに関するランデスヘルの権利についての諸節を比較する必要がある。例えば、Heumann, in jur. pol. c. 13. S. 115-122. Moser, von der Landeshoheit in Polizeisachen S. 60 f. Klüber, öff. R. §501. 上に言及された諸視点を、例えば、ハイネクキウスの権威のもとに保持されたDiss. de jure principum circa civium studia『博士論文・市民たちの勉強に関する君主の権利について』. Halle 1738. は、完全に展開している。とくに §14. S. 31-34: jus principis circa scholas et academias〔学校と大学に関する君主の権利〕, §15. S. 34-36: vindiciae hujus juris adversus canonistas〔教会法の学者たちに対する君主の請求権〕、ならびに、学問的な諸ゲゼルシャフトに関する §16 S. 36-38 および芸術的および技術的な諸ゲゼルシャフトに関する §20 S. 44-46、を参照せよ。

（20） II. 11. §I-9. を参照せよ。§6 によれば、公的な学校制度が存在するラントにおいて、および、小都市においては、付随的学校または私塾（Neben= oder Winkelschulen）は許容されるべきではなかった。このことは、憲法証書（Verf. Urk. art. 22. 23.）をとおして廃止されている。それによれば、授業の自由が原則として掲げられ、そして、国家の「監督」のみが確保されている。大部分のその他の諸国における発展は、類似に推移した。

（21） Pr. A. L. R. II, 12. §54-66. さらに II, 6. §25 f. 財産管理（例えばたんにそれについての監督のみならず）は、Instr.〔訓令〕v. 23. Oct. 1817 §2 Nr. 6 u. §18 litt. q. (G. S. S. 248) u. C. O. v. 31. Dec. 1825 D. II, 2 (G. S. 1826 S. 7) によれば、疑いある場合においては、地方学校諸コレーギウムに、従って完全に営造物の外に立つ純粋の国家官庁に、帰属する。

（22） フィレンツェにおけるプラトン・アカデミー（Platonische Akademie）（一四三九年）、教皇パウル二世によって残虐に迫害されたローマにおける古代組合（Alterthumsgesellschaft）（一四六八年以来）、ヴェネチアにおける文献学組合（die philologische）（一四九五年）、フィレンツェにおけるフーモリスティ（Humoristi フーモリストたち）（一五四〇年）、教会をとおして破壊されたナポリにおける自然の秘密アカデミア（academia secretorum naturae）（一五六〇年）、フィレンツェにおけるイタリア語の純化のためのアカデミア・デラ・クルースカ（academia della crusca）（一五八二年）などのように。画家諸団体（Malervereinigungen）は、聖ルカ〔聖路加〕教団の諸ツンフトとして（十四世紀にベネチアとフィレンツェにおいて、一三九一年パリにおいて）、諸芸術大学（Kunstakademien）の起源となった。

（23） コンラード・ケルテス（Konrad Celtes）によって創立された南東ドイツの人文主義者諸フェラインは、とくに一四九〇年にオーフェンにおいて設立され一四九三年にウィーンに移されたドナウゲゼルシャフト（Donaugesellschaft ドナウ学術団体）および sodalitas Celtica s. Rhenana（聖ライン・ケルテス協会）は、そうである。シュトラスブルク（一五三八年まで）およびシュレットシュタットでのヴィンプフェリング〔Wimpfeling〔ルネサンスの人文主義者・神学者〕〕のもとでの学術諸団体、バーゼルにおけるエラスムス・フォン・ロッテルダムの協会（Gesellschaft）、アウクスブルクにおけるバイエルン文芸協会

(Litteraturgesellschaft) など。

(24)　とくにパルメン僧団 (der Palmenorden) または結実協会 (die fruchtbringende Gesellschaft) は、一六一七年ないし一六八〇年に、多くのフュルスト的な人々の参加のもとに、イタリアの言語諸協会の模範に従って、ドイツ語の純化のため、および、〃ドイツ的誠実の維持〃のために、活動した。Vgl. Gryphius, kurzer Entwurff ec. S. 305-319. Kurt v. d. Aue, das Ritterthum S. 225. フィリップ・フォン・ツェーゼン (Philipp v. Zesen) により一六四三年ハンブルクで創設された〃ドイツ信条ゲノッセンシャフト〃(teutschgesinnte Genossenschaft) は、類似のものである。詩人の諸目的を追求したのは、例えば、一六四四年以来、ペグニッツの牧人たちの桂冠を受けた花僧団 (der gekrönte Blumenorden der Hirten an der Pegnitz)、一六六〇年以来の〃エルベ河の白鳥僧団〃(der Schwanenorden an der Elbe)、および、〃ドイツ語を用いる詩人協会〃(Deutschübende) (一七一六年)、一七二四年以来、ハンブルクにおける〃愛国〃協会 (patriotische Gesellschaft)、〃ゲルリッツァー〃(Görlitzer) すなわちゴットシェードのセニオラート (一七二六年) 以来は〃ドイツ協会〃、および、イエナ、ケーニヒスベルクにおけるそれらの諸支部など、である。――音楽の〃合唱兄弟ゲゼルシャフト〃(Chorbrüdergesellschaft) は、一五九一年以来ラインエルツにおいて存在した。

(25)　とりわけフランスにおいては、一つの最初は小さい自由なゲゼルシャフトが、一六二九年にリシュリューによって組織され、一六三五年一月二五日の国王の設立命令 (Gründungsdekret) をとおしてアカデミー・フランセーズとして構成された。これらは、四つのその後のアカデミー (一六六三年の碑文と文芸のアカデミー、一六六六年の科学アカデミー、ルイ十四世のもとでの芸術アカデミー、フランス革命時代における精神科学と政治学アカデミー) 同様、純粋な国家営造物という同一の性格を有し、そしてそれゆえ、一七九六年の憲法 tit. 10. art. 298 をとおして唯一の国立の制度へと融合され、後には、たびたび新たに区分されそして改変されえたのである。イタリアにおいては、フィレンツェにおいて最初の国家アカデミーが、より以前の私的諸結合体から出現した。イギリスにおいては、チャールズ二世が一六四五年以来存在しているゲゼルシャフトを、一六六〇年、諸学問の王立組合として国家営造物へと高めた。

(26)　一六七〇年シュワインフルトにおいて設立され、一六七七年皇帝によって特権を与えられたアカデミア・レオポルディーナ・ナトゥラーエ・クリオソールム〔自然探求レオポルト・アカデミー academia Leopordina naturae curiosorum〕、一七〇〇年以来〈一人の指名された院長のもとに、しかし《そのそれぞれがその理事を終身で選任するところの》四つのクラスをもつ〉ベルリン・アカデミー (Berliner Akademie)、一七五〇年以来ゲッティンゲンのアカデミー (諸科学協会 Societät der Wissenschaften)、一七五九年ミュンヘンのアカデミー、一七六三年ないし一八〇〇年マンハイムのアカデミー、テュービンゲンのシュヴァーベン歴史アカデミー、一七七一年以来ライプチッヒ・ヤブロノフスキー協会などは、そうである。諸アカデミー〔文芸の諸組合 societates litterariae〕については、Heumann, in jur. pol. c. 13 §103. S. 121 f., Heineccius, l. c. §16 u. 20. S. 36 f. 44 f. を参照せよ。さらに、Encyklopädie v. Ersch und Gruber I, 2. 280-284 におけるヴァハラー Wachler の論文、および、ブルンチュリー Bluntschli の Staatswörterbuch I. 110-118. における論文、レンネ Rönne, Staatsr. II, 2. §463 S. 426 f.〔を参照せよ〕。

(27)　これらの事柄に関しての十八世紀の法学者たちの諸見解にとって特徴的であるのは、例えば、ハイネクキウス（Heineccius, de jure principum circa studia）が §16 S. 36-38 において、文芸の諸組合（societates litterariae）に関して言っていることである。すなわち、彼は〔次のように〕考える。すなわち、より以前の私的な諸アカデミー、および、「フモニスト〔人文主義者〕たち、鋭い観察者たち、より速やかな〔進歩的な〕人々、不動の人々、アルカディアの人々〔理想主義者たち〕の諸組合」（societates humoristarum, lynceorum, ociosorum, immobilium, Arcadum）は、全く何の便益ももたず、そして、それゆえに中絶したのであろうか。「ことがらは、次のようであろう。すなわち、いかなるときでも市民の英知自体は〈国家におけるすべての諸団体は君主に基づくことを〉説得するであろうし、確かにこれらの諸団体が違法な諸集会へと変質しうるであろう場合には……、君主の心配とこれらの諸団体および彼〔君主〕に関しては、彼〔君主〕の法から、〈彼が確実な諸法律をそれらの諸団体のために規定すること、彼が適当な諸組合員が補欠選挙〔補充〕されることを命令するであろうこと、それらの諸組合員に対して管理者をその責任に当たらせ、そして、すべての事柄を《それゆえに国家の文芸が最も豊穣な実りを獲得するであろう》ように高く尊重するであろうこと〉が、容易に認識されるからである。」（quae quum ita sint, quumque ipsa civilis prudentia suadeat, collegia in republica omnia a principe pendere, immo quum in conventicula illicita degenerare possint haec collegia……facile intelligitur, ad principis curam et haec collegia pertinere eumque jure suo uti, si iis certas praescribat leges, si socios idoneos cooptari jubeat, si iisdem praesidem illi muneri parem praeficiat omniaque ita dirigat, ut fructus inde respublica litteraria capiat uberrima.）と。それから、「崇敬されるべき機械的な諸学芸に関する諸組合」（societates ad excolendas artes mechanicas pertinentes）に関する §20 S. 44-46 も類似している。

(28)　諸寄付の一般的な募集の方法で成立した最初の慈善施設は、フランケ（Francke）（一七〇五年死）によって設立された、ハレにおける孤児院（Waisenhaus）であった。

(29)　それゆえ一八〇八年のバイエルン・ゲマインデ勅令（das bair. G. E. v. 1808）六条は、慈善施設の財産をゲマインデ財産、そしてそれによってこの勅令の意味において間接的な国家財産〔である〕と宣言した。一八一八年のゲマインデ条例二四条をとおして削除されている。

(30) プロイセン一般ラント法（Pr. A. L. R. II, 19 §42）は、そうである。すなわち、〝国家によって明示的または黙示的に承認された貧民施設およびその他の扶助施設（Armen= und andere Versorgungsanstalten）は道徳人〔慣習上の人 moralische Personen〕の諸権利を有する〟と。

(31) 例えば、プロイセン一般ラント法 Pr. A. L. R. II, 19 §32-89 およびマッシャー Mascher, das Staatsbürgerrecht ec. sowie die Armengesetzgebung Preußens S. 232-251. におけるその後の補充的諸規定を参照せよ。廃止の場合においては、しかし、創設者の目的に対する可能な限りの敬虔さが規定されている。いわゆる〝緩やかな慈善施設の諸組合（milde Stiftungssocietäten）〟に対する国家の諸権利に関しては、カント『法論』Kant, Rechtslehre S. 184 f. シュマルツ Schmalz, natürl. Staatsr. §120、クリューバー Klüber, öff. R. §360 Note g. をもまた、参照せよ。諸慈善施設の法人格に関する詳細は、第二部〔第二巻〕において〔参照せよ〕。

(32) ヴィンツァー Winzer, die deut. Bruderschaften des M. A., insbesondere der Bund der deut. Steinmetzen und dessen Umwandlung zum Freimaurerbund, Gießen 1859. は、その証明を提出しようとしている。〔それによれば〕〈それらの一般の兄弟同盟へと、同業組合（Gewerk）とは反対に、いわゆる〝愛好家たち Liebhaber〟をもまた採用した（S. 46-75）ところの〉ドイツの自由石工兄弟諸団体〔フリーメイソンたち〕の諸慣習と諸見解は、ドイツの建築手工業者たちをとおしてイギリスへともたらされ、そして、彼らによって次第に、より多く警察的に有機的に組織されたイギリスの手工業者ギルドに、行われた融合の後に、伝達されたということである（S. 83-96）。この混合から生じた諸ギルドは、十七世紀以来、素人兄弟たち（Laienbrüder）を受け入れ、そして、かつての営業的および宗教的意義の後退とともに、時代の啓蒙的な形成がそこでは主たる役割を引受けたところの諸団体へと変化した、とされている（S. 96-100）。

(33) 〈ロンドンの四つのローゲ〔秘密結社フリー・メイソン支部 Logen〕およびいくつかのその他のイギリスの諸ローゲ、および、それらによって代表として派遣された人々の決議に基づいて〉四半期ごとに、選ばれた大マイスターたちのもとに集合する、統治するローゲをとおして、ジャック・アンダーソンによって、一七二一年に起草され、一七二三年にすべてのローゲによって承認された憲法。Winzer S. 103-115.

(34) ブルンチュリー Bluntschli の論文を、Staatswörterbuch III. 745-755. において参照せよ。

(35) 最初のドイツのローゲ〔秘密結社フリーメーソン支部〕は、一七三三年ハンブルクにおいて、次いで一七四〇年、フリードリッヒ二世によって、三つの地球儀のベルリンローゲ（Berliner Loge zu den drei Weltkugeln）とシャルロッテンブルク・ローゲが、設立された。様々な諸国における自由石工（Freimaurer）と彼らの法的地位に関する詳細な文献証明は、クリューバー Klüber, öff. R. §360 Note e. とくにモーザー J. J. Moser, von Geduldung der Freimaurergesellschaften. Frankf. 1776. を参照せよ。プロイセンにおいて一七九八年に出された、三つの母ローゲ以外のすべての諸ローゲの禁止、および、三つの母ローゲのためにもまた付加された諸制限に関しては、das Ed. V. 20. Oct. 1798 §3. 4. 9–13. を参照せよ。

(36) 兄弟愛（Bruderliebe）と並んで、受け入れられた諸ローゲ（Logen）は、忠誠（Loyalität）をも義務として受け入れた。

(37) Winzer S. 107 f.

(38) 本質的に神秘的傾向を追求したのは、〈すでに黄金十字団（Rosenkreuz）の賞賛すべき僧団の兄弟団体 fraternitas を擬制する一六一四年のアルドレア Andreä の書面の結果形成された〉秘密黄金十字団の諸結合（die geheimen Rosenkreuzerverbindungen）であった。Gieseler, K. G. III, 2. 440 Note 14. 十八世紀後半の、一部分はコスモポリタン的な、一部分は社会的ユートピア的な諸目的を追求する秘密の諸結合体〈それらの中では、一七七六年にインゴルシュタットにおけるヴァイスハウプトによって設立されたイルミナートたち〔Illuminaten 既成宗教反対の啓明結社〕が最も重要であるが〉については、ブランデス Brandes, über geheime Gesellschaften, in Schlözer's Staatsanz. H. 31. S. 278–293; クリューバー bei Klüber, öff. R. §360 Note e und フォン・レンネ bei v. Rönne, Polizeiwesen I. 672 のもとで引用されている文献、Staatslexikon VI. 667–703 における〝秘密結社 Geheime Gesellschaften〟の項目、および Staatswörterbuch V. 290–298. における〝イルミナーテン Illuminaten〟の項目を参照せよ。その他の秘密諸団体（geheime Vereine）は、宗教的官能的な諸目的、または、まさに詐欺に奉仕した（カグリオストロ Cagliostro の古代エジプト僧団 altägyptischer Orden のように）。

(39) 激しく、とくにイルミナートたちは、一七八五年以来、バイエルンにおいて。Vgl. Prantl, im Staatswörterb. l. c.:〝全く馬鹿ではなかった者は、いかなる夜もベットの中で安心ではなかった。〟と。Vgl. auch Gehler, de inspectione suprema in societates occultas prudenter exercenda.（ゲーラー『慎重に実施されるべき秘密諸結社への最高の調査について』）Lips. 1786.

(40) それについて、とくにフランスにおける秘密諸クラブ（die geheimen Klubbs）、イタリアのカルボナーリア（Carbonaria）、ギリシャのヘタエーリア（Hetaeria）、ポーランド、スペイン、ロシアの秘密諸結社、などについての若干のことを、Staatslexikon l. c. S. 678 f. においてみよ。

(41) 本来、政治的諸傾向をもつ秘密の諸ゲゼルシャフトは、フランスの外国支配の対抗に向けられた諸結託を別とすれば、連邦諸決議をとおして七月革命後にはじめて、生みだされた。前世紀〔十八世紀〕の最後の十年以来、ひとが、諸立法が禁止と刑罰の威嚇に向けて、諸政府が秘密の諸結合の防止と探索に向けて、消費したところの精力の消耗をみるならば、ひとは、ドイツの大地もまた、諸結託によって覆われてきていることを結論せざるを得ないであろう。様々なヨーロッパ諸国の、秘密の諸結合に向けられたすべての諸法律（とくにまた、一七三八年、一七五一年、一八二一年、一八二六年、一八二九年の教皇の上諭（Bulle）、そして、ドイツにおいては、一七九八年、一八〇八年、一八一六年のプロイセン法律、一八〇〇年のオーストリア法律、一七九九年一一月四日と一八〇四年三月五日のクールプファルツ＝バイエルン法律、一八一四年九月一七日と一八二〇年一二月一四日のバイエルン法律、一八一三年二月一六日のバーデン法律、一八二四年一〇月一三日のアンハルト＝ケーテン法律、一八〇〇年の司教区アウクスブルク法律）の完全な証明を、クリューバー Klüber, öff. R. §360 Note e. が与えている。プロイセンの諸法律は、フォン・レンネ v. Renne, Polizeiwesen I. 672-677. II. 778-781. のもとで総括されている。

【以上、第六十四章の注、終わり】

【以下、「第六十五章　政治的、宗教的、精神的、道徳的および社会的な諸目的のための近代の自由なフェライン（社団）制度」に続く】

第六十五章　政治的、宗教的、精神的、道徳的および社会的な諸目的のための近代の自由なフェライン（社団）制度

A　ドイツにおいて、至るところでそうであるように、政治的、精神的および社会的生活の諸領域における力強い現代の文化の諸進歩について、〈小さな諸発端から短い期間において世界勢力へと成長した〉現代の自由なフェライン〔社団〕制度が有してきている持分を、ようやく未来は、より正確に決定することができる状態にあるであろう。その持分が重要なものであることは、今日すでに確定している。もちろん我々の世紀〔十九世紀〕の自由意思による結合には、それとパラレルな中世的アイヌングに帰属したのとは、一つの別の任務が帰属したし帰属している。なぜなら、一面では、それ〔自由意思による結合〕の有効性の内容と範囲は、公的、精神的および道徳的諸利益の測ることのできない利得をとおして拡大を経験してきたとしても、それでもしかし他面では、その作用領域は、〈現代の諸社団は、有機的に組織されたそして国家のないゲゼルシャフトにおける中世的な諸

アイヌングと同じではなく、強力な国家の中に、そしてより狭いおよびより広い公的な強制諸団体の多くの構成部分からなる連鎖の中にあるゆえに〉、そして、〈個々人は国家に対してのみならず、自ら選んだゲノッセンシャフトに対しても、今日、かつてよりも比較にならないほど独立に向き合っているゆえに〉、より狭く限界づけられており、そして、その個々人に対する強制力はより集中的ではないからである。しかしながら、〈一方では、確立した諸有機的組織をとおして引かれ、そして他方では、個々人の自由をとおして引かれる〉諸限界の内部でもまた、理想的な諸目的のための連合には、〈それが自らを創造する活動において生き生きとした諸新形成物を創造することができ、そして、創造しているところの〉見渡しきれない〔広大な〕領域が残されている。もし個人の生活と総体の生活とが一つの調和的な全体へと形成されるべきであるとすれば、有益であるのみならず——不可欠でもあるのは、ここでは、自由で活動的な社団の形成（Vereinsbildung）である。それが個々人にとって孤立化、すなわちアトム主義の危険に出会うときは、それは、自由な国家にとって、同時に力強い同盟仲間であり、そして、有効な改善方法である。すなわち、同盟仲間であるのは、それが緊密なそして最も緊密な諸共同体の豊かさにおいて市民を共同意識、公的理解および自己統治へと教育するからであり、改善方法であるのは、〈全く唯一、止むことなく自ら若がえる力をもって、民族精神のいまだ結合されていない諸要素を統一体へと結合するところの〉〔そして〕〈いまだ有機的に組織されていないところのものを有機的に組織し、そして、従来の有機的諸組織の側に補充し、コントロールし、そして、前に向かって推進しつつ味方し、既存の民族有機体を、硬直と最終的な崩壊を前にして、維持することができるところの〉生きている力であるからである。

I　それにもかかわらず現代の社団制度は、すべての新たな諸現象と運命を分かち持ってきており、組織体制〔憲法〕と法におけるその場所を困難な諸闘争をとおして初めて自らのために獲得しなければならなかった。官憲的国家は、現代の社団制度の中に、必ずしも不当に官憲的国家の最も危険な敵をみたのではなく、立憲国家（Verfassungsstaat）ですら、それを最初は不信をもって観察したのである。ひとは、それゆえ、〈連合のより自由な展開を不可能とした〉古い足かせを可能な限り維持しようとした。これらの足かせに属したし、今日もなお属しているのは、ここでもなお、第二部〔第二巻〕において明らかにされるであろうような、民事法〔ローマ法〕的なコルポラチオン理論である。それにもかかわらず、民事法的コルポラチオン理論は、まず第一には財産権に関係したので、ただ付随的に理想的な諸目的のための手段として財産を占有する諸社団に生活をたぶん困難にすることはありえても、それは、しかし、それらのためには、本来的に経済的な諸ゲノッセンシャフトのためと同一の決定的な意義をもつものとなることができなかった。[1] むしろ「ここでは」〈社団権（Vereinsrecht）とその基礎である集会権（Versammlungsrecht）を臣民たちに認めず、そして、ただ官憲的な認許の結果においてのみ諸集会と諸結合を許した〉官憲的国家の国法的、刑事学的、警察的命題が、〈それをとおしてより内容豊かな社団の発展が不可能とされるか、または、そうでないとしても阻止されたところの〉本来的に有効な手段であった。[2]

イギリスにおいては、〈そこではすでに前世紀〔十八世紀〕において最も力強い姿において目覚めた、そして同世紀の半ば以来すべての公的な諸案件に直接影響を及ぼしている〉連合の精神（Associationsgeist）が、その精神を警察的な諸制限をとおして禁止する多様な試みを、僅かな労苦をもって克服し、そして、それ以来、政治的、宗教的、知的および社会的生活のすべての諸領域に自由な〝ミーティング〔集会〕〟と〝アソーシエイション〔連合〕〟を国民的な制度へと高めた状態にあるのに対して、[3] フランスにおいては、反対に、革命が、連合の足かせからの完全な離脱と同時に、首都ならびに地方の諸クラブにおけるそれらの最も危険な濫用をもたらした後に、連合の権利（Associationsrecht）は、政府の承認のない二十人以上のあらゆる政治的ならびに非政治的な結合を禁止したコード・ペナル（code pénal 刑法典）をとおして無効とされ、そして、短期間の中断を伴なって今日まで無効とされるに留まっている。[4] その一方で、ドイツにおいては、自由な社団制度は、ただきわめて緩慢に、学問の、社交のそして階級の諸利益または職業の諸利益のためのより多く私的な諸結合の領域から、公的生活の領域へと進出し、そして、同様にゆっくりと理論において、そして、さまざまな後退の後に、最後には実務においてもまた、保証された地位を獲得してきているのである。はじめて永続的な方法において公的な社団精神を目覚めさせ、そして、より重要な内容の諸連合を惹起したのは、外国の支配の圧迫であった。とりわけ国民的な高揚を準備するのを助けたのは、プロイセン青年同盟（der preußische Jugendbund）であった。(5) その国王によって承認された規約によれば、道徳的および学問的な諸目的に制限されて、青年同盟は、それでもしかし、真実においては同時に公的精神と愛国主義の鼓舞を意図し、そして、そのために〈六ヶ月任期で選ばれる六人の構成員たちからなる高位ラート〔評議会〕と一人の上級監察官（Obercensor）を、秘書役と出納係と並んで、ケーニヒスベルクにおいて、同盟全体の頂点へと置き、その下にはしかし個々の諸部門のために地方諸ラートを設置したところの〉有機的組織をとおして活動した。同盟は、フランスの侵入に直面して国王によって解散されたものと宣言されたが、それでもしかしその活動は停止せず、そして、同盟と同様に、類似の諸社団が、ドイツのその他の諸部分においてもまた、すでにこの点では最初から秘密であるとしても、国民的な意識において活動した。古い社団の諸禁止は、なるほど至るところで効力を有したままであったが、(6) それらは、それにもかかわらず、ひとが成長しつつある公的な民族精神を必要とした限りで、ほとんど適用へとはもたらされなかった。しかし外国人たちの勝利の後に、刺激された公的意識が自らを自国の諸案件に向け、これらのためにもまた社団制度を利用可能なものにしようと努力したとき、〔そして〕、連合の運動が自らを絶えずより広い諸クライスに知らせ、そしてとくに勉強する青年の間に、男子諸同盟（Männerbünde）の模範に従って、若者たちの諸同盟を〈その上でブルシェンシャフト（Burschenschaft 大学生組合）において拡大された姿を獲得するために〉惹起したとき、旧体制の復活（Restauration）に続く反動の結果として、至るところで社団権（Vereinrecht）に反対する諸政府の闘争が開始した。《《警察によって承認されない、または、秘密をとおして自らを警察のコントロールから免れしめた》すべての諸連合に反対する、そして、あらゆる政治的な結合一般に反対する》(8) 旧禁止諸法律は、更新され、そして、厳格化された。(7)〔ドイツ〕同盟とラント諸政府は、学生たちと手工業職人たちの諸結合に反対する特別諸命令（Specialverordnungen）を制定した。そして、それにもかかわらず七月革命によって生み出されたドイツにおける運動が広がり、そして、新たな諸連合をもたらしたとき、悪評のある一八三二年七月五日の同盟決議をとおして、ドイツ全体のために、政治的傾向を有するすべての諸社団が禁止され、そして、すべての公的な諸集会は事前の政府による承認に依存させられ、この場合においてもまたしかし、厳格な刑罰によって、あらゆる政治的な談話または論議、あらゆる請願書およびあらゆる決議が禁止された[9]。代表制諸憲法（Repräsentativverfassungen）の導入がその点においてひとつの差異を基礎づけたかも知れないことなしに[10]、ほとんどすべてのドイツ諸国においては、一八四八年まで実定的に妥当する法はこの状態に留まったのであり、そして、ただ僅かな諸国においてのみ、「法律的な」規律の方法で、すでに現在、ひとつの別の解釈の勝利のために助力がなされたのである[11]。独立の社団法（Vereinsrecht 社団権）の拒絶は、当然に、個々の諸政府の多かれ少なかれ寛容な手続を、そして、公共的なまたは政府に好都合な諸目的のみを追求する諸社団に対する関係では、もちろん大部分の場合後見と結合された官憲的な保護すらをも[12]、排除するものではなかったが、しかしながらその拒絶は、それでもなお、〈政治的社団制度はそもそも自らを発展させることができなかったか、または、そうでないとしてもただ秘密においてのみ発展させることができたのみならず、非政治的社団制度もまた、警察的な是認、指揮および干渉の圧迫のもとに、完全な力をもたないということ〉を惹起した。しかし、いかなる禁止法律もまた、連合の「理念」が流布しそして深化し、教養ある人々の諸クライスから絶えずより大きな民族の諸クライスを捉えることを、妨げることはできなかったのである！　学問においてもまた、この優越は反映されている。なぜなら、たとえ公法学者たちの多数が、法哲学的、国法的、警察的および刑事学者的な立場から、立法との一致において、独立の連合権（Associationsrecht）を否定し、あらゆる社団のために〈私法的性質の単なる組合諸契約（Gesellschaftsverträge）とは反対に〉国家の承認を不可欠であるとみなし、無条件の予防システムを擁護し、そして、同意されない結合への参加の中にすでに可罰的な行為を認めたとしても[13]、それでもしかし、〈あの諸命題は決して妥当する普通法 geltendes gemeines Recht であるとは証明されず、哲学的にはより一層正当とされないこと〉、〈むしろ現代国家の性質上、連合権は「それ自体として」あらゆる国家市民に特別の許可とは独立に帰属すること〉、〈秘密の諸結合に対する刑罰そのものは、ただ手段または目的の不許容性のゆえに、または、明示的になされた禁止後の継続のゆえにのみ、正当とされなければならないこと〉、〈最後に、予防的な諸措置と警察的な後見の代わりに、単なる抑制的システムと法律的に規定された国家監督が登場しなければならないこと〉[14]を主張する、絶えずより重量を増していく諸要求が、大きなものとなったからである。今日、理論的にはただ稀にしかもはや争われないこれらの諸見解は[15]、〈一八四八年の年がまず最初に自由な社団権と集会権の事実的な行使を、そして、一部分古い諸制限の除去を、暫定的諸法律（例えば、一八四八年四月六日のプロイセン法律 G. S. S. 87）をとおしてもたらした後に〉、それらの形式的な是認を、ドイツ帝国憲法（§161. 162）へと移行したドイツ諸基本法第八条をとおして見出した。すなわち、同条は、あらゆるドイツ人に、予防的な諸措置をとおしての何らかの制限つきの許可なしに、諸社団を形成する権利を、すなわちしかし、平和的かつ武器をもたずに予めの許可なしに集会する権利を〈自由な空の下〔すなわち屋外〕での民族〔民衆〕の諸集会が差し迫った危険のゆえに公的な秩序と安全のために禁止されうるという唯一の基準を伴なって〉与えたのである。個別諸国家の諸憲法[16]は、その後、なるほど、特別に制定されるべき〈それらに諸憲法が、連合権の行使のより詳細な規律、（時おりすでに実定的に表明された）屋外での同意されない諸集会の禁止、および、政治的な諸社団の制限または一時的な禁止を留保したところの[17]〉諸法律への引用を付加した。しかしながら、諸憲法は、それでもしかし、原則においては、社団権と集会権を承認した。この立場に、引き続いて個々の諸国家において発せられた、社団権および集団権に関する諸法律もまた、固執し[18]、制限的な諸処分をそれらの諸法律はそれらの諸権利の行使に関して規定した。ただ唯一オーストリアにおいてだけは、一八五二年において、新たに、すべての政治的な諸社団は、端的に禁止され、すべてのその他の諸社団は、警察の同意に係らせせられた[19]。一八五四年七月一三日の同盟決議は、初めて、結合権（Vereinigungsrecht）を再び一般に問題へと提起した。[20] それにもかかわらず同盟決議は、プロイセンとバイエルンにおいては公布されず、その他の諸国においては、ラント立法をとおしてまたは実務をとおして緩和され、そして、最後にはしばしば形式的にもまた再び除去されたのである。いまや一八六七年において、オーストリアにおいてもまた、社団権と集会権が再び創出されたので、[21] 同権利は全ドイツにおいて権利として存在している。そして、同時に、〈それらの諸権利を行使において修正する〉警察的な諸制限に関しては、本質的に一致する諸原則が妥当している。ひとは、とりわけ政治的な諸社団と非政治的な諸社団とを、〝公的な諸案件への影響〟が目的とされるか否かに従って〈――その場合、事実問題に関しては、もちろん行政官庁の裁量に大きな活動の余地が留まるのであるが〉、区別している。二つの諸クラスのためには、それらが通常の刑罰諸法律〔刑法〕と警察諸法律〔警察法〕に服することは、当然に理解される。それとは反対に、非政治的な諸社団のための「特別の」諸制限は、原則として、設定されていない。ただ、時おり、それらのためにもまた、公示性（Publicität）の原則が実行され、それらの秘密維持が禁止され、そして、もしかするとあるかも知れない諸規約および代表者の届出さえもが要求される。[22] 非政治的な諸社団もまた、大部分の場合、政治的諸社団と同様に、行政の方法における停止（Sistirung）または廃止（Aufhebung）に服する。その上、いくつかの最近の刑法典は、すべての秘密の諸結合に対する、[23] 政府の諸措置を非法律的な方法により妨げることとまたは無力化させることを意図する諸社団に対する、[24] または、政府によって明示的に禁止された諸結合に対する、[25] 一般的な刑罰諸規定を含んでいる。「政治的な」諸社団のためには、しかし、至るところで広範な諸制限が実行されている。それらのためには、公示性の原則は、〈それらが、諸規約と代表者をもたなければならず、これら〔の事項〕およびその点におけるあらゆる変更を官憲に報告しなければならず、そして、いくつかの諸法律（例えば、プロイセンとバーデンにおける法律）によれば、さらに構成員名簿を提出しなければならない〉ところまで拡大されている。より広い制限としては、さらに至るところで、婦人たち、生徒たちおよび徒弟たちが、時おりはまた、未成年者たちおよび非ドイツ人たちが構成員であることの禁止が付加されている。それからいわゆる場所的制限（Lokalisierung）の原則が設定されており、それによれば、いかなる政治的社団も、共通の諸目的をもつある同種類の社団と結合してはならない[26]。――それは、もちろん容易に回避されるべきではない禁止である。最後に、これらの諸規定を履行することと社団を法律的に抑制することは、そもそも〈代表者と構成員たちに対する罰金刑と自由刑、および、裁判官による社団の解散で威嚇する〉特別の刑法的な諸規定をとおして保証されるのみならず、行政諸官庁には、社団の一時的な閉鎖が、そして、いくつかの諸法律によれば究極的な閉鎖すらもがその裁量に委ねられており[27]、そして、恒常的な警察的コントロールが可能とされている。後者の点においては、警察には、時おり、社団のあらゆる行為の承知およびあらゆる決議への検閲の権利が与えられており、いつでもしかし警察には、社団の諸集会を監視することが認められている。社団の諸集会は、それゆえ、それらがすでに官憲に報告された規約の中に時間と場所について決定されていない限りでは、特別の諸期間（たいていの場合二十四時間）と諸形式において警察官庁に届出がされなければならない。警察官庁は、それに続いて代理者を監視のために派遣することができる。警察の派遣員たちは、諸手続の遵守をも[28]、審議の内容をもコントロールしなければならず、そして、諸手続の違反の際にも、――もちろんその裁量に従って――諸法律の維持の必要性ならびに公的な秩序と安全に基礎づけられた動機が存在する場合（プロイセンの法律第五条によれば、可罰的な諸行為への勧告または扇動を含む諸申立または諸提案が詳論される場合）にも、集会を解散させ、そして、必要な場合には武力をもって追い散らすことができる。そのような諸危険が憂慮されるゆえの予めの禁止は、僅かな諸法律に従ってのみ一般的に、集会が屋外で行われるべきである場合にはしかし至るところで（例えば、プロイセンの法律第九条）、許されている。

諸社団の社団権と集会権のうち、集会権そのものは[29]、様々である。集会権は、それにもかかわらず、諸社団の構成にとって基礎を形成し、そして、社団権（Vereinsrecht）の中へと入り込んでいる。それゆえに諸法律は、両者を通常無差別に（promiscue）に取り扱っている。公的な諸案件を扱わない自由な諸集会は、大部分の場合、明示的な許可のない諸社団の諸集会と同様に、屋外で行われてはならず、そして、武装して行われてはならない。政治的な諸集会はこれとは反対に[30]、政治的な諸社団の正常ではない諸集会のために設定されているのと同一の諸制限に服している。届出義務、監督権と解散権、そして、特別の刑罰諸規定が、それゆえそれらのために適用されるのである。

最後に指摘されなければならないのは、個々の人的諸クラスと諸案件に関して、至るところで、社団権と集会権のさらに特別の諸制限が妥当することである。宗教諸ゲノッセンシャフトについては、すでに話題とされた。さらに、軍人（Militär）のための[31]、国家公務員のための[32]、学生と生徒のための特殊な諸制限が登場する。この点に属する最も重要な諸規定は、しかし、〈労働者たちおよび通常は使用者たちにもまた、共同のストライキ Arbeitseinstellung（あるいは労働者たちの解雇 Entlassung または拒絶 Zurückweisung）をとおしての諸承認および諸行動の獲得に向けられる諸結合を、刑罰の威嚇のもとに禁止したところの[33]〉いわゆる団結禁止（Koalitionsverbote）である。営業経営者たちとそれらの労働者たちについては、北ドイツ同盟のための営業条例草案（Entwurf der Gew. ＝Ordn. für den norddeutschen Bund〉（§169. 170）は、これらの例外諸規定の脱落を見込んでいる。草案は、その種の諸協定の無効と許されない強制の適用に対する特別の刑罰の設定のみを確立しようとしている。

Ⅱ　社団法（Vereinsrecht）のこの変遷のもとで、そして、諸官庁をとおしての社団法の極めて様々な適用と処理のゆえに、それにもかかわらず、すでに一八四八年以前に、多かれ少なかれ独立した〈国家によって、あるいは迫害され、あるいは認容され、あるいは優遇されそして認可され、あるいは形式的に公的諸営造物のシステムへと採用された〉諸社団の豊富さが、ドイツの大地を覆ったのであり、一八四八年以来は、しかし、多面的なそして多くの部門に分かれた社団制度が、自らを公的生活の一つの主要な機関へと上昇させた。それらの内容に従って、これらの諸社団は、〈それらのもとでは、諸目的の分散化と詳細化に向けての現代的連合の方向が、とくに際立った方法において主張されたので〉、とりわけそれらの「諸目的」ならびにそれらの「主たる」諸目的に従って、様々な諸クラスへと分けられている。その場合、ただ、〈一方では、今日もまた、我々の諸目的と諸方向の連結がしばしば登場すること、しかり、《人間社会の諸需要の可能な限りすべての側面を満足させることを求めるところの》諸社団もまた、存在しているし、さらにより多く生成中の社団制度の時代においては存在したこと〉、そして、〈他方では、《諸社団における人々のグループ化が、今日、「まず最初に」社団諸目的をとおして決定され、そして「法的に」大部分の場合、一定の人々の諸クラスに諸社団を制限することは行われていないとしても》それでもしかしこの規則は、重大な諸例外を被っており、その上しかし、「事実上」階級諸クラス、職業諸クラスまたは社会の諸クラスの区別は、今日もまた、あらゆる社団形成において、一つの本質的に共同決定的および共同形成的な影響を行使していること〉が指摘されなければならない。

1　最も重要なクラスを構成するのは、「政治的」な諸社団、すなわち、それらの目的が公的な諸案件に向けて直接的に影響を与えることにある諸社団である。それらは、さらに、〈ただそれらの構成員たちだけを、あるいは、外部者たちをもまた、公的な諸案件に関して啓蒙し教育し、それによって知的側面ならびに道徳的側面に向けて公的精神へと影響を与えようとする〉「政治的教育の諸社団」(Politische Bildungsvereine) と《《それらが今や一定の意味における永続的活動を意図するにせよ、立法、行政または政治的民族行為（諸選挙）に関する一回限りの諸結果の惹起を意図するにせよ》、国家、教会、コムーネ〔市町村〕またはその他の公的な諸団体の対外的生活に影響を及ぼす〉「政治的扇動のための諸社団」(Vereine für die politische Agitation) とに区別される。イギリスにおいては、前世紀〔十八世紀〕の半ばに、すべての姿と諸形式において、とくにしかし、あらゆる改革運動における抵抗しがたい扇動の手段として、有効に拡がったのに対して、[34]ドイツにおいては、青年同盟、諸ブルシェンシャフト〔学生団体〕、秘密の諸結合および若干の地方的な諸ゲゼルシャフト〔結社〕の政治的側面を別とすれば、政治的諸社団は、ようやく一八四八年の激動の年に、一つの重要な役割を演じた。この時代の憲法に基づくそして民主主義的な諸社団には、やがて逆流の時代において〈すべての場所で政治的な今日的諸問題をとおして惹起された〉誠実諸同盟および愛国者的諸結合およびより多く地方的なそして一時的な諸結合が引き続いた。一八五九年以来、社団運動は、再びより一般的な性格を受け取った。すなわち、国民社団（Nationalverein）が、全ドイツにおいて、ドイツ国家の創造のためにその活動を展開した。代議員諸社団と普通代議員会議（allgemeiner Abgeordnetentag）も同一の意味において活動し、そして、ドイツ改革社団（der deutsche Reformverein）と多くの大ドイツ地方諸社団（großdeutsche Lokalvereine）は、敵対的な諸努力を代表した。同様に、シュレスヴィッヒ＝ホルスタインの危機とドイツ艦隊を求める願望とは、普通ドイツ諸社団（allgemein＝deutsche Vereine）の形成のための機会となった。それと並んで、しかし、すべての個々の諸ラント、諸地方および諸都市において、様々な姿をとる政治的諸社団が構成されてきている。政党諸社団は、一部は、政治的諸政党の有機的組織を、一部は、一定の政治的プログラムの実現を、獲得することを求める。選挙諸社団と改革諸社団は、様々に一時的な諸目的のために形成される。恒常的な地方の諸社団および大都市における多数の地区社団は、定期的な諸集会をとおして、会議の諸問題の規則的な論議をとおして、諸提案、諸図書館および教育諸営造物をとおして、公的精神を活発に維持し、そして、政治的教育を拡大することを求めている。ここではすべてのことが極めて生成中であるので、我々のもとでもまた政治的な社団制度が、イギリスやアメリカにおいてこのことが長い間起きているように、国家生活の統合的な構成部分へと発展することは、見誤られえないのである。

2　第二のクラスを構成するのは、「宗教的な」諸社団である。宗教の諸ゲノッセンシャフトおよび〈教会と有機的に結合された〉精神的諸ゲゼルシャフトについては、すでに論じられた。個々の宗教的諸目的のための自由な諸社団をもまた、しかし我々の現代の連合精神は、多数、とくに一八一四年ないし一八四八年の時代において、惹起してきている。それらは、それらの諸目的に従って、以下の諸グループに分けられる。

a　直接に「宗教」Religion のために活動する諸社団、そしてしかも、

α　ただそれらの構成員たちの間だけの〔諸社団〕（〔教会〕建設諸社団、宗教的教育および読書の諸ゲゼルシャフト、カトリックの巡礼諸社団など）、[35]

β　対外的に〔活動する諸社団〕、すなわち、それらの諸社団が宗教的な授業を目的とするのであれ、[36] それらが聖書と諸宗教書または諸絵画の流布をとおして働くのであれ、[37] それらが内部的または外部的な使命に自らを捧げるのであれ、[38] 最後に、〈グスタフ・アドルフ社団、[39] 福音主義およびカトリックの諸同盟、諸ゲゼルシャフト、移動諸集会、諸会議、説教者諸社団および神学者たちの諸ゲゼルシャフト、ドイツプロテスタント社団など[40]のように〉それらが一般的に一定の宗教的または信仰告白的な方向のために活動するものであれ。

b　その影響力を、宗教に対してのみならず、直接に「教会」に対してもまた、改革社団としてそれらの組織体制に向けてであれ、それらの管理、それらの外的生活およびそれらの地位そのものに向けてであれ、目的とする諸社団である。そのような諸社団は、通常、教会的「政治的」諸社団の性格を受け取るのである。[41]

c　〈教育と授業のための、道徳的改善のための、病人看護および慈善のための、[42] 敬虔な諸ゲノッセンシャフトのように〉圧倒的に宗教的な諸視点から、そして、それらの結合の宗教的な性格の維持のもとに、敬虔なまたは公益的な諸目的に自らを捧げる諸社団。

3　「学問的」な諸目的をもつ諸社団は、直接に学問の促進に、または学問の利用化に捧げられている。

a　前者〔学問の促進〕は、すでに前世紀〔十八世紀〕以来ドイツにおいて意味あるものへと到達した学者たちの多数のゲゼルシャフトにおいて問題となる。[43] それらは、社団精神の成長とともに、異常に増加しそして枝分かれしたので、個別の学問（例えば、歴史、考古学、あるいは、芸術史、地理学、民族学、博物学）のより特殊の諸領域に向けての研究のために、すでに特別の諸社団を見出したのみならず、それらの諸社団においてもまた、現代の連合の拡大に向かう傾向が、〈学問の一定の部門に捧げられた諸社団または諸個人が個々の諸国家を超えてのみならず、ドイツ全体を超えて、そして一部は、文明化された全ヨーロッパを越えてすら、結合へと歩みだし、そして一部は、確固とした総体諸社団（Gesammtvereine）を設立し、一部は、そのような総体諸社団がない場合であったとしても、多かれ少なかれ定期的な諸集会において共同性に表現を与えること（ドイツ文学者会議、自然研究者会議および医師会議、法学者会議、言語学者集会、および教師会議、統計学会議、国民経済学会議などによって〉とくに有効に示されている。

b　その他の諸社団は、知的な教育の流布を目指している。そしてしかも、

α　一般学問的および通俗学問的な諸社団、新聞および読書の諸ゲゼルシャフト、低い諸階級の「教育の諸社団」のような、その構成員たちの間の諸社団。

β　対外的に、〈授業または若者の教育、公共的知識の流布、教育諸営造物および諸図書館の設立、国民の教育と教養に〉捧げられた諸ゲゼルシャフトのような諸社団。

4　「芸術」の促進のための諸社団は、同様に、芸術または一定の芸術の種類を直接に高めることを目的とする諸社団と、その構成員たちに、あるいは、その非構成員たちにもまた芸術の諸鑑賞を提供することと美的教養を完全化することを目指す諸社団とに分かれる。ここでもまた、しばしば様々なそのような諸目的が結びついているのが見られる。その上、多数の芸術家的な諸社団は、同時に、多様にその他の諸領域に存する諸目的を、例えば、多数の合唱諸社団〔合唱団〕、音楽および劇場諸社団は、共同の社交を、芸術家たちおよび芸術教師たちの諸社団は、利益代表と相互扶助を、建築家たちの諸社団は、学問的な諸目的などを、追求している。これに対して、〈芸術展覧会、芸術諸作品の分配または抽選を意図する〉芸術諸社団、芸術家的授業のための諸社団、装飾の諸社団、博物館の諸社団、または、芸術または美意識の促進のために奉仕する諸営造物、諸施設および諸制度は、専ら芸術の諸目的のために捧げられている。(44)

5　「商業 Handel」、「営業 Gewerbe」、「産業 Industrie」および「交通 Verkehr」のために、〈一部は、刺激、教育、共同の諸営造物および諸協定をとおして経済生活という特定の分野を促進することを求め、一部は、営業ま

たは取引の分野の諸利益を対外的に代表することを求め、最後に、一部は、諸学校、教育諸制度、季刊諸雑誌などをとおして構成員のまたは非構成員を含めての知的または技術的な教育と継続的形成を配慮することを求める〉様々な諸社団が活動している。これに属するのは、例えば、リスト（Lißt）によって一八一九年に設立された商業社団（Handelsverein）、および、自由商業システムの拡大のために働いた広狭の諸社団、ならびに、ドイツ商業会議という〈商業諸コルポラチオン、商業会議所（Handelskammer）および商業諸社団から生じた〉国民団体（nationaler Verband des deutschen Handelstages）である。類似の方法において、立法へと影響を与えたのは、多数の営業的諸社団と産業諸社団などである。その一方、それと並んで、営業の技術的形成のためには、一般的な営業諸社団と工芸的諸ゲゼルシャフトが成立した。(45) しかし個々の営業諸部門のためには、諸インヌングと並んで、より多くさらに〈インヌングが存在しなかった場所では〉〈いずれにせよより包括的な、場所的および地方的な部門の諸社団を伴う恐らくは共通ドイツ的な諸団体を創出する傾向をもつ〉専門諸社団が形成された（例えば、一八二〇年以来の北ドイツ薬種商社団 norddeutscher Apothekerverein、ドイツ製粉業者および製粉関係者の社団 Verein deutscher Müller und Mühleninteressenten、および、一八六八年以来のドイツ海事社団 der deutsche nautische Verein など）。特別の諸社団は、鉱山（Bergbau）の諸利益のためにもまた、活動している（例えば、シュレージエンの鉱山および精錬所職員の諸社団、ライン地方の〝鉱業的諸利益のための社団〟、〝関税同盟諸国の製鉄所社団〟など）。ほかにもまた、同じ種類の実業家たちおよび工場主たちの自由な社団が存在している。最後に、交通の領域では、鉄道諸社団、郵便諸社団、電信諸社団、船舶航行諸社団などが、カルテル諸契約をとおして交通全体の統一的な規律を可能にしている。

6　「農業および林業的な諸社団」の活動もまた同様である。それらは、土地改良の促進のため、役所の教育と支持のため、そして、〈公的な諸会議をとおして、季刊諸雑誌、読書諸営造物、模範品の諸収集、諸展覧会、諸奨励金、一部分は諸学校および実験諸施設をとおしてもまた〉農業的諸知識と諸関心の流布のために、働くことを求めている。すでに前世紀〔十八世紀〕の半ば以来、最初は諸政府の影響のもとにではあるが、ドイツにおいて流布され、それらは、数においてそれ以来異常に増加してきているのみならず、クライス諸社団とラント諸社団の設立をとおしてもまた、ローカルな諸社団を超えて、さらなる有機的組織が与えられてきており、そして、さらに拡張された共同性のために、定期的な移動諸集会が、一八三七年以来はドイツ農林業一般集会（allgemeine Versammlungen deutscher Land= und Forstwirthe）が、開催されてきている。それと並んで、特別の造林、ブドウ栽培、造園、果樹栽培、羊の飼育、馬の飼育、養蜂、ホップ栽培、養蚕、環境順化の諸社団などが、存在している。[46]

7「身体的」な教育のための諸社団は、射撃諸ギルド、体操諸社団、そして、時おり少年義勇団において、多様に登場してきており、そして、同様に、現代のドイツ的連合〔体〕の特徴を、包括的な、恐らくは国民的な総体有機的組織（Gesammtorganisation）に関して、示してきている。

8 ドイツ語の純化のため、民族の方言の世話のため、または、類似の諸目的のために、働く「言語諸社団」（Sprachvereine）もまた存在している。

9「身体または財産」の保護のための諸社団は、国家がこれらの諸課題を引き受けてきているので、もはや旧保護ギルドの時代と同一の意義をもつことはできない。それでもしかし、（とくに外国における）「権利保護諸社団」（Rechtsschutzvereine）は、現在もまた、なお登場している。その上、消防諸社団、公的な保健の世話のための諸社団、船舶遭難者たちの救助のための諸社団、移民たちの保護のための諸社団などが、保護諸社団のもとに数えられる。

10 現代の諸社団の一つの極めて重要なクラスは、階級、職業クラス、氏族の「利益代表のための諸社団」である。もしすでに従来言及された〈学者、芸術家、商業、営業、産業および農業の諸社団のような〉諸社団の多くが、精神的または経済的な特定の部門の促進と並んで、同時に、この部門に自らを捧げる職業諸クラスの諸利益を代表することを彼らの任務とみなす場合、これは、他の諸社団においては、唯一のまたはそうでないとしてもやはり最も近い、そして、最も主要な目的である。そのような諸社団は、それらが彼らによって主張される諸クラスの社会的な状態の変化を政治的な手段を通して惹起しようとする場合には、政治的な諸結合のもとに入りうるし、それとは反対に、ただ、私人たちの諸権限の内部にとどまる共同の諸行為をとおして、私法的な合意をとおして、〈諸構成員、公的意見および官庁〉の教育をとおして、あるいは、類似の手段をとおして、働く限りでは、それらは、非政治的性格をもつ。共同の利益の代表は、ただ一定の他の人的なクラスに対する関係でのみ、例えば、ドイツ舞台社団によって芸術家たちに対する関係で、従業員のいくつかの諸社団によって使用者たちに対する関係で、およびその逆に、意図されうるか、または、それは、その他すべての社会〔ゲゼルシャフト〕に向かって、あるいは、国家そのものに向かって、行われうる。この点に属するのは、例えば、弁護士諸社団〔弁護士会〕、著作家諸社団、出版諸社団、教師諸社団などである。同様に、最も最近の時代において成立した〃土地占有の諸利益の確保のための諸社団〃がある。さらに婦人保護諸社団、および、〃女性の営業能力の促進のための〃諸社団[47]がある。最後に、とくに重要であるのは、労働する諸クラスの状態の改善と資本に対する労働の主張を目的とする労働者の諸社団である。それらは、一八四八年以来、交替する姿と拡大において、ドイツの公的生活の中へと登場してきている。一八四八年に設立された〃労働する諸クラスの福祉のための中央社団〃は大部分非労働者たちからなっていたとすれば、すでに当時、〈部門諸団体と下位諸団体を伴う一つの有機的組織を求めて努力した〉〃一般手工業者および営業会議〃と〃一般ドイツ労働者会議〃とが結成されていた。これらの試みは、その後幾重にも更新されて、そして、一八六三年以来は、相違する方向の多数のローカルな諸社団と並んで、〃一般ドイツ労働者社団（allgemeiner deutscher Arbeiterverein）〃を成立させている。この種の多数の社団は、例えば、ウィーンにおける一八六七年以来の〃一般労働者教育社団（der allgemeine Arbeiterbildungsverein）〃のように、同時に教育の諸目的を追求し、あるいは、すべての比較的大きなドイツの諸都市における手工業者の諸団体のように、教育の諸目的と扶助の諸目的を同時に、追求した。

11　「慣習と道徳性」の諸領域での諸社団は、対外的に働く諸社団と、もっぱらまたはまず第一に構成員たちに関係する諸社団とに、分かれる。

a　「対外的」には、よき慣習の維持または悪しき慣習の廃棄のためのいくつかの種類の諸社団、さらにより多くの諸社団が、ゲゼルシャフトそのものの道徳性の向上のためであれ、個々の諸クラスの道徳性の向上のためであれ、活動している。特殊の諸方向においては、例えば動物虐待に反対する諸社団、禁酒諸社団などが活動している。一般的な諸目標を追求するのは、家族教育および民族教育のための諸社団、道徳の諸原則の流布のための諸社団、および、すべてのすでに言及された教育諸社団であり、それらは、知的な教育と並んで同時に道徳的な教育を促進することを求めている。この点に属するのは、さらに託児所施設、幼稚園などの設置と維持のための諸社団である。最後に、浮浪児たちの教育のための諸社団、〈貧窮の、捨てられた、野獣化の犠牲にされた少女たちのための〉諸救急避難所、子供たちのこじき行為の防止のための諸社団、市民救助諸社団、そして、放免された囚人たちの道徳的および社会的な回復のための諸社団のような、すでに堕落しまたは危殆に瀕した道徳性の創出のための諸社団が、活動している。(48)

b　構成員たち相互の諸関係のためには、まず第一には別の諸目的に向けられている諸社団の大部分において、〈社団の諸ゲノッセンの社会的なゲマインシャフトをもたらし、そして、このゲマインシャフトに、諸集会へと自らを関連させる社交的な諸結合をとおして、および定期的なそして非正規の社団の諸祝祭をとおして、表現を与え、一部分は、しかし、さらにより高い道徳的なゲノッセンの諸義務を基礎づけるところの〉非常に古いギルド慣習が存続している。それと並んで、しかし、〈あるいはより多く諸階級および諸クラス（貴族たち、市民たち、名士たち、奉公人たち、職人たちなど）によって閉じられた諸社団、あるいはより自由な諸ゲゼルシャフト、カジノの諸社団、保養の諸社団、諸クラブ、在郷軍人たちの諸社団、同郷人の諸社団、等々のような〉、専らまたはそうでないとしても主として社交的な諸目的を追求するところの、見渡しきれない豊かさの諸社団が存在している。類似の種類のその他の諸結合は、たんなる社交を超えて、兄弟団体の古い基本思想の意味においてより狭い道徳的なゲノッセンシャフトを求めて努力している。そのような道徳的社会的な諸社団としては、例えば、さらにフリーメイソン団諸集会所（Freimaurerlogen）、学生たちの諸結合、古い職人兄弟諸団体の残存物、古い若者宿制度（Herbergswesen）に対して新たに成立した職人諸同盟（Gesellenbünde）および若者の諸社団（Jünglingsvereine）[49]、類似して、しかし、現代の手工業者諸社団、労働者育成諸社団などが、指摘される。

12　最後に、存続するかまたは新たに設立された慈善目的のための公的および私的な諸営造物と並んで、連合精神の再生以来、無数の自由な「慈善諸社団」が形成されてきており、それらは、非常にさまざまな方法において国家、市町村およびコルポラチオンの活動をこの領域において支えまたは補充している。それらは、一部は、一時的にあらゆる緊急状態における救助諸社団として、特別の諸営造物の設立のため、一定の諸目的のための諸集会の指揮のため、戦争の間の病人たちおよび負傷者たちの救護のため、などの諸社団として、活動し、一部は、それらは、貧民制度、病人制度〔病院〕および扶助制度、または、それと同一の制度の一定の部門を、〈貧民諸社団および貧民救護諸社団、病人諸社団、託児所諸社団、傷痍軍人救護諸社団、貧困妊産婦たちのための諸社団、貧民の両親の子供たちの医師の救護のための諸社団、冬期における木材をもってする貧民の世話のための諸社団、資力の劣る人々の貯蓄諸社団、資力の劣る人々のための家族住居の建設のための諸社団、公共の洗濯と入浴の諸施設などのように〉[50]、継続的に有機的に組織しようとしている。最後に挙げられた諸目的のためには、最近の時代において、株式会社（Aktiengesellschaften）の形式もまた適用されてきている。とくにベルリン（一八四八年）、シュテッティン（一八五三年）およびその他の場所においては、いわゆる〝公共的建築会社〟が形成されてきている[51]。それらの諸会社は、株式資本（Aktienkapital）にただ四パーセントまたは五パーセントの利息だけを支払い、そして、その代わりに諸住居の一定数をもつ諸家屋を建築し、《しだいに住居に対する要求権を賃借人たちに、土地全体の所有権をしかし賃借人の総体、すなわちいわゆる〝賃貸借ゲノッセンシャフト〟に〔三十年後に〕移転させせんがために》それらの諸住居を資力の劣る人々に安く賃貸している。これによって、しかしながら、一面では人的な社団制度の領域が、他面では単なる慈善の領域が、捨てられ、「経済的な連合」（wirthschaftilche Association）の領域への歩みが行われたのである。それについては、以下において問題とされるであろう。

Ⅲ　諸目的のそのような多様性には、自由な諸社団の「構成と有機的組織」における尋常ではない多様性が対応している。[52] 現代の社団制度の諸形式が、それ〔社団制度〕をして最も一般的な諸目的ならびに最も個別化された諸目的のために、最も堅固な恒常性のためならびに最も自由な運動のために、等しく十分に能力を与えていることによって、〈その諸形式がその社団制度の姿かたちの豊かさにもかかわらず、この点との比較において、《諸同盟および諸ギルドの諸形式をとおして支配されたゆえに》形式に乏しい中世的なアイヌング制度の一部となりえたより以上に〉、より高いそしてより自由な発展を現代の社団制度に保証しているのは、まさにその諸形式の柔軟性である。それにもかかわらず、現代の社団制度もまた、有機的組織のある基本的な諸特徴を至るところで類似の方法において実現する傾向を有しており、そして、ここで言及された経済的性格をもたない諸社団に関しては、古いギルド組織体制とその形成および継続的発展との関連は、見誤られてはならないのである。

すべてのこれらの諸社団の「構成員たる地位」（Mitgliedschaft）は、〈それらの諸社団が、ところで、個々人から構成されるものであれ、あるいは、〔郵便、電信および鉄道諸社団、ドイツ鉄道諸会社（Eisenbahngesellschaften）の埋葬費積立社団（Sterbekasseverein）、商業会議、ドイツ諸ゲノッセンシャフトの団体、多くの総体諸社団、などのように〕諸総体人格（Gesammtpersönlichkeiten）〔諸ゲマインデ、公的な諸ケルパーシャフト、経済諸コルポラチオンまたはその他の諸社団〕から構成されるものであれ、あるいは、諸営造物（Anstalten）および諸慈善施設〔Stiftungen 財団〕から構成されるものであれ、あるいは、最後に、これらの諸人格の諸種類のいくつかから構成されるものであれ〉、最古のギルドにおけるのと全く同様に、「人格」（Persönlichkeit）と「自由意思」（Freiwilligkeit）

という二つの要素をとおして条件づけられ、決定されている。構成員たる地位を獲得する唯一の種類は、それゆえ、一方では、自由意思で表示された参加（Eintritt）であり、他方では、社団をとおしてまたはそのために決定された社団の諸機関をとおしての受け入れ（Aufnahme）である。それでもしかし現代の社団制度は、その諸部門の個別においては、ここでは非常に自由な姿を受け取ってきているので、いくつかの諸社団は、はじめから〈それらが、その名を名簿に登録し、ある出資金（Beitrag）を支払うか、または、その他一定の方法で社団の目的のために活動したいという意図を通知するであろうあらゆる人を、構成員として認めようと欲することを〉表示している。一般的には、現代の社団制度はあらゆる排他性を嫌悪しており、そして、数で言えば「閉じられた」諸ゲゼルシャフトは、ここで言及された社団の諸種類のもとにはほとんど見いだされないであろう。このことは、もちろん、諸社団の目的に従ってしばしば構成員たる地位の非常にさまざまな諸条件が設定されること、「および」、いくつかの諸社団がたんに一定の出資金のためまたは人的な諸給付のための債務の引受けだけを要求する一方では、その他の諸社団は、一定の階級、職業、性、宗教、ゲゼルシャフト、教育、精神的または身体的な諸特性の存在を要求していることを、排除しない。いつでも、しかし、構成員たる地位を与えるのは、「人的な」諸特性と意思表示である。そして、もし言及された諸社団の個々のものにおいて株式の諸発行（Aktienemissionen）が個々の社団諸施設（社団の諸家屋、諸体育館、諸博物館、劇場など）のために登場するときは、〈まさに社団が株式会社として、または、株式会社が社団と並んで、構成されない限りでは〉、なるほど一定の特別の諸権利と諸義務は株式占有をとおして基礎づけられるが、しかし、社団の構成員たる地位の主要な諸権利は、非株主たちにもまた留保されるのがつねである。物権法的基礎の人的な基礎とのそのような結合においてすら、より多く、しかし、さらに、純粋に債務法的な出資金の義務に向けられた諸社団においては、原則は、徹底して社団のすべての諸案件におけるすべての構成員たちの諸権利と諸義務の平等性、とくに議決権の平等性である。社団の諸出資金が自由な任意に従って平等でないのみならず、強制的な社団の税率に従って段階づけられている場所でもまた、より高いかまたはより僅かかの出資金をとおしては、社団のゲノッセン権の差異は基礎づけられないのがつねである。諸差異と諸クラスが登場するときは、これらは、ほとんどつねに、純粋に「人的」な諸特性（年齢、品位、名望、社団構成員たることの期間など）に従って決定される。同様に、社団のゲノッセン相互の諸権利と諸義務も、人的な種類の社団に対する個々人の諸権利と諸義務も、その内容に従うのである。社団の規約の如何に従って、ここでは、個別においては、もちろん見過ごしえない多様性が支配しており、そして、とくに社団の構成員たちとの社団の関係においては、個人が社団によって吸収される程度と、個人がその代わりに受取る権利とは、尋常ではなくさまざまである。旧ギルドがそれを占有したような、非常に強く個人を社団の統一体のもとに強制する力については、ほとんどどこでもまだ実際的ではなく、いずれにせよ、どこでももはや法的には問題とならない。しかしながら、いまなお諸社団の多数は、そのもちろん法的には強制しえない組織体制に従って、それらの構成員たちのほとんど全生活を一時的または永久的に把握する団体を、意図している。その一方、その他の諸社団においては、〈それらを履行することが社団の罰則と社団の裁判所を通して保証されているところの〉人的な諸義務の制限された総計と、対応する諸権利の総計（とくに社団の諸企画と諸利益への参加）とが基礎づけられており、最後に、さらに他の諸社団においては、構成員たちの義務は、彼らの出資義務（Beitragspflicht）をとおして汲み尽くされ、そして、彼らの権利は、もしかすると一度も必要的には招集されない総会への参加の権利をとおして汲み尽くされるのである。結局、完全に自由な、例えば広範な意義をもつ公的権力によって装われているのではない諸社団においては、あらゆる瞬間に、個人は、脱退をとおして社団に対する彼の関係を解消することができるし、社団は除名をとおして個々人に対する社団の関係を解消することができる。

〈自由に意思決定されそして社団の自律により継続的に形成された社団規約が決定されているような〉そのように構成された諸社団の「有機的組織」（Organisation）は、必要と目的に従って極めて多様に形成されているので、たぶん考えうるあらゆる組織体制が何らかの社団においてその模写を有するのである。つねに社団の諸機関

（Organe）として、社団の総会および〈あるいは一人の人からなるかあるいは同僚的な〉理事会（Vorstand）〔幹部〕が、しばしばさらに、総体を理事会に対して代理するところの集会諸委員会または代表者たちが、最後に、極めてさまざまな地位と意義において、〈専門的な諸案件のため、財産管理のため、対外的な代理のためなどの〉有給または無給の社団の役人たちが、見出される。これらのさまざまな諸機関の間には、社団生活の立法的、裁判官的、行政的、議決的、実行的およびコントロール的な諸機能が分配され、そして、〈確固とした有機的に組織づけられた諸社団においては、通常、あらゆる機関にその独立した領域が委託されるとしても〉、ほとんどそれらの諸機関のひとつをとおしてのみ、社団がそのものとして現れるところのその他の諸社団が存在する。あるいは、重点が〈たぶん社団を設立しそして《その都度構成員たちの集会を招集することなしに》指揮する〉理事会または委員会（Komite）にあるか、あるいは、社団の総体がそのすべての諸案件を自ら世話をする。しばしば、集会が社団のために構成され、その後しかし直ちに、その諸権限を〈必要に応じて新たな集会を招集する権利を有するのみで義務を負わない〉一つの恒常的な自己自身を補充する委員会に譲渡することが生ずる。多くのもともと自由な諸集会は、学者たちの大部分の定期的なかつ移動する諸集会、法学者会議、商業会議、国民経済学の会合、教会諸会議、代議士諸会議および政党諸会議などのように、形式的な社団形成を一度も行わず、〈次の集会を招集し、そしてその他の形式的な諸事務を処理し、時おりはしかしまた、集会の名において中間時において集会の実質的な諸利益のために活動すべきであるところの〉ただ一つの委員会だけを置く。ここでは、その場合、実際の社団が存在するのか、単なる自由な集会が存在するのか、両者の間の中間を保つ連合形式が存在するのか、あるいは最後に、例えば委員会が社団であるのかは、しばしば不確定のままに留まっている。それゆえいずれにせよ、たとえ不完全であるとしても有機的に組織された総体の機関としての委員会の性質、それをとおして可能とされる諸集会の定期性と連続性、連合された諸利益を代理することの中断されない存在は、少なくとも、委員会の代理権が純粋に形式的なそして一回的に働く代理権ではないところでは、〈たとえ構成員たる地位の不確定性および《社団である》という「明示的に」表明された（それゆえにしかしそれでもなお可能な場合には「黙示的に」認められるべき）総体意思の欠缺がこの理解を困難にするとしても〉、これらの連合体形成物を、原則として法律的にはすでに社団（Verein）として、特徴づけるであろう。歴史的および事実的には、それらは、むろん集会と社団の間の移行段階であり、〈それらを中世的なアイヌング制度の創造的時代が同様にきわめて多様に提示しているような〉、さまざまに「生成中」の諸社団（werdende Vereine）である。

社団の有機的諸組織のひとつのさらにより大きな錯綜が、最後に、現代の社団制度に中世的なアイヌング制度と同様に共通な〈個別の諸社団の上の総体有機的諸組織を生み出すことへの〉傾向をとおして、成立している。ここでは、とりわけ二つの有機的組織の諸形式が、区別されなければならない。「あるいは」、総体社団（Gesammtverein）は、ひとつの統一体社団（ein Einheitsverein）であり、それゆえすべての構成員たちが直接にそれに所属し、そして、それにおいては多かれ少なかれ、独立の場所的および地方的な諸構成部分が存続するか、または、ただ場所的または地方的な諸集会のみが永続的な部分有機体諸組織（Theilorganismen）の意味をもたずに招集される。「それとも」、しかし、有機的組織の一つの連盟（Föderation）をとおしてのみ結合されているところの独立の諸社団のひとつの総計が存在し、その場合、なるほど〈極めてさまざまな範囲において法的に有効な〉〈そして極めてさまざまな諸関係のために権限のある〉一つの新たな統一体（Einheit）が個別諸社団の上に成立しているが、しかし、この統一体のためには、まず第一にはただ諸社団「だけ」が現れ、そして間接的にはじめてその構成員たちが、担い手として現れるのである。

B　自由な社団制度が政治的、精神的および社会的な領域において自らを我々の時代において獲得した成長する意義に対応するのは、さらに手短かに言及されなければならないように、国家そのものをとおしての社団類似の有機的諸組織の高められた利用である。国家的な強制有機的諸組織と社団形成への強制を別とすれば、一方では、〈至るところで、同僚たち、諸委員、諸代表、諸委員会、諸代表者団などを惹起し、そして、時おり《学術的な専門家諸社団において、および、一部分医師の同僚団、ラント経済同僚団およびその他の技術的な諸代表団において、ならびに、個々の諸営造物または全部の営造物の諸種類の管理のために任命された管理人たちおよび委員たちにおけるように》社団に従う有機的組織について親しく巡視するところの〉諸官庁の同僚的形成へのより大きな傾斜が指摘されなければならない。他方では、〈職務、職業または諸利益をとおして総括される一定の人々の諸クラスを自然的な諸ゲノッセンシャフトとして観察し、そして、それらにこの特性において《より特別の説明または形式なしに存在するあの団体のすべての構成員たちの共働のもとに選ばれるのが常であるところの》諸機関を構成するという〉しばしば登場する方向が想起されなければならない。このための一例を提供するのは、例えば、商業的または営業的な諸会議所または諸評議会であって、それについては、以下に問題とされるであろう。階級ゲノッセンの自然的なケルパーシャフトの類似する観方に基づいているのは、弁護士会（Advokatenkammer）、または、プロイセンにおいて控訴裁判所地区の弁護士たちによって選ばれる、懲戒的諸権限をもって装われた名誉諸評議会（Ehrenräthe）という、国家的有機的組織である。

【以上、第六十五章、終わり】

【以下、第六十五章の注】

（1）　時おりもちろん、社団権（Vereinsrecht〔結社権〕）を欺瞞的なものとなすためにもまた、コルポラチオン理論は奉仕した。社団権に言及した一八四八年以前の唯一のドイツの憲法証書であるマイニンゲン憲法証書が、二八条において、許された諸目的のための諸ゲゼルシャフトの設立を許したときに、しかし、人格、土地所有権、および独自の印章の権利のみならず、役人たちの任命、および、コルポラチオン法としての諸規約の作成をもまた、国家の承認に係らしめたのである。同様に、〈国法的、警察的または刑事学的な立場から自由な連合権（Associationsrecht）を争った〉ほとんどすべての著者たちは、同時に、道徳的人格〔moralische Persönlichkeit 慣習上の人格〕についての民事法的な諸理論を彼らの見解の基礎づけとして利用した。特別の鋭さと詳細さをもって、ツィルクラー Zirkler, das Associationsrecht der Staatsbürger. Leipz. 1834. は、そうである。

（2）　社団権と集会権に関する諸原則とそれについての諸法律は、同様に、経済的諸目的を有する諸社団にも、〈後者が特別の諸法律に服していない限りで〉関係してきており、そして関係していることは、自ずから理解される。しかしながら経済的社団は、今日経済的諸ゲノッセンシャフトの最も重要な諸クラスとして、問題となっている。その他の諸ゲノッセンシャフトが、いまなお現在一般社団諸法律の下に立ち、そして、つい最近まで、すべての営業的および経済的な諸ゲノッセンシャフトがその下に立っていたとしても、それでもなお、その歴史的発展にとっては、警察立法は、社団法の上には、ただ下位順位の影響力のみを有してきているにすぎないのである。

（3）　ひとは、メイ May, the constitutional history of England, II. 119-182. 193-214. 221-229. 237-252. における、公的集会（public meetings）と諸連合（associations）の歴史と意義に向けられた諸節を参照せよ。それらの本来の公法的意義は、一七六五年以来から始まっており、それらの拡大された有機的組織は、一七七九年ないし一七八〇年以来始まっている（S. 119 f.）。自由な諸連合に対する政府と議会の、そして、とくに一八一九年の、抑圧的な諸措置（とくに一七九九年の対応する諸組合を抑圧すべき法案 S. 173 f.、摂政政治（S. 183 f.）の〈とくに一八一九年（S. 193 f.）の〉抑圧措置、一八二五年（S. 207 f.）と一八二九年（S. 213 f.）のアイルランドにおける違法な諸組合に反対する法案、一八三一年ないし一八三二年の議会改革のための国民的ユニオンに反対する宣言、オレンジ党・ロッジに対する諸措置（S. 237 f.）など）は、大部分ただ一時的なものであり、あるいは、特殊の諸場合のために規定されたものであり、そして、その他の点では、連合権そのものを問題としてはおらず、宣誓による結合、秘密の頭目たちと委員会（geheime Obern und Komités）、とくにしかし団体併合に対して、反対した。それゆえ、一八三二年の宣言（Proclamation）は、すべての〝独立した諸団体からなる、さまざまな部門と下位部門をもち、諸階級と権威の段階をもつリーダーたちのもとにあり、そして、一定の記章によって区別され、そして、上級の評議会の一般的コントロールと指揮に従う、諸連合体〟は、〝憲法違反で違法である（unconstitutional and illegal）〟と宣言した。ひとは、一七八九年に、諸社団に、代議員を派遣する権利を争うことによって、さらに進み、そして、一七九九年には、ひとは、議論する諸クラブおよび諸社団の諸読書室を決して許容しようとしなかったことによって、さらに進んだ。

（4）　フランス刑法典（Code pénal）art. 291-294.（秘密組合に対しては、すでに Ges. v. 29. Sept. 1791）。刑罰としては、解散ならびに代表者および官吏のための罰金が規定されている。王政復古は、七月王制同様、法律を維持したが、禁止が構成員が二〇人未満の諸支部をもつ諸社団を通して回避されたため、まさに一八三四年四月一〇日の法律をとおして、更なる強化が導入された。共和国は、一八四八年に連合体の禁止を廃止したが、しかしそれでも、すでに一八四八年七月二四日のもとに再び制限する法律が出され、そして、一八五二年三月二五日の命令（Dekret）をとおして刑法典の法が再び復活させられた。新たな法律（一八六八年）は、ただ集会にのみ関係している。有機的に組織された諸社団のためには、旧法が存続する。

（5） Vgl. Voigt, Gesch. des Jugendbundes. Lehmann, der Jugendbund. 1868.

（6） プロイセンにおいては、一八〇八年一二月一六日の公告（Publikandum）（G. S. S. 361）は、さらに加えて、直接に国王によって承認されないすべての諸ゲゼルシャフトおよび諸結合体に対する旧刑罰諸規定を、最も厳格に強化した。なぜなら、〝彼のランデスヘルの絶えず活発な配慮への信頼において、静穏かつ誠実に自己の職業に従事し、そして、憲法とラント諸法律が彼にそのようなことを許すより以上に、公的な諸案件および諸関係へと自らを介入させないことは、あらゆる国家市民のゆるがせにできない義務である〟からである。

（7） プロイセンにおいてはK. O. v. 6. Jan. 1816（G. S. S. 5）u. v. 30. Dec. 1832. をとおしてそうである。バイエルンにおいては、V. v. 17. Sep. 1814 u. 14. Dec. 1820。バーデンにおいては、V. v. 16. Febr. 1813。アンハルト＝ケーテンにおいては、V. v. 13. Oct. 1824。一八一九年と一八二〇年の年における男子同盟（Bund der Männer）と若者同盟（Bund der Jungen）に反対する試みに関しては、レンネ Rönne, Polizeiwesen I. S. 676. 677. および同所の諸注における諸証明を参照せよ。

（8） 学術的な諸結合に反対して、20. Sep. 1819 art. 3, v. 16. Aug. 1824, v. 5. Juni 1852 u. v. 13. Nov. 1834 の同盟諸決議は、予防、監督および処罰に関する詳細な諸規定のほかに、とくに認可されない諸結合体の参加者たちの公的な諸職務への無能力を明言している。ヴァイス Weiß, Staatsr. §141 S. 311 f. において詳細に報告されている。プロイセンについては、同盟諸決議を公布する諸命令のほかに、K.O. v. 7. Jili 1821（G. S. S. 107）, v. 21. Mai 1824（G. S. S. 122）, u. Ges. v. 7. Jan. 1838（G. S. S. 13）を参照せよ。手工業職人たちによって行われる諸結合に反対して、同盟諸決議 Bundesbeschlüsse v. 15. Jan. 1835 u. 3. Dec. 1840. が行われた。それらの内容は、Zöpfl. Staatsr. §463. を参照せよ。

（9） 決議のその他の内容については、Zöpfl §462 において参照せよ。

（10） 一八三二年のあるバイエルンのレスクリプト（Reskript 訓令）は、むしろ憲法上の国家市民たちに〔次のように〕宣言した。すなわち、〝この法は、新たな国家形式とは、もしかすると旧絶対主義的な国家形式とよりもさらに僅かにしか調和しない。なぜなら諸社団は、国民代表〔議会〕の作用クライスへの侮辱的な介入を自らに容易に許すことができるかもしれないからである。〟と。Brater, im Staatswörterb. X. 765. 一七七九年にイギリスにおいて主張された、全く類似の諸議論について、メイ May l. c. II. 122. を参照せよ。

（11） とくにバーデンにおいては、社団法 das Vereinsgesetz v. 26. Oct. 1832（R. Bl. S. 269）と集会法 das Versammlungsgesetz v. 30. Nov. 1833（ib. S. 243）をとおして。連合権（Associationsrecht）は、一般に承認されている。しかしそれでも、国家の諸官

庁は、公的な安全または一般の福祉を脅かす諸集会ならびに諸社団を禁止し、そして、解散させることができる。参加のためには、その場合、刑罰が登場する。むろん外国の諸社団への参加および社団の記章をつけることは禁止されうる。結合する権利（droit de s'associer）は、一八三一年のベルギー憲法証書 belgisch. Verf. Urk. v. 7. Febr. 1831 art 19. 20. においてもまた、認められた。マイニンゲン憲法証書をもまた、注（1）において参照せよ。オランダの社団法については、Stein, Verwaltungslehre III. S. 112. を参照せよ。

（12）例えば、Preuß. K. O. v. 13. Nov. 1843 u. M. R. v. 15. Febr. 1844（M. Bl. S. 143）を参照せよ。すなわち、「〈自由な意思に基づく、ただ人間的な、敬虔なそして国家市民的な共同感情の力をとおしてのみ成立したところの〉、〈より低級な民衆の諸クラスの貧窮からまたは道徳的野蛮から生ずる肉体的、社会的および道徳的な堕落の減少または防衛を自らの目的とする〉諸社団は、そのような諸社団がすでに存在するところでは、貧民制度の監督を委託された諸官庁によって、それらの有効性において可能な限り維持されそして促進されるべきであり、そして、そのような諸社団がまだ欠けているところでは、社会生活の中でさらに明らかになるこの空白の補充が、可能な限り道を開かれ、そして、優遇されるべきである。」と。すでに以前の、トイエルング（Theuerung）における扶助社団の形成に関する M. Reskr. v. 12. Oct. 1830 をもまた、Rönne, Polizeiwesen II. S. 155. 156 において参照せよ。出獄させられた刑事収監者たちの改善のための諸社団に関する Erlasse v. 1828. 1833. 1837 u. 1838 ib. S. 260-267、水害のための扶助社団に関しては、ib. S. 313. を参照せよ。

（13）それゆえヴァイス Weiß, System des deut. Staatsr. S. 577、ツァハリエ Zachariä, vierzig Bücher I. §65, II. §4、マウレンブレッヒャー Maurenbrecher, St. R. §179 S. 312 Note e u. f は、承認されないあらゆる結合は許されずかつ可罰的であると説明している。同様に、ヘフター Heffter, Strafr. §344、フォン・レンネ v. Rönne, Polizeiwesen I. S. 672 は、「秘密」諸組合〔秘密結社〕の許容に対してのみ反対を表明している。すべての有機的組織をもつ諸ゲゼルシャフトを〝公的な〟諸ゲゼルシャフトとして、〝民事法の諸形式に従って妥当する私的諸ゲゼルシャフト〟（〝組合諸契約〟）に対する関係で、国家の承認なしには無効でありかつ可罰的であり、絶えざる監視に服し、そして、任意に解散されうるものであることを証明する、詳細な研究を行ったのは、ツィルクラー Zirkler, das Associationsrecht der Staatsbürger. Leipzig 1834. である。彼は、これらの諸命題を法哲学的にも（S. 1-48）、実定的ローマ法（S. 65-87）およびドイツ法（S. 87-96）からも、基礎づけようとし、そして、従って国家の監督の諸限界と作用クライスを詳細に指摘すること（S. 96-154）を試みた。

（14）Vgl. bes. v. Berg, Handb. d. teut. Polizeirechts I. 244 f. Feuerbach, Lehrb. des peinl. Rechts §434.（フォイエルバッハはローマ法を、独特の警察禁止として、秘密結社に対してさえ適用しようとしていない。）Tittmann, Strafr. §445. Leist, Staatsr. §180.

S. 591. Klüber, öff. R. §360：〝法的な私的諸目的のために結合するという個々人の自然的権利は、国家結合をとおしては否定されない〟。Schmid, St. R. §79. 82. Jordan, allg. Staatsr. S. 441 f. Welcker, im Staatslexikon II.（1835）S. 21–53 "Association" を見よ（とくにZirkler に対して反対）。最近の事柄については、とくに次のものを参照せよ。Mohl, württemb. Staatsr. I. 352 f. 377 f. Reyscher, publicistische Versuche S. 164 f. Bluntschli, Staatsr. II. S. 518 f. Zöpfl, St. R. II. §467 f. Zachariä, St. R. I. §90 IV. II. §185. Held, System des Verf. Rechts II. S. 583 f. Rönne, Stsr. I, 2. §100. S. 144 f. Brater, im Staatswörterbuch X. S. 755–771, "Vereine und Versammlungen〔諸社団と諸集会〕" について見よ。

（15）社団の自由に反対して、新たな人々のうち主としてシュタイン（Stein）が登場する。彼は、社団制度を、〝国の職務〟および〝自己管理の諸機関〟（彼は諸コルポラチオンおよび諸慈善施設をもまたそれに数える）に、第三の〝行政における有機的組織〟として加え、そして、〝国家が社団を共働する機関として国家の目的のために用いることができるか否かを決定することの〟権利を国家に返還することを要求している。Verwaltungslehre I. 226. 535 f. 573 f. 618 f. これらの見解は、明らかに、Vereinspolizei III（1867）. S. 107–115. およびVersammlungspolizei ib. S. 115–119. の叙述においては、修正されている。それでもしかし著者にとっては、すべての社団は〝執行権力の有機的組織の一部〟（S. 107）にとどまっており、そして、彼によって起草された社団の監督（S. 107–111）の諸原則は、それゆえかなり一八五四年の同盟決議と一致している。

（16）Vgl. z. B. Preuß. V. U. v. 1850 art. 29. 30. Oldenb. rev. V. U. v. 1852 art. 47. 50. Schwarzburg = Sondersh. V. U. v. 1849 §33. 34. u. Ges. v. 2. Aug. 1852 §8. 9. Anhalt = Bernb. V. U. v. 1850 §9. 10. Kob. = Gotha. V. U. 1852 §44–47. Reuß. V. U. v. 1852 §15. Hannov. Ges. v. 5. Sept. 1848 §4. Lichtenstein. V. U. §18. Brem. V. U. §16.

（17）これらの変更を同盟議会（Unionsparlament）（Nr. 27 u. 28）は決議していた。

（18）例えば〝Oesterr. provis. Ges. v. 17. März 1849, bair. Ges. v. 26. Feb. 1850, V. v. 29. Juni 1849（G. S. S. 221）に代わるpreuß. Ges. v. 11. März 1850（G. S. S. 277）, k. sächs. V. v. 3. Juni 1850（G. S. S. 137）, bad. Ges. v. 26. Febr. 1851（R. Bl. S. 143）. を参照せよ。

（19）Ges. v. 2. Nov. 1852 をとおして。一時的には、その他の諸国家においてもまた、社団権（Vereinsrecht 結社権）は抑圧された。ヘッセン大公国においては、一八四九年九月一七日に一年間に向けて制定され、そして、一八五〇年九月六日に一年間延長された民衆諸集会の濫用に関する命令（Verordn. betr. den Mißbrauch der Volksversammlungen）および、〈すべての政治的な諸社団と諸結合体を解散させ、そして、その形成を禁止した〉一八五〇年一〇月三日の暫定憲法（R. Bl. S. 359）をとおして。

（20）ツェプフル Zöpfl §469 における内容の提示、およびエプハルト Ebhardt, Hannov. Staatsv. S. 249–253. におけるハノーファーのための発表を参照せよ。一般的に、すべての政治的諸社団のために通用せられるべき諸制限として、〈類似の方法で、すでにより以前の諸法律の中に、未成年者たち、徒弟たちおよび生徒たちの参加の禁止に関して、諸集会の監視と解散の官憲的な権限に関して、そして、他の諸社団との結合の不許容性に関して、見出される（以下、参照）ところの〉諸制限が設定されるべきであるのみならず、すべての同盟諸政府は、そもそもただ〈それらの諸目的が同盟政府およびラント政府と調和し、そして、公的な秩序と安全を危険に陥らせないことについて、十分に証明することができる〉ような諸社団のみを認容することが義務づけられるべきであり、それゆえ、〈あらゆる時点であらゆる社団の設立と諸目的について了知することを可能にするところの〉諸命令が制定されるべきであり、最後に、〈そのような諸社団が必ずしも一般的に拒絶されておらず、または、特殊の承認と結合されている限りでの〉政治的な諸社団に関しては、あらゆる政府に、一時的な制限と禁止の可能性が開かれたままであるべきである。政治的、社会主義的、または、共産主義的な諸目的を追求するところの、労働者諸社団と兄弟諸団体は、二ヶ月以内に至る所で廃止され、そして、刑罰のゆえに将来にわたって禁止されるべきである。一八五五年六月二五日のヴュルテンベルク社団法律（württemberg. Vereinsges. v. 25. Juni 1855.）は、本質的に一致している。

（21）一八六七年一二月二一日の国家市民の諸権利に関するオーストリア国家基本法（Oesterr. Staatsgrundges. über die Rechte der Staatsbürger v. 21. Dec. 1867）（R. G. Bl. S. 394）art. 12は、〃オーストリア国家市民は、集会し、そして、社団を形成する権利を有する。これらの権利の行使は、特別の諸法律をとおして規律される。〃これらの諸法律は、一八六七年一一月一五日のもとに発効している。

（22）バーデンの法律 bad. Ges. v. 1851 §14. 15. は、そうである。

（23）プロイセン刑法典§98は、そうである。〃その存在、組織体制、または、目的が、国家政府に対して秘密に保持されるべき結合体への参加、または、知られない上位者たちに対して服従、もしくは、知られた上位者に対して無条件の服従が、約束されるところの結合体への参加〃は、懲役刑をもって威嚇されている。オーストリア刑法典§285も、類似である。

（24）Preuß. Strafges. §99. 類似して sächs. §93, braunschw. §88, thüring. Anhalt. §83, württemb. §149.

（25）Oesterr. Strafges. §297, großh. hess. §182–185.

（26）一八五〇年のザクセン法は、極めて一般的にこの禁止を規定している。政治的諸社団は、そもそも対外的に諸ケルパーシャフトとして登場してはならず、支部社団を形成し、または、他の諸社団と自らを結合させてはならない。けだし、ある社団は、このための権利を、その社団がそのようなものとして、国家によって認可されることをとおしてはじめて、獲得するからである。バーデン法§6は、異なる。プロイセン法§8は、委員会（Komité's）、諸委員会（Ausschüsse）、中央諸機関および類似の諸制度をとおしてのあらゆる結合、および、相互的な文書交換をとおしてのあらゆる結合を禁止している。

（27）それに賛成を表明しているのは、ツェプフル Zöpfl l. c. および、シュタイン Stein III. 111. である。

（28）たいていの場合、諸審議の形式に関する特別の諸規定が制定されている。理事会またはその代わりに特別に任命された指導者は、すべての非秩序行為に対して責任を負わされ、そして、諸法律を維持する義務を負わされる。国家またはゲマインデの建物および教会は、集会場として用いられてはならない。諸決議は、諸法律、諸命令または諸判決の形式へと形がとられてはならない。集団請願書（Massenadressen）は禁止される、など。

（29）Stein, Verwaltungslehre III. 115–119.

（30）一八五〇年のザクセン法は、逆に、諸制限を「すべての」集会のために設定し、そして、その上で、一六条において社交的な会話、芸術と学問の促進という目的のための諸集会、福祉の目的または敬虔な目的のための、定期的な教会建設と法律的に命令されたかまたは権限を与えられた諸会合を、そこから除外している。いくつかの諸法律（例えば、バーデンの法律 §20）によれば、非政治的な自由な諸集会もまた、それらが公的なものであるべきであるときは、届出がなされなければならない。

（31）Vgl. Deut. R. V. v. 1849 §163. Kob.= Goth. V. U. v. 1852 §47. Preuß. V. U. art.38. 39. Sächs. Ges. v. 1850 §25–27. Bad. Ges. v. 1851 §26.

（32）Vgl. z. B. bad. Ges. v. 1851 §26.

（33）大部分の場合、営業条例（Gew. Ordn.）の中に含まれている（例えば、Preuß. Gew. O. v. 1845 §181. 182., württemb. Gew. O. v. 12. Jan. 1862 art. 46. 47.）。一部分、雇人条例（Gesindeordnungen）も類似する。――警察の許可なしに形成されたすべての労働者社団を罰するプロイセン営業条例一八三条は、すでに憲法をとおして廃止されたものとみなされなければならない。

（34）ひとは、メイ May・前掲において、イギリスの最も重要な政治的諸連合体の歴史、諸有機的組織、および、活動を参照せよ。すなわち、とくに（一七六八年以来の）権利の章典を支持する組合（society for supporting the bill of rights）S. 121 f.、その後まもなく首都においておよび諸グラーフシャフト〔伯爵領〕において成立した多数の諸組合および諸クラブ ib. 122 f.、プロテスタント諸連合（protestant-associations）S. 124 f.、事実、奴隷取引の廃止を達成した奴隷取引連合（slave-trade-associations）S. 128 f. 238 f.、フランス革命に共鳴する民主主義連合（democratic associations）、革命連合（revolution society）、憲法啓蒙組合（society for constitutional information）、人民の友たちの組合（society of the friends of People）、ロンドン通信組合（London corresponding society）S. 132 f. 172 f.、それに反対して形成された、動乱扇動を抑圧する自発的組合と密告者の諸社団（voluntary societies for repressing seditions und der Denunciantenvereine）S. 140 f.、カトリック教徒たちの解放のために活動する諸結合体（die für die Katholikenemancipation wirksamenVereinigungen）（一八二一年）および対立する熱狂的なプロテスタントのOrangelogen〔オレンジ党員〕S. 206 f. 237、自らを大規模な国民連合（national union）へと結合させた（S. 221 f.）ところの、議会改革を惹起した一八三一年の政治連合（political unions）S. 221 f.、人民憲章主義者たちの諸社団（Chartistenvereine）および労働者たちの最古のトレード・ユニオン〔労働組合 trade-unions〕S. 239 f.、最も完全な成果によって栄冠を与えられた一八四六年の反穀物法連盟（anti-corn-law leage）S. 247 f.〔の歴史、組織および活動を参照せよ〕。メイが、〈後に一般的に承認されなかったいかなる社団の扇動も成功せず、後に否認されなかったいかなる社団の扇動も、失敗していない〉ことに注意を喚起しているdas Resumé S. 251を参照せよ。政治的連合の力について、トクヴィル『アメリカの民主主義』Tocqueville, démocratie en Amérique 277は言う。すなわち、「連合体は、圧迫以上の強さを有する。」（l'association possède plus de puissance que la presse.）と。

（35）これには、それらが自由な諸ゲマインデとして構成される以前の、啓蒙主義者たちの諸ゲゼルシャフト（Gesellschaften der Lichtfreunde）、ケーニヒスベルクの不平家諸社団（Königsberger Muckervereine）などもまた、属した。ギーゼラー Gieseler, K. G. V. 198 f. 251 f.を参照せよ。バイエルンにおいて、国王の承認をもって形成された巡礼諸社団（Wallfahrtsvereine）については、同書ib. S. 355.を見よ。フランスの宗教諸社団（敬神博愛主義Theophilantropenのゲゼルシャフト、小さな教会petite église、新神殿騎士たちdie neuen Templer、フランス教会église française など）については、ib. IV. 104. V. 64 f. 93 f.を見よ。

（36）宗教的授業のために定められた諸集会は、とくにフランスにおいて極めて増加した。しかしここでは、大部分、教会と結びついていた。イエズス会類似のpères de la foi〔信仰の神父たち〕、association de sacrécoeur〔サクレクール協会〕、congrégation des frères des écoles Chrétiennes〔キリスト教学校の兄弟たちの修道会〕は、そうである。ギーゼラー Gieseler V. 64 f. frères ignorantins〔貧児教育会会員たち〕についてはib. S. 176.を参照せよ。

（37）一八〇四年以来、イギリスから出発した聖書および論文ゲゼルシャフト（Bibel=Traktatgesellschaften）、それの教皇による迫害、および、それの巨大な伝播に関しては、ギーゼラー Gieseler V. 44 f. 148 f. 287 f.を見よ。カトリックの意識において活動したのは、Gesellschaften der guten Bücher〔良書協会〕, der römische Orden der Mechitaristen〔メヒタリストたちのローマ僧団〕, die erbaulichen Bildervereine〔信心教育者社団〕などである。

（38）それゆえ、対内的な伝道のために、一八三三年、荒野の家（das rauhe Haus）がハンブルクにおいて、そして、多くのプロテスタントおよびカトリックの諸社団がGieseler V. 230 f.、対外的な伝道のために、とくに一七九五年以来存在している大ロンドン伝道協会（große Londoner Missionssocietät）をとおして惹起された多数の伝道諸ゲゼルシャフト（ib. S. 148 f.）および、ユダヤ人たちの間のキリスト教の伝播のための諸ゲゼルシャフト（ib. 157 f.）が、〔設立された〕。プロイセンにおいては、一八二三年に、ユダヤ人たちの間でのキリスト教の促進のためのベルリン・ゲゼルシャフトが、それと有機的に結合された〔傘下の〕娘諸ゲゼルシャフト（Tochtergesellschaften）とともに、国王によって認可されたのみならず、それには独自の印章の権利と郵便無料とが与えられた。Vgl. K. O. v. 9. Febr., 26. Febr. u. 11. April 1823（G. S. S. 117. 125.）. 規約によれば（S. 121）、各一ターレル毎年寄付するすべての人々からなるゲゼルシャフトは、自己自身から補充する委員会（Komité）をとおして代理される。しかし、原則として毎年一度の集会が行われるべきである。

（39）一八三三年から存在し一八三四年に認可されたライプチッヒおよびドレスデンにおけるグスタフ＝アドルフ財団（Gustav=Adolph=Stiftung）から、一八四二年以来成立し、一八四四年プロイセンにおいて、そしてその後速やかにほとんど至るところで受け容れられ（ただバイエルンとオーストリアにおいて禁止されたのみである）、そして、〈代議員をとおしてオルトの、地方のそして主たる、諸集会に登場するところの〉主たる諸社団および付随的な諸社団によって、独立の諸構成部分をもつ全体として、有機的に組織されている。Gieseler, K. G. V. S. 266–274.

（40）フランスの福音主義の諸ゲゼルシャフトに関してはGieseler V. S. 113 f. を、イギリスにおける福音主義同盟に関してはib. 166 f. を、教会会議（Kirchentage）に関してはS. 278 f. をもまた、参照せよ。

（41）このことは、とくに、フランスにおける王政復古時代の大規模な伝道諸集会（Gieseler V. 64 f. 79 f.）において、および、スイスのカトリックおよびプロテスタントの諸社団（ib. 170. 291. 298 f.）において、問題となった。

（42）とくに福音主義の社会事業会（die evangelischen Diakonissen）（一八三六年カイザースウェルトにおける最初の施設）については、Gieseler V. 229 f.。カトリックの婦人諸ゲノッセンシャフトは、教会との結合において立っている。

（43）ひとは、例えば、プロイセンの学者の諸ゲゼルシャフト〔学会〕に関する統計的情報を、ウェーバー Weber, Handb. der staatswirthschaftl. Statistik und Verwaltungskunde der preuß. Monarchie. 1840. S. 185–187 およびフランツ Frantz, der preuß. Staat（1854）Th. I. S. 360 f. 最も古い諸ゲゼルシャフト〔学会〕のいくつかとして強調されなければならないのは、一七七一年に設立された〝愛国的 patriotische〟〔ゲゼルシャフト〕、一八〇三年にシュレージエンにおいて〝自然研究のおよび産業のゲゼルシャフト〟として新たに組織されたゲゼルシャフト、ベルリンにおける、自然を研究する友たちのゲゼルシャフト（一七七三年）、フマニテート〔人文〕の友たちのゲゼルシャフト（der Freunde der Humanität）（一七九六年）、そして、数学愛好ゲゼルシャフト（一八〇〇年）、祖国の文化または歴史知識などのためのさまざまな諸社団など、である。

（44）プロイセンにおける、より古いそのような諸社団に関する諸証明を、Weber l. c. S. 190. 191. 201. u. Supplement=Bd. S. 43 f. において〔参照せよ〕。ラント美化諸社団（Landesverschönerungsvereine）（一八三五年ヴィッテンベルクにおける、一八三七年ポーランドにおける）については、S. 187. を参照せよ。

（45）ウェーバー Weber l. c. S. 189 u. Suppl. Bd. S. 45. 46. における、プロイセンにおけるさまざまな営業的諸社団に関する諸証明。さらに v. Reden, Erwerbs= und Verkehrstatistik des preuß. Staats（1853）III. S. 2138. 2139. 強調されなければならないのは、とくに一八二〇年以来、ベルリンにおいて存在する（五部門をもつ）産業の促進のための社団（Verein für Beförderung des Erwerbsfleißes in Preußen）である。その規約は、カンプツ Kamptz, Ann. IV. S. 753 ならびに、訓令において Cirk. Reskr. v. 24. Okt. 1820 ib. S. 759. ある。一八三六年六月二〇日のデュッセルドルフにおける営業社団規約（Statut des Gewerbevereins in Düsseldorf）をもまた、Kamptz l. c. XX. S. 689. において参照せよ。類似の諸社団は、それ以来、あらゆる比較的大きな諸都市において設立されている。

（46）農業的諸社団（landwirthschaftliche Vereine）に関しては、Roscher, System der Volkswirtsch. II. §170. S. 482. Note 3-9. およびとくにプロイセンの〈一八三八年にはそれらのうちの八八が、一八四九年にはしかし三八二が成立した〉農業諸社団に関しては、Weber l. c. S. 187-189, Supplem. Bd. S. 44. 45. 169 f.; Zeitschr. f. gutsherrl. u. bäuerl. Verhältn. Bd. I. H. 3. S. 510-534; Frantz l. c. I. 120 f. u. 749 Note; Dieterici, Handb. der Statistik des preuß. Staats（1861）S. 103 u. 139; v. Rönne, preuß. Staatsr. II, 1. S. 106 Note 3 u. II, 2. S. 239 Note 5. 6. ――ドイツにおける最古の農業諸ゲゼルシャフトは、一七六三年のテューリンゲンの、一七六四年のライプチッヒの、一七六四年のツェレの、一七六七年のフランケンの、〈一七七〇年以来のブレスラウ、ポツダムおよびハムにおける、一七九一年以来のモールンゲンにおける〉プロイセンの、一八一〇年のバイエルンの、一八一九年のバーデンの、一八二一年のクールヘッセンの、それであった。しかしながらそれらの形成においては、たいていの場合、さらに政府の影響が働いており、オーストリアにおいては、経済的な諸ゲゼルシャフトが、ウィーン、プラハ、グラーツ、ライバッハ、インスブルック、リンツ、ブリューン、クラーゲンフルトにおいて、皇帝の命令によってすら、設立された。農業諸社団は、また、しばしば国家官庁との一定の連結の中に立ち、諸官庁のために鑑定を作成し、そして、諸官庁からラント文化の向上のために拠出された金額の一部を使用のために受け取った。プロイセンにおけるラント経済コレーギウム（Landesökonomie=Kolegium in Preußen）との、特殊および中央諸社団の関係については、K. O. v. 16. Jan. 1842 u. Regulativ v. 25. März 1842.（M. Bl. f. d. i. V. S. 128）を参照せよ。個々の諸社団は、大部分、一人の議長、恒常的な有給の秘書役と時期を限って選ばれた諸委員会を有する。ザクセンにおいては、（一八五四年においては一三七の）地方諸社団から、ロッシャー Roscher

l. c. Note 8 によれば、五つのクライス諸社団が形成され、それらの管理委員会は、クライス諸社団の代表者たちと一人の秘書役からなっている。クライス諸社団の議長と代議員たちは、若干の特殊な専門家たちと並んで、さらに、助言的な官房として内閣と交通するラント文化ラート〔ラント文化評議会 Landeskulturrath〕を形成する。――亜麻の栽培と麻の栽培の促進のための社団（Verein zur Beförderung des Flachs= und Hanfbau's）（一八五〇年ベルリンにおける）に関しては、M. Reskr. v. 3. Juli 1850 (M. Bl. f. d. i. V. S. 255) u. v. 1. Juli 1851 (ib. 145)、コルポラチオンの諸権利がそれに付与されているところの、プロイセンにおける絹糸工場の促進のための社団に関しては、K. O. v. 9. Nov. 1828 u. d. Statuten を、カンプッ Kamptz, Ann. XIII. S. 52–66. においてみよ。造林社団に関する訓令 Reskr. über Waldbauvereine を、レンネ Rönne II, 2. S. 260 Note 2. においてみよ。

（47）例えば、ベルリンにおけるそのような社団の設立、有効性および有機的組織については、ヒルシュの論文 J. Hirsch b. Eras, Jahrb. f. Volkswirthsch. Erster Jahrgang. Leipz. 1868. S. 69–79. を参照せよ。

（48）後者については、ひとは、レンネ Rönne, Polizeiwesen I. 260–267, II. 699–709 u. Supplem. Bd. S. 27–33 において総括された、プロイセン政府の諸処分、および、付録として報告された諸規約を参照せよ。――メルゼブルクおよびリュッツェンからの、その他の名指しされた諸カテゴリーの諸社団の諸規約は、例えば、マッシャー Mascher, das Staatsbürger= ec., sowie die Armengesetzgebung Preußens, im Anhang Nr. 2. 3. 4. 10. 11. において、印刷されている。プロイセンにおけるそのような諸社団に関する諸証明をもまた、ウェーバー Weber l. c. S. 206 f. u. Suppl. Bd. S. 50. 51. において見よ。――諸規約の例をシュネル Schnell, die soziale Privathilfe, Berlin 1860: S. 34（市民救助社団）、S. 85（労働諸クラスの福祉のためのオルト社団）、S. 111（禁酒社団）、S. 140（勤労学校のための社団）、S. 151（手工業者養成社団）、S. 129（幼児看護施設）において、参照せよ。――Arbeiterfreund 1867 S. 209. における、労働諸クラスの福祉のためのシュトゥットガルトの社団の規約。

（49）これらは、同時に宗教的色彩を有しており、そして、内的な諸使命についての関連において形成されている。リッチュル Ritschl, über christliche Jünglings= und Gesellenvereine. 1852. を参照せよ。

（50）例えば、メルゼブルクの三つの教区からの貧民保護諸社団の諸規約をマッシャー Mascher l. c. Nr. 5–7. において参照せよ。ハレにおける貧民と病人の保護のための婦人社団の規約 ib. Nr. 8、ハレにおける無資産の人々のための家族住居の建築のための社団の規約 ib. Nr. 9、資力の劣る人々の貯蓄諸社団のための規約 ib. Nr. 12〔を参照せよ〕。Weber l. c. S. 815 f. u. Suppl. Bd. S. 221 f. Frantz l. c. S. 259. 387–392. 898. 899. をもまた、見よ。上述、注(12)を参照せよ。

（51）Vgl. Preuß. G. S. v. 1848 S. 355 u. 1853 S. 133; 1867 S. 550. 一八六七年三月二日の法律（G. S. S. 385）は、これらの諸ゲゼルシャフトに、手数料と印紙の免除を保証している。

（52）　諸社団の法的性質については第二部〔第二巻以降〕において初めて取り扱われるのであり、ここでは、ただそれらの輪郭に従って、現在言及された社団の種類によって、ドイツの諸ゲノッセンシャフトの組織体制の「歴史」の中で占められる箇所だけが指摘されなければならないことが理解される。

【以上、第六十五章の注、終わり】

【以下、「II　経済的諸目的のための自由なゲノッセンシャフト制度　第六十六章　経済的諸有機体のさまざまな種類」に続く】

II　経済的諸目的のための自由なゲノッセンシャフト制度

第六十六章　経済的諸有機体のさまざまな種類

A　沈み行く中世が近世に残した経済的な有機的組織（wirthschaftliche Organisation）は、とりわけそれが〈外部的および内部的に全国民を唯一の貫通する原則に従って編成する〉総体有機的組織（Gesammtorganisation）と完全に符合したことをとおして、特徴づけられた。

I　すべての比較的大きな経済の諸有機的組織は、それゆえ「ゲノッセンシャフト的」な性質のものであった。唯一より大きな農業的土地諸経営（ländliche Gutswirthschaften）においてのみ、より古い「ヘルシャフト的な」経済有機的組織（Wirthschaftsorganisation）が、ゲノッセンのゲマインデと並んでまたはその上に、個々人の家経済および農場経済のクライスを越えて及ぶ意味において存続したが、しかしながらここでもまた、〈その共通の租税行政と租税金庫をとおして、およびそれに関連するコルポラティフな自律と上級監査をとおして、重要な諸点において一つの経済的な団体をもまた基礎づけたところの〉騎士団的および農業的な諸コルポラチオンをとおして、孤立から免れたのである。さらに、なるほど個々の土地占有者、営業経営者または商人の経済は有機的に組織されていたが、しかしそれは、まさにそれ自体にとっては、ただ農場経済または家経済であるにすぎなかった。その一方、それは、公的生活へと干渉するすべてのより一般的な経済諸関係のために、ゲマインデ、ギルド、ツンフトまたは、何らかの他の職業ゲノッセンシャフトにおける構成部分として存立した。領邦国家の成立は、最初においては、この点に何らの変更ももたらさなかった。なるほど統一的な国家予算は発展したが、これはしかしながら、まず第一には、目下の国家需要がそれをいずれにせよ要求したより以上には及ばなかった。そして、国家をとおしての領邦経済の原則的な有機的組織については、十六世紀においては、まだほとんど問題にならなかった。ランデスヘルは、御料地の主人（Domanialwirth）であったが、しかし彼の家計（Oekomomie）の範囲だけが彼をグーツヘルから区別したにすぎず、そして、統一的な経済有機体組織は、ラントゲマインデ、都市またはツンフトと同様に、ラント国家（Landesstaat）ではなかった。それゆえ経済的な諸団体と並んで、本来の経済「諸営造物」もまた存在しなかった。国家の諸営造物の欠缺が自ずから説明されるときは、経済の促進のためのゲマインデ諸営造物または私的諸営造物もまた、〈あらゆるゲノッセンシャフト（およびそれ自体としてもちろんまたその市民たちのためのゲマインデ）またはあらゆるその他の経済団体が、内部的な団体の諸制度をとおして諸構成部分の経済的諸需要を満足させたゆえに〉存在しなかった。教会的および精神的な諸団体の家計もまた、類似の方法においてコルポラティフに秩序づけられており、そして、公益的な教会諸営造物およびある意味における敬虔な慈善諸施設が〈総体の家計的な需要を充たす〉経済諸営造物の性質を担ったときは、それでもしかし、その最も近い目的は、精神的または慈善的なものであり、そして、ただ間接的にのみ、同時に国民経済の諸目的がそれをとおして達成されたのである。

Ⅱ　民族の経済的な有機的組織は、しかし、さらに内的にもまた、民族の総体編成と符合しており、そして、そこから、〈諸ゲノッセンシャフトもヘルシャフト諸団体も、ただ経済的諸目的のために存在するのではないこと〉、〈そのような諸団体は、より一層僅かにしか「個々の」経済的諸目的のために存在するのではないこと〉が結果した。もちろん純粋に偶然的な諸ゲマインシャフト、または、もっぱら経済的な諸動機によって導かれた自由な任意をとおして創造された諸ゲマインシャフトは存在したが、しかしそのような諸ゲマインシャフトは、その場合まさに、新たな経済有機体諸組織ではなく、いくつかの個別諸経済の間の一つの契約的な結合または対象的な結合を創造した。商法（Handelsrecht）および海法（Seerecht）の既存のゲゼルシャフト〔組合または会社〕の諸形式（マスコパイ〔Maskopei 商事組合〔商事会社〕〕、匿名組合 stille Gesellschaft、艦隊〔船舶団体〕Admiralschaft、船舶共有 Mitrhederei）は、独立のままにとどまる個別諸経済の集団的結合を超えては、上昇しなかった。それとは反対に、諸構成部分の上に統一的な経済有機体組織が存在したところでは、その組織は、同時に政治的、宗教的、軍隊的、道徳的、および社会的な団体であり、そして、それは、経済的な点においてもまた、家計的な連合体の今日では分離された諸側面の一つに制限されるのではなく、経済的結合の全体性を追求したのである。後者の点においては、家計的な諸ゲゼルシャフトのためには、とくに二重の結果が生じた。

1　それらの「基礎」に従えば、それらは、原則として同時に、人々の諸団体であり、そして、財産の諸団体であった。もともとは純粋に人的な結合から出発した諸ゲノッセンシャフトは、〈それがところで土地占有であれ、動的資本であれ、あるいは有用な権能であれ〉総体財産の取得をもって、〈マルクゲマインデ、営業諸ギルド、貨幣鋳造請負人たちおよびその他の職務諸コルポラチオンに、多くの兄弟団体に、そして、精神的な諸ケルパーシャフトにすら、示されてきているように〉次第しだいに財産法的な基礎の上に、自らを据えたのである。逆に、資本主義的なゲマインシャフトがより早期のものであり、そして、そこから一つのゲノッセンシャフトが生じたところでは、後者〔ゲノッセンシャフト〕の傾向は、絶えず財産法的結合と並んで人的結合の創造に向けられたので、ここでは、例えば（株式会社 Aktiengesellschaft におけるように）財産のゲマインシャフトをとおして条件づけられ、決定された、そして、ただこれ〔財産ゲマインシャフト〕のみに奉仕するゲノッセンシャフトは成立せず、同時に平和ゲマインシャフト、法ゲマインシャフト、生活ゲマインシャフトおよび道徳ゲマインシャフトを目指した人的な経済社団（ein persönlicher Wirthschaftsverein）が成立したのである。その結果は、何らかの顕著な経済的意義を有するすべてのゲノッセンシャフトが、その基礎と有機的組織において、人的公共的要素と物的私法的要素の混合を含んでいたということであった。

2　同様に、その場合、様々な経済的「諸目的」もまた、同一のゲノッセンシャフトの有機体組織から分離されずに、追求された。それは、とりわけ同時に、経済ゲノッセンシャフトでありゲノッセンシャフト経済であった。〈経済の一般性として、その中に含まれる個別諸経済の保護、支持および促進を目的とするが、しかし自らは、ゲノッセンシャフトの目的がこれを要求する限りでのみ経済を行うところの〉経済ゲノッセンシャフト――および、〈そこでは総体そのものが経済を行い、このために自らを有機的に組織し、そして、それによって把握される個別諸経済の諸断片を、ただ統一的な共同経済の諸要素としてのみ観察するところの〉ゲノッセンシャフト経済。この二つは、古いゲノッセン諸団体の中に、分離されずにかつ不可分に含まれていた。経済警察と経済支持のための社団、保険社団と信用社団は、〈しばしばひとが現代的に語ろうとする場合には原料ゲノッセンシャフト、貯蔵所ゲノッセンシャフト、消費ゲノッセンシャフトもまた〉、あらゆるツンフトであり、同時に、生産的な生業組合〔営利会社 Erwerbsgesellschaft〕であった。あらゆるマルクゲマインデは、ラント的な生産連合体の特性を、個別諸経済の諸目的のための保護団体および支持団体の特性と結合させた。そして、そのようにして至るところで、それらの諸構成部分の諸家計のための総体の配慮と、同時に〈――例えば、諸修道院およびいくつかの兄弟団体におけるように、共産主義的な総体経済が、個別諸経済を「完全に」飲み込んだのでない場合には〉、独立の共同経済における個別の諸家計の部分的な出現が、結合された。

B　すべての諸関係において、十六世紀以来、遂行される交代によって、しだいに経済の有機体諸組織の形成もまた、その後、我々の世紀〔十九世紀〕における新たな諸変化に向かって進まんがために、完全に変化せざるを得なかった。

I　ゲノッセンシャフト的な諸団体であれ、ヘルシャフト的な諸団体であれ、国家と個人の中間に存在するすべての諸団体の内的な解散、それらの諸団体の公法的諸要素の国家をとおしての吸収、および、それらを私法的な諸領域へと制限することは、経済的な点においては、〈経済的一般性のあらゆる意味が国家へと移行し、国家に対する関係では、しかし、ただ私的諸経済のみが存在するという〉対応する結果を有せざるを得なかった。国家は、その課題に従って、最上位の経済有機体組織へと上昇した。しかし、それがすべての諸領域において単に最上位の一般性であろうとするのみならず、唯一の一般性であろうとするように、国家の経済においてもまた、あらゆる他の総体経済は、従属的および非独立的な構成部分として登場すべきであろう。多様に編成された国家経済の外には、ただ個人の諸経済のみが、存在すべきであろう。〈もちろん多かれ少なかれコルポラティフな組織体制が自らをそれと結合させうるところの〉経済的諸目的のための直接的または間接的な国家の営造物は、そのようにして経済的な有機的組織の支配的な形式となった。その一方、経済の諸目的のための独立のゲノッセン団体は、次第しだいに消滅した。より最近の時代において初めて、その後、経済的な中央集権化とアトム〔原子〕化に反対して、個別経済の基礎から、自由な連合体が、資本結合と人的なゲノッセンシャフトという二重の形式において、上昇し、そして、国家と個々人の間のゲゼルシャフトの諸経済に、新たに重要で独立した地位を獲得している。

1　中世的な経済の諸団体は、まず第一に、それゆえ、そのゆっくりとした解消に向かって進んだ。諸ゲマインデ、諸インヌング、諸ツンフト、諸職人兄弟団体、および、経済的な側面を有したすべてのその他の諸ケルパーシャフトは、政治的、警察的道徳的関係において国家の諸営造物となったのみならず、経済保護と経済促進との関連においてもまた、国家の諸営造物として取り扱われ、そして、せいぜい財産の占有と利用または収益をもたらす諸特権の占有と利用のための諸ゲマインシャフトとして、独自の意義を保持したのである。同様にしかし、ヘルシャフト的な経済諸団体は、分解させられた。それらの団体に公的な有機体組織の地位がとどまった限りでは、それらの代表者〔例えば、グーツヘル〔地主〕〕は、国家の下級官吏となり、その他の点においては、それとは反対に、ハウプト〔長〕と構成員たち〔雇人たちGesinde、徒弟たちLehrlinge、職人たちGesellen、日雇いたちTagelöhnerなど〕の間の諸関係は、純粋に債権債務的な、私法的な関係へと変化した。

2　経済的一般性の諸任務を、国家は、直接にその諸官庁をとおして、または、国家によって経済保護、経済警察および経済促進のために設立された諸営造物をとおして解決した。国家がそのような諸営造物を国家経済へと引き込まれたより古い諸団体の利用をとおして獲得しなかった限りでは、国家は、個別の諸目的のために新たな諸営造物を設立したか、あるいは、それらの営造物を諸ゲマインデおよび諸ケルパーシャフトによって国家のコントロールのもとに設立させた。そのようにして、直接または間接の国家制度として、交通諸営造物、諸銀行および諸信用制度、諸取引所、諸質屋、保険諸営造物、寡婦および年金諸金庫、諸貯蓄銀行、鉱山労働者たちと手工業職人たちの諸強制金庫、土地改良諸研究所などが、誕生した。国家は、しかしさらに、一連の経済諸部門において土地占有者、商人、工業者および営業経営者として生業的〔営利的〕に登場し、そして、一部分、独占的な諸権利をもって、国家の生業諸制度の多くの数を設立した。しかり、国家は、自らのために形成する最初のより大きな諸生業組合〔営利会社〕（Erwerbsgesellschaften）を、これらの生業組合もまた国家の諸営造物としてゲゼルシャフト的な構造によって特徴づけられるという形で、国家の役務の中へと取り込んだのである。それでもしかし、経済の有機的組織のため、ならびに、生業〔営利〕の有機的組織のため、という二つの関係において、次第しだいに新たな力へと成長する自由な連合体が、引き寄せられなければならなかった。そして、一連の新たに設立される経済諸制度の中に、それゆえ、すでに十八世紀以来、ゲノッセンシャフトの組織体制が、重要な地位において、営造物の組織体制と結合されているのが見出されるのである。

3　個々人の独立した経済的連合体は、これとは反対に、このシステムにおいては、ただ強化された私的経済としてのみ妥当する。そのような解釈には、個々人をただ集合的にのみ結合する組合諸関係およびコムニオンの諸関係における同列に立つ人々の諸連合体においても、その補助者たちおよび労働者たちを伴う、商人、営業経営者、またはグーツヘル〔地主〕の連合体においても、まずもって障害は対立しなかったので、それ〔個々人の独立した経済的連合体〕は、〈現代経済の強力な飛躍によって個々人の家計の単純な拡大から、新たな包括的な経済有機体諸組織が形成されたところでは〉、もはや事実的な諸関係に対応するものではなかった。そのような経済有機体諸組織は、純粋に財産法的基礎の上に、資本のヘルシャフト〔支配〕（Kapitalherrschaft）として、および、資本のゲノッセンシャフト（Kapitalgenossenschaft）としての、二重の姿において成立した。

a　資本の「ヘルシャフト」は、企業者たちと労働者たちの間の関係において、〈それが事実上公法にも私法にも同様に介入する独立の有機体組織であるにもかかわらず、今日の法が、原則としてただ一者と多者との間の私的諸権利の総計の意味だけをそれに帰属させているにすぎないところの〉経済的なヘルシャフト団体の一つの新たな形式を創造した。個々の諸関係においては、もちろん諸法律は、この原則を決して遂行してきておらず、そして、すでに再び放棄してきている。いまなおゲマインデの意義とともに存続する地方的な諸グーツヘルシャフト〔土地支配〕については、このことは必ずしもとくに証明される必要はない。しかし、諸工場（Fabriken）および営業的な諸店舗（Etablissements）もまた、例えば、クライスまたは地区の諸集会における政治的な代表を保持した場合、それらが課税の際に統一体とみなされる場合、使用者たちと従業員たちの間の最上位の調整が国家によって登場するか、または、（ザクセン、テューリンゲン、ブラウンシュヴァイク、バーデンそしてヴュルテンベルクの営業諸条例（Gewerbeordnungen）に従うように）共同の作業場における二十人以上の補助者たちの諸結合体において、オーストリアではあらゆるより大きな諸店舗において、（ブラウンシュヴァイクではラント警察的にすら承認されかつ監督されるべき）工場条例および勤務条例の制定と公布が強制されている場合、国家が、個々の工場のために扶助金庫（Unterstützungskasse）の形成を、主人と労働者たちの割合的な参加のもとに、義務的なものとする場合、この点においては、明らかに、これらの諸団体もまた公的意義を有する有機的諸統一体（organische Einheiten）であるという法律観が存在している。

b　資本の「ゲノッセンシャフト」は、いくつかのより不完全な諸前段階の後に、株式会社（Aktiengesellschaft）においてその完成をみた。その点においては、多くの法学者たちがその限りで主張したように、もはやたんに個別諸経済の、組合（Societät）または物ゲマインシャフト（Sachgemeinschaft）をとおしての拡大が含まれているのではなく、新たな経済有機体組織の創造が含まれていることは、国家によって決して見逃されていない。なぜなら、扶助の、保険の、信用のまたは交通の諸営造物の設立のように、ゲゼルシャフト〔組合、会社〕の目的が公的なものであった限りで、国家は、認可しつつそして監督しつつ、または、共同で指揮しつつ、登場したのみならず、国家は、最初から、その目的とは全く独立に、ゲゼルシャフトの内的生活のうえに国家の監督を、そして、支配的なケルパーシャフトの理論に従ってそれらの存在と有機的組織の承認をもまた、〈けだしそれは、国家にとっては、それでもやはり、マスコパイ〔商事組合〕または匿名組合においては、決して好ましいものではなかったゆえに〉、要求したからである。それゆえ、財産ゲノッセンシャフトにおいては、まず最初に再び、独立の経済有機体組織が、個々の諸経済の自由な結合から、たとえ完全に自由ではないとしても承認された地位において、展開されてきたのである。

4　しかし経済的諸目的のための「人的な」ゲノッセンシャフトもまた、現代の連合の理念の影響のもとに、国家および私人の諸営造物および資本諸社団と並んで、すでにアトム化された諸力の自由な結合をとおしての新たな建設を、開始してきている。はじめ人的ゲノッセンシャフトは、とりわけただ国家への依存において、そして、国家の指揮と後見のもとに登場し、そしてそのようにして国家の諸制度と結合した。類似して、それは、資本社団（Kapitalsverein）ともまた、結合した。より最近の時代においては、それは、より自由にそしてより独立に登場し始めている。その内容に従ってもまた、それは、絶えずより高い諸段階へと上昇している。危険と信用のゲマインシャフト化から、〈最終的に生産連合体における労働のゲマインシャフト化をとおして、少なくとも理念においては、すでにその最終的形式を発展させんがために〉積極的経済の個々の諸側面のゲマインシャフト化へと進歩してきている。

II　経済的な連合諸形式の内的な継続的形成にとっては、中世において混合された基礎と諸目的の諸対立が分離へと到達したことが、決定的な重要性を有した。アイヌング衝動の消滅とともに、〈決してやむことのない新たな形成をとおして、中世の職業階級の有機的組織が足元に保持し、そして、そのようにして諸階級とその諸グループとの間の、諸団体の内部での総体利益と特別利益の間の、占有と労働の間の、調和を維持したところの〉形成力が脱落して以来、対立する諸要素の持続的な混合は、形式と内容の間の決定的な諸矛盾へと導かざるを得なかった。社団においては個々人の特別性が、より上位の一般性においては社団の特別性が、自らを唯一の妥当へともたらすべく努力された一方では、それでもしかしさらに及ぶ共同有機体組織を前提とする諸権限は、諸特権の形において存続すべきであった。それゆえ、経済的関係においてもまた、諸ゲノッセンシャフトは、さらに、私経済的な基礎のうえに社団的な個別経済を営もうとし、そして、それでもしかし経済有機体組織としておよび国民経済の諸構成部分としてそれらの諸ゲノッセンシャフトに認容された経済諸特権を継続させようとした。しかし、ここでは、至るところでそうであるように、一般性は、特権諸コルポラチオンに対する関係では、強力なそしてやがて圧倒的な一人の代理人を、〈国民経済の有機的組織全体を次第しだいに一人で引き受け、私的結合体には、ただ集団的な営業活動だけを委ねたところの〉国家に見出した。この方法によって、いまや財産ゲノッセンシャフト的な諸要素と人的ゲノッセンシャフト的な諸要素の、ならびに、共同経済に向けられた諸目的と経済の下支えに向けられた諸目的の、〈内的なそして一部分は外的でもある〉区別が準備された。我々は、しばしば、ラント的な諸ゲマインデがまさに二つのケルパーシャフトへと分かれるのをみた。それらの一方のケルパーシャフトは、財産法的な基礎の上に建造されて、ゲゼルシャフト〔組合〕の経済を継続的に経営し、これに対して、他方のケルパーシャフトは、人的＝政治的に構成されて、ただ公的諸目的のためのゲマインデ経済のみを、操縦したのであり、そして、それらの公的諸目的のもとで、個別諸経済の保護と促進は、重要な地位を受け取ったのである。同一の方法において、しかし、至るところで諸対立は、少なくとも概念的には区別され、そして、古い経済コルポラチオンの硬直化した有機体組織（例えば、諸ツンフトのように）が対応する方法において変更されなかった場合には、その完全な解消が道を開かれたのである。〈自ら形成されたかまたは国家によって形成された〉新たな経済諸団体は、これに対して、はじめから、その基礎に従って、財産の諸コルポラチオンとして、または、人的諸ゲノッセンシャフトとして登場した。その一方で、それらの諸目的は、原則として、〈等しい種類でないものの古い混合が自ずから廃止される〉というように正確に表現されそして個別化された。この歩みを、現代の経済の連合体もまた、必ずしもふたたび放棄してきていない。もちろんそれ〔連合体〕は、〈全く任意に限界づけられた断片を、人的な人格であれ財産権的人格であれ、個々人の人格から分離し、そして、そのような諸断片の総計を任意に定められた諸目的のために有機的に組織すること〉の可能性と、同時に、再び、〈財産法的な基礎を人的な基礎と結びつけ、そして、経済ゲノッセンシャフト的な諸目的を営業の諸目的と結びつけるという〉可能性を、結合させている。そのような諸結合が生じるところでのみ、それでもしかし、中世における内的な不分離性との非常な対立において、結合された等しからざるものが原則的に区分され、諸要素のあらゆるものに特別の妥当クライスが割り当てられ、そして、しかる後にはじめて〈それ自体として対立する諸構成部分の調和的結合がそこにおいて有機的な総体生活を妨げないのみならず、促進するところの〉全体の結合が創造される。概念的には、それゆえここでもまた、全体的な現代の経済連合におけるように、二つの主要な対立が、家計的なゲノッセンシャフトに、保持されてとどまるのである。

1　「基礎」に従えば、財産ゲノッセンシャフトと経済の諸目的のための人的ゲノッセンシャフトが対立する。財産ゲノッセンシャフトにおいては、ゲノッセンシャフトは、総体財産（Gesammtvermögen）をとおして条件づけられ、そして決定される。経済諸目的のための人的ゲノッセンシャフトでは、ゲノッセンシャフトが第一のもの（Prius）であり、そして、財産のゲマインシャフトが、これをゲノッセンシャフトの本質と目的が要求する限りでのみ、そして、そのように形作られて、登場する。それゆえ、ここ〔人的ゲノッセンシャフト〕では、連合するのは、人的諸力の総計（結局、労働そのもの）であり、そして、人的な力（それゆえ諸契約についてのただ債務法的な義務）としてのみ、財産は考察される。それに対して、そこ〔財産ゲノッセンシャフト〕では、結合するのは財産（とくに資本）そのものであり、そして、ただ財産物件をとおしておよび財産の程度に従ってのみ、社団における人格が重要となる（それゆえ債権債務 obligatio ではなく、物権法的構造が重要である）。

2　「諸目的」に従えば、共同経済が目的であるゲノッセンシャフトは、個別の諸経済の促進に向けられたゲノッセンシャフトから区別されなければならない。後者もまた、もちろん特別のゲノッセンシャフト家計を営む。特別のゲノッセンシャフト家計は、しかし、個別の諸経済の促進に向けられたゲノッセンシャフトにおいては、〈それが経済的性質のものである限りで、個別諸経済の保護と支持においてならびに対応する制限において存在する〉別のケルパーシャフト諸目的のための単に手段であるに過ぎない。そのような諸目的は、政治的、道徳的および社会的な諸目的と結合することができ、そして、それによってとくに、人間の全体性に向けられたあらゆるゲマインシャフトにおいて結合されており、それゆえ「この」種の経済諸ゲノッセンシャフトとして、今日もなお、ゲマインデと国家は、そのひとつの側面に向けて、特徴づけられる。しかし、このような特別の諸目的のための諸ゲノッセンシャフトもまた、強制的にまたは自由意思で有機的に組織されてありうるのであり、そして、事実、より最近の時代においては、非常な豊かさにおいて、そのために設立されている。それらのゲノッセンシャフトに対しては、他方において、〈それらにおいては、その他の諸目的は、せいぜい後順位の地位において、そして、原則的にではなくただ間接的に意欲されたものとして、法的な形成にとって重要でないものとして登場し、それゆえ、通常は生業諸組合〔諸営利会社〕として、時おりはおそらく資本投資のための諸組合としてもまた、《財産からまたは構成員たちの諸力から》構成される経済の経営を社団活動の直接のおよび積極的な内容となすところの〉〈共同経済の目的のための手段に過ぎない〉諸ゲノッセンシャフトが対立している。そのような総体諸経済であることを、今日では、すべての強制諸ゲノッセンシャフトは、とりわけ国家とゲマインデは、同様にしかし営業的強制諸団体などは、止めてしまっている。それゆえ、社会経済の目的のためには、いまなおただ、資本の連合体（鉱業会社 Gewerkschaften〔労働組合〕、諸マルクゲノッセンシャフトの残存物、諸株式会社）であれ、労働の連合体であれ、「自由な」諸連合体のみが存在しているにすぎない。

C　ヘルシャフト的に有機的に組織された経済諸団体と純粋な経済諸営造物は、我々の課題には入らないので、〔そして〕諸ゲマインデ、国家および〈すべてのまず最初にそして圧倒的にその他の諸目的のために決定された〉諸ゲノッセンシャフトの経済的側面については、すでに論じられたので、ここでは、ただ、さらに専らまたは主として経済的な諸目的のために決定された自由なゲノッセンシャフト制度の歴史、ならびに、そのような諸目的のために設立された強制諸団体において含まれるゲノッセンシャフト的な諸要素の歴史を取り扱うことが、残っている。その場合、すべてのこれらの諸形成は、それらの法的な側面の外に、ほとんどの場合に比較にならないほど重要な一連の諸側面をその他の生活領域のために有しているのみならず、法領域そのものにおいてもまた、ここで唯一考察される〈そもそもそしていかなる方法において、それらが諸ゲノッセンシャフトであり、あるいは、ゲノッセンシャフト的な諸要素を含んでいるかという〉事情は、それらの本質を決して汲み尽くしておらず、そして、しばしばそれらの全体的地位にとってさえただ僅かな重要性しかもっていないことが、顧慮されなければならない。そこから、直ちに、もしここでそれらの分類がただこの一つの視点に従って行われなければならないとすれば、その視点は、まさに一面的なものであり、そして、より一般的な取扱方法においては不適切であろうことが結果する。それゆえ、例えば、銀行制度または信用制度のための株式会社において、および、紡績業の経営のための他の株式会社においては、全くただ〈それらが株式会社であるという〉両者に共通の事情だけが我々にとって考慮される。その一方、それでもしかし、そのほかに、前者は、とりわけ銀行および信用制度として、後者は、工場主として自らを法律生活において主張するのである。そして、株式に向けての諸保険会社〔保険株式会社 Versicherungsgesellschaften auf Aktien〕と相互性に向けての保険会社〔保険相互会社 Versicherungsgesellschaften auf Gegenseitigkeit〕とが、保険制度との関連においては、ただ同一の営造物の類の下位の種としてのみ現れるとしても、ここで唯一重要である問いに関しては、それらを支配するゲゼルシャフト原則に、両者は、ほとんど相互に〈一方は鉱山法的な鉱業会社〔Gewerkschaft 労働組合〕と、そして、他方は消費者社団 Konsumverein とより以上に〉近い親近性にはない。これらの諸視点から、いまやまず最初に、より古い種類の営業的諸ゲノッセンシャフトが、そして、それらの新たな設立の諸試みが、次いで財産の諸ゲノッセンシャフトが、最後に、経済および生業の諸目的のための人的な諸ゲノッセンシャフトが、それらの法史的な側面に従って、さらに言及されなければならない。

【以上、第六十六章、終わり】

【第六十六章には、注はない。以下、「第六十七章　古い営業ゲノッセンシャフトの諸運命」に続く】

第六十七章　古い営業ゲノッセンシャフトの諸運命

A　「ツンフト制度」(1)。我々は、〈ドイツの手工業にとってそしてドイツの技術にとってすら、極めて偉大な発展の梃子〔てこ〕であったところの〉中世のツンフト制度の叙述の際に、それでもしかし、とくに十五世紀および初期十六世紀においてすでに至るところで、ゆっくりと近づく崩壊の諸萌芽を知覚させることができたとすれば、いまや、ドイツのゲノッセンシャフト制度一般の変遷との一致において、特権を与えられた団体（Corpus）へのツンフトの内的な退化、および、同時に外部から来る〈法人格をもつ国家営造物への〉ツンフトの引き下げは、とどまることなく進行した。ツンフトの有機的組織のあのかつての輝きよりも、はるかに知られていて近づき易いのは、我々の時代にまで聳え立つその諸廃墟に基づく、ツンフトの有機的組織の深いそして悲しむべき衰退の歴史である。それゆえ、ここでは、とりわけこの崩壊と結びついた、営業的ケルパーシャフトの本質に関する「法律」観の変遷に向けてのただ一つの指摘のみを必要とする。

I　〈十五世紀に始まり、十七世紀と十八世紀において完成する〉ツンフトの内的な変化は、古いゲノッセンシャフト意識の影響のもとに自らを推し進める〝ツンフト精神〟（ツンフトガイストZunftgeist）の影響下に実現された。それは、まさに、その表現が時代全体の方向のための名称として広く行き渡ることができたほどに、手工業者たちの間に極めて力強く繁茂したところのものであった。

1　この精神の影響のもとに、手工業者階級の中に生きている、彼らの諸団体の本質についての基本的観念が変化した。ツンフトの基礎および目的となったのは、職業ゲノッセン〔職業仲間たち〕の自由なアイヌングに代わって、営業経営の一定の種類に向けての〝特権〟およびおそらくは〝独占〟へと形成された権利であった。かつては自由な道徳的ゲノッセンシャフトとしてのツンフトの本質が、手工業職務の性格を規律したのであったが、いまやツンフトの存在と構造が、個別の点に至るまで、有用な営業権全体（Gesammtgewerberecht）をとおして条件づけられ、そして、決定された。公的職務の思想〔der Gedanke des öffentlichen Amtes 公職という思想〕は、私法的な特権という思想に譲歩し、ツンフト強制は、同一種類の営業経営者たちをゲノッセンシャフトへと強制する手段から、非ツンフト者たちを営業経営から排除する手段となり、そして、ツンフトそのものは、構成員たちにとっては、小規模における共同団体から、共同の特権の使用と利用のための私法的な制度となった。それは、たとえツンフトの道徳的内容が次第しだいに失われて行き、階級の古いゲノッセンの道徳的諸美点がそれに対応する諸欠点へと激変したとしても、――すなわち、〈共同意識は団体精神（Korpsgeist）へと、ゲノッセンシャフトの権力と名誉と威信を求める努力は利己的な利益欲へと、慣習に対する敬虔さは空虚な儀式欲へと、尊厳なき人々〔無資格者〕に対する排除は狭量な排他性へと、兄弟性と平等性の意識は競争の恐れとはかない嫉妬へと、公的生活のための生き生きとした感情はツンフトの独占を主張するケルパーシャフトの独立割拠主義（Partikularismus）へと、激変したとしても、この発展の別の側面に過ぎなかった。

2　ツンフトの「構成」に関しては、したがって、絶えずより多く、〈ツンフトにおける構成員たる地位（Mitgliedschaft）が営業権（Gewerberecht）の諸帰結の一つであって、もはや営業権が構成員たる地位の流出物ではない〉という観方が優勢とならざるをえなかった。ゲノッセンシャフトへの採用に関する諸原則の代わりに、それゆえ、〈やがて、マイスター権に含まれる諸権限のひとつとして、当然にコルポラチオンの構成員たる地位を与えたところの〉マイスター権（Meisterrecht 親方権）の取得と喪失に関する諸原則が登場した。[2] これらの諸原則を、しかし、ツンフトは、マイスター権の純粋に私法的な取扱いの意味において形成することが問題となった限りで、求めたのである。最も熱望する価値のある特権として、ツンフトは、それゆえ、とりわけ「閉鎖性」（Geschlossenheit）を求めた。その場合、非構成員が、数と範囲に従って固定された諸権利から、欠員となった権利を取得しようと欲したときは、このことは、〈権利が復帰して帰属していたところの〉ツンフトからの権利の「売買」（Kauf）とみなされた。しかり、ツンフト結合をとおしてもたらされた諸制限を伴なってではあるが、個々のマイスターもまた、彼の営業権を、そしてそれとともに彼の構成員たる地位を、売却することができた。[3] 以前から生来的なゲノッセンに与えられていた優遇は、いまや、次のように増大されそして十分に利用された。すなわち、しばしば手工業は、まさに一定数の諸家族の「世襲的な」所有物として現れ、[4] いまや時おりマイスターの娘にすら適用された。[5] マイスターの未亡人の権利は、私的相続権的なものとして理解され、そして、他所の人々に対する関連においては、ひとは、多くの諸規約において、マイスターの未亡人またはマイスターの娘との結婚をゲゼレン〔職人〕にとっての採用のための不可欠の条件とし、既婚の男たちには、しかし参加をそもそも拒絶するほどまでに赴いたのである。さらに一層悪かったのは、ツンフトの直接の排除が貫徹されるべきではなかった場所では、この目標を達成するための品位を欠く回り道が踏み出されたことであった。この意味において、すでに徒弟（Lehrling）のために加入の前提諸条件、登録料および採用料が、引き上げられた。それから年期奉公（Lehrzeit）と教授料（Lehrgeld）、年期奉公からの解除（Lossprechung）およびしばしばそれとはいっそう切り離された職人（Geselle）の採用が、困難にされた。職人には、さらに、遍歴期間の延長と、奉仕、試験および勇気の期間に関する多種多様の諸規定をとおして、諸障碍が用意されていた。とりわけ、しかし、最後に、職人が親方になるために提出する作品は、〈法外にコストのかかるそして無益な仕事、しばしばたんなる受けを狙った作品が、そして、さまざまな種類の空虚な見せかけが要求され、そして、最後に、たぶんそれにもかかわらず無効な諸口実のもとに、有用な仕事が斥けられたことによって〉、ひとが競争から排除しようと欲した者に対するすべての種類のいやがらせのために利用された。そのような営業的諸要件と並んで、ツンフト階段のあらゆる段階で、重い金銭の諸支払、費用のかかる諸宴会、すべての種類の強奪が課され、そして、無意味となった儀式の正確な履行が要求されたのである。最も深くツンフト制度の崩壊へと一瞥させるものは、〈いかにしてひとがこの場合に、《〃手工業は鳩たちがそれを拾い集めたかのごとくに純粋であるべきだ〃という格言においてその表現を見出したところの》古く誇り高いゲノッセンシャフトの名誉を、打算的な我欲のために利用し尽くし、そして、ツンフトの名誉という諸口実のもとに、入会の拒絶と退会の強制のための最も笑うべきそして最も無粋な諸理由を案出したか〉のやり方であった。ひとは、正当な婚姻によらないかまたはヴェンド族の生まれの者たちの排除に固執したのみではない。すなわち、ひとは、絶えず増加された諸雇用の数をもまた、〃正当な婚姻によらない〃あるいは〃不潔な〃ものと宣言し、そして、皮はぎ人のみならず、亜麻布職工、理髪師、粉屋、税関吏、都市奴隷、裁判所の従者、塔の番人、材木番人および田畑の番人、墓掘り人、夜警、乞食取締り巡査、街路掃除夫、小川清掃人、羊飼い、音楽家などの、子供たちと孫たちに対してさえもまた、尊敬すべき技術の習得を拒絶した。ひとは、犯罪者たちがその刑罰を償った場合ですら彼らを排除したのみならず、妻の負債のゆえに夫を、両親の負債のゆえに子供たちを排除し、そして、犯罪の嫌疑または拷問に耐えた人々を、後に行われた無罪判決にもかかわらず、許さなかった。最も馬鹿げた方法で、ひとは、空想的なまたは外面的な諸違反の場合に、例えば、もしだれかが犬またはネコを殺し、腐った獣の死体に触り、縊死した自殺者を切断し、家畜を埋葬し、それと知らずに皮はぎ人と飲食を共にし、皮はぎ人またはその妻または子供を葬り、または、導いたときは、手工業の名誉の喪失を認めた。そして、ひとは、類似の純潔性をマイスターの妻からも要求したことによって、間接的に婚姻強制を助けることにもなった。要するに、ひとは、〈いわゆる手工業を〝他の人々に運び伝えること〟(Uebersetzung)を前にした卑小な恐怖の中で、伝来の慣行(Schlendrian)を墨守するために、労働に対する当然の権利を妨げるための〉、いかなる手段をも試みずにはおかなかったのである。

ツンフトの完全ゲノッセンとしてのマイスターたちと並んで、職人たちもまた、次第しだいに保護ゲノッセンの関係から、非ゲノッセンの関係へと移行した。徒弟たちは、たんなる準備段階に留まったので、職人たちは、〈ツンフトの特権および従ってツンフトのコルポラチオンそのものから排除された《その階級からは、多くの人々は決してマイスターの地位に到達することができず、他の人々は遅れてそれに到達することを望むことができたところの》労働者階級として、マイスターたちに対立的に向き合ったところの〉独自の階級となった。この変化の諸徴候として、我々は、すでに、上述のところで、次第しだいに共通の営業利益を主張する〈全ドイツをとおして妥当する職人法(Gesellenrecht)〉、職人慣習(Gesellenbräuche)、および職人裁判所(Gesellengerichte)を生み出したところの〉職人たちの諸コルポラチオン(Gesellenkorporationen)を指摘した。マイスターたちの諸ツンフトよりも永く、これらの職人たちの諸団体は、自由な性格と一般的なるものに向けられた意識とを維持した。(6) 結局は、それらもまた、ゲノッセンシャフト制度の一般的な荒廃に屈服せざるを得ず、そして、それによって〈法外な苛酷さをもってそれらを迫害する〉官憲の諸禁止に反対するあらゆる抵抗力を失ったのである。

3　「ツンフトの有機的組織」(Zunftorganisation)は、——まさに官憲に対する関係では、ツンフトに自己統治が留まった限りでは——、「外形的には」ほとんど変わらなかった。その「内的」な本質は、しかし、すべてのその他の諸コルポラチオンにおけるように、寡頭政治的に形成されていた。濫用と圧迫に関するより若いマイスターたちの諸苦情は、多くのそれに反対して制定された諸禁止から鳴り響いており、しばしば形式的な諸クラスが、マイスターたちの間に、年齢または特権の範囲に従って形成され、そして、〈都市におけるラートのように、ツンフトにおけるツンフト諸幹部（Zunftvorstände）が、自らを独自の権利を持つ官憲とみなし、ツンフト財産を熟慮に従いそしてしばしば十分に自己の利益のために利用し、不法な権力を我が物とし、そして、彼らの職務をゲノッセンの名における責任あるゲノッセンシャフト職（Genossenschaftsamt）以上には、いかなる方法においても管理しなかったこと〉は、そのような濫用に反対する諸命令がしばしば認識させている。(7)

4　独占を有するゲゼルシャフトの意味より以上に広範な意味を維持することには、諸ツンフトは、それゆえほとんど努力しなかった。市民階級的なゲマインシャフト組織体制が必ずしも完全には没落しなかったところでは、それでもしかし、政治的な諸コルポラチオンは、営業的な諸アイヌングとは、もはや一致しないのが常となった。大部分のドイツの諸都市においては、しかし、宗教改革運動の終息以来、諸ツンフトの独自の「政治的」意義は、そもそもほとんどもはや問題とはならなかった。同時に、市民たちの武装権（Waffenrecht）と武装能力（Waffentüchtigkeit）とともに、諸ツンフトの防衛ゲノッセンシャフト的な側面は失われて行き、そして、諸ツンフトに〈警察的および営業権的意義に関して、および、公的権力に関して〉留まったところのものは、いまなおただ、官憲的な認許としてのみみなされ、そして、取り扱われた。それについては、直ちに、より詳しく問題とされるであろう。ここでは、いまなお、ただ、いかにして諸ツンフトそのものが、すべてのこれらのことがらに向けて、いまなおただ〈諸ツンフトが彼らの主たる目的、すなわち、仕事独占の経済的利用の促進のための手段として現れた限りで〉のみ価値を置いたのか、ということだけが指摘される。ただ「この」意味においてのみ、それゆえ、諸ツンフトは、政治的諸権利、自律、裁判権、強制権力、警察および自己管理のうち、彼らに留まったところのものを行使した。そして、ただ特権の維持、拡大および利用のためには、いまやツンフト財産とツンフト家計もまた、奉仕せざるをえなかった。それでもしかし、(例えば、一六八二年ゴスラール、一七一〇年ハンブルクにおけるように) 諸ツンフトが、自由意思で、ツンフト諸権能の認可に反対して、彼らの政治的諸権利を放棄する！ということが起きたのである。それゆえ、コルポラティフな生活全体もまた、対外的には、主として、いまなおただ、ツンフト強制の迫害において、香具師〔ヤシ〕と撹乱者に対する追跡と残忍な諸行為において、他の諸ツンフトとおよび諸職業との止むことのない境界の諸困難と営業上の諸紛争において、ラントに反対する諸罰令権と市場強制の共同行使において、独占に向けての官憲の攻撃の防衛においてのみ、現れた。ツンフトの内部においては、しかし、前面に現れたのは、同様に、共同の特権の経済的な側面であった。非常に詳細な労働規律、労働者数の最も厳格な固定化、〈材料調達、諸道具、生産および販売〉の制限をとおして、および、価格の最低額の確定をとおして、ひとは、ゲノッセン間の競争を排除することを求めた。しかしながら、もはや、かつてのように、個々人の経済的諸利益のためのこの配慮とは、共同団体の利益のための配慮は、結合しなかった。〈それをとおして利己主義が結局はいつでも自己の利益に逆らうところの〉あの近視眼的な盲目化の中で、ひとは、公共の福祉のための配慮を官憲に委ねてよく、そして、自らは〈ひとが可能な限り多くの金銭を可能な限り僅かな労苦をもって稼ぐ〉ことだけを配慮する必要がある、と信じた。営業の名誉をすべての上に置くあの労働警察（Arbeitspolizei）、不適格または詐欺に対する厳格な全体的干渉、ゲノッセンシャフト的な検査（Schau）は、次第しだいに行われなくなり、そして、〈かつては極めて美しく一般的なるものと独自の利益とを和解させてきた〉高度な意識については、ほとんど影だけが留まったのである。最後には、ツンフトに、経済的意義と並んで、宗教的、社交的および道徳的意義が維持されるとすれば、ここでもまた、一部分は、虚飾された儀礼の形式主義をとおして、一部分は、不毛な怠惰、宴会および新参者に加えられる慰みの粗野さ、そして、諸慣習の野蛮化をとおして、成長する堕落が、登場した。ゲノッセンの継続的形成と一般の知的および道徳的教育への、ゲノッセンシャフト的な組織体制の善き影響についての、マイスターザング諸ツンフト（Meistersangszünfte 職匠歌諸ツンフト）における詩歌文学（Dichtkunst）の世話についての、〔そして、〕個人生活を家族類似の共同生活をとおして大切にする中世の自由な社交についての、最後の諸痕跡は、吹き飛ばされたのである。ツンフトの倫理的な意義は、はるかに後退したし、兄弟同盟の思想は、はるかに後退した。そして、それでもなおかつ！、最も混濁した時代においてもまた、さらに極めて深い崩壊は、営業を営む人々のゲノッセンシャフト制度を、必ずしも完全には無価値なものとすることはできなかった。つねにそのように形成されたコルポラチオンもまた、個々人に対して、〈まさに深く尊厳を低下したドイツ民族生活の最も生彩を失った時代において、不可欠のものであったところの、そして、新たな向上の諸萌芽を世話したところの〉道徳的および物質的な支持を与えたのである。結合というより高い意義は、〈ゲノッセンおよび非ゲノッセンのための善行をなすそして公共の利益となる諸営造物が、とりわけしかし、それらの援助金庫、救貧金庫、病人金庫および貸付金庫が、兄弟団体の古い名称を思い出させる場合に〉決して全く忘れられることはできなかった。そして、ドイツ国民全体にとってすら、〈ドイツ全体の営業階級を絶えずなお一つの大きなゲマインデへと総括したところの〉あのもちろん次第しだいに暴力的に抑圧された諸結合の価値は、必ずしも重要でないものではなかった。(8)

Ⅱ　営業的ゲノッセンシャフト制度のこのような内的な諸変遷は、〈諸ツンフトを官憲的なシステムに編入し、そして、ただ財産目的のためだけに付与された、後見に付された法人格を有する警察営造物として構成することを求めた〉対立する諸努力の諸結果を容易にしそして正当づけた。この方向の最終的な結果は、やがて、もちろん、ひとがおそらくは意図したかもしれないように、ツンフト制度の復活ではなく、ツンフト制度の完全な破壊であった。しかしながら、その破壊は、近世の自由な連合体に基礎を用意するために不可欠のものであったし、そのために不可欠のものである。我々にとっては、諸ツンフトおよび諸インヌングのコルポラティフな側面に反対する官憲的諸命令と法律家たちの理論的および実際的な諸攻撃は、〈ここではすでに、個々の制度について高い程度において、《けだし本来的に、十七世紀と十八世紀の――そして我々はこれに十九世紀のも加える――

ローマ法学と国家警察が、コルプス corpus、コレーギウム collegium、ウニヴェルシタス universitas、道徳〔慣習〕上の人格をもった社団 Verein mit moralischer Persönlichkeit などのもとに観念したし、観念しているところのもの》が明らかとなる〉「ゆえに」特別の関心を提供している。

1　ツンフトの「法的な本質」は、明らかにすでに十六世紀以来、法律家たちによって、〈それが営業制度の促進のための《この目的のより良い達成のために、国家によって、特別の特権によりコルプス〔団体〕の諸権利と諸義務がそれに付与されているところの》警察営造物であるという〉点に見出された。徹底してこの視点から、手工業者法のより古い諸概論、とくにバイヤー（Beyer）およびシュトゥルーフェ（Struve）の諸作品は、出発している。しかし、十六世紀の諸法律もまた、すでにしばしば同じ精神を呼吸している。一七三一年の帝国決議によって、その後、この解釈は皇帝と帝国によって明示的に裁可された。ひとが一般に、手工業者たちのゲノッセンシャフト的な組織体制に反対して、コルポラティフな自由そのものに反対するのと同一の武器をもって戦うならば、ここではとくにさらに、〈ひとがドイツの諸ツンフトの中に、全く誤りなく、ローマのコレーギア・オフィキウム〔職務の諸団体〕の直接の継続および模倣を発見したと信じたこと(9)〉、〈ひとは、手工業の隷属的な起源について想起することができたこと(10)〉、〈ひとは、諸ツンフトの最初の制度を一般に、合目的性の諸理由から任意に決定された官憲的な標準規則としてか、市民たちの計画に従う区分としてか、あるいは、恩恵行為として、観念したこと(11)〉、〈ひとは、諸ツンフトのかつての民主主義的および革命的な性格についての諸追憶、再び探し出された古い帝国の諸禁止、および、コルポラティフな独立性に反対する手工業者たちの間に時おりさらに登場する自助の精神の諸活動を、十分に利用したこと(12)〉が、つけ加わった。まさしく帝国諸法律およびラント諸法律が、最も最近の時代に至るまで、法外な諸刑罰の威嚇をとおして、手工業者たち、あるいは、少なくとも職人たちおよび労働者たちの諸蜂起および諸連合に対する強力な恐怖を現わしたようにである(13)。これらの法律的および警察的な諸理由と並んで、ツンフト制度の経済的不利益に関する国民経済的な諸考慮が、十八世紀後半以来、はじめてより多く登場した。

ひとが一般的な営業自由について考えたより以前に、長い間、それゆえ、ツンフトの「成立」と「廃止」は、無条件に国家意思へと置き換えられていた。そしてそれも、形成のためには、たんに警察の承認が要求されたのみならず、認許、特権、ランデスヘルの恩恵行為が、コルプス〔団体〕そのものの存在の源泉とみなされた[14]。そのような特権は、あらゆるその他の特権と同様に、濫用によってのみならず、あらゆる urgens publica utilitas（急迫する公的福祉）のゆえに、全部または一部、撤回可能であった[15]。その一方では、反対に、ツンフトそのものは、ランデスヘルの承認なしには、解散することも、他のツンフトと結合することも、さらにその他何らかの組織変更をすることも、できなかった[16]。繰り返し、ランデスヘルたちは、この彼らに与えられた廃止権限を行使した[17]。一般的には、一七三一年の帝国決議において、および、それ以来、多数のラント諸法律において、諸ツンフトが存在する諸濫用にもかかわらず持ちこたえようとする場合には、諸ツンフトの廃止が威嚇された[18]。

2　官憲は、さらに、ツンフトの「構成」に対する一定の影響力を獲得した。ツンフトではなく、国家（あるいは都市）が、最終段階においては、営業経営に対する権利の源泉であることは、何時の時代にも承認されてきていた。しかし、しばしば争われたのは、ゲノッセンシャフトそのものについて手工業職（Handwerkeramt）が永久に与えられ続けるのか、あるいは、国家が非ツンフト者たちをそれによって保護することができるのか、ということであった。コルポラティフな独立性の諸時代においてはほとんど駆逐されていた後者の見解が、いまや次第しだいに浸透した。それゆえ、ほとんど一般的に、官憲に〈ツンフトと並んで、任意に、《ただたいていの場合、例えば、徒弟たちを準備することのような個々の諸権利だけが欠けていたところの》フライマイスターたち（Freimeister 自由親方）を任命する[19]〉権利が与えられた。しかり、閉鎖性という明示的な特権すら、〈フライマイスターたちの任命はしかしながら《共同の安寧がそれを要求する》「場合に」許されるにとどまる[20]〉という意味において解釈された。この点に、ツンフト強制と営業自由の間の歴史的に中間にある〈今日もなお多くの諸関係において支配的である〉警察の諸認許というシステムへの移行が存在するのである。ところで、しかし、それ自体、フライマイスターを任命するというランデスヘルの権利は、構成員地位の規律と付与における諸ゲノッセンシャフトのそれだけ一層自由な運動を許し、それどころか、多分〈ゲノッセンシャフト的な組織体制を絶滅することなしに〉しだいにツンフト強制を廃止する可能性を保証したとしても、ひとは、それでもしかし、そのような目標から遠く隔たっていた。むしろひとは、ツンフトを国家の営造物とみなしたゆえに、ツンフトにおける構成員地位をもまた官憲によって付与された認許として形成することを求めた。それゆえ、営業立法の主たる対象は、〈それらの〔諸条件が〕存在する場合には採用が保証されることができたし、保証されなければならず、それらの不存在の場合には、採用は拒絶され、または、排除すら処分されることができたし、処分されなければならなかったところの〉諸条件を、細部に至るまで、官憲的に規律することとなった。[21]とくに、徒弟たちの雇入れ、割合および処遇は、官憲的に規律され、[22]そして、諸ツンフトには、彼らを国家的に規定された諸条件のもとで許可する義務が課された。[23]そのような諸条件としては、なるほど、さらになお、自由、正当な婚姻による出生、品行方正であること、および、名誉ある出自が、要求された。[24]しかし、帝国諸法律およびラントの諸法律をとおして、諸ツンフトがこれらの諸要件のもとに理解したところのものの不当な拡張は、禁止された。[25]出生証明書の提示、加入料と登録料、そして、場合によっては保証金の提出は、不可欠なものにとどまった。しかし諸証書の諸形式、それらの発行の手数料の高と諸条件、担保が要求されえた諸場合などは、一般的または特殊的な警察の諸命令をとおして決定された。[26]官憲によって、さらに、修業年限あるいはそうでないとしても修業年限の最小限と最大限が確定され、しばしば授業料の高、授業料の免除の高または修業年限の一部の免除の高、遅滞の場合または授業料の不払いの場合における修業年限の延長が、規律された。[27]最後に、それと職人階級への採用が直ちに結合されるべきであるところの[28]ツンフト櫃〔ヒツ〕(Zunftlade)の前での解放(Lossprechung)、および、修業証書の付与もまた、前提条件、形式および効果に従って法律的に確定された。そして、とくに手数料の固定化のゆえに、その場合に慣行的な出費、および、〃一部は笑うべき、一部は腹立たしい情け容赦のない諸慣習〃が禁止された。[29]同一の方法において、それから、職人のためにもまた、ツンフト自律をとおしてする代わりに、いまや官憲によって、マイスター権の獲得のために――閉鎖された諸ツンフトにおける以外では――必要な遍歴（Wanderschaft）の期間、方向および諸条件、および、遍歴が免除されまたは短縮されて良い諸場合と短縮されてはならない諸場合とが、決定された。[30]職人に一緒に与えられる修業証書と出生証明書およびいわゆる顧客関係の諸謄本の形式が規定され、そして、そのような諸書類を備えない職人の受け入れの厳格な禁止をとおして、警察の旅券検査が可能とされた。[31]〃贈り物をされる〃諸営業（die geschenkten Gewerbe）においては、与えられるべき諸履行が確定された。[32]遍歴する職人を労働に就かせる権利と義務は、秩序づけられた。[33]一連のその他の諸点においては、包括的な遍歴警察および宿屋警察が、活動に置かれた。[34]時おり、ひとは、正確な警察の遍歴表をすら作成し、それをあらゆる者が自らに保持すべきであった。[35]帰還した職人のためには、その後、たいていの場合、見習期間と待機期間が明示的に廃止され、いずれにせよ制限され、そして、請願（Muthung）が規定された。[36]特別の注目を、しかし立法は、〈職人の履歴の最後を構成する〉試験（Prüfung）に向けた。試験は、諸ツンフトにとどまったが、マイスターシュトゥック〔親方になるための作品〕の製作における濫用や嫌がらせは妨げられ、しばしば、何が要求されるべきかが正確に決定され、却下に対しては、いつでも官憲的官庁への異議申立てが許された。[37]ここでもまた、採用金に関する通例の諸面倒、諸宴会、および、〃馬鹿げた儀式および悪ふざけ〃は廃止され、[38]ただ、節度あるマイスター金、および、時とするとマイスター食事が、要求されえた。[39]とくに、しかし、ランデスヘルには、ただ、ツンフトが閉鎖されるか否か、[40]に関する最終的決定だけが帰属すべきであった。婚姻強制、マイスターの息子たちと娘たちの諸優遇、既婚者たちの拒絶は、全面的に禁止された。[41]別の場所での等しいツンフトの構成員であることは、採用を求める権利を与えるべきであり、疑いある場合には、しかし、警察官庁が決定すべきである。[42]未亡人たちの諸権利は固定され、そして、規律された。[43]ところで、しかし、そのようにしてツンフトの構成が、一部は立法への、一部は個別の場合において決定する警察権力への、完全な従属へと至ったにもかかわらず、ひとは、それでもしかし、警察営造物のシステムを〈ランデスヘルはあらゆる場合に、《法律上の諸要件を免除すること、および、ツンフトに対し、公共の福祉の諸理由から閉鎖されたツンフトに対してもまた、その意思に反して構成員を押し付けるという》権限を与えられるし、《ツンフトに採用を拒絶しそしてマイスターの数を制限するという》権限も与えられる〉という原則の確定と適用をとおして、完結へともたらした。(44) ひとは、ツンフトにおける構成員たることとツンフトにおける地位とは、営業経営のための、国家によって付与された警察による認許（Koncession）の結果以外の何ものでもない、という解釈に絶えず接近した。

3　ツンフトの「有機的組織」（Organisation）は、いまや、同様に、警察営造物の意味において規律された。マイスターたちの集会（Versammlung der Meister）は、それゆえ、なるほど、ツンフトの主たる機関（Hauptorgan）にとどまった。しかし、自由に集会する、ツンフト組織体制をとおして承認された集会から、その集会は、官憲によって招集されそして指揮された機関、(45) または、そうではないとしても国家の一部分たる認可されそして監督される機関（pars reipublicae 国家の一部分）となった。せいぜい規則的な、数の上で可能な限り制限された、しばしばなお、ただ一年に一回か二回だけ行われるモルゲンシュプラッヘ〔Morgensprachen ツンフト総会〕を、ひとは、個別の場合における特殊な照会なしに許したが、しかし、その場合には、このための権限を、予め与えられた一般的な許可から導いたのである。(46) 臨時の諸集会および原則としては定時の諸集会もまた、〈非常に差し迫った諸場合においてのみ与えられるべき〉特殊な警察の承認に従ってのみ、招集することが許されたのであり、そして、〈ラントの福祉を知覚し、警察の監督権を行使し、あらゆる審議とあらゆる決議を認識し、または、集会によって取り行われるあらゆる個々の行為にすら同意しなければならなかったところの〉官憲の代表委員（Deputirte）（Weddeherr〔慣習や秩序維持のための〕罰金主人、Morgensprachsherr ツンフト総会主人）の臨席なしには、決して開催されてはならなかった。(47) 厳格な刑罰のゆえに、自主集会、官憲のコントロールの回避、それゆえあらゆる秘密の協定および結合は厳禁され、かつ無効と宣告され、そして、以前には通例であった〈ツンフトの諸秘密を黙秘するという〉誓いは、破棄され、かつ罰せられた。[48] 本来的なコルポラチオンの諸幹部として、ひとは、なるほど、原則として、選ばれたギルドマイスターたちまたは長老たちを存在させたが、しかしながら、全く一般的に官憲的な認可権および補充的な任命権が実現され、選挙の自由は一連のその他の諸点に制限され、そして、最も厳格に、〈官憲的な承認とツンフト諸幹部の義務だけが、彼らの職務権力の源泉であること〉、〈裁判上および裁判外の代理、諸集会の招集と指揮、文書および金庫の保存、および、ツンフト財産の管理すらも、彼らに官憲の委託によって帰属すること〉、〈それゆえ、すべてのこれらの諸点において、官憲に対する関係では、長老たちの責任と弁明義務が基礎づけられるが、しかしツンフトのためには、せいぜい異議権が基礎づけられるにすぎないこと〉の原則が、妥当へともたらされた。[49] 類似の方法において、もしかするとあるかも知れない宣誓者たちおよび出納係諸官吏の職務および諸権限、[50] ならびに、若いマイスターたちに課される使者の役目およびその他の諸機能[51]は、警察的に規律され、そして、規制された。それにもかかわらず、そのようにツンフト諸官吏自身が、ゲノッセンシャフトの諸機関から、官憲の諸下級官吏へと変化させられたにもかかわらず、ひとは、それでもなお、さらにツンフトの直接的な警察的後見が必要であると信じた。それゆえ、ひとは、個々の諸ツンフトのために、官憲の人々を、保護者たち（Patrone）、営業主たち（Gewerksherren）、陪席者たち（Beisitzer）、裁判官たち（Assessoren）、後見人たち（Vormünder）などの名のもとに、〈ツンフトを保護し、そして代理し、ツンフトの諸官吏ならびにツンフトの諸集会を監督し、ツンフトの取引全体を対外的に媒介し、最後に、多くの諸法律に従って、いまだ極めて微々たるあらゆる決議の際に、いまだ極めて重要でないあらゆる支出の際に、それどころかあらゆるコルポラティフな生活活動一般の際に、それを許しそして妥当させるために、ともに行動しなければならなかったところの〉恒常的な監督者および後見者として、味方につけた。[52] それゆえ、ここでは、子供または狂人に比較しうるウニヴェルシタスについての国家の後見（Staatskuratel）という思想が、目に見える具体化と完成へと到達した！のである。

4　ケルパーシャフトとしてのツンフトの「法的意義」は、従って、公法における警察営造物の意味、および、私法における法人の意味へと制限された。

a　その基礎（Substrat）がコレーギウム〔同僚団〕であったところの法人（juristische Person）として、ツンフトは、ローマ法の意味におけるコルプス（Corpus）と認められた。この特性において、ツンフトは、私法上の主体であり、そして、諸権利と諸義務をツンフトに許容された領域の内部で、個々人と同様に、有することができた。(53) しかし、ツンフトは、意思能力と行為能力を有しなかった。もしツンフトに、それゆえ、ローマ法の援用のもとに、いわゆるユーラ・ウニヴェルシターティス（jura universitatis ウニヴェルシタス〔団体〕の諸権利）が認められた場合には、ひとは、それでもやはり、それらの諸権利を国家から導き、そして、それらの諸権利を国家の共働と制限のもとにのみ、行使させたのである。国家から、ツンフトは、そもそもその設立の際の特殊な認許をとおして、法律取引において統一体として通用する能力、〝道徳〔慣習〕的にある人を代表すること（moraliter unam repraesentare personam）〟の能力、すなわち、〈それによってツンフトは、ハイネクキウス（Heineccius）の表現によれば、〝すべての仲間たちが変更されるか、それとも一部の人が残存するかしても、死ぬこととは評価されない（non censetur mori, si vel omnes sint mutati collegae vel pars remaneat）〟(54) ところの〉コルプス〔団体〕またはユース・コレーギイ〔同僚団の権利、団体権〕、を受け取ったとされるのである。この特性は、ツンフトに、その設立のために三人の構成員が必要であったにもかかわらず、たとえただ一人のゲノッセだけが残った場合にも、留まるものとされた。(55) コレーギウムをもつことの権利（jus collegium habendi）から、さらに構成員たちの採用権、諸機関の任命権、集会の権利が結果することになった。――我々は、いかなる程度においてそうであるかを、見てきている。コルポラチオンの諸案件において拘束的な諸決議を議決権の多数をもって行う権利、(56) すなわち、意思能力（Willensfähigkeit）は、同様に、原則において認められたが、多くのまたはすべての諸場合において要求された〈それなしには、いくつかの手工業諸条例によれば、あらゆる取り決めおよびあらゆる決議がなされなかったものとみなされなければならなかったところの〉[58]官憲またはその代表委員たちの同意は、しかし[57]、何ものにも遡られなかった。ユーラ・ウニヴェルシタ－ティス〔団体の諸権利〕に、ひとは、さらに、共同の金庫（arca communis）、文書室（Archiv）、印章（Siegel）を有する権利を数えた[59]。しかし、ただそれらを「もつ」だけであって、それらを独立に管理し、または使用することではない！　この場合、むしろ、官憲の上級監督のみならず、官憲の真の共同行動もまた登場したのであり、それゆえ最も僅かな収入または支出も官憲の同意に拘束され、そして、警察官庁は、しばしば金庫の検査の場合においてのみならず、金庫の保管の場合においてもまた、関与させられ[60]、ツンフト櫃〔ヒツ〕は、類似の監督と共働に服させられ[61]、印章の使用は、官憲の特殊な検査と承認に依存させられ、または、全く官憲に完全に任せられた[62]。ツンフトによって発行された諸証書は、それゆえ、至るところで、ただ官憲の共同署名〔連署があること〕の場合においてのみ、法律上拘束力があるべきであった[63]。諸ツンフトのより重要な諸法的行為と諸契約は、もともと法的効力のためには官庁の共働を必要とすべきであった[64]。すべてのこれらの予防的な諸措置がなお空白を残した場所では、それらの空白は、〈あらゆる〝無益な〟出費とツンフト財産のあらゆる〝目的外の〟使用の防止のために〉最も大きな細部にまで拡張された上級監督、および、一般的および特殊的な照会、届出および会計報告をとおして補充された[65]。自己課税権、および、罰金を自らの間で確定しそして取立てる権利については、もちろん、さらには話題とならなかった。インヌングの特権が、一定の諸場合のために予め授権を付与しなかった限りでは、あらゆる個々の場合において、寄付金または罰金〔贖罪金 Buße〕の確定、徴収および取立ては、先行する許可に拘束され、そして、さらにしばしば警察の共働へと拘束された[66]。諸ツンフトの訴訟は、たいていの場合、特殊の承認に係らせられ、その追行のためには都市役人（Syndikus）が要求された[67]。諸ツンフトの基礎については、最後に、諸ツンフトの行為能力と独立性が、一七三一年の帝国決議の〈ラント諸法律へと移行した〉諸ツンフト相互間および諸ツンフトと私人との間の取引に関する諸規定をとおして、無効とされた。なぜなら、諸ツンフト相互間のまだ存在するすべての諸結合（とくにすべての中心家屋と付随諸家屋 Haupt= und Nebenhütte）は、破棄され、そして、最も厳格な刑罰をもって将来にわたって禁止されたからであり、〝手工業者たちが、さまざまな場所から、それどころか諸領国から、相互間で通信しなければならないことは、無視されるべきではないので〟、コルポラティフな諸案件における営業諸コルポラチオンまたは個々人の私的通信全体は、厳禁され、しかし、ひとたびそのような通信が徹底して必要となったであろう諸場合においては、諸手紙の受領と発信は、官憲の臨検、内容の官憲による調査および官憲による署名に、拘束されたからであり、特殊の書面による許可なしに行う、他の諸ツンフトへの代表委員の派遣は、刑罰によって禁止されたからである。(68)

b　諸ツンフトの「自律」については、もちろんこれらの諸時代の理論も実務も、何かを知ろうとはしなかった。ローマ法に従ってもまた、諸ウニヴェルシタスに当然ふさわしい諸規約を制定することの権利（jus statuta condendi 規約制定権）を、ひとは、もちろん、ドイツの営業諸ギルドに、〈以前には、せいぜい、より上位の諸法の違反なきことを確認するために、諸条項が是認されていたことを、ひとが認めざるを得なかっただけに〉、それだけ一層わずかにしか全面的に否認することができなかった。しかしながら、ひとは、そのような諸規約（Statuten）を〈とくに第三者には対抗しないであろう〉たんなる諸契約（あたかも諸約束のように有効であるところの〔諸契約〕quae valent tanquam pactiones）と説明し、そして、同時に、この点に〈その場合でもしかし契約自由は最初に与えられる必要はないゆえに〉存在する矛盾に気づくことなく、そのための権限を、ツンフトの設立における一般的な認許に、帰着させた。(69) 諸条項に法律の効力（vim legis）を与えたその他の諸規約は、それによって法律制定権力の一部がツンフトに譲渡されるところの特殊な認許を受け取った。(70) しかし、たいていの場合、ひとは、そもそもただ〝与えられた〟諸条例を承認すること、そして、より古いツンフト諸規約の中にもまた、そのようなものを見出す傾向があった。(71) 一七三一年の帝国決議およびほとんどすべてのラント諸法律は、〈それらが無条件にあらゆる個々の場合において、《それなしには諸条項は〝ゼロであり、無効であり、有効ではなく、無力〟であるべきであるところの》官憲の裁可を要求し、そして、秘密の諸定款を厳格に禁止し、そして、ランデスヘルの自由な随意に規約法の変更と廃止を、ラント福祉の利益において、委ねたことによって〉これらの諸詳論を不必要なものとなした。(72) そして、選択されたゲノッセンシャフト法のみならず、伝統をとおして生み出されたゲノッセンシャフト法もまた、これらの諸規定に服すべきであった。それは、認可なしには妥当せず、自由に変更可能ではありえず、そして、将来においてもはや形成されうるべきではなかった。(73) このような理論の下では、いずれにせよ事実上、自ら形成された法は、法律の衣装において存続することができたとしても、〈すでに十五世紀以来活動し、十八世紀の半ば以来、唯一力を持っている〉警察立法は、上から考え出されそして与えられた権利のために、民族のイニシアティヴから生じた権利の領域を、実際にもまた、絶えずより多く狭めた。まず最初に、ひとは、一般的な警察諸条例、または、特殊な手工業者諸条例をとおして、ただ諸ツンフトの外的な諸権利と諸義務を規律することだけを求めた。その一方では、諸ツンフトの内的な組織体制のためには、個々の諸コルポラチオンの諸規約と諸特権が、標準的にとどまった。その後、ひとは、諸ツンフトの内部的な組織体制へと、一般的諸法律をとおして、〈ひとがいわゆる〝手工業の諸濫用（Handwerksmißbräuche）〟を破棄しそして禁止する〉という方法において、介入した。この意味において、すでに、一五四八年と一五七七年の帝国警察条例（Reichspolizeiordnungen）、および、一五五一年、一五五九年、一五六六年および一五七〇年の帝国議会決議（Reichsabschiede）が、〈最終的には一七三一年の大帝国決議（der große Reichsschluß）が根本的な是正を試みるまで〉、活動した。(74) この帝国法律は、しかしながら、それが実際の諸濫用に関して半端な基準をもって自らを満足させた一方では、一連の極めて深く介入する内部ツンフト法に関する諸規定を行ったので、すでに一般的な帝国ツンフト条例（Reichszunftordnung）として、自らを特徴づけている。さらに、ラント諸法律は、諸ツンフトを、上から警察諸営造物として有機的に組織し、そして、規格化することに、ほとんど疑いをもたなかった。すでに十六世紀および十七世紀においては、一部分は、一般的なラント諸条例および警察諸条例をとおして、一部分は、特別のツンフト諸条例をとおして、ツンフト諸組織体制（Zunftverfassungen）は、時おりこの意味において規制された。(75) 十八世紀においては、この努力はその頂点に達した。いまや、一七三一年の帝国決議の公布と同時に一七三四年にブランデンブルクにおいて、そして、一七七四年に西プロイセンにおいて、というように頻繁に、〝良き警察の利益において〟、すべての妥当している諸インヌング証書が〝ランデスヘルの力と効力に基づいて〟無効とされ、それゆえ、裁判所を前にしてのそれらのたんなる引用（Citation）すら、すでに十ターレルの罰金を導くことになり、そして、それらの代わりに、〝一般特権 Generalprivilegium〟、〝普通インヌング条項 allgemeine Innungsartikel〟、〝一般ギルド証書 Generalgildebriefe〟およびそのようなものが付与された。(76) 他の場所では、包括的な〝諸職務および諸兄弟団体のための諸業務規程 Reglements für Aemter und Brüderschaften〟、〝ツンフト諸条例 Zunftordnungen〟、〝ギルド諸条例 Gildeordnungen〟などをとおして、すべての営業的諸コルポラチオンが統一的に有機的に組織された。(77) それと並んで、その後、時おり、さらに特別の諸条例が、ラントの営業経営者たちの個々の諸種類のために発布された。(78) より稀には、個別のツンフトに、特別の諸条例が与えられた。その場合、しかしそれらは、一般の諸条例から、ただ付随的な諸事情においてのみ異なっているだけであった。(79) いずれにせよ、個別規約により大きな遊びの余地が留まっていた場合にもまた、(80) この規約は、それでもしかしいつでも、たんなる特別法（Specialgesetz）であり、そして、自律については、それ以上には、問題とはならなかった。

c　諸ツンフトのかつての「裁判権」およびそれと関連する「強制力」は、諸ツンフトあるいはそれらの諸機関に対して、若干の人々によって全く否認され、(81) そして、いくつかの諸法律において明示的に廃止された。(82) それらのうち彼らに残ったものは、しばしば、裁判権（jurisdictio）とは異なる、いわゆる契約上の制限（coercitio conventionalis）と解され、(83) しかしいずれにせよ、一般的であれ特殊的であれ、国家の代表委員（Delegation）に遡られ、そして、可能な限り制限された。(84) それゆえ、しばしばさらにゲノッセンをとおしてのインヌング諸条項の違反のゆえに、マイスターたちの審判人裁判所（コンペン Kompen）におけるアルトマイスター〔長老マイスター〕によって行使される、いわゆるツンフト刑罰局（Zunftstrafamt）が存在したままであったので、[85] ツンフト刑罰局は、しかしながら、〈ただ僅少な、時おりただ僅かなグロシェンの額まで許された罰金にのみ認められることができたにすぎないところの〉重要でない諸場合にのみ制限され、[86] そして、すべての諸場合において正規の裁判官への上訴が許された。[87] 通常は、すべての普通の違反のみならず、たんなるインヌングの違反においてもまた、ただ正規の裁判所だけが権限を有すべきであり、そして、この正規の裁判所によってのみ、ツンフトからの排除、差押え、および、すべての一定の命題に違反する贖罪金に対して、判決がなされうるべきであった。[88] とくに、最も危険な諸濫用のひとつとして、〈ツンフト権または手工業の名誉が失われたマイスターたちおよび職人たちを自力で非難しそして捜し求めること〉、すなわち、〈すべての姉妹諸ギルドへの彼らの悪評を告知すること〉、および、〈それをとおして惹起されるドイツ全体における手工業からの排除〉は、帝国の諸法律および領邦の諸法律をとおして禁止され、そして、その代わりに、官憲のもとでの届出、正規の裁判所の判決、および、実行の際における警察の共働が、規定された。[89]〈民事の争訟、名誉毀損事件（Injuriensachen）、および、本来の手工業事件における〉諸ツンフトの裁判権、名望のある主たる諸ツンフトに対する裁判上の請求（Provokation）、または、三人の主人たちの諸ラントからのツンフト的な鑑定を求める裁判上の請求、および、類似の慣例（Brauch）は、全く廃止された。むしろ、一七三一年の帝国決議が表現しているように、〃それらの諸ラントにおいて諸ツンフトと諸店舗を設立し、これらに諸法律をしかしながら規定し、不従順な人々を評価に従って罰し、そして、登場する手工業の諸紛争を他の諸階級または諸都市との連絡なしに処理することは、ラント諸主権（Landesherrschaften）に委ねられる〃べきであった。[90]

d　ツンフトの「経済的」意義に関して言えば、いまや、官憲によって、古い職人たちの職務（artifici officium）の、その公法的構成部分と私法的構成部分とへの分解が完成された。個々のツンフトゲノッセンにとっては、マイスター権が（それ自体としては、働く権利は財産の対象ではありえないから、そのようなものは決して成立しえないであろうにもかかわらず）私権と認められたのであり、ツンフトにとっては、〝ツンフトに指図された管轄区域の内部でツンフト的な営業を営むことを〈ツンフトに属さず、国家によっても特権を与えられていない〉すべての人々に拒絶する〟というツンフト強制または権利が、コルプス（Korpus 実体）と認められたのである。[91] しかしながら、この権利が国家によって付与された〈同様に他の人々にも付与されることができ（自由マイスターたち）、あるいは、一定の建物または土地の占有と結合されることができ（物的営業権 Realgewerberechte、経済独占権 Bannrechte、など）、あるいは、最後に、国家によってもまた、自己の手において留保されることができた（王権 Regale、独占権 Monopole）ところの〉特権とみなされたことによって、[92] さらに、この権利の内容と限界の決定が国家に帰属したことによって、[93] 最後に、諸特権に関する知られた諸原則に従って、ランデスヘル〔ラント君主〕に、公共の福祉の諸理由から、変更または完全な撤回が承認されたことによって、[94] それでもしかし、まさに公的職務の私法的特権への変化は、理論および立法において、〈ツンフト強制を穴だらけにすることへの、そして、《その側では、再び、完全な営業の自由（Gewerbefreiheit）への通過段階にすぎなかったか、あるいは、そうでないとしても通過段階となるであろうところの》国家的な認許システム（Koncessionssystem）をとおしてツンフト強制を漸次的に代替することへの〉法的基盤を準備したのである。ツンフト強制に含まれたいかさま師（Pfuscher）および妨害者に対する自力救済の権利は、一般に官憲の共働と結びつけられ、[95] しばしば、しかし、そもそもまたはそうでないとしてもラントの手工業者に対する関係では、[96] 完全に廃止されたこと、そして、ツンフトは、通常の官憲への届出へと指示されたことをとおしてもまた、すでに官憲は、より自由な手を受け取ったのである。[97] ——この私法的な、古いオフィキウム（officium 職務）の有用な側面に対する関係では、その公的な側面は、徹底的に国家によって吸収された。最も自由な自己決定に基づいて営業的な労働を有機的に組織すること、そして、対外的な手工業の名誉と福祉、対内的な経済的平等と兄弟関係の促進をとおして、生産者たちと消費者たちの諸利益を調和させること、という古い任務を、新たな国家のすべてを配慮する警察は、〈変質した諸コルポラチオンがいまなおさらに、自ら国家に従うという能力がありそして意向があったとした場合ですら〉、諸ツンフトに委ねることはできなかったであろう。むしろ官憲をとおして、営業制度全体は、いまや細部に至るまで規律された。ゲノッセンシャフト的な警察の代わりに、労働の種類と有用性に関する、[98]手工業の小売店、および、行商と少額の販売、[99]官憲の公定価格、[100]マイスターたち、職人たちおよび徒弟たちの割合の官憲的規律、[101]粗悪な仕事、遅延および怠惰[102]についての官憲のコントロールと処罰、および、包括的な〈マイスター相互間の営業的態度をもまたそのクライスに引き込む〉労働警察[103]に関する、官憲的な諸規定が登場した。ゲノッセンシャフト的な検査（Schau）は廃止され、そして、織物商人たちと織物製造者たちにおいては、古いコルポラティフな検査諸制度が必ずしも完全には失われなかったとしても、それらの検査制度は、しかし、ここでもまた次第に官憲的性格を受取ったのであり、そして、国家警察的な検査営造物および検査諸職務へと変化したのである。[104]ここそこで、もちろん大部分はただいまなお利己的な関心において登場する〈古いやり方において経済的な諸関係を自ら規律するという〉手工業者たちの試みは、厳しく干渉された。それゆえひとは、価格最低限に関する諸協定、[105]ある別のマイスターによって始められた仕事の拒絶、または、あるゲノッセに何らかの債務を負っている顧客の拒絶、[106]そして、最後に、一部分すでに徒弟たちまたは職人たちの数に関する諸制限[107]もまた、無効としそして禁止した。

e　最終的に、諸ツンフトの「道徳的」および「社会的」な意義もまた無効とされ、または、僅かな程度に制限された。帝国警察およびラント警察は、慣習または協定をとおして確定された道徳警察的および社交的な手工業者たちのすべての諸慣習を〈それらが官憲に害がありまたは不必要なものと見えた限りで〉廃止しそして刑罰の威嚇をもって予防することを、自らの課題とした。〝無用な〟宴会および無礼講、過度の飲酒、浪費と奢侈、手工業者の若者たちの帯剣、手工業挨拶と幾世紀をとおして確定された慣習の儀式全体に対しては、〈〝愚かな諸祭典と諸辞令〟と〝一部分は没趣味な、一部分は不名誉な、慣習および悪ふざけ〟をその中に見出したところの〉予防的な立法が向けられた。[108] 手工業諸条例の特別の注目の対象となったのは、怠惰と休業、とくに休みの月曜日（der blaue Montag）であった。けだし、ひとは、〝国家をして二ヶ月間の労働の分だけ……失わせる〟ところの慣習をとおして、休業する職人たちのみならず、これを許すマイスターをすら罰すること、そして、〝頑固な怠惰〟のためには強制労働場（Zuchthaus）をすら威嚇することの、権限を有すると自らをみなしたからである。[109] 零落しまたは困窮した兄弟たちの扶助、死亡したゲノッセンの未亡人たちや孤児たちのための世話のような、ゲノッセンの道徳的義務、それどころか葬列のための債務さえも、いまや、もはや自由な兄弟同盟の帰結ではなく、国家に対するツンフトまたはその構成員たちの特別に課される諸義務として、現れた。[110] それゆえ、手工業の特別の扶助金庫、救貧金庫、疾病者金庫、死亡金庫、貯蓄金庫、そして、貸付金庫もまた、国家的に規律されそして監督され、あるいは、自ら設立されそして指揮された。[111]

5　ツンフト制度のコルポラティフな側面に対して向けられたすべての立法においては、十八世紀においてもまた、開始しつつある国民経済的な諸考慮よりもいまだはるかに多く、警察的な諸視点が標準となったことは、帝国とランデスヘルたちが〈それでももしかしいかなる独占権にも基づかなかった〉「職人たちの諸結合」に対して措置をとった種類と方法において、とくに明らかに示されている。コルポラティフな理念に対する警察国家と後見国家の嫌悪と、コルポラティフな理念の力に対する決して完全には眠り込むことのない恐れは、これらの諸法律におけるより以上にはっきりとは、表明されえない。一七三一年の帝国決議、および、それに続いて発布されたプロイセン、ザクセンおよび多くのその他のツンフト諸条例は、僅かな諸修正をもってとくに認許された職人たちの諸社団のために、職人たちの従来の諸兄弟団体および諸ゲゼルシャフトを廃止されたものと宣言し、それらの諸条項を妥当しないものと宣言し、そして、諸官憲を、例えば発行されそして確認された諸職人証書（Gesellenbriefe）をためらわずに再び取り戻すことを義務づけられているものと宣言したのみならず、将来においてもまた、諸官憲に、職人たち相互間の何らかの諸集会と諸結合を許すことを禁止した。職人たちの自力のまたは秘密の諸アイヌングまたは諸集会は、（それらがもちろんそれにもかかわらず存続したように[112]）、身体刑および死刑をもって威嚇され、無条件に従来の諸職人裁判所（Gesellengerichte）は破棄され、あらゆる通信およびあらゆるコルポラティフな行動は禁止され、職人たちの貨物および兄弟団体の印章の没収が命令され、そして、最後に、徒党の糾合、諸反乱、労働拒否、集団的な離脱、または、〝その他同様の不穏な騒動〟に向けては、最も厳しい諸刑罰、それどころか死刑すらも、規定された[113]。——それらは、それらの最後の末裔が労働者の諸連合に対する近代諸刑法（Strafgesetze）であるところの、諸規定である。特別の恩恵として、せいぜい、ここそこで、職人たちには、個々の良い諸目的のために割当額を相互間で負担することは許された。しかし、そのようにして拠出された金銭もまた、例えば、ブランデンブルクにおいては、いかなる条件の下でも〝職人たち自身の処分のため〟ではなく、〝仕事場のマイスターに職人救貧金庫への計算で〟交付されるべきであった[114]。プロイセンラント法もまた、〝職人たちは、相互間で、コムーネ〔自治団体〕または特権を与えられたゲゼルシャフト〔組合〕を形成しない。彼らは、自力で諸集会を開催する権利を与えられない。〟と規定している。同法は、それにもかかわらず、職人たちに対して、特殊の諸場合においては、〈仕事場の最長老たちの了知をもって、ならびに、最長老たちおよび陪席者の監督のもとでの〉諸集会を、職人頭（Altgeselle）の選挙を、そして、〈ゲマインシャフト的な諸需要のため、とくに病気またはその他の不幸に見舞われた職人たちの世話のために〉その者〔職人頭〕の会計実行のもとに彼らの諸寄付金からの固有の金庫の準備を、許している[115]。

B　「商人の諸コルポラチオン」（Kaufmännische Korporationen）。小売商たちまたは行商人たちおよびその他の小規模の商人たちの諸ゲノッセンシャフトが、その発展と組織体制において、本来の手工業者諸ツンフトから、〈ラント組織体制またはオルト組織体制のそれぞれに従って、例えば一般にいまなおツンフトに加入していた本来的意味における手工業者階級には属さない〉専門家たち（例えば、醸造者、織物職人および織物業者、船主、漁師、粉屋、浴場主〔理髪師兼外科医〕および外科医、旅館主および小料理店主、音楽家および楽隊、レンガ製造人、羊飼い、穀物運搬人および日雇労働者)[116]の諸コルポラチオン、および、芸術家たちの諸インヌング[117]と同様に、ほとんど異ならなかったとすれば、一般的には、大商人たちの諸ギルドにおいてもまた、同じことが問題となった。ただそれら〔大商人ギルド〕は、大部分の手工業者の諸ツンフトよりもはるかに早期に、それらの包括的意義を失い、そして、通常、全く次第にかつ平穏に、それらの諸目的が共同の商人的諸利益の促進に制限されたところの諸社団(Vereine)へと移行したので、ツンフト組織体制と営業自由との間に燃え上がったような衝突へとは、ここでは至ることができなかった。すなわち、それらの政治的および軍事的な、ならびに、それらの宗教的および倫理的な側面の没落については、諸ツンフトに認められるところのものと本質的に同じことが妥当するのに対して、経済的な点においては、なるほど、同様に、ツンフト強制には、商人的なギルド強制が対応したが、しかしながらこの後者〔商人的ギルド強制〕は、前者〔ツンフト強制〕に特有であった独占的意義を決して一度も獲得しなかった。なぜなら、たとえすべての商人的諸ケルパーシャフトが〈すべてのまたは一定の商行為(Handelsgeschäfte)がそれらの構成員たちによってのみ営まれることが許される[118]〉という特権を確保していたとしても、その特権は、それでもしかし、どこでも、コルポラチオンの閉鎖性へとは至らず、まれにのみ採用の諸条件の過度の困難化をとおして新たな構成員の加入の間接的な妨げへと至ったにすぎないからである。むしろ大商業の性質は、〈最大のコルポラティフな排他性と利己心の諸時代においてもまた、ギルド強制が、とりわけ(かつてツンフト強制一般がそうであったのと類似して)、〈一定種類の商業経営者たちをギルドへと強制し、彼らをギルド的な準備と教育、ギルド法とギルド裁判所へと服させ、そして、コルポラチオンの諸寄付金を彼らから徴収する〉権限としてのみ現れることを、もたらした。それゆえ、大きな諸取消もなく、商人的ギルド強制は、我々の時代に至るまで存続することができ、そして、いまなお存在するか、あるいは、プロイセンにおけるように[119]、商法典(Handelsgesetzbuch)の施行において初めて、廃止されたのである。同様に、諸ツンフトにおけるよりも早期にそして平穏な方法で、「法」、「裁判所」および「警察」のための商人の諸コルポラチオンの意義は、〈手工業者階級におけるよりもはるかに強力に、商業に固有の世界化を求める努力によって、生活が、コルポラティフな枠を超えて活動したことによって〉修正された。たとえ十七世紀においては、〈商法（Handelsrecht）は初めは個々の商人団体（Kaufmannskollegien）のゲノッセンシャフト法（Genossenschaftsrecht）として生み出されかつ生み出され続けたということ〉[120]は、いまだ忘れられていなかったとしても、それでもしかし、ずっと以前からそれを越えて、〈帝国のそしてある意味ではすべての諸ラントすらの商人階級全体が一つの大きな総体ギルドを構成する〉という観方が、〈その中では地方特別法（das partikuläre Recht）はいまなおただ下順位の意義を有するにとどまったにすぎないところの〉全商階級の普通法（ein gemeines Recht des ganzen Kaufmannsstandes）を創造したのである。そして、発展の更なる経過の中で、商「階級」の普通法（das gemeine Recht des Handelsstandes）が商行為の普通法（g. R. der Handelsgeschäfte）となったことによって、しだいに普通法のゲノッセンシャフト的な起源という観念は沈んでゆき、そして、商人団体（Kaufmännische Kollegien）の自由意思（Willküren）だけが、いまなおただ、それらの内的な組織体制のために、そして、地方的な商慣習のために、重要性を保ってきたのである。[121]同じ方法において、〈ギルド代表者 Gildevorsteher たち（裁判官たち judices、執行役たち consules、長老団 collegium seniorum）がギルドゲノッセンとともに維持したきた〉特別のゲノッセンシャフト裁判所から、しだいに商階級の諸案件のための特別の裁判所が成立し、[122]そして、最後に、商事問題（Handelssachen）のための特別裁判所が成立した。それゆえ、それらの裁判所は、国家の諸裁判所のシステムに、下順位の諸構成部分として、挿入され、そして、〈たとえ商人諸ギルドをとおしての裁判官たちまたは陪席者たちの選択または推薦が、それらの裁判所のコルポラティフ〔団体的〕な起源を想起させたとしても〉[123]、それらの裁判所の力の源泉、それらの権限およびそれらの手続に関しては、何らコルポラティフな諸要素をもはや示さなかったのである。[124]最後に、経済の保護およびそれとともに対外的対内的な商業警察もまた、しだいに国家に移行し、そして、この点またはどこか他の点において、商人諸団体またはそれらの代表者たちが、いまなおさらに公的な諸権限を行使したとしても、彼らは、これらの諸権限を、もはや自己の権利からではなく、〈それらを自らのためにその諸機関または諸官吏として利用したところの〉国家の特別の譲渡によって行使したのである。すでに十七世紀においては、それゆえ、そのような商人的な諸ケルパーシャフトは、徹底して商事警察諸営造物（Handelspolizeianstalten）として、多かれ少なかれ独立した同僚団的組織体制（Kollegialverfassung）を伴って現れていたので、それらは、諸ツンフトと同様に、自由意思によって作られた諸ゲノッセンシャフトから、商業諸利益の保護と促進のためのコルポラティフな国家諸営造物へと変化していた。[125] この姿において、それらは、しばしば、（例えば、その幹部が商業の代表委員Kommerzdeputationであるところのハンブルクの商人コルポラチオン、リューベックの商人諸コルポラチオンなどのように）今日まで維持されてきているか、または、最近の諸法律をとおして改変されまたは新たに形成されてきている。この最後のものは、例えば、プロイセンにおいては、ここでは、一八二〇年ないし一八二五年において、ランデスヘルの立法記録をとおして、[126] ベルリン、シュテッティン、ダンチッヒ、メーメル、ティルジット、ケーニヒスベルク、エルビングおよびマクデブルクの諸都市において、以前にそれらの都市に存続した諸ギルドおよび諸インヌングの廃止のもとに、[127] 商人の諸コルポラチオンが設立され、諸規約を付与されていることによって、[128] 行われている。これらの諸コルポラチオンの構成員たる地位は、純粋に人的な性質のものである。それ〔構成員地位〕は、成年のかつ完全な処分能力をもつ、品行方正な、市民権を有しかつ実際に諸商行為を営むあらゆるひとに、採用と登録をとおして与えられなければならず、そして、逆に、これらの諸特性の喪失の場合においてのみ、停止され、または、失われなければならない。[129] 諸構成員は、諸入会金および規則的な諸分担金の支払いと、諸選挙と諸委託についての承認について、義務づけられ、それに対して、彼らに（婦人たちには彼女らの支配人たちDisponentenをとおして）議決権、選挙能力および管理と諸審議への参加、ならびに、コルポラティフな諸営造物の利用が、当然に帰すべきものであった。[130] コルポラチオンの機関は、官憲に対して責任を負う代表者およびその任意代理人のもとにある、選ばれた同僚団的な管理官庁である。[131] それと並んで、諸委員会と諸代表委員が、商事問題における仲裁裁判所のために、個別の管理分野のために、取引所問題および港湾問題などのために、登場し、そして、有給の下級官吏たちが、登場する。[132] 諸コルポラチオンの意義は、[133] 第一に、内部的なコルポラチオンの諸案件、採用、除名および構成員たちのコルポラティフな関係、コルポラチオン財産の管理と利用、コルポラチオンの家計、選挙などに拡大され、第二には、しかし、公的な認可のもとに行使されるべきオルト商業全体の利益代表、または、商業に奉仕する公的な諸営造物および諸制度、とくに諸取引所、[134] 一部分は、また、港湾、倉庫諸施設などの管理および管理への参加、海事裁判所および商事裁判所の商事裁判官たちおよび陪席者たちの推薦、公的な仲買人[135]およびその他の商業専門職員、商事問題における和解局（Vergleichsamt）、商事鑑定書の交付、商人およびその職員に対する一定の懲戒権、徒弟たちや補助者たちの関係の監督、[136] そして、地域の組織体制の差異に従って彼らに例えば通常さらに譲渡される諸機能へと、拡大された。コルポラチオンとその諸機関に関しては、ここでは、もちろん至るところで、国家的な監督官庁と訴願官庁が存在している。[137] 最後に、一八六一年まで、商人の諸権利は、オルトのコルポラチオンへの加盟に依存したが、その一方、それ以来、〝諸規約の私法的諸規定〟はそもそも無効とされ、[138] そして、諸コルポラチオンは、そのようにして完全に自由な加入と脱退を伴なう純粋に公法的な諸ケルパーシャフトとして、存続している。

【以上、第六十七章、終わり】

【以下、第六十七章の注】

（1）ひとは、ここで、第三十八章において引用された文献のほか、〔次のものを〕参照せよ。a　十七世紀と十八世紀からの手工業者法（Handwerkerrecht）の体系的な諸叙述を参照せよ。手工業者法の個別の諸部分に関する一連の諸論文をバイヤー（Adr. Beyer）が編集した。これに属するのは、とくに tr. de collegiis opificum. Jenae 1688（「職人たちの同僚諸団体についての論文」イェーナ、一六八八年）がある。バイヤーの諸論文、諸規約および諸法律から、シュトゥルーフェ（Struve）は、彼の広く行き渡っている Systema jurisprudentiae opificiariae, 3 tom., Lemgov 1738, fol.（「諸職業の諸法律学の体系」）を編纂した。

より古い諸書物のうち、フリッチュ Fritsch, de collegiis opificum eorumque statutis, Rudolst. 1669（「職人たちの同僚諸団体とそれらの諸規約について」一六六九年）が言及されなければならない。とくにハンブルク法を顧慮しているのは、ルッターロー Lutterloh, de statutis collegiorum opificum eorumque usu et abusu ec. Gott. 1759.（「職人たちの同僚諸団体の諸規約およびそれらの利用と濫用などについて」）である。とりわけ民事法学的〔ローマ法的〕立場から、ハイネクキウス Heineccius, de collegiis et corporibus opificum, Opera II. Nr. 9 S. 367 in C. II（「職人たちの同僚諸団体と諸コルプス〔諸団体〕」）は、〈彼が C. I において、ローマの手工業者諸ツンフトの歴史を与えた後に〉、諸ツンフトを取り扱っている。シュトラウフ Strauch, de collegiis opificum.（「職人たちの同僚諸団体について」）をも参照せよ。これらの諸書物と帝国諸法律から、フリッケ Fricke, Grundsätze des Rechts der Handwerker, Gött. u. Kiel 1771, ワイッサー Weisser, das Recht der Handw. Stuttg. 1779 およびクライトマイヤー Kreittmayr, vom Handwerkerrecht, in den Anmerk. zum Cod. Max. Bavar.（1768）c. 27. S. 1797-1835, は、情報を集めており、オルトロフ Ortloff, Corp. jur. Opif. S. 441-482. においてもまた、印刷されている。オルトロフ Ortloff, das Rechts der Handwerker, Erlangen 1803. は、ラントの諸法律により詳細に立ち入っている。――b　ドイツ私法論の該当する諸節、とくにルンデ Runde§465-478、アイヒホルン Eichhorn §381-385、ベーゼラー Beseler §211. ――c　諸風俗と諸慣習については、ベルレプシュ Berlepsch, Chronik der Gewerke, S. Gallen. Bd. I. allgemeine Chronik, を参照せよ。引き続く諸巻は、個々の諸工場の諸年代記を含んでいる。――d　国民経済的な側面に関しては、ひとは、前世紀〔十八世紀〕の後半以来の極めて大量の文献を超えて、ロッシャー Roscher, System, および、ラウ Rau, Volkswirthschaftspolitik, ならびに、これらの諸作品自体の該当する諸節を参照されたい。さらに、エルシュとグルーバーの百科事典におけるハーゼマン Hasemann による〝ギルド Gilde〟、〝職人 Geselle〟、および〝営業 Gewerbe〟の項目 Encykl. v. Ersch u. Gruber I, 67. S. 277-281. I, 65. S. 352-406. I, 63. S. 379-434.、マッシャー Mascher, Gewerbewesen S. 291-477. を参照せよ。とくにヴァイス Ad. Weiß, über das Zunftwesen und Frage: sind die Zünfte beizubehalten oder abzuschaffen ? Frankf. 1798. シェフレ Schäffle, Abbruch und Neubau der Zunft in der Vierteljahrschrift 1856 S. 73 und den Aufsatz "Gewerbe" im Staatswörterbuch IV. S. 318-336. を見よ。

　諸原典としては、現在、ツンフト諸記録は、帝国および諸領邦の多数の諸特権、警察諸条例および手工業者諸条例よりも僅かにしか考察されていない。より古いツンフト諸記録をひとは、シュトゥルーフェとバイヤーにおいて見出す。十七世紀と十八世紀の諸法律は、オルトロフ Ortloff, Corp. jur. Opificiarii,〔「職人法大全」〕2. Aufl. Erlangen 1820. において集成されている。帝国諸法律は、ゲルストラッヘル Gerstlacher, Handbuch der Reichsges. Bd. IX. S. 1722-1780. においてこれを見よ。プロイセンに関しては、ベルギウス Bergius, die preuß. Gewerbegesetzgebung. 1857. を。より最近の諸法律は、引き続く章を見よ。

（2） 例えば、オルトロフの職人法大全（Ortloff, C. J. O. S. 595 f. Cap. IV（wegen Gewinnung und Verlust des Meisterrechts マイスター権の獲得と喪失のために）u. Cap. V（"von den Vorrechten und Pflichten zünftiger Meister ツンフトのマイスターたちの諸特権と諸義務について"）における、一八〇三年五月二五日のザクセン＝コーブルク＝ザールフェルト大公国普通インヌング諸法律（Die Herz. Sachsen＝Koburg＝Saalfeldischen allg. Innungsges. v. 25. Mai 1803）において参照せよ。そこでは、一一二条と一一三条においてインヌングにおける構成員地位と議決権、ならびに、インヌングの〝諸特権 Vorrechte〟の第五番目の特権として、コルポラチオン財産の利用が挙げられている。

（3） しかし、第三十八章の注(49)を参照せよ。オルトロフ Ortloff, C. J. O. S. 380 tit. 12 art. 6. u. 8 における、例えば、一七一〇年の新ハンブルク業務規程（Das Neue Hamburg. Reglem.）は、職務（Amt）の売却も質入も許している。一七六〇年一〇月二五日のバーデンツンフト条例（Die Badische Zunftordn. v. 25. Okt. 1760 ib. S. 242 art. 48）は、マイスター権の〝売却〟を官憲の許可に結びつけている。

（4） 官憲の側からは、もちろんひとはいつでも〝技術は相続しない（Die Kunst erbt nicht）〟という格言の原則に固執した。クライトマイヤー Kreittmayr l. c. §21. しかし、上記第三十八章の注(53)以下を参照せよ。

（5） バイヤー Beyer, tract. de tyrone c. 4 §3 S. 21. フリッケ Fricke §58. を参照せよ。

（6） 〝諸組合〟または〝職人たちの諸ツンフト〟の内部制度に関しては、Struve II. L. 4 c. 4 Kreittmayr §10. Hasemann l. c. I, 67. S. 279 f. Mascher S. 340-344. 401 f. を参照せよ。一六〇〇年のマクデブルクの鍛冶職人たちの結合に関しては、Berlepsch l. c. VII. 72-75.〔を参照せよ〕。マッシャー Mascher im Anhang S. 765-767 における一三六五年のダンチッヒの水車場下僕条例とリンネル織物業職人条例（die Ordn. der Danziger Mühlknechte v. 1365 u. der Danziger Leinwebergesellen）、ヴェルナー Werner, Gesch. der Iglauer Tuchmacherzunft における一六六九年のイグラウの織物業徒弟兄弟団体 Tuchknappenbrüderschaft の論文、オルトロフ Ortloff, C. J. O. S. 567-578. における一七八八年一〇月二七日のエルランゲンにおける家具師手工業 Schreinerhandwerk の組合のための条例、をもまた参照せよ。

（7） 例として、一七一〇年の新ハンブルク業務規程 Neues Hamb. Reglem. v. 1710 tit. 6 S. 354-362.

（8） 上に述べられた個別の諸点のための証明は、とりわけ〈いわゆる手工業者たちの諸濫用に対して向けられる〉帝国諸法律およびラント諸法律において含まれている。それについては、以下に。一部は諸規約に、一部は慣習法に基づく、さまざまな諸濫用の諸解釈と諸補正を、ひとは、とくに、シュトゥルーフェとベルレプシュにおいて見出す。ひとは、とくに、シュトゥルーフェ Struve, P. I. L. 3. c. 6 S. 169-319 における、一七三一年の帝国決議の詳細な諸パラグラフを、そして、ベルレプシュ

Berlepsch I. S. 95-111. における、同決議の解釈を参照せよ。マッシャー Mascher S. 312 f. 328-345. を参照せよ。

(9)　とくに広く、一部分全く不適切なローマ法大全（Corpus juris）の諸条項の引用を行っているのは、アードリアン・バイヤー（Adrian Beyer）である。彼に関するルーデヴィッヒ（Ludewig）の判断を、フリッケ（Fricke, Note）における前書きにおいて参照せよ。必ずしもより寛大にではないが、シュトゥルーフェ Struve は、取り扱っている。I. l. 3 c 1 f. S. 83 f. は、そうである。ハイネクキウス Heineccius もまた、補充的にローマ法を適用し（vgl. S. 414 l. c. §15）、そして、次のように考えている（404 §1）。「もしゲルマン人の訴訟においてローマ人たちのある諸古文書を彼らが採用したとすれば、そのことは、確かに、職人たちの諸同僚および諸団体において採用されるべき事実である。」（si ulla in re Germani vetera Romanorum adoptarunt, factum id certe in collegiis et corporibus opificum instituendis.）、と。Vgl. S. 408 §9.

(10)　Vgl. Herm. Conring, de urb. Germ. §81. Lutterloh l. c. §3 S. 10. Heineccius §4-6 S. 405 f.

(11)　例えば、シュトゥルーフェ Struve, I. L. 1. c. 5 §6 S. 28f.（彼は、はじめは個々の諸場所で生じ、やがて他の諸場所へと手工業者たちを誘惑することのために模倣された「単一の特権の方法による」（per modum singularis privilegii）ランデスヘル的な制度について考えている。）。すでに、ジギスムント（K. Sigismund）は、〝何らかの目的のために、最初から、官憲は、それらの市民団体および諸手工業を諸ツンフトへと区分した。〟と考えた。Mascher S. 241. Vgl. den Eingang der hess. Zunftordn. v. 29. Juli 1693（一六九三年七月二九日のヘッセンのツンフト条例の序文）〝諸ツンフトをもって恩恵を与えられて mit Zünften begnadigt〟。バイロイト警察条例 Baireuth. Polizeiordn. v. 1746 §1 b. Ortloff, C. J. O. S. 402. — Vgl. Fricke §3. Runde §466.

(12)　シュトゥルーフェ Struve I. L. 1 c. 2 §10 f. S. 9. ハイネクキウス Heineccius §10. 11. S. 410 f.。自由な諸アイヌングを、ハイネクキウスは〝君主国の状態に最大限に敵対する秘密結社（hetaerias monarchico statui perquam inimicas）〟と称している。

(13)　帝国決議 Reichsschluß v. 1731 art. 5 u. フランケンのクライス決議 Fränk. Kreisschluß v. 16. Oct. 1799 b. Ortloff, C. J. O. S. 434-438. 新ハンブルク諸規定 N. Hamb. Regel. v. 1710 tit. 7 art. 4 ib. S. 363. バーデンツンフト条例 Badische Zunftordn. art. 32 S. 238. 西プロイセン手工業者条例 Westpreuß. Hdw. O. v. 1774 art. 31 S. 91、および、とくに請願をする諸ツンフトおよび諸コルポラチオンの訴願行使の際の騒乱的な自力手続の除去のためのプロイセン特許状 preuß. Patent wegen Abstellung des tumultuarischen eigenmächtigen Verfahrens bei Beschwerdeführungen besonders supplicirender Zünfte und Korporationen v. 29. Juli 1794 を、オルトロフ Ortloff S. 140-145. のもとで参照せよ。一八〇三年のコーブルク＝ザールフェルトのインヌング法律における、諸コルポラチオンの諸請願（Petitionen und Suppliken）に関する類似の詳細な諸規定 Koburg=Saalfeld. Innungsges. v. 1803 §20 S. 603. ——十七世紀と十八世紀における職人たちの諸叛乱、とくに一七二六年および前世紀〔十八世紀〕の最後の十

年間の諸運動に関しては、マッシャー Mascher S. 363 f. 381 f. を参照せよ。

(14) それゆえ、すでにウェルヌラーエウス Vernulaeus, Inst. Polit. Lib. II. c. 8 は、次のように教えた。すなわち、「市民たちの諸団体を除去し、そして、すべての契約を禁止することは、支配者たちのことがらに属する。さらに、このようにして団体は、ある程度まで、共和国の一部であり、〈もし共和国の諸法律によって、そしてすべての承認する権力によってでないならば〉構成されることはできない。すなわち、私的な決議によって生ずるところのものは、諸団体の法も名称ももたない。その最高の指導者または君主の許可は、諸契約の場所、時、処理されるべき事柄の形式、主題自体を命じるのみではなく、そしてとくに、別の方法で諸契約を行う不正な人々が調査されそして大逆罪の犯罪を生ずるなどのゆえに、正しく導くのである。」(Tyrannorum est civium collegia tollere et conventus omnes prohibere. Porro quum ejusmodi sodalitia quaedam sint reipublicae pars, non possunt nisi reipublicae legibus et summa annuente potestate constitui. Nam quae privata autoritate coalescunt, jus et nomen collegiorum non habent. Illa summi magistratus aut principis permissio non tantum conventuum locum, tempus, tractandarum rerum modum et materiam ipsam praescribit ac regit, adeo ut qui alio modo conventus fiunt, illiciti censeantur ac majestatis crimen incurrant etc.) と。同様に、シュトゥルーフェ Struve I. L.3 c. 6 S. 182 th. 3「職人たちの諸団体を構成することおよび確立することの権利は……君主の権限である。」(jus constituendi et confirmandi collegia opificum competit …… principi.) それについて、S. 182 f. th. 4 f. II. L. 5 c. 1 S. 365 f. ハイネクキウスもまた、合法的な諸集会 (collegia licita) に、ただ「最高の支配者によって諸特権を承認されそして確証される〔ところの諸集会〕」(quae a summo imperante conceduntur firmanturque privilegiis) だけを数えている §16 S. 414。Vgl. Mevius, ad jus Lub. IV. tit. 13 art. 3 Nr. 6. Eichhorn §385 〝警察営造物〟として。そうであるのは、またすでに、das N. Hamb. Regl. v. 1710 tit. 1 art. 1 u. 5; tit. 2 art. 1 u. 2. S. 345 f. — Pr. L. R.(プロイセンラント法)II, 8 §182 〝新たな諸ツンフトを設立することは、ただランデスヘルにのみ帰属する。〟

(15) Beyer, de C. O. c. 12 §16. Strauch l. c. §138. Struve II. L. 5. c. 16 S. 446. Heineccius §20 S. 417.

(16) Kreittmayr §20 〝分離、ウニオン、修復および変更〟。Kob. Saalf. J. G. v. 1803 §18 S. 602.

(17) 第三十八章を参照せよ。——一六一五年のバイエルンにおける、そして、一六二四年のブレーメンにおける、すべてのツンフトの廃止のための諸提案、マッシャー Mascher S. 349. においてみよ。

(18) 一七三一年の帝国決議一四条 Reichsschluß v. 1731 art. 14. 一七九九年のフランケンのクライス決議 Fränk. Kreisschluß. v. 1799 S. 436 f. バイロイト警察条例 Baireuth. Polizei=O. S. 398. 一七七四年の西プロイセン手工業者条例 Westpreuß. Hdw. O. v. 1774 art. 48. S. 103.

(19) Struve II. L. 5. c. 9 S. 399 f. Kreittmayr §23. Fricke §82-85. Weisser §92-94. Ortloff §84-90. N. Hamb. Regl. v. 1710〔ハンブルク新規定〕tit. 10 art. 2-4. Kob. Saalf. J. G. §85 S. 632.

(20) R. Schl.〔帝国決議〕v. 1731 art. 13. Pr. L. R. II, 8. 184. Kreittmayr §15.

(21) 明示的に一八〇三年のコブレンツ＝ザールフェルトのインヌング法律（Kob. Saalfeld. I. G. v. 1803 §14 S. 601）〝諸ツンフトは、インヌング諸特権が規定することを給付することができるすべての構成員たちを採用する権利のみならず、義務をも有する。〟§60〔採用することが〕〝でき、そして、しなければならない（können und müssen)。〟とくに kursächs. Mandat, betr. die Generalinnungs＝Artikel für Künstler, Professionisten und Handwerker v. 8. Jini 1780〔芸術家、専門家および手工業者のための一般インヌング条項に関するザクセン選定侯国の命令〕c. 3 §13 S. 175. を参照せよ。

(22) Vgl. Adr. Beyer, de tyrone, prudent. jur. opif. praecurs. emiss. Jen. 1683. Struve l. c. II. L. 2. S. 133 f. Fricke §62-68. Kreittmayr §3. Ortloff S. 154-195. Cramer, Wetzlar. Nebenst. Th. 82 S. 17 f. — Brandenb. Generalinn. Priv. v. 1734-36 b. Ortloff, C. J. O. S. 66 §22. Kursächs. Mdt. v. 1780 c. 1 S. 155-163. Braunschw. Gilden O. §32-37 S. 204 f. Badische Zunftordn. art. 11 f. S. 230. Baireuth. Ausschreib. v. 30. Juli 1746 S. 406 f. Pr. L. R. l. c. §283-285. Kob. Saalf. J. G. v. 1803 §24-36 S. 605 f.

(23) しかしながら、プロイセンラント法二八六条は、〈ある場所でのすべてのインヌングマイスターたちが徒弟たちの十分な数をすでに備えている場合には〉徒弟の一時的な拒絶を許している。Vgl. Bad. Z. O. art. 12 S. 230.

(24) Struve l. c. II. L. 2 c. 5 u. 6. Beyer, de tyrone c. 4-6. Heineccius §12-14. S.412 f. Fricke §62. Kreittmayr §2. 徒弟は、受け入れられたキリスト教的諸宗教の一つに所属しなければならなかった。Struve l. c. c. 4 §4 S. 145. Kreittmayr §2 litt. c. Fricke §63. Fuldische Verordn. v. 1781 §3 b. Ortloff, C. J. O. S. 318. N. Hamb. Regl. tit. 9. art. 2.

(25) すでに die R. P. O. v. 1548 tit. 37 u. 1577 tit. 38 は、当時まで不名誉とみなされる人々の一定数の子供たちを受け入れることを勧めた。Vgl. auch N. Hamb. Regl. tit. 9 art. 1 S. 370. 一七三一年の帝国決議第四条（R.Schl. v. 1731 art. 4）は、ただいまなお、第二世代に至るまでの皮はぎ人〔獣皮加工業者〕の子供たち（Abdeckerkinder）の拒絶を許した。一七七二年一二月三日の帝国鑑定意見（Reichsgutachten）（Ortloff, C. J. O. S. 39. 42)、および、一七七二年四月三〇日の帝国認可命令 Kais. Ratifik. Dekr. v. 30. Apr. 1772 Nr. 5 (ib. S. 46) によれば、皮はぎ人たち（Abdecker）の息子たちもまた、許されるべきである。それゆえ west-preuß. Hdw. O. 1774 art. 32 S. 92, Edikt v. 1783 §7 ib. S. 108, Pr. L. R. §280 u. Kob. Saalfeld. I. G. v. 1803 §26 S. 605 もまた、ただいまなお真の皮はぎ人（Schinder 高利貸）たちだけを排除している。——名誉ある出生の欠缺は、資格（Legitimation）をとおして治癒されるべきである。R. Schl. v. 1731 art. 11. Westpr. Hdw. O. 1774 art. 32 S. 92. Hamb. Regl. v. 1710 tit. 9 art. 1 S. 370.

Kursächs. Mandat v. 1783 c. 1 §6 S. 157. Baunachsche Zunftordn. v. 1750 §21 S. 939. Kob. Saalfeld. §25 S. 605. ――悪評性（Bescholtenheit）と潔白性（Reinheit）の解釈におけるその他の諸濫用の廃止は、R. Schl. v. 1731 art. 13 などを見よ。

（26）　Beyer, de tyrone c. 7 S. 69. Struve II. L. 2 c. 7 §28 f. S. 169. Fricke §64. R. Schl. v. 1731 art. 2. Brandenb. General=Pr. v. 1734 §21. Kreittmayr §4. Bad. Zunftordn. Art. 12 S. 230. Kob. Saalf. I. G. §24. 30 S. 605 f. Pr. A. L. R. §287-289.

（27）　Struve II. L. 2 c. 9 S.174. R. A. v. 1594 §126. R. Schl. v. 1731 art. 9. Kursächs. Mandat c. 1 §11 S. 159. Westpreuß. Hdw. O. art.33. 34 S.92（そこでは〈貧窮の諸場合、教授期間の短縮と延長〉における教授料の制定は全く警察の任意に任されている）. Kob. Saalf. I. G. 1803 §30-33 S. 607. Pr. L. R. §290. 291. 320-322.

（28）　ただ時おりこれらの後者は、卒業許可（Freisprechen）と解放支払（Loszählen）からまだ異なっている。Struve II. L. 3 c. 3 S. 205. Kreittmayr §5.

（29）　Beyer, de tyrone c. 12 S. 136. Struve II. L. 2 c. 12. S. 186. Fricke §67. Kreittmayr §4. R. Schl. v. 1731 art. 7 u. 9. N. Hamb. Regl. 1710 tit. 9 art. 5 S. 371. Kursächs. Mdt. c. 1 §21 S. 162. Braunschw. Gilden O. §19 f. S. 197. Bad. Z. O. art. 13. 14 S. 231. Baireuth. P. O. 1746 §3 S. 403. Brandenb. Gen. Priv. §24 S. 67. Westpr. Hdw. O. art. 33 S. 92. Kob. Saalf. 1803 §16. 34-36 S. 601 f. Pr. L. R. §323-325.

（30）　Beyer, boethus peregre redux. Jen. 1692. Struve II. L. 3. c. 5-7 S. 230 f. Ortloff S. 195-237. Kreittmayr §6. Fricke §70-73. Kursächs. Mdt. c. 2 S. 163 f. Braunschw. Gilden O. §20 f. S. 199. Bad. Z. O. art. 15 f. S. 231 f. art. 35. 36 S. 239. Fuld. Ver. v. 1781 §7 S. 319 Kob. Saalf. §40 S. 612. Pr. L. R. §326-344.

（31）　R. Schl. v. 1731 art. 2. これに対していわゆる手工業者敬礼（Handwerksgruß）は廃止された。Ib. art. 9 ― Vgl. Braunschw. Gilden O. §24 S. 200. Bad. Z. O. art. 28 S. 236. Ansbach. V. v. 1733 S. 416. Kob. Saalfeld. §41 f. 46 S. 612 f. Pr. L. R. §336-338.

（32）　Struve II. L. 3 c. 8 S. 247. Fricke §72. Runde §471. R. Schl. v. 1731 art. 7. Westpreuß. Hdw. O. art. 26 S. 89. N. Hamb. Regl. 1710 tit. 8 art. 7 S. 368. Bad. Z. O. art. 27 S. 236. Kreittmayr §8. Kob. Saalf. §46 S. 615. たいていの場合、贈り物（Geschenk）の最大限度は確定されており、贈り物をされる手工業と贈り物をされない手工業との差異は、名誉に関しては、しかし廃止されている。

（33）　R. Schl. v. 1731 art. 2. Kursächs. Mdt. c. 2. §3 f. S. 164 f. Bad. Z. O. art. 26. S. 235. Kob. Saalf. §46. 47 S. 614. Pr. L. R. §340 f.

（34）　Fricke §73. Kreittmayr §7. 11. R. Schl. v. 1731 art. 2. Kursächs. Mdt. c. 2 §3 f. Bad. Z. O. art. 26-31 S. 235. Wirzburg. V. v. 14. Febr. 1787 S. 393 f. §1-5. Kob. Saalf. §41-48 S. 612 f. Pr. L. R. §332 f.

（35）　ひとは、例えば、オルトロフ Ortloff, C. J. O. S. 419–433. における die fürstl. Oetting=Oetting und Oetting=Spielbergische Wanderordnung nebst angehängter Wandertabelle v. 29. Mai 1785.〔一七八五年五月二九日のエッティング＝エッティングおよびエッティング＝シュピールベルク遍歴条例と添付された遍歴表〕を参照せよ。その他の諸点においてもまた、ラント君主の後見の模範を参照せよ。

（36）　一七三一年の帝国決議第一三条 §7 は、Jahrarbeit〔職人が親方になるための有償の年期奉公〕と Muthzeit〔親方になるための請願提出までの待機期間〕を濫用として禁止している。しかしそれらは存続した。Vgl. Struve II. L. 4. c. 4 u. 5. S. 303. Fricke §54. Ortloff S. 244. Kreittmayr §12. 諸制限を立てているのは、Bad. Z. O. art. 37 S. 239 である。諸禁止は、Kursächs. Mdt. c. 3 §5 S. 171, Braunschw. Gildeordn. §3 S. 191, Generalpriv. f. Brandenb. §2 S. 54, Kob. Saalf. I. G. §72. において〔見られる〕。

（37）　Struve l. c. c. 7 S. 310. Fricke §55–57. Struben, rechtl. Bed. Bd. IV. Nr. 62. Ortloff S. 258. R. Schl. v. 1731 art. 12. N. Hamb. Regl. 1710 tit. 7 art. 3 S. 363. Kursächs. Mdt. c. 3 §3. 4. 6–10 S. 171 f. Braunschw. Gilden O. §4. 5 S. 191. Bad. Z. O. art. 38–41 S. 239 f. Ver. v. 1751 S. 273 f. Fuldische V. v. 1781 §8–10 S. 321. Baireuth. Ausschr. v. 1746 S. 413. Kob. Saalf. §64–68 S. 623 f. Westpreuß. Hdw. O. art. 10. 11 S. 80. Pr. L. R. §251–259.

（38）　Struve I. L. 3 c. 5 S. 26. II. L. 4 c. 8 S. 322. Braunschw. Gilden O. §7. S. 192. Bad. Z. O. art. 42. 44 S. 241. Fuldische V. §10 S. 320. Baireuth. Polizei=O. S. 399. Ansbach. V. v. 1718 S. 414. Pr. L. R. §324.

（39）　Struve II. L. 4 c. 9 S. 324. Fricke §57. Brandenb. Gener. Priv. §6 S. 56. Braunschw. Gilden O. §6. 7 S. 192. Bad. Z. O. art. 46 S. 242. N. Hamb. Regl. v. 1710 tit. 7 art. 3 S. 363. Kob. Saalf. §69. 74. S. 625.

（40）　Runde §470. N. Hamb. Regl. 1710 tit. 1 art. 6 S. 348, Fuldische V. v. 1781 §8 u. §21 S. 324 f., そこでは、閉じられたものとして宣言された個々の手工業における構成員たちの数が、正確に固定されている。Pr. L. R. §183.

（41）　R. Sch. v. 1731 art. 13 §7. Braunschw. Gilden O. §8 S. 193 §21. Brandenb. Generalpriv. §5. 7 S. 55. Westpreuß. Hdw. O. art. 9 S. 79. Pr. L. R. §248. Kursächs. Mdt. v. 1780 §38 S. 184. Kob. Saalf. I. G. §16. 58. 72 S. 602 f. しかしながら、すべての禁止にもかかわらず、諸優遇は存続した。Struve II. L. l c. 5 S. 53. Kreittmayr §12. Fricke §8.

（42）　Struve I. L. 3 c. 6 S. 208 Th. 21. R. Schl. v. 1731 art. 2. Kursächs. Mdt. c. 3 §11 S. 174. Bad. Z. O. art. 44 S. 241. Ansb. V. 1708 S. 414 Kob. Saalf. §70 S. 626. Pr. L. R. §260–262.

（43）　Strauch, d. J. C. O. §132. Struve II. L. 1 c. 6 S. 64. Ortloff S. 291. Kursächs. Mdt. c. 3 §39 S.184. Kob. Saalf. §114–115 S. 641. — N. Hamb. Regl. tit. 7 art. 8 S. 365. Braunschw. Gilde O. §10 S. 193. Bad. Z. O. art. 44 S. 243. Pr. L. R. §238–240. 345. 346. 370–373.

（44） Fricke §61. ――まだ N. Hamb. Regl. v. 1710 tit. 7 art. 1 S. 362. においては、官憲に許されていない。――異なるのは、R. Schl. v. 1731 art. 13. Braunschw. Gilde O. §2. 14 S. 190. Bad. Z. O. art. 46 S. 242. である。Cramer, Wetzlar. Nebenst. Th. 112 S. 573. Kreittmayr §12. をもまた、参照せよ。Kob. Saalf. I. G. v. 1803 §15. 59. 62 S. 601 f. によれば、何びとも、官憲の承認なしにはマイスター〔親方〕となるべきではない。純粋に遂行された認許システム（Koncessionssystem）を、すでに一七八七年のヴィルツブルク憲法証書 Wirzburg. V. v. 14. Febr. 1787 §4-11 S. 394 f. が、ここでは、警察をとおしてのマイスター〔親方〕の承認だけが、マイスター権とその中に含まれるツンフト構成員地位に関して決定することによって、有した。

（45） 注（14）におけるフェルヌロイス（Vernuläus フェルヌラーエウス）の言葉を参照せよ。

（46） Fricke §28. N. Hamb. Regl. 1710 tit. 12 art. 1 S. 378. Kurmainz. V. v. 1751 Nr. 2. 3 S. 294. Westpreuß. Hdw. O. 1774 art. 8. 9. 24. S. 78 f.

（47） Beier, d. C. O. c. 6 §2 f. S. 205. Struve I. L. 1. c. 5 §17 S. 36, L. 3 c. 5 S. 181, II. L. 5 c. 12 S. 421 f. Kreittmayr §16. ――シュトゥルーフェ Struve I. S. 361 における Oesterreich. Polizeiordn. v. 1527〔一五二七年のオーストリア警察条例〕は、すでに〔次のように〕規定している。すなわち、〝そして、マイスターたちと職人たちは、この点に関して、市長、裁判官および参事会員の了知と意思なしには、いかなる種類のことがらにおいても、共同のゲゼルシャフトまたは集会を持つべきではなく、彼らの間の一種類の法律と秩序を作るべきでもない。〟と。Hamb. N. R. 1710 tit. 12 S. 379-382. R. Schl. u. 1731 art. 1. Nürnberger Art. v. 1694 S. 485. Kursächs. Mandat v. 1780 c. 3 §14 S. 175 §16.（それによってはただ不必要な時間の喪失のみが成立するゆえに）17. Braunschw. Gildeordn. §39. 43. 45 S. 208. Bad. Z. O. art. 4-7 S. 227. Fuld. V. 1781 §15-17 S. 321 f. Kob. Saalf. I. G. 1803 §4-6 S. 597. Westpreuß. Hdw. O. 1774 art. 2 S. 75（正常でない諸集会は可能な限り避けられるべきであり、いずれにせよ〝すべての無用なけんか、饗宴および濫用の中止に向けて用心〟すべき〉手工業官吏 Gewerksassessor の予めの了知をもっておよび立会いにおいてのみもたれるべきである。）Brandenburg. Gen. Priv. §9 S. 58. Pr. L. R. §193. 194. Pr. V. v. 10. Jan. 1800 S. 151. 注（14）をもまた参照せよ。

（48） Struve I. S. 259 f. R. Schl. v. 1731 art. 10. Westpreuß. Hdw. O. art. 13 S. 81. Braunschw. Gildeordn. §39 f. S. 208. Bad. Z. O. art. 9. 47 S. 229.

（49） Beier, de protectoribus opificum eorumque magistr. et praefect.〔バイエル『手工業の保護者たちと彼らの役所と長官について』〕Jen. 1710. Struve II. L. 5. c. 5 S. 376 f. Mevius, ad jus Lub. IV. tit. 13a 3 Nr. 21 f. S. 841. Fricke §23 f. Kreittmayr §19. Runde §476. Ortloff S. 60-90. Eichhorn §383. Heineccius §17 S. 415. N. Hamb. R. tit. 6 S. 359-362. Braunschw. Gilde O. tit. 1 S. 189. Bad.

Z. O. art. 1 f. S. 225 f. Fuldische V. v. 1787 §11-14 S. 320. Kursächs. Mdt. c. 3 §19. 20 S. 177. Generalpriv. f. Brandenb. §11 S. 60.（最年長者以外の何者も、重大な原因なしには、アルトマイスター〔職人組合の親方〕として受け取られるべきではなく、もしかするとあるかもしれない場合に、バイジッツァー〔委員たち〕とゲヴェルク〔同業組合〕の間の協定が試みられるがしかし成立しない場合には、参事会によってアルトマイスターが任命されるべきである。）。——Westpreuß. Hdw. O. art. 7 S. 78. 選挙は、〈我々が我々を本来的にその者に保持しようとするところの〉高級官吏（Assessor）の出席のもとで行われるべきである。Kob. Saalf. I. G. §1-3 S. 596 f.

（50）　Struve II. L. 5. c. 7 §I f. S. 393. Fricke §24. Kursächs. Mdt. c. 3 §20 S. 177. Braunschw. Gilde O. §41. 42. S. 208.

（51）　Struve II. L. 5 c. 7 §7 f. S. 395. Beier, d. C. O. c. 7 §8 S. 251. Fricke §25. — R. Schl. v. 1731 art. 9 f. Westpreuß. Hdw. O. 1777 art. 5 S. 77. Brandenb. Gener. Priv. §9 S. 58. Kursächs. Mdt. c. 3 §30 S. 180. Kob. Saalf. I. G. §7 S. 598. 至るところで、ここでは、年長者たちをとおしての若者たちの濫用が禁止されている。

（52）　N. Hamb. Regl. tit. 5 S. 355-359. 当時まで選挙されたパトロン〔保護者〕たちの代わりに、くじ引きをとおして決定される一連の順序におけるラート主人たちが、〈すべての営業的な争いを決定し、コルポラチオンを保護し、代理し、監督し、そして、罰するために〉個々の諸職務と兄弟団体たちの諸パトロンとなるべきである。Kursächs. Mdt. c. 3 §17. 18 S. 176. Braunschw. Gilde O. §1 u. 39 f. S. 189. Kurmainz. V. v. 1751 Nr. 4 f. S. 295 f. Kob. Saalfeld. §4 S. 597. とくにしかし、Genralpriv. f. Brandenb. §1. 10. 11. 12 S. 53 f. Westpreuß. Hdw. O. 1774 art. 3 f. S. 75 f.（その第三条 art. 3 litt. b によれば、バイジッツァー〔委員〕は、そもそも〝ゲヴェルクが何かを彼の留保なしに合意することを、承認すべきではない。〟）。Pr. L. R. §194-197.

（53）　Strauch §32. Heineccius §17 S. 415. Struve II. L. 5 c. 14 S. 434. Kreittmayr §15〝認可された諸コムニテート〔Kommunitäten〕の諸権利〟、Pr. L. R. §191. Kob. Saalf. I. G. §8 S. 599.

（54）　Vgl. Carpzov P. II c. 6 d. 17 nr. 4. Heineccius §18 u. 19 S. 415 f. Kreittmayr §15. とくに詳細にそしてしばしば、シュトゥルーフェは、この命題を展開している。それゆえ、彼は、諸特権の節 I. L. 4 c. 3 S. 387 f. の中で、特別の特権として、das ipsum jus habendi collegium（団体〔コレーギウム〕を有することの権利自体）を挙げている。なるほど、と彼は考える、授与なしにも、芸術家たちおよび手工業者たちのある自然の組合（naturalis societas）は存在するが、〝その団体は（corpus）〟しかし〝ウニヴェルシタスであり（universitas）〟、〝職業の性質からではなく、むしろ君主の承認から資格を有するのである（non ex natura artis sed ex concessione potius principis competit.）〟と。Vgl. §15 ib. S. 393. 明瞭に N. Hamb. Regl. v. 1710 tit. 2 art. 1. u. 2 S. 348 は、それは、確認（Confirmation）を諸団体の諸権利（jura collegii）の源泉とみなしている。Vgl. Baireuth. P. O. v. 1746 §1

S. 402. Pr. L. R. §191.

（55）Carpzov P. I c. 26. d. 3. nr. 3. 4. Beier l. c. c. 4 S. 77. Heineccius §18 S. 415. Fricke §33. Kreittmayr §20. Pr. L. R. §190.

（56）Beier l. c. c. 15 §15 S. 525. Fricke §29. Pr. L. R. §197.

（57）Vgl. z. B. Pr. L. R. §198-205.

（58）そうであるのは、R. Schl. v. 1731 art. 1. Westpreuß. Hdw. O. art. 3 S. 75. Kob. Saalf. I. G. §4 Nr. 2 S. 597. である。——Vgl. Ortloff S. 70. Eichhorn §385.

（59）Struve II L. 5 c. 13 S. 429 u. c. 15 S. 436. Heineccius §17 S. 415.

（60）Fricke §32. Brandenb. Generalpriv. §11-13. Westpreuß. Hdw. O. art. 3 litt. c, それによれば、バイジッツァー〔委員〕は、〝一ペニヒたりとも、彼または長老たちの予めの認識なしには、徴収すべきでも、交付すべきでもない。〟Struve l. c. c. 15 S. 436. — Kursächs. Mdt. c. 3 §20. 21 S. 177. Braunschw. Gilden O. §44 S. 209. Bad. Z. O. art. 2 S. 226.

（61）Struve II L. 5 c. 15 S. 436. Fricke §31. Kreittmayr §17. Kursächs. Mdt. c. 3 §22 S. 178. Brandenb. Gener. Priv. §11 S. 60. そこでは、マイスター〔親方〕たちに書類と金銭の保管のための箱（Lade）〔ツンフト櫃〕が〝許されて〟いるが、しかし、これに関するすべての儀式は禁止されている。王は、それをむしろ〝ほとんど、他のケースまたは箱と異なる何ものでもないもの、すなわち、何かを保管する以上の何ものとしても、作成されていないものとみなそうと〟している。類似して、Kob. Saalf. §8 S. 599。そこでは、特別の恩恵から一定の諸条件のもとで一つの箱が許されている。

（62）Beier, d. C. O. c. 12 §4 S. 388. Struve II L. 5 c. 13 §11 f. S. 432. Fricke §30. Kursächs. Mdt. c. 3 §23 S. 178. Pr. L. R. §196.

（63）Pr. L. R. §196.

（64）第三十八章におけるシュトラスブルクからの早期の諸例を参照せよ。Vgl. Pr. L. R. §210-212. Kursächs. Mdt. c. 3 §26. S. 179（すべての債務証書）。Bad. Dekr. v. 11. Nov. 1767 im C. J. O. S. 286. Kob. Saalf. I. G. 1803 §8 S. 599.（不動産の取得、質入および譲渡）。

（65）Strauch, d. C. O. §32 u. Heineccius §17 は、なるほどまだ、有効に取得されたそれらの財産を、諸ツンフトは、それ自体自由な裁量によって管理して良いのでなければならないと考えていた。すなわち、「君主は……通常、諸団体から、何らかの私用分より以上に収入と費用の諸利益を要求することはできない。」（nec magis princeps …… ordinarie a collegis exigere potest accepti expensique rationes quam a quolibet privato.）、と。しかしながら彼らは、それでもやはり、反対の実務を公共の福祉の諸理由から是認している。Vgl. Knipschild, de jur. et priv civ. imp. lib. 5 c. 2 Nr. 80. — Kreittmayr §17. ——それについては、とくに Kursächs. Mdt. c. 3 §24 f. S. 178 f. Braunschw. Gilde O. §44. 45 S. 269. Bad. Z. O. art. 2. 3 S. 226. 一七六四年九月八日の〈それらの手工業諸ツンフトに帰属した諸収入の管理と精算の際にそれに従って……尊重されるべき〉極めて詳細なバーデンの指図（Anweisung）、および、一七六二年のツンフト金庫からの消費に対する禁止 S. 283. ——Kurmainz. V. f. Erfurt wegen Beobachtung der Handwerksordnungen und Einrichtung der Handwerksrechnungen v. 10. Dec. 1751 ib. S. 293–314. Fuld. V. v. 1781 §14 S. 321. Ansbach. V. v. 1739 S. 417. Kob. Saalf. V. §11–13 S. 600 f. Brandenb. Gener. Pr. §12 S. 60. Westpreuß. Hdw. O. art. 3 u. 46. Pr. L. R. §213–219.

（66）Heineccius §17 S. 415. Fricke §32. Die Braunschw. Lüneb. V. v. 1692 art. 8 は、強すぎる負担の場合における訴願権（Beschwerderecht）のみを知っている。異なっているのは、Braunschw. Gilde O. §44 S. 209. Bad. Z. O. art. 8 S. 229. Kursächs. Mdt. c. 3. §26. S. 179. Kob. Saalf. §10 S. 600. Generalpriv. f. Brandenb. §13 S. 61. Pr. L. R. §203. 204.

（67）Werner P. 9. Obs. 106. Strauch §39 f. Fricke §30. Heineccius §18 S. 415. Fuld. V. 1781 §18 S. 322. Brandenb. Gener. Priv. §12 S. 61. Kursächs. Mdt. c. 3 §27 S. 179.

（68）すでに N. Hamb. Regl. v. 1710 tit. 1 art. 2 S. 346 は、諸職務のあらゆる〝結合、連結および自己への引き込み〟を破棄し、そして、それらを将来にわたり刑罰のゆえに禁止している。——R. Schl. v. 1731 art. 6. Ansb. V. v. 1724 S. 415. Brandenb. Gener. Priv. §18 S. 63. Westpr. Hdw. O. art. 39. 40 S. 95. Kursächs. Mdt. c. 3 §27 S. 179. Bad. Z. O. art. 10 S. 229. Kob. Saalf. §21 S. 604. ——Vgl. Berlepsch I. S. 103 f.

（69）Vgl. Hilliger ad Donell. lib. 17 c. 9 n. O.「団体を承認する君主は、君主自身から団体に諸規約を制定することの能力を承認したものとみなされる。」（quum princeps probans collegium eo ipso illi concessisse facultatem statuta condendi censeatur.）Besold., Polit. II. c. 12 thes. 26. Lutterloh §9 f. S. 20. Strauch §51 f. Carpzov II. c. 6 d. 9 Nr. 4. Heineccius §15 u. 18 S. 413. 416. Fricke §10. 11 は、〝古い自律 alte Autonomie〟をそれの完全な理解において現在の状態に対立物として対立させている。Knipschild, de priv. civ. imp. L. V. c. 2 Nr. 18 f. u. Mevius ad jus lub. IV. tit. 13 art. 3 Nr. 37 は、諸規約を制定する権利（jus statuta condendi）を裁判権（jurisdictio）の一部とみなしている。

（70）このことをシュトゥルーフェは、詳細に証明しようとしている。Vgl. I. S. 186 f. th. 8 u. L. 4 c. 6 §1 u. 2 S. 439. 彼は、諸インヌングの諸条項は単なる実務（practio）ではなく、法律の効力（vim legis）を有することに、注目させている。そこから、しかし、彼は、それらの作成の権限は、裁判権からも、団体の権利（jus collegii）（「団体法から制定されるべき権利は、極めて僅かにしか降りてくることができない。それゆえその権利は、裁判権も、規約を制定する権力も、自らにおいて包含しない。」

multo minus jus statuendi ex jure collegii potest descendere quod nec jurisdictionem nec statuendi potestatem in se continet）からも、導かれない。むしろひとは、その権限を委員によって代表された立法的権力とみなさなければならず、規約（Statut）を「その団体の力がより上位者によって確立されたところの、秩序、権利および区別に向けて書かれたある種の特殊な法律」（lex quaedam particularis scripta ad ordinem, jus et distinctionem cujusvis collegii a superiori constituta.）とみなさなければならない、と〔述べている〕。その帰結は、当然、次のようになる。すなわち、「しかし、これらすべてのことは、〈それに基づいて諸団体自身がそれら〔諸団体〕の諸職業の秩序、継続および保証を有しているところの〉より上位である者の指図、命令、意思に従属している。」（verum haec omnia a nutu, jussu, voluntate superioris dependent, a quo etiam collegia ipsa opificum suam originem, durationem et auctoritatem habent.）と。

（71）ルーデヴィッヒ Ludewig, diss. de opif. ex. in pag. dif. 5 S. 43 は、フリッケ Fricke §10 Note a によれば、すべての手工業の諸条項の起源は、皇帝と帝国において〔存する〕と主張した。クライトマイヤー Kreittmayr §16 は、〝手工業の諸条項は、あらゆるツンフトに特別に「規定」されているところの、諸条例以外の何ものでもない〟と言う。

（72）R. Schl. v. 1731 art. 1. すでに以前に、このことは、ほとんど至るところで妥当する法であった。Vgl. Carpzov, Resp. lib. I. resp. 48 Nr. 12. Wehner, Obs. pract. voce Zunfft. Mevius u. Knipschild l. c. Runde §473. Vgl. auch R. A. v. 1654 tit. 106. Oesterr. Pol. O. v. 1527（上述注（47））. N. Hamb. Reglem. v. 1710 tit. 3 S. 349-351 bes. Art. 3. ——さらに Kursächs. Mdt. c. 3 §42 S. 185. Bad. Z. O. art. 59. S. 247. を参照せよ。プロイセンラント法 Pr. L. R. §192. 206-208 においては、すでに再び、新たなインヌング諸条項の制定の際、ならびに、従来のインヌング諸条項の変更の際において、諸ツンフトの聴取、および、諸既得権の賠償ならびに諸特権における賠償が、規定されている。

（73）Bad. Z. O. art. 57 S. 246 によれば、将来において例えば成立する諸慣習の観察すら、官憲の諫止が奏効しない場合には、刑罰を課されるべきである。

（74）シュトゥルーフェ Struve I. L. 3 c. 5 S. 114-169. における帝国立法の詳細な歴史、および、より古い諸法律の内容、ならびに、一七三一年の帝国決議の成立史を参照せよ。また、Fricke §14-22. Eichhorn §382. Berlepsch I. S. 97 f. Bergius l. c. Mascher S. 313 f. をも参照せよ。以前には、クライトマイヤー（Kreittmayr l. c. §1）の表現によれば、「手工業が濫用を撒き散らすほどには、犬はノミを撒き散らさない」状態であった。

（75）とくにすでに、一五二七年のオーストリア警察条例、一六九三年七月二九日のヘッセン普通ツンフト条例（一七三〇年一一月二一日に更新された）は、そうである。

(76) Brandenb. Generalpriv. u. Gildebrief および Westpreuß. Hdw. O. のほか、とくにさらに die kursächsischen Generalinnungsartikel für Künstler, Professionisten und Handwerker v. 8. Juni 1780 を C. J. O. S. 154 f. において、および、Kob. Saalf. allg. Innungsgesetze v. 25. Mai 1803 ib. S. 595 f. を参照せよ。

(77) オルトロフ Ortloff の C. J. O. における諸法律の集成を参照せよ。とくに、das Neue Hamburger Reglem. f. Aemter und Brüderschaften v. 1710 S. 345 f., die Badische Allg. Zunford. v. 25. Oct. 1760 S. 225 f., die Braunschweig. Gilde=Ordnung v. 1765 S. 189 f., die kurf. Mainz. V. f. Erfurt v. 10. Dec. 1751 S. 293 f. Fuldische Polizeiver. v. 27. Febr. 1784 ib. S. 317 f. u. s. w.

(78) それゆえバーデンにおいては、普通ツンフト条例（allgemeine Zunftordnung）と並んで、靴屋のための（一七六三年、S. 524 f.）、および、建築職人のための（一七六九年、S. 543 f.）諸条例が、すべてのバーデンの諸都市において発布された。とくに、しかし、ヴュルテンベルクにおいては、個々の営業のためのツンフト諸条例が、例えば、一六一八年のビール醸造者条例、一七二九年の製粉工場条例、一六五八年の製紙業者の、一七四一年の櫛製造人の、一七六六年のシルタッハの船員の、一七六八年の舗装工の、一七八二年のブリキ容器製造人およびブリキ職人たちの、各ツンフト条例が制定された。

(79) 例えば、C. J. O. S. 485 f. における、一六九四年のニュルンベルクの鍛冶屋の諸条項、S. 508 f. における一七四六年のエルランゲンにおける仕立職人の諸条項、S. 543 f. における一八〇〇年一月二七日のリュッベケ Lübbeke におけるパン屋の諸条項、を参照せよ。さらに、一八二三年一一月二一日のグリューンベルクの織物職工コルポラチオンの特別の規約をもまた、参照せよ（preuß. G. S. v. 1824 S. 17）（それは、一人の代表者、長老たち、およびバイジッツァーたちの下に存立する）。

(80) プロイセンラント法 §192. 313. 326. 398. 399. はそうである。

(81) 例えば、von Lutterloh c. 2 §12 S. 23, von Ludewig u. Selchow nach Fricke §34 Note a. は、そうである。メーヴィウス Mevius P. V. dec. 254 u. ad jus lub. V. tit. 13 art. 3 Nr. 33 S. 842 は、彼らから少なくとも彼らの諸判決の執行を拒もうとしている。

(82) すでに、Braunschw.=Lüneb. V. v. 1692 art. 12 は、諸ツンフトから刑罰局（Strafamt）を奪い、そして、刑罰局が維持されている場所でのみ、官憲によって認識された罰金の半分を職務金庫（Amtskasse）へと流入させた。迅速な諸場合を例外として、Bad. Z. O. art. 58 S. 246. は、類似している。Vgl. Baireuth. P. O. S. 400 u. 1746 §6 S. 404.

(83) それゆえ、ハイネクキウス §18 S. 416 はいう。すなわち、「さらにウニヴェルシタスは、何らかの他の〈少なくとも契約上の〉制限なしには、ほとんど維持することができず、さらに加えてこの制限は諸団体にある程度まで承認されているので、もし裁判権においてまたはその他において、その制限が現れないときは、団体、例えば、同僚たちの妻たちおよび子供たち以外は、執行されないであろう。」（quum porro universitas sine aliqua coercitione, saltim conventionali, consistere vix possit, haec

etiam collegiis aliquatenus conceditur, dummodo in jurisdictionem non evadat, vel in alios, extra collegium, veluti uxores liberosque collegarum, non exerceatur.）、と。Fricke §35 は、それを〝懲戒的裁判権（disciplinarische Gerichtbarkeit）〟と名づけている。Vgl. Carpzov II. c. 6 d. 9 Nr. 6.

（84） シュトルーフェ Struve I. L. 3 c. 6 S. 196 L. 4 c. 5 S. 432 f. は、「確かに正規の裁判権ではあるが、しかしより弱いそして市民の裁判権」（jurisdictio ordinaria quidem sed inferior et civilis）および「懲罰権」（jus mulctandi）を、「それにもかかわらず団体法に合致するというよりはむしろ、より特殊な特別の許可に基づいて」〝non tamen competit jure collegii, sed ex speciali concessione superioris.〟承認しようとしている。類似して、Boehmer, jus Eccl. II. tit. 27 §19. Mevius P. III. d. 38 Nr. 10. Kreittmayr §18.

（85） Beier, de C. O. c. 16 S. 535 f. Struve I. L. 3. c. 6 S. 237. L. 4 c. 5 S. 432. Strauch §98. Fricke §34-49. Ortloff S. 141 f. R. P. O. v. 1530 tit. 39 §1. R.Schl. v. 1731 art. 2. Bair. Landes=und Pol. Ordn. L. 4 tit. 1 art. 14.

（86） R. Schl. v. 1731 art. 2.（1-2 fl. の罰金）. Westpreuß. Hdw. O. art. 6. 18. 37. Kursächs. Mdt. c. 3 §14. 15（ただ6グロシェンまで）. Bad. Z. O. art. 5 f. S. 228 f. art. 58. S. 246. Kurmainz. Ver. v. 1751 Nr. 9 f. S. 296 f. — Vgl. Struve I. 203. 204. III. L. 3. c. 9 S. 206 f. Beier, de C. O. c. 6 S. 248. c. 16 S. 550. Fricke §37.

（87） Struve III. L. 3 c. 9 §18 S. 210. L. 6 c. 8 §12 f. S. 338. Fricke §40. N. Hamb. Regl. 1710 tit. 12 art. 4, tit. 13 art. 1. Kob.= Saalf. I. G. §19 S. 603.

（88） Fricke §38. Struve I L. 3 c. 6 S. 194 f. Kreittmayr §25. N. Hamb. Regl. 1710 tit. 1 art. 3, tit. 6 art. 4, tit. 11 art. 1 S. 374 f. R. Schl. v. 1731 art. 2. Pr. L. R. §273-277.

（89） Beier, de conviciis opificum〔バイヤー『諸職業の諸口論について』〕Jen. 1689. Struve I. S. 214 III. L. 5 c. 4 S. 267. Kreittmayr §25. Fricke §42-49. N. Hamb. Reglem. 1710 tit. 7 art. 11. 12, tit. 8 art. 5. R. Schl. v. 1731 art. 1. 2. 5. 手工業者たちは、〝法と裁判官の援助と洞察の方法で、忍耐強く自らを満足させるべきであり、それゆえ事件を官憲のもとに届出で、そして、官憲の宣告を辛抱強くそして安んじて待つべきである。〟と。art. 13. ——Baireuth. P. O. S. 400. 1746 §6. u. 7 S. 404. ——Westpreuß. Hdw. O. art. 15. 38 S. 82. 94 u. Preuß. Reskr. v. 1. Aug. 1796 S. 147, v. 11. Oct. 1796 S. 149. Bad. Z. O. art. 5 S. 228 art. 54 S. 244.

（90） Struve I. L. 3 c. 6 S. 223 f. III. c. 8 §2 f. S. 335. Kreittmayr §25. Fricke §41. R. Schl. v. 1731 art. 6. N. Hamb. Reglem. 1710 tit. 11 art. 1, tit. 13 S. 374 f. Bad. Z. O. art. 55 S. 245. Westpreuß. Hdw. O. 1774 art. 4 S. 76. Kob. Saalf. §79-96 S. 630 f.

（91） Beier, de jure prohibendi, quod competit opificibus〔バイヤー『諸職業に適合する禁止法について』〕Jen. 1683. Mevius decis.

9 d. 100 Nr. 4. Struve III lib. 4 S. 216 f. Kreittmayr §18. 22. Fricke §76–79. Weisser §97 f. S. 206 f. Runde §467. 474. 475. Eichhorn §384. Merbach, Theorie des Zunftzwanges. Leipz. 1808. Mascher S. 427 f. Pr. L. R. §324 f.

（92）フライマイスター（Freimeister）の任用と認許制度（Koncessionswesen）に関して、上に述べられたことを参照せよ。また、そこでは八条が〝独占〟に反対を目指しているN. Hamb. Regl. 1710 tit. 11 S. 374–378. および、Pr. L. R. §324. をも、参照せよ。

（93）すべての手工業諸条例およびツンフト諸条例は、それゆえ、〝親方権（Meisterrecht）〟と〝ツンフト強制（Zunftzwang）〟の内容を、特別の諸節の中で規定しようとしている。とくに、それらは、可能な限り正確なツンフト権（Zunftrecht）の境界設定に向けて努力している。すなわち、⑴非ツンフトの人々に対して、そしてそれも(a)フライマイスターに対して（Fricke §82–85. Struve II. L. 5 c. 9 S. 399. Hamb. Regl. tit. 10 art. 3 f. Kreittmayr §23. Kob. Saalf. §85 S. 632.）、(b)宮廷手工業者 Hofhandwerker に対して（Beier, de artificibus palatinis. Vratisl. 1692. バイヤー『宮廷の諸職業について』, Fricke §86–88. Struve II L. 6 S. 452 f.）、(c)家および下男労働の諸権利に対して（Fricke §78. Weisser §100. Ortloff §99. N. Hamb. R. tit. 4 art. 3 S. 352. Kob. Saalf. §89. 90 S. 633）、(d)大市権および類似の諸権利に対して（Seuffert, Arch. Nr. 98. Kob. Saalf. §93 S. 634.）、――⑵ラント住民に対して（Struve II L. 5 c. 10 S. 411 f. Fricke §79. Runde §475. Kreittmayr §24. Eichhorn, R. G. §544 Note d. P. R. §384. Mascher S. 332–334. Württemb. L. O. v. 1567 tit. 61. Meckl. Erbgrdvergl. 1755 art. 259 f. Braunschw. Gilde O. §16–18 S, 196 f. u. V. v. 1776 S. 212 f. 1778 S. 219 f. N. Hamb. R. tit. 11 art. 6 S. 377. Pr. L. R. §185–189）、――⑶その他の諸ツンフトおよび商階級の諸コルポラチオンに対して（Kreittmayr §26. Fricke §100–124. Kob. Saalf. §83. 84 S. 631.）。

（94）上述本書〔原著〕九二四頁〔第四分冊八三頁〕を参照せよ。

（95）Strauch S. 202 f. Mevius, ad jus lub. IV. 13 art. 3 Nr. 35 S. 842. Ayrer, de via facti collegiis opificum ad persequendos turbatores nec permissa nec permittenda. Gött. 1752.〔アイラー『権利を主張する扇動者たちに向けての諸職業の諸団体には許されずそして許されるべきでもない〈行為の〉手段について』〕Cramer, Wetzl. Nebenst. I. S. 119. Obs. jur. P. I. Nr. 297. Kreittmayr §22. Fricke §80. 81. Weisser §100. Ortloff §99. Runde §467. まだほとんど制限されていないのは、lüb. Receß. v. 1605 S. 388 im C. J. O. S. 388 f. における法である。

（96）例えば、Kursächs. Mdt. v. 1780 c. 3 §28 S. 180. Braunschw. Gilde O. §15 S. 196. Brandenb. Gen. Priv. §8 S. 57. Westpreuß. Hdw. O. art. 45. 98. Pr. L. R. §228. 229. Kob. Saalf. I. G. §87 S. 633.

（97）例えば、Mecklenb. Erbgrdvgl. v. 1755 §275. N. Hamb. R. 1710 tit. 11 art. 2 S. 374 f. tit. 10 S. 371–374.

(98)　ひとは、ただ仕立屋諸条例と仕立屋たちがこれら〔仕立屋諸条例〕の厳格な遵守に向けてしなければならなかった宣誓だけを考えよ。Berlepsch II. S. 23 f. 41. Vgl. N. Hamb. R. tit. 7 art. 5 S. 364 u. Kob. Saalf. I. G. §125 S. 644. インヌング諸法律における個々の諸営業のための特殊な諸規定を、Ortloff, C. J. O. S. 483-564. において参照せよ。

(99)　Fricke §92-95. Kreittmayr §14. N. Hamb. R. 1710 tit. 4 art. 7 S. 354. Bad. Z. O. art. 51. 52 S. 243. Kob. Saalf. §97-108 S. 636.

(100)　Struve I L. 4 c. 2 S. 366-386. Kursächs. Mdt. c. 3 §33 S. 182. N. Hamb. R. tit.7 art. 5 S. 364. Pr. L. R. §200. 201. 帝国決議 Der R. Schl. v. 1731 art. 15 は、個々の帝国諸クライスのための一般的な公定価格を約束したが、それは実現しなかった。

(101)　N. Hamb. R. tit. 8 u. 9 S. 362 f. Braunschw. Gilde O. §25-31. 34 f. S. 200 f. Bad. Z. O. art. 9-34 S. 230 f. Kursächs. Mdt. c. 1 u. 2 S. 155 f. General=Priv. f. Brand. §16 S. 63. Westpreuß. Hdw. O. art. 35 S. 93. Pr. A. L. R. §292-319. 350-395. Kob. Saalf. §31. 32. 50-53.

(102)　Vgl. z. B. N. Hamb. R. tit.1 art. 4. tit. 4. tit. 7 art. 5 S. 347 f. Baireuth. P. O. S. 399（官憲の商品展示）. Ansb. V. v. 1726 u. 1735 S. 415. Braunschw. Gilde O. §12 S. 194. Bad. Z. O. art. 34 S. 238. Kursächs. Mdt. c. 2 §9 c. 3 §32 S. 166 f. Brandenb. Gen. Pr. §15. 17 S. 62 f. Westpreuß. Hdw. O. 1774 art. 43 S. 97.（欠勤に対しては、ここでは水とパンにおける拘禁が規定されている。）. Pr. L. R. §355-364（官憲による労働の強制）. Kob. Saalf. §126 S. 645.

(103)　祝祭日、労働時間、顧客の奪取、職人の引抜きなどが、そうである。――Vgl. Braunschw. Gilde O. §11 S. 194. N. Hamb. R. tit.7 art. 6. 7. S. 364. Bad. Z. O. art. 51 S. 243. Baunachsche Z. O. v. 1750 §16 S. 337. Kursächs. Mdt. c. 3 §34. 35 S. 184. General=Priv. f. Brandenb. §16 S. 63. Westpreuß. Hdw. O. art. 41 S. 96. Pr. L. R. §263-267. 368. 369.

(104)　Mascher S. 257 f. 395. すでにオーストリア Oesterr. P. O. v. 1527. においてそうである。Die preuß. V. v. 5. Jan. 1823（G. S. S. 2）u. d. V. f. Glatz v. 27.Juni 1827（G. S. S. 87）および v. Rönne, Gewerbepolizei I. 470 f. におけるより古いプロイセン諸法律をもまた、参照せよ。一八二三年の法律によれば、検査諸コルポラチオン（Schaukorporationen）は多数決を以て解散されうべきであり（§3-10）、このことが起きなかった場所では、法律の基準に従って組織変更されるべきである（§13）。新たな検査諸社団（Schauvereine）の形成は、同一の条件のもとで許されるべきであった（§11. 12）。自由に結成されそして自由に解散される（§13）新たな検査諸社団は、なるほど強制的な構成員地位が生じない限りでは（§16-21）〝自由な私的諸社団（§15）〟とみなされるが、国家に対する関係では、それらは、しかしながら徹底して、認可された諸規約をもつ国家的な警察諸営造物とみなされる（§57-59）。そしてそれらの目的は、織物工場と毛織物工場の〈同僚的な営業官庁として構成された検査局（Schauamt）（§25-36）、および、検査マイスターと検印マイスター（§37-49）をとおして、コルポラチオンの名で、公的な権威のもとに遂行される〉公的な視察と認証（§22-24. 50-56）である。

（105）　N. Hamb. R. tit. 3 art. 3 S. 350. Braunschw. Gilde O. §12 S. 195. Bad. Z. O. art. 50 S. 243. Brandenb. Gen. Priv. §17. Westpreuß. Hdw. O. art. 42 S. 97. Pr. L. R. §199-201.

（106）　N. Hamb. R. tit. 4 art. 4 S. 352. Ansbach V. v. 1709 S. 414. Brandenb. Gen. Priv. §17. Westpreuß. Hdw. O. art. 47 Nr. 4. Pr. L. R. §204.

（107）　Kreittmayr §12. Westpreuß. Hdw. O. v. 1774 art. 47 Nr. 9. art. 14. Preuß. Edikt v. 1783 im C. J. O. S. 107 §5. Bad. V. v. 1764 ib. S. 260. Vgl. S. 251. 254.

（108）　Struve I. L. 2 c. 4 §8 S. 52; L. 3 c. 6 S. 239 f. 245 f.; L. 4 c. 1 S. 354. R. Schl. v. 1731 art. 9. 13. N. Hamb. R. tit. 7 art. 3 tit. 12 art. 9 S. 363 f. Bad. Z. O. art. 53 f. S. 244 f. Fuld. V. 1781 §16 S. 322. Baireuth. P. O. S. 401, 1746 §2 S. 402. Braunschw. Gilde O. §28. 38 S. 202. Gener. Priv. f. Brandenb. §10. 13. 24. 26 S. 59 f. Westpreuß. Hdw. O. art. 3 litt. d（料理と宴会の防止）. 28. 29.

（109）　Struve I. L. 2 c. 4 S. 49 f., L. 3 c. 6 S. 244 f. th. 7 L. 4 c. 1 S. 354. Oesterr. Ed. v. 12. Nov. 1572 im Cod. Austr. I. S. 462. R. Schl. v. 1731 art. 9. Kais. Dekr. v. 30. Apr. 1772 S. 43 f. Baireuth. P. O. v. 1746 §10 S. 405. Kursächs. Mdt. §8 S. 165. Westpreuß. Hdw. O. art. 27 S. 89. Preuß. Ed. v. 24 März 1783 S. 105. — Vgl. auch Berlepsch I. S. 95 f.

（110）　例えば、Kursächs. Mdt. c. 3 §31. §41 S. 181 f. Braunschw. Gilde O. §29. 46 S. 203. Pr. L. R. §220-223 u. tit. 19 §9. 13. 14. Kob. Saalf. I. G. §22 S. 604. Struve I. L. 2 c. 5 S. 54. c. 7 S. 65. を参照せよ。

（111）　例えば、Brandenb. Gener. Pr. §14 S. 62. Braunschw. Gilde O. §29. 47（死体営造物について）S. 203. 210. Lübbeker Bäcker-priv. v. 1800 art. 13.15 S. 552. art. 29 S. 559. フルダの手工業者貸付金庫の設立計画 S. 325 f.、Kob. Saalf. I. G. §22 S. 604. を参照せよ。

（112）　Hasemann in der Encykl. I, 67. 280. I, 63. 430. を参照せよ。

（113）　R. Schl. v. 1731 art. 5. 9. 10. General Pr. f. Brandenb. §11. 25-30.（ただ調停者としてのみ、ここではいまだ一人の職人頭 Altgeselle が許されているが、共同の諸案件におけるあらゆる集会は、しかし禁止されている）。Westpreuß. Hdw. O. art. 30. 31 S. 90 f. Preuß. Patent v. 29. Juli 1794 S. 140-145. K. preuß. allg. Reglem. f. d. Hutmachergesellen v. 31. März 1801 S. 579-592. — Bad. Z. O. art. 32. 33. S. 238. N.Hamb. Regl. 1710 tit.8 art. 3. 4. 9 S. 347 f. Baireuth. P. O. S. 400, 1746 §9 S. 405. Kob. Saalfeld. §54-57 S. 618 f. Vgl. Struve I. L. 3 c. 6 S. 226 f. th. 7 f. S. 253 f. 256 f. II. L. 3 c. 4 S. 216 f. Kreittmayr §11.

（114）　Brandenb. Generalpriv. §27. — kursächs. Mdt. c. 2 §13 S. 167. をもまた参照せよ。

(115) Pr. L. R. §396–400. Vgl. §353.

(116) 登場するさまざまな諸ツンフトおよびそれらの営業的な諸活動の境界設定については、Weisser, das Recht der Handw. を、そして、そこからの抜粋をMascher S. 411–425において、さらに、総括をMascher S. 421–425におけるMohl's Wandertabelle〔遍歴目録〕から、そして、ヴュルテンベルクのツンフト店舗（Zunftladen）の編成（大規模なツンフト、中程度のツンフトおよび小規模なツンフトに従う）ib. S. 389. 390. を、参照せよ。

(117) プロイセン一般ラント法第二部第八章〔第四節〕四〇一条（Pr. A. L. R. II, 8 §401.）を参照せよ。

(118) そのようにして、マルクアルドゥス Marquardus, de jure merc. et comm. Lib. III. c. 1 §5–7 S. 361 によれば、十七世紀においては、ほとんど至るところで、商人のコルポラチオンが存立する都市においては、何びとも、〈その者がコルポラチオンの名簿の中に記入され、そして採用されない場合には〉当該種類の商営業を営むことは許されないことが、法原則として、確立していた。Vgl. Pr. A. L. R. II, 8 §479–482 u. Gew. O. v. 17. Jan. 1845 §94.

(119) 商法典のためのプロイセン施行法 Preuß. Einf. Ges. zum H. G. B.（G. S. v. 1861 S. 451）art. 3.〔以下は、原著者による巻末の追加〕一八六八年七月八日の既存の営業経営に関する北ドイツ連邦の法律（B. G. Bl. S. 406）第一条「他の人々を営業の経営から排除するという、諸ツンフトと諸コルポラチオンに帰属する権利は、廃止される。」

(120) Vgl. Marquardus l. c. c. 2 S. 372–380. 注目に値するのは、マルクアルトが、諸商慣習（Handelsgewohnheiten）をも、商人のゲノッセンシャフト法（Genossenschaftsrecht der Kaufleute）の下位種類として理解し、そして、叙述していることである。自律の限界として、彼は、諸商慣習は、商事問題についてのみ有効となりうるのであり、刑法において、第三者に対して、および、公共の利益（publica utilitas）に反しては、有効とはなりえないことを指摘している（Nr. 13–42 S. 375 f.）。

(121) この諸変化に関しては、とくに Endemann, Beitr. zur Kenntniß des Handelrechts im Mittelalter, i. d. Zeitschrift f. d. gesammte Handelsrecht V. S. 347–355. を参照せよ。

(122) それらについて l. c. c. 6–10 S. 399 f. で問題としているマルクアルトは、それらをそのように理解している。

(123) マルクアルト Marquard l. c. c. 2 Nr. 9 f. S. 374 u. c. 6 S. 399–421（「商人たちの裁判官たちと執行役たち、および、彼らの選挙、裁判権、職務、給与および免除について」de judicibus et consulibus mercatorum eorumque electione, jurisdictione, officio, salario et remissione.）を参照せよ。彼は、商人たちの裁判権の中に、〈商人的な諸団体の指導者たち（rectores collegiorum mercantilium）には認められるが、例えば商人たちの諸団体（collegia mercatorum）には認められないところの〉〝同意された裁判権 jurisdictio concessa〟を見ている。Vgl. c. 2 Nr. 9 S. 374; c. 6 Nr. 3 S. 402.

(124) 商事裁判所の本質のこの変遷に関しては、エンデマン Endemann l. c. S. 355-362. を見よ。

(125) それゆえそれをすでに Marquard l. c. L. III. c. 1 (de mercatorum collegiis et sodalitiis, vulgo Kompagnien 商人たちの諸団体と諸ソダリタス、一般に諸会社について) が述べている。彼は、それらの存在を〈ただ太古からの慣習 consuetudo immemorialis をとおしてのみ、これが特権すらよりもより強いゆえに、代替されるところの〉国家的な認許 (concessio) に帰着させている。これらの諸団体の歴史に関する彼の独特の諸見解 ib. Nr. 22 f. S. 363 f. をもまた、参照せよ。とくにロストックにおける〝ラーゲ〟(die Lage) およびシュテッティンにおける〝海員ハウス〟(das Seglerhaus) に関しては、ib. Nr. 34 S. 365.

(126) ベルリン Berlin v. 2. März 1820 (G. S. S. 46)、シュテッティン Stettin v. 15. Nov. 1821 (G. S. S. 194)、ダンチッヒ Danzig v. 25. April 1822 (G. S. S. 130)、メーメル Memel v. 21. Mai 1822 (G. S. S. 153) u. Erl. v. 19. Oktober 1860 (G. S. S. 455)、ティルジット Tilsit v. 23. Apr. 1823 (G. S. S. 77)、ケーニヒスベルク Königsberg v. 25. Apr. 1823 (G. S. S. 92)、エルビング Elbing v. 30. Apr. 1824 (G. S. S. 85)、マクデブルク Magdeburg v. 9. Apr. 1825 (G. S S. 25)、の各商人団体のための諸規約を参照せよ。

(127) ベルリンにおける織物取引と絹織物取引という両商人ギルド、および、食料品雑貨取引、ならびに、結合した取引所コルポラチオンの、シュテッティンにおけるさまざまな商人の諸ツンフト、諸ギルドおよび諸インヌングの、ダンチッヒにおける小売商組合の、メーメルにおけるツンフト組織体制の、ティルジットにおける商人のツンフトの、ケーニヒスベルクの商人諸ツンフトの、マクデブルクにおける四つの商人諸インヌング（すでに一八〇八年）の、「各諸ギルドおよび諸インヌング」。

(128) 国家警察営造物の視点は、すでに諸規約の導入部において強調されており、そして、とくに明瞭に一八一一年九月七日の営業の警察的諸関係に関する命令 (V. über die polizeilichen Verhältnisse der Gewerbe v. 7. Sept. 1811) の §31 の引用をとおして強調されている。その中で、〝特別の諸場合においては、一定の種類の営業者たちは、「ラント警察により」公益の目的のために一つのコルポラチオンへと結合することが留保されていた。〟

(129) Statut f. Berlin §1 f. 66 f.; Stettin §5 f. 8 f. 94 f.; Danzig §1 f. 82 f.; Memel §1 f. 91 f.; Tilsit §5 f. 86 f.; Königsberg §1 f. 87 f.; Elbing §1 f. 81 f.; Magdeburg §1 f. 95 f.

(130) Stat. f. Berlin §5 f. 49 f. 57 f.; Stettin §71-93; Danzig §66-81; Memel §67f. 81 f.; Tilsit §65 f. 78 f.; Königsberg §67 f. 77 f.; Elbing §65 f. 72 f.; Magdeburg §82 f. 88 f.

(131) Vgl. für Berlin (〝商人団体の最長老たち Aelteste der Kaufmannschaft〟) §11-44; für Stettin (一人の〝上級代表者 Obervorsteher〟のもとの〝商人団体の代表者〟) §17-66; für Danzig (最長老たち) §20-65; für Memel (代表者局 Vorsteheramt) §19-66; für Tilsit (最長老たち) §17-67; für Königsberg (代表者局) §20-66; für Elbing (最長老たち) §20-59: für Magdeburg (最

長老たち）§19–63.

(132) 例えば、金庫出納係（Kassenrendanten）については、Memel und Tilsit Stat. §77 f. resp. §74 f. を、港の代表委員（Hafendeputation）については、Elbing Stat. §60 f. を、取引所委員（Börsenkommissarien）については、Berlin u. Stettin Stat. §45 f. resp. 47 f. を、調停委員（Vergleichsdeputation）については、Magdeburg §70 f. を、参照せよ。

(133) Stat. f. Berlin §8–10; Stettin §15. 16; Danzig §16–19; Memel §14–18; Tilsit §15. 16; Königsberg §14–19; Elbing §16–19; Magdeburg §16–19. 64–81.

(134) 例えば、das Berliner Statut〔ベルリン規約〕§45–48 und die Berliner Börsenordnung v. 7. Mai 1825〔ベルリン取引所条例〕（G. S. S. 137）ならびに Zusätzen v. 7. Juni 1858〔追加条項〕（G. S. S. 327）を参照せよ。その他の取引所諸条例は、フォン・レンネ v. Rönne, Staatsr. II, 2. S. 380 Note 5. において紹介されている。

(135) 商法典のためのプロイセン施行法（preuß. Einf. Ges. zum H. G. B. art. 9）を参照せよ。政府が認可する。

(136) Stat. f. Berlin §47 f.; Stettin §102 f.; Danzig §90 f.; Memel §99 f.; Tilsit §101 f.; Königsberg §95 f.; Elbing §39 f.; Magdeburg §102 f.

(137) とくに個々の諸規約の結びの諸パラグラフを参照せよ。

(138) 商法典のためのプロイセン施行法（Preuß. Einf. Ges. z. H. G. B. art. 3 §4.）。〝私法的な諸規定〟という表現によって、もちろんただコルポラチオンの外部でのそれらの構成員たちの私法的地位へのコルポラチオンの影響に関する諸規定だけが考えられている。

【以上、第六十七章の注、終わり】

【以下、「第六十八章　近代の営業諸法律のゲノッセンシャフト的な有機的諸組織」に続く】

第六十八章　近代の営業諸法律のゲノッセンシャフト的な有機的諸組織

A　かつては公的職務であったところの営業的労働に対する権利は、特権を与えられたコルポラチオン制度、排他的な諸権利および諸物権、強制と罰令の諸権利の意味において、そして、さらには、より以前のランデスへルおよびグーツヘルの諸認許の意味においてすら、私法的特権となっていたとすれば、我々の世紀〔十九世紀〕においては、永い格闘の後に、〈あらゆる種類の営業経営のための権限を市民的自由権とみなすところの〉「営業の自由」（Gewerbefreiheit）という新たな理念が、勝利を勝ち取ってきている。(1)〈商業の解放およびその産業との結合をとおして、大規模営業、資本企業および諸工場の発展をとおして、多数の新たな非ツンフト的な営業分野の開花をとおして、そして、自由に取り扱われた認許システムをとおしてすら、ツンフトに編入された営業の建設とならんで、より自由な経済の有機体諸組織の独立した建設が、成立したことによって〉、立法の介入なしにすら、すでに、徹底して変化した経済的諸関係は、古い営業の有機的組織を、すべての諸点に向けて、実際に、穴だらけにせざるを得なかった。それだけにいっそう、長い間には、法もまた、新たな原則を承認することから免れることができなかった。まず最初に、フランスにおいて革命により実現され、そしてそこからドイツ＝フランスの諸国へと譲渡され、その後、一八一〇年と一八一一年にプロイセンにおいて、プロイセンのその当時の領域のために実現されたが、(2)営業の自由は、もちろん旧体制の復活後は、すべてのその他の諸国のために拒絶され続けたのみならず、それがすでに実現された諸国においてすらもまた、新たに半分ツンフト的な、半分警察的な、反動に屈服した。(3)しかし、少なくとも、ライン左岸、そして、プロイセンの大部分においては、営業の自由は存続したのであり、営業の自由には、やがてその他の諸国家においても、重要な諸認許が行われたのである。(4)そして、最後に、営業の自由は、プロイセンのために、一八四五年一月一七日の営業条例（Gew.＝Ordn. v. 17. Januar 1845）をとおして、一般的に実現された。激動の年である一八四八年と一八四九年、そして、引き続く逆流の時期は、やがて、この地域において、一連の対立する諸努力をもたらしたのであり、それらの帰結は、至るところでほとんど静止状態であったのであり、プロイセンにおいては、後退的立法（一八四九年）でさえあった。それだけいっそうやみ難く、一八五九年以来、はじめはオーストリアにおいて、その後はドイツの諸小国の多数において、営業の自由の原則が、自らのために道を拓いたのであり、そして、最後に、最も重要な敵対している諸国家のプロイセンとの結合が、それらの諸国においてもまた、一八六七年の年において、最も重荷となる営業経営の足かせを爆破した後には、ただメクレンブルクにおいて、および、若干の小規模な諸侯国においてのみ、いまなお効果のある抵抗を見出したに過ぎない。営業の自由の原則に発する個々の諸国家の営業諸条例は[5]、もちろん極めてさまざまな程度において、その原則を実現している。しかし、それらの諸条例は、それでもしかし、〈それらが任意の営業の経営に対する権利をそれ自体市民的自由の流出物とみなし、そして、それらがこの権利の事実的な行使のために設定する諸制限と諸修正を、ただ公的な利益において公法的な諸規定をとおしてのみ規律している〉という点において、一致している。それゆえ、大部分の場合、〈とくに排他的諸権利または物的営業諸権利、諸強制権および諸罰令権、グーツヘルの諸認許などのように〉営業経営に向けられたすべての独立の諸私権は、もしかするとあるかも知れない損害賠償を留保して、完全に脱落した。これに対して、国家の認許制度（Koncessionswesen）が一方では、部分的なインヌング強制（Innungszwang）が他方では、しばしば維持されているときは、それでもしかし、これらの諸制限は、また、それらのより以前の私法的性格を剥ぎ取ったのである。認許は、もはや特権を与えるのではなく、調査と警察の承認がただ公共の福祉のためにのみ、特定の営業を営むことの公法的な諸条件へと高められている。しかし、インヌング強制は、ただひとに権能を与えるものにすぎず、それゆえインヌングへの採用が認許に代替するか、それとも、それ［インヌング強制］は、ただ同一の種類の営業経営者たちの、公的な諸ゲノッセンシャフトへの強制的な結合においてのみ存在するかである。その一方、これとは反対に、〈それによって構成員地位が、コルポラチオンにおいて、営業権の基礎であったところの〉より古いツンフト強制は、すべてのその諸帰結とともに脱落する。それによって、ツンフト制度は、それに特権諸ケルパーシャフトのシステムが与えていた姿においては、撤回不能的に否定されているのである。そして、このそれらの経済的側面の剥奪が諸ツンフトから生命力を奪ったのみならず、さらにより以上に、変化された営業諸関係をとおして、硬直的に編成された古い諸コルポラチオンが支持しがたいものとなってきているとき、営業の自由の現代的発展は、それがツンフト制度のコルポラティフな側面を必ずしも直接には捉えない場所ですら、最終的には、古い営業の有機的組織を、結合されない諸原子へと解消することを目標として有することは、明らかである。すでにこの古いものを解消する方向と並んで、〈ゆるい諸原子から、新たな、より自由な、より高い有機体諸組織、すなわち自由な連合体（freie Association）を結合するという〉新たな運動が力強く活動している。しかしながら、我々が生きている移行の時代のために、立法は、正当にも、古い諸団体のゲノッセンシャフト的な諸要素を少なくとも部分的に保存することを求めた。――すなわち、立法は、より僅かな幸運をもって、国家により、または、そうでないとしても、国家的な共働のもとに、ゲノッセンシャフト的な新たな有機的諸組織を生命へと呼び出すことを試みたのである。

I　とりわけ「インヌング制度」（Innungswesen）が、立法的諸実験の対象となった。

1　「古い営業諸ケルパーシャフト」（Gewerbskörperschaften）に対しては、営業諸条例は、三様に異なるシステムを追求した。

a　若干の諸法律は、それらを否定するか、または、それらに自ら解散することを強制した。このことは、〈一七九一年七月一四日の法律が、既存の諸ツンフトを無効とし、将来にわたって、同一の手工業の労働者たちのすべての諸結合、構成員リストの導入、社団諸金庫と諸役所を禁止したところの（!）〉フランスの先行の後に、ライン左岸において、ウェストファーレン王国において、そして、ベルク大公国において、ならびに、一八一九年にナッサウにおいて、問題となった。より新たな営業諸法律のうち、この道をとったのは、とくに、ヴュルテンベルク営業法律、バイエルン営業法律、および新たなバイエルンの営業法律である。ツンフト財産は、ここでは、原則として、公的な財産として取り扱われている。(6)

b　その他の諸法律は、ただ既存の営業諸コルポラチオンの諸特権だけを否定したが、それらの諸コルポラチオンが共同の営業諸利益の促進のための私的諸ゲノッセンシャフトとして存続しようとするか、あるいは、解散しようとするかを、しかし、さらにそれらの〔随意の〕決議に委ねた。イギリスにおいて、営業の自由の漸次的な進歩のゆえに、自由な諸会社（free companies）への移行をとおして適用に至ったこのシステムは、黙示的には、一八四五年以前のプロイセンの立法をとおして、そして、現在再び、既存の営業の経営に関する諸命令をとおして、ハノーファー、クールヘッセン、ヘッセン＝ホンブルク、および、シュレスヴィッヒ＝ホルスタインにおいて、〈ここでは、諸ツンフトの法律関係に関する特別の諸規定がそもそも作られなかったことによって〉採用された。それでももしかし、最後の事情は、諸ツンフトがそれらの公的な性格を失うかどうかを疑わしいものとしている。明示的に、これとは反対に、オルデンブルク、ブレーメン、ハンブルクおよび、リューベックの営業諸条例をとおしては、営業的な諸ケルパーシャフトは、〈それらの従来の財産がそれらに私的所有権として帰属し、それゆえ、それらは、私的所有権の保持のもとに存続するか、または、多数決の決議をとおして解散して財産を分配することができるところの〉自由な諸ゲノッセンシャフトであると宣言されている。(7) あらゆる個々人には、その上、ここでは、至るところで自由な脱退が許されている。

c　多数の諸法律は、これとは反対に、古い営業諸ケルパーシャフトを公法的な諸社団（öffentlichrechtliche Vereine）として保持しようとしている。これらの法律の更なる諸規定は、その場合、新たな諸インヌングの形成との関連において追求されるシステムに従っている。公的に認可された諸インヌングの完全なシステムが旧ツンフト制度の代りに置かれているところでは、存続する諸ケルパーシャフトは、法律的な新たな有機的組織の枠内へと挿入されなければならない。後者〔新たな有機的組織〕が、オーストリアおよび一八六八年までのバイエルンにおけるように、強制諸団体の性格を有するときは、旧諸ツンフトは、職権をもって新たな形式へと導かれている。(8) ザクセンおよびブラウンシュヴァイクにおけるように、一定の種類の自由意思による諸ゲノッセンシャフトが営業の認可（Autorität）を与えられるか、または、そうでないとしてもテューリンゲン諸国におけるように、ただそれらだけがコルポラチオンの諸権利を与えられるときは、より古い諸ケルパーシャフトに対しては、解散と、新たな公的な諸インヌングの意味におけるそれらの諸規約の修正との間の選択が、許される。(9) 最後に、プロイセンにおいては、同様に、古い諸インヌングに解散または〈新たな諸インヌングのために制定された諸規定の基準に従う〉諸規約の変更が委ねられた。それにもかかわらず、諸インヌングの自由意思による解散は、三分の二の多数決と政府の承認に結びつけられ、そして、さらに、政府に〈政府をとおして職権によって修正され、そして確定された規約の承認を拒む〉あらゆるインヌングを、たとえその意思に反してであっても解散させ、ならびに、通常もまた、公共の福祉という圧倒的な諸理由から、営業ラートの聴取の後に、既存の諸インヌングを廃止し、または、いくつかのインヌングをひとつに合体させる権利を与えている。(10) ここでは、至るところで、諸インヌングがそれらの公的な性格を維持しているように、その財産もまた、大部分の場合、公的な財産として取り扱われている。

2　さらに重要であることに、「新たな営業諸ゲノッセンシャフト」の形成に関しては、諸法律は、相互に異なっている。

a　若干の営業諸条例（Gewerbeordnungen）は、自らに、営業的な連合〔体〕の将来の形成に向けた、あらゆる国家の影響力を与えている。それらは、その場合、ヴュルテンベルクおよびブレーメンの法律のように、営業諸ゲノッセンシャフトに関する諸規定をそもそも置いていないか、あるいは、それらは、明示的に、〈ハンブルク（§13）、リューベック（art. 9）およびバイエルン（art. 25）の営業諸法律のように、通常の社団法（Vereinsrecht）のみが場所を占めること〉を強調している。なお、バイエルンの営業法律は、営業的諸社団は、それらの諸案件を独立に管理するが、法人格はこれを政府の側からのそれらの諸定款の認可（Bestätigung）をとおして獲得する、との追加を伴なっている。

b　その他の諸法律は、同一の原則を追求しているが、コルポラチオンの諸権利の付与への顧慮をもってそれを修正している。それゆえテューリンゲン諸国の諸法律は、〈それらが、その他の点においては、任意のゲノッセンシャフト形成にすべてを委ねる一方では〉、ある営業ゲノッセンシャフトにコルポラチオンの諸権利を与えるためには、特別の法律的な諸条件を設定している。(11) 逆に、オルデンブルクにおいては、インヌングの法人格付与を求める請願は、諸条件の精確な申告なしに自由に任されているが、コルポラチオンの特性に関しては、一定の営業警察的意義が結合されている。(12)

c　独特であるのは、バーデンの営業法律（Gewebegesetz）のシステムである。同法律は、取得されるべき法人格または取得されるべきではない法人格への顧慮なしに、〈構成員たちの彼らの補助人員との割合に関する一様の諸原則の確立と遵守、貧民扶助金庫、病人金庫、看護金庫および埋葬金庫への補助人員の諸寄付の徴収、あるいは、構成員たちと彼らの補助人員との間に生ずる諸紛争の示談を対象として有する「ところの」〉営業諸ゲノッセンシャフトについての特別の開示（目的、組織体制、加入条件および構成員の諸義務の書面による確定、ならびに、行政官庁のもとでの規約の提示、要求に応じての行政官庁への絶えざる情報付与）を要求している。(13)

d　さらに、国家的な影響力行使の中で、ゲノッセンシャフト的な新形成に進んでいるのは、ザクセンとブラウンシュヴァイクの営業諸条例である。(14) なぜなら、ここでは、たんに普通社団法（das gemeine Vereinsrecht）にのみ服している自由な営業諸社団について、〈将来において一定の諸機能およびそれによって古い諸ツンフトの公的諸権限と諸義務の一部を引き受けるべきであるところの〉同一または類似の種類の営業経営者たちの〝狭義における営業的諸ゲノッセンシャフト〟、〝諸インヌング〟または〝諸ギルド〟が、区別されているからである。それらの目的は、共同の諸案件の促進において、とくに営業経営者たちと彼らの補助者たちおよび徒弟たちの関係の規律において、この点についてまたはインヌングの規約に関して生ずる諸紛争の調停において、諸専門学校およびその他の公益的な諸営造物についての（商業の諸コルポラチオンに関しては諸取引所などについての）促進と管理において、そして、救助および扶助の金庫の制度と管理において、存すべきである。加入強制は行われず、そして、構成員たることとは、いかなる営業的諸特権も、〈ただあるインヌングに属する独立の営業経営者だけが

〝マイスター〔親方〕〟の名称を用いることが許される〉という唯一のことを除いて、結びつけられていない。逆に、規約の諸条件を履行する準備のあるいかなる営業ゲノッセにも、採用は、拒否されてはならない。そのような営業諸ゲノッセンシャフトの形成は、自由な結合、または、古い諸インヌングの任意の組織改変（Umbildung）に任されたままであるが、しかし、〈それとコルポラチオンの諸権利の付与が当然に結合されるところの〉規約の国家による調査と承認に依存している。ゲノッセンシャフト的な諸案件の自己管理は、営業諸ゲノッセンシャフトに保証されるが、それにもかかわらず、その他の諸社団におけるよりもオルト官憲のより厳格な監督が登場する。そして、営業諸ゲノッセンシャフトは、オルト官憲に、それゆえ、いつでも、それらの諸書類および諸計算への閲覧と、それらの審議への参加を、与えなければならない。最後に、解散は、〈あらゆる規約変更および他のインヌングとの結合のためにもまた必要であるところの〉三分の二の多数をもってのみ、決議されうるが、いまなおただ三人の構成員たちだけが存在するに過ぎない場合には、当然に、〝死亡〟をとおして生ずる。財産は、そのような諸場合においては、公的な諸目的のために使用され、そして、最終的にはゲマインデに帰属する。

全く同一の諸特徴を、テューリンゲンの諸法律は、存続しようと欲する古い諸インヌングに、それらの組織改変のために指図している。

e すべてのこれらの自由な連合体を新たな形成の基礎として承認する諸営業法律に対して、営業的ゲノッセンシャフト制度の純粋に国家的な強制組織（Zwangsorganisation）を求める、その他の諸法律が対立している。これは、とくに、一八六八年までバイエルンにおいて問題となったし、いまなおオーストリアにおいて問題となっている。[15] バイエルンにおいては、官憲の指揮、監督および保護のもとに、同一の営業のゲノッセン〔仲間たち〕のための参加強制を伴なう諸社団（Vereine）が存在した。それらの諸社団は、かつてのツンフト的営業のゲノッセンによっては、形成されなければ「ならなかった」し、その他の諸営業によっては、形成されることが

「できた」。それらの諸目的は、構成員間の有益な諸知識の普及、営業における容易化、徒弟たち、職人たちおよび補助者たちの監督、社団財産の管理と使用、貧しい社団所属員たちの扶助、であった。社団の集会および〈それによって選ばれ、しかし官庁によって認可された〉二人の代表者が、社団の諸案件を配慮した。総体（Gesammtheit）には、予算、課税基準、社団財産の譲渡および質入、そして、計算の検査が、留保されていた。補助者たち、職人たちおよび徒弟たちは、社団所属員とみなされた。特別の政府委員たちをとおしての監督と最上位の指揮、諸集会の監視、および、諸社団の停止と解散は、公共の福祉の諸理由から、国家の官庁に帰属した。一八六八年一月三〇日の営業法（Gewerbegesetz）（二六条）をとおして、活発なゲノッセンシャフト的な生活を発展させることができなかったこれらの諸インヌングは、廃止された。それとは反対に、類似の強制諸ゲノッセンシャフトが、オーストリアにおいて存在している。ここでは、一八五九年の法律は、関係者たちの聴取の後にではあるが、政府による、同一または類似の種類の営業者の間でのそれらの形成を、規定している。そのようなゲノッセンシャフトが、古いインヌングの形式変更をとおしてであれ、新たな形成をとおしてであれ、生み出されるときは、それには、当該種類のあらゆる独立した営業経営者が〝構成員〟として、あらゆる補助者と徒弟は〝所属員〟として、当然に、そして、必然的に所属する。[16] 共同の営業的諸利益のための公的機関として、これらの諸ゲノッセンシャフトは、徒弟および勤務団体（Lehr＝und Dienstverband）の規制と監視、関連する諸紛争の解決、諸専門学校、諸補助金庫および共同利益的な諸営造物についての設備と監督、情報と鑑定意見の報告のみならず、営業に関する諸案件の公的管理の際の共働をもまた、行使した。営業自由の諸原則にも法律のその他の諸規定にも違反すべきでないところの、それらの諸規約は、官憲の承認を必要とする。ゲノッセンシャフトの諸機関は、一部分、ゲノッセンの諸集会ならびにその代表者たち（〝調停者たち Vertrauensmänner〟）であり、一部は、彼らによって選ばれた代表者たちおよび諸委員会である。議決権は、三年間の独立した営業経営をとおして獲得される。使用者たちと従業員たちの関係に関する諸訴訟の解決のためには、しかし、従業員たちの特別の代理人たちが、官庁によって任命される。諸インヌングは、官庁の承認をもって、行政の方法において取り立てられる賦課を課することができるが、しかし、いかなる構成員をも共同の営業的投資と企業への参加へと強制することはできない。諸インヌングの内部的な諸紛争は、行政の方法において決定され、そして、それらは、特別の官憲の委員たちの監督のもとにある。全体として、これらの諸ゲノッセンシャフトは、それらの有機的組織ならびにそれらの諸権利に従って、ゲマインデとの大きな類似性を有している。

f　プロイセンにおいては、一八四五年までは、諸官庁に認められた〈公共の福祉の諸理由から新たな諸コルポラチオンを設立する〉権限は、ただ上述の商人的諸コルポラチオンに関してのみ行使されてきたが、その後、新たな諸法律は、旧諸インヌングの同じ意味において行われた官庁による組織改変と並んで、「新たな」諸インヌングの形成のために、二重の道を開いた。すなわち、一方では、この種のより古いインヌングが存在せず、または、解散され、または、新たなインヌングと合体されるところでは、自由な合意に基づいて、同一または類似の種類の営業経営者たちの諸インヌングが、〈政府がそれらの規約を営業ラートの聴取の後に認可する場合に〉[17]、形成されうべきである。第二に、しかし、既存のインヌングの同意をもって、そのようなインヌングが存在しないところで、当該営業経営者たちの〝聴取〟の後にゲマインデ官庁の決議をとおして強制インヌング〈Zwangsinnung〉が設立されることができ、そして、その場所にあるすべての営業経営者たちは、参加することを欲しないと彼らが明示的に表示しない場合には、営業の開始と共に、特別の採用なしに、それに属する[18]。それらの意味によれば、プロイセンにおける諸インヌングは、共同の営業的諸利益の促進のための諸社団であるべきである。とくにそれらは、インヌングゲノッセンの徒弟たち、職人たちおよび補助者たちの採用、教育および行状を監督し、インヌングゲノッセンの病人金庫、死亡金庫、扶助金庫および貯蓄金庫の管理を指揮し、そして、ゲノッセンの寡婦たちおよび孤児たちのための世話を、とくに孤児たちの教育と営業の継続の促進をとおして、引き受けるべきである[19]。また、それらの諸インヌングは、営業的な諸鑑定意見の交付のために召喚され、そして、とくに営業的諸調査の際のそれらの共働において行使される営業の諸問題における一定の公的な認可を享受する。[20] それとは反対に、それらは、それらの諸構成員に対し営業の諸利益を原則として与えるべきではない。[21] ——それは、すなわち、一定の諸営業においてはインヌングへと採用されない営業経営者たちは、すでに、一八四五年の営業条例（一三一条）に従えば、徒弟たちを保持する権限を獲得するために、調査に服さなければならないこと〈そしてその一方で、一八四九年二月九日の命令によれば、一定の諸営業においては（二三条）、非構成員たちは、そもそも彼らが彼らの能力を特別の調査委員会の前で証明した場合にのみ、独立の営業経営について許されること〉をとおして、もちろん修正されているところの原則である。これらの公的な諸権限、ならびに、彼らに一般に認められているコルポラチオンの諸権利を、[22] 諸インヌングは、最大の非独立性をもって買い取らなければならない。それらの成立と制度がより上位の意思に依存しているように、諸インヌングは、あらゆる瞬間において、政府をとおしての規約の修正および解散にすら服させられうるのである。[23] 規約はそれらに与えられ、そして、ただ正確に予め規定された限界の内部でのみ、法律的に規定された内容から離反してよい。[24] ただ、一般的な、ゲマインデによって内閣の承認をもって制定されたオルト諸規約をとおしてのみ、一定の場所の営業のために、より重要な諸離反が基礎づけられうる。[25] 自律については、それゆえ、問題とならない。同様に、それらには、ゲノッセンシャフトの諸案件における自己管理が帰属する。構成員地位の取得と喪失の諸条件、および、ゲノッセンレヒトの内容は、法律的な諸規範をとおして確定され、そして、諸インヌングには、独立の採用または除名の権利は与えられない。[26] 入会金の取立て、出資の割合、継続する諸出資の徴収方法、もしかするとあるかも知れない議決権の諸修正は、ただ、官憲によって規律される規約の基準に従ってのみ、なされうる。その一方で、諸出資の高と使用に関して、および、予算制度、金庫制度および計算制度の管理に関しては、なるほどコルポラチオンの諸決議が、しかし、ただ官憲の監督と制限のもとでのみ、決定するのである。[27] そもそも、それらの有効性全体は、国家の諸官庁およびそれによって委託されたゲマインデ諸官庁の側の永続的な監督またはむしろ後見に服している。[28]

あらゆる審議には、それゆえ、ゲマインデ官庁の構成員が、諸決議の合法性を監視するために出席しなければならず、それらの選ばれた代表者たちは、認可を必要とし[29]、そして、彼らの内部の諸紛争は、行政の方法において決定されるのである[30]。

Ⅱ　職人たち、補助者たちおよび労働者たちの間の「扶助〔共済〕社団」（Unterstützungsvereine）の形成をもまた、ただ僅かな諸法律のみが、自由な連合体に全く委ねることができると信じた。通常、この種類の既存の諸社団または諸金庫営造物、および、自由な加入をとおして設立された同種の新たな諸結合は、〔そして〕最後のものは少なくとも〈それらが法人格の諸権利を獲得しようと欲する場合には〉、国家の後見に服させられる[31]。その上、しかし、そのような任意に形成された諸団体と並んで、新たな諸法律をとおして、しばしば相互的な扶助のための強制諸ゲノッセンシャフトが導入されている。それゆえ、例えば、プロイセンにおいては、オルト規約をとおしても、政府の一方的な命令をとおしても、諸インヌングの既存の病人金庫、死亡金庫、扶助金庫、寡婦および孤児金庫は政府の同意をもって、職人たちおよび補助者たちの諸結合および諸金庫は直ちに、〈それらに当該クラスまたは種類のあらゆる営業経営者が参加することを義務づけられているところの〉強制諸営造物へと変化させられ、あるいは、いかなるインヌングの中にもあるのではない営業経営者たち、補助者たち、職人たちおよび工場労働者たちの間に、このような扶助金庫が、強制の営造物として設立されうるのである。ゲマインデに、そして、工場労働者においては工場主に、諸費用への参加の義務が課されうるが、しかし、規約をとおして課される一定の諸規範および諸制限の内部で自らを保ち、そして、同時に法人の特性を付与する官憲の承認を必要とする。そのような強制諸社団の諸規約は、法律をとおして対応する管理への関与が認められなければならない。管理は、地方自治体の官庁の厳格な監督に、より上位の異議申立審を留保して、服させられる[32]。類似の強制諸社団を、大部分のより新たな諸法律は、至るところで自己決定と自己管理を同程度において排除することなしに[33]、知っている。

Ⅲ　最後に、国家によって変化されまたは新たに設立された営業諸ゲノッセンシャフトに関するより新たな営業立法は、さらに営業階級または全生産〔労働〕階級（Nährstand）一般の、より上位の有機的組織をもたらすことを求めてきている。ひとは、〈営業階級から、または、営業階級の三つのグループである商階級、手工業階級および工場階級から、一部は選挙をとおして、一部は召喚をとおして生ずる〉営業および商業会議所（Gewerbe= und Handelskammer）のなかに、国家に対する関係ではそれらの諸利益を共同で認識するためにこれらの諸階級の諸機関を、同時にしかし、国家の諸機関を、これらの諸階級における国家の諸利益の主張のために、それによって営業的および商業的な自己管理を基礎づけるために、生み出したのである。(34)これらの諸制度の基礎には、生産階級の個々のグループの自然的なゲノッセン団体の理念が、自らの間におよび相互の間に、存するとしても、それでもしかし、とくにプロイセンおよびオーストリアの立法のような大部分の諸立法は、主張される階級諸グループの真にコルポラティフな形成にまでは、至っていない。(35)そのような形成に近いのは、バイエルンにおける生産階級の有機的組織である。そこでは、あらゆる諸地区に、地方的な営業ラート〔評議会〕、工場ラートおよび商業ラートが、地区に所属する営業諸階級の諸機関として対応する一方、あらゆるクライスのためには、毎年クライス集会の招集によって集合する、個々の地区諸同僚団の議長たちおよび副議長たちの総体が、商業および営業会議所として、職務を行うのである。(36)

その他の諸法律は、そのような諸団体の形成をもまた、あらゆる強制的な構成員地位の排斥のもとに、自由な連合体に委ねている。それゆえ、一八六二年のバーデン営業条例（二九条）は、需要に従いそして申立に基づいて政府によって設立されるべき商業および営業会議所、または、類似の諸制度に関して、主導権、組織体制の確立および〈地区、活動クライスおよび費用分配〉の制度を、政府の承認を留保して、〝それらの制度の設立と維持に関与しようとする〟人々の任意に任せている。

B　これらの非常に多様なすべてのシステムのうち、〈既存の諸ゲノッセンシャフトを大部分の場合に保護しているが、しかし、将来のゲノッセンシャフトの有機的組織には最も僅かにしか影響しないところの〉システムが優先に値する。国家的な有機的組織化と規律は、ゲノッセンシャフト的な生活の需要と諸条件が欠ける場所では、そのようなもの〔ゲノッセンシャフト的生活〕を目覚めさせないであろう。しかし、ゲノッセンシャフト的な精神が存在する場所では、〈もしそのこと〔国家的な組織化と規律〕がゲノッセンシャフト的な精神に、たとえ直接の強制なしにであるとしても、制限されたそして非独立的な生活諸形式を指図することを求める場合には〉、そのような精神の完全な展開は、促進されるよりも、むしろ妨げられるであろう。

とくに諸インヌングに関して言えば、大部分の営業諸法律の諸創造物は、ほとんど現代の連合の精神（Associationsgeist）に即応していない。部分的に維持されている強制は、連合の精神とは全面的に矛盾しているので、その強制には、〈一連の諸特権を一連の諸制限とともに買取り、そして、それら〔諸団体〕の一度だけ決定された諸形式と諸限界の中で、結局それでもしかし半分だけは固有の生活を、そして、他の半分は外部からそして上から施されそして指導された生活を、営むところの〉任意のしかし公的に認可を与えられた諸団体もまた、満足することができない。ここでは、至るところでそうであるように、むしろ一般に、現代の連合体は、古い階級的な特権諸ケルパー〔団体〕を超えて前進し、そして、諸結合の多様性とそれらの諸目的の個別化に向かって、最も重要な基礎と最も動的な形式に向かって、様々な諸クライスのどこかで出会う諸要素をこの一点のために結合することに向かって、〈しかる後に多くの個々の諸団体をより大きな総体諸団体へと総括するために〉努力している。立法の課題は、それゆえただ二重のものでのみありうる。それは、第一に、〈それによってそれらが十分に生命を享受し、または、それらの生命力の残りを時代に適った新たな諸形態において救い出すために〉、既存の諸ケルパーシャフトを可能な限り大切にすることである。それは、第二に、可能な限り広範な法的基礎、自由な運動および十分な法的保護を、〈現代の連合精神が自由に自己自身から生み出す〉新たなゲノッセンシャフトの諸形成に保証しなければならない。二つの諸関係において、北ドイツ同盟のための営業条例の草案は、一つの進歩を予告している。しかしながら、その草案が、同盟評議会によって確定された形式においてもまた、既存のより古い諸インヌングのためにも、設立されるべき新たな諸インヌングのためにも、すべての排他的な諸権利の廃止のもとに、部分的な自律と高められた自己管理を基礎づけようとする場合に、草案は、それでもしかし、それらの諸インヌングを実際に自由な諸ゲノッセンシャフトとして設定することから、極めてはるかに隔たっている。むしろ諸インヌングには、自由な諸社団に対するよりも、〈国家をとおしての営業諸問題における公的な認可の付与に基づく〉重要な諸特権がとどまるべきである。――しかしそれらには、その代わりに、他方において、それらの独立性の極めて広範な法律的制限、および、より上位の行政諸官庁のもとへの極めて断固たる服従が、〈それらが真実にはつねになお、自由な諸ゲノッセンシャフトよりも、認可された警察営造物に似てとどまる〉という見込みにおいて、設定される。[37]

さらに、いっそう疑わしいのは、草案が、強制扶助〔共済〕諸団体をもまた、なるほど独立の営業経営者たちのためには脱落させるが、反対に、補助者たち、職人たち、工場労働者たちおよび徒弟たちのためには、かなり変わらない方法において維持しようとしていることである。[38]

【以上、第六十八章、終わり】

【以下、第六十八章の注】

（1）第六十七章の注（1）において引用された諸文献を参照せよ。発展過程一般の概観は Mascher S. 481-671 において、および、プロイセンについては、v. Rönne, Gewerbepolizei I. S. 1 f. Staatsr. II, 2. S. 278 f. において、〔見よ〕。

（2）すでに Verordn. v. 4. Mai 1806 をとおして、プロイセンとリットハウエン地方において、より糸職工（Garn=Züchner）、亜麻布職工および木綿職工の諸ツンフト、諸ギルドおよび諸インヌングが廃止され、V. v. 24. Oct. 1808 をとおして、そこでのパン屋、屠殺人（Schlächter）および小売行商人（Höker）のツンフト強制と販売独占が廃止され、Ed. v. 29. März 1809 をとおして、粉屋（Müller）のそこでのツンフト団体が廃止された（Mylius, N. C. C. XII. 127. 457 u. G. S. v. 1806 f. S. 555）。その後、

Ges. v. 2. Nov. 1810（G. S. S. 78）§16. 17. u. v. 7. Sept. 1811（G. S. S. 263）§6. 7. 14 は、その当時の国家領域のための諸ツンフトを廃止した。後に再びそして新たに獲得されたラント諸部分については、その後、一部分は（それらがフランス、ウェストファーレン、またはベルギー大公国であった限りでは）インヌング制度のフランスによる廃止が、一部分はツンフト組織体制が、存続した。ポーランドについては、Ges. v. 13. Mai 1833（G. S. S. 52）。――その他の諸制限、独占、強制権および罰令権（Zwangs= und Bannrechte）の廃止に関しては、v. Rönne, Gewerbepolizei I. 144 f. und Staatsr. II, 2. §388-390. 392. 393.

（3）一八一四年にブレーメンにおいて、一八一五年にハノーファーにおいて、一八一六年にクールヘッセンおよび南チロルにおいて、一八一七年に東フリースラントにおいて、一八一九年にオルデンブルクにおいて、そうである。

（4）とくに Württemb. Gew. O. v. 22. April 1828, revid. am 5. Aug. 1836; bair. Gew. Ges. v. 11. Sept. 1825. ナッサウにおいては、一八一九年に諸ツンフトは廃止された。ヘッセン大公国においては、Ges. v. 2. Juni 1821 をとおして、ツンフト管轄区の罰令権（Zunftdistriktbann）、親方と職人の数に関する諸制限、および、ツンフト自律が、廃止された。

（5）Preuß. Gew. O. v. 17. Jan. 1845（G. S. S. 41）, nebst V. v. 9. Febr. 1849（G. S. S. 93）u. Ges. v. 15 Mai 1854（G. S. S. 263）; さらに、それまでツンフト強制が存在した新たなラント諸部分のためには d. Ver. über den Betrieb stehender Gewerbe in Kurhessen v. 29. März 1867（G. S. S. 423）が、ハノーファーにおいては de eod.〔同日の〕（G. S. S. 425）、ヘッセン＝ホムブルクにおいては v. 9. Aug. 1867（G. S. S. 1441）が、シュレスウィッヒ＝ホルスタインにおいては v. 23. Sept. 1867（G. S. S. 1641）が、その一方で、ナッサウにおいては、die Gew. O. v. 9. Juni 1860 が妥当し続けている。――Oerterr. Gew. Ges. v. 20. Dec. 1859（R. G. Bl. S. 619）。Gew. O. für Bremen v. 4. April 1861（G. Bl. S. 10）; Oldenburg v. 11. Juni 1861（G. Bl. S. 723）; Sachsen v. 15. Oct. 1861（G. S. 187）und Ausführungs=V. d. eod.（S. 225）; Weimar v. 30. April 1862（G. S. S. 63）u. Ausführ. V. v. 23. Nov. 1862（S. 189）; Meiningen v. 16. Juli 1862; Waldeck v. 24. Juni 1862; Gotha v. 21. März 1863; Koburg v. 1. Juli 1863; Altenburg v. 31. März 1863; Reuß. j. L. v. 1. Juli 1863; Württemberg v. 12. Jan. 1862; Baden v. 20. Sept. 1862（R. Bl. S. 409）; Braunschweig v. 3. Aug. 1864; Hamburg 7. Nov. 1864; Lübeck v. 5. Oct. 1866. バイエルンにおいては、das Ges. v. 11. Sept. 1825 は、本質的に復活されたが、現在では、しかし、完全な営業の自由を実現している Gewerbegesetz v. 30. Jan. 1868（G. Bl. Nr. 21 S. 309）をとおして代替されている。〔なお、本冊一一九頁注(119)と同一内容の原著者による巻末の追加がある。〕

（6）Württemb. Gew. O. v. 1862 art. 58-62 によれば、諸ツンフトは、廃止され、そして、それらの財産は営業的およびその他の公共的な諸目的のために使用されるべきである。Bad. Ges. v. 1862 art. 26. 27 によれば、ツンフト財産を、ゲノッセンの集会は、政府によって承認されるべき決議をとおして処分すべきであるが、場合によっては、しかし、政府が従来の規定に最も近い諸目的のために使用する権限を有する。これとは反対に、das bair. Gew. Ges. v. 1868 art. 26 は、財産の処分を、営業官庁によって招集されるべき従来のインヌングゲノッセンの集会の自由な多数決に委ねている。

（7） Brem. Ver. v. 1861 §1. 5. 6. Oldenburg. Gew. O. v. 1861 art. 41. Hamburg. Gew. O. v. 1864 §1. 8–12. Lüb. Gew. Ges. v. 1866 art. 15. 20–22. 解散決議は、官憲の認可を要する。官憲の認可は、それにもかかわらず、コルポラチオンの諸債務の履行が保証される場合には、拒否されるべきではない。財産を構成員たちは、相互間で分配することができる。しかし構成員たちは、官憲の承認によってもまた、営業的または公益的な諸目的のための財産の使用を決議することができる。後者の場合においては、それにもかかわらず、das lüb. Ges. art. 22 は、あらゆる意見を異にする構成員に、彼の頭割りの払い渡しを要求することを許している。諸ゲノッセンシャフトが存続を選ぶときは、営業法に反する諸規約の諸規定は、廃止されたものとみなされる（Brem. V. §6)。リューベックにおいては、ゲノッセンシャフトは、新たな規約を決議し、そして、諸市参事会（Senate）に認可のために提出すべきである（art. 20)。

（8） Bair. Ges. v. 11. Sept. 1825 art. 7 und Instr. v. 1862. Oesterr. Gew. O. v. 1859 §108. 130.

（9） Sächs. Gew. O. v. 1861 §96, Weimarsche v. 1862 §76 u. Ausführ. Ges. §51. 〈そもそもここで問題となる諸点において異なるものを含んでいない〉その他のテューリンゲン諸国の営業条例も同様である。

（10） Preuß. Gew. O. v. 1845 §94–100. V. v. 1849 §2. Ges. v. 15. Mai 1854 §7.

（11） Das Weimarsche Ges. v. 1862 §75 によれば、規約は、営業条例に反してはならず、独立の営業者の諸権利の行使を構成員たちのために制限してはならず、退会を困難にしてはならず、そして、ゲノッセンシャフトの解散または終了（Absterben）の場合のために、財産諸関係の規制のための十分な諸規定を含まなければならない。その他の諸ゲノッセンシャフトは、社団法（Vereinsgesetz）に服する（§14)。すべての諸ゲノッセンシャフトは、それらの諸案件を独立に管理する。マイニンゲン、ゴータ、コーブルク、ロイス、ヴァルデックの諸規定は、類似している。アルテンブルクにおいては、〈総体人格の権利を獲得した営業的諸ゲノッセンシャフト、および、病人看護諸金庫は、オルト官憲の警察的監視に服すること〉が付加された。

（12） Oldenburg. Gew. O. art. 39–42（行政の方法における諸寄付の徴収、および、共済金庫の設置のための権利).

（13） Bad. Ges. art. 24. 25. その他の点においては、共同の営業的諸利益の促進のための営業者の諸結合は、それらの諸案件を自由な諸社団として独立に管理すべきであり、そして、それらがそれらの諸規約の認可およびそれによって法人格を付与されることを欲するかどうかの自由な選択を有すべきである。

（14） Sächs. Gew. Ges. v. 1861 §87–100 u. Ausführ. Ver. §63–83. Braunschw. Gew. Ges. v. 1864 §86–101.

(15) Bair. Gew. O. v. 1825 u. Instr. v. 1862. Oesterr. Gew. O. v. 1859 §106–130.
(16) ひとは、それゆえ、人がいくつかの営業を営む場合には、いくつかのゲノッセンシャフトにもまた強制的に所属することができる。所属に関する争いは、これを官庁が決定する。Vgl. Gew. O. §106–113.
(17) Gew. O. v. 1845 §101–117. V. v. 1849 §2. Ges. v. 1854 §7.
(18) Gew. O. v. 1845 §118. 119. Ges. v. 1854 §7.
(19) Gew. O. v. 1845 §104. V. v. 1849 §56–59. 徒弟たちと職人たちに関する諸権限に関しては、Gew. O. §131. 135. 137. 147. 153. 157. 158. 160. u. V. 1849 §45. 46.
(20) Gew. O. §123（鑑定意見）および諸検査に関しては Gew. O. §162–167. V. v. 1849 §23–29. 35–43. Ges. v. 1854 §5.
(21) それゆえ加入強制（Gew. O. §94. 101 f.）、排他的諸権利（§94. 101）、諸インヌングの締結（§170）、および営業経営に関するその他の諸優遇は、存続するより古い諸インヌングにおいては許されず、インヌング規約またはオルト規約をとおしては導入されることができない。同様に、退会も制限されてはならず（§96. 116）、インヌングの構成員地位は、他の営業を営む権利も、他の諸インヌングに加入する権利をも排除せず（§111）、そして、インヌングからの排除すら、必ずしも無条件には、営業の更なる経営の権限の喪失を結果としてもたなかった。
(22) Gew. O. v. 1845 §101.
(23) Gew. O. v. 1845 §98. 99. 121. V. v. 1849 §2.
(24) Vgl. Gew. O. v. 1845 §95. 105. 106. 110. 114. 115. 120. 121. V. v. 1849 §66. レンネ Rönne, Gewerbepolizei II. 598 f. における施行の諸命令。4. Febr. 1848 im M. Bl. S. 102. における形式的インヌング規約。
(25) Gew. O. v. 1845 §168–170. V. v. 1849 §2. 29. 45 f. Ges. v. 1854 §3.
(26) Gew. O. v. 1845 §101. 103. 106–108. 110. 111. 116–118. V. v. 1849 §60–65. Rönne, Gewerbepolizei II. S. 638 f.
(27) Gew. O. v. 1845 §110. 114. 115. インヌング手数料（Innungsgebühren）に関しては、V. v. 1849 §60 f.
(28) Gew. O. v. 1845 §113.
(29) Gew. O. v. 1845 §112. Rönne, Gewerbepol. S. 643 f.
(30) Gew. O. v. 1845 §122. Erk. d. Obertrib. v. 4. Oct. 1843（Arch. f. Rechtsf. X. 179）.
(31) とくにプロイセンにおいては、古い諸社団に関しては、政府に、〝諸社団の仕組みを現状に従って変更しそして補充すること〟が留保されている。その一方、そのような自由意思による諸社団の新たな形成もまた、〝政府の承認によって、政府によって確定されるべき諸条件のもとに〝生じるべきである。規約の認可（Bestätigung）は、同時に、法人格 juristische Persönlichkeit の付与を含んでいる。監督は、市町村の官庁によって実施される。Gew. O. v. 1845 §144. 145. Vgl. Sächs. Gew. O. §98, Weimar. §78 および、その他のテューリンゲン諸国の営業諸条例。バイエルンにおいてもまた、職人たちおよび労働者たちの扶助諸社団（Unterstützungsvereine）は、官憲の指揮と監督のもとに置かれている。lüb. Gew. O. art. 23. をもまた、参照せよ。

（32）Vgl. Preuß. Gew. O. §169, V. v. 1849 §56-59 u. Ges., betr. die gewerblichen Unterstützungskassen v. 3. April 1854（G. S. S. 138）. Ausführungserlasse des Ministers im M. Bl. f. d. i. V. v. 1854 S. 67. 247; 1855 S. 122; 1856 S. 151; 1857 S. 152. ホーエンツォルレルンにおいては、Ges. v. 7. Mai 1856（G. S. S. 507）をとおして導入されている。

（33）Vgl. z. B. Oesterr. Gew. O. §124. Oldenburg art. 42. Sächs. Gew. O. §97. 99. 100 および、それと一致する weimar. Gew. O. §77. 79. その他のテューリンゲン諸法律、および、die Gew. O. f. Braunschweig. ヴュルテンベルクにおいては、病気の諸場合における扶助のために、ゲマインデラートと市民委員会の決議をとおして、クライス政府の承認をもって、補助者たちと徒弟たちの〈営業の保有者が求償権を留保しつつ、それらに対して諸支払を給付しなければならないところの〉諸強制金庫（Zwangskassen）が導入されうる。Gew. O. v. 1862 art. 49. を参照せよ。政府は、扶助諸団体［Unterstützungsvereine 諸共済団体］のための模範規約を公示してきている（Gew. O. の公的な通知のための付則 Nr. 18）。バイエルンにおいては、工場企業者たちは、彼らを認可することの際に、労働者たちのための特別の共済金庫、貯蓄金庫および保険金庫の設立について義務づけられうる。ヴュルテンベルクにおいても同様である（art. 45）。強制諸団体は、バーデンおよび自由諸都市の営業諸法律には知られていない。

（34）これらの有機的諸組織は、フランスから由来する。フランスでは、しかし、それらは同時に〝政府における公的な諸機関〟であり、〝商業の共同の諸案件の指揮のための商業の受任者〟であるべきであったにもかかわらず、それでもしかし、ただとりわけ地方長官たちによって占められたこしらえ物に過ぎないものである。制度の意義と価値に関しては、シェッフレ Schäffle, Staatswörterb. IV. S. 336-341. を参照せよ。

（35）プロイセンにおける「諸商業会議所 Handelskammern」については、das Ges. v. 11. Febr. 1848（G. S. S. 63）およびレンネ Rönne, Staatsr. II, 1. S. 194. 195. II, 2. S. 335. 諸商業会議所の構成員たちは、三年ごとに選挙権をもつ地区の商業および営業を営む人々によって選挙される。それらの制度は、必要に応じて、国王の承認をもつて作られる。商業会議所は、多数決によって決議し、そして、議長と代理人を選任する。諸費用は、商業および営業を営む人々によって、営業税率に従って負担される。同様の方法において、V. v. 8. Febr. 1849（§1-22, 一部分は Ges. v. 15. Mai 1854 §1-4 をとおして変更されている）によれば、必要な場合においては、申立に基づいて、そして、行政の方法における営業を営む人々の聴聞の後に、「営業諸ラート」（Gewerberäthe）が、それらの地区の手工業経営と工場経営の一般的な諸利益の世話のため、および、諸インヌングの共同の監視のために、形成されるべきである。それら〔営業諸ラート〕の構成員たちは、同一の割合で、手工業階級、工場階級および商階級から選ばれなければならず、そしてしかも最初の二つの階級においては、使用者たちと従業員たちから、後者〔従業員たち〕が一人の代理人を多く有するという方法において、ゲマインデ選挙に参加する地区の独立の営業を営む人々をとおして（V. v. 1849 §7 によれば労働者をとおしてもまた）、選ばれなければならない。一部は、諸部門に従って、一部は、総体として、それら〔営業諸ラート〕は諸集会をもち、議長を選任し（総体ラートのためには、しかし政府をとおしての認可と補充的な指名の留保のもとに）、そして、多数決をもって決議する。施設は、生存能力がないままにとどまった。――オーストリアにおいては、V. v. 26. März 1850 によれば、〈一定の営業税の額に従って選ばれ、その他の点では類似に構成される〉商業および営業会議所が存在している。同様に、sächs. Gew. Ges. v. 1862 §112-125 によれば、必要が存在するときは、この種の諸機関は、二つの諸部門（商業会議所ラートと営業会議所ラート）において作られるべきである。ブラウンシュヴァイクにおいても同様である。ハンブルクにおいては、営業委員会（Gew. Ges. §31-35）がある。商業および営業「裁判所」（Handels=Gewerbegerichte）の形成と構成においてもまた、自然的な階級ゲノッセンシャフトの理念が示されている。

(36) Bair. Vollzugsinstr. zum Gew. Ges. v. 17. Dec. 1853 §156-162. Instr. v. 20. Mai 1862. Gew. Ges. v. 30. Jan. 1868 art. 27.

(37) 草案の §81-105. それによれば、同一場所の同一または親近の種類の独立の営業を営む人々は、その数が十二、または、二万人以上の住人をもつ諸都市においては二十四を数えるときは（官憲の承認によっては、しかしながらより僅かな数、または、異なる諸場所の営業を営む人々もまた）、一つのインヌングへと、共同の営業的諸利益（とくに徒弟たち、職人たちおよび補助者たちの採用と教育、病人金庫、死亡金庫、共済金庫、および、貯蓄金庫、寡婦たちおよび孤児たちのための世話）の促進の目的をもって集合することができる（§97-99）。設立の導入は官庁に、規約の確定と承認はより上位の官庁に、当然に帰属する（§100. 101）。諸出資金の高と使用、ならびに、予算制度、金庫制度および計算制度の管理、に関する決議は、全く自律に委ねられている（§103）。このような新たに形成された諸インヌングは、存続する旧営業諸ケルパーシャフトと同様に、公的諸コルポラチオンとして、〈それらをとおして《その他の点において効力を持ち続ける》より以前の諸規約が自ずから修正されるところの〉一連の法律的な諸制限と諸規範に服するのである（§81. 96）。とくに、それらは、構成員地位の取得と喪失を必ずしも自由には処分することはできない。すなわち、それらは、何びとも加入へと強制することができず、または、脱退を妨げることができず（§82）、それらは、〈法律的な排除原因――悪評、破産または営業権限の剥奪――が存在しない〉いかなる営業ゲノッセンにも、採用を拒絶してはならない（§83）。諸インヌングは、それにもかかわらず、そして、このことは非常に重要な点であるが、規約に従って確定された形式における、従ってとくに諸検査の実施をとおしての、営業の経営のための能力の証明を要求する（§84）。入会金は、取り立てられうるが、しかし、すべての人々のために平等に決定されているべきであり、そして、より上位の行政官庁の承認なしに五ターレル以上上昇されてはならない（§85）。個々の諸行為または彼らの生き方をとおして軽蔑へともたらされたゲノッセンに対しては、インヌングは排除権を有する（§86）。死亡は構成員地位を終了させるが、それでもしかし寡婦または未成年の相続人たちは、彼らが代理人をとおして営業を継続する場合には、死亡したインヌングゲノッセンの諸権利と諸義務へと、議決権を例外として入るのである（§87）。あらゆるインヌングの最上位の機関は、適切に招集されそして出席者の絶対多数をもって決議されたゲノッセンの集会（§92. 93）であり、代理する機関（Vertretendes Organ 代表機関）は、選任された理事会（Vorstand）（§88. 102）である。インヌングの諸決議は、それらが諸規約の変更の際にインヌング財産の処分を対象とするか、または、インヌングの解散を目的とする場合にのみ、より上位の行政官庁をとおしての認可（Bestätigung）を必要とする（§92. 93）。インヌングの行為能力は、不動産に関する諸契約について、これらがゲマインデ官庁の承認をとおして始めて有効となることによって、制限されている（§89）。そしてまた、ゲマインデ官庁のみが、ゲノッセンの諸出資または諸罰金のもしかするとあるかもしれない強制徴収を処理することができる（§91）、その一方、逆に、インヌング財産からのゲノッセンへの諸支払は、そもそもただ明示的な規約上の諸規定に基づいてのみ、行われうるのである（§90）。法律違反の諸行為または諸不作為をとおして公益を危殆化するインヌングは、行政官庁の請求により裁判官の判決に基づいて解散させられうる（§94）。解散され、または死滅したインヌングの財産は、分配されるのでは「なく」、規約またはラントの諸法律が別段の定めをしていない場合には、営業的諸目的のための利用のためにゲマインデに帰属する（§95）。監督は、最後に、〈内部の諸紛争を、より上位の行政官庁への異議申立を留保したうえで、決定する〉ゲマインデ官庁をとおして行使される。それにもかかわらず、代議員をとおしてインヌング諸集会に参加する権利は、規約の変更または解散に関して決議されるべき諸場合に制限され、そして、理事会の選挙の認可は、完全に脱落している（§96）。

（38）　§147-156. 諸強制金庫（Zwangskassen）の設置は、〈関係者たちの聴取後にゲマインデが決議し、より上位の行政官庁が認可するところの〉オルト規約をとおして行われる（§148. 149）。それらは、既存の諸金庫から形成されうるし、新たにも設立されうる（§147）。使用者たち（Arbeitgeber）には、半額に至るまでの寄付が義務とされるが（§149. 150）、しかしその代わりに、管理についての対応する持分が認められなければならない（§154）。あらゆるこのような共済金庫（Hilfskasse）の諸規約は、それらに法人（eine juristische Person）の諸権利を付与する官憲の承認を必要とする（§147）。自由な共済金庫ならびに強制的な共済金庫は、都市官庁あるいは以下のラント的な官庁の監督のもとに立っている（§156）。

【以上、第六十八章の注、終わり】

【以下、「第六十九章　財産ゲノッセンシャフトの成立と完成」に続く】

第六十九章　財産ゲノッセンシャフトの成立と完成

より古いドイツ法には、「財産の諸ゲノッセンシャフト」（Vermögensgenossenschaften）は知られていなかったことは、しばしば明らかにされてきている。〈一連の諸関係のために共有者たちのゲノッセン関係がそれらと結びついたところの〉財産の諸ゲマインシャフト（Vermögensgemeinschaften）は存在し、そして、逆に、〈ある財産ゲマインシャフトをそれらの存在の中に取り込んだところの〉諸ゲノッセンシャフトは存在した。しかしながら、両者の場合には、結合の全体性に向かう旧ゲノッセン諸団体の傾向をとおして、〈ゲノッセンシャフトと財産ゲマインシャフトがかつて完全に相互に同化すること〉を妨げたのである。

はじめから、しかしながら、同時に、ドイツ法においては、〈ひとたびゲノッセン結合の全体性に向かう方向が停止し、そして社団の諸目的の個別化へ向かう対立する方向に逸れるや否や〉、〈財産ゲノッセンシャフトの芽を自らの中に含み、そして、その芽を完全な展開へともたらすに違いないところの〉別の傾向が、有効となった。これは、すべてのゲマインシャフト諸関係の〈人的および物権法的、主観的および客観的な内容の間の〉内的な有機的関連の創造に向けての傾向であった。けだし、その結果において〈ゲノッセンシャフトにおいて総財産（Gesammtvermögen）が圧倒的な実際的意味をもつものとなったところの〉至るところで、ゲノッセンシャフトの法的構造のためにもまた、総財産についての諸法律関係が、条件づけそして形成する影響力を獲得したからであり、そして、逆に、〈財産ゲマインシャフトから部分的なゲノッセンの統一体が発展し、後者が法的にもまた財産分配の種類に依存したままにとどまった〉ところでは、様々な諸側面から、いくつかの種類のゲマインシャフト諸形式は、〈そこにおいてゲノッセンシャフトが人的なるものを、財産ゲマインシャフトが非独立なるものを完全に否定し、そして、そのようにしてひとつの財産ゲノッセンシャフトが存在したところの〉法律関係に接近せざるを得なかったからである。この発展の最終の生産物は、そして、財産ゲノッセンシャフトだけを純粋な形成されつくした姿において完成させたところのものは、「株式社団」（Aktienverein）であった。しかし、一連のその他の権利ゲマインシャフト（Rechtsgemeinschaften）は、すでに予めこの目標に、多かれ少なかれ接近していたので、それらは、財産ゲノッセンシャフトの歴史との関連において、ある程度株式社団の前段階として現れており、そして、より最近の時代においては、それらのうちのいくつかは、事実、類似の性格を有する実現された財産の諸ゲノッセンシャフトへと移行している。

I　徹頭徹尾この方向によって支配されていく発展に、我々は、ラントのゲマインデ諸関係において出会っているのである。ここでは、ただ、いかにして政治的ゲマインデからのそれらの切断後に、より大きな、そして、より小さなマルクおよび農業の諸ゲノッセンシャフト（Mark= und Agrargenossenschaften）が、自らをしばしば——たとえたぶんどこでも「全く」古いゲマインデの性質をとおしての一切の修正なしにではなかったとしても——〈ただゲマインラントのためにのみ、そして、ただこのゲマインラントについての持分諸権利の基礎のうえにのみ、存在したところの〉諸ケルパーシャフトへと変化させたか、〔そして〕、いかにしてとくに〈ひとつのフェルト〔耕地〕マルク、森林マルクまたは牧草地マルクの個別の諸断片に制限された〉諸社団においては、ときおり〈株式会社（Aktiengesellschaft）の原則を、対外的にもまた、すでに全く類似の形式において実現したところの〉有機的組織が形成されたか、についてだけが、想起されるであろう。アルプ〔高山牧場〕マルク諸ゲノッセンシャフト、ハウベルク〔樹木伐採〕諸ゲノッセンシャフト、ゲヘーファーシャフト〔林業の人的結合体〕などは、徹底してまたはほとんど徹底して、総体所有権〔総有権〕およびこれについての割当の諸権利

(Quotenrechte) に向けて、構成されていたしそして構成されており、そして、それにもかかわらず、諸ケルパーシャフトの性格を失ってきていない。(1)

Ⅱ　別の側面からは、ドイツ法的な「ゲザムトハント」(Gesammthand 合有) のすべての諸関係には、コルポラティフな傾向が内在している。ベーゼラー (Beseler) がこのことを適切に表現しているように、〃一定の諸官憲のためにそれらの人格の諸限界を否定し、そして、この人格を一様にそれらに共通となった権利領域に拡大するところの〃、それゆえ、たとえ〃新たな独立の権利主体が結合体において新たに設立されるのでは「ない」としても〃、〃法的制度がしかし重要な諸関係において〈ひとがそれをコルポラチオンの模範に従って判断する場合にのみ〉正当に構成されるところの〃、〃複数人の間の実質的な権利ゲマインシャフト〃が成立する。しかしながら現実のケルパーシャフトにまでは、これらの諸関係の大部分は、まさにもたらされては「いない」が、一度そのようなものが生じたときは、それは、決して純粋の財産ゲノッセンシャフトとしては成立せず、財産ゲマインシャフトのモメントをただ、その本質の最も重要であるにせよ一つの側面としてのみ包含するのである。

死亡による古い遺贈をとおして惹起された財産ゲマインシャフトにおいて、共同相続人たちのゲザムトハント〔合有〕において、および、封建法の総有権的諸関係においては、ケルパーシャフトは、そもそも問題とはなりえない。同様に、〈そこではそのうえ、配偶者の内部的な人的ゲノッセン関係が、財産ゲマインシャフトといかなる内的な関連にも立たないところの〉婚姻財産ゲマインシャフトにおいては、問題とはなりえない。(2) しかしまた、海法の総有権である船舶組合 (Rhederei) もまた、ケルパーシャフトに至るまでは自らを濃縮しなかった。それは、むろん、付属物と並ぶ船舶の譲渡可能のそして相続可能の割合的持分をもつ所有者たちの間に、広範に及ぶ〈構成員たちの交代にもかかわらずその存続をとおして、一連の諸場合における多数決の諸決議をとおして、そして、船舶管理人 (Korrespondentrheder) (船舶指揮者 Schiffsdirektor、船舶管理人 Schiffsdisponent) を船舶組合と対外的なその代理行為のために任命することの可能性をとおして、ゲノッセンシャフトに自らを接近させるところの〉権利ゲマインシャフトを生み出す。しかしながら、それは、まさにそのような類似物のもとにとどまっている。〈船舶組合契約のあらゆる変更または拡張のための、共同船舶所有者でない管理人の任命のための、そして、船舶を自由な手から譲渡する決議のための〉全員一致の要件において、ならびに、多数決をとおして管理者に与えられた責任免除（Decharge）にもかかわらずこの者に対して措置する少数者の権利において、——さらになお、若干の諸海法に従って登場する〝船舶を金銭に替える das Schiff auf ein Geld zu setzen〟という少数者の権利において、個々の共同船主たち（Mitrheder）の固有権（Sonderrecht）は、統一体を圧倒するもの、そして、関係全体にとって決定的なものとして、登場している。それをとおして船舶組合が生きた統一体の有機体組織として個々人の総計のうえに有効なものとなることができるであろうところの、完成された編成と組織体制は、徹底して欠けている。すでに用語法が、それゆえ、なるほど船舶組合「規約」ではなくしかし船舶組合「契約」が共同体の基礎を構成すること、船舶組合の組織体制は存在せず、ただ共同船主たちの諸権利と諸義務だけが相互に存在するにすぎないこと、ゲマインシャフトの代表者はコルポラチオンの機関ではなく、被授権者〔代理人 Bevollmächtigter〕であることを、告知している。船舶組合もまた、立法によっても、理論によっても、かつて固有の法人格を付与されたことはない。[4] しかし船舶組合がゲノッセンシャフトであるとすれば、それでもしかし、それは、構成員たちの「人的」責任（Verhaftung）が存在するゆえに、「純粋な財産」ゲノッセンシャフトではないであろう。それにもかかわらず、共同船主たちの観念的持分がたんに船舶組合の諸費用、利益および損失の分配を決定するのみならず、それら〔観念的持分〕に従って図られる議決権の基礎でもあることをとおして、一連の諸関係において、船舶組合は、発展させられた財産諸ゲノッセンシャフト（鉱山組合〔会社〕Gewerkschaft および株式社団 Aktienverein）に極めて接近しているので、船舶組合は、これらのものの前段階として現れているのである。なぜなら船舶共有持分（Schiffsparten）は、すでに〈それにもかかわらずゲマインシャフトにおける人的な諸権利と諸義務の総計のための担い手であるところの〉純粋の諸財産権として特徴づけられており、ただこのゲマインシャフトは、いまだ船舶に関する単なる契約または物的ゲマインシャフト関係にすぎず、独立のケルパーシャフトでも団体化された船舶（inkorporiertes Schiff）でもないからである。

それは、通常、共同相続人団体〔Ganerbschaft 共同相続財産〕と類似の関係にある。しかしそれと並んで、共同相続人団体が決定的にケルパーシャフトへと形成される諸場合が生じたときは、ゲマインシャフトの目的は、共有財産の占有と管理を超えて拡大されたのみならず、共有者（Gemeiner）のコルポラチオン構成員地位もまた、観念的なブルク〔都市〕諸持分と完全に一致することを止めたのである。しかし、もちろん共有者の割合的持分（Quote）は、彼のゲノッセンたる権利を本質的に条件づけそして決定する要素に留まったのであり、そして、その限りで、この点にもまた、財産ゲノッセンシャフトへと準備する法形式が存在したのである。同じことは、〈ゲマインシャフト的に取得された財産の所有権と占有から、一つの総体封土から、ある総体へと付与された有益な権能、職務などから、成長したところの〉その他の諸ゲノッセンシャフトにも妥当する。(6)

Ⅲ　株式社団にきわめて接近する最後に挙げた種類のゲノッセンシャフトは、時おり、諸水車（Mühlen）についての多数人（Personenmehrheit）の総有権〔Gesammteigenthum 総体所有権〕から成立した。それでもしかし、これらの諸「水車ゲノッセンシャフト」（Mühlengenossenschaften）または諸「水車相続財産」（Mühlenerbschaften）は、真の株式諸結合（Aktienverbindungen）または完成された財産諸ゲノッセンシャフトでは、そもそもなかったのであり、まさにそれら〔水車ゲノッセンシャフトまたは水車相続財産〕の中に、諸共同相続人団体、マルクおよび農業の諸ゲノッセンシャフト、あるいは、列挙されたより古い社団の諸種類の何かあるもの、そして、株式社団の萌芽であり模範であるものを見出すことを、ひとは、何ものをとおしても正当づけられないのである。十二世紀の南フランスの諸水車ゲノッセンシャフトについて、それらは、諸総体（Gesammtheiten）として諸水車を占有しそして経営し、そして、それらの諸集会において代表者たち（バユーリ bajuli〔荷物運搬車たち〕）とその他の役人たちを選挙し、個々の構成員たちの脱退をとおしては解散されず、そして、利益をゲノッセン〔仲間たち〕(partionarii パルチオナーリウスたち)の間に、総財産(Gesammtvermögen)についての〈これらの人々によって占有される自由に譲渡可能な〉諸持分権(Antheilrechte)(アショー achaux、サッシュ saches、ムール meules)の割合に従って分配した、[7]と報告されているが、構成員たちが人的に責任を負ったのか、それとも、彼らの持分をもってのみ責任を負ったのかは、いちども明らかではなく、有機的な関連またはコルポラティフな組織体制、とくに議決権については、水車財産の編成とともに、最も最小限のことも明らかになっていない。そのような関連が、いずれにせよ、まだ完全な法的な熟達に至るまでに達していなかったことは、我々がケルンの水車相続人たちの都市貴族的ゲノッセンシャフトに関して最近公表されている諸証書をそれと比較する場合に、ありそうなことであろう。[8] ケルンにおいては、ライン河の諸水車(Rheinmühlen)の或る数を共同占有し、そして、これらを共同の利益と損失に向けて経営したところの、旧市民たちの外観上原始的なゲノッセンシャフトが存在した。それら〔諸水車〕は共同の所有権において存する大河を水車経営のために利用したので、それらの総有権(Gesammtrecht)は、都市主人〔君主〕ならびに都市の、付与または承認に基づいたのである。きわめてしばしばツンフト諸運動が、古い完全市民たちをとおしてのアルメンデの排他的利用に対し、これらの人々が〈彼らの見解によれば〉すでに獲得された諸固有権を主張しうると信じたところですら、反対したように、十三世紀の半ば頃に、周知のように、大司教の援助をとおして一時的に勝利を博したケルンのツンフト蜂起もまた、とりわけライン河の諸水車の私的所有権に反対した。ところで政府へと到達した諸ツンフトは、諸水車を公的な財産とみなす適切な諸理由を十分に有したにせよ有しなかったにせよ、諸ツンフトは、諸水車を公的財産と宣言し、そして、半分をそれらの援助者である大司教に譲渡した一方で、諸ツンフトは、別の半分を都市のカンマー財産(Kämmereigut)として収めた。王政復古の後、都市は、〝生じた不正義を認識しつつ〟、都市に帰属した半分を旧諸水車相続人たちに返還した一方で、それとは反対に、大司教は、彼の半分を再び返還することなく、そして、契約によってそれについての彼の所有権の承認を獲得した。[9] これらの諸経過は、水車権(Mühlenrecht)に関する諸記録への最初の動機となった。我々は、そこから、大司教の半分は現実には区分されておらず、三十六個のライン河の諸水車の観念的な半分において存在したことを判断するのである。[10] 別の観念的な半分は、三十四の観念的持分（完全な諸製粉所 molendina integra、諸水車全体 ganze Mühlen）へと分けられ、そのそれぞれが再びより小さな分け前へと、そしてそれも二分の一、四分の一、そして、十分の一に、分けられることができた。[11] これらの諸製粉所（molendina）およびそれらの諸部分（partes）についての占有諸関係を確定するために、一つの水車帳簿（Mühlenschrein）（四半期帳簿 quaternus）が設置され、続いて登場するすべての諸相続または諸譲渡が登録された。[12] そこにおいて個々人の諸占有権、ならびに、総ての引き分け前（Mühlenantheile）は、それゆえ、株式（Aktien）と大きな類似性を有した。明らかに、ひとは、一つの持分（pars）をもって、ゲマインシャフトにおける構成員地位を取得し、そして、喪失したのであり、〈諸費用と利益が、諸持分の標準に従って計算され、そして、分配されたこと〉は、確実性をもって認められなければならない。このすべてにおいて、多くのその他の総体所有権〔総有権〕の諸関係に対する関係で、まだ何ら特別のものは存在していなかったとしても、それでもしかし、ケルンの水車相続財産（Kölner Mühlenerbschaft）は、〈それが疑いなくコルポラティフなゲノッセンシャフトを形成したこと〉をとおして、総体所有権諸関係から区別され、そして、完成された株式社団として特色づけられるように思われる。統一体としての総体は、個々人に鋭く対立させられる。そして、ゲゼルシャフト金庫のための総体の側からのひとつの製粉所の譲渡も、一人の構成員からの総体への諸持分権の譲渡および引渡しも、登場する。[13] とりわけ、しかし、総体は、コルポラティフな組織体制を有した。そして、それゆえ、《すなわちコルポラティフな組織体制が総体所有権の分配と、たとえ極めて内的に両者が関連したにせよ、徹底的に一致しなかったこと、むしろ――諸ラントゲマインデにおける、または、コルポラティフな共同相続人団体〔共同相続財産〕における、そして、もともとは鉱山権（Bergrecht）におけると全く同様に――財産ゲマインシャフトとゲノッセンシャフトとが、もしそのような比喩が許されるならば、二つの諸要素の完全な同化を相互に妨げそして両方の側で公約数のない残部をあとに残すところの、一定の独立性において対立した》という唯一の、しかし極めて重要な事情が反対するのではないとすれば〉、完成された財産ゲノッセンシャフト、それどころかまさに、株式社団が存在することになるであろう。ゲノッセンシャフトの構成員たちは、むろん諸水車の諸持分の資格を与えられた占有者（相続人仲間 erfgenozen、ライン河で穀物を挽く諸製粉所の相続人たち heredes molendinorum molentium annonam super Rhenum）に過ぎなかった。彼らは、しかし、一つの有機的組織を、推測するに、その他のゲノッセンの同意をもってまたは代理権において、七人の相続人ゲノッセンが、宣誓して〈自らを将来において自ら補充し、そして、つねに一年ごとに一人のマイスターを相互の間で多数決によって選ぼうとするところの〉一つの同僚団（Kolleg）へと結合することをとおして、獲得した。マイスターは、七人の宣誓した人々の同僚団を招集しそして指揮すべきであり、これらの人々は、しかし、罰金の制裁の下に出席し、そして、自らを彼の諸命令に従わせるべきである。この同僚団は、議決権の多数をもって、水車問題（Mühlensachen）における判決を下すべきであった。これとは反対に、非訟的な水車裁判権は、宣誓しないがしかし相続したゲノッセンの関与をもってのみ、行使すべきであった。三人の宣誓者たちと二人のその他の相続人ゲノッセンが集まったときは、彼らは、帳簿（Schrein）を開く権限を有することになっていた。誰かがある水車相続財産（Mühlenerbe）をある他人の手へと委託しようとするときは、彼は、そのことを二人の宣誓者たちと五人の宣誓しないゲノッセンの前でそれを行うべきであった。しかし、委託者の妻がそれを絶えず維持すべく拘束されてあるべきであるときは、さらに二人の宣誓者たち、または、一人の宣誓者と二人のその他のゲノッセンが、居合わせていなければならなかった。だれかが、三人の証人たちをもって、彼が三十年と三日の間、水車相続財産を占有したことを証明したときは、そのことは帳簿記入されるべきであった。ひとは、彼の持分を、ただ生活の必要（des Leibes Noth）のためにのみ売却すべきであった。分割の際における法と手続もまた規律された。ゲノッセンシャフトは、それゆえ自律的に、持分に関して妥当する法を自らのために設定した。共同の諸案件の最上位の管理は、しかし、宣誓者たちのマイスターに任されていたが、しかし、技術的な経営管理は、(〃ムルター家の人々が彼らに待つところの denen die des Multers warten〃) 特別の役人たちの下にあったように思われる。彼らの命令には、諸水車のすべての相続人ゲノッセンは、宣誓者も非宣誓者も、彼らの共同の便益のために (umbe eren gemeinen urbuor inde noit 一アールの共同の土地のそれゆえ必要のために)、六ペニヒの罰金を避けるために、従わなければならなかった。ゲノッセンシャフトもまた、占有の諸変更および諸登録の際の公課を徴収した (一つの完全な製粉所 molendinum integrum のあらゆる十分の一につき、正当な出生から帰した相続人の場合は十二ペニヒ、傍系親族からの取得の場合は二シリング、他人の手からの取得の場合は四シリング)。罰金、筆耕料および諸収益を、宣誓者たちは、相互間で分配し (それゆえ給料)、さらに、しかし、それによって一人の書記役を任命しそして報酬を支払うべきである。[14] ——諸持分に従うコルポラティフな諸権利の測定については、諸証書においては問題とされていない。そして、社団の諸目的に関しては、すでに構成員たちの家族類似の関連から、この旧市民的なゲノッセンシャフトはたんなる生業ゲノッセンシャフト (Erwerbsgenossenschaft) ではなく、その時代のその他のケルンのゲノッセン諸団体と同様、ひとつの包括的な法および生活ゲマインシャフトを生み出したのである。

IV　「鉱山法」(Bergrecht) においてもまた、もともと鉱山業者たち (Bergleute) のゲノッセンシャフト的な組織体制、および、諸デーレ (Deelen 諸持分) または諸鉱山株 (Kuxen) に従って観念的に区分されたゲマインシャフト的な鉱山財産は、両者の間に関連が存在したとしても、決して一致しなかったことは、上述のところで、すでに蓋然的なものとされてきた。[15] 時代の経過の中で、その後、ここで、むろん鉱山財産のゲマインシャフトから、ひとつの〈純粋に財産法的基礎の上に建設され、そして、生業の諸目的に制限された〉コルポラチオンが成長してきている。しかしながら、この発展は、ただ極めて少しずつ実現されたのであり、そして、基本的には、もっとも新しい鉱山諸法律をとおしてはじめて、〈内部的に完成されそして対外的に自己自身をとおして存在する〉財産ゲノッセンシャフトへと形成されてきた一方では、その当時までは、ただようやく個々の財産ゲノッセンシャフト的な諸要素だけがその中に含まれていたにすぎない。それゆえそのより古い形式における鉱山組合（Gewerkschaft）〔鉱山会社〕は、なるほど株式社団の直接の原型ではないが、しかしおそらくは株式社団の前段階の一つであったとすれば、逆に、鉱山組合の現代的完成は、まさに、株式社団の原型に従ってはじめて実現されてきているのである。

まず最初に、ランデスヘルの至上権の発展とともに、鉱山施設組織体制のゲノッセンシャフト的な諸要素は、そもそも次第に除去された。鉱山問題における立法、裁判官の判決および警察がランデスヘルおよび彼の役人たちに移行したのみならず、鉱山業の管理と指揮そのものが彼らの下に帰着した。十六世紀以来制定された鉱山諸条例[16]は、それゆえ、鉱山業経営者たちの自律、自己裁判権および自己管理については、もはや知っていない。ランデスヘルは、鉱山至上権（Bergregal）のゆえに、無制限の絶対的な鉱山主であり、そして、その者のより良い利用のために、一定の諸公課と引換えに、そして、ただ一度限りの規律された諸条件のもとでのみ、諸施設についての一定の諸権利を譲渡するのである。鉱山業者たち（Bergleute）の共同体組織体制またはギルド組織体制については、そのような理解に対する関係では、やがてその痕跡すら消失せざるをえず、ランデスヘルの役人たちの多数の構成部分をもつ有機体組織が、その代わりに現れた。これに対して、鉱山法的な諸財産ゲマインシャフトの私法的側面は、〈鉱山至上権の最も拡大された解釈においてすら、個々の諸関与および諸干渉を別とすれば、試掘者、発見者および〔鉱山試堀特許〕請願者の諸権利、ならびに、最後に鉱山施設の権益（鉱山施設所有権）を付与された者の諸権利は、独立の私権として認められたままに留まったことによって〉、財産統一体の意味において、自らを継続的に形成することができた。それゆえ、一体、まさに現在、つねにより決定的に、〈契約的に結合された諸個人がゲマインシャフト的に鉱山施設を有しそして建造するところの[17]〉自営採鉱者たちのより僅かな数のゲマインシャフト関係（Gesellenbau 職人たちの建造物）と並んで、「鉱山組合」（Gewerkschaft）が、確固として形成された法的制度として登場し、それをとおして一定の、法律または慣習をとおして固定された観念的諸部分（Kuxe鉱山株）[18]の数へと分解された、ツェッヒェ〔鉱山Zeche〕またはグルーベ〔鉱坑Grube〕が、財産法的な統一体として構成されたのである。個々の諸鉱山株（Kuxe）は、その場合、徹底して独立の、相続可能な、〈鉱山帳簿（Bergbuch）と貸借対照簿（Gegenbuch）の制度をとおして条件づけられた諸形式の遵守のもとに〉自由に譲渡しうる、質入可能な、そして、原則としてある程度までは（プロイセンラント法第二部第十六章一三五条によれば八分の一以下ではなく）分割可能でもある、不動産的性格をもつ諸物権としてもまた、取り扱われた。ただ個々の鉱山諸条例においてのみ、諸譲渡の場合に、鉱山組合またはゲノッセンの先買権またはネーエルレヒト〔物権的土地取得権Näherrecht〕さえも認められた。同一の諸持分は、しかし、他方では、それらをとおして条件づけられそして決定された鉱山組合における構成員地位の担い手であり、それゆえ利益（Ausbeute鉱山収益）と損失も、必要な諸分担金（Zubuße鉱山株追加出資金）も、それらの基準に従って分配され、そして、個々の鉱山組合員（Gewerke）は、総体の債務について、第三者に対しては全く責任を負わず[19]、鉱山組合そのものからは、しかし、ただ鉱山株の額にいたるまでのみ請求され、そして、鉱山株の放棄をとおして、課された諸分担金の支払の義務から免れることができた一方では、遅延（Retardat支払遅滞）の場合には、鉱山株の無効宣告（Kaducitӓt）が生じた。しかしそのようにして鉱山組合の基礎が物権法的なものであり、そして、それゆえ鉱山組合には財産ゲノッセンシャフトの第一のメルクマールが帰属したとすれば、それは、第二に、対外的に、法的な統一体として有効となり、そして、それゆえ財産ゲノッセンシャフトの第二のメルクマールによってそれが独立の法主体を意味した「こと」を、いずれにせよ自己の中に担っていたのである。しかしながら、このことを可能にする鉱山組合の組織体制の、鉱山株の分割との完全に遂行された関連は、〈ランデスヘルの諸命令のシステムによれば、《それをとおして鉱山組合が統一体として現象へと現れた》生活活動全体が、鉱山組合の「中へと」ではなく、それの「外部」で国家の官庁の中へと置き換えられた〉「ゆえに」、欠けていた。鉱山施設所有権の封土〔レーン〕授与と維持に関わる諸案件においては、鉱山組合は、原則として、〈もともと封土〔レーン〕授与され、そして、媒介者として総体所有権を構成するために利用された〉一人のレーン把持者（Lehnträger）をとおして代理されたのであり、その者は、コルポラチオンの機関については、何ものもそれ自体としてもたなかった。[20] 管理の諸案件のためには、これとは反対に、特別の鉱坑役人たち（Grubenbeamte）、とくに大部分の場合、一人の鉱夫長（Steiger）が経営監督のために、そして、鉱夫監督（Schichtmeister）が管理と計算のために任命された。そして、これらの者は、鉱山官庁によって鉱山組合員たちの提案に基づいて任命され、[21] そして、あらゆる点において、独立のゲノッセンシャフトの諸機関によりも、ランデスヘルの下級官吏に近い存在であった。それゆえ、ともかく、技術的な坑道経営も、内部的な鉱山組合の諸案件の管理も、絶えず高められる鉱山官庁の上級指揮に服させられた。正式のそして有益な建築に関する監督の代りに、単純に鉱山業（Bergbau）の直接の官憲的指揮が登場した。労働者たちとの鉱山組合員たちの諸契約は、調査と認可を必要とし、そして、賃金は官憲によって確定された。経営に必要な諸資材の調達も獲得された生産物の利用も、官庁の調査と共働なしには、行われてはならなかった。そして、鉱坑の予算の官憲的な監督は、あらゆる個々の収入または支出が承認を必要とするほどまでに、拡大された。[22] 鉱山組合員たちには、至るところで、諸提案の権利およびツェッヒェの状態に関する情報を要求する権限だけがとどまった。鉱山組合員たちの集会については、もはや問題とはならず、[23] 鉱山組合員たちは、生きた総体統一体としては、ほとんど活動しなかったし、個々の鉱山株に付着する議決権は、全有機体組織の方向についての共同決定の権利としても、ほとんど現象へと現れなかった。他人資本をもってするこの官憲的鉱山のシステムは、プロイセンラント法の鉱山法的諸規定において、たぶん最も純粋に実現された。むろんその諸規定によれば、封土付与〔貸与〕された鉱山施設所有者たちは、彼らの諸提案を聞き入れられるべきであり、そして、重要で費用のかかる諸制度の決議の際には、召喚されるべきであった。決定は、しかし、いかなる場合においても、彼らのもとにはなかった。むしろ、鉱坑経営の技術的指揮、ならびに、鉱坑予算の管理は、徹底して鉱山官庁の手に存すべきであった。そして、その場合、この鉱山官庁は、鉱山官庁によって任用された諸役人、鉱夫監督、鉱夫長などを、その下級の諸役人として使用した。それゆえ、まったくただ鉱山局（Berg-amt）にのみ、実施されるべき諸作業の決定、鉱夫たちおよび精錬夫たちの採用と解雇、および、彼らの諸賃金の規律、ならびに、給付されるべき追加出資と分配されるべき収益の確定、が帰属すべきであった。(24) このような鉱山組合の組織体制が、鉱山組合の統一体を、鉱山組合員たちの総体から、完全にそれ以外の何ものかへと移動させたことが明らかであるとすれば、「ゲノッセンシャフト」については、もはや問題とはならなかったのである。鉱山組合は、むしろ、ある側面からは、たんなる国家の「営造物」であり、別の側面からは、契約によって結合した「ゲマインシャフト的な所有権」であった。これらの諸事情のもとでは、理論もまた、いまや鉱山組合員たちの関係をソキエタス〔組合〕、共同主権〔コンドミニウム〕または総体所有権〔総有権〕と解釈し、(25) そしてこの解釈を諸法律の中へと持ち込んだこと、(26) したがって鉱山組合の管理役人もまた、多数人のたんなる総代理人として現れたことは、(27) きわめて説明しうることであった。それにもかかわらず、それでもしかし、必ずしも至るところで、鉱山組合は、その人格を同様に無条件な方法において国家のために奪われたわけではなかった。しかし何らかの諸点において鉱山組合員たちの全体が決定的なものに留まったところでは、これをとおして現象へと到達した法的統一体の観察は、鉱山組合に法人格を与えること、そして、鉱山組合をウニヴェルシタスまたはコルポラチオンとして並びにドイツ法的なゲノッセンシャフトとして説明することへと、赴かざるを得なかった。(28) ところで、しかし、コルポラティフな組織体制がそもそもいまなお存在した限りでは、その組織体制は、現在専ら鉱山財産とその構成部分をとおして条件づけられそして決定されていたので、それについて国家によって許された枠の内部では、鉱山組合は、事実すでに財産ゲノッセンシャフトとして説明され、そして、それによって〈株式社団においてその純粋なそして完全な表現を見出したのと〉(29) 同一の法思想の部分的な実現を内部に含んでいたのである。

我々の世紀〔十九世紀〕の半ばに至るまで、ランデスヘルの鉱山諸条例をとおして基礎づけられた諸状態は、せいぜい実際上ここそこでより大きな自己管理のために修正された[30]一方では、それ以来、重要な諸国家の立法は、〈とくに鉱山組合をもまた、その対外法においても対内法においても本質的に刺激したところの〉鉱山法の原理的な改変をもたらしてきている。[31]国家的な経営指揮（Betriebsleitung）の原理（指導原理 Direktionsprincip）は、除去されてきている。国家は、指揮と後見の代わりに、さらにただ〈その諸限界が鉱山警察的な諸顧慮をとおして、とくに諸建造物の永続性の諸利益、労働者の安全、交通、生活および健康の諸利益をとおして決定されるところの〉鉱山の「監督」だけを要求している。国家は、それゆえ、経営計画の作成と鉱山官庁をとおしてのその承認を要求するが、しかし、国家は、経営そのものを鉱山の所有者たちに委ねている。同様に、国家は、経営の役人たちと管理の役人たちの任命を放棄し、そして、鉱夫長、経営執行者および技術監督者たちのためにのみ、一定の資格の証明を要求している。最後に、国家は、鉱山所有者たちと鉱山労働者たちの間の諸契約の影響力または媒介をもまた放棄し、そして、ただたいていの場合、認可された労働規則の要件に固執している。このすべてのことをとおして、鉱山法の諸社団には、ゲノッセンシャフト的な自己管理の広範な領域が開かれており、そして、〈そのためにはそれらのより古い有機的組織は、いかなる方法においても十分ではなかったところの〉法的な意義が返還されている。それゆえ、以上のことから明らかなとおり、新たな諸法律は、諸鉱山組合の新たな有機的組織を企図してきている。そしてそれをとおして、諸鉱山組合は、いまや株式社団の明白に認識可能な模範に従って、自由な財産諸ゲノッセンシャフトへと変化しているのである。[32]〈物権として譲渡され、質入されそして相続されうるところの〉変更不能的に決定された鉱山株（Kuxe）の数[33]への鉱山財産の区分は、維持されてきている。[34]しかし、鉱山株の財産法的側面については、等しく重要な内容として、〈鉱山株によって専ら担われかつ鉱山株に従って測られる〉議決権が、鉱山組合のコルポラティフな諸案件において付け加わってきている。[35]鉱山株が（例えば、プロイセンにおいて）不動産（unbewegliche Sachen）としてのその特質を失い、そして、明示的に、〈それについて保証証書（Gewährscheine）（鉱山株券 Kuxscheine、持分証書 Antheilscheine）が、株式類似の性質をもって発行されるところの[36]〉動産（bewegliche Sachen）と宣言されていることは、鉱山組合を、この側面からもまた、株式社団に接近させている。諸鉱山株に従う利益と損失ならびに諸出資の分配について、〈鉱山組合の債務については、ただ鉱山組合の財産だけが責任を負う〉との原則について、鉱山持分への出資義務の制限について、および、支払遅滞と無効宣告に関する諸原則については、原則的に何ものも変更されず[37]、そして、そのようにして、社団の専ら物権法的な構成は、いかなる方法においても変えられなかった。しかし、この物権法的な基礎のうえに、いまや独立の法人格をもつ有機的に組織されたケルパーシャフトが建設される。もちろんコルポラチオンの特性は、鉱山組合に、たいていの場合、必ずしも明示的には付与されていない。しかしながら、対外的ならびに対内的なコルポラチオンの諸権利は、それらに帰属する。対外的には、それ〔鉱山組合〕は、〃その名のもとに諸権利を取得し、そして、諸債務を負担し、鉱山施設および諸土地についての所有権およびその他の物的諸権利を取得し、裁判所の前に訴えそして訴えられることができる[38]〃。対内的には、それは、議決権の多数[39]をもって管理諸案件に関する拘束的な諸決議をなすことができ[40]、そして、――一定の諸形式、官憲の認可および本質的な法律諸規定の変更不可能性を留保して[41]――自律的に組織体制を規制することができる。特別の諸規約がない場合に法律的に基礎づけられる鉱山組合の組織体制は、一定の諸形式において招待され、指揮されるべき、そして、鉱山株に従って議決権を行使する、〈年に一回そしてその他特別の招集に基づいて集合する[42]〉、鉱山組合員集会（Gewerkenversammlung）のゲノッセンシャフトの諸案件における選挙、決議および最終決定に譲っている。それとは反対に、裁判上および裁判外の代理行為、ならびに、内部的な諸案件の管理は、〈コルポラチオン機関として特徴づけられる〉特別に選ばれた一人の代表者、または、同僚団的な鉱坑幹部（Grubenvorstand）（指導者Direktion）に委ねられなければならない[43]。最後に、そのように独立の財産ゲノッセンシャフトとして、ドイツの鉱山法の慣習をとおしてもたらされたより最近の諸修正のもとで構成された鉱山組合は、徹底して、ゲマインシャフト的な鉱山の唯一または不可欠の形式なのではない。むしろ、そもそも法的に許されるあらゆる任意のその他の連合体形式が、鉱山のためにもまた選ばれうるのである。[44] 連合自由の視点から、一八五七年のザクセン大公国の鉱山法律（das großh. sächsische Berggesetz）すらもが、そもそも鉱山株の分配を伴う鉱山組合を、特別の制度として廃止させ、そして、いく人かの鉱山経営者たちの組合関係（§18–20）に、特別の諸規約（§21）をもつコルポラティフな社団を対立させることで満足している。

V　鉱山法におけると同様に、岩塩鉱法（Salinenrecht）においてゲノッセンシャフトの諸関係が発展した。もともとは、ここでもまた、一つのオルトの全部の岩塩所有者たち（Salzeigenthümer）または岩塩封土〔レーン〕受領者たち（Salzbelehnte）、および、岩塩労働者たちが、ランデスヘルまたは都市の上級支配のもとに、〈個々の諸クラスに従って、より狭いゲノッセン諸クラスへと編成されたところの〉一つの自律的なゲノッセンシャフト的共同団体（Gemeinwesen）（タール Thal〔谷〕）を形成したように思われる。その場合、しばしば、塩泉（Salzquellen）についてのレーン所有権の分割も、ゾーレ（Soole 岩塩）の加工のために決定された小屋（Koten）についてのそれと結合された経営権の分割も、観念的な諸部分に従って、登場した。この区分占有は、しかし、それがたとえゲノッセンレヒト（仲間たちの権利）と結合していたとした場合であっても、これとは決して同一ではなかった。時代の経過の中で、ここでも至るところでと同様に、諸総体は、〈岩塩至上権（Salzregal）の発展、そして、一部分それらの岩塩諸官庁の有機的組織をとおしての岩塩独占権（Salzmonopol）すらの発展以来、諸岩塩鉱（Salinen）を指揮しそして管理したところの〉ランデスヘルたちに対する彼らの諸権利を失った。それにもかかわらず、しばしば、少なくとも経済的諸関係のために、あるいは、また、彼らに残された自律と自己管理の個々の諸権利のために、個々の諸クライスのゲノッセン諸団体が、保持された。本来の岩塩労働者たち（Salzarbeiter）の諸インヌングおよび諸兄弟団体は、やがてその場合、鉱山の人々の諸鉱夫集団（Knappschaften）と全く類似して自らを展開させた。逆に、塩泉の貴族的または市民的利用所有者たち（岩塩ユンカーたち Salzjunker、岩塩諸主人 Salzherren、岩塩相続人たち Salzbeerbte）の広く及ぶゲノッセン関係は、観念的に分割されたゾール財産またはタール財産（Sool=oder Thalgut）についての単なる財産ゲマインシャフトへと移行した。これとは反対に、小屋において塩を蒸発させることを排他的な生計の経営として取得した人々である、いわゆる塩屋（Salzer）または製塩業者たち（Pfänner）の間に、〈鉱山組合といくつかの類似性を有するところの〉独特のゲノッセンシャフト（製塩業者組合Pfännerschaft）が形成された。[45] なぜなら、個々の製塩業者の固有権が、タールの全ゾール〔塩〕の利用を求める総体に帰属する権利についての観念的持分とみなされることによって、固有権は、独立の財産権であり、同時に、〈全部の（しばしば百十一の）製塩なべの所有者たちからなり、そして、利益と支出をこれらに従って割り当てるところの〉製塩業者コルポラチオンにおける構成員地位の基礎であるからである。それにもかかわらず、より最近の時代において、鉱山法的諸規定のもとへの包摂をとおして、製塩業者組合は、時おり、一つの純粋の財産ゲノッセンシャフトとなってきている。その一方で、製塩所諸法が、〈それらが普通製塩諸条例の欠缺のゆえに、地方的に極めて多様に発展してきているように〉、大部分、至るところで、〈団体の財産法的な基礎と意義と並んで、人的な要素が強く現れる〉複雑なコルポラチオン組織体制を基礎づけている。[46]

VI 我々が、〈財産ゲマインシャフトが、そこにおいて、コルポラティフな諸関係を自分の中から生み出すこと、または、ケルパーシャフトを自ら財産法的な基礎のうえに設定することを、求めて努力したところの〉これまで考察された法律諸制度において、〈株式社団においてその終結を見出した〉同一の方向をもつ諸生産物を認識しなければならないとすれば、それとは反対に、〈株式社団（Aktienverein）の中に、ある程度まで、ドイツ法的な諸商事組合（Handelsgesellschaften 商事会社）の上昇だけを認める〉極めて流布された異なる見解は、誤りである。そしてその一方、株式社団は、そうではなくて真実においては、諸商事組合とは何か「質的に」異なるものであり、そして、何か全く別の根から成長してきたものである。

むろんゲルマン法は、組合契約（Gesellschaftsvertrag）を、本質的にローマ法とは別のものとして形成してきている。そしてもし、その結果において、ドイツの組合〔ゲゼルシャフト〕概念がすでにそれ自体、ローマの組合〔ゾツィエテート〕概念よりも比較にならないほどより強い程度において、個々人の諸権利を修正する能力があるとすれば、ドイツの組合概念は、一つの商号をもつ商法上の生業諸組合（Erwerbsgesellschaften）において、現代の取引法をとおして、事実、ゲノッセンシャフトの概念に極めて近くに移動してきているのである。なぜなら、単なる暫定的な一時的組合（Gelegenheitsgesellschaften）（共通の計算を目指す個別の諸商事組合の諸結合、ドイツ商法典 D. H. G. B. art. 266–269）、および、〈ただ契約締結者間にのみ、そしてしかも専ら債権債務的にのみ有効な、対外的には潜在的な（それゆえ商号のない）《利益と損失への持分と引き換えにする財産の出資をとおしての他人の営業への》》参加（ドイツ商法典 art. 250–265の匿名組合 stille Gesellschaft）に対する関係では、合名組合〔合名会社 offene Gesellschaft〕と合資組合〔合資会社 Kommanditgesellschaft〕とが、対外的に完結した組合財産をもつ永続的な統一体として、登場しており、その一方で、これらは、しばしば極めて高い程度において、諸個人をゲマインシャフトをとおして拘束しそして制限しているからである。そして、それゆえに、より最近の時代における諸理論と諸法律は、これらの諸組合〔諸会社〕は純粋なまたは修正されたローマの組合概念のもとに置かれなければならないのかどうか、むしろウニヴェルシタスの純粋なまたは修正された概念のもとに置かれなければならないのかどうか、最後に、両者とも異なる、独立のゲルマン的または現代的なゲゼルシャフト概念またはゲノッセンシャフト概念のもとに置かれなければならないのかどうか、という問いに対して、極めて様々に回答してきている。(47)

それにもかかわらず、〈その解釈学的な詳論が我々を第二部〔第二巻以下〕において取り組ませるであろうところの〉この問いの「法律的な」決定がどのようになるにせよ、ここでまず最初に、唯一、成立する、あの組合の諸形式の「歴史的」な地位についての問いは、無条件に、〈それらの諸組合〔諸会社〕に対しては、それらの場所は、ゲノッセンシャフトの歴史、そして、少なくとも財産ゲノッセンシャフトの歴史の中にではなく、「契約法（Vertragsrecht）」の歴史の中において、割り当てられなければならない〉「という」意味において決定されなければならないであろう。ただドイツ法的な組合契約の拡大から、商業の諸需要と諸制度をとおして成長して、それらの諸組合は、もちろん個々の諸要素をゲノッセンシャフトの模範に従って、その他の諸要素を財産統一体の模範に従って、継続的に発展させてきている。しかし、それらの諸組合は、契約の領域を、主観的側面の方向でも、客観的側面の方向でも、踏み越えてきてはおらず、それらは、債権債務法的な内容をもつ個々人の諸結合にとどまっている。

1　〈商業と同様に古い[48]、第三者に対する全組合員の無限の人的責任の漸次的形成をとおしてその独特の内容を獲得したところの〉「合名」商事組合〔offene Handelsgesellschaft 合名会社〕は、それによって決して契約関係であることを止めることはなく、そして、理論家たち並びに諸立法によって、最も最近の時代に至るまで、無条件に一つの修正されたソキエタス〔societas 組合〕と解釈され、そして、取り扱われてきている[49]。この性質を、それは、その現代の継続的形成をとおしてもまた、事実的にも、法的にも、変えてきてはいない[50]。

a　それ〔合名商事組合〕が、経済的には、徹底してただ生業の諸目的のための幾人かの経済的諸人格の結合としてのみ、現れてきているように、〔そして〕すでにそこにおける生活の観方が、ただ複数人の完全にそして全く存続する諸個人の〝集合的な〟結合のみを見出しているように、法律的にもまた、組合員たちの総計とは異なる統一体は、成立していない。その内的な諸関係については、組合〔ゾツィエテート〕原理は、しばしばそしてまさに、例えば、商法典によれば、いくつかのその他のドイツ法的な諸組合におけるよりも、純粋にすら妥当している。業務執行のための委任が存在しないところでの全員一致の要件、原則として構成員たちの死亡またはその他の交替をとおして生ずる解散、解約告知の許容、および、分割訴訟などが、このことを証明している。しかし、これらの諸規定の変更において、契約に大きな活動の余地がとどまっているとき、構成員たちの交替の場合における継続と解約告知の諸制限が留保されうるとき、業務執行のための委任が、対外的に、全体のハウプトを構成しうるとき、最後に、協定がなくてもまた、期間的な計算が行われなければならないとき、個々人は、これらをとおして、もちろんローマの組合員たちよりもより堅く統一体へと結合されている。しかし、この統一体は、個々人の総計にとどまっており、その基礎は、「契約」であって、規約（Statut）ではなく、そして、その中には、「代理権」の諸関係（Vollmachtsverhältnisse 代理関係）が存在するのであって、組合の諸機関（Gesellschaftsorgene）が存在するのではない。徹底して、統一体として、組合は、対外的に登場する。しかしこの場合においてもまた、組合は、人々の総計、集合体（Kollektivum）にとどまっており、その統一体的な通用は、固有の組合人格をとおしてではなく、商法（Handelsrecht）の独特の諸制度をとおして仲立ちされている。それが、一人の商人（Kaufmann）と同様に、全体の名称のもとに諸権利を取得し、諸債務を負担し、訴え、そして、訴えられることができることは、商号（Firma）という商法の制度の結果であり、そして、このこと以上には及ばない。組合〔会社〕の商号をとおして同時代の人々の総計のために成長した諸権限は、いずれにせよいかなる点においても、個別の商号をとおして承継する人々の総計に与えられる諸権利とは、異なる種類のものではない。そして、それは、それゆえ、ここそこで特別の〈商号の〉人格の承認のための同一の理由となるであろう。〈現代の立法に従って、設立の際に、そして、その後に登場する公的な〉コントロール（特別の諸形式、商業登記簿、開示）は、組合法（Gesellschaftsrecht 会社法）の中に置かれた理由に基づくのではなく、個人商人を類似のコントロールに服せしめるのと同一の法律的根拠に基づくのである。そして、最後に、〈明示的かつ公的に業務執行から排除されないあらゆる構成員をとおしての〉組合〔会社〕の統一的な対外的代表は、組合契約とのそれらの結合における代理行為と代理権に関する商法的諸原則の結果であって、コルポラティフな有機的組織の法の適用ではない。

b　集合的組合（Kollektvgesellschaft）は、しかし、さらにその最も内的な本質上、「人の」結合体（Personenvereinigung）であり、そして、財産組合（Vermögensgesellschaft）ではない。組合員たちは、彼らの人的な諸力（それゆえ単なる金銭のみならず、労働、信用、諸知識、諸縁故など）を一緒に投げ込み、そして、これらの諸力のひとつの特定された種類としてのみ、資本（Kapital）は、観察される。そこから、とりわけ〈構成員たちが人的に、そして、（プロイセン草案一一七条においては、ただ補充的な責任のみが提案されていたのであるが、商法典に従えば）第一次的にかつ連帯的に責任を負う〉という、本質的な、対外的に変更不可能な命題が、現れるのである。そして、さらに〈構成員地位は、譲渡不能で、不可分で、そして、疑いある場合には相続不能であり、いずれにせよ徹底して人的な権利である〉ことが結果する。組合外での組合員たちの商業経営の諸制限が現れている。最後に、ユーザンス〔商慣習〕と、〈別段の合意がないときに〉商法典とは、完全に一貫して、〈利益と損失は、頭数に従って分配され、資本出資は、ただ前もってのみ利息付きとされるに過ぎない〉という命題を確立してきている。[51] この人的な基礎にもかかわらず、〈なるほど内部的には、徹底して、持分所有者たちの観念的な割合的持分（ideelle Quoten）によって吸収されるが、しかし対外的には、いくつかの諸点において、《構成員の私的債権者たちに対する組合財産の保護に関する、相殺の排除に関する、破産における財団の別除に関する、そして、清算に関する、諸規定において登場しているように》、統一体として法律的に認められているところの〉特別の組合財産（besonderes Gesellschaftsvermögen）が存在する場合、それでもしかし、この財産は、独立の団体化された資本として現れていないし、コルポラチオンの財産としても現れていない。むしろここには、ただ、〈きわめてしばしば（ひとはレーン法、鉱山法などを考えよ）同一の所有者の特別の財産集合体（Vermögensmassen）の完結をもたらす〉ドイツ法的原理の適用のみが存在するのである。

2　合名商事組合〔合名商事会社〕と同様に、「合資組合」（Kommanditgesellschaft 合資会社）は、ゲノッセンシャフトの系列の中に置かれるべきではない。すでに中世において流布された〈自らを他人の営業に財産出資をもって参加させるという〉商慣習が、一般に、ただ次第に、そして、教会法の利息禁止[52]の影響を受けないではなしに、〈もともとはひとはただ消費貸借だけを考えたのであったが〉そのような場合において存在するゾツィエテート〔組合〕関係の承認へと導いたのであるが、その次には、むろん法律的に認められたひとつの特別の組合形式の姿における新たな関係が、すべてのヨーロッパ諸国へと、イギリスを唯一の例外として、導入を獲得したのである。[53] しかしながら合資組合がその最大の広がりを獲得したフランスおよびイタリアにおいて、すでに早期に商人の統一体として自らを主張したとき、[54] ドイツにおいては、より最近の時代に至るまで、〈そこではゲゼルシャフト〔組合〕関係がただ無限責任社員 Kommplementär と有限責任社員 Kommanditist の間にのみ存在し、第三者のためにはしかし存在しなかったところの〉コマンディーテ（Kommandite）というより古い形式が支配していた。[55] ドイツ商法典は、はじめて、〈同法典によって同様に維持されたがしかし諸商事組合（Handelsgesellschaften 商事会社）には数えられなかった〉〟匿名〟組合（stille Gesellschaft）に対して、明確に、共同の商号のもとにかつ特別の組合財産をもつ独立の商事組合としての〝合資組合〔合資会社〕〟を対立させた。この「新たな」合資組合は、〈有限責任社員の制限された参加をとおして諸差異が基礎づけられない限りでは〉本質的に合名商事組合の模範に従って、構成されている。

a　合資組合もまた、それゆえ、対外的には、商人的統一体（kaufmännische Einheit）として一つの商号のもとに登場し、公的なコントロールのもとにあり、そして、対内的にすら、個別の諸関係においてはひとつの全体である。しかしながら、特別の組合人格は、それには同様に帰属しない。合資組合は、経済的な関係においては、一人または幾人かの結合された諸個人の、他の人々の経済的人格の一つの側面（資本）をとおしての単なる強化であるにすぎないように、[56] それはまた、法においてもまた、〈無限責任社員によってもっぱら代表されそして指揮される組合において現れるところの〉無限責任社員の強化されそして拡大された人格であるに過ぎない。

b　それゆえ、合資組合の特別の組合財産もまた、なるほどいくつかの諸点においては統一体として取り扱われる財産集合体であるが、しかし、コルポラチオン財産ではない。そして、組合財産は、さらに同様に、そこから成長したゲゼルシャフトの独立の基礎ではない。なぜなら、合資組合もまた、人的な、債権債務的な関係であって、物権法的なゲノッセンシャフトではないからである。有限責任社員の人格は、組合そのものに関してすら、むろん完全に後退しており、それゆえ、有限責任社員は、無限責任社員の業務執行に対しては、決して異議申立権をもたず、ただ貸借対照表の調査権と助言の権利だけを有し、諸商行為を営むことにおいては、彼の側では制限されずにとどまり、ただ彼の出資または約束された金額をもってのみ責任を負い、そして、彼の死亡または破産をとおしては、組合は終了しない。それでもしかし、有限責任社員の無限責任社員との関連は、共同所有権ではなく、契約の債権債務であり、そして、組合財産に生命と方向を与えるものは、まさに、有限責任社員の人格ではなく、〈集合的組合におけるように完全に全くそれ〔合資組合〕について責任を負うところの〉無限責任社員の人格である。(57)

これらの諸事情のもとでは、合資組合から、歴史的ならびに法律的に、株式会社〔株式組合 Aktiengesellschaft〕が発展してきた、(58)という主張は、是認されえない。

3　さらに、〈株式社団が合資組合から「株式合資組合（Aktienkommanditgesellschaft）」〔株式合資会社〕という概念的および歴史的な中間構成物をとおして成長してきている〉、(59)という歴史的諸事実と徹底して矛盾する仮定は、ほとんど正当化されない。この疑いなくより若い組合〔会社〕形式は、むしろ逆に、株式会社〔Aktiengesellschaft 株式組合〕の模範から発展したものであり、そして、その〔株式合資組合の〕もともとの故郷であるフランスにおいては、とりわけ、〈ひとがより大きな資本の諸結合体を、《匿名の諸組合（die anonymen Gesellschaften）を最も極端に制限する》国家的後見から奪い取ることを求めたことをとおして成立し、そして、流布してきている。(60)その法的な本質に従えば、株式合資組合は、その最も新たな構造においても、ただたんに合資組合の一亜種であるに過ぎない。(61)もちろんその場合、出資資本の株式（Aktien）または株式持分（Aktienantheile）への細分化をとおして、構成員地位の譲渡性に関してのみならず、組合の内部的構造に関してもまた、株式社団の類推に基づく諸修正が導かれている。すなわち、総会（Generalversammlung）は、有限責任社員たちの諸権利を認識し、総会によって選任された監査役会（Aufsichtsrath）が総会の決議を実行し、そして、人的に責任を負う組合員〔無限責任社員〕たちをコントロールする。そして、後者の組合員〔無限責任社員〕たちは、総会の招集および貸借対照表の提出に関しては、株式会社〔株式組合〕の取締役会（Vorstand）に等しい地位にある。しかしながら、このすべては、ただ〝コルポラチオンの「外観 Schein」〟（ベーゼラー Beseler S. 929）をもたらしているにすぎない。その一方で、社団の「本質」は、〈その〔ゾツィエテートの〕存在にとって本質的な一連の契約上および法律上の諸規定をとおして同時に強化されそして制限された、無限責任社員の個人人格（Individualpersönlichkeit）（あるいは集合的に結合された個別諸人格）によってもっぱら代表され、そして、担われるところの〉ゾツィエテート〔組合〕のそれにとどまるのである。その場合、もちろん、〈しばしばそしてとくに、《人的に責任を負う社員が実際に全体の人的および資本主義的な重点を意味せず、その者がたぶん反対にただ表面に押し出されたワラ人形（Strohmann）に過ぎないところでは》、至るところで、制度の実際の内容がその法的な内容にほとんど対応していないこと〉は、見誤られるべきではない。[62] まさにこのことをとおして、そして、このことと結合された〈他人の資本に対する支配をそのような包括的な方法で可能にし、そして、欺瞞的な外観を惹き起こすために適合された〉制度の危険性をとおして、立法は、自らが制限的な諸規定を設定することへと動機づけられるのをみてきており（無記名株式の禁止、高められた責任をもつ監査役会の必要性、計算とコントロールならびに分配の際における債権者の保証に関する諸規定など）、そして、一部分、開示のみならず、国家的な承認をもまた要求してきているのである。[63] そして、事実、もしそれ自体ここでならびに至るところで、予防システムが、抑圧システムに譲らなければならない場合には、諸株式合資組合のこのような後見は、人が諸株式社団の後見に固執する「限り」、必要である。――それに対して、（プロイセンおよびより以前のフランスの立法のように）国家の承認の要件を後者〔株式社団〕において存続させ、前者〔株式合資組合〕において廃止する立法は、まさに、〈株式社団の「本質」を株式合資組合の「形式」へと装わせる〉社団形成を扇動しているのである。

Ⅶ　我々はそのようにして商法（Handelsrecht）によって実現された組合契約（Gesellschaftsvertrag 会社契約）

の拡大の中に株式社団の起源を認めることができ「ず」、そして、我々は、さらにそれ以上にいく人かの人々の先行に従って、独特のローマ的な諸制度へと結びつけてはならないとすれば[64]、株式会社〔Aktiengesellschaft 株式組合〕の外的および内的な歴史に関して存在する諸情報は、一様に、〔株式会社という〕新たな社団形式を、〈ドイツ法的な総体所有権〔Gesammteigenthum 総有権〕とドイツ法的なゲノッセンシャフト（Genossenschaft）とを、最終的に一つの完成された財産ゲノッセンシャフト（Vermögensgenossenschaft）という唯一の制度へと融合したところの〉ゲルマン的法発展の〈取引をとおして形作られた〉産物とみなすことへと指示している。この結果が、〈コルポラティフな形成へと傾斜する財産の諸ゲマインシャフトの、そして、財産法的な構造へと傾斜する諸ゲマインデおよび諸ギルドの〉長い系列をとおして、準備され、そして、或る程度に至るまで前もって形成されていたとしても、それでもしかし、株式社団もまた、一撃をもって完成された財産ゲノッセンシャフトとして存在したのではなく、〈混合されたそして不完全な諸構成物から、その〔株式社団の〕純粋な形態にまで前進するためには〉、数世紀の長さの発展を必要としたのである。株式社団もまた、ただ少しずつのみ、はじめは至るところで登場する、財産の編成とコルポラチオンの組織体制との不一致を克服することができたのであり、そして、〈一方では、共同所有権の概念またはゾツィエテートの概念をとおしての個人法的な制限を剥ぎ取るために、他方では、官憲的理念の支配のもとで、その〔株式社団の〕中へと持ち込まれた営造物的な、そしてしかも本質的に国家の営造物的な要素から、自らを守るために、そして、自らを自由なゲノッセンシャフトとして主張しまたは形成するために〉、さらにより厳しく格闘しなければならなかったのである。

A　個別における株式社団とその法の「歴史」について言えば[65]、

1　最古の諸株式会社〔株式組合〕（Aktiengesellschaften）――あるいは、ひとがより正確に語ろうとする場合には、諸株式「営造物」（Aktienanstalten）――は、「イタリア」において〈公的な認可（Autorität）のもとに営業施設として構成された資本財産（Kapitalfonds）について、利益に対する請求権を伴う諸持分権（Theilhaberrechte）が基礎づけられ、そして、売却された〉というかたちで成長してきているように思われる。このことは、例えば、〈最古の真の株式会社とみなされる〉ジェノアの銀行（サン・ジョルジオ銀行 banca di S. Giorgio）において問題となった。(66) それは、〈彼らの多様に特権を与えられそして一定の諸帳簿に登録された諸債権（ロカ loca〔諸地位〕）のために、一定の国家の諸収入が、彼らに質入れされていたところの〉ジェノアの国家債権者たちの国家による団体化（staatliche Inkorporierung）から生じた。一四〇七年に国家が債務の弁済請求の放棄と引換えに、これらの諸収入およびそれについての裁判権をすら国家の債権者たちのコルプス（Corpus 団体）に譲渡したことによって、このコルプスは、資本財産の占有へと到達し、それに基づいて、そのコルプスは、間もなく、貸出および振替銀行として自らを構成し、そして、この形式において、一七九九年まで存続することができた。しかし、株式社団は、〈それがその総資本を名目金額それぞれ二十五スクーディーの二万四〇〇個の平等の諸部分に分割し、そしてそれらは、ロカ（loca 地位）として、カルトゥラーリウム（cartularium 台帳）において登録され、相続されそして譲渡されることができ、そして、それらの所持人たちをコルプスの構成員とした限りで〉、新たな銀行であった。とくに管理諸費用と留保財産のための金額の控除後に年々生ずる純利益は、ルオーギ（luoghi 諸地位）の標準に従って分配された。これに対して、持分所有者たちの総会（Generalversammlung）は、存在しなかった。それでもしかし、銀行のコルポラティフな有機的組織は、〈一年ずつ半分は抽選で選ばれそして半分は自己自身で補充する《総体を代表する》委員会（総評議会 consiglio generale）が、各十個の持分権をもつ四八〇人の占有者たちから構成されており、その他の役人たちと諸官庁と並んで、頂点に立つ銀行取締役会（Bankvorstand）は、しかし、《そのそれぞれが一〇〇ルオーギ〔諸地位〕を占有していなければならなかったところの》八人のプロテットーリ（Protettori 保護者たち）から構成された〉限りで、持分に従う編成と結びついていた。すぐに引き続いて、やがてヨーロッパのすべての国々において設立された大多数の振替銀行、貸付銀行、紙幣発行銀行および預金銀行における株式原則（Aktienprincip）の類似の適用を惹起したところのものは、この銀行の模範であった[67]。同時に、しかし、すでにその他の諸目的のため、とくに賃借された公的諸収入の共同の管理と分配のためにもまた、イタリアにおいて、そしてとくにローマにおいて、モンテス（montes 諸モンス）という種属の名称のもとに、〈それらにおいては、構成員地位が《譲渡可能かつ相続可能な、変化する利益を生む》諸持分〔ポルチオーネス〔諸部分〕、ロカ〔諸地位〕〕をとおして与えられ、そして、第三者に対する関係では人的には何ものについても義務を負わせないところの[68]〉資本諸社団が成立したように思われる。

2　イタリアがそのように株式原則の揺りかごであったとすれば、世界商業のためのそれの利用をとおしての自由意思による資本連合体の意味における株式原則のより完全な形成は、オランダ人たちとイギリス人たちの「諸商事会社」（Handelskompagnien）において行われた。そしてそれらは、やがてすべての海上を航海する諸国民によって模倣された[69]。諸商事会社は、イタリアのモンテスとはいかなる直接の関連にも立っておらず、独立に、一部は、一定の国に向かって取引する商人のギルド組織体制との関連において、一部は、コルポラティフな国家の商業諸制度として、発展した。それゆえ、〈モンテスにおいてはロカ〔諸地位〕に従って編成された総体権（Gesammtrecht）がようやく次第に一つの組織体制を生み出したのであるが、その一方で〉、諸商事会社においては、まさに逆に、コルポラティフな組織体制は、より早期のものであったのであり、そして、資本主義的な要素は、時代の経過の中で始めて諸商事会社の排他的な担い手となったのである。参加する資本家たちの中でのみ生きているゲノッセンシャフトは、ここでもまた、存在しなかった。――オランダにおいては、まず最初に、〈一六〇二年三月二〇日、その当時まで存在したより小さな諸会社（Kompagnien）および諸マスコパイ（Maskopeien 諸商事会社〔組合〕）の結合をとおしてオランダ議会（Generalstaaten）によって設立され、そして、喜望峰のかなたでの専売的商業の独占権と多数の諸特権（同盟権、戦争権および支店設置権など）を付与された〉東インド商事会社（die ostindische Handelskompagnie）が、国家によって、そしてしかも、徹底して一つの公的なコルポラチオンとして、有機的に組織された。総体の代表は、〈地域的な諸部門――いわゆる諸カンマー（Kammer 会議所）――に従って、当該カンマーのその他の理事者たちの代表へと、都市および地方の諸政庁（Stadt=oder Provinzialmagistrat）によって任命されたところの〉六十人の理事者たち（Direktoren）（Bewindhebber 指揮官たち、administatores 管理者たち）による同僚団（Kollegium）に委ねられた。会社〔組合〕の諸案件の本来の指揮は、しかし、諸カンマーの推薦に基づいてオランダ議会によって任命された十七人委員会（Siebzehnerausschuß）の下にあった。そして、十七人委員会は、意見の不一致の場合にはオランダ議会に帰属する決定を留保しつつ、すべての諸命令を独立に行い、そして、ただ十年ごとにのみ総計算をしなければならないにすぎなかった。それゆえ、あらゆるひとに自由に任された財産的参加は、なるほど株主（Aktionär）の金銭的諸権限を与えたが、しかし、それ自体は、いまだ会社〔組合〕のコルポラティフな活動への参加を与えなかった。それにもかかわらず、組織体制は、〈個々の諸カンマーから取られるべき理事者の数がその諸管轄区域（Distrikt）の基礎資本金（Grundkapital）への参加に従って段階づけられ、そして、そのうえ、理事者の職務のためには、一〇〇〇（またはエンクフイツェン Enkhuizen とホールン Hoorn においては五〇〇）グルデンの名目価額の株式占有が必要であった[70]〉限りで、持分権との関連に立っていた。〈一七九五年の年に初めて解散され、そして国家によって吸収された〉この最古の世界商業の株式に基づく社団の力強い成果は、オランダ自身において、[71] および、その他の諸国、とりわけイギリスとフランスにおいて、[72] 多くの模倣を惹き起こした。しかし、ただ一つの会社〔組合〕だけが、その模範を凌駕した。すなわち、イギリスの東インド会社（die englisch=ostindische Kompagnie）である。[73] 一五九九年以来、いわゆるレギュレーテド・カンパニー〔規制会社〕として存在し、そして、国家によってコルポラチオンとして〈定款（bye-laws）を制定し、一人の総裁と二十人の理事者たちを任命する〉権利を承認されて、イギリス東インド会社は、一六一三年の年に、ギルド組織体制と、オランダの模範に従う株式の分割（Aktientheilung）を結合し、そして、いまや〈一六五四年の年に企図された、レギュレーテド・ゲゼルシャフトの原則に立ち返るという試みが実現されなかった後に〉、株式原則（Aktienprincip）を絶えずより純粋な方法において形成した。とくに株式の占有と、会社〔組合〕の諸案件における議決権（Stimmrecht）が結合され、そして、そのようにして資本が、全体の方向を決定するものと認められた。政府に対する関係では、会社は、成長する独立性へと到達して政府〔権力〕を取得し、そして、すべてのコントロールなしに、会社によって支配される領域において、すべての国家権力を行使し、そして、会社に新会社の設立（一六九八年）をとおして競争させるという試みを、新会社との合体をとおして拒絶した。(74) ところで、しかし、有機的組織の交替と、必然的に、同時に、諸目的の交替が結びつき、そして、〈そこにおいてあらゆる商人が自己の計算で経済活動を行い、そして、公的諸目的のために諸出資を支払ったところの〉レギュレーテド・カンパニーの政治的、商業警察的および道徳的諸目的が、共同営業の目的の前に後退したことによって、まさにこの会社において、〈いかに株式社団の資本主義的な有機的組織が、大体においてたとえただ資本主義的な諸企業のためのみであっても、適切であるか〉が示されたのである。東インド会社は、それが戦争を遂行し、諸侯と諸条約を締結し、八千万人の帝国を支配した「場所」でもまた、財産ゲノッセンシャフトであったし、財産ゲノッセンシャフトに留まった。その結果は、そこにおいては人格は資本に対する関係で何ら妥当せず、そこにおいてはすべてのその他の諸目的は営利目的のための手段に過ぎないところの、すべての専制政治の中の、あの最も恐ろしい専制政治であった。商業独占の廃止がはじめてここで改善をもたらしたのは、いまや生業会社〔組合〕（Erwerbsgesellschaft）の性格が再び政治的なケルパーシャフトの前に後退したことによってのことであり、完全な助けとなったのは、しかし、一七八二年に登場した国家のコントロールが、一八五八年の年に、国家をとおしてのインドの直接統治へと変更されて以来、はじめてのことであった。

3　そのようにしてまず最初に、至るところで、ただ〈散在的な、大規模な、特別に認可されそして設立された〉〈そのそれぞれが特別の法律に従って生活したところの〉諸会社〔組合〕だけが、株式原則を適用したとすれば、新たな社団の形式を一般化することが、はじめて、〈ここで独立の会社の種類が形成される〉ということの認識を、そして、それによって株式社団の法に関する立法を、もたらすことができたのである。最も早期にこのことが起きたのは、たとえ否定的な方向においてではあるとしても、「イギリス」においてであった。そこでは、それ以来、株式会社〔株式組合〕は、その特別の、大陸とは異なる発展をとったのである。イギリスの連合体自由の影響のもとに、ここでは、すなわち、すでに十八世紀の最初の四半期において、特権を与えられた諸会社と並んで、無数の小さな諸会社〔組合〕が、株式（Aktien）に基づいて、最も馬鹿げた口実のもとに欺かれやすい人々から資本を騙し取るためにのみであっても、設立され、あるいは、計画された。[75]まさに合資組合〔会社〕もまた知られていなかったし知られていないイギリスにおいて、すべての設立されていない諸社団において、連帯責任（Solidarhaft）が妥当したことは、これらのいわゆる〝シャボン玉〟（バブル）への参加から抑止せず、加えるに、ひとは、中間証券（Interimsscheine）および無記名株券（Aktien auf Inhaber）の新たに発明された発行をとおして、連帯責任を事実上欺瞞的に作ることを試みた。この諸経過の結果において、いわゆる一七二〇年八月一八日のいわゆるバブル・アクト〔泡沫会社条例〕（Bubble-Acte）（stat. 6 Geo. I. c. 18）をとおして、国王または議会によって設立されたのではないすべての株式会社〔株式組合〕は、抑圧された。けだし、〈コルポラチオンの諸権利の可罰的な越権として、無記名株式の発行は禁止され、その上、しかし、〝会社実体として活動し、または、活動する振りをすること、譲渡可能な資本を出現させ、または、出現させることを偽ること、法的な認可なしにそのような資本における何らかの株式（シェア Share）を譲渡し、または、譲渡することを偽ることは〟、一般的に禁止された〉からである。我々の世紀〔十九世紀〕において初めて、一八二五年の法律（stat. 6 Geo. IV. c. 91）をとおして、バブル・アクトは失効した。しかしながら、〈費用のかかるそして多かれ少なかれ公的意義を有する全く大規模な諸会社のためにのみ達成可能な特殊設立（Special=Inkorporirung）を与えるのではない〉すべての諸会社〔組合〕における全構成員の連帯責任は、現在も存在し続けるに留まったのみならず、法律（stat. 7 et 8 Vict. c. 110. 111. 113）が有限責任なき資本諸社団（有限責任を伴わないジョイント・ストック・カンパニー joint stock companies without limited liability〔無限責任合本会社〕）に、一定の諸形式の遵守をとおしてケルパーシャフトの諸権利の獲得を自由に与えた、一八四四年の年においてもまた、固く維持されたのである。最も最近の十年は、はじめて、イギリス会社法の根本的な転換をみた。諸会社の個々の諸クラスに関しては、すでに予め諸変化が生じていたので、一八五六年と一八五七年の二つのジョイント・ストック・カンパニー法（Joint Stock Companies Acts von 1856 und 1857）（stat. 19 et 20 Vict. c. 47 und stat. 20 et 21 Vict. c. 17）は、〈一八五八年までそこから排除された諸銀行と一八六二年までそこから排除された諸保険会社を例外として〉すべての諸社団に、法律的な諸形式の遵守のもとに、有限責任を伴なうジョイント・ストック・カンパニー（j. s. c. with limited liability有限責任合本会社）として、すなわち、純粋の資本諸社団として、構成することを随意に任せた。(76) 最後に、しかし、一八六二年八月七日の大カンパニーズ・アクト（die große Companies Act. c. 7. Aug. 1862）（stat. 25 et 26 Vict. c. 89）、(77) すなわち、〈すべてのそれに先立つ諸法律を廃止し融合したうえで、資本諸社団（Kapitalvereine）の法のみならず、《利益または儲けをその構成員たちのために得ようと努力する》すべての自由なコルポラティフな諸ゲノッセンシャフト〔諸トレーディング・カンパニー〔商事会社〕trading companies、および、その他の諸アソーシエイション〔その他の諸会社〕other associations〕の法をもまた《それらがある特別の法律のもとに立たない限りで(78)》、規律するところの〉法律は、禁止されないあらゆる目的のためのケルパーシャフトの創造と形成を、最も自由な私的自治に委ねた。この法律によれば、いまや、少なくとも七人の人々(79)からなるあらゆる社団（Verein）は、資本持分（shares 株式）への社団財産の分割を伴ないまたは伴なわずに、構成されうる。しかし、その社団が資本社団（Kapitalverein）の形式を選択するときは、それは、さらに、その自由な選択に従って、連帯責任をそれと結びつけることができ（company unlimited having a capital divided into shares 株式に分割された資本を有する無限責任会社）、あるいは、責任を諸持分に制限することができ（company limited by shares 株式による有限責任会社）、あるいは、最後に、責任を、諸株式を超過する一定の限定された金額をもって基礎づけることができる（company limited by guarantee and having a capital divided into shares 保証による有限責任のそして株式に分割された資本を有する会社)。これら三つの、それにもかかわらずただ最後の二つだけが真の財産ゲノッセンシャフトを含むところの諸形式のどれを、資本主義的な社団が選択するにせよ、いつでも、それは、法律的な諸形式の遵守のもとに、簡単な届出と公的な登記簿への登記をとおして、ケルパーシャフト（body corporate 会社実体）の諸権利、および、それによって、完全な権利能力と行為能力を入手することができる。(80) ただ、その社団は、もし責任が制限された責任であるべき場合には、このことを表示する追加部分を、その商号およびすべての公的な公告の中に取り入れなければならない。その社団は、さらに、その更なる生活においてもまた、〈とくに秩序罰の威嚇をとおして、諸取締役会に対しても、会社そのものに対しても、確保されるところの〉〈それに反対しては、直接の政府介入が、ただ諸株主の一部（株式の五分の一、銀行においては株式の三分の一）の申立に基づいてのみ行われるところの〉ただ抑制的な国家の監督にのみ服する。(81) いかなる有機的組織を会社が自らに与えようとするかは、自律的な随意に委ねられており、ただ補充的にのみ、法律的な通常定款（Formalstatut）が効力を生ずる。それでもしかし、株主たちならびに公衆の利益において、主要なゲゼルシャフト諸機関（社員総会 Generalversammlung と理事者〔取締役〕たち Direktoren）の対外的および対内的な諸権利に関する、そして、構成員地位の取得、喪失および内容に関する、一連の強行規定が、制定されている。最も重要であるのは、現在もまた、無記名株式の無条件の禁止が存在し続けており、そして、それに従って、株主名簿（Aktienbuch）の内容と形式が、一つの本質的なもの（eines essentiale）として、法律的に規定されていることである。(82) この点におけるように、その他の諸規定においてもまた、イギリス株式会社法の大陸のそれからの主たる差異として、つねになお、比較にならないほど高い程度において、人的要素が、資本主義的要素と並んで妥当し続けていることが、際立っている。純粋の資本社団の理念は、法律においても、生活においても、〈総体財産の割合的持分としての株式の特性の前に、社団の構成員地位としてのその特性が、しばしばほとんど全面的に後退しているところの〉我々におけるほどの完全な勝利には、到達していない。

4　北アメリカにおいて類似の方法において繰り返された、イギリス法の独特の形成に対しては、〈はじめはイタリアおよびオランダにおいて実現されたが、その後はしかし、本質的に「フランス」法の影響のもとに継続的に形成された〉株式社団（Aktienverein）の大陸の発展が、対立している。フランスにおいては、とくに十八世紀の第一四半期以来、一方では、株式社団の純粋な資本主義的な性質が完成されるとともに、他方では、新たな社団形式の国家政府からの従属性が、確証された。後者の点においては、すでに十七世紀の諸会社は、商人的国家制度として現れたので、それゆえ、（一六二八年以来）〔フランス〕西インド会社（Comp. des Indes occidentales）が国王によって一六七四年に、簡単に、株式の払戻しのもとに廃止されることができ、そして、一六六四年に設立された〔フランス〕東インド会社（Comp. des Indes orientales）においては、総会の招集も、株式払込および配当金分配の確定も、国王の勅令（Ordonnanz）をとおして行われた。中央集権的および後見的な国家の同じ直接の介入を、我々は、その後、悪名高いスコットランド法（Schotten Law）の名に結びつけられた〈一七一九年以来、フランス全土を破産の瀬戸際に導いたところの〉大掛かりな株式詐欺において再び見出すのである。――まさに国家そのものが、この災いの本来の張本人であった。なぜなら国王の命令がより小規模な諸会社〔組合〕（セネガル会社 Comp. du Sénégal、カナダ会社 du Canada、シナ会社 de la Chine、など）の、一七一七年以来存在している西方会社（Compagnie d'Occident）との合併をとおして、周知のミシシッピー会社〔組合〕（Missisippigesellschaft）（インド会社 Comp. des Indes、一七一九年）を設立し、この会社〔組合〕を、新たな株式シリーズの繰り返された発行をとおして大きくし、そして、最後に、それを法の指図に基づいてバンク・ロワイヤル（banque royal 王立銀行）と合併させたからであり（一七二〇年）、国王自身が理事者〔取締役〕たちを指名し、諸総会に議長を務め、諸決議に影響を与えたからであり、そして、国家の指導であるにもかかわらず、投機取引所全体を瓦解させせたとき、すべての種類の大胆な試みをとおして、無価値となった諸株式のための強制的相場の命令などをとおして、害悪をさらに悪化させたのは、国王の諸勅令であったからである。他方では、それにもかかわらず、まさにこれらの諸会社は、資本ゲノッセンシャフトの意味における株式社団の法律的形成のためには、二重の関係において重要であった。すなわち、第一に、少なくとも名目的には、それらにおける最高の社団機関としては、株主たち自身の総会が構成され、議決権は株式占有の流出物として取り扱われた。第二に、西方会社においては、初めて無記名株式が発行され、まさにそれは、諸定款において構成員地位が、明示的に流通可能な商品として宣言されたのである。[83] 同一の方向において、引き続き、株式社団の法は、継続的に発展した。資本主義的な性質は、絶えずより鋭く現れた。——無記名株式の一時的な禁止は、やがて再び除去され、有限責任性は、決して問題とされなかった。これに対して、株式社団には、国家営造物的な性質が留まり、そして、はじめは多分国王の特許をとおして設立された諸会社と並んで、私的諸社団が、但書つきの諸契約をとおして同様に形成されることができたとしても、[84] それでもしかし、株式社団が独特の制度として完成されるや否や、国家的な認可が不可欠のものと宣言され、政府をとおしての会社〔組合〕生活の監督が法律的に要求されたものと宣言された。これらの基本諸原則から、株式社団は、ソシエテ・アノニム（société anonyme 無名組合〔株式会社〕）の名のもとにフランス商法典（Code de commerce）の中に規定された。[85] このことは、フランス商法典のこれらの諸規定がほとんど大陸立法全体に模範となり、そして、若干の諸国においては、まさにただ翻訳されたのであるが、しかしどこでもおそらく全く影響力なしには留まらなかっただけに、[86] それだけ一層重要となった。

これとは反対に、フランス自身においては、最も最近の時代は、〈一部は、隣接諸国の進歩をとおして、一部は、《それをとおしてひとが政府の介入を回避したところの》株式合資組合〔会社〕の過度の形成をとおして、完全に支持しがたいものとなってきていた〉旧資本会社法〔資本組合法〕の完全な転覆をもたらしてきている。すでに一八六三年五月二三日の法律[87]は、コード（Code フランス商法典）の認可された諸ソシエテ・アノニム〔無名組合、株式会社〕と並んで、イギリスの模範に従って、一つの新しい自由な私的自治に任せられた会社〔組合〕形式を導入した。それは、有限責任会社〔組合〕(société à responsabilité limitée) の名のもとに、真実には、国家の承認なしに形成された株式会社〔組合〕以外の何ものでもなかった。それでもしかし、そのような会社〔組合〕は、最大限二千万フランの基礎資本金をもってのみ設立することが許された（三条）。この制限の放棄のもとに、いまや、〈それをとおして一八六三年の法律が廃止されたが、その内容は、必ずしもあまり本質的ではない変更をもって再生産されているところの〉一八六七年七月二四日の会社法〔組合法〕は、ソシエテ・アノニム〔société anonyme 株式会社〕(tit II.) を、政府の認可と監督からすら解放してきている。新たなソシエテ・アノニムは、そのために存続するフランス商法典の二九条、三〇条、三二条ないし三四条、および、三六条の意味における純粋の資本社団に留まっている。しかしそれは、同法典の三一条、三七条および四〇条の除去のもとに、営造物的性格を失い、そして、〈新たな法律をとおしてその有機的組織のために予め規定された諸制限（二一条ないし四七条）、および、その設立、本質的変更または解散の開示に関して規定されている諸形式（五五条ないし六五条）を留保して〉、ゲノッセンシャフト的な形態形成と自己管理に任されている。イギリス法からは、設立（二三条）と存続（三八条によれば、あらゆる利害関係人は、構成員数が一年以来七人未満を数える場合、解散を要求しうる。）のための七人の必要性、基礎資本金の高の付加のもとにソシエテ・アノニム〔株式会社〕と称することの必要性（六四条）、および、無条件の公開性の原則（二一条と六三条）が、継受された。これに対して、資本主義的な意味においては、株式または株式持分の最小金額（一〇〇フラン、あるいは、二十万フラン以上の資本の場合は五〇〇フラン、一条、二四条）が追加されている。公衆の保護のために、株式社団の設立は、完全な金額の引受と四分の一の払込の以前は禁止され、株式の譲渡は、四分の一の支払後に始めて許され、そして、もともとの署名者は、二年間、株式額面全額のために責任を負うものと規定されている（一条ないし三条、二四条）。反対に、株主は、とくに詳細な諸規定をとおして、発起人たちの側からの搾取に対して保護されている。(88) あらゆる無名組合〔株式会社 anonyme Gesellschaft〕は、株主の中から、最長六年任期で選任される、何時でも解任可能な取締役〔会〕（Vorstand）（一人または数人の〝受任者 mandataires〟または〝管理者 administrateurs〟）をもたなければならない。諸定款は、〈これらの代表者たちが保有し、そして、連帯責任の担保としてその譲渡不可能性の記載をそなえて供託しなければならないところの〉株式の最小限度を規定しなければならない。それでもしかし、定款は、取締役会（Vorstand）に、自らのために非組合員〔非社員〕を代理させることを許すことができる（取締役 directeur、二二条、二五条、二六条）。会社〔組合〕は、総会の期間の間、他の人々に、コントロールと報告のために責任を負う特別委員たち（Kommissare）の一人または数人を任命することが、〈特別委員たちを場合によっては、商事裁判所の裁判長が指名する〉という形で、義務づけられる（二五条、三二条、三四条、三五条）。総会は、少なくとも年に一回、一定の時期に、さらにしかし、緊急の諸場合においては、そして、とくに、資本が四分の三に減少した場合には、取締役会または特別委員たちをとおして招集され、そして、一定の法律的な諸規範が総会の決議能力のために規定されている（二七条ないし三一条、三七条）。取締役たちには、特別委員たちに対しても、株主たちに対しても、一定の諸期間と諸形式において、計算報告をし、営業状態への理解を提供することが〔義務として〕課され（三三条ないし三五条）、会社〔組合〕そのものが、定期的な貸借対照表の作成と財産目録の調整とに（三四条）、しかしとりわけ、基礎資本金の十分の一の総計に至るまでの「準備金」（Reservefonds）を積立てることのために純利益の二十分の一を使用することについて（三六条）、法律的に義務づけられている。すべてのこれらの諸規定の遵守は、一部は、〈利害関係人たちの利益に、第三者の不利益には、それにもかかわらず決して作用しない〉無効の威嚇をとおして（四一条、五六条）、一部は、基礎資本金の二十分の一の代理人たちに認められた〈被授権者〔Bevollmächtigte〕をとおして総体の名において代表者 Vorsteher または特別委員 Kommissare を訴えるという〉権利をとおして（一七条、三九条）、一部は、代表者たちや特別委員たちの対外的および対内的な厳格な民事責任をとおして（四二条ないし四四条）、最後に、一部は、会社〔組合〕、その役人および株主たちに対する罰金および拘禁刑すらによる威嚇をとおして（一三条ないし一六条、四五条）、保証されている。その場合、独特なものとして、とくに、他人の株式に基づいて議決権を行使する人々に対する、ならびに、他人の株式をそのために借用する株主たちに対する、厳格な刑罰規定（一万フランに至るまでの罰金、および、六ヶ月に至るまでの拘禁）（一三条、四五条）が強調されなければならない。——それゆえ、フランスは、ケルパーシャフト形成の自由化のために、重要な一歩を行ったのである。しかし、もちろん一八六三年と一八六七年の諸法律をとおして国家の後見から解放されたのは、「商法的な資本諸社団」(die handelsrechtlichen Kapitalvereine) のみであり、これらの法律は、すべてのゲノッセンシャフト形成を自律に任せたところの、それらのイギリスの模範の背後に、はるかに後退したままである。

5　完全に自由な資本ゲノッセンシャフト (Kapitalgenossenschaft) の設立をとおして、最新のイギリス法とフランス法は、「ドイツ法」を前に優越を達成してきている。なぜならより大きなドイツの諸国においては、今日まで、株式社団は、いまだ完全には、歴史的に承継されてきた国家営造物的な要素の影響とより古いフランス法の影響とを克服してきてはいないからである。

ハンザ〔同盟〕と南ドイツの大規模な諸商人組合〔会社〕(Kaufmannsgesellschaften) の崩壊後は、〈そしてその後者は、おそらく一部は商業保護を、一部は共同生業を、目的としたが、それでもしかし株式諸社団として有機的に組織されることはなかったのであるが[89]〉、ドイツにおけるより大きな諸資本結合体による商業の不振のゆえに、そもそも問題とはなってこなかったように思われる。より限定された諸目的のために、ここそこで、自由意思による資本主義的な性質の諸連合体は登場したとしても[90]、それでもしかし、これらは、その孤立性において、新たな法制度を基礎づけるためには、いずれにせよ適切ではなかった。しかし十八世紀において、株式原則の利用が、若干の海外貿易会社のために（例えば、一七一九年のウィーン東方会社 (Wiener orientalische Kompagnie)、カール六世によってオストエンデにおいて設立された一七二一年ないし一七四〇年の商事組合〔会社〕、フリードリッヒ大王によって設立されたいくつかのエムデン会社 Emdener Kompagnien)、保険諸組合〔会社〕および、銀行のために、開始したとき[91]、このための諸イニシアティヴは、ほとんど徹底して諸政府から出発し、そして、形態の付与の際には、隣接諸国の諸会社〔組合〕が模範として奉仕した。新たな諸制度の内部制度は、それゆえ本質的には、国家営造物のそれであって、そこでは、株式の発行をとおして私人に対して利益への参加は可能にされたが、経営管理への関与は、認められなかった。このことは、〈諸国家が、それらを絶対主義的＝財政的な原則の結果において企てるのがつねであったような〉純粋の生業諸企業においてすら、例えば、フリードリッヒ二世によって設立された海外貿易会社（Seehandlung）においてすら、問題となった。我々の世紀〔十九世紀〕においてもまた、ひとは、その場合、〈あらゆる個々の社団の法は、特別のランデスヘルの許可（Oktroi）に基づいており、それゆえ特別の特権である〉という解釈に固執した[92]。――たとえ、実際上次第に多く商業的および産業的な諸問題におけるイニシアティヴと形態付与が、資本主義的な諸クライスそのものへと移行し、そして、もちろん最初はほとんど数の多くない〈世界商業のため、銀行制度のため、保険のため、運河建設と船舶航行のため、そしてやがては最初の鉄道の施設のための〉株式諸社団の形成が、自由に創造する連合体精神の所産であったとしても[93]。この点においてすべてのヨーロッパ諸国の間での例外であるハンブルクとブレーメンだけは、最初から、株式諸社団の形成を私的な自由に任せた[94]。しかし、その代わり、ここでは、個別の諸組合〔会社〕は、通常の組合法（Societäsrecht）のもとに服することに反対して闘わなければならず、そして、しばしば極めて技術的な諸条項をとおしてそれに対して自らを保護しなければならなかった[95]。最後に、より比較的大きなドイツ諸国において《あらゆるそのような社団のためにひとつの特別法（lex specialis）が構成される限りで、ひとはそれをなしですますことができると信じたところの》株式社団法（Aktienvereinsrecht）の一般的規範化を惹起したところのものは[96]、異常な、とくに鉄道制度をとおして惹起された新たな諸社団の多種多様化であり、それらの本質の変化した観方であった。認許システムおよび後見システム（Koncessions= und Bevormundungssystem）に、これらの諸法律もまた、固執した[97]。しかしながら、それらは、株式社団のゲノッセンシャフト的性格を、すでに最も重要な諸点において承認せざるを得なかった。それ以来、ドイツにおける経済生活の躍進が、取引目的、産業目的および商業目的のためにもたらしたところの、諸株式会社〔株式組合〕の豊かさは、見渡しきれないほどのものであるとしても、その数が大きくなればなるほど、それだけ一層決定的に、その形成において自由意思による結合が圧倒し、それだけ一層自由にかつ創造的にそれらの形成において自律が主張され、それだけ一層抵抗しがたく制度の重点は、参加者たちのゲノッセンシャフトへと移動したのである。このことは、なぜなら、結局、諸株式会社〔株式組合〕が、ドイツ全体のために妥当する法律的規範化をドイツ商法典の諸規定を通して受け取り[98]、もちろんまず最初には、ただ諸商行為を営む諸株式会社〔株式組合〕のみが問題となったが、若干の諸国〔オルデンブルク、メクレンブルク、ハンブルク〕においてはそれにもかかわらず無条件に一般化され、そして、プロイセンにおいては、独特の商法的な諸規定の変更のもとに、そしてしかもとくに形式的な諸規定のみの変更のもとに一般化されているときにもまた[99]、登場せざるを得なかったからである。商法典は、もちろん必ずしも完全には、〈現代のゲノッセンシャフトに対してこの領域においてもまた、阻止的に向き合ったところの〉半警察的、半市民的〔半ローマ法的〕な観方から解放されることはできなかった。商法典は、一方では、契約の解釈と共同所有権の解釈を混入させ、そして、他方では、株式社団の成立とあらゆる本質的な変更〔定款変更、確定の時期を越えての存続、合併および基礎資本金の一部の払戻し〕のために、国家的な承認を要求している[100]。しかしながら、前者の点においては、それでもしかし、すべての本質的な諸問題において、ケルパーシャフト的な原則が勝利し、そして、国家的な承認に関しては、すでにラント法律に許された離反は、〈その承認が、すぐ引き続いて、ハンブルク、ブレーメン、リューベック、オルデンブルク、そして、〔銀行、信用および保険の制度におけるほかは〕バーデンにおいて規定されているように[101]〉、〈その承認が社団の法的性質にとって何ら決定的なものではもはやありえず、そして、それゆえ古い許可（Oktroi）から、その最も内的な本質上、異なるものである〉ことを指示している。その承認は、それゆえ、それが確保された場所では、徹底して、ただ国家警察的な性質のものであるにすぎず[102]、それゆえにその承認を社団の解散の際には要求しないことが可能であったのである。そして、極めて遺憾であるのは、ケルパーシャフトの形成を完全に自由に任せることを決断することができなかったことであり、それゆえ、そうでないとしてもしかし、少なくともその実定的な生活のために、一度引かれた限界の内部で、株式社団が、国家的後見のもとに置かれる代わりに、本質的に単なる国家の「監督」のもとに置かれてきていることである。[103] 警察国家の減少されることのない遺産、および、ゲノッセンシャフト的な原則への決定的な破壊は、もちろん、いまなお、大部分のラント諸法律（以下、注(140)をみよ。）が行政諸官庁に公共の福祉の諸理由から、株式社団の解散を（たとえ裁判官によって確定されるべき損害賠償と引き換えにであるとしても）完全に断念させていることの中に、存在している。

B　株式社団は、それゆえ、最も最近のドイツ法においては原則として、大部分のラント諸法律によれば必ずしも重要な諸修正なしにではないとしても、生活と人格を自己自身から創造する自由なゲノッセンシャフトとして、認められている。株式社団（Aktienverein）は、しかし、諸ゲノッセンシャフトの間では、それが、実現された財産ゲノッセンシャフト（Vermögensgenossenschaft）、すなわち、純粋な資本ケルパーシャフト（Kapitalkörperschaft）である限りで、独特の地位を有している。それをとおして株式社団がドイツ法的なゲマインシャフトの諸形態の長い連鎖の中での保護構成部分として特徴づけられるところの、この地位は、ここでは、その諸輪郭に従って概略的に示されなければならない。

その場合、まず最初に、第二部〔本書第二巻〕において初めて可能な、この社団形式の法的性質の詳論を予め把握しようとすることなしに、いかにして、まさにこの制度において極めて異常に異なる法律的な諸解釈が、歴史的な発展との関連なしにではなく存在してきたか、あるいは、いかにして、それらの諸解釈が、それでもしかし〈それらのいずれもが、その当時までゆるがせにされてきた側面を露わにすることに、その成立を負っていたこと〉をとおして相対的な正当性を有しているかが、指摘されるであろう。ひとがあらゆる株式会社〔株式組合〕の法〔権利〕をランデスヘルの許可（Oktroi）から導いた限りでは、ひとは、ただ――〈最後に過ぎ去った諸世紀〔十七世紀、十八世紀〕の意味においては極めて近く相互に存在した〉諸概念である――営造物の承認とコルプス〔団体〕の承認との間にのみ、動揺することができたにすぎない。より古い法律家たちに組合説（Societätstheorie）を捏造したとしてなすりつける以上の誤りは、ありえない。イタリアのモンテスは、徹底して〈そこに構成員たちが第三者の営造物におけるように参加したところの〉資本主義的な制度として現れたので、それをスカッチア（Scaccia）は、質屋たち（Leihhäuser）（montes pietatis 慈悲のモンテス〔聖なる資金〕）と一緒に総括している。[104] しかし諸商事会社（Handelskompagnien）を、ひとは、あるいは、より多く特権を与えられた諸コルポラチオンより以上に、あるいは、国家の制度以上に、みなすことができたとしても、しかし、〈諸コルポラチオンが、マルクアルト（Marquard）によって諸組合（Societäten）のもとにではなく、《その模範に従って諸コルポラチオンが設立されているところの》商人の諸ギルド（コレーギア collegia 諸同僚団）のもとに取り扱われ、[105] ハイネクキウス（Heineccius）とパウリ（Pauli）によってコルポーラ（corpora 諸団体）とパルテス・レイプブリカーエ（partes reipublicae 共同体の諸持分）と称され、[106] そして、より古いフランスの法律家たちによってもまた決して諸組合契約（Gesellschaftsverträge）のもとには包摂されなかったように[107]〉決してたんなる諸組合とみなすことはできなかった。我々が見てきたように、最初から、国家は、〈国家がここでは、コルポラティフに基礎づけられるべき有機体組織と関係しなければならないこと〉を極めてはっきりと自らに意識しており、そして、それに従って国家の位置をとっていた。まさに株式社団のコルポラティフな形成は、〈このことがすべてのより古い諸法律においても、フランス商法典においても、そしてまた、一八三八年および一八四三年のプロイセンの法律においても、一八五二年のオーストリアの法律においても、登場しているように〉国家によって要求された承認の権利、後見の権利、そして、廃止の権利のための法律上の原因を与えたのである。コルポラティフな形成が同時にコルポラチオンの概念に必ずしも徹底して固執しない場合にもまた、これらの諸法律も、より新しい諸法律も、ほとんどすべての諸法律が原則的に、そして、すべての諸法律が実際的に、株式社団に独自の法人格（Rechtspersönlichkeit）を認めている。[108] 事実、なぜなら、ドイツの外においてもまた、理論は、ほとんど以前には株式社団のケルパーシャフト的な性質を、疑いある場合には、導いてきていないからである。その場合、もちろん、フランスにおいては、すべての諸商事組合〔商事会社〕に対する法律上の人格の概念のそこで認められた拡張が共働した一方で、イギリスにおいては、コルポラチオンの諸権利の問題は、存在の問題とは、以前から完全に一致していた。ドイツにおいては、これとは反対に、〈すべてのことを国家の許可へと置く〉より古い見方に対する反動から、ひとつの直接に対立する理論が発展した。そして、その理論は、国家のイニシアティヴからの資本の連合体の実際上の解放との一致において、制度の本質を結合された人々の意思（Wille）の中に求めたが、しかし、この意思を支配的なコルポラチオン理論の強制のもとでは〈それ〔対立する理論〕がその意思を契約意思として解釈し、そして、株式社団そのものをローマ法的な組合概念に服せしめることによる〉以外には、実現することができなかった。この理論は、その場合、個別においては、とくに若干の人々によって、契約の性質が、〈国家をとおしての明示的な設立（Inkorporirung）すらもそれについて何ものも変更しないほどに[109]〉社団（Verein）の極めて不可欠のメルクマールとして説明された一方では、大部分の人々が、〈ケルパーシャフトまたは別の種類の法人へと高められない株式組合〔株式会社〕の法的可能性を修正されたソキエタス（societas）として説明することで満足したことによって〉、さまざまに形成されたのである。[110] 諸事実、取引の諸見解、諸法律およびすべての諸定款とは解きがたい矛盾の中に立つ、そのような観方を意味する主張者たちが期待し、そして、さらに商法典の起草の際にも影響力を行使することができたということは、[111] しかしながら、〈民事法的な組合理論の信奉者たちが彼らにだけ未解決に残された《ローマ法のソキエタス（societas）とローマ法のウニヴェルシタス（universitas）の間の》選択をとおしてそこへともたらされた〉ディレンマをとおしてのみ理解しうるものとなる。[112] それにもかかわらず、二つのうちの一つが選ばれなければならなかった場合には、ただウニヴェルシタスだけが可能であった。それゆえ次第しだいに、ウニヴェルシタスが株式組合〔株式会社〕理論の出発点に高められたのであるが、その場合、当然のことながら、個別の諸点においては、極めてさまざまな形成が可能であるにとどまっていた。それにもかかわらず、ロマニストたち（Romanisten）のもとにおいてもまた次第に登場してくる、サヴィニー（Savigny）のコルポラチオン概念の緩和が、この場合に、それだけ非常に、生活への適合を与えたとしても、それでもやはり、そのように企図された構成は、一度も、ローマ法のウニヴェルシタスの基本類型を否定することはできず、営造物的要素がとどまったのであり、そして、社団は、その諸構成部分において生きるひとつの全体として把握される代わりに、社団に技術的になすり付けられた人格（Person）の形式における〈社団とは別のそして外的な〉統一体の中へと、そして、一つの法的に結合されない多数性へと、解消されたのである。[113] そのような二者択一から解放される必要から、民事法的〔ローマ法的〕な構成の方法で、あるいは、ゾツィエテート〔組合〕概念を〈ゲゼルシャフトが、法的にひとつの統一体——いわゆる形式的または集合的な統一体——として妥当する[114]可能性を受け取った〉というように拡大するか、それともしかし、法人というローマ的な法思想の修正を組合原則（Gesellschaftsprincip）をとおして確立するか[115]という、さまざまな試みが湧出した。多くの非難を浴びたゲノッセンシャフト理論（Genossenschaftstheorie）には、〈まず最初にこれらの技巧的なことがらから距離を置き、そして、《伝来のローマ法的諸概念の囚人服には適合しない》株式会社〔株式組合〕をドイツ法の独立の形成物として把握する〉という功績が、当然に帰属すべきであった。もちろんこの理論は、それがゲノッセンシャフトをケルパーシャフトとゲゼルシャフトの間の中間物であると述べたところの定式化においては、支持しがたいものであった[116]。そのような中間物は、おそらく歴史的には存在しうるが、しかし法律的には存在し得ない。しかしながら、理論の創設者であるベーゼラー（Beseler）によって、まさに株式社団への関連をもって、明示的に、それが「ケルパーシャフト」であることが、すでに承認されている[117]。ただ、株式社団は、まさに〝コルポラティフな「ゲノッセンシャフト」〟であり、それはローマ法的な、ウニヴェルシタスの原則によって支配されたケルパーシャフトではなく、ドイツ法的な〈ゲノッセンシャフトの原則に従って建設された〉ケルパーシャフトにほかならないのである。――すべてのこれらの諸理論にもかかわらず、いまや、しかし、ただ株式社団の一つの側面である人的結合体だけが顧慮され、そして、人的結合体における統一体〔単一性〕と多数性の関係が法律構成の出発点とされた。反対に、この社団形式のその他の諸ゲノッセンシャフトからの特殊な差異、人的結合体と結合された資本の間の独特の関係は、顧慮されずに留まったか、あるいは、おそらく明示的にすら重要ではないものと説明された。〈いまや逆に一面的に資本主義的な要素を強調したところの〉一連のその他の諸理論を惹起するために、理由は、十分であった。このことは、再び、二重の方法において起きた。あるいは、財産集合体そのものが制度の担い手へと高められ、その場合、あるときは、強調がその編成へと置かれ、そして、それによって修正された財産ゲマインシャフト（Vermögensgemeinschaft）（コムニオ communio）または物権法的なゲゼルシャフト（sachenrechtliche Gesellschaft）が構成されるか、[118] あるときは、むしろ、財産にその統一体と方向を与える目的決定が基礎に置かれ、そして、さまざまな方法においていわゆる〝目的財産〟（Zweckvermögen）が確立された。[119] それともあるいは、しかし、社団の独立の法人格に固執され、法人格の実体としては、しかしながら人的結合体の代りに財産集合体そのものが置かれ、それゆえ社団の人格は財団人格または営造物人格へと、ケルパーシャフトは〝取引の制度〟（ヴィッテ Witte S. 16）へと変化した。[120] これによって、実際、〈新たな社団形式にとってむろん本質的な要素を強調することをめぐるその功績は争われえないところの〉資本主義的な理論は、ゲノッセンシャフト的な要素の完全な否定をとおして頂点へと押し進められたのである。

その間に、すべての矛盾する諸理論をとおして惑わされることなく、株式会社〔株式組合〕は、法律生活において、その本質に適合する方法において継続的に自らを発展させ、そして、絶えず明瞭に、完成された財産ゲノッセンシャフト（Vermögensgenossenschaft）として自らを形成した。その場合、創造的であったのは、もちろん学問でも法律でもなかった。しかしそれらは、まず最初は具体的諸場合の特殊規範として、最後には特殊な場合にただ特別の方法においてだけ現われる一般法として、互いに連合する諸クライスの自律が創造したところのものを、認めなければならなかったのである。それによって個々の資本諸ゲノッセンシャフトが自己自身にその権利を与えたしかつ与えているところの「諸定款」は、そのようにして新たな制度の本質のための、とりわけ〈諸ゲノッセンシャフトの間での、そして、法システム一般の中での〉その地位のための最も重要な認識源泉である。そして、この認識源泉は、ひとが別に法において、死んだ図式をではなく、生きた有機体組織を探す場合には、株式社団のすべての諸クラスのためまたは個別の諸クラスのために一般的な諸法律が公布されてきているところでもまた、不可欠のままにとどまっている。なぜなら、すべての諸法律は、株式諸社団の外部法（das äußere Recht）だけを〈完全かつ無条件に命令する方法において〉規律している一方では、それらの法律は、株式諸社団の内部法（das innere Recht）のためには、なるほど個別の絶対的な諸制限を設定し、その実定的部分を、しかし、ただ補充的かつ不完全に規定しているにすぎないからである。それゆえ、株式社団は、〔ゲマインデとは異なり〕定款なくしては、そもそも存在することができず、そして、法律そのものが、一定の諸形式に拘束された定款の存在を社団の生存条件としているのみならず、実定的にもまた、その内容の最小限度を要求している。[121]まさに、さらにそれ以上に！、〔次のことは〕事柄の性質上当然なのである。すなわち、法律は、それが自らゲノッセンシャフト法を補充的に規律する場所では、すべての可能な諸規定のもとに、個々人を最小限度に制限しそして拘束するところの諸規定を選んでいること、反対に、〈生活能力と活動能力を有する、継続的発展の可能性を自己のなかに担っている〉ひとつの有機体組織を創造しようとする定款は、通常、社団の統一体のために法律的に一般に認められたよりも強い権利を、多数性（Vielheit）に対する関係で構成しなければならないこと、それゆえいくつかの法律的諸規定は、諸定款の圧倒的多数において変更されんがためにのみ、規定されていること、[122]そして、従ってここでは、制度の全体現象の本質を諸定款の顧慮なしに、ただ補充的な普通法からのみ決定しようとする者にとっては、完全にゆがんだ姿が現れるであろうということ、[123]である。

株式社団は、と我々は言った、完成された「財産ゲノッセンシャフト」（Vermögensgenossenschaft）として自らを形成した、と。しかし、ここにおいては、我々の現代の連合体生活は、それがそもそも諸推移と諸混合形態の無尽蔵の多種多様性を示しているように、ただ「純粋な」株式社団だけを、すなわち、ただ貫徹された財産ゲノッセンシャフトだけを、知っているのでは決してなく、その基礎にある原則を、最もさまざまな方法において、その他の法的な諸形成物と結びつけていることが注目されなければならない。それゆえ、第一に、しばしば、資本連合体（Kapitalassociation 資本会社）と人的なゲノッセン関係が結合すること、あるいは、それでもやはり株式社団の有機的組織においては、人的要素が、より高い程度かまたはより僅かな程度において、何か独立した要素として〈たんに資本にのみ奉仕する要素として「ではなく」〉妥当すること、逆に、人的ゲノッセンシャフトは資本主義的な要素を自己の中に採用し、そして、「この要素」を、そこにおいて出現させることなしに、株式原則に従って、構成することが、登場するのである。そのような諸場合に関する諸示唆は、一部は、すでに上述のところで（第六十五章）行われており、一部は、さらに（以下および第七十章を見よ。）現れるであろう。第二には、しかし、純粋の株式「ゲノッセンシャフト」（Aktiengenossenschaft）と並んで、極めておそらく、純粋の株式「営造物」（Aktienanstalt）が（それが、例えば、プロイセンの海上貿易会社（Seehandlung）であったように）考えうるのであり、そして、後者はたぶん現実にはほとんど更には登場していないとしても、それでもしかし、営造物的要素のゲノッセンシャフト的な要素との結合は、現在もまた、至るところで頻繁に行われている。一定の意味においては、ひとは、国家的な承認があらゆる場合のために要求される限りで、「あらゆる」株式会社〔株式組合〕には、さらに、何か国家の営造物的な性格が付着している、とすら言うことができるであろう。それを別としても、しかし、〈ただそれらの資本の一部だけを株式をとおして提出し、そして、その代わりに、諸株主に対し、利益権（Gewinnrecht 利益配当請求権）と並んで、経営管理への一定の参加を保証するところの〉決定的に刻印された国家およびゲマインデの諸営造物もまた、存在しており、そして、逆に、〈公的な諸機能がそれらに譲渡され、そして、その代わりそれらが国家政府の極めて強力な影響力に服しており、それゆえ、それらの本質の一部が、たんなる自由な結合〔体 Vereinigung〕の中にではなく、それらの国家営造物的な利用の中に存するところの〉設立されそして特権を与えられた諸株式会社〔株式組合〕が存在している。二つの諸形態のためには、とくに「諸銀行」の間に諸例が見出される。[124] しかし、しばしば、とくに、鉄道諸会社〔鉄道組合〕およびその他の取引に捧げられた〈特別の諸特権（例えば、強制収用権（Expropriationsrecht））の付与、国家的な利息保証、または、直接の国家関与さえものために、国家的な共同指揮、あるいは、そうでないとしても広範な諸制限を許容しなければならないところの〉諸企業においてもまた、そして、保険諸営造物においても、類似のものが登場している。最後に、個別企業者の圧倒的な影響をとおしてもまた、たんに事実上のみならず、法的にもまた、株式社団のゲノッセンシャフト的性格が修正され、ある程度「私的営造物的」な諸要素と結合されうることが、発起人または数人の発起人たちのためにしばしば留保される諸権利、彼らに全部または一部委ねられる指揮などにおいて、明らかに現れている。[125] すべてのこれらの諸可能性は、しかし、なるほど「株式」原則が、それが資本主義的企業への財産出資をとおして媒介されそして制限された参加を意味する限りでは、株式「社団」よりも、極めて多く広範に及ぶこと、しかし、有機体組織全体の生活が資本家たちのゲノッセンシャフトから展開される場合またはその限りでは、まさに純粋の株式社団は存在せず、または、もはや存在しないことを、ただそれだけいっそう明らかに示すのである。

株式社団「そのもの」は、むしろ、事実、財産のゲノッセンシャフトである。

1　株式社団は、それが、全体として財産をとおして条件づけられ、かつ、決定されており、そして、他方では、株式社団の構成と編成がその財産の構成と編成をとおして条件づけられ、かつ、決定されていることによって、「財産の」ゲノッセンシャフトである。

a　それは、「全体」として、財産をとおして

α　「条件づけられ」ている。それゆえ、株式社団は、一定の額において存在する――たとえ場合によっては全部または一部まだ払込未了の――基礎資本金（Grundkapital）なしには存在することができず、（一連の新株の発行をとおしての）基礎資本金の増加または（一部の払戻をとおしての）基礎資本金の減少によってその組織体制を変更し、そして、基礎資本金の消滅（全部損失または破産）によってその終了に到達し、あるいは、他の社団へのそれの譲渡（合併）によって自らこの他の社団において消滅する。株式社団の本質とともに成長したこの資本のほかに、もちろん社団は、別の財産（Vermögen）（獲得された財産Gut）を占有することができ、そして、既存の財産Fondsをさまざまな諸目的（留保財産、減価償却基金、弁済資金）のためにそこから積立てることができ、あるいは、社団は、その経営資本を、諸部分債権（優先諸債権）への分割なしにまたは分割を伴なって、消費貸借の借り入れをとおして増加させることができる。このすべては、しかし、基礎資本金と同様に、社団に本質的、または、その他の諸コルポラチオンに対する関係で特徴的であろうところのものでは、決してない。[126]

β　株式社団は、しかし、さらにその資本財産（Kapitalfonds）をとおして、〈それがただこの財産（Fonds）のためにのみ「存在」し、財産に「奉仕し」、社団の生活とその活動を財産の管理と利用に制限することによって〉「決定されて」いる。個々人の財産は人格の目的（Zweck）のための手段であり、同様にしかし、ゲマインデ財産はゲマインデ人格の目的のための手段であるのに対して、ここでは、逆に、社団人格は、社団財産の目的のための手段として現われ、そして、まさにただその目的が及ぶ限りでのみ及ぶのである。しかし、財産は、決して、人格のように、自己自身が目的ではありえないゆえに、社団の有機体組織が自らを完成させるためには、財産の目的決定が付け加わらなければならない。そのようにして株式企業の対象（Gegenstand）は、社団の本質に属し、株式企業にその名称を与え（物的商号）[127]、一定期間のまたは一時的な諸目的のためのその設立を可能にし（例えば、博覧会、設備の建設など）[128]、それによって社団が自己自身を変化させること（ドイツ商法典二一五条）なしには変更されえず、そして、達成されるかまたは不可能となる場合には、社団の終了をもたらす。[129]これが、株式社団が財団と一致する点である。そして、ひとが、株式社団をたんに外部からのみ観察するときは、その本質は、それが何らかの商業的、産業的、交通的、または、公益的な目的のために決定された財産（Fonds）として、それゆえ〝取引施設（Verkehrsinstitut）〟として、自らを示すことによって汲み尽くされるように見える。しかしながら、取引施設を、株式社団は、個人企業者または集合組合または合資組合〔合資会社〕と類似の対象に捧げられたあらゆる財産によって有し、その施設を、株式社団は、同様にそのために設立された国家営造物またはゲマインデ営造物と共通に有する。国有鉄道、私的保険営造物、まさにあらゆる商人的商号（kaufmännische Firma）は、同一の方法において〝取引諸施設〟である。問題は、それゆえ、有機体組織に生活の方向を与える目的（Zweck）がどのようなものであるかではなくて、その目的に捧げられる有機体組織（Organismus）がどのようなものであるか、すなわち、ここでそれらの生活の使命を見出す統一体であるのは、拡大された個人人格であるのか、営造物人格であるのか、総体人格であるのか、である。この側面からは、株式社団の決定は、むろん、ある別の同種類の取引施設から徹底して異なっている。なぜなら、財団人格または営造物人格（Stiftungs= oder Anstaltspersönlichkeit）の場合には、外部的な目的が同時にその内部的な有機体組織を支配しているのに対して、――逆に、人格化されない取引施設の場合には、外部的な目的は、内部に向かっては、（個人のであれ、組合のであれ、あるいは、総体人格のであれ）人格の一般的な諸目的の中で消失するのに対して、株式社団の目的は、対内的な目的は、対外的な目的とは、異なっているからである。株式社団の内部的な有機体組織に関しては、その企業は、経済的または公益的なものとしてではなく、その構成員たちの生業またはその他の家計的な利益のために決定されたものとして、考察される。社団の生活を決定しそして支配するのは、「財産法的な」目的である。諸場合のさらに最大多数においては、この目的は、資本主義的な生業〔営利〕目的である。しかし、社団がその構成員たちに別の諸利益または諸享受（例えば株式会館、株式閲覧室など）を与えようとする場合にもまた、〈社団の形式の選択を惹起し、そして、株式社団がまさにただ株式社団にのみ留まる限りで、諸権利と諸義務を決定するところのもの〉は、まず最初に、その財産の価値である。そして、同じことは、公益的な意図において設立された諸株式会社〔株式組合〕の場合においてすら、妥当する。なぜなら、ここでもまた、絶えず、または、そうでないとしても場合によっては、〈資本投下としての出資がその資格を与えるところの〉配当金が分配され、いずれにせよ、しかし、株主たちは、彼らの出資のもしかするとあるかも知れない返還請求権を保持しているからである。参加が予測的にまたは確実性をもって利益のないものであるということは、参加がある資本企業における財産持分を基礎づけるという事実について、何ものも変更しない。また、公益的意図は、なるほど連合体の基礎である。しかしこの公益的意図が株式会社〔株式組合〕の形式において生ずるということは、目的の公益性（Gemeinnützigkeit）の中にあるのではなく、その目的の達成は金銭の費用がかかり、そしてしかも、たんに継続的な諸寄与のみならず資本財産（Kapitalfonds）をもまた要求するということの中にある。

b　株式社団は、しかし、たんに全体としてのみならず、その「構成」と「編成」においてもまた、その財産をとおして条件づけられそして決定されたゲノッセンシャフトである。株式社団は、〈参加者たちの何びともそこにおいては参加者の人格そのものをもって立つのではなく、あらゆる参加者は、ただ一定に限界づけられた彼の財産領域の一片をもってのみ立っているにすぎないところの[130]〉資本連合体として自らを示すことによって、株式社団は、自らをある程度まで、財産法的な部分諸人格（Theilpersönlichkeiten）から構成している。株式社団における構成員地位は、それゆえ、社団資本の割合的持分（Quoten）をとおして条件づけられ、そして、決定されている。[131]

α　構成員地位（Mitgliedschaft）は、まず最初に、もっぱら社団財産の割合的持分の取得をとおして取得され、そして、この割合的持分の喪失によって失われる。取得は、〈ひとが金銭において表現される金額の支払または約束をとおして、直接に《社団によってその成立の際に、または、その後の基礎資本金の増加の際に、構成される》部分権（Theilrecht）を取得することによって〉原始的でありうるが、しかし、取得は、従来の構成員の権利への承継をとおしてもまた、生じうる。基礎資本金（Grundkapital）は、一定の金額であるゆえに、構成員たちの諸権利もまた、対応する金銭の額に従って示される。実際には、構成員たちの諸権利は、金額を代表するのではなく、一つの断片を代表しており、そして、それゆえ、会社財産〔組合財産〕とともに増加しまたは減少する。

β　構成員地位は、しかし、さらに、それを条件づける財産部分をとおして、それが徹底して財産法的な性質を受け取る、という形で決定されている。構成員地位と財産の割合的持分とは、そもそも何ら異なるものではなく、統一的な、不可分の、質的に分割不可能な〈この統一体において〝株式〟（Aktie）という名称をもって示される〉権利である。株式は、幾重もの内容を有し、そしてしかも決してたんなる財産法的な内容だけをもつものではない。しかし、株式の財産法的側面は、その法的な全体性質にとって決定的なものとなってきている。株式は、それゆえ物（Sache）となったゲノッセンレヒト〔仲間権〕以外の何ものでもない。それゆえ株式の数は閉鎖された数であり、株式は、原則において相続可能で譲渡可能であり、そして、株式が相互に原則として――決して必然的にではないが(132)――平等であるときは、それでもしかし、一人の手へのいくつかの株式の結合の可能性をとおして、「幾倍」もの、すなわち、二倍、三倍そして十倍などのより大きなゲノッセン諸権利が一人の構成員のもとに基礎づけられる。株式は、しかし、たんに物であるのみならず、動産である。そして、株式がそれ自体無体的であるときは、株式は、法的取引のために、有体物（Körperliche Sache）の特質を〈株式に関して、同時に、所有者であることの証明のためと譲渡の媒介のために決定された、ひとが、同様に〝株券〟（Aktie）と名づける証券が発行されること〉をとおして獲得する。この証券が記名式であるときは、ゲノッセンレヒトに人的な確定性の残余が留まっている。そこでは、その場合、個々のゲノッセンシャフトの組織体制は、極めてさまざまな程度において、諸構成員の交替の制限またはコントロールをとおして、権利を人へと結びつけることができる。反対に、株券が無記名証券の形式へと装われているときは、ゲノッセンレヒトは、主観的な確定性の最後の痕跡をもまた脱ぎ捨てるのである。

ゲノッセンレヒトの財産法的性質からは、〈その内容もまた、第一にそしてとくにただ財産法的性質のものであるに過ぎないこと〉が結果する。株式の本質的構成部分は、それゆえ、ただ家計的な諸権限と諸義務であるに過ぎない。株式に必然的に対応する権利は、株式によって表現される〝会社財産〔組合財産〕についての持分〟であり、その持分は、社団の解散後は分け前部分（pars quota）についての直接所有権において、社団の存続する間は、しかし、会社〔組合〕利益（配当金）についての割合的な持分を求める請求権において、そのような利益がそもそも分配される場合に、現われる。この権利に対応する、そしてそれゆえ株式そのものに帰するところの義務は、いまだ完全には支払われていない株式金額（Aktienbetrag）[133]の支払債務、あるいは、社団におけるすでに払込まれた金額をそのままにしておくことの債務である。その内容がこれらの財産法的な諸権限と諸義務をもって汲み尽くされる株式は、（とくにいわゆる〝株式持分〟（Aktienantheile）として、完全株式（Vollaktien）と並んで）登場する。しかしながら、株式「社団」が存在すべきであるときは、このことがすべての株式において問題となることは、不可能である。むしろ疑いのある場合においては、あらゆる完全株式と、しかし必然的に定款に従って規定された諸クラスまたは株式の数と、社団の諸案件における議決権は、結びつけられる。株式は、それゆえ、財産権ではあるが、同時に、社団人格の担い手であり、そしてしかも、唯一の担い手である。社団の活動と全体の社団生活に原動力と方向を与えるものは、一定の諸個人の多数ではなく、株主たちの多数である。むろん株主たちは、同時に諸個人である。しかし、株主たちの個性ではなく、一定の財産権の主体としての彼らの特性が、彼らに株主の地位を与えるのである。彼らは、それゆえ相互間で人的に結合されておらず、ただ間接的にのみ、相互に結合された諸株式の担い手として、結合されている。[134]それゆえ、この側面からは、株式社団は、増強されたソキエタス〔組合〕にではなく、増強された実質的権利ゲマインシャフト（Rechtsgemeinschaft）（合有団体 Gesammthand またはコムニオ〔共有団体〕communio）に比較される。そして、社団に対するように、第三者に対してもまた、社団をとおしては、株主たちの人格そのものは、権利も与えられず義務も負わされない。諸権利と諸義務を、株主たちは、彼らの株式が及ぶ限りでのみ有するのであり、そもそも全くただ、株主たちの財産領域のそれ〔株式〕によって表現された部分だけが連合体（Association）によって把握されるのである。[135] まさにこの点において、社団形式の本来的に特徴的なるものが存在する。社団の形式は、〈その内的生活のためにも、その外的な団体化（Verkörperung）のためにも、もっぱら有機的に結合された資本諸部分の総計だけが、担い手として現われるゆえに〉資本ゲノッセンシャフトである。

2　それにもかかわらず、このすべては、社団の一つの側面であるに過ぎない。社団は、もちろん財産ゲノッセンシャフトであるが、しかしそれは、それでもしかし、つねに「ゲノッセンシャフト」に留まっている。別除された、目的の決定された、自己自身において編成された資本は、ただそれだけでは死んでおり、運動をもたない。生命と運動が、資本に、唯一、人格（Persönlichkeit）を与えることができる。そのような人格は、個人、または、契約で結合された個々人の多数体でありうるし、それは、国家、ゲマインデ、または、何らかの任意の人的な総体有機体組織（Gesammtorganismus）でありうるし、最後に、それは、別の人格から枝分かれした営造物人格でありうる。「ここでは」そのような人格は、すべてのうちのどれでもなく、〈資本への最も内的な関連において資本占有者たちによって設立されるところの〉一つの特別のゲノッセンシャフトの有機体組織において存在する。なるほど、社団構成員たちが、彼らの「財産」人格（Vermögenspersönlichkeit）の一部分をもってのみ社団において立っていることは真実である。しかしいずれにせよ、それでもやはり、まさに彼らの「人格」の一部をもってである！。しかし、全体が構成される諸要素は、部分諸人格（Theilpersönlichkeiten）であり、そして、全体は、有機的に組織されるゆえに、対内的および対外的にその諸部分の総計から区別された独立の統一体であるとすれば、この統一体もまた、一つの人格である。そして、もし、この総体人格（Gesammtpersönlichkeit）が、その生命を、ただその構成員たちからのみ汲み取り、そして、逆に、その構成員たちに対して〈これ〔総体人格〕がむしろこれら〔構成員たち〕のためにだけ存在し、そして、その終了後はこれら〔構成員たち〕の中へと帰着するというように〉他者として対立することがほとんどないとすれば、ローマ法的ではなく、ドイツ法的なケルパーシャフトが存在するのであり、ウニヴェルシタスの原則に従って構成されるのではない、ゲノッセンシャフト的なケルパーシャフトが存在するのである。

a　すでに株式社団の「存在」（Existenz）は、それゆえ、決してただ基礎資本金をとおしてだけではなく、さらに人的な「総体意思」（Gesammtwille）をとおして条件づけられている。総体意思は、ケルパーシャフトに、〈誤って契約と理解され、そして、いまだ商法典において〝組合契約〟（Gesellschaftsvertrag）と名づけられている〉構成的な行為をとおして、現存在（Dasein）を与え、そして、定款においてその組織体制、その生活規則を与え、[136] そして、総体意思は、そのうえでこの組織体制の諸限界の内部において、有機体組織の変更および最終的な解散に関して自由に定めている。[137] あの創造的な総体意思は、総体「多数者」意思（Gesammtvielheitswille）として現われ、そして、自己において「市民的」自律を刻印するのであり、組織体制的に活動する総体意思は、これに対して、総体「統一体」意思（Gesammteinheitswille）であり、そして、「コルポラティフ」な自律を働かせる。客観的な法を創造する自律的な随意決定は、両者の中に含まれている。これらの諸意思行為（Willensakte）の性格は、もちろん、〈現代の立法が開示（Publicität）の利益において、それらの公証（Beurkundung）と公告（Veröffentlichung）の一定の形式を、とくに公的な登記簿へのそれらの登記を要求し、そして、これらの諸形式の履行前には、独立の団体としてのゲノッセンシャフトの存在または本質変更を通用させないことをとおして〉は、変更されない。[138] これとは反対に、むろん、すでに言及されたように、しばしば総体意思を強化する国家の承認の要求をとおして、さらに自律原則は、修正されている。[139] 解散のためには国家の承認が商法典をとおして脱落させられているが、ここでは、それでもしかし、〈大部分のドイツの諸国は、株式社団をその意思に反してもまた解散させる権利を自らに与えている〉ことをとおして、さらなる修正が登場している。[140]

b　株式社団の「構成」は、同様に、資本の諸割合的持分（Kapitalquoten）に従って編成された〈人的な担い手たちのもちろんただ部分的かつ間接的なゲノッセンシャフトをとおしての〉財産ゲマインシャフトの補充を示している。

α　それゆえ、構成員地位（Mitgliedschaft 構成員性）は、ただ対外的にのみ、〈動産のためには一般に、そして、株式のためには特別に、妥当する私法の諸原則にのみ服するところの〉自由な私権であるにすぎない。社団に対する関係においては、これに対して、構成員地位は、特別のゲノッセンシャフト法の諸原則に従って、そして、ゲノッセンシャフトのコントロールのもとに、取得され、そして、失われる。社団の定款（Vereinsstatut）は、それゆえ、例えば、疑いのある場合に妥当する諸株式の量的な不可分性を変更しうる。すなわち、定款は、株式が記名式であるべきか、あるいは、無記名式であるべきか、そして、そもそもそしてどのようにこの特質の転換が可能であるか、を規定する。そして定款は、譲渡の諸形式、および、社団に対する関係における株主たちの資格（Legitimation）に関する諸原則を秩序づけ、その際、記名株式の場合においては、ゲノッセンシャフト的な構成員名簿（Mitgliederverzeichniß）（株主名簿 Aktienbuch）が作成されなければならず、そして、それが構成員地位の証明を提出する。[141]そして、定款は、記名株式の取得と譲渡可能性を制限し、または、譲渡可能性を完全に否定することができる。[142]そして、定款は、喪失した株券の無効宣告（Amortisation）を可能にしうる。[143]そして、定款は、株式金額の払込についての催告の形式を規定し、そして、遅滞には、株主権の喪失を結びつけることができる。[144]

β　同じ理由から、しかし、構成員地位は、対外的にのみ純粋な財産権であり、それとは反対に、社団に対する関係においては、それは、〈ゲノッセンシャフトの組織体制をとおしてただ主に物（Sache）として説明された、しかし場合によっては、さらに、人的な諸特性をとおして条件づけられそして決定された〉人の権利（Recht der Person）である。このためには、株式の譲渡によって未払いの株式金額の支払義務が必ずしも必然的に消滅するわけではないことが、[145] すでに挙げられている。さらに、定款によって株式取得が一定の人的な諸特性に結びつけられ、一人の手への株式の集中が制限されるということが、可能である。それから、平等ではない経済的権利または議決権を伴なう株式の諸種類が最初から構成され、あるいは、新たな諸発行をとおして作られうる〔株式Aktien と株式持分 Aktienantheil、普通株式 Stammaktien と優先株式 Prioritätsaktien〕。[146] しかしとりわけ、あらゆる株式が一議決権を与える（ドイツ商法典二二四条）という補充的な命題が、最も多様な方法で変更され得、そして、事実、大部分の諸定款において制限され、そして、修正されている。しばしばこのことは、資本主義的な意味において生じており、それゆえただ最大参加者たちまたは株式の一定数の保有者たちだけが一議決権を有する。しかしより頻繁なのは、議決権の諸条件とその行使の形式を、株主の人格がより高い程度において顧慮される「という」意味において規制するところの、規約によって定められた諸定款である。それに属するのは、代理行為のすべての諸制限、無記名株式の議決権の剥奪、一人の手への諸議決権の大きすぎる数の蓄積に反対する〈その場合しばしば最大限度が設定され、あるいは、議決権が増大する株式数と共に減少する逓減において多様化されるか、あるいは、そもそもただ一個の議決権だけが許されるところの〉諸措置、一定の人々の〔例えば、諸法人、破産者、評判の悪い人、外国人たち、婦人たち、組合の職員たちの〕議決権からの排除、投票のための特別の資格の要件、傀儡たちに対する措置、一定の諸決議の際に株式と並んで人々〔頭数〕が数えられるなどの規定、である。[147] すべてのそのような諸規定は、真実には、それでもやはり人々が、株主としての特性においてではあるが、株式ではなく、人々をとおして議決している、という意識から出ている。[148] それゆえ、しかしそもそも、ゲノッセンシャフトの有機体組織の諸要素は、資本の割合的持分のみならず、〈資本への参加をとおして、そして、この参加が及ぶ限りで、それゆえ資本ゲノッセンシャフト的に、いずれにせよしかしゲノッセンシャフト的に〉結合された人々もまたである。ゲノッセンシャフトの定款は、それゆえ、例えば、職務の引受の義務のような、純粋に人的〔身体的〕な諸義務をすら、株主たちのために基礎づけうる。そして、それらの諸義務は、もちろん、株式の譲渡または放棄をとおして直ちに終了し、そして、株式の金額までしか強制されえないのである。

c　とりわけ、しかし、株式社団をゲノッセンシャフトにするのは、株式社団の「有機的組織」（Organisation）である。上述された諸要素が結合されることは、それ自体、ただ総計のみをもたらすに過ぎない。この総計は、しかしながら、〈その総計の中にはただ諸部分人格（Theilpersönlichkeiten）だけが含まれているにすぎず、生活のためには完全人格（Vollpersönlichkeit）が不可欠であるゆえに〉、合名組合〔合名会社〕または合資組合〔合資会社〕と同様、それ自体のために生活することはできない。あの諸要素の結合が〈それをとおして諸部分人格の総体から生きた全体が、すなわち、その総体の諸機関（Organe）をとおして有効な完全人格が、成立するところの〉「有機的組織」の姿において完成されていない場合には、むしろ、ひとつの資本についての幾人かの人々の偶然的な権利ゲマインシャフトのもとに留まることになるであろう。これらの諸機関の形成と妥当領域を決定するのは、基本的諸特徴に関しては、法律であり、個別においては、ゲノッセンシャフトの組織体制である。その場合、全体の資本主義的性質が至るところで主張され、そして、総体の有機的組織が株式保有者たちの総体を最終的な源泉および担い手として引き合いに出す限りでは、事実、社団は、ただ有機的に組織された資本としてのみ現れる。しかしながら、特徴的であるのは、個々の諸機関において、〈それらの諸機関が社団統一体の現われのために、すなわち積極的な社団活動のために招集されればされるほど〉それだけいっそう高い程度において、人格が、資本に対する関係で妥当へと到達する、ということである。すでに総会（Generalversammlung）は、もはや資本持分の単なる代表ではなく、構成員たちの個人性を妥当へともたらす。しかしながら総会においては、「いかなる」個人性が無色の株主特性と一致するかは、いまなお何か偶然的なものとして現れている。偶然性のモメントは、この場合、ただ〈議決権を行使する人々のより多くの数〔相対的多数〕が、個別においては偶然に依存する資本の割合的持分の議決権という個人主義的な色合いを、全体の結果において再び消し去るであろう〉ことが認められることをとおしてのみ、和解させられる。多くの諸法律と大部分の諸定款のためには、もちろんこの担保は十分ではない。それらは、むしろ議決権の諸条件と行使に関する特別の諸規定をとおして、個々人の恣意、洞察力の欠缺または品位の欠缺に反して非人格的な資本額の利益代表を確保することをも、個々の構成員たちの資本力に反する諸決議にゲノッセンシャフトの諸決議たる意味を守ることをもまた、求めている。すでに総会のもしかするとあるかもしれない諸委員会における、とくに〈原則として任命される、そして、その任命の場合のために、法律によって特別の諸機能を委託される〉監査役会（Aufsichtsrath）における、人格の意義は、より高く上昇している。なるほど、株主としての特性は必要のままにとどまり、そして、しばしば複数のまたは特別に資格を与えられた株式占有さえもが要求される。しかしながら、能力者たちの間で選挙が決定するのであり、多数占有が決定するのではない。最後に、完全に「取締役会」（Vorstand）においては、資本主義的なモメントは後退する。非株主たちを代表者たちに任命することは可能であり、そして、しばしば定款が（そしてフランスにおいては法律もまた）株式占有を要求しているとしても、それ〔株式占有〕は、選挙またはその他の方法での任命においては、人格に対する関係では何か付随的なものにとどまっており、そして、職務の基礎としての意味をもっておらず、ただ誠実なそして関心をもった業務執行のための担保の意味をもつにすぎない。

社団の機関に任命することの資本主義的基礎と人的基礎の間の独特のそして異質の関係から目を転ずれば、株式社団の有機体組織は、他のゲノッセンシャフトの諸有機体組織とは異なる何ものも、提供していない。〈法律が、その〔連合精神の〕ために、ここでは、ただある諸特徴だけを取引の利益において不可変更的に規定し、他のことを補充的に規定しており、しかしより狭い限界を主としてただ対外的な代理行為の規律に関してのみ引いているにすぎないところの[149]〉現代の連合精神は、株式社団のためにもまた、多様に様々な生活諸形態の見渡しきれない豊かさを創造してきている。これらの生活諸形態は、それにもかかわらず、株式社団のために、必ずしも本質的に独特のものとしては刻印されておらず、すべての現代の諸社団と諸ゲノッセンシャフトにおける類似の諸タイプにおいて、繰り返されている。そして、それらもまた、ゲルマン的な「ギルド組織体制」（Gildeverfassung）の流出物、諸分枝、継続的諸形成以外の何ものでもないのである。ここでは、すべての自由意思に基づくドイツ法の諸ゲノッセンシャフトにおけるように、主たる機関は、完全な権利を有する構成員たちの〈定時または臨時の諸会議に集合する〉総会であり、組織体制的な諸形式において〈構成員たちの一定の数の申立がある場合にはそれへと義務づけられるところの〉取締役会（Vorstand）によって招集されそして指揮され、疑いのある場合には適切に招集された出席者の議決権の多数をもって、〈とくに本質の変更の場合および起債の場合におけるような〉個々の諸場合においてだけは、定款によれば、たいていの場合、特別の諸形式において、そして、より大きな多数をもって決議し、そして、最後に、これらの場合またはすべての場合に、多くの諸定款によれば、決議能力のためには、総資本の一定割合の株主たちまたは代理人たちの一定数の出席が必要とされる。[150] 場合によっては、その権限において非常に制限されるが、[151] 総会は、それでもしかし、決して完全には脱落せず、そして、原則として〈法を設定し、そして、生存または本質変更のすべての諸問題を決議する〉機関であり、ならびに、〈選任し、コントロールし、そして、最終的に決定する〉機関である。[152] 総会の外には、社団には、ただ一つの取締役会（Vorstand）だけが本質的である。取締役会は、極めて様々に形成され、構成されそして編成されることができ、そして、とくに、あるいは、単独取締役会（Einzelvorstand）〔単独取締役〕として、あるいは、集合的取締役会（Kollektivvorstand）〔複数取締役〕として、あるいは、〈多かれ少なかれ厳格に区別された統一的または集合的な一人のシュピッツェ〔首脳〕またはエグゼクティフェ〔執行者〕を伴う〉コレーギウム（Kollegium）〔同僚団、取締役会〕として、登場する。しかし、つねに取締役会は、〈管理しそして代表する〉ゲノッセンシャフトの機関であり、そして、原則として、社団の諸案件全体の本来的指揮、諸総会の招集と指揮、帳簿作成と計算の作成、ならびに、解散後は、清算の遂行を、その手に結合する。取締役会の地位は、社団に対する関係では、〈責任を負う、その任命へと拘束された、あらゆる瞬間に免職されうる〉ゲノッセンシャフト役人の地位であり、その場合、もちろん、ここでは、あらゆる役人〔公務員〕におけるように、公法上の職務関係と私法関係が、給料、損害賠償などに関して結びつきうる。しかし対外的には、取締役会の地位は、法律上、ケルパーシャフトの機関として、諸定款の基準に従って認められているのみならず、法律の制限の枠内で社団の裁判上および裁判外の代理行為（Vertretung）のために、無条件でかつその任命の諸制限への顧慮なしに、資格を与えられていると宣言されており、そして、逆に、民事法的および刑法的な責任を避けることのゆえに公的利益ならびに社団利益を認識すべく法律的に義務づけられる。[153] 総会と取締役会の間に、極めてしばしば代表するコントロール委員会が、[154]〈それが、現代のゲノッセンシャフトの有機的組織においては、きわめてしばしば個別における総体の代理行為のために、そして、都市およびゲマインデにおいては、すべての諸関係におけるその代理行為のために、登場しているように〉入り込んでいる。その場合、最後に、ゲノッセンシャフトの有機体組織は、一連のしばしば極めて多数の技術的、商人的または家計的な役人たち（Beamten）、授権を受けた代理人たち（Bevollmächtigten）および代理業者たち（Agenten）をとおして、個々の諸目的または営業諸部門のための諸委員会（Ausschüsse）および諸委員（Kommissionen）をとおして、個々の部門の諸支店の諸取締役会（Vorstände）などをとおして、完成される。[155] しかし有機体組織は、より単純であるか、または、より複雑でありうるのであり、そして、より多くシュピッツェ〔首脳〕に重点を置くか、または、より多く総体（Gesammtheit）に重点を置くことができるのである。それは、コルポラティフな有機体組織にとどまるのであり、そして、ただ完全に偏った理論だけが、それを、諸委任または諸準委任の総計へと解消しようと欲することができたのである。

d　株式社団の「法的意味」もまた、それゆえ、あらゆる点において一つのゲノッセンシャフト人格であり、それは、〈それに組織体制的に指図されそして法律をとおして限界づけられた〉生活領域の内部において、独立の権利能力、意思能力、および、行為能力を有するのである。その構成員たちに対する関係では、社団は、それゆえ、決してたんに諸私権を行使するのではなく、[156] 一般的なケルパーシャフトの諸権利、すなわち、自律、〈一部は諸定款の刑罰の諸確定において、一部は、仲裁裁判所の命令において、[157] 行使される〉一定の自己裁判権、および、〈その重要な部門が特別のゲノッセンシャフトの家計に従って行われる財産管理であるところの〉ゲノッセンシャフト的な自己管理、を行使する。どのようにこれらの個別の諸権利に対して多数者の諸権利（Vielheits-rechte）が関係するのか、どのようにドイツのゲノッセンシャフトに特有の統一性〔単一性 Einheit〕と多数性 Vielheit の内的結合が、まさに株式社団においての財産権にとってもまた、独特の諸効果を生み出すのかは、第二部〔第二巻〕において初めて、詳しく詳論されよう。(158) 第三者に対する関係では、株式社団は、〈株式社団が商行為を営む場合に、株式社団に付与される商人としての特性をとおして諸変更が生じない限りでは〉あらゆるその他のケルパーシャフト人格と同列に立つ（ドイツ商法典二一三条）。最後に、国家に対する関係では、株式社団は、株式社団のために特別のより良い法またはより悪い法が基礎づけられていない限りでは、諸コルポラチオンに関する一般的な法の諸原則に、同様に服する。株式社団が多くの諸点においてすでにその他の諸ゲノッセンシャフトよりも有利に置かれている場合には、株式社団は、必ずしも直接に国家の有機体組織へと介入するわけではないすべての諸ケルパーシャフトとともに、官憲的システムの諸残滓の完全な除去を求める請求権、そして、〈完全に拡張された公開性、法律または取引誠実に対するすべての諸違反の場合における厳格な民事法的責任、および、秩序違反または諸軽犯罪の場合における裁判官によって確定されるべき諸刑罰をとおしての〉その補充を求める請求権を、分かち持つのである。これとは反対に、株式社団は、他方では、一般的な国家的コルポラチオン高権、および、その点に基礎づけられた株式社団の内的生活に対する監督から、免れることはできない。株式社団が、この点において、それが「私的」コルポラチオンにすぎないゆえに、ときおり完全な放任（Gehenlassen）を要求するときは、その場合、私的コルポラチオンの本質についての誤った観念が基礎に置かれている。この表現によって、株式社団が、まず第一にまたはもっぱら私法上の主体（Privatrechtssubjekt）であることが示されるべきであるとすれば、このことは、ただ、対外的なその登場に関してのみ当てはまる。反対に、その内的な有機体組織は、後に明らかになるであろうように、何らかのその他のケルパーシャフトのそれと同様に私法（Privatrecht）ではなく、ゲノッセンシャフト法（Genossenschaftsrecht）であり、そのようなものとして公法の中へと入り込むのである。

株式社団そのものの第三者との関係および国家との関係と、〈社団がその企業の特別の対象をとおしてそこへと立ち入る〉更なる関係とは、いかなる関係にも立っていないことは、自ずから理解される。補助者たちおよび労働者たちの工場主または雇用主として、株式企業は、例えば、個々人と全く同一の法に服する。同様に、社団のために、国家によって社団に付与された特権（例えば、銀行券の発行、強制収用権）から、特別の認許（例えば、営業のための）から、あるいは、公的福祉に影響を与える企業の性質から（すべての通信、銀行、信用、保険の諸制度におけるような）、成長するところの、特別の諸関係は、ゲノッセンシャフト法に属するのではなく、行政法、営業法、保険法、鉄道法などに属する。それゆえ、これらの諸関係においてもまた、個別企業者、他の種類の諸組合〔会社〕、または、諸制度〔Institute 施設〕は、株式社団と、原則として同列に立っている。現実において、〈銀行、鉄道、保険制度としての社団に対する監督法と、それ自体のために独立の法人格を要求する財産の団体としての同一の社団に対する監督法という〉それ自体全く異なる法律上の原因から由来する国家的な監督法は、しばしば融合していることは、容易に説明しうることである。

C　最後に、我々がそのように完成された現代の財産ゲノッセンシャフトに、民族の総体生活において帰属するところの「実際的な」意味を問うとすれば[159]、この意味は、資本の増加された結実に存する。そのような結実は、二重の意味において登場する。第一には、より小さな諸資本に大きな諸企業への同権的な参加が開かれる限りで。第二には、ただ株式社団をとおしてのみ、大量資本の統一的な働きを要求する現代の諸企業が可能とされる限りで。資本の連合体〔Kapitalassociation 資本会社〕が、我々の時代の〈個人の勢力範囲を超える〉大規模な営利諸企業の領域において果たしてきているところの、驚異は、白日の下に明らかになっている。とりわけ取引方法と取引手段（諸鉄道、諸電信、諸運河、船舶航行）の創出と利用のために、信用取引のために、そして、保険制度のすべての諸分野のために、諸株式会社〔組合〕は、欠くことのできない梃子〔てこ〕となってきている。それと並んで、諸株式会社〔組合〕は、大規模商業および大規模産業の多くの諸分野のために形成され、そして、流布されてきており、それらは、鉱山および精錬産業において、古い鉱山諸組合〔鉱山会社〕をほとんど排除し始めており、それらは、紡績業および織物業のために多数存在しており、それらは、土地についての商業を営んでおり、それらは、諸都市に照明諸施設〔営造物〕、水道諸施設〔営造物〕、および、運搬諸施設〔営造物〕を供給しており、それらは、共同の建築諸企業に自らを捧げ、それらは、海上および河川の漁業を行い、それらは、諸蒸気製粉所、機械建設諸施設〔営造物〕、諸化学工場およびあらゆる種類のより大きな営業所設備を設立した。(160) ここでは、至るところで営利目的が、連合体〔会社〕を生活の中に呼び込んだ一方で、連合体が間接的に始めて公共の福祉を促進したとすれば、〈公共の福祉そのもののために非利己的な意図において役立つ〉資本ゲノッセンシャフトの可能性は、諸博物館、諸劇場、諸展示場、公的な温泉諸施設〔営造物〕、慈善諸施設などのための、多数の公益的な株式社団をとおして、証明されている。そして、大部分の諸株式会社〔株式組合〕が、それらの構成員たちのために、ただ金銭的意義を有するに過ぎないときは、諸株式クラブ（Aktienclubbs）、株式閲覧諸社団（Aktienlesevereine）は、この社団形式をゲノッセンの人的な諸需要にもまた、直接に利用しうるものとする可能性を示している。しかしながら、全体としての制度の考察の場合には、これらの利用の諸種類は、資本主義的な諸生業組合〔営利会社〕の前に、決定的に後退しなければならない。株式社団が、その経済的な本質上、〈資本家たちの結合をとおして〞会社〔組合〕意思の個人主義的な被制約性を廃止することに基づいて〞成立するところの〉〞自己のために存在する非人格的な経済ケルパー〔団体〕〞であるときは、(161) ――全体の構造においては人的ゲノッセンシャフトが、ただ資本の有機体組織の流出物かつ付属物としてのみ現れるにすぎないときは、――同様に、指導する知力が創造する労働として給与を支払われる奉仕者たちであり、そして、資本だけが社団の主人であるときは、すなわち、この制度全体の方向は、必然的に投機的＝資本主義的なものでなければならない。そのように株式社団の形式が、経済の有機体諸組織の連鎖における一構成部分として、促進的かつ不可欠なものであるとしても、それでもしかし、その単独支配は、資本の独裁制へと赴くことになるであろう。それゆえ、この危険に、現代の経済生活の限りなく豊かな編成をとおして出会われることは、恵まれた事態である。事実、まず最初に、大量資本に対する関係での企業者の個性の意味は、〈産業および商業の諸企業の大きな数のためには、もっぱら個人企業または人的な組合〔会社〕企業が適用されること〉、そして、〈これらの諸企業は、等しい資本手段の場合には、至るところで株式企業に、指揮の統一性、知力および人的関心をとおして、凌駕されていること〉をとおして、確保されている。さらに、公共の福祉を圧倒的なそして実際に独占の保有にある資本団体（Kapitalkörper）をとおしての利益の搾取から守ることを、国家は、直接の監督をとおしてより以上に、同一の目的のために競争する非利己的な国家または地方公共団体の諸営造物の設立をとおして、いっそう努力している（国有鉄道、公的な銀行および信用制度、公的な保険営造物および扶助営造物など）。〈最後に、経済的な領域においても、利己心というモメントが、道徳的なモメントに勝利することがあってはならないこと〉、〈ここでもまた、連合体〔Association 会社〕という卓越した思想は、共同の利益投機〔利益の思惑〕（Gewinnspekulation）のもとに、沈没してはならないこと〉、〈資本をもたない諸クライスにおける自由な人間的人格の侵害という、とりわけ株式諸社団をとおしてただ強められたのみの危険は、減少しなければならないこと〉、それらのためには、最も強力な梃子〔てこ〕として、経済的な諸目的のための「人的な」ゲノッセンシャフト（persönliche Genossenschaft）が働くのである。そして、それ〔人的ゲノッセンシャフト〕は、一部は、すでに長い間、財産の連合体と並んで最も強力に働いており、一部は、最も最近の過去における、労働する諸クラス〔階級〕の特別のゲノッセンシャフトの諸形態の発展をとおして、将来性の豊かな新たな諸形成物を創造してきている。それらについて、いまや、さらに、問題とされなければならない。

【以上、第六十九章、終わり】

【以下、第六十九章の注】

（1）上述、第七章ないし第九章、第二十四章、第五十三章、第五十五章を参照せよ。法律的な構成に関しては、第二部〔本書第二巻以下〕を参照せよ。

（2）総体所有権〔Gesammteigenthum 総有権〕とゲノッセンシャフトの関係に関しては、第二部〔本書第二巻〕を参照せよ。

（3）すなわち、船舶組合（Rhederei）の経営に関する意見の相違する場合において、船舶を一定の金額で評価し、そして、多数者から〈多数者が船舶をこの金額で取得するか、それとも、船舶を少数者に与えるか〉の表示を要求することの権利。Vgl. Beseler, Z. f. D. R. XVIII. Nr. 9. D. P. R. §253.

（4）それゆえ、すでにマルクアルドゥス Marquardus, de jure merc. et comm.（1662）L. II. c. 11 Nr. 39-43 S. 305 f. は、〝共同船舶組合 Mitrhederei〟または〝船舶組合 societas navalis〟を取り扱っている。マルテンス Martens, Handelsrecht §141 f. アイヒホルン Eichhorn §390、ミッテルマイヤー Mittermaier §542、ゲングラー Gengler §424、ベーゼラー Beseler §253、同様に、プロイセン一般ラント法 Pr. A. L. R. II, 8. §1426 およびドイツ商法典 D. H. G. B. art. 456. 457. を参照せよ。さらに、船舶組合の発展が、自らを、歴史的には、特別法（Sonderrecht）に対する関係で統一性を強化する方向において、発展させてきていることが、指摘されなければならない。ひとは、例えば、より古いハンザ法に基づくマルクアルト Marquard l. c. において与えられている叙述を、Pr. A. L. R. §1426-1444 の諸規定と比較せよ。そして、後者を再び D. H. G. B art. 456-476. の諸規定と比較せよ。共同船主たち（Mitrheder）の以前の法律的な先買権の脱落のみが例外を成している。——第二部を参照せよ。

（5）そのようにすでに Hamb. Stat. v. 1497 II. 13. 2 u. Hanseat. Seerecht（1614）, 5, 7. Pr. A. L. R. II, 8. §1428. D. H. G. B. art. 458 f.

（6）上述、第二十二章の終わり、第二十三章の終わり、第三十九章、第四十三章を参照せよ。より詳細は、しかし、第二部〔第二巻〕において始めて〔展開される〕。

（7）Troplong, du contrat de société. Paris 1841 I. Préf. p. 24. 25 und Nr. 971. 一三六五年においては、国王カール五世すら、そのようなゲゼルシャフトへと自らを採用させた。

（8）これらの興味深い諸証書をエンネンおよびエッケルツ Ennen u. Eckertz, Quellen I. 317-328. において参照せよ。

（9）一二七五年の大司教と都市の契約 l. c. S. 317 f. および d. eod. ib. S. 322-324. 同契約に基づく水車相続人たち（Mühlener-ben）の告示、を参照せよ。

（10）モレンディーヌム molendinum〔水車〕は、個々の水車をも、（もともとは恐らくまさに一つの水車と一致した）全持分をも、意味するので、水車相続人の分析は、必ずしも完全には明瞭ではない。彼らは〔次のように〕物語る（S. 324 l. c.）。すなわち、もともとは三十五の水車が存在していたが、ひとつの水車は〝諸水車の相続人たちの利用に向けて共同で売却されたのであろう〟（venditum sit ad usus heredum molendinorum communiter）ゆえに、現在は、いまなおただ三十四の水車だけが存在している。三十四の水車の残りは、半分は大司教に属している。これに対して、〝いまライン地方において農産物を挽いているそれらの二十六の水車の半分は、三十四の水車〔持分〕へと分けられ、そして、三十四の水車〔持分〕は、ひとつの考慮に向けてその割合で、〈彼らにその四つずつをもって配分されるように〉分けられている。〟（medietas illorum viginti sex molendinorum, que nunc annonam molunt in Reno, dividetur in 34 molendina et unicuique consideracionem 34 molendinorum sua porcio, prout sibi huic quaterno asscripta est, dividetur.）、と。三十六の水車（Mühlen）、しかしそのうちの一つが第三者の手に譲渡されて、ただ三十五の水車持分（Mühlenantheile）だけが、存在したのか、――それとも、もし例えば、三十六という数が、三十四の誤りではないのか、を認めることだけが、残っている。

（11）諸水車（molendina）と並んで、十分の一、十分の二、四分の一、十分の四、二分の一、十分の九、一と十分の一、一と十分の二の、諸権利（integra）が登場する。

（12）Vgl. Ennen u. Eckertz l. c. S. 314-328 において公表されている文書（一二七六年以来）を参照せよ。設立者（Stifter）、創設者たち（Beghuinen）への諸贈与などもまた、そのもとに見られる。

（13）上述、注(10)およびEintragung S. 328を参照せよ。すなわち、「Gは〈諸水車のなかの《共同で相続されそして共有されているすべての前述の》諸水車において彼が有していたところの〉一つの水車の十分の二の部分を譲渡しそして委ねたことが、承認されるであろう。」（Notum sit, quod G. tradidit et remisit duas decimas partes unius molendini, quas habebat in molendinis predictis, communiter omnibus heredibus et consortibus molendinorum.）、と。

（14）上述のことは、エンネンおよびエッケルツ Ennen u. Eckertz l. c. S. 320-322 において公表されている証書の内容である。

（15）上述、第四十二章、第四十三章を参照せよ。

（16）ひとは、諸鉱山条例（Bergordnungen）をWagner, Corp. jur. metall., Leipz. 1791 において参照せよ。とくに一五一七年のオーストリア、シュタイエルマルク、ケルンテンおよびクラインのための鉱山条例 S. 33 f.、一四六八年と一五五六年のシュワッツのための鉱山条例 S. 133 f. 133 f.、一五四三年、一五八四年、一六一六年のヘッセンのための鉱山条例 S. 611 f. 621 f. 225 f.、一五八四年のヘッセン＝ダルムシュタットのための鉱山条例 S. 621 f. および一五七〇年のホムブルクのための鉱山条例 S. 703 f.、一五五九年のナッサウのための鉱山条例 S. 767 f.、一五六五年のプファルツ＝ツワイブリュッケンのための鉱山条例 S.

731 f.、一三四二年と一七一九年のユーリッヒ＝ベルクのための鉱山条例 S. 982 f. 一五六四年のクール＝トリーアのための鉱山条例 S. 930 f.、一五三三年のシュワルツブルクのための鉱山条例 S. 1381 f.、一五二八年と一五七七年のシュレージエンのための鉱山条例 S. 1275. 1298、一五九〇年のバーデンのための鉱山条例 S. 591 f.、一五九七年のヴュルテンベルクのための鉱山条例 S. 531 f.、一六一九年のブランデンブルクのための鉱山条例 S. 431 f.、一六六九年のクール＝ケルンのための鉱山条例 S. 813 f.、一七八一年のクール＝プファルツのための鉱山条例 S. 341 f.、一七八四年のバイエルンのための鉱山条例 S. 341 f.、ハルツの鉱山諸法律 S. 1021–1122. を参照せよ。

（17）　ハーケ Hake, Kommentar über das Bergrecht. Sulzbach 1823 §220–222 S. 264 f. カルステン Karsten, Grundriß der deut. Bergrechtslehre. Berlin 1828. §238. ルンデ Runde, D. P. R. §169. ミッテルマイヤー Mittermaier §250. アイヒホルン Eichhorn §277. ヴァイスケ Weiske im Rechtslex. I. 953 f. ゲングラー Gengler, P. R. §82 S. 343. ブルンチュリー Bluntschli §83 Nr. 4 ゲルバー Gerber §97 Note 1. ベーゼラー Beseler §204 lit. a. を参照せよ。旧鉱山諸条例によって、自己レーン保持者たち〔自営採鉱者 Eigenlehner〕は、一部分自己の手をもって採鉱するが、その代わりに彼らはしかし鉱山組合員（Gewerken）として広範な自己管理権を有することが、要求された。大部分は、ただ参加者たちの一定数（通常は八、例えば Pr. A. L. R. II, 16 §130 u. sächs. Bergges. v. 1851 §13、一八五四年のオーストリア鉱山法律 das österreichische Berggesetz 1854 §153 によれば、これに対して十六）に至るまでのみ、職人の採鉱（Gesellenbau）が許されていたが、より大きな数の場合には、鉱山組合〔会社〕（Gewerkschaft）の形成が強制された。職人たちの法律関係は、観念的な諸部分に対する共同所有権（Miteigenthum）であるが、それは、しかし、契約に従って、内部に向かって有効なより強力な統一体の意味において、修正されうる。とくに最新の諸法律は、ここでは、より大きな活動の余地を与えている。

（18）　百二十八のクックス〔鉱山株 Kuxen〕（一ツェッヒェ〔鉱山 Zeche〕の四シヒテン〔層 Schichten〕への、一シヒト〔層〕の八シュテンメ〔親株 Stämme〕への、一シュタム〔親株〕の四クックス〔鉱山株〕への区分）という通常の数、および、〈一部はその中に含まれ、一部はそのほかに基礎づけられた〉相続鉱山株 Erbkuxe および自由鉱山株 Freikuxe の成立に関しては、Eichhorn l. c. Note b-d. Karsten l. c. §239 および鉱山至上権の起源 Ursprung des Bergregals S. 63 f. Weiske, Rechtslex. I. S. 954 f. 960 f. Freiesleben, Der Staat und der Bergbau. 2. Aufl. Leipz. 1839. S. 127 f. Beseler l. c. §204 Note 9. フライベルクにおいては、ただ六十四の鉱山持分（Bergtheile）が、一五九七年のヴュルテンベルク鉱山条例 Th. III art. 1 によれば、七十二の鉱山持分が、存在したのみである。

（19）　Kurpfälz. B. O. v. 1791 art. 56. 64 は、鉱山組合員たち（Gewerken）の補充的な人的責任を言明していた。（同様に、Karsten, Bergwerkslehre §305)。ほとんどすべてのその他の鉱山諸条例は、これとは反対に、明示的に鉱山組合〔会社〕の排他的な拘禁（Verhaftung）を認めている。

(20) プロイセン一般ラント法 Pr. A. L. R. II, 16 §265-271 によれば、レーン保持者は、鉱山設備所有権をもってレーン付与〔封土付与〕されており、そして、それゆえ、〈彼が一定の氏名を申告された人々を総体所有権〔総有権〕の中へと貸借対照簿（Gegenbuch）に対する表示をとおして採用し、そして、これらの人々が登記をとおして持分所有者となっているときは〉、〃所有権の封土授与〔貸与〕と保管に関するすべての諸案件における鉱山組合〔会社〕の代表者〃に留まっている。

(21) 注(16)において列挙された鉱山諸条例のうち、一五六四年のクールトリーア鉱山条例 die kurtriersche v. 1564 S. 949 art. 2 は、シヒトマイスター〔鉱夫監督〕の引受けを鉱山当局の了知がなくとも許した。その他の鉱山諸条例は、それらがシヒトマイスターと鉱夫長（Steiger）の選挙を許すときは、それでもしかし、これを同意に係らしめ、そして、鉱山局に、鉱山組合員たちの了知がなくてもまた、これらの者を再び解任する権利を与えている。例えば、Wagner S. 462. における一六一九年のブランデンブルク鉱山条例 Brandenb. B. O. v. 1619 art. 51. 57. 60 は、そうである。それでもしかし、これらの官吏たちは、鉱山組合員たちから報酬を支払われ、そして、それゆえまず第一に彼らの雇い人たちとみなされる。それゆえ、Württemb. B. O. v. 1597 art. 11 S. 546 は、彼らを〃普通の従者〃として、ランデスヘルの鉱山官吏たちに対立させている。

(22) Vgl. Karsten, Ursprung S. 60-67. 鉱山組合員たちは、まったくもはや鉱山施設について心配すべきではなかった。〃国家は、したがって、ありうる追増金または喪失の危険に自らをさらすことなしに、他人の金でいまや自ら経営をした。〃

(23) 鉱山組合員たちの諸集会（鉱山組合員会議 Gewerkentage）は、ただ旧鉱山諸条例（例えば、sächs. v. 1509 art. 96）においてのみいまなお言及されている。Weiske, Rechtsl. S. 957.

(24) Pr. A. L. R. II, 16 §272-321. それゆえ Das Reskr. des Fin. M. v. 20. Juni 1840 は、鉱山組合の鉱坑における鉱山従事者たちを、シヒトマイスター〔鉱夫監督〕を含めて、間接的な国家の官吏たちと表示した。レンネ Rönne, Staatsr. II, 2 S. 268 Not 6 は、〃ゲマインシャフト的な鉱山施設の管理全体は、それゆえ、この組織体制によれば、監督官庁の手にあり、そして、鉱山組合員たちの全体は、いかなる場合においても、決定的には登場しなかった。〃と指摘している。

(25) Vgl. z. B. Heumann, init. jur. pol. §250 S. §336 〃組合の法によって彼らは判決される（lege societatis dijudicantur）。〃 Runde §170. Eichhorn §277. Karsten, Bergwerkslehre §240. Gerber §97. Gengler §82 S. 343.

(26) より古い鉱山諸条例が鉱山組合の法的性質に関して言明していないのに対して、プロイセンラント法 §268 は、明文でゲマインシャフト的な所有権の理論を引用している。

(27) それゆえPr. A. L. R. §314は、委任の理論に対する明文の指示のもとに（I, 13 §37 f.）。Vgl. Karsten S. 302. Eichhorn §277: 〝被授権者 Bevollmächtigter〟、Gerber §97 〝仲買人 Faktor〟、Gengler §82 〝小売商人 institor〟。これに反対してヴァイスケ Weiske, Rechtslex. S. 956は、シヒトマイスター〔鉱夫監督〕において〝法律顧問 Syndikus〟を見ている。

(28) Vgl. ヴァイスケ Weiske, Rechtslex. S. 955 Note 16. これによれば、十七世紀においては、ザクセンにおいて、鉱山組合（Gewerkschaft）は、明示的に〝ウニヴェルシタス universitas〟と認められていた。それをコルポラチオンであると、シュミット Schmidt, de orig. ac. jur. soc. metall.（1778）S. 22, および、シュナイダー Schneider, Lehrb. des Bergrechts f. d. Gesammten Länder der österr. Monarchie（Prag 1848）S. 280（〝いわゆる道徳人〔慣習人〕または集合人 moralische oder Kollektiv=Person〟）もまた説明した。フライエスレーベン Freiesleben l. c. S. 124, ヴァイスケ Weiske l. c. u. prakt. Unters. III. 205, ウォルフ Wolff, Lehrb. I. §74 S. 166, ミッテルマイヤー Mittermaier §251, ブルンチュリー Bluntschli §83、および、ベーゼラー Beseler §204は、鉱山組合をドイツ法のコルポラティフな〔社団的な〕ゲノッセンシャフトとみなしている。

(29) ジンテーニス Sintenis, de societate quaestuaria, quae dicitur Aktiengesellschaft〔株式組合〔会社〕といわれる商売の組合について〕S. 15, フライエスレーベン Freiesleben l. c. S. 130-137, ルノー Renaud, Aktiengesellsch. S. 8. 9. における、株式社団（Aktienverein）との鉱山組合の比較。

(30) レンネ Rönne, Staatsr. II, 2. S. 269によれば、プロイセンにおいては、すでに新たな諸法律の前に、実際に、経営の遂行においても、個々の諸鉱区（Reviere）の鉱坑予算（Grubenhaushalte）においても、鉱山組合員たちに、法律的な諸規定が規定しているよりも広範な影響力が認容されたのであり、労働者たちの採用と解雇に関してもまた、そこここで鉱山組合員たちにより自由な手が委ねられた。

(31) とくにdas k. Sächsische Ges., den Regalbergbau betr., v. 22. Mai 1851; das allgemeine Oesterreichische Berggesetz v. 23. Mai 1854.; das großh. Sächsische Ges. über den Bergbau v. 22. Juni 1857. ――プロイセンにおいては、すでにdas Ges. v. 12. Mai 1851（G. S. S. 265）をとおして鉱山設備（Bergwerk）の共同所有者の諸関係に関して、管理は、本質的な事柄においては、鉱山組合員たちの手へと置かれ、そして、鉱山組合員たちの決議と代表が規定された。それに次いで、全面的に、監督原則（Direktionsprincip）が、鉱山設備に対する鉱山官庁の監督に関するdas Ges. v. 21. Mai 1860（G. S. S. 201）、および、上級鉱山諸職務の権限に関するdas Ges. v. 10. Juni 1861（G. S. S. 425）、をとおして除去された。これらの諸法律は、しかし、いまやプロイセン諸国のための普通鉱山法律das allgemeine Berggesetz für die Preußischen Staaten v. 24. Juni 1865（G. S. S. 705）をとおして代替されており、この法律は、一八六七年においていくつかの諸命令（G. S. S. 237. 242. 351. 601. 735. 770. 884. を見よ）をと

おして新たな諸領域にもまた、導入されている。

(32) Vgl. sächs. Bergges. §106–140, österr. §137–169, preuß. §94–134. より古い諸鉱山組合は、なるほど存在し続けており、そして、内部的な組織体制法へと介入する諸規定（例えば、プロイセンにおいては鉱山株の流動化についての〔諸規定〕）によって必ずしも直接には把握されていないが（preuß. Ges. §226–234.）、それらに対しては、しかし、新たな諸規定に従って組織改変する可能性が開かれている（ib. §235–240.）。

(33) オーストリア（§140）においては、それぞれ百の諸部分をもつ百二十八個の鉱山株が、プロイセン（§101）においては、百個または規約の規定によれば千個の不可分的な鉱山株があり、それとは反対に、旧鉱山株は、十分の一に分割されうる（§228）。

(34) Oesterr. Ges. §140 f. Preuß. Ges. §101 f.

(35) Sächs. Bergges. §106 f. Oesterr. §149 f. Preuß. §111 f. すでにGes. v. 1851によれば、〝もはや官庁ではなく、鉱山組合員たちの全体が、決定する部分を構成し、そして、鉱山株の保有者の所有権は、〈それをとおして鉱山設備の所有権が処分されるべきであるところの〉諸決議の際の議決権へと変化している。〟レンネ Rönne, Staatsr. II, 2. S. 268 Note 6.

(36) Preuß. Ges. §101–110. 鉱山株証書（Kuxscheine）は、無記名式であってはならず（§103）、それらの証書は、譲渡および質入の場合には交付され（§104. 108）、それらの証書へと強制執行がなされ（§109）、そして、それらは、無効宣告されうる（§110）。鉱山組合に対しては、しかしながら、もっぱら鉱山組合員帳簿（Gewerkenbuch）における登録が資格を与え（§103. 106）、そして、この帳簿においてなされる書換前には、自己の持分を譲渡するゲノッセは、出資義務から免責されない（§105. 107）。

(37) Vgl. sächs. Bergges. §138 f. österr. §138. 158 f., preuß. §99. 102. 129 f.

(38) プロイセン鉱山法 das preuß. Bergges. §96. は、そうである。鉱山設備は、鉱山組合の名で登記される（§97）。§100もまた、さらに明示的に、いかなる分割訴訟も生ぜず、そして、構成員の排除は社団を解散させないことを、強調している。

(39) プロイセン法律によれば、実体に関する処分の場合、および、規約変更の場合には、四分の三の多数決が、諸贈与と諸放棄のためには、全員一致が要求される。その他の場合は、諸招集が適法に行われている場合には、行使された諸鉱山株の多数で足りる。それでもしかし、存在する鉱山株の半分が代理されない場合には、最初の集会は決議することができない。Vgl. §94. 111–114.

(40) しかしながらプロイセンの法律（§115. 116）によれば、鉱山組合の最善にはならない決議の裁判上の取消しは、鉱山組合員の嘆願に基づいて許される。規約をとおして正規の裁判所に仲裁裁判所が代理させられうる。一八五一年の法律は、さらに鉱山官庁をとおしての決議の認可を要求した（§11）。

（41）プロイセンにおいては、〈公証人または裁判所によって認証され、そして、上級職務によって認可された〉すべての持分の四分の三による決議が要求される（§94）。そして、法律の §§95-110. 114 Abs. 2 u. 123-128 の変更不可能性が、言明されている。

（42）Sächs. Ges. §106 f. Oesterr. §149 f. Preuß. §111 f. 集会（Versammlung）は、プロイセンにおいては、諸鉱山株の四分の一の代理人の要求があるときは、いつでも、招集されなければならない（§122）。

（43）Sächs. Ges. §118 f. Oesterr. §144 f. Preuß. §117 f. プロイセンにおいては、理事会（Vorstand）は、その職務により、鉱山組合を裁判所で、および、法律取引において、代理しなければならず、そして鉱山組合の名において宣誓を給付しなければならず（§119）、諸召喚を受け取り（§123）、鉱山組合員帳簿（Gewerkenbuch）を作成し、そして、鉱山株証書（Kuxscheine）発行し（§121）、集会を招集し、そして、指揮しなければならず（§122）、そして、理事会は、自ら責任を負わされることなく、鉱山組合に権利を与えそして義務を負わせるのである（§125. 126）。ただ〈単純な多数決をもって決議されてはならない〉法律的諸行為の企画のため、および、出資金の取立てのためにのみ、理事会は特殊の委託を必要とする（§120）。代理権の委託に関する一般諸原則が、補充的に登場する（§128）。鉱山組合員たちが鉱山官庁の催告に応じて三ヶ月以内に代表者を任命しないときは、そのような者が官庁によって指名される（§127）。後者は、理事会の管理と計算に関する監督を行い、理事会が怠るときは、鉱山組合員たちの集会を招集する（§122）。

（44）例えば、プロイセン鉱山法§133を参照せよ。それによれば、公証人のまたは裁判所の契約は、鉱山法的な連合体（Association）を随意に別の形に形成することができる。ただ、それもまた、§134. によれば、いつでも代表者を有すべきである。

（45）Vgl. v. Cancrin, Grundsätze des teut. Berg= und Salzrechts. Frankf. 1790. §946. Runde §178. Eichhorn §279. Gengler §83. Gerber §98. Beseler §209. III.

（46）このことは、例えば、ハレにおける岩塩鉱（Saline）において問題となる。Vgl. den Aufsatz v. Martin in der Encykl. v. Ersch und Gruber III, 20. S. 75-101. ―― ハレにおいては、もともとすべての岩塩鉱所有者たちと岩塩鉱労働者たちが、自律的な共同団体を形成してきているようにみえる。後になって岩塩制度を、一部はランデスヘルの、一部は都市のタール裁判所とタール局が、管理した（ランデスヘルによって指名された一人のザルツ伯爵、ラートによって選ばれた三人から四人の塩鉱親方Bornmeister、一人のタール〔谷〕秘書役、一人のタールフォークト、および、四人のタール代表者、それに六人の局使用人、四人の下級塩鉱親方と四人のオェグラー Oegler）。岩塩鉱の所有権は、ろう製のレーン目録（Lehntafel）に（一七八三年まで）

別々に登記された塩水泉（Soolbrunnen）と〈塩の煮沸（Salzsud）のために決定された〉諸小屋（Koten）へと分裂した。両者について、様々な種類の派生的な（レーン〔封土〕＝）所有権が存在したが、それでもしかし、諸小屋は、すでに一七二二年には完全自由地になった。塩水財産所有権（Soolgutseigenthum）は、現実に四つの塩泉に従って分けられ、これらについては、しかし観念的に様々な尺度と下位尺度（シュテューレン、カルテン〔四分の一ガロン〕、鍋、ネッセル〔小さな升目〕、桶、オルテン〔四分の一〕、バケツ、鉱脈）に従って分割されていた。塩水財産所有権者たちは、彼らそのものとしては、しかし、塩を自ら利用してはならず、彼らは、〃仕切屋 Verschläger〃をとおして調査された価格と引き換えに、製塩業者（Pfänner）に渡さなければならない。ひとは、決して小屋の単なる占有をとおして、製塩業者になるのではなかった。むしろ製塩業者たることの組織体制をとおして、あるいは、都市またはランデスヘルの製塩業者条例（Pfännerordnungen）をとおして、製塩施設の商売（Pfannwerksnahrung）、〃製塩工場 Pfannwerk〃の営業のためのしばしば人的な諸特性と諸条件が要求された。それゆえ、一四八二年には、都市市民であるひとが、結婚し、財産を有し、そして相続したか、あるいは、〔製塩〕なべの工場を営む父の死後、独自の家、台所とかまどを占有することが、一六二一年と一六四四年には、ランデスヘルの認可、および、三個の鍋またはタール〔谷〕における対応する価値の占有が、一七二三年には、自己の家と都市における六ヶ月の住居が、〔要求された〕。それでもしかし、ランデスヘルの諸調合（Dispensationen）が許された。一七三〇年には、寡婦たち、娘たちおよび孫たちが、製塩なべ工場の息子たちと同様に、継続することができると、規定された。一八三五年には、諸緩和が登場した。製塩業者団体（Pfännerverband）のほかには、製塩労働者たち（Salzarbeiter、ハレの岩塩鉱労働者たち Halloren）の間に二つの兄弟団体が存在した。すなわち、製塩職工たち（Salzwirker）の、すなわち、（一六九九年に認可され、一七七四年には服従へと警告され、そして、タール〔谷〕の役所〔タールアームト〕の了知なくかつタールの役所の人間の同席なしに自ら集会する権利を剥奪され、一八一八年に再び特権を与えられた）個々の諸小屋を管理する親方〔マイスター〕たちの兄弟団体、および、〈一五〇九年と一七二五年に特権を与えられたが、後に再び廃止されたところの〉塩鉱人夫たち（Bornknechte）と製塩労働者たち（Soolarbeiter）（ウィンチ作業人夫 Haspler、トロッコ人夫 Radetreter、堀削人夫 Stürzer、運搬人夫 Träger および栓抜人夫 Zapfer）の兄弟団体、である。時代の経過の中で、その後、諸塩泉ならびに諸小屋の諸設備と経営において、さまざまな諸変化と諸簡素化が登場し、ランデスヘルたちの諸権利は、まず最初は彼らによって特別の人々に付与された〈すべての製塩鍋と小屋の四分の一（四分の一塩 Quartsoole）を求める〉請求権と〈流出した塩（余分の塩 Extrasoole）を求める〉請求権の取得をとおして上昇し、そして、最後に、製塩所（Saline）と国家の間の固定価格での強制販売関係が基礎づけられた。とくに一八一〇年のウェストファーレン政府との契約、そして、一八一六年のプロイセン政府との契約をとおして、〃製塩業者団体（Pfännerschaft〉と塩財産保有者たち〟の塩泉（Brunnen）についての所有権が認められたが、製塩業者団体の独自の塩取引は、しかしながら廃止された。製塩所の旧来の複雑な組織体制は今日もなお存続し、そして、煮沸のための諸費用ならびに国庫への売却からの諸収入は、従来どおり、毎年、古くから伝承された塩諸財産と諸小屋に従って、清算された。そしてその塩諸財産と諸小屋は、観念的なそしてしばしば対象のない大きさとして抵当権登記簿の中に控除および増加の記載がなされ、質入され、相続され、そして売却されたのである。

（47）徹底して組合概念（Societätsbegriff）から出発しているのは、トライチュケ Treitschke, die Lehre von der unbeschränkt obligatorischen Gewerbegesellschaft und von Kommanditen.〔無限責任を負う営業組合〔会社〕および合資組合〔会社〕の理論〕Leipz. 1844; トェール Thöl, H. R. §34-38; ハイゼ Heise, H. R. §20 f. S. 51 f.; アイヒホルン Eichhorn §387; ミッテルマイヤー Mittermaier §554 f., ゲルバー Gerber §195. f.; ゲングラー Gengler §109 f.; アウエルバッハ Auerbach, das Gesellschaftswesen, Frankf. 1861; さらに大部分の長老たちおよびほとんどすべての民事法学者〔ローマ法学者〕たちである。ローマ法的な意味における法人格（Eine juristische Persönlichkeit）をフランス人たち（Pardessus, droit de comm. IV. No. 972. 975 f.）の先行に従って認めているのは、シーベ Schiebe, Universallex. der Handelswiss. II. 20-24、ゲルプケ Gelpcke, Z. f. H. R. II. Nr. 1 S. 3 f. bes. 19 f.、ラーデンブルク Ladenburg, Arch. f. H. u. W. R. X. 232. である。ブリンクマン Brinckmann, H. R. §30 f. S. 118 f. は、対外的にのみ働く〝集合人 Kollektivperson〟のみを認めている。エンデマン Endemann, das deutsche H. R.（2. Aufl. 1868）§32-73 S. 156-366 は、商事組合（Handelsgesellschaft 商事会社）を徹底して、対外的および対内的に、独自の人格（Persönlichkeit）と組合機関（会社機関 Gesellschaftsorganen）を伴なう独立の〝取引制度 Verkehrswesen〟として構成している。彼は、それにもかかわらず、個人商人（Einzelkaufmann）の〝営業 Geschäft〟にもまた、ある意味において固有の取引制度の性質を付与し（§15）、そして、組合人格（会社人格 Gesellschaftspersönlichkeit）の性質を未決定にさせている。ブルンチュリー Bluntschli §133 f. は、ドイツ法的ゲノッセンシャフトから出発し、ベーゼラー Beseler §221 f. は、ドイツ法的な組合契約から出発し、その他の人々は、ドイツ的なゲザムトハント〔合手的共有〕へと関連づけ、さらに他の人々は、目的財産（Zweckvermögen）または財団財産（Stiftungsvermögen）へと関連づけている。特別の立場を採っているのは、クンツェ Kuntze, Princip und System der Handelsgesellschaften, i. d. Z. f. d. ges. H. R. VI. 177-245 の諸構成である。

（48）Marquardus, de jure merc. et comm.（1662）L. II. c. 11 Nr. 1 S. 299：〝そして、ひとは、商人階級においては、一般に、マスコパイ（Maschopei 商事組合）を営む。〟と。合名組合〔合名会社 offene Gesellschaft〕の歴史を Endemann §34. において参照せよ。

(49)　例えば、ストラッカ Straccha, de mercatura（1558）S. 138 f. スカッチア Scaccia, de comm. et camb.（Frankf. 1558）S. 48 f. 418 f. 450. 459. 476. マルクアルドゥス Marquardus l. c. 299 f. メヴィウス Mevius, ad jus Lubec. III, 19 art. 5. を参照せよ。より古い地方特別法の諸規定を、クラウト Kraut §336、ゲングラー Gengler §109. 110、および、シュトッベ Stobbe, Z. f. d. ges. H. R. VIII. 51-55. において参照せよ。

(50)　合名組合〔会社〕の法に関しては、とくにトライチュケ Treitschke l. c. §2 f.、アウエルバッハ Auerbach §1 f.、ランダ Randa, Arch. f. H. u. W. R. XV. 25 f.、エンデマン Endemann §35-47. を参照せよ。後者は、それにもかかわらず、至るところで、固有の組合〔会社〕人格から（とくに S. 171. 184 f. 191 f. 214.）出発し、その機関性（Organschaft）を認め（S. 180）、そして、完全に独立の組合〔会社〕財産を構成している（S. 185 f.）。――さまざまな組合形態〔会社形態〕の経済的性質に関しては、シェフレ Schäffle, im Staatswörterbuch IV. 251-267.〔を参照せよ〕。

(51)　Brinckmann 160 f. Endemann §42 S. 208 f. ここでは、より古い諸見解と諸法律もまた〔そうである〕。それらによれば、あるいは、ただ頭数に従って、あるいは、ただ〈資本なき労働の、最も僅かな出資との同列化のもとでの〉資本の出資に従ってのみ、分配された。

(52)　Straccha l. c. S. 139. Scaccia l. c. S. 418-420. スカッチア Scaccia S. 494-496 において印刷されている、一五八六年のローマ法王シクストゥス五世（Sixtus V）の命令（Konstitution）は、新たな組合形式を、その中に消費貸借（mutuum）が隠されているのでない限りで、許されるものと宣言し、そして、ただ〈損失の場合においてもまた、全部の出資資本が賠償されなければならない〉という合意のみを禁止した。

(53)　ゴールドシュミット Goldschmidt, de societate en commandite（Hal. 1851）S. 3-18. とエンデマン Endemann §48 S. 237-246. における合資組合〔会社〕（Kommanditgesellschaft）の歴史を参照せよ。ゴールドシュミットは、三つの時期を区別している。すなわち、十一世紀から十五世紀――消費貸借としての単純な〝コンメンダ commenda〟（S. 4 f.）、十五世紀から十七世紀の終わりまで――受託者（Kommendatar）との参加者たち（particeps）の〈しかし対外的効力のない〉〝組合 societas〟（S. 7 f.）、近世――商号をもつ商事組合への改変（S. 15 f.）。――一八六五年七月五日の法律をとおしての匿名組合（stille Gesellschaft）のイギリスの禁止の諸修正に関して、ミッテルマイヤー Mittermaier, Z. f. d. ges. H.R, X. 124-128.〔を見よ〕。

(54)　フランスにおいては、すでに一六七三年の〔商事〕勅令（Ordonnanz v. 1673）によって。Goldschmidt S. 15. Heise §22.

(55)　若干のより古いドイツの法律の諸規定を Goldschmidt l. c. S. 12. 13., Gengler §111 S. 497 f., Kraut, Grundr. §337 において、さらに、すでに最古のゾーストの都市法 Soester Stadtr. §30 および Priv. f. Medebach v. 1165 §15. を参照せよ。商法典 H. G.

B. 以前の形成に関しては、Eichhorn §387, Mittermaier §556. 557, Heise §23, Thöl §40 f., Treitschke l. c., Goldschmidt l. c. S. 19–76, Brinckmann §54 f., Bluntschli §138, Beseler §223, Endemann S. 243 f. 実際にしばしば、すでに商慣習をとおして、現在の合資組合〔会社〕（Kommanditgesellschaft）の意味における匿名組合（stille Gesellschaft）の変化が、ドイツにおいてもまた完成されていたが（Goldschmidt S. 16. 21 f. 28 f. 74 f.）、しかし、理論はこのことを認めなかった。それどころか時おりは（エッシャー Escher によれば、いまだ一八五一年にそうである。）、そもそも組合員としての有限責任社員（Kommanditist）の特性がいまなお否定され、この者は、たんなる消費貸借債権者（Dahrlehnsgläubiger）として説明されたのである。

(56)　シェフレ Schäffle, im Staatswörterb. a. a. O.

(57)　より古い形態によれば、出資は、無限責任社員（Komplementär）の無制限の所有権へと移行した。トェール Thöl §40, ブリンクマン Brinckmann §56, ゲルバー Gerber §197, ゲングラー Gengler §111 Note 31. ミッテルマイヤー Mittermaier l. c. Nr. IV. および、ゴールドシュミット Goldschmidt l. c. §23 Note 6. は、すでに、商法典がいまや法律へと高めたところのもの、すなわち、特別の組合財産〔会社財産 Gesellschaftsvermögen〕への移行を認めた。組合財産は、しかし、まさに特別の財産の集合体（Vermögensmasse）にすぎない。そして、その特別の財産集合体は、主観的な関係においては、一連の契約の諸債権債務をとおして、有限責任社員たちの一定の影響の下に置かれており、客観的な関係においては、法律をとおして、外部に向かってもまた、ある程度に至るまで、〈その本来的な担い手は、しかし、《実際的にも法的にもそれについての「直接的な」支配がその者にのみ帰属するゆえに》全くただ人的責任を負う組合員〔Gesellschafter 無限責任社員〕のみが留まっているところの〉統一体（Einheit 単一体）として完結されている。有限責任社員と無限責任社員の間の契約債権債務（Vertragsobligation）は、それが公的でありかつ全体の信用基礎を構成するゆえに、第三者のためにもまた有効となり、そして、それをとおして同時に、有限責任社員と組合〔会社〕債権者の間の関連を基礎づけるということは、債権債務としてのその本質について、何ものも変更するものではない。エンデマンは、合資組合〔合資会社〕においてもまた（§49–53）、対外的および対内的な人格、諸機関などを認めている。とくに、S. 249. 252 f. 255. 256。個々人は、エンデマンによれば、ただ総体人（Gesammtperson）に対する債権的権利だけを有する。S. 259.（匿名組合を、エンデマン（§54 S. 265–273）は、組合よりも消費貸借（配当金と引換えにする消費貸借）に近い関係と見ている。）

(58)　フレムリ Frémery, études de droit commercial S. 54 f. フィック Fick, Z. f. d. ges. H. R. V. 10 f. 32 f. 〝無限責任社員の団体化（Inkorporation des Komplementärs）〟、すなわち、無限責任社員の自然的人格の代替物が、法人格をとおして認められている。これに反対、ルノー Renaud, Aktiengesellsch. S. 11. を参照せよ。

（59） ラーバント Laband ib. VII. 649. も同意している。フィック Fick l. c. S. 13. 40. 43. がそうである。

（60） アンシュッツ Anschütz, die Aktienkommanditgesellschaften〔株式合資組合〔会社〕〕, i. d. Jahrb. des gem. Rechts I. 326 f.、フィック Fick l. c. S. 57 f.、ミッテルマイヤー Mittermaier, Z. f. H. R. VII. 168.、エンデマン Endemann S. 280. 347. がそうである。

（61） トェール Thöl (2. Ausg.) S. 150. ブリンクマン Brinckmann §54. ミッテルマイヤー Mittermaier §558. ゴールドシュミット Goldschmidt l. c. S. 34 f. アンシュッツ Anschütz l. c. S. 328-343. ブルンチュリー Bluntschli §138 Nr. 8. ベーゼラー Beseler §226. シェフレ Schäffle l. c. 255. 256. クレーウェル Kräwell b. Busch, Archiv V. 109 f. アウエルバッハ Auerbach §51 f. 106. エンデマン Endemann §67-72 S. 346-363. 最後の二人は、有限責任社員たち（Kommanditisten）をここでは1個の特別の株式社団 Aktienverein（それゆえ固有の法人格を伴なう〔株式社団〕）とみなしている。

（62） ミッテルマイヤー Mittermaier l. c. S. 168. は、〝責任を負う藁〔ワラ〕人形と無力な資本提供者たちをもつ株式合資組合〔会社〕（Kommanditaktiengesellschaft）という両性具有体〟について語っている。

（63） ドイツ商法典 art. 173-206. はそうである。一八三九年のヴュルテンベルク草案 art. 236. と一八四九年の帝国商法典草案 art. 70. は、それらを全く禁止しようとした。フランスにおいては、株式合資組合〔会社〕によって営まれる濫用の防止のために、一八五六年七月一五日の特別法が制定され、それに代わって、現在では、一八六七年七月二四日の組合法〔会社法〕の第一部（der erste Titel）（des sociétés en commandite par actions 合資組合〔会社〕について）が登場している。諸規定は、第三者をも堅実でない諸企業に対して（art. 1-3)、株主たちをも経営者たちまたは発起人たちを通しての搾取に対して（art. 4)、保護すべきであり、そして〔それらの諸規定は〕、責任ある監査役会（Aufsichtsrath）の配備（art. 5-18.)、厳格な民事法的責任と刑法的責任（art. 8. 9. 13-16.)、および、開示（tit. IV.）をとおして、保証されている。

（64） 二三の人々（例えば、ブショー Bouchaud およびオレッリ Orelli）は、ローマの国家租税賃借人たち（Staatszollpächter）の諸組合（Societäten）の中に、株式諸社団（Aktienvereine）を見出しており、他の人々は、すでにギリシャ人において証明しようとしている。エンデマン Endemann §55 Note 5. しかし、かの諸組合が、〈それらの構成員たちにたぶん並行してツンフト類似のコルポラチオンの形成が許可されていたところの（ロエスレル Rößler, Z. f. d. gesammte Handelsr. IV. 290 f.)〉、実際に社団的な生業諸組合（Erwerbsgesellschaften）であり（シュミート Schmid, Arch. f. civ. Prax. Bd. 36. S. 181 f. および、ウンガー Unger, krit. Uebersch. VI. 174. はそうである。)、そして、単なる諸組合ではなかった（ルノー Renaud, Atiengesellsch. S. 2-7. および、エンデマン Endemann S. 274. はそうである。）とすれば、それらは、〈それらには制限された責任〔有限責任 limitierte Haftbarkeit〕も、資本家的な人格（kapitalistische Persönlichkeit）も欠けていたゆえに（Endemann S. 276)〉、いつでも株式社団ではなかった。そのようなものは、古人たちには、奴隷たちをとおしておよび特有財産（Peculium）をとおして代替されていた。フィック Fick, Z. f. d. ges. H. R. V. 28 f.。そして、それらがたとえ株式社団であったとしても、それでもしかし、今日はじめて再び苦労して研究された事実であることのゆえに、近代法の発展に影響を与えることはできなかったのである。

（65）　フィック Fick, Begriff u, Geschichte der Aktiengesellschaft, i. d. f. Z. d. ges. H. R. V. 1-62. ルノー Renaud l. c. 1-27. エンデマン Endemann §55 S. 273-281.

（66）　スカッチア Scaccia §1 gl. 1 Nr. 452 f. S. 77 u. §7 gl. 3 Nr. 1. 7. における報告、フィック Fick S. 40. 41.、および、クネオ Cuneo から汲み取られたルノー Renaud's S. 12-14. の叙述、を参照せよ。

（67）　フィック Fick 41 f. Endemann S. 277 f. ヒューブナー Hübner, die Banken, Leipz. 1854, I. §2. S. 8-35. II. 339 f.。そのように見えるように、ベネチアの諸銀行（Hübner I. 9）において、さらに一六九四年の英国銀行（bank of England）（ib. II. 339 f.）、フランスの諸銀行（I. 13 f.）、一六五六年のスウェーデン銀行（II. 422 f.）、一七三六年のデンマーク＝ノルウェー銀行（II. 207 f.）などにおいては、株式原則（Aktienprincip）が適用された。これとは反対に、〈それらの資本を、一部は預金（Depositen）から、一部は国家によって委託されて受け取っていたが、しかし株式を発行していなかったところの〉最古のドイツの諸銀行は、多かれ少なかれ国家と緊密に結合された公的諸営造物であった。一六〇九年のアムステルダム銀行（Hübner I. 10 f.）の模範に従って設立されたハンブルクにおける振替および預金銀行 Giro= und Depositenbank（II. 114 f.）、ニュルンベルク銀行（I. 11）、一七〇三年におけるウィーン振替銀行 Girobank（II. 146 f.）、一七六五年の全面的に国家資本をもって基礎づけられたプロイセン銀行（I. 22-27.）、一七八六年のニュルンベルクにおける銀行（II. 43 f.）などは、そうである。

（68）　ストラッカ Straccha, decis. rotae Genuae de merc.（Col. 1622）decis. 14、スカッチア Scaccia l. c. 47 f. 76 f. 496 f.、ルノー Renaud 15 f.。スカッチアは、モンテスのロカ〔諸モンスの諸地位〕（loca montium）の売却可能性を、それが〝評価について等しくされる（adaequantur censibus）〟（S. 48. 78 Nr. 464-469）ゆえに、肯定している。そして、それらをカノン法の利息禁止から救うために、消費貸借（mutuum）としてのその性格を免除している（S. 77 Nr. 452 f.）。ただ、モンスの地位の果実（fructus loci montis）は、モンスがそれらの果実の能力がなかったときは（quando mons non erat capax illorum fructuum.）、賠償されるべきである（S. 139. 426.）。ストラッカによって報告されたローマ最高法院（Rota）の判決は、モンテスの諸地位の所持人を、モンスの債権者たちに対する関係で、身体的に拘束されないものと判示した。

（69）　Vgl. Marquardus l. c. 367 f. Nr. 64 f. Röpell b. Ersch u. Gruber III, 7 S. 124-156. Roscher, Kolonien und Kolonialpolitik 1856 S. 375-425. Schäffle, im Staatswörterb. IV. 678-689. Fick l. c. 43 f. Renaud 16 f. Rau, Volkswirthschaftspolizei II. §279. Endemann H.

R. 278.

（70）第一のカンマー〔会議所〕（Kammer）を構成したのは、アムステルダムであり、そこでは、総資本の半分が二十人の管理者たち（Administratoren）によって署名されていた。第二のカンマーをツェーラントが、資本の四分の一と十二人の理事者たち（Direktoren）をもって構成し、（マース Maas での）第三のカンマー、および、第四のカンマー（北オランダと西フリースラント）は、それぞれ八分の一をもって参加し、そして、それぞれが二つの下位カンマー（デルフィ、ロッテルダム、エンクフイゼンおよびホールン）に分かれ、それらのそれぞれが七人の理事者たちを有していた。十七人のうち、八人は第一カンマーから、四人は第二カンマーから、それぞれ二人は第三カンマーと第四カンマーから推薦されていた。その一方、十七人目に関しては、諸カンマーが交代した。Vgl. Marquardus S. 367 f. Nr. 64-73. Röpell l. c. S. 152-156.

（71）一六二一年ないし一七三四年のオランダ西インド会社（Die holländisch=westindische Kompagnie）（Marquardus S. 369 f. Nr. 74 u. 75 und Urkb. S. 609 f.）およびスリナムのオランダ会社（die holländische Kompagnie von Surinam）などがそうである。

（72）イギリスにおいては、東インド会社（die ostindische Kompagnie）のほかに、南海会社（Südseekompagnie）、英国ヴァージニア会社（die brit.=virgin.）、英国近東会社（brit.=levantin.）、いくつかのニシン漁業組合〔会社〕（Häringsfischereigesell-schaften）、一六七〇年のハドソン湾組合〔会社〕（Hudsonsbaigesellschaft）など。フランスとドイツの会社（Komp.）に関しては、以下をみよ。ポルトガル、スペイン、ロシア、スウェーデン、デンマークの多数の会社を、シェフレは、列挙している Schäffle l. c. S. 687. 688。興味深いのは、マルクアルドゥス Marquardus l. c. im Urkb. 373-559（dazu S. 370 Nr. 76 f.）が公表している〝スウェーデン王国におけるオーストラリア会社または南方会社 Australischen oder Süder=Kompagnie im Königr. Schweden〟の広範な証書である。そのもとに、一六二六年の国王のオクトロイ（Oktroy 許可）および多くの諸特権と並んで、オクセンスティールナ首相によってスウェーデンおよびドイツをとおして送付された〈株式引受 Aktienzeichnung（〝〔申込の〕記入 Einzeichnung〟）に招待する〉いくつかの事業内容説明書（Prospekte）が見出される。さらにマルクアルト Marquard S. 370. Nr. 80. は、デンマーク国王によって設立されたアイスランド商人団体（collegium mercatorum Islandiae）に言及し、ib. Nr. 81は、スペイン国王によってハンザ諸都市に申込が奏功しなかったイスパニア―ゲルマニア商人組合（societas commercii His-pano- Germanici）に言及し、そして、S. 372 Nr. 89は、ホルスタイン大公の、ペルシャに向けての組合（societas in Persiam）を設立するという失敗に終わった試み（一六四〇年）に、言及している。

（73）Vgl. Röpell l. c. 124-152. Schäffle l. c. 680 f. u. Deut. Vierteljahrsschr. 1856 H. 4 S. 20 f. Fick l. c. 44. May, const. hist. II. 580 f.

（74）統合東インド会社（United East India Company）は、いまや五百ポンドの株式に基づいて設立され、そして、それらの株式それぞれが一個の議決権を与える一方、〔いまや二十四人の〕理事者たちの間の選挙のためには、四個の株式の占有が必要であった。後には、一個の議決権は二個の株式によってはじめて、二個の議決権は六個の株式によって、三個の議決権は十二個の株式によって、四個の議決権は二十個の株式によって、というように登場した。

(75) Fick l. c. 50 f. Schwebemeyer, das Aktiengesellschafts=, Bank= und Versicherungswesen in England, Berl. 1857, S. 11 f. Renaud 23 f. 永久機関〔perpetuum mobile〕の発明、良い仕事台の鋳鉄のための鉋屑〔かんなくず〕の利用、あるいは、〈それが何であろうとも、それについて誰も知ってはならない〉全く何かそのようなものが、これらの諸組合の諸目的のもとに役割を果たしており、それらをアンダーソン Anderson 202 が列挙している。

(76) 引用されたシュウェーベマイヤーおよびギューターボックの書物 Schwebemeyer u. Güterbock, die engl. Aktiengesellschaftsgesetze v. 1856 und 57, Berlin 1858. を参照せよ。

(77) ミッテルマイヤー Mittermaier, i. d. Z. f. d. ges. H. R. VII. 423-433 およびカイスナー Keyßner ib. 533-574. をとおしての法律の叙述を参照せよ。

(78) 〈それらのうちの最初のものは Stat. 1 Vict. c. 73 のもとに、後のものは Companies clauses consolidations act v. 8. Mai 1845 (8 Vict. c. 16) のもとに、立つところの〉王権または議会によって設立された諸組合〔会社〕、ならびに、さらに鉱山諸組合〔鉱山会社〕は、法律のもとには立って「いない」。法律の下に服することを強制されているのは、十人以上の構成員を有する諸銀行、および、組合〔会社〕またはその構成員たちのための利益に向けられた二十人以上の人々の諸社団である。

(79) 後に構成員数が七人を下ったときは、解散が生じうる。しかし組合〔会社〕が六ヶ月以上長く継続されるときは、債権者は個々人に責任を問いうる。

(80) ただ土地占有の取得に関してのみ、諸技術と諸学問および福祉の促進のための諸組合〔諸会社〕は、〈それらが、商業局の承認なしには、二エーカーを超えては取得することができないことによって〉、制限されている。

(81) この場合においては、商業局は、特別委員たちを営業状態の調査のために派遣する。彼らに対しては、すべての帳簿が提出されなければならず、そして、宣誓による諸聴取についても、債権者たちの〔ための〕保証のための諸措置についても、権限が与えられている。Keyßner l. c. S. 567. 568.

(82) 詳細は、Keyßner l. c. S. 557 f.

(83) 法律時代の諸会社に関しては、Röpell l. c. 156; Schäffle, Staatswörterb. l. c. 681 f. 687; Fick l. c. 45 f. 56 f.; Renaud l. c. 17 f.; 最も詳細には、Hübner l. c. I. 12-22. を参照せよ。

（84）ルノー Renaud 22. 23. における一例（chambre d'assurance in Paris 1750. パリの保険会議所）。

（85）フランス商法典 Code de commerce art. 29-37. 40. 45. 46.

（86）ロマンス語諸国においてフランス商法典の諸原則を僅かな諸修正と諸補充をもって繰り返しているところの、ドイツ以外の株式会社立法に関する諸証明を、ルノー Renaud S. 36-40. および、文献 S. 45-48. においてみよ。付け加えられるべきは、Z. f. d. ges. H. R. IX. 351-354 において印刷されている、一八四八年一〇月六日のスウェーデンの法律（das schwedische Ges. v. 6. Oct. 1848）である。

（87）Z. f. d. ges. H. R.〔全商法雑誌〕VII. S. 160-166. において印刷されている。

（88）とくに、金銭において存するのではない諸出資〔現物出資〕、および、個々人のための根拠のない特別利益が約束されるときは、社団が確定的に構成されたとみなされる以前に、第一の決議する集会をとおしての調査、および、第二の決議する集会をとおしての承認を必要とする。この集会は、少なくとも株式の四分の一および構成員たちの四分の一がそれをとおして代表されているときは、多数決で決議する（art. 4. 24.）。創立する諸集会〔創立総会〕は、さらに、ただ、資本の二分の一が代理されているか、または、場合によっては、三分の一が代理されている新たな集会が〈暫定的に決議されそして公表された〉第一集会の諸決議を認可する場合にのみ、決議能力が与えられる（art. 30）。またそれらの集会においては、株主は、十個を超える議決権を有しない（art. 27）。最初の理事者たち（Administrateurs）が定款において決定されるときは、このことは、一年間だけ妥当する（art. 25）。

（89）〈帝国諸法律と帝国諸裁判所がそれに反対して対抗したところの、そして、十七世紀の前半に至るまでに自ら解散したところの〉南ドイツ商人諸組合（die süddeutsche Kaufmannsgesellschaften）は、推測するに、有限責任社員の諸出資（Kommanditeinlagen）（それには、アウクスブルクにおけるアンブロージ＝ホッホシュテッター組合 Ambrosi=Hochstetter Gesellschaft から、一人の参加者が、六年後に、投資された九百フロリンの代わりに、三万三千フロリンを返還請求した、という話が結びつけられている）を伴なう合名生業諸組合（offene Erwerbsgesellschaften 生業合名会社）であり、そして、それは、その後さらに、相互に共通の商業保護のためにギルド的に結合されたのである（シュワーベン商事組合 schwäbische Handelsgesellschaft）。Vgl. Marquardus l. c. S. 342 Nr. 88. Roscher l. c. 375 f. 414. エンデマン Endemann S. 278 Note 34. は、異なる見解であるようにみえる。

（90）ヴェルナー（Werner, Gesch. der Iglauer Tuchmacherzunft（bes. S. 60 f.））によって叙述された、注目すべきイグラウの織物業者と織物職工の連合体は、不完全な諸資料が結論を許す限りでは、株式会社〔組合〕（Aktiengesellschaft）よりも、むしろ現代の生産および販売ゲノッセンシャフト〔協同組合〕（Produktiv=resp. Absatzgenossenschaft）に比較しうる。一五九二年の年に皇帝によって認可され、一六二〇年に解散させられた〝コンパニー〔Kompagnie 会社〕〟は、むろん入社のために一定の入会金を定めた。そして、その拠出のために、一人の人には重すぎるときは、二人またはそれ以上の人々が結合しえた。しかしながら、この購入金額が〈ウェルナーが述べているように〉〝株式 eine Aktie〟を与えたということは、ありそうにないことである。有限責任が生じたのか、連帯責任が生じたのかは、明らかではなく、そして、入会金が結合する人々は、ただ、一つの集団的なゲノッセンレヒト（ein kollektives Genossenrecht）、すなわち、一つの集団的議決権（eine Kollektivstimme）だけを受け取ったのであり、それゆえ、それでもなお、そのゲノッセンシャフトがその利益を株式に従って分配する生業組合（Erwerbsgesellschaft）であるとすることは困難であった。むしろそれ〔生産および販売ゲノッセンシャフト〕は、そのゲノッセンシャフトへの引渡しを義務づけられたその構成員たちから織物を買い取り、そして、これらをその側から利益をもって商議し、しかし剰余の利益を資本の出資に従ってではなく、引き渡された織物に従って、分配した。後者〔生産販売ゲノッセンシャフト〕となるのは、恐らくは十八世紀の最終四半期においてそこにおいて連合体（Association）が更新されたところの形式をとおしてである。なぜならこの新たな連合体は、徹底して、ただ共同の商人的販売の諸目的のためのツンフト組織体制の拡大であるにすぎなかったからである。それゆえそれらの構成員たちは、すべてのツンフト的なマイスターたちおよび商人たちであり、そして、ゲノッセンレヒトは、決定的に純粋に人的な性質のものであった。ゲノッセンシャフトは、〈それがそのゲノッセンシャフトに《宣誓者たちおよびツンフト委員会を通して実行される》試験の後に受け入れたところの〉ゲノッセンの諸工場とのみ取引した。対外的には、しかしそれは、大商館として現れ、そして、この目的のために多数の商人的官吏職員を有した。商業利益については、かなりの部分がコルポラチオンの諸目的のために積み立てられ、残りは、しかし、ゲノッセンの間に各々によって引き渡された織物の割合に従って分配された。

（91）諸会社（Kompagnien）に関しては、パウリ『より多くの特権を与えられた商人たちの組合〔会社〕、すなわちいわゆる許可された商事会社の、戦争の権利について』（Pauli, de jure belli societatis mercatoriae majoris privilegiatae vulgo Einer Oktroyirten Handels=Kompagnie）、Halle 1751. §8 S. 8. を参照せよ。対ロシア商品輸出プロイセン・ブランデンブルク組合〔会社〕（Societas Borusso-Brandenburgica ad Russicas merces exportandas）もまた、始められた。最古の諸銀行に関しては、ヒューブナー Hübner Bd. I. 最古のドイツの保険株式会社〔組合〕（Versicherungsgesellschaft auf Aktien）に関しては、以下、第七十章を参照せよ。

（92）〝海上貿易会社〔組合〕Seehandlungs=Gesellschaft〟は、一七七二年一〇月一四日の許可（Oktroi）（b. Mylius, N. C. C. V.

b. 515 und Rabe, Samml. I, 4. 369）をとおして設立され、そして、外国との商業を活気づけるために独占権と諸特権とを与えられた。営業財産は、各五百ターレルからなる二四〇〇の株式から構成され、そのうちの二一〇〇株を国王が引き受けた一方、その他の三〇〇株は商人たちと私人たちに放出された。経営管理は、完全に国家によって任命された諸官庁の手に存した。一七九四年三月四日の特許状（Patent）（Mylius l. c. IX. 2029, Rabe l. c. II. 597）をとおして、それに対して以前よりもさらに多く、商人的国家制度の性格が与えられた。一八一〇年以来は、〈国家が諸株式を諸債務と共に引受け、そして、制度がいまや国家の独立した貨幣および取引制度となり、その制度の所轄と業務の諸関係が多様に交替し、そしてしかし、その制度が独自の財産と独自の管理を、それゆえ独自の人格を保持したことによって〉私人の参加は中絶した。フォン・レンネ v. Rönne, preuß. Staatsr. II, 1. S. 85-88 および文献の証明 ib. 85 Note 7. を参照せよ。

（93）世界商業のための株式諸社団（Aktienvereine）は、例えば、無記名株式（Inhaberaktien）で設立された一八二一年ないし一八三二年のライン=西インド会社（rheinisch=westindische Kompagnie）（Stat. b. Bender, Grunds. des Handlungsrechts I. 326 f.）、および、ザクセン=エルベアメリカ会社（die sächsisch=elbamericanische Kompagnie）であった。株式銀行（Aktienbanken）は、一八〇六年にフュルトで、一八一九年にリューベックで（私的割引および消費貸借金庫 Privat=Diskonto= und Darlehnskasse）、一八二四年にシュテッティンで（ポンメルン騎士階級私的銀行 ritterschaftliche Privatbank in Pommern）、一八三四年にミュンヘンで（バイエルン抵当証券および手形銀行 bair. Hypotheken= und Wechselbank）、一八三八年にライプチッヒ、一八四二年にブラウンシュヴァイク、一八四七年にデッサウなどで、成立した。ヒューブナー Hübner l. c. II. 122 f. 17 f. 72 f. 24 f. 122. 85 f. を参照せよ。より古い保険株式会社（Versicherungsgesellschaften auf Aktien）の歴史と組織体制を、マジウス Masius, Lehre der Versicherung ec. Leipzig 1846 S. 97 f. 348 f. 547 f. 610 f. において参照せよ。詳細は、第七十章において。ドナウマイン運河組合〔会社〕（Donaumainkanalgesellschaft）は、一八三六年に設立され、それに間もなく、北ドイツ海洋諸都市におけるおよびトリエストにおけるさまざまな蒸気船航行会社〔組合〕（Dampfschiffahrtsgesellschaften）が続いた。最も古い鉄道諸会社〔組合〕に関しては、ペールス Pöhls, das Recht der Aktiengesellschaften S. 78-153. を参照せよ。比較的古いプロイセンの株式諸社団の諸規約〔諸定款〕は、法令全書 G. S. v. 1824 S. 169; 1825. 41; 1833. 5; 1835. 789; 1839. 177; 1840. 305; 1841. 30, 59. 95; 1843. 53. 371 u. s. w. において〔見よ〕。

（94）ハンブルクの命令（Hamburg. V. v. 28. Dec. 1835）（b. Pöhls l. c. S. 425 f.）およびブレーメンの命令（Brem. V. v. 6. Dec. 1860）（Z. f. d. ges. H. R. IV. 94 f.）をとおしては、公示の原則に従ってのみ、定款の裁判上の処分および官吏たちと被授権者たちの指名が要求された。

(95)　一七六五年のハンブルク保険会社（Assekuranzkompagnie）においては、そして、いまなお一八三四年のその修正された定款（b. Pöhls 297 f.）においてすら、有限責任は、〈会社の被授権者〔代表者〕に向けての〉すべての株主の制限された諸代理権をとおして、媒介されていた。――完全に自由な株式銀行（Aktienbank）は、すでに一八一七年にブレーメンにおいて設立された手形割引銀行（Diskontokasse）であった。諸定款の抜粋を Hübner II. 119 f. においてみよ。

(96)　プロイセンにおいては、諸鉄道会社〔組合〕のためには、一八三八年一一月三日の法律（G. S. S. 505）をとおして、一般的には一八四三年一一月九日の法律（G. S. S. 341）をとおして、オーストリアにおいては、一八五二年一一月二六日の社団法（Vereinsgesetz）をとおして。

(97)　プロイセンにおいては、明示的にランデスヘルの認許（Koncession）に、そして、それのみに、社団に法人格を付与する効力が与えられていた。

(98)　ドイツ商法典 D. H. G. B. art. 207–249.　先立つ諸草案およびその後に公布された諸施行法の諸規定は、ルノー Renaud S. 32–35 が跡付けている。

(99)　Hamburg. Einf. Ges. §24, Oldenb. art. 20, Mecklenb. §3 Nr. 3. Preuß. Ges. v. 15. Febr. 1864 (G. S. S. 57).

(100)　D. H. G. B. art. 208. 210. 211. 214. 247. 248. 249.　それに対して、ルノー Renaud S. 286–317. エンデマン Endemann, H. R. §55 S. 280; §58 S. 304.

(101)　Hamb. Einf. Ges. §25. Lüb. Art. 14. Oldenburg. art. 20 §2. Bad. Art. 32.

(102)　同一の視点から、若干のスイス諸法律は、出発している。例えば、〈組合概念によって支配されてはいるが、国家の承認に固執している（art. 1）〉一八六〇年一一月二七日の株式会社に関するベルンの法律（das Bernische Ges. über Aktiengesellsch. v. 27. Nov. 1860（i. d. Z. f. d. ges. H. R. V. 234 f.）、および、〈一般にケルパーシャフトの形成を自由にしているにもかかわらず、産業および経済の諸企業のための株式諸社団において、政府評議会〔ラート〕の調査と承認を要求している（§20. 22. 44.）〉チューリッヒ民事法典（Zürch. Civilgesetzb.）〔がそれである〕。

(103)　Vgl. auch Renaud §18 S. 176 f.　ラント法律を変更できる商法 H. G. B. art. 240 だけが、まだ、後見システムに基づいている。

(104)　Scaccia l. c. S. 47 f. 75 f.　ストラッカ Straccha によって報告されているジェノア最高法院の判決は（Nr. 85）、組合（societas）は存在しないとしている。

(105)　Marquardus l. c. S. 367 f. Nr. 64 f. S. 371 f. Nr. 82–88.

(106)　ハイネクキウス Heineccius, de jure princ. circa commerc. libert. tuendam,〔『自由に行われるべき商業に関する主要な法に

ついて』〕Hal. 1738 §45 f.（団体、すなわち、存在することも繁栄することもそれらなしにはできないところの諸特権 collegium; privilegia, sine quibus vel consistere vel florere non possunt.)。パウリ Pauli は、注(91)で引用された〈彼がその中で許可された商事会社 oktroyirte Handelskompagnie の戦争遂行権 Kriegsführungsrecht を証明し、そして、限界づけようと試みている〉書物の中で、§9 S. 9 において、〝ある上位者の命令によって増強したところの（auctoritate cujusdam superioris coaluit）〟〝組合員たちの団体全体（totum sociorum corpus）〟について語っており、そして、個々の構成員たちの外国人としての特性は、いかなる方法での団体であれその組合〔会社〕（societas qua corpus）の国家帰属性を妨げない、と結論している。S. 26 §37：国家の一部分（pars reipublicae）。

(107) 無名組合（société anonyme）のもとに、いまだ株式社団（Aktienverein）ではなく、匿名組合と当座組合（stille und die Gelegenheitsgesellschaft）を理解したサヴァーリ父子（Savary Vater und Savary Sohn）の諸理論の叙述を、ルノー Renaud S. 21. 22. において参照せよ。

(108) Renaud S. 151-159. ベルンの法律だけが一つの例外を作っている。

(109) Thöl, H. R. §44-47a; Treitschke, Zeitschr. f. D. R. XIII. 382-413.

(110) ジンテーニス Sintenis, de soc. quest., quae dicitur Aktiengesellschaft.〔『株式会社〔組合〕と言われるところの問題とされる組合について』〕1837. 以下を参照せよ。ジンテーニス desselben gem. Civilr. §121 Anm. 17. クリッツ Kritz, Sammlung von Rechtsfällen III.（1841）S. 311 f. ペールス Pöhls, das Recht der Aktiengesellschaften. Hamb. 1842.（彼は、もちろん、それと並んで道徳人〔慣習人 eine moralische Person〕についても語っている、例えば、S. 53. 55. 173. 174.。）、フォイクト Voigt, Z. f. d. ges. H. R. I. 477 f. ――同様に、レスラー Rösler, Z. f. d. ges. H. R. IV. 286. プファイファー Pfeifer, jurist. Pers. §17 S. 41 f. ゲルバー Gerber, Z. f. Civilr. u. Proc. N. F. XII. 193 f. u. P. R. §198. シュミート Schmid, Arch. f. civ. Prax. Bd. 36 S. 184 f. ゲングラー Gengler §112. ヴァルター Walter §298-308.

(111) 株式社団の法人格に関する争いを、議事録 Protokolle S. 154 f.（bes. 156.）161. 276. 1027 f. 1039. において参照せよ。

(112) このジレンマが、ブラッケンヘフト Brackenhöft をして、法律学辞典 Rechtslex. s. v. "Handel" V. 83-95 における株式会社〔組合〕Akriengesellschaft の叙述の際に、その法的性質の説明を全面的に放棄することの原因をすら与えたのである。

(113) 純粋のウニヴェルシタス universitas を実行することから出発しているのは、マルテンス Martens, H. R. §26. 27.、ウンガー Unger, krit. Uebersch. VI. 183 f.、ベショルナー Beschorner, das deutsche Eisenbahnrecht S. 19-91.、ハイゼ Heise, H. R. §26 f. S. 66 f.、ヘルマン Hermann, der Rechtscharakter der Aktienvereine, Leipz. 1858.、フィック Fick l. c. S. 1 f.（社団の人格は、合資

組合〔会社〕における無限責任社員の地位を代理するという、ただ一つの目的のためにのみ存在するという、独特の修正とともに。）、ハーン Hahn, Kommentar zum H. G. B.（I. 439 zu art. 213）、ヴィントシャイト Windscheid, Pand.（2. Aufl.）§58 Note 5. である。その場合、大多数の人々（ウンガー、フィック、ヴィントシャイトはそうである。）は、株式（Aktien）を、法人（juristische Person）に対する個々人の債権的諸権利（Forderungsrechte）と説明している。また、ルノーは〝人の特性〟と説明している。――それは、誤解を招く表現ではあるが、〈財産の構成およびコルポラティフな有機的組織の関連の結果において、何か偶然的なもの、本質外のものとして説明されて、株式諸権利 Aktienrechte の相互のあらゆる結合が否定されるのではなく、株主たちの諸権利と諸義務が、統一体として把握される代わりに、さまざまの種類の諸関係の流出物として互いに区別され、そして、そもそも全体の諸要素が機械的に結合された諸部分として理解されるであろう場合には〉、その背後に、〈株式は物となったコルポラチオンの構成員たる地位である〉という正しい思想が隠されてありうるのである。

(114) この基礎の上に基づいているのは、ヨリー Jolly, Z. f. D. R. XI. 317-449. とライシャー Reyscher ib. XIII. 382-413. の論文である。類似して早期に、ウンガー Unger（System §43）。同様に、ブリンクマン Brinckmann, H. R. §59-64. すべての法人一般のためにこの思想を実行しようとしているのは、ザルコフスキー Salkowski, Beitr. zur Lehre von den jur. Pers. 1863. である。

(115) それゆえアウエルバッハ Auerbach, Gesellschaftswesen S. 184-407 は、あらゆる側面で組合的諸要素によって貫かれた法人（juristische Person）の思想から出発している。ディーツェル Dietzel, die Besteuerung der Aktiengesellschaften, Köln 1859, S. 24 f. および、フィッティング Fitting, krit. Vierteljahrsschr. I. 588 は、〝非本来的な〟法人について語っている。ラーデンブルク Ladenburg, im Archiv für deut. Handels= und Wechselrecht X.（1861）S. 227 f. und in Busch's Archiv VI.（1865）S. 206 f. は、法人を認めようとするが、しかしコルポラチオンを認めようとはせず、そして、それ〔法人〕と財産についての構成員たちの直接の持分権（Antheilrechte）を結合しようとしている。

(116) ウォルフ Wolff, P. R. §109、ミッテルマイヤー Mittermaier §557、ヴァイスケ Weiske, Neue Jahrb. f. Gesch. und Polit. I. 244 f.、ブルンチュリー Bluntschli, P. R. §139. は、そうである。

(117) Beseler, P. R. §224.

(118) すでにガンス Gans, Beitr. zur Revis. der preuß. Gesetzgeb. I, 2. 177 f. は、構成員たちをとおしてのみ代理される資本結合体の思想から出発している。マルバッハ Marbach, ein Wort über den Rechtscharakter der Aktienvereine, Leipz. 1844 は、その後、〈彼が一つの取消不能の《結合をもっぱら媒介する》客観的な法共同体（objektive Rechtsgemeinschaft）をとおして成立させたところの〉ひとつの〝物権法的にいわば有機的に組織された法全体（Rechtsganze）〟という理念を貫徹させた。

(119) デメーリウス Demelius, die Rechtsfiktion S. 85; Jahrb. f. Dogmatik IV. 2、ベッカー Bekker, i. d. Z. f. d. ges. H. R. IV. 565 f.。反対に、目的財産（Zweckvermögen）の発案者であるブリンツ Brinz（Pand. S. XI. 172. 979-1150）は、株式諸社団の中になるほど諸コルポラチオンを認め、その場合にもまた、目的財産を可能なものと設定しているが、株式財産（Aktienvermögen）をそのようなものとはみなさず、共同所有権とみなしている。S. 1013 f. 1041 f.

(120) とくにクンツェ Kuntze, Inhaberpapiere 502 f., Z. f. d. ges. H. R. VI. 229 f. u. krit. Vierteljahrsschr. VI. 53、ヴィッテ Witte, Z. f. d. ges. H. R. VIII. 1-27. は、そうである。（アウエルバッハ Auerbach l. c. S. 281 f. もまた、株式社団の中に、何か財団類似のものを見出している。）株主たちに対しては、クンツェは、一つの独特の〝諸物における権利 jus in bonis〟を与え、ヴィッテ（S. 17 f.）は、制度に対するたんなる債権的権利を与えている。両者にとっては、株主たちは、法人の〝担い手〟ではなく、〝諸機関〟である。同様に、エンデマン Endemann §56-66, bes. §56 は、擬人的な資本財産（personificirte Kapitalfonds）としての株式社団の理解に傾斜している。

(121) D. H. G. B. art. 208. 209. ただイギリス法だけが、完全に付随的な正規の定款を設定している（Anhang 1. A. zum Ges. v. 1862; 保証付株式組合〔会社〕につき Anh. 2. C.、無限責任株式組合〔会社〕につき、Anh. 2. D.）。諸定款の必要性と本質に関して、ルノー Renaud S. 239 f. を、形式に関して S. 248 f. を、本質的内容に関して S. 269 f. を、有効性に関して S. 274 f. をもまた、参照せよ。エンデマン Endemann §58.

(122) 例えば、ドイツ商法典二一五条、とくにしかし、二一四条と二四二条はそうである。それらは、定款変更、基礎資本金の増加、継続および解散のために、「総」株主の一致が必要であるかどうかを未決定に残している。（このこと〔総株主の一致が必要であること〕をルノー Renaud S. 442 f. 460. 664. 716 f. は認めているが、それとは反対に、ツィンマーマン Zimmermann in Busch's Archiv V. 122 f.、エンデマン Endemann §62 Note 32 は、株主たちのではなく、株主総会の満場一致を要求している。普通法のためには、多くの人々、例えば、ペールス Pöhls S. 197 は、全員一致を要求している。見解の正当性または不当性に関しては、第二部〔第二巻〕を参照せよ。）

(123) ペールス Pöhls l. c. im Anhang S. 297 f. における一群のより古い諸定款。さまざまな種類の一ダースの諸定款をヨリー Jolly l. c. は用いており、若干の諸定款をゲングラー Gengler は、多くのとくに南ドイツとスイスの諸定款をルノー Renaud は用いている（何とルノーに対しては、ラーバント Laband, Z. f. d. ges. H. R. VII. 619 によって非難されている！）。マジウス Masius l. c. における保険株式＝諸会社〔組合〕（Versicherungsaktien＝Gesellschaften）の諸定款。極めて価値あるのは、ホッカー『ドイツのすべての株式銀行の諸定款の集成』（Hocker, Sammlung der Statuten aller Aktienbanken Deutschlands. Köln 1858.）である。

（それでもしかし、四十六の諸定款のうち、ただ三十八だけが真の株式会社〔組合〕の定款であるにすぎない。二（Nr. 30 u. 43）は純粋の営造物であり、六（Nr. 2. 3. 13. 28. 36. 43.）は株式合資組合〔会社〕であり、そのうちベルリン割引組合 Diskontogesellschaft zu Berlin（Nr. 13 S. 158-176）は、極めて独特の有機的組織を有する。）。しかしながら、個々の諸国の法律公報（Gesetzesblätter）は、非常に豊かな資料を提供している。なぜなら、例えば、プロイセンの法令全書（preuß. G. S.）のさまざまな諸年度版は、それぞれの種類の株式会社〔組合〕のための百を超える諸定款を公布しまたはそうでないとしても告示しているからである。

(124)　諸銀行は、ところで、〈しばしば外国、例えば、ペテルスブルク、ストックホルム、ワルシャワ、アメリカ、スイスにおけるように、しかし、ドイツにおいてもまた、さらに一八四九年のナッサウのランデスバンク（Hübner II. 463 f.; 定款は Hocker 393）のように〉国家の諸営造物としてであれ、〈一八四八年のヒェムニッツにおける都市銀行 Stadtbank im Chemnitz（Hübner II. 413 f.）およびブレスラウにおける都市銀行 die städtische Bank in Breslau（G. S. v. 1848 S. 145. Hocker S. 590.）のように〉ゲマインデの諸営造物としてであれ、最後に〈ブーディッシンのラント階級銀行 die landständische Bank zu Budissin のように〉コルポラチオンの諸営造物としてであれ、公的な営造物として、株式資本（Aktienkapital）なしに登場している。逆に、完全に自由な株式社団である諸銀行が、例えば、ブレーメン（Hübner II. 119 f. における割引貯蓄銀行 Diskontokasse の定款、Hocker 72 における一八五六年の銀行 Bank の定款）およびハンブルク（Hocker 248 における社団銀行 Vereinsbank の定款、同402 における北ドイツ銀行 Norddeutsche Bank の定款）において、存在している。諸銀行の多数は、しかし、営造物と自由な資本ゲノッセンシャフト〔資本団体〕の間の中間に立っている。営造物的な要素が優越している諸銀行は、例えば、一八〇六年のニュルンベルクにおけるバイエルン王国銀行 die kön. bair. Bank、および、一八一六年のオーストリア国民銀行 die österreichische Nationalbank（Hübner II. 43 f. 126 f. Hocker 438 f.）、とくにしかし、プロイセン銀行 die preußische Bank（Hocker 495-535）である。後者は、もともと一七六五年六月一七日にそれに対して国家によって与えられた基礎資本金の上に、純粋の国家制度として基礎づけられていた。プロイセン銀行は、しかし、一八四六年一〇月五日の銀行条例（Bankordn. v. 5. Oct. 1846. G. S. S. 435.）および、一八五六年五月七日の法律（G. S. S. 34）の後もまた、そのようなものに留まったのであり、そして、ただ、それと私人（銀行持分の保有者たち Bankantheils=Eigner）の財産的参加（Vermögensbetheiligung）だけが結合されている。そして、その財産的参加は、利益配当と関係し、そして、経営管理のコントロールに対する関連では、国家によって任命された理事会〔取締役会 Vorstand〕に対する関係で、二百人の最大出資者たちの定時集会、そこから選ばれた十五人委員会 Fünfzehnerausschuß（中央委員会 Centralausschuß）、および、これによって任命された三人の代議員たち Deputirte、ならびに、そのほか、地方支店においては、特別の諸委員会と副代議員たち Beigeordnete をとおして、主張されるのである。逆に、ポンメルンにおける騎士階級私的銀行 die ritterschaftliche Privatbank（Stat. v. 15. Aug. 1824 G. S. S. 169, spätere v. 23. Jan. 1833 G. S. S. 5, 24 Aug. 1849 G. S. S. 359）は、なるほど純粋の株式社団として設立されたが、しかし、〈その最初の頭取 Direktor がもともと国王によって認可されたところの、〔そして〕その職員たちが公的な官吏の性格を有し、そして、その指揮に恒常的な国王の特別委員（königl. Kommisarius）が関与したところの〉〝公的に特権を与えられたコルポラチオンとして〟（Stat. v. 1824 §15 f., 1833 §22）、国家の有機体組織に挿入された。同じことは、たとえより僅かな程度においてではあれ、一八四八年九月二五日の規範的諸条件（abgedruckt b. Hübner I. 30 f.）に基づいて、後に認許されたプロイセンの諸私的株式銀行（Privataktienbanken）についても妥当する。なぜなら、これらの諸会社〔組合〕は、はじめからその有機的組織においては一連の制限的な諸規定に服しており、その業務経営においては、そしてとくに銀行券の発行（Notenemission）に関しては、制限されていて、そしてそもそも期限付きで認許されていたので、なるほど選ばれた諸理事会と経営管理諸ラート〔評議会〕は株主総会のコントロールのもとに管理されるが、しかし、とくに任命された国家の特別委員の監督と干渉に服している。ベルリンのカッセンフェライン（貯蓄銀行社団 Kassenverein）（G. S. v. 1850 S. 301.）、ケルンにおける株式銀行（ib. 1855 S. 720）、マクデブルク、ケーニヒスベルク（1856 S. 637. 881）、ドルトムント、ダンチッヒ、ポーゼン、ハーゲン（1857 S. 193. 241. 265. 705）〔における株式銀行〕の諸定款を、また、ホッカー Hocker S. 43. 98. 185. 271. 282. 360. 457. をも参照せよ。その他のドイツの諸株式銀行においては、一方では、特別の諸特権が見出され（銀行券の発行など）、他方では、独立性の国家的諸制限が見出される（特別の政府授権者の共同指揮または監督など）。リューベックの私的＝割引＝消費貸借銀行、バイエルンの抵当証券および手形銀行、デッサウのラント銀行、ライプチッヒ、ワイマル、ダルムシュタット、ロストック、ブラウンシュヴァイク、エムデンの諸銀行、の組織制度（Einrichtung）を、ヒューブナー Hübner II. 122 f. 85 f. 72 f. 24 f. 458 f. 100 f. 105 f. 122. 461 f. において参照せよ。さらに、一八五四年ないし一八五七年において設立された、ゴータ（Kreditgesellschaft 信用組合〔会社〕）、ダルムシュタット（南ドイツのための）、デッサウ（Kreditanstalt 信用営造物〔公社〕）、フランクフルト、ゲーラ、ハノーファー、ホンブルク（Landesbank ラント銀行）、ライプチッヒ（Kreditanstalt 信用営造物〔公社〕）、リューベック（Privatbank und Kredit＝und Versicherungsbank 私的銀行および信用＝および保険銀行）、ルクセンブルク、マイニンゲン、ビュッケブルク、ヴィーン（Eskomtegesellschaft und Kreditanstalt 割引組合〔会社〕と信用営造物〔公社〕）、テューリンゲン銀行（Thüringische Bank）、および、ワイマル銀行（Weimarsche Bank）の全部の銀行の諸定款を、ホッカー Hocker S. 82. 120. 147. 196. 216. 233. 252. 262. 323. 340. 352. 389. 399. 420. 428. 603. 608. 627. において参照せよ。——すべてのこれらの様々な銀行の諸形式に対しては、最後に、相互銀行（Gegenseitigkeitsbanken）が対立した。それについては、以下、第七十章を〔参照せよ〕。――外国の信用有機体諸組織の大きな多様性は、ヒューブナー Hübner's II. 170 f. の叙述がこれを与えている。とくに多彩であるのは、大ブリテン（S. 339–392）と北アメリカ（S. 282–339）における、国立銀行（Staatsbanken）、コルポラチオン銀行（Korporationsbanken）、株式会社銀行（Aktiengesellschaftsbank）、ジョイント・ストック銀行〔合本銀行〕（Joint-Stock-Banken）、組合および私的銀行（Societäts= und Privatbanken）の混在である。

(125) 株式に基づく「純粋な」私的営造物として、この意味において、株式合資組合〔会社〕（Aktienkommanditgesellschaft）は、自らを現わすであろう。――株式社団とその設立者〔発起人 Gründer〕たちの間の法律関係に関しては、ルノー Renaud 696 f.、エンデマン Endemann §57〔を見よ〕。

(126) Vgl. D. H. G. B. art. 207. 209 Nr. 4. 242. 247. 248. 基礎資本金 Grundkapital の概念とその会社財産〔組合財産〕との差異に関しては、ルノー Renaud S. 54 f. 669 f. を、その徴収に関しては ib. 185 f. を、増加と減少に関しては S. 682 f. を、破産または全部損失をとおしての解散に関しては S. 709 f. を、合併に関しては S. 721 f. und ツィンマーマン Zimmermann, in Busch's Archiv VI. S. 225 f. を、獲得された財産（Gut）と特別の財産（Fonds）に関しては、ペールス Pöhls 250 f.、アウエルバッハ Auerbach 359 f.、ルノー Renaud 572 f. 678 f. ――エンデマン Endemann S. 335 f. をもまた、参照せよ。

(127) D. H. G. B. art. 18. Renaud 93 f. Brinckmann §59 Note 12.

(128) D. H. G. B. art. 209 Nr. 3. Renaud 705 f. Beseler S. 924 Note 8.

(129) Pöhls 272. Brinckmann §64. Auerbach 402. Renaud 703–709. Endemann S. 339 f.

(130) イギリスの有限責任ジョイント・ストック・カンパニー〔有限責任合本会社〕（joint-stock-company limited by guarantee）におけるように、あらゆる参加者が株式についての一つの予め定められた価額をもって（例えば財産出資の一つの多様性をもって）責任を負うことは、株式社団（Aktienverein）の本質について何ものも変更しない。しかし、イギリスの無限責任ジョイント・ストック・カンパニー〔無限責任合本会社〕（joint-stock-company unlimited）におけるように、あらゆる構成員が、場合によっては、彼の全人格を以って会社〔組合〕のために登場する〔責任を負う〕ときは、株式社団は、我々のもとでこの言葉と結合された意味においては、もはや存在しない。なぜならそのような社団は、たんなる資本社団 Kapitalverein ではなく、同時に人々のゲノッセンシャフト（Personengenossenschaft）を自らの中に含んでいるからである。

(131) 株式社団（Aktienverein）の性質に関するさまざまな諸見解が、構成員地位、株式および株式証書〔株券〕の性質と内容に関する多数の論争を結果において持たざるを得なかったことは、自ずから理解できる。主要な諸見解を、ミッテルマイヤー

Mittermaier §558、ペールス Pöhls 159 f. 235 f.、ライシャー Reyscher 408 f.、ヨリー Jolly 333. 412 f.、ゲングラー Gengler 502 f.、アウエルバッハ Auerbach 361 f.、ルノー Renaud 343 f. 565 f.、クンツェ Kuntze l. c.、ヴィッテ Witte S. 17 f.、エンデマン Endemann §59. 63.、および、ベーゼラー Beseler 925、において参照せよ。詳細は、しかし、第二部〔本書第二巻〕において〔見よ〕。ここでは、ただ、例えば、株式とともに必ずしも同時には、議決権は、譲渡されえないこと（トェール Thöl §47、および、当初はゲルバー Gerber）、債権譲渡 Cession が存在すること、譲渡の対象は証券であること、などの非常に事実に反する承認が、いかに〈さまざまな個々の諸権限を財産法的性格を有する一つの統一的なゲノッセンレヒトの流出物として把握することの〉無能力性に根ざしていたかということ、だけが指摘されるであろう。

(132)　このことを、ペールス Pöhls S. 17、ブルンチュリー Bluntschli §139、アウエルバッハ Auerbach 212 f. が主張している。

(133)　ヨリー Jolly l. c. 414 f. パルドゥシュ Pardessus III. nr. 1043. ベーゼラー Beseler S. 927 Note 8. それとは反対に、〈例外なく、株式を、完全な金額のために責任を負わされたものと表示するところの〉「すべての」諸法律との対立において（Renaud S. 629-641 における総括を見よ。）、トライチュケ Treitschke S. 329 f. 334 f. およびルノー Renaud 616 f. は、事物の性質および普通法によれば、株式そのものは、〝ただ権利のみを基礎づけ、そして必ずしも同時に義務を基礎づけない、〟と主張している。——株式金額の支払は株式に付着する負担であるという原則と、〈「その他に」株式申込人（Zeichner）そのものに責任ありと表示するか、または、言葉を換えて言えば、取引安全の利益において解放されない〔全額払込のなされていない〕株式の自由な譲渡を制限している〉諸見解と諸法律は、もちろん極めてよく調和しうる。それゆえ、一八六七年のフランスの法律 das französische Ges. v. 1867 art. 3. 24. は、もともとの株式申込人（Zeichner）を、二年間、完全な株式金額のために拘束している。ドイツ商法典 D. H. G. B. art. 220-223. は、彼〔株式申込人〕を、無記名株式の場合には、無条件に四〇パーセント、しかし定款が譲渡をとおしての免除を明示的に規定していない限りではそれを超えて、拘束しており、——記名株式の場合には、これとは反対に、完全な金額について、しかしただ社団をとおしての明示的な放免に至るまで、そして、ゲゼルシャフト〔会社〕のすでに成立した諸債務に関しては、その後さらに一年間、拘束している。Endemann S. 326 f.

(134)　このことをもまた、ルノー Renaud S. 564. 565. は、争っている。

(135)　D. H. G. B. art. 219. 株式がどこまで及ぶかは、もちろん個別においては、極めてさまざまに答えられうる。第三者に対する責任の諸条件、諸限界および存続期間は、それゆえ実定的な規律と法律的な諸規範を必要とする。争われているのは、とくに、諸株主が秩序に違反して受領された配当金〔違法配当金〕について、無条件に〔返還の〕責任を負うのか（ペールス Pöhls 238 f.、ハイゼ Heise 70.、トェール Thöl §46、ミッテルマイヤー Mittermaier §557.、ヨリー Jolly 346.、ルノー Renaud 590. がそうである）、それとも、悪意 mala fides〔で受領した場合〕においてのみ責任を負うのか（D. H. G. B. art. 218 がそうである）、である。フランス法 Das französ. Ges. v. 24. Jili 1867 art. 10. 45. は、株主を、〈すべての財産目録（Inventar）なしに、または、財産目録と引換えに〉分配された配当金の返還について、五年間、義務づけている。すべての事情のもとで許されないのは、組合説（Societätstheorie）の信奉者たちが以前に真の〝利息〟として許そうとしたところの、確定した配当金の約束である（preuß. Ges. v. 1843 §17, D. H. G. B. art. 217.）。例えば、トェール Thöl §46、ペールス Pöhls 233 f.、ゲングラー Gengler 504.、そして、条件付でヨリー Jolly 431 f.。しかし、ミッテルマイヤー Mittermaier §558.、ヴァイスケ Weiske 272 f.、ブリンクマン Brinckmann 252.、アウエルバッハ Auerbach 341 f.、ルノー Renaud 600 f.、エンデマン Endemann S. 330. を、参照せよ。いわゆる〝利息 Zinsen〟は、配当金のある特定の（例えば、準備金 Reservefonds の補充前に分配されるべき）種類であるにすぎない。利息禁止の二三の外観的例外に関しては、Renaud 608 f. を、分割払い（Abschlagszahlungen）の禁止に関しては、Auerbach 345 f. Renaud 577 f. を、解散後の株主の諸権利に関しては、Renaud 799 f. Endemann 345 f. を参照せよ。

（136）社団を構成することに関しては、ルノー Renaud 279 f. エンデマン Endemann §58 を、諸定款 Statute の本質、形式および内容に関しては、ヘルマン Hermann S. 62 f.、ルノー Renaud 239–279、ドイツ商法典 D. H. G. B. art. 208. 209. を参照せよ。イギリスの連合体の諸定款（articles of association）に関しては、カイスナー Keyßner l. c. 548 f. を参照せよ。フランスの一八六七年法 art. 4. 21–30. は、詳細な諸規定を含んでいる。

（137）D. H. G. B. art. 214. 215. 242 nr. 2.

（138）D. H. G. B. art. 210–212. 214. 243, auch 228. 233. Renaud 314 f. 749 f. Endemann S. 307 f. イギリスの諸形式に関しては、Keyßner l. c. S. 542 f. フランスの諸形式に関しては、Ges. v. 1863 art. 8–10, v. 1867 tit. IV.

（139）登記ではなく国家の承認が要求されるところでは、設立または変更の決議は、承認（Genehmigung）の時点をもって妥当する。企業（Unternehmen）の対象が商行為に存しないところの株式会社〔組合〕のための一八六四年のプロイセン法律第五条はそうである。

（140）ルノー Renaud S. 730–745、エンデマン Endemann S. 340 f.。端的にフランス商法典 Code de commerce art. 37. は、国家権力に解散（Auflösung）を任せている。ドイツ商法典 D. H. G. B. art. 240. 242 は、基礎資本金を半分に減少することによる、国家権力をとおしての解散を知っており、それとは反対に、その他の諸点における決定を個別の諸国に委ねている。そして、そのうちプロイセン（Einf. Ges. art. 12 §4. 5.）と若干の他の諸国（Renaud 738）は、〈公共の福祉という圧倒的な諸理由から、裁判官によって確定されるべき損害賠償に対する却下（Aufhebung）を行政の方法において許し、その上、しかし、特権の重大な濫用の場合においては裁判官の判決をとおしての却下を損害賠償なしに可能にしているところの〉一八四三年のプロイセン法律das preuß. Ges. v. 1843 §6. 7. の意味において処理してきている。裁判官の判決をとおしての却下は、刑法的な諸視点のもとに帰するのであり、いわば死刑判決であって〔第二部〔第二巻〕を参照せよ。〕、そして、それゆえゲノッセンシャフト人格（Genossenschaftspersönlichkeit）そのものの独立性という問いに関わるものではない。

(141) D. H. G. B. art. 209 Nr. 5. 182. 183. 223. Renaud 358 f. 372 f. 378 f. Endemann S. 310 f. しばしば諸定款は、諸株主の個々の諸権限の行使のために、さまざまな資格〔レギティマチオン〕の諸形式を規定している。とくに、特別の利息証書と配当金証書（Zins= und Dividendenscheine）（クーポン Koupons）、新たなクーポンの分離のための権利証書〔利札証書〕（タロン Talons）、新たに発行されるべき株式を求める請求権のための権利証書〔新株交付請求権証書〕、株主総会のための入場券または議決権証書などが、見られる。

(142) ルノー Renaud 345. 351 f. における多くの諸定款からの諸例。とくに、譲渡が会社またはその取締役会の同意に拘束されることが生じている。

(143) Renaud 393 f.

(144) D. H. G. B. art. 220. 221. Renaud 641-661. Endemann S. 328.

(145) 上述、注(133)を参照せよ。

(146) ルノー Renaud S. 369 f. 418. における多くの諸定款からの諸例を参照せよ。――Endemann S. 337. 338.

(147) ルノー Renaud 408-417 における引用されたそして類似の内容の諸規定のための諸例。ヒューブナー Hübner II. 15. 18. 70. 72. 86. 104. 107. 108. 120. 122. 124. 134. 135. 156. 166. 461. 461.; ホッカー Hocker l.c. S. 84. 130. 206. 226. 245. 259. 265. 290. 328. 346. 389. 400. 408. 431. 603. 619. 629. における、ドイツの株式銀行の諸定款からのその他の諸例。株式議決権の法律的諸修正は、外国の諸法律において登場している。Renaud 407 f. 459. イギリス法は、十個の株式に至るまでのみあらゆる株式をとおして一個の議決権を、そこから百個に至るまでは、いつでもそれぞれ五個の株式をとおして初めて一個の議決権を、それを超えては各十個の株式をとおして始めて一個の新たな議決権を成立させている。Keyßner l. c. S. 561. 詐欺的な議決権行使を禁止するフランス法の刑罰規定に関しては、上述本書第四分冊一七七‐一七八頁〔原著書一〇〇一頁〕参照。

(148) 後者が問題になるとすれば、しかり、すべての株式は、それ自体としては、相互に完全に平等であるゆえに、完全にもまた等しくなければならないであろう。――そうでないときは、しかし、時おり、同一株主の二個の株式が、異なって表決することにならざるをえないであろう。

(149) D. H. G. B. art. 224-241. Endemann §60.

(150) ドイツ商法典 D. H. G. B. art. 224. 236-238、および、ルノー Renaud S. 405-442. において総括されている定款の諸規定。——はるかにより効果のある、そして、定款 Statut のために一部分変更できない諸規定を、株主総会（Generalversammlung）に関して、イギリス法が行っている。少なくとも毎年一回の株主総会がおこなわれなければならない。構成員たちは、八日前に書面で招集されなければならない。代理は、法律的に制限されている。決議能力に関しては、詳細な諸規定が課されており、そして、適切な構成員数が出席していない場合には、八日間の延期が、もしその後も決議無能力が繰り返されるときは、新たな総会の公告が行われることが規定されている。総会の招集は、資本の五分の一の代理人の提案に基づいて行われる。とりわけ、最後に、定款の変更または廃止のためには、〈株主の四分の三によって決議され、十四日後から一ヶ月までに設定される新たな総会において、単純多数決をもって繰り返される〉いわゆる特殊決議（special resolution）が、要求されている。一八六七年のフランス法（art. 29. 31）は、決議能力のためには四分の一の主張が、定款変更、一定の時間を越える継続、および、解散の場合には組合〔会社〕資本の二分の一が、要求されている。場合によっては、新たな総会がもたれ、それがいまやいずれにせよ決議を行う。

(151) Hermann S. 53 のもとでの Teutonia, Stat. §28 の例を参照せよ。そこでは、総会は、自己補充の権限を与えられた委員会を任命し、そして、ただ解散のためにのみ再び招集されるべきであった。

(152) Brinckmann 251. Gengler 514 f. Bluntschli S. 386. Beseler 925. Renaud 442-466. Endemann S. 322-324.

(153) Thöl §45. Gengler 515 f. Bluntschli 386. Beseler 928. Renaud 467-549. Endemann §60. 62.

(154) Pöhls 192 f. Auerbach 379 f. Renaud 550 f. Endemann §62 S. 324.

(155) Renaud 556-563. Endemann S. 313 f. 321.

(156) これらは、それゆえ、ドイツ商法典（D. H. G. B.）art. 220 が表現しているような契約罰ではなく、ゲノッセンシャフトの罰則（Genossenschaftsstrafen）である。

(157) ルノー Renaud S. 565 Note 2. 615 Note 3、ゲングラー Gengler S. 518. における諸例。

(158) 設立「前」の法律関係と解散「後」の法律関係の非常に争われた性質もまた、そこでは、言及が見られる。前者〔設立前の法律関係〕に関しては、Brackenhöft 89, Jolly 382 f. Brinckmann §61, Beschorner S. 25 f. Auerbach 236 f., Walter §300, Bluntschli 384, Renaud 185 f., Witte S. 20 f., Beseler 924 Note 10, Endemann §57 S. 285-302. を参照せよ。後者に関しては、Pöhls 280 f., Jolly 442 f., Kuntze 29, Renaud 756-810, Witte S. 25 f.（ヴィッテは、その制度人格 Institutspersönlichkeit の存続を、財産分配

の終了に至るまで、認めている。）、Endemann §66. を参照せよ。
（159）とくにシェフレ Schäffle の d. deut. Vierteljahrsschrift 1856 IV. 1 f. und 259 f. u. im Staatswörterb. l. c. S. 251-267. における諸論文、〝国民経済的および政治的に観察された諸株式会社〔組合〕〟、および、〝国民経済との関連における今日の株式制度〟を参照せよ。エンデマン Endemann §55. 56. をも参照せよ。
（160）報告された諸株式企業の重要性は、プロイセンの法令全書（Preuß. G. S.）一八三九年ないし一八六七年をとおして公表されまたは公告された諸定款の比較から明らかになる。
（161）Schäffle im Staatswörterb. l. c. S. 252. 256.

【以上、第六十九章の注、終わり】

【以下、「第七十章　経済的諸目的のための人的ゲノッセンシャフト」に続く】

第七十章　経済的諸目的のための人的ゲノッセンシャフト

A　経済と生業の諸目的（Wirthschafts= und Erwerbszwecke）のための人的連合体〔人的団体〕（Personalassociation）は、連合体一般と同様に古いものである。しかしながら、その連合体は、以前はただ、人格全体を包含する諸結合の中の一側面として含まれていたに過ぎなかったのに対して、現代の方向は、同時に、〈国家、諸ゲマインデおよびその他の公的な諸団体から、経済の諸ゲマインハイトの意味を、なるほど決して奪うものではないが、しかしおそらく最も近いそして最も直接の経済的配慮を引き受けるところの〉、〈個別の、正確に規定された、もっぱら経済的な諸目的のための〉人的諸ゲノッセンシャフトを惹起させてきている。官憲的システムの諸時代においては、ひとが経済の促進の一定の諸側面のために設立したのは、ただ公的な「諸営造物」のみであったが、その一方では、連合体は、個人主義的な組合〔会社〕形態に制限されたままであった。十七世紀の終わり以来、しかしながら、しばしば、すでに当該人的諸クライスのゲノッセンシャフト的な結合が共同活動的に現われていたので、諸営造物と並んで、一部は、コルポラティフな強制組織体制をもつ公的な経済諸団体が、一部は、たとえ公的に認可されそして特権を与えられたにせよ、自由な諸コルポラチオンが、登場した。最後に、我々の世紀〔十九世紀〕においては、ここでもまた、イニシアティヴと形態形成は、民族へと立ち返っており、そして、必ずしも全く消滅したわけではない自由な人的ゲノッセンシャフトを、豊かな諸分枝においてケルパーシャフト的に形成し、そして、非常にさまざまな諸目的のために適合的に形態形成した。他面では、その後、もちろん、まさに最も最近の時代において、これらの諸ゲノッセンシャフトのクライスは、〈それらの諸ゲノッセンシャフトによってそれらの構成員たちに提供される経済的諸利益が、同時に、商人的な利益投機の対象となってきていること〉をとおして再びより狭く引かれている。それにもかかわらず、〈主観的な点においては資本主義的な生業諸企業（Erwerbsunternehmungen）であり、そして、ただ間接的にそれらの対象をとおして公益的な諸制度であるにすぎない〉そのようにして成立した私的諸営造物は、経済のゲノッセンシャフトの作用クライスを、とりわけただ占有する諸階級〔有産階級〕のためだけに狭めている。反対に、無産の諸クラス〔無産階級〕においては、まさに、資本諸企業の優越に対する緊急の防衛が、最も最近の過去において、内容と形式についてゲノッセンシャフト制度を豊かにすることへと向かってきており、そして、経済と生業の諸目的のための全く新たな人的諸ゲノッセンシャフトのシステムを惹起させてきている。そして、そのシステムは、汲み尽すことのできない豊かさと見渡しきれないほどの射程をもつゲノッセンシャフト的発展の最初の開始を含んでいるのである。

I　まず最初に、ここで取り扱われるべき異なる種類の諸制度を経済的な人的ゲノッセンシャフトという類概念のもとに総括することを正当づけるために、後者〔経済の人的ゲノッセンシャフト〕の「法的本質」についての概略的な説明を必要とする。

1　「ゲノッセンシャフト」は、自ら意欲された連合体をとおしてその構成員たちの中で生きている〈独自の総体人格（Gesammtpersönlichkeit）をもつ〉有機体（Organismus）が成立している場合にのみ、存在する。そのような人格は存在「しない」ゆえに、経済または生業の諸目的のための無数の個人的な諸ゲゼルシャフトおよび諸ゲマインシャフトは、これに属していない。とくに、それらが人的ゲノッセンシャフトへの最も近い前段階を構成しそして人的ゲノッセンシャフトにしばしばすでに極めて近づいているにもかかわらず、〈上述のところで問題とされた〉義務的な諸商事組合〔商事会社〕は、概念から排除されなければならない。逆に、経済の諸目的のための公的諸営造物は、なるほど、しばしば独自の人格を有するが、しかしその場合、この人格は、ただ〈そこから営造物が存在と生活方向を受け取るところの〉国家人格、ゲマインデ人格またはケルパーシャフト人格の枝分かれした一部であるにすぎない。ここでは、至るところでそうであるように、それにもかかわらず、純粋の諸営造物と純粋の諸ゲノッセンシャフトの間には、〈例えば、《結合された人々の意思が、なるほど存在を共に決定してはいないが、しかしおそらく有機体の生活を共に決定しているところの》公的な強制諸団体、および、《逆に、総体意思（Gesammtwille）が第一のもので、国家意思は、しかし、不可欠の補充として付け加わるところの》認可された諸ケルパーシャフトのような〉、種々の中間的な有機的諸組織（Organisationen）が存在している。同様に、諸ゲノッセンシャフトと私的生業諸営造物との間には、〈生業客体または生業手段を構成する人々が個別の諸関係において生業営造物の団体に編成されることであれ、経済ゲノッセンシャフトが同時に生業施設を自己のなかに含んでいることであれ〉、混合された諸有機体が存在しているのである。

2　ここで指摘された諸ゲノッセンシャフトは、しかし、さらに、株式社団において頂点をなす「資本諸ゲノッセンシャフト」との対立における、「人的諸ゲノッセンシャフト」（Personalgenossenschaften）である。それらは、総合力のための「人的な」経済的諸力の結合に基づく。その場合、それにもかかわらず、〈資本社団が人々のゲノッセンシャフト的な要素なしには死んだままにとどまるであろうように、人的ゲノッセンシャフトは、資本力をその有機体の中に取り上げることなしには、経済生活を展開することができないこと〉が、直ちに生ずるのである。精神的または道徳的なゲノッセンシャフトは、資本なしには考えられない。すなわち、経済的成果は、資本が少なくとも間接的に（例えば、信用の基礎として）共同で働かない場合には、考えられないのである。あらゆる経済的な人的ゲノッセンシャフトは、それゆえ、主観的、人的ゲマインシャフトと、客観的、財産法的なゲマインシャフトを結びつける。資本社団との差異は、ただ、〈資本社団においては資本連合体がそうであるように、ここでは、人的ゲノッセンシャフトが《社団（Verein）の本質を条件づけそして決定する》モメントであること〉、〈資本は前者〔資本社団〕では支配し、後者〔人的ゲノッセンシャフト〕では奉仕すること〉、〈それゆえ法的にもまた、後者では、人々は、前者のようにたんに総体財産の諸持分の担い手としてのみ結合されるのではなく、そのものとして結合されること〉、だけである。概念的ならびに歴史的には、それゆえ、財産ゲノッセンシャフトは、物ゲマインシャフトの増強であり、物ゲノッセンシャフトの流出物と付属物として、はじめて主観的〔主体的〕なゲマインシャフトが登場する。反対に、ここ〔主観的ゲマインシャフト〕では、逆にゲゼルシャフト契約〔組合契約〕の増強が存在しており、それゆえ物的コルポラティフな紐帯ではなく、高められた債権債務（obligatio）から成長した人的コルポラティフな紐帯が、社団を結合し、そして、財産ゲマインシャフトは、ただ人的なゲマインシャフトの流出物と付属物としてのみ現われる。そこから、株式の性質と直接対立させられた構成員地位（Mitgliedschaft）の性質が現われる。構成員地位は、それ自体物（Sache）ではなく、主として財産権をとおして条件づけられそして決定されるものでもない。それは、むしろそれ自体としては、財産取引においては存立しない最高に人的な権利である。それゆえ、構成員数は、閉じられていない。ゲノッセンレヒトそのものは、不可分であり、累積できない、相続不可能な、譲渡できないものである。ただ構成員の諸義務の引受のもとでの人的な受入れをとおしてのみ取得され、そして、それに対応して、ただ退出と排除をとおしてのみ失われる。その内容は、疑いのある場合には、平等である。それゆえあらゆるゲノッセは、しかし、社団生活の平等の担い手たること（Mitträgerschaft）のために召喚されるのであり、そこにおける差異は、しかし、せいぜいさまざまなゲノッセンの諸クラスの基礎づけをとおしてもたらされるのであって、決して任意に大きなまたは小さな諸権利の許容をとおしてもたらされるのではない。諸ゲノッセンレヒトのこの平等性は、もちろん〈個々人のための家計的な諸負担と諸権限が、場合によっては、極めて不平等になりうること〉をとおしては、左右されない。なぜならそれ自体あらゆるゲノッセは、経済的な諸利益に対してもまた、平等に呼び出されるが、しかし、事実上の不平等は、《ゲノッセンレヒトとまず第一には関連しない基準が、個々人の経済的な需要と経済的な給付能力とを異なって決定すること》をとおして登場するからである。すなわち、まさにゲマインデ市民権もまた〈純粋に人的にそしてその本質上〉平等である一方で、行使においては、租税能力、需要などが市民的な諸負担と諸用益についての不平等の参加を基礎づける。構成員地位の人的性質に対応するのは、その場合、さらに、全体における社団の有機的組織、その対外的な法的意味、そして、その最終的な目的である。至るところで人的な要素が圧倒的に妥当し、そして、個々の諸人格の経済的な補充が有機体全体の内容を形成する。

しかしながら人的ゲノッセンシャフトが完成されればされるほど、そして、人的ゲノッセンシャフトが、とくに共同生業の諸目的をもつ共同生産に接近すればするほど、それだけいっそう〈それなしにはそれが存続しえないところの〉資本主義的なモメントをその有機体と折り合わせることが、人的ゲノッセンシャフトにとって必然なものとなるのである。もちろん、人的ゲノッセンシャフトが資本を、共同形成的なファクターとしてではなく、ただ客体として取り扱うことは、可能である。しかしそれは、それがゲノッセンシャフトと資本の間の有機的結合を創出する場合に初めて、真に生存能力あるものとなる。このことは、いったい、事実、極めてさまざまな方法において人的ゲノッセンシャフトの個々の諸種類のもとで、通常は、しかし〈構成員地位と総体経済についての資本持分が本質的な構成部分として結合される〉というようにして、起こる。このことをとおしてゲノッセンレヒトは、株式（Aktie）とともに、〈その権利が社団の担い手たることと財産権とを自らの中に本質的なものとして含むこと〉を共通に有する権利となる。しかしながらその権利は、〈その権利においては、財産権は、人的権利の非独立的な付属物であり、そして、それゆえ社団が存在する限り、徹底して社団の性質に従うこと〉をとおして株式とは正反対に異なるままである一方では、逆に、株式の性質にとっては、財産法的側面が決定的なものとなっており、そして、人的な内容を導いてきている。最も純粋に、我々は、〈ゲノッセンの特性といわゆる〝営業の諸持分〟との独特の結合をとおしての〉人的ゲノッセンシャフトの有機体への資本の採用の指示された形式が、ドイツの生業および経済の諸ゲノッセンシャフト〔協同組合〕において実現されているのを、みるであろう。

3　構成員たちに彼らの総体的な人格を保証したところの旧諸ギルドおよび諸経済ゲマインデからは、その代替物として呼び出されたこれらの現代の諸ゲノッセンシャフトは、それらの諸目的の個別化と正確化をとおして区別される。それらが自らに設定するところのものは、全く特定された経済的な諸課題である。それらは、何らかの正確に表示された方向において、それらの諸構成員たちの経済的人格を補充しようとする。それによってももちろん、同一の社団におけるさまざまな経済的諸目的の結合は、決して排除されない。そして、その最終目的は人間的な人格であるゆえに、これらの諸ゲノッセンシャフトは、〈上述されたまずもって道徳的または社会的な諸社団とはまさに正反対に、それらの多数が、同時に、その構成員たちの家計的な促進に努めているように〉、資本諸社団とは異なり、さらにゲノッセンの精神的および道徳的な諸需要のための配慮を自らの中に取り上げることができる。事実、人格がゲノッセンシャフトの基礎と目標として現われれば現れるほど、それだけ一層、ゲノッセンシャフトにおける道徳的および社会的傾向もまた、白日の下に現われる。しかしながらここでもまた、目的の正確化への現代的方向が、以前の未確定の一般性に対する関係で、主張されるのである。

目的の特定性との関連において、その犠牲をゲノッセンシャフトがその構成員たちから要求するところの、人格の一部の特定性が立っている。現代のゲノッセン団体は、全体性を捉えず、ただ人間の経済的全体性だけをもまた捉えない。捉えられるのは、連合される経済的人格の正確に限界づけられた側面である。ここでは、もちろん、個々のゲノッセンシャフトの諸種類の間の距離は、非常なものである。〈一方では、ただ危険の共同の負担だけが、他方では、ゲノッセンの一定の家計的な諸債務の責任負担が、さらに他方では、一定の経済的な諸需要の共同の満足が、要求され、そして、ここでは至るところで、個々人のために、場合によっては、一定の諸出資という唯一の犠牲が成立するのに対して〉、生産ゲノッセンシャフトは、その構成員たちの完全な労働力の要求に至るまでに自らを上昇させうる。しかしながら、後者〔生産ゲノッセンシャフト〕の場合においてもまた、団体の外では〔構成員である〕個々人には、それ〔個人性〕を、例えば古いツンフト団体がツンフトゲノッセンに許したよりも、比較にならないほど自由な個人性が留まっている。――さらに、その場合、ゲノッセンシャフトの組織体制は、多様にさまざまな方法において、〈その組織体制をとおして結合されるところの〉人的諸力を限界づけることができる。諸出資または諸給付は、予め決定され、または、不確定の諸事情に依存させられ、そして、後者の場合には、無制限であるか、あるいは、最大限をとおして制限されるか、あるいは最後に、客観的な特性（例えば、物の占有）をとおして限界づけられてありうる。

〈ゲノッセンシャフト人格（Genossenschaftspersönlichkeit）がそれらから構成されるところの〉経済的な部分諸人格（Theilpersönlichkeiten）がどのような状態にあるか、という問いと異なるのは、いかなる信用の基礎がそれ〔ゲノッセンシャフト人格〕に第三者に対する関係で与えられているか、という更なる問いである。ゲノッセンシャフト人格がただ自己自身のためにのみ存立し、それゆえ第三者が、自らのためにただゲノッセンシャフト人格にだけ関わる〔請求する〕ことができ、その存続中もその解散後も、個々人には関わる〔請求する〕ことができないことは、可能である。しかし、ゲノッセンシャフト人格の背後に個々のゲノッセたちが直接または間接に一定の金額に至るまで〔保証人として立ち〕、または、あらゆる個々のゲノッセが彼に帰する持分のために無条件で〔保証人として立ち〕、または最後に、あらゆる個々のゲノッセが連帯して彼の全財産をもって、全体のために保証人（Garanten）として立つということもまた、〈彼らがいまや自己債務者としてゲノッセンシャフト人格と並んで責任を負うにせよ、保証人（Bürge）として場合によってはゲノッセンシャフト人格のために責任を負うにせよ〉可能である。ゲノッセンシャフトそのものの法人格は、それ自体、もちろん、定款または法律により個々人が完全にそして全くゲノッセンシャフトのために責任を負うことをとおしては――確かに少なくとも、この責任負担がただ補充的なものである場合には――変更されない。経済的な人的ゲノッセンシャフトの本質を特徴づけるのは、資本社団が厳格に制限された責任を基礎づけるという避けがたい傾向を有するのに対して、人的ゲノッセンシャフトは、逆に、人格を全部そして完全に総体のために投入するというそのより高度の段階へと傾斜するということである。現代ドイツの生業および経済の諸ゲノッセンシャフト〔協同組合〕の補充的な連帯責任は、《《株式社団が資本を独立の存在として取引へと投入するのに対して》、いまや逆に、人的な経済諸力の有機体を統一体の存在として経済生活の中へと導入するところの〉方向の完成された表現であるに過ぎない。

4 経済的な人的諸ゲノッセンシャフトの「種類」として、連合した諸力の性質およびそれをとおして条件づけられた目的に従って、異なる下位の諸種類を伴なう、四つの主たる種類が区別される。

a 「損害担保諸ゲノッセンシャフト」(Garantiegenossenschaften)〔危険諸社団 Risikovereine、広義における保険諸ゲノッセンシャフト Versicherungsgenossenschaften〕。それらは、経済的な諸事故に対して抵抗力を結合し、そして、それらがゲノッセンに〈物的損害に対するまたは人的な出来事をとおして惹起された経済的不利益に対する〉損害担保を補償するのに応じて、さらに分け合う。

b 「金銭取引の諸ゲノッセンシャフト」(Geldverkehrsgenossenschaften)。それらは、構成員たちの資本流通〔諸相互銀行 Gegenseitigkeitsbanken〕または資本調達〔諸信用ゲノッセンシャフト Kreditgenossenschaften〕または資本設備〔諸貯蓄ゲノッセンシャフト〕を共通にする。「諸信用ゲノッセンシャフト」は、その場合、さらに、物的信用諸社団(Realkreditvereine)と人的信用諸社団(Personalkreditvereine)に分かれる。

c 「配分的な諸ゲノッセンシャフト」(Distributivgenossenschaften)。それらは、個別諸経済の動いている諸需要の満足のための資力を結合し、それゆえ一定の経済的諸費用を総体(Gesammtheit)の間で分配する。それらは

〈とくに通常の生活の諸需要（消費諸社団 Konsumsvereine）または住宅需要（住宅諸ゲノッセンシャフト）のような〉一般的に人間的な家計の諸需要だけをゲノッセンシャフト的な方法で満足させることを求めるか、それともしかし、それらは、産業的、商人的または農業的営業の経済的生産の一定の側面を〈いまや物質の調達（原料諸ゲノッセンシャフト）をであれ、生産手段（道具、作業場、牧場の諸ゲノッセンシャフトおよびその他類似のもの）をであれ、最後に、販売（倉庫諸ゲノッセンシャフトなど）をであれ〉結合する。

d　「生産的諸ゲノッセンシャフト」（Produktivgenossenschaften）（労働諸ゲノッセンシャフト）。それらにおいては、生産的労働そのものが結合される。それらは、経済的な人的諸ゲノッセンシャフトの最高の段階であり、そして、すべてのその他の諸ゲノッセンシャフトから、《その他の諸ゲノッセンシャフトはただ間接的にのみそれらによって促進された個別諸経済の収益を高めるにすぎないのに対して》、それら〔生産諸ゲノッセンシャフト〕は、第一に、個別諸経済の《そこでは完全に存在し続けている》独立性を全部または一部廃止し、第二に、《個人の領域から解放されたそしてゲノッセンシャフトの生産のために形成された》経済活動が及ぶ限りで、直接に共同の生業（Gemeinerwerb）に向けられていること〉をとおして区別される。

Ⅱ　これらのさまざまな、それらの法的な内容に従って、相互に明白である諸ゲノッセンシャフトの実際上の「意義」は、それらの諸目的に従ってのみならず、さらにそれ以上にそれらによって把握される人々の諸クラスの差異に従ってもまた、法外に異なるものである。その他の諸階級の経済連合体〔経済団体〕のうち、多かれ少なかれ厳格な輪郭において〈現代の資本主義的な発展をとおしてそれらの経済的独立性において脅かされているところの〉諸クラスの家計的ゲノッセンシャフト制度（das ökonomische Genossenschaftswesen）は、際立っている。ゲノッセンシャフト制度はここでは現代の大きな社会的諸問題との最も直接的な関連において立っているゆえに、それは、この側面に向かっては、〈一構成部分として現代の社会政策的諸努力の連鎖へと属する〉特別の現象として現われている。しかしながら、他の側面では、ここにもまた、ただ〈すべての諸階級においてそしてすべての領域で、最も最近の発展の様相を決定しているところの〉連合体理念の特別の現象形態だけは、とどまっており、そして、それは、それゆえ、構成部分として、ゲノッセンシャフト的な諸構造物の連鎖の中へと属している。また、経済的な人的ゲノッセンシャフトは、すべてのその諸部門において〈それでもしかしゲノッセンシャフトの意義とはそもそも一致しないところの〉共通の意義を、必ずしも全く無しで済まそうとはしていない。なぜなら、至るところで、それ〔経済的人的ゲノッセンシャフト〕は、外部から来る企画に対する関係では「自助」(Selbsthilfe)を妥当させること、しかし〈この自助はゲノッセンシャフト的なものであることをとおして〉極めてしばしば利己心にのみ帰すべく要求された経済生活の領域にもまた、「倫理的」なモメントを具体化する(verkörpern)こと、の使命を有しているからである。〈資本社団においても集合ゲゼルシャフトにおいても、圧倒的なものにとどまるところの〉資本主義的な生業投機(Erwerbsspekulation)という利己的原則に対しては、人的ゲノッセンシャフトを惹起させ、指揮しそして受け取るのは、経済的な「共同意識」(Gemeinsinn)である。しかし、共同意識は、同時に、道徳的諸理念の産出物であり産出者である。ひとは、共同意識をもまた、利己主義――すなわち、〈いかにして一つの全体の下位に秩序づけられる、多数化された社団構成員としての個人が、個人として失うところのものを回復するのか〉を認識した利己主義――の一形式として理解することができる。〔しかし〕いずれにせよ排他的な利己心と《他者たちのための犠牲と全体のための献身を結果として有するいわば動機づけられたような》努力との間の質的な差異は、残るのである。

それゆえ、一部は公的な諸営造物が、一部は生業諸制度が、ばらばらにおいては達成し得ない経済の諸利益を一定の方法で支払と引き換えに〈〔支払の〕受領者をそれ以上にその他の受領者たちとの結合をとおして結びつけることとなしに〉与えるところでもまた、自由な相互的諸ゲノッセンシャフト(Gegenseitigkeitsgenossenschaften)は、二重の価値を保持する。それらは、国家保護職に対しておよび利益投機(Gewinnspekulation)に対して、対抗する平衡錘を構成しており、それらは、国家の保護に対しては自助に、利益投機に対しては経済的な無事息災の最終的な源泉としての共同意識に、自らの基礎を置いている。

しかしながら無限に重要でかつ排他的であるのは、労働する諸クラス〔労働階級〕の側の家計的な独立性の確保または獲得のための、経済的な人的ゲノッセンシャフトの意義である。ここで指摘された意味における「労働する」諸クラスは、〈人的な労働がそれらにとって家計的生存を決定する諸要素の間で決定的であるところの〉社会の諸グループである。それらは、「無産の」諸階級（besitzlose Klassen）ともまた呼ばれている。何らかの物質的および何らかの精神的な財産〔占有〕が彼らにもまた意のままになるのであるから、あたかも彼らが絶対的な無産者であるかのごとくに〔無産者〕ではないが——しかしながら彼らは、「相対的に」無産者である。けだし、彼らの財産〔占有〕は人的な生活と労働の諸需要において消費されるからであり、そして、彼らに対しては、〈物質的および精神的な剰余の財産〔占有〕が、たとえそれが彼らを労働から解放しないとしても、それでもやはり、彼らの経済的生存の独立した共同担い手として、彼らの経済的な全体地位のために決定的なものとして、そのために働くところの〉その他のゲゼルシャフトの諸グループが対立しているからである。現代の大経営の発展をとおして、とくに資本占有〔資本所有〕が獲得してきている優勢な力は、上昇する総財産にもかかわらず、民族の絶えずより大きくなる一部分が相対的に無産者として現れる結果をもたらしている。それゆえ、労働する諸クラスという概念のもとには、工場における、営業における、田畑における本来の賃金労働者たちの全体集団のみならず、次第に多くより小規模な独立営業経営者たちおよび田畑の小占有者たちもまた、入るのである。

すべてのこれらの諸クラスは、資本主義的な大経営の発展をとおして、経済的な人格を奪われ、あるいは、そうではないとしても、この人格の喪失をもって脅かされている。なぜなら〈そこにおいては全体生活が全部へと均等に分散されるか、あるいは、そうでないとしてもハウプト〔頭〕と構成員たちの間に何らかの方法で分配されていたところの〉古い経済的な諸有機的組織体は、それらが化石化しそして桎梏となってしまった後には、離散した諸アトム〔原子〕へと追い散らされているからである。しかし、諸アトム〔原子〕からは、圧倒的に優勢なそして権力へと絶えず成長する諸構造物として、〈そのためには資本が基礎であり主人であり、労働はただ非独立的な道具であるにすぎないところの〉新たな経済的な有機的諸組織体が建設されてきている。これらの有機的組織体は、すべての種類の資本主義的な生業的諸企業であり、とりわけ諸工場、同様にしかし、大土地諸経営、大規模な取引諸施設などである。それらすべては、ただ知力によって結ばれた資本主義的なハウプト〔頭〕においてのみ、生きている。すなわち、労働する構成員たちは、彼らの団体（Körper）の生きた共同の担い手ではなく、彼らの活動の対象であり道具である。法律が――それを法律はもちろん自らしばしば再び無視しなければならないのであるが――そのような諸団体を有機的諸組織体とはみなさず、それらを個々人と個々人の間の私法的諸関係の総計へと解消していることは、諸事実に即してこれをほとんど変更するものではない。なぜなら実際の結果によれば、いずれにせよそれらの範囲が大きくなればなるほど、そして、その編成が多様になればなるほど、それだけ一層決定的に、企業は個別諸関係の総計ではなく、一つの全体、有機的に組織された統一体、であるからである。しかし、この統一体は、その内的な本質によれば、〈そこにおいては、資本または資本団体の代表者そのものが絶対的な経済的主人であるところの〉「ヘルシャフト団体」（Herrschaftsverband）以外の何ものでもない。非常に古い時代以来、ゲノッセンシャフトと勝利をめぐって格闘した、あの同じヘルシャフト団体が、ここでは――一方では、それが経済的領域と経済的諸目的を超えては及ばないゆえに、より制限されて、他方では、それがその領域の内部では〈かつての主人たちの諸団体（Herrenverbänden）において早期に従属的な諸ゲノッセンシャフトの成立をとおして修正されたのと〉同一の原則が無条件に貫徹されたゆえに、より過酷にそしてより無条件に、再生産されている。なぜなら、近世の家計的な主人たちの団体（Herrenverband）においては、構成員たち相互間の結合、統一体に対する関係で権利を与えられた多数性、〈総体意思に全体の生活へのさらに極めて控えめな影響を保証したところの〉組織体制は、存在していないからである。労働は、主人たちの団体においては無権利である。そして、法的に無制限なヘルシャフト〔支配〕は、ここでは、〈資本の意義の圧倒的優勢と共に、絶えずより多く主人と労働者の間の人間的＝人的関係が減少し、絶えずより分割しつつ両者の間に非人間的な資本の力が登場し、そして最後に、絶えず意思喪失的に占有者自身が自己資本の奉仕へと引き込まれるゆえに〉、実際にもまた、かつて宮廷主人のヘルシャフトがそうであった以上に、堅固で変化し難いものとなる。経済的な人格は、資本主義的な諸企業においては、それゆえ労働者には、〈例えば、平信徒にはヒエラルヒー〔教権制度〕において教会人格が、臣民には官憲的国家において政治的人格が、非自由民には民族の法ゲノッセンシャフトにおいて私法的人格が、〔それぞれ〕帰属しないように〉、帰属しないのである。労働者には、もちろん経済的人格は、まずもってただ〈労働者が自由な選択に従ってその中へと入る〉一定の団体の内部において欠けているだけであり、そして、労働者がそれ〔一定の団体〕と並んでその他の経済的諸団体のための独立の共同担い手であることは、それ自体考えうるであろう。しかしながらその選択は、服従するかどうかではなく、ただ服従の場所にのみ関係しており、そして、自然の必然性をもって資本主義的な団体は、団体の奉仕する構成員たちの家計的生存を完全にそして全部吸収することへと突き進むのである。それゆえ労働者には、彼がその中に立っている有機的組織体の外部では、経済的人格についての何ものも残っていない。そして、労働者の家計的生存全体がもっぱら〈その生活について労働者には最小の積極的持分も帰属しないところの〉他人の力をとおして条件づけられそして決定されることによって、労働者は、個々の団体の中でのみならず、家計的な市民権の国民経済全体の中でもまた、裸なのである。――そのことをとおしては、ところでもちろん、労働者の私法的、政治的、教会的〔な人格〕、労働者の人間的な人格は、そもそも「それ自体」としては狭められない。しかし長い間には、必然的に家計的独立性の欠缺は、労働者の生存のすべてのその他の諸側面へと遡って作用する。資本は、競争および〈資本にあらゆる力と同様に内在する〉拡大衝動の影響の下に、そのヘルシャフト領域の諸限界を広く広く前方に押しやるべく、不可避的に駆り立てられる。脅かされた諸生存の抵抗のみが、この傾向に、目標を設定する。この抵抗は、しかし、その背後に立っている人格がすでに独立した家計的生存能力を奪われていればいるほど、それだけいっそう弱くそして徒労に終らざるをえない。最後に、それをめぐって闘争されるところのものは、ただ今なお生活一般であるに過ぎない。そして、現存在をめぐる格闘がすべての諸力の全体性を吸収することによって、自由な人間的人格（freie menschliche Persönlichkeit）は〈それについてはただ名称と抽象的な権利だけが残るまでに〉次第しだいに侵害される。——ただ個々人だけがこれらの諸危険によって脅かされるだけであるならば、民族（Volk）には、ただその構成員に対する道徳的義務の問題だけが歩み寄るであろう。しかし真実においては、その基礎が掘り崩されるのは、民族の生存そのものである。なぜなら経済的なヘルシャフト的諸有機〔的組織〕体（Herrschaftsorganismen）の範囲は絶えず拡大し、そして、その数は相対的に減少するのに対して、個別の家計的な非独立的な生存者たちの集団は絶えず膨張し、そして、相対的にその力は絶えず減少するからである。無制限な競争の圧迫のもとで、次第しだいに中小の独立の諸経済（Wirtschaften）は、競争能力のないものとして大規模な諸経済の前に、そしてそれは、自らを中小の諸経済から大経営へと上昇させることができないということであるが、賃金労働へと没落している。この中間構成員たちの消失は、しかし、〈占有者たち〔有産者〕と占有なき者たち〔無産者〕との間の亀裂が、無視し得ないものへと拡大する〉という危険の完全な範囲を示す更なる結果を有した。その間に別の諸力が登場しないときは、必然的に、結局、〈国民が、家計的に支配する人々（ökonomisch Herschende）と家計的に支配される人々（ö. Beherrschte）という二つの敵対する陣営へと区別され、そして、一方から他方への移行は、インドにおいてカーストからカーストへの移行が困難であったより以上に、困難である状態が生ぜずにはいなかったであろう。そのことは、しかし、しばしば予言された社会革命の前夜であるか、あるいは、民族の生活における終わりの始まりであったであろう。

しかし、そのような諸危険を払い除けるべく十分に強力な一つの力が存在しており、そして、すでにそれは、同時に防衛的でかつ創造的なその課題を実現し始めている。この力は、経済的な連合体（wirtschaftliche Association）である。(1) それは、そしてそれだけが、現在までまだ独立している経済的諸アトム〔原子〕を、その独立性の喪失から保護することができ、そして、保護するであろう。それは、そしてそれだけが、しかし、今日、ただ他人の家計的意思の対象であるに過ぎない人々の集団（Masse）をもまた、経済的な人格へと高めることができるし、そして、高めるであろう。

我々の世紀〔十九世紀〕が労働の新たな有機的組織化を求めてそれらが努力しているのをみたところの、ほとんどすべての諸試みと諸理論は、〈それらには、結合されない諸アトムの連合体が、それらの諸目標の達成のための不可欠の梃子〔てこ〕として妥当した〉という一つの点において一致していたとすれば――自由なそれ自体としては無力な諸アトムへの分裂から流出する諸害悪が、ただ諸アトムが増強された総体の力へと結合することをとおしてのみ治癒されることができるということが、いかに事実、ほとんど通俗的に見えるとしても――、最初から、ここでは、とりわけ二つの方向が対立したのである。一つの方向は、国家に訴え、他の方向は、創造的な民族の力に訴えた。後者が、「自由な」連合体において救済を見出したのに対して、前者は、連合体を、上からのそして外からの統一的な有機的組織化の方法においてもたらそうと欲した。以前から歴史においてそうであったように、ゲルマン諸国民には、自由な諸ゲノッセンシャフトの形態形成が帰属した一方では、最後に挙げられた〔有機的組織化の〕方向の最も優れた担い手は、再びロマン諸民族であった。ローマ的な方向が最も主要な表現を見出したのは、共産主義者たちおよび社会主義者たちの諸システムおよび諸試みにおいてであった。諸手段と諸目標において極めて相違しつつ、彼らすべては、それでもしかし最高の一般性を、すなわち、いまや既存の国家であれ、その代わりに創造されるべき国家であれ、〈支配的な経済有機的組織の代わりに、別の有機的組織を上から命令しそして執行するために〉運動させることを欲した。彼らは、一様にではなく、新たな諸有機的組織体の内容と形式を決定した。若干の人々は、〈それに対しては、アジア的な専制政治も自由であったであろうところの〉平等の専制制度を求めた。他の人々は、〈警察国家の官僚制を政府喪失と思わせるであろうところの〉割合的な規制を要求した。家計的領域への軍国主義の譲渡とは、フランクフルトにおいて一八四八年に実施しうるものとなった国民の諸工場の理論（Theorie der Nationalwerkstätten）は紙一重であった。しかしながら規則的かつ一般的な国家の支え[2]を伴なう生産的諸連合体（Produktivassociationen）の設立のためのラッサール（Lassalle）のより穏健な諸提案もまた、結果的には、イニシアティヴと形態付与を国家へと移動させ、画一化、後見および官僚支配を経済生活の中へと導き、そして、個人性という現代世界の偉大な獲得物を権利侵害によって脅かしている。そして、それゆえ、〈その方向が、《その方向が労働者のために救い出しまたは与えようとする》人格を、結局、労働者にではなく何らかの指定された共同営造物に譲渡すること〉、〔そして〕――〈その方向が、そのより強い諸ニュアンスにおいては、経済的な個人人格とともに、同時に、政治的または私法的な個人人格をすら放棄し、そして、この〔人格の〕喪失をもって、一つのクラス〔階級〕のみならずゲゼルシャフト〔社会〕全体をもまた威嚇すること〉については沈黙すること――が、この方向全体に共通している。

ただ「自由な」連合〔体〕（freie Association）だけが、経済的自由がその中で存続する諸共同体（Gemeinheiten）を創造する。なぜなら、ただその構成員たちのイニシアティヴと形態付与から生ずる諸有機体のみが、同時に、新たに基礎づけられる共同生活をもって、構成員たちの個人生活を高めるからである。経済的領域では、他の領域でと同様に、独立性は、贈り物としては与えられない。それゆえ、それらの家計的生存において脅かされる諸クラス〔諸階級〕もまた、真のそして永続的な独立性を、ただ自らが自らにのみ与えることができる。

「自助」は、それにもかかわらず、なるほど国家の「イニシアティヴ」と国家の「形態形成」を排除するが、しかし自助は、極めて十分に、共同して作用する「国家の助力」と調和する。ただ、国家の助力を求める請求権は、労働する諸階級の特別の特権ではなく、それら諸階級の諸事情をとおして独特に形成される〈最高の一般性に対する関係で民族のすべての構成員たちに帰属するところの〉権利である。国家のためには、しかし、もし国家が道徳的存在であり、そして、〝給付と反対給付〟に基礎を置く営造物ではないとすれば、すべてのその構成員たちのために最終段階において〈個人の力がその結合においてもまた人間的人格の諸目的の達成のためには必ずしも十分ではない場所で〉登場することは、譲り渡すことのできない権利であり拒むことのできない義務である。事実、そもそも諸国家もまた、この任務を決して全く忘れてきてはおらず、諸国家には、諸国家にここで将来のために課されている諸課題の意識も、全く欠けていない。国家の活動は、社会的な連合運動に対する関係では、まず第一に、〈警察システムに由来する自由な結合の限界枠の除去、および、諸ゲノッセンシャフトの内的な諸案件へのあらゆる干渉の断念が、問題となる限りで〉ネガティヴなものである。その場合、ほとんど至るところで、普通社団法（das allgemeine Vereinsrecht）が決定するとすれば、大部分のドイツ諸国においてまだ存在している連合の禁止（Koalitionsverbot）は、〈その命運が尽きているところの〉労働者階級の例外制限である。より積極的な内容を、国家の活動は、経済の諸有機体の「法律的な」規律が問題となる限りで、有している。ここでは、国家は、一部分は、〈このことが、例えば、工場立法において、若年労働者たちの雇用の禁止をとおして、労働時間の諸制限をとおして、賃金の支給の一定の諸種類の禁止をとおして、工場諸条例の命令などをとおして、資本の諸有機体に対する人格の保護のために生じているように〉制限的に登場しているが、しかし、一部分は、国家は、新たに自らを形成するゲノッセンシャフト的な経済の諸有機体に、一定の諸制限と諸担保の賦課のもとに、保証された法的生存を創造するか、あるいは、（一部分、イギリスにおけるように）それらの諸有機体の公益的性格のゆえに、優遇された地位を創造している。国家およびより狭い諸団体は、しかし、さらに、〈あるいは一般的に、あるいはとくに、一定の諸クラスのために経済的な独立性を高めるところの〉積極的な促進的諸営造物（Förderungsanstalten）の制度のために――それらが〈すべての教育諸制度、育成諸制度およびモデル諸制度を、知的、道徳的および技術的な諸力の増加をとおして、さらに、すべての慈善諸営造物をそれらによってすべての人々のために最悪の場合に要求される後ろ盾をとおしてするように〉ただ間接的にのみ初めて経済生活へと介入しようとするにせよ、――それらが〈とりわけ諸貯蓄金庫のように、さらに公的な年金＝、養老＝、寡婦＝、および保険の諸営造物、公的な質屋および貸付の諸金庫、交通の諸制度などのように〉直接に経済を促進しようとするにせよ、——呼び出されるのである。ドイツにおいては大部分の諸国家が、さらに、より小さな独立した営業経営者たちには、公的に認可された諸インヌングという二義的な贈り物を与えてやり、しかし、非独立的な労働者たちには、強制扶助諸金庫というはるかにいっそう疑わしい贈り物を与えてやったことは、すでに上述されている。最後に、ここでは、至るところでそうであるように、国家に、直接の補助的な扶助の権利と義務が、〈公的利益の維持、あるいは、その市民たちの一部の脅かされた生存の救済が、別の諸手段をとおしては達成されるべきでないような〉諸場合において返還請求されなければならない。この場合、それにもかかわらず、あらゆる個々の場合のそもそもそしていかに（Ob und Wie）は、特別の諸事情をとおして動機づけられた道徳的共同団体としての国家の決心に依存しているのである。

従来の社会的な運動においては、国家の援助と並んで、より上位の諸階級の援助もまた、重要な程度において活動していたことは、ほとんど指摘を要しない。個々人ならびに諸社団は、労働する諸クラスの精神的、道徳的、社会的、物質的な向上のための好意的なまたは慈善的な諸制度を創造してきており、〝労働する諸クラスの福祉のための〟特別の〝諸社団〟は、多くの場所で活動しており、そして、これらの諸クラス自身の諸連合体のもとで、刺激、指揮および教示が、そして、開始の際には、しばしば局外者たちの一定の保護者職が、妥当させることへと働いている。すべてのこれらの諸現象は、個別の場合の諸結果と並んで、〈一部は自助の補充という、一部はそのより完全な展開への導入という〉永続的な価値を、有している。——ひとつの別の性格を有するのは、最も最近の時代において時おり、企業についての労働の独立的な参加という意味における、資本そのものから出発した個々の企業の形態変更である。まず最初はより多く散発的な好意の流出ではあるが、労働ゲノッセンシャフトを資本支配団体（Kapitalherrschaftsverband）と和解させるそのような有機的組織形態は、〈ひとたびその適用が多数の諸生産ゲノッセンシャフトの抵抗のもとに労働の主人たちのための競争と利益をとおして必然性となるべきである場合には〉、自らを大きなそして一般的な意義へと高めることができるであろう。

それにもかかわらずこれらの外部から支える諸力の共働がより大きなものであるにせよより小さなものであるにせよ、「創造的」であるのは、ただ「自由な」「内部から」形成する連合体だけである。そのような連合体は、しかし、事実、ヨーロッパの主要な諸国においては、労働する諸クラスの間で、それらの経済的な状態の改善という明言された目的によって開始し、そして、短期間において重要な諸結果を達成してきている。ここでは、まず最初に、《≪それらがまず最初にそれらの知的、道徳的、社会的または政治的な力の上昇に向けられている一方では≫それらの社団の構成員たちの経済的状態をただ間接的にのみ促進するところの》多種多様な諸社団が考察される。とりわけ重要であるのは、それらが精神的な占有をもって直接にゲノッセンの生業能力を高めるゆえに、「教育諸ゲノッセンシャフト」（Bildungsgenossenschaften）（手工業者諸社団、継続的教育の諸社団、労働諸学校のための諸社団など）である。しかしまた、節制諸社団、社交的な諸連合体、社会的な兄弟団体および諸同盟が、これに属する。同様に、政治的な労働者諸社団（例えば、普通選挙権の招来のための扇動的諸社団）は、経済的な諸事情に遡って働きかけている。しかし最も近く、本来の経済諸ゲノッセンシャフトに近づいているのは、労働のまたは労働者たちの、ならびに、一定の労働部門のまたはひとつの一定の労働者クラスの、一般的な利益代表のための諸社団である。そのような諸社団は、しばしば一つの直接的に経済的な性格を、それらの社団が具体的な経済諸関係への作用をそれらの諸目的のもとに採用することをとおして、獲得している。そのことは、とくに、〈労働の主人たちをより良い労働諸条件の確保へと動機づけ、または、従来の労働諸条件の悪化を妨げることのために〉共通の基準を実現するための連合体において、問題となる。この方向に向けて、とりわけイギリスにおいては、本来の賃金労働者たち（Lohnarbeiter）（working men 労働者たち）が、労働組合諸社団（Gewerksvereine）（trade unions 諸労働組合）において、重要な力をもった有機的諸組織を創造してきている。これらの諸ウニオンは、相互的な扶助と継続的形成のために決定された trade societies〔同業者諸組合〕から成長したものであり、そして、現在もまた、この元来の諸目的を捨てていない。しかしそれら〔諸ウニオン〕の主たる目的は、労働停止（Arbeitseinstellungen）（strikes ストライキ）の有機的組織化、ならびに、もしかすると起こるかもしれない労働の主人たちとの仲裁裁定または和解の導出である。諸加入金と諸分担金をとおしてそれら〔諸ウニオン〕は、かなりの財産を集めてきており、個々の諸ウニオン相互の有機的な結合（一八六六年以来は "united kingdom alliance of organized trades 連合王国組織同業者同盟" すら）をとおして、一般のそして特別の団体諸会議の開催、および、諸中央委員会と諸地方委員会の設置を、それらの諸ウニオンは、自らのために多数の構成部分をもつ統一体の力へと形成してきている。あらゆる意図されたストライキは、ウニオン委員会（Unionskomité）のもとに届け出られなければならず、そして、その後、ゲゼルシャフトによってその正当性とその成果の見込みについて調査される。ストライキが是認されるときは、必要な場合には、社団の諸手段〔財産〕からの支持が、いずれにせよしかし、当該労働主人のもとでのすべての社団構成員たちのための労働禁止が、生ずる。その場合、原則においては、ただ委員会の先決だけが置かれうることは、当然に理解される。同時にしかし、（一八六七年のシェフフィールド事件 Sheffielder Vorgänge をとおして）いかに個々の諸ウニオンが、反抗的な構成員たちに対して、それらの力についての〈集団に統一的な意思を付与するこれらの諸連合体の強力な力をも頽廃の危険をも公然とさせたところの〉はるかにより包括的な利用を行ったかが、知られている。(3)

ところでしかし、すべてのこれらの諸結合が、一部はただ間接的にのみ、一部はただ否定的にのみ、経済的な有機的組織そのものに対して影響を与えている一方では、同時に、〈その独立性において脅かされた危険を及ぼされた諸クライスの人的結合をとおしての経済的諸有機〔的組織〕体の直接的な新創造を求めて努力する〉連合体の運動が開始してきている。ひとが、イギリスおよびフランスにおいてはコオペラティヴな運動と名づけ、我々のもとではおそらくゲノッセンシャフト運動と名づけるのがつねであるところの、この運動は、上述のところで区別された経済ゲノッセンシャフトの主要な諸種類の基準に従って段階から段階へと進歩している。第一段階を構成するのは、それゆえ、至るところで、一部分すでに個々の不確かな諸事故のための、より古い損害担保諸ゲノッセンシャフト（Garantiegenossenschaften）、すなわち、労働する諸クラスの救貧社団、生活保護社団、疾病社団、死亡社団、養老社団（Hilfs=, Unterstützungs=, Kranken=, Sterbe=, Versorgungsverein）である。第二段階としては、さらに信用ゲノッセンシャフトと配分的ゲノッセンシャフトが登場する。運動の目標は、しかし、労働が完全な市民権を獲得する生産ゲノッセンシャフト（Produktivgenossenschaft）である。

最も広範に進歩してきているのは、従来、イギリスの協同組合運動（kooperative Bewegung）である。(4) 自由な生活保護諸社団（Unterstützungsvereine）は、ここではすでに、前世紀〔十八世紀〕の初め以来、〈それらの構成員たちに、寡婦および孤児の扶養、老人扶養、生命保険、疾病扶助、死亡手当などを与えるところの〉フレンドリー・ソサイエティーズ〔友愛組合〕の名のもとに、非常な多種多様性において形成され、そして、〈それらを保護する一七九三年の最初の議会制定法以来、三万以上に及び、一八六三年には、しかし、その数は約二万、それらの構成員数は二五〇万人、その財産は一千万ポンド以上に、見積もられる〉というように拡がった。イギリスのゲノッセンシャフト運動が、すぐそれに次いで配分的な協同組合（Distributive Kooperation）へと移行したのは、〈やがてさらにより大きな分野を消費および店舗ゲノッセンシャフトの領域において征服せんがために〉フレンドリー・ソサイエティーズから成長した相互的な土地および建築諸ゲゼルシャフト（building societies 住宅建築組合）において、ならびに、さまざまな貯蓄諸ゲゼルシャフトおよび貸付諸社団（loan societies 貸付組合）においてである。後者の方向は、一部分は、フレンドリー・ソサイエティーズとの関連において、一部分は、しかしロバート・オーウェン（Robert Owen）によってかつて設立された共産主義的な労働者諸ゲマインハイト（Arbeitergemeinheiten 労働者諸共同体）（とくにニュー・ハーモニー New Harmony）の追憶においてもまた、〈ロッチデール協同組合の創立者たち（Pioniere von Rochdale）の有名なゲノッセンシャフトが一八四三年においてほとんど驚くべき成果をもつ最初の例を与えて以来〉、発展させせられた。コオペラティヴ・ストアズ（cooperative stores 協同組合経営の小売店）およびプロヴィデント・ソサイエティーズ（provident societies 予防組合〔＝友愛組合〕）の飛躍は、これらの消費諸社団および店舗諸社団が自称したように、その後、絶えざる上昇の中にとどまったのであり、そして、一八六五年においては、ひとは、すでに、一四万八五八六人の構成員とほとんど一〇〇万ポンドの総財産をもつ、四一七のそのような諸社団を数えた。さらに直接ストアズから――そしてしかも、再びまずロッチデール協同組合の創業者たちから――彼らによって出資されたゲノッセンシャフト的な諸製粉所、諸パン屋などの媒介をとおして、〈それから後に、ストライキの機会からあるいは特別のきっかけなしに、類似の労働諸ゲノッセンシャフトが、純粋に工場の生産諸部門のために設立され、それゆえ今日、生産諸ゲノッセンシャフト〔cooperative industrial societies 協同的産業組合〔産業協同組合〕〕の注目すべき数が、イギリスにおいて存在しているまでに〉、生産ゲノッセンシャフトへの進歩が実現されたのである。これらの進歩のあらゆるものに、しかし、〈新たなゲノッセンシャフト形態に、保障された法的地位とケルパーシャフト的な諸権限を認めるところの〉促進的な立法行為が従った。

従来、協同組合運動の諸帰結が極めてはるかに僅かであるのは、フランスにおいてである。(5) 生活保護諸ゲノッセンシャフト（Unterstützungsgenossenschaften）の段階は、ここでは、非常に流布した相互扶助諸組合（société de secours mutuel 共済組合）、共済基金（caisses de prévoyance）および類似の諸団体によって、採用されている。それらは、それにもかかわらず、完全に自由な諸ゲノッセンシャフトではなく、本質的に地方自治体的な〈教区の聖職者の共働のもとに管理される〉諸営造物である。それを超えて、ひとは、中間構成員たちを飛び越えることによって、直ちに最終目標である生産諸連合体の設立に向かって努力した。そのようなもの〔生産連合体〕のために、シモニスト諸家族（Simonistischen Familien）、フーリエ社会主義組合（Fourrier'sche Phalanx）などのより早期の失敗の後に、〈労働者たちが、そこにおいて国家の費用で、〝労働者たちのための恒久的な政府委員会〟の指揮のもとに、軍隊的な諸部門（Rotten 分隊、Brigaden 旅団、Kompagnien 中隊および Servicen 当直）に従って、選ばれた監督者たちのもとで従事したところの〉一八四八年の国民諸工場（Nationalwerkstätten）の同じ失敗が続いた後にすら、一八四八年七月五日の日付のもとに三〇〇万フランの国家補助金が承認されたのである。その当時、補助金を与えられた多数の諸連合体のうち、ただ僅かなものだけが、危険な贈り物を克服したのであるが、それでもしかし、それ以来、一連の営業諸部門において生産的なゲノッセンシャフト制度は、より健全な基礎の上に展開され、そして、一部分、輝かしい諸成果をすら達成してきている。しかしそれに加えて、ひとは、不可欠のゲノッセンシャフト的な下部構造をもまた創造することを始めている。それゆえ、まず最初にパリにおいて国家の補助金によって労働者たちの兵舎（シテ・ナポレオン cité Napoléon）が設立された場合の住宅問題において、とくにエルザスにおいて設立された〈小さな家々のコロニー〔集合住宅〕（cité ouvrières 労働者都市）の創造と漸次的な譲渡のための〉諸ゲゼルシャフト〔組合〕において、すでに連合体の招致が生じている。次第しだいに、しかし、パリにおいてもまた、そして、さらに高い程度において諸地方においては、自由な消費諸社団（sociétés de consommation 消費諸組合）および信用諸ゲノッセンシャフト（sociétés de crédit mutuel 相互信用諸組合、または、crédit solidaire 連帯信用諸組合）が自らに道を開いた。それらにおいては、ドイツの諸ゲノッセンシャフトは、しばしば模範として役立っているのである。(6)

「ドイツ」(7)においては、ゲノッセンシャフト運動は、〈諸ツンフト、諸職人団体 Gesellenschaften および諸兄弟団体において存在する経済的な救貧および生活保護ゲノッセンシャフト（Hilfs=Unterstützungsgenossenschaften）のモメントが、本質的に侵害され、または、強制金庫制度において没落していったゆえに〉、昔から存在する損害担保諸団体（Garantieverbände）には結びつくことができなかった。自由な連合体のための労働者諸階級の最初の教育を引き受けたのは、それゆえ、ここでは、散在的にはすでに一八四八年前には既存の諸社団、それ以来はきわめて拡散された手工業者たちと労働者たちの教育諸ゲノッセンシャフト、ならびに次には、彼らの社会的および政治的な諸社団である。主としてこれらとの関連においては、その後、従来、経済的諸事故に対する相互的な損害担保のための自由な連合体が発展してきている。反対に、経済ゲノッセンシャフトの第二段階への上昇への突き上げは、デリッチュ〔市〕におけるシュルツェ（Schulze）から出発した。シュルツェによって、デリッチュにおいておよび若干の隣接する場所において設立された信用＝、原料＝および消費諸ゲノッセンシャフト（一八四九年のデリッチュにおける家具師たちおよび靴屋たちの原料諸社団、一八五〇年の同地での貸付社団、一八五一年のアイレンブルクにおける貸付社団）は、もちろん最初はただ散発的な後継者（一八五三年のツェルビッヒにおける、一八五四年のアイスレーベンとツェレにおける、一八五五年のマイセンとビッターフェルトにおける、貸付諸社団）を見出したに過ぎない。先立つ十年期の半ば以来、しかしながら、それをとおして生み出された運動は、〈そこから年々、算術的な進歩ではなく、幾何学的な進歩において、成長せんがために〉完全な発現へと現れた。ドイツの営業的な諸事情の独特性は〈とりわけ我々のもとでさらに多数の《存在しているがしかしその独立性においてすでに強く脅かされている》より零細な手工業者階級が運動の担い手として使命を与えられるということ〉をもたらした。我々のもとで広範に最も偉大な諸成果が〈イギリスおよびフランスにおいてただ僅かにしか発展されていない信用ゲノッセンシャフトの領域において〉達成されていることは、これとの関連において立っている。それにもかかわらず、様々な経済的および営業的な配分的な諸ゲノッセンシャフトもまた、すでに高い意義へと到達している。ただ最後の段階である生産連合体についてだけは、ドイツのゲノッセンシャフトは、これまで、ただ散発的にのみ――一八六六年にはこのカテゴリーにおいては二九の社団が数えられた――そして、ただより制限された枠におけるだけの成果をもって、上昇してきている。全体においては、シュルツェによって公表された一八六六年のための年次報告書によれば、ドイツにおいては、すでに一四三三の生業および経済の諸ゲノッセンシャフト〔協同組合〕がとくに知られていた。一八六八年の初めには、その数は、一五七一に増加した一方、実際に存在する諸ゲノッセンシャフトの数は、シュルツェによって、さらに数百ほどより多く見積もられている！。その一五七一のゲノッセンシャフトの中には、一一二二より少なくない貸付諸社団および信用諸社団が見られる一方では、二五〇の消費諸社団と一九九の原料＝、店舗＝、および生産諸ゲノッセンシャフトが、その下に存在している。貸付諸社団のうち、完全な最終決算書を提出していた五三二の貸付社団は、一八六六年において、一九万三七一二人の構成員を包含し、六三二万九五〇四ターレルの総金額における自己財産および一九八九万五五二九ターレルの総金額における他人資本をもって仕事をし、そして、八五〇一万〇一四五ターレルについてゲノッセンに対する貸付金を与えていた。(8) 外国の発展を多くの側面で凌駕しているドイツの生業および経済の諸ゲノッセンシャフト〔協同組合〕のそのような展開は、同時に、すべての祖国の諸ガウにおけるゲノッセンシャフト的な諸努力の内的な共通性によって伴われていた。その表現を、〈同時に再び、現代の連合体の特徴のための一つの例証を一般的に提供しているところの〉この共通性が見出したのは、一八五九年以来の年々の社団会議の開催において、および、それに関連する〝ドイツ生業および経済の諸ゲノッセンシャフト〔協同組合〕の一般団体〟(der allgemeine Verband der deutschen Erwerbs= und Wirthschaftsgenossenschaften) の設立において、である。この一般団体は、一八六四年以来、自らに組織的な定款を与え、(9) そして、一八六五年には、すでに六一二のゲノッセンシャフトを構成員たちに数えていた。この団体の頂点には、ドイツ諸ゲノッセンシャフトの弁護士が立ち、それを特別委員会が補佐するが、しかし最上位の機関であるのは、毎年、代議員をとおして集会する社団会議である。団体全体のもとに、二十以上の地方的な下位の諸団体が、選ばれた（同時に特別委員会の構成員たちである）代表者たちおよび定期的な団体会議を伴って、立っている。個々の諸ゲノッセンシャフトの内的な独立性は、〈ただ「共同の」諸案件の共同の規制にのみ関係するところの〉この有機的諸組織をとおしては、いかなる方法においても削減されない。団体全体は、それ自体として（Stat. §5 Nr. 4）、専門誌である〝将来のインヌング die Innung der Zukunft〟、現在は〝ゲノッセンシャフト制度のための雑誌〔協同組合制度雑誌〕Blätter für Genossenschaftswesen〟を発行しており、そして、株式合資組合〔会社〕として設立された〈個別諸社団に大銀行制度 Groß=Bankinstitut として奉仕するところの〉〝ドイツゲノッセンシャフト〔協同組合〕銀行 deutsche Genossenschaftsbank〟をベルリンにおいて与えた。(10)

現代の連合体一般と同様に、とりわけ経済的なゲノッセンシャフト運動は、まず最初にそして最も強力に、都市住民の中に地歩を占めてきていることは、ことがらの性質上当然のことである。しかしゲノッセンシャフト運動にラント的な経済において差し迫っている未来は、より僅かなものではない。ここでもまた、それは、すべてのその諸形態において、ラント的な経済諸事情の特殊性をとおして修正されて、適用されている。そして、ここでもまた、〈その一方〔のクラスのためには〕、ゲノッセンシャフト運動が家計的独立性を保持すべきであり、その他方〔のクラスのためには〕、右運動が家計的独立性を獲得すべきであるところの〉ものは、独立の小占有者たちおよび従属的な賃金労働者たちという二つの互いに異なる諸クラス〔階級〕である。〈損害担保、資本調達、分配のためのラント的なゲノッセンシャフト制度の実現のための、そして、それ自体すでに共同の生産のための〉多くのことを約束する始まりは、ドイツにおいてもすでになされてきている。[11] 諸都市においてはほとんど同じ日々が、古いツンフトの最後の格闘と営業的ゲノッセンシャフト理念の再生を認めるのと全く同様に、我々は、ラントにおいて、古いマルクゲマインデおよびほとんどそれより若いものではない農場団体（Hofverband）の数千年の最後の崩壊が、それらの代替物として呼び出された「自由な」農業ゲノッセンシャフト（landwirthschaftliche Genossenschaft 農業協同組合）の最初の生命の活動とともに、出会うのをみるのである。

何を、自由な経済的ゲノッセンシャフト制度が、それによって把握された諸クライスに給付し、そして、給付することができるかは、ほとんど言及を必要としない。総体から構成員たちへと還流する実質的利益は、しばしば完全な人間的発展の基礎ではあるが、それよりさらに高く、ゲノッセンシャフトをとおして人間としての人間になるところの成長が立つのである。何がここで達成されるかは、労働者が経済的な共同団体（Gemeinwesen）の市民へと上昇させられるという命題において総括される。平等に努力する人々の任意に結合された総体によって完全に担われる経済的な有機的組織体への参加は、構成員たちに対して、何らかのたとえまず最初はたぶん控えめな側面に向けてであるとしても、経済的人格を与えまたは救う。そして、その経済的人格は、生産ゲノッセンシャフトにおいては、単純な労働者のためにすら、企業者の完全な人格へと高めるのである。個々人には、社会主義的な諸共同体との差異において、その個人性が残っている。しかし、この個人性は、経済的なことがらにおいても、無制限なただ自己自身だけを設定するものではなく、その存在の一部を全体へと委ね、全体の構成部分として、この個人性は、孤立したアトムの生存の諸危険を克服するのである。〈独自の力に、しかしそれでもやはりただゲノッセンの平等の諸力をもつ社団のみの中におけるこの力に、上昇が負うこと〉の意識は、同時に〈以前から公的な徳性の模範とみなされた〉あの同時に誇り高いそして献身的な市民感覚を生み出す。公的および私的生活全体のための学校であるゲノッセンシャフトは、他に先立って、道徳性の学校である。——この点には、しかし、同時に、これらのゲノッセンシャフトがゲノッセンを超えて国家、経済および社会のために有する意義が、言明されて存在している。それらのゲノッセンシャフトは、国家に有為な市民たちを供給する。経済においては、それら［ゲノッセンシャフト］は、死せる財産の支配に対して、労働に〈生きた人格の経済的な現れとしての労働に当然に帰すべき〉市民権（Bürgerrecht）を獲得する。社会を、それらのゲノッセンシャフトは、社会の構成員たちの数の上で優勢な人々の社会的な消耗に基づいて社会を脅かすところの諸危険から護るのである。愚かな人々は、ただ、連合体の運動がいずれにせよすべての家計的な非独立性を世界から追放し、そして、すべての社会的な悲惨を除去するであろうと、空想しうるのみである。しかし、連合体の運動が〈そこでは、家計的な非独立性が原則であり、社会的な悲惨が多数者の運命であるところの〉状態を終わらせ、または、予防するであろうという希望は、必ずしも大胆すぎるとは思われない。そして、たとえそこまでは至らないとしても、［そして］、ゲノッセンシャフト制度が、ひとがそれをしばしば非難しているように、それが、労働する諸クラスの中の、諸能力と幸せの恩恵とをとおして優遇を受けた個々の諸クライスを独立性へと高めることだけを効果したにすぎないとしても、最大のことそして最重要なことは、すでにそれによって達成されているであろう。なぜなら、それによって、社会的な有機体の最も危険な病気である有機体の諸活力の停滞は、予防されているからである。つねに諸民族は、〈民族の使い尽くされていない諸要素のうち最善の諸要素を上へと導く〉力が生き生きと留まった限りで、健康であったか、または、それらの諸病気から回復可能であった。しかし、つねに、民族の団体は、血液の循環が支配的な諸層の遮断をとおして妨げられるのと同じ程度において、傷つけられたのである。ゲノッセンシャフトをとおしてまず最初に独立へと到達した人々がたとえ僅かな人々であるかも知れないし、道は長くそしてその目標は不確かに留まるかも知れない。しかしながらすでに、あの上昇の可能性が彼の労働へと指図される男子には欠けていないという意識は、〈道を誤りあるいは目標を達しない〉人々の生活に向けてもまた、限りなく有益な影響を与えるのである。——

B　ところで経済的な人的諸ゲノッセンシャフトの発展と形態形成についていえば、最も古いものは、次のものである。

I　「損害担保諸ゲノッセンシャフト」（Garantiegenossenschaften）。個別における法外な多種多様性にもかかわらず、それらには、それらが個々人を脅かす〈その存在または範囲について不確かな〉経済的害悪を総体へと引き受けることが、共通している。それゆえ、個別の諸危険の集合が全体危険（Gesammtgefahr）へと結合される。この全体危険は、しかし——この点に、そもそもゲノッセンシャフト制度全体の基本原則を構成するところのものが現れるのであるが——個別諸危険の総計とは何か質的に異なるものである。全体危険は、それがより確かなものになると、不確かさは、しかし危険の大きさに影響を与えるモメントであるので、全体危険はより僅かなものとなる。あるいは、積極的に表現されるならば、一定の諸事故に対するゲノッセンの抵抗力は、増強されるのであって、総計されるのではない。今日もなお、あらゆるゲマインデの中にそしてあらゆる家計的に重要なゲルパーシャフト一般の中に含まれる損害担保ゲノッセンシャフトの要素は、我々が見てきたように、すでに最古の由来をもつ諸ギルドにおいて、危険ならびに賠償を詳細に規定することをとおして、ときおり独立の意義へと高められたのである。しかしながら、そのために作られる社団の唯一のまたはそれだけが本質的である目的としての損害担保（Schadensgarantie）の刻印は、比較的若い起源のものである。それは、一部分、〈より古い諸ギルドが、相互的な埋葬、寡婦の生活扶助、火災の諸損害における救助または家畜保険という専らまたは主たる目的のための諸ギルドへと弱まり、そして、それに続いて特別の特殊諸ギルドがそのような諸目的のために模倣された（死者諸ギルド、火災諸ギルド、雌牛諸ギルド）ことによって〉、直接にギルド制度から出現してきている。一部分、しかし、それは、十七世紀の終わり以来そのような諸目的のために多数設立された公的な諸営造物との関連において発展してきている。公益的な諸営造物は、しかしはるかにより高い程度においてさらに現代の生業の諸営造物は、今日もまた、しばしば損害担保ゲノッセンシャフトの領域を制限している。もしそのような諸営造物が、同様に、結合をとおしての経済的諸危険の減少の原則に基づくときは、そのような諸営造物は、それでもしかし損害担保諸ゲノッセンシャフトではない。なぜなら連合する力は、ここでは、結合された諸クライスの外に存在し、脅かされた人々は結合「され」ており、そして、個々の被保険者そのもののためには、〈彼のほかにさらに別の被保険者が存在すること〉は、法的には完全に重要でないからである。中間形態は、それにもかかわらず、まさにここで、しばしば登場している。――そのうえ、損害担保諸ゲノッセンシャフトは、相互間で、非常に多種多様な諸点において異なっている。とくにひとは、それら〔損害担保ゲノッセンシャフト〕を、それらが確定の諸分担金を徴収しそしてこの諸分担金への顧慮をもって賠償または援助を測定するかどうか、それらが確定の諸分担金と確定の諸定率を援助のために有するかどうか、それらが、最後に、個々の場合における諸分担金をも扶助をも不確定にさせているかどうか、に従って区分することができるであろう。とりわけ条件によって、しかし、これらの差異のためならびにすべてのその他の差異のために、損害の種類が作用し、損害担保に対して給付される。つねにこの損害は経済的なものであるが、しかし、まず最初に、損害がまず最初に「物」に関する事故をとおしてもたらされるか、「人」に関する事故をとおしてもたらされるかに従って、主たる差異が登場する。

1　「物の損害担保」（Sachgarantie）の個々の種類のうち、

a　「海上危険に対する保険」（Versicherung gegen Seegefahr）は、最も最近の時代に至るまで、保険そのものの法律的形成のためには、ほとんど唯一標準に留まってきているが、保険「ゲノッセンシャフト」の形成のためには、反対に、完全に無意味に留まってきている。なぜなら、すでに十四世紀以来、とくにイタリアおよびオランダの海洋諸都市における海上保険（Seeassekuranz）が、〈その最初は個々人が、しかし株式諸社団の成立以来は、とりわけ特権を与えられた生業諸組合〔営利会社〕（Erwerbsgesellschaften）が引き受けたところの〉投機的営業として営まれた。まさに海上保険の目的のために共に形成されたのは、ドイツの、とりわけハンブルクにおける、その後ブレーメン、リューベック、シュテッティンにおける、最古の諸株式会社（Aktienkompagnien）であり、そして、今日、海上危険に対して保険を引き受けているのは、ほとんど例外なく株式諸社団である。(12) 運送保険（Transportversicherung）というより若い諸部門、とくに内陸水路での運送、陸上運送および鉄道運送の諸危険に対する保険に関しても、同様の事情にある。(13) それでもしかし、相互保険（Gegenseitigkeitsversicherung）の可能性は、ここでは、至るところで排除されず、そして、散発的にそのようなものが登場している。(14)

b　これとの直接の対立において、「火災危険に対する保険」（Versicherung gegen Feuersgefahr）が、ドイツにおいて、徹頭徹尾ゲノッセンシャフト的な損害担保から生じてきており、そして、後者は、今日もなお、少なくとも不動産保険においては、徹底して原則を構成している。(15) 中世のゲノッセンシャフト制度の没落とともに、諸ゲマインデと諸ギルドによって〈すべての災難に対すると同様、とくに火災損害に対して〉ゲノッセンに保証された保護が衰微したのち、散発的に北ドイツの諸都市および諸ラントゲマインデにおいて、特別の諸ギルドが、火災諸事故における相互的な扶助の目的のために集合した。(16) これらのいわゆる「火災諸ギルド」（Brandgilden）は、なるほど参加強制なしに有機的に組織されていたが、それらは、それにもかかわらず、完全に自由な独立した諸ゲノッセンシャフトではなく、原則として、一つのコムーネ、多数の諸コムーネまたは一つのコルポラチオンへの依存関係において立っていた。それらは、それゆえ、地方自治体のまたはコルポラチオンの諸官庁によって、または、その代表委員たちによって経営管理されたのであり、そして、それらの本質上、すでに諸ゲノッセンシャフトより以上に公的な諸営造物である。[17] この理由から、ランデスヘルたちが十八世紀の開始以来、規制的に火災金庫制度へと介入したとき、ランデスヘルたちには、一部は、存在する諸ギルドを間接的な国家制度として取扱い、一部は、しかし、新たな諸金庫をもまた、前者の模範に従う直接的な国家営造物として設立することは、容易であった。これらの国家保険諸営造物は、もともとは参加を同様に自由とし、そして、諸建物のみならず動産をもまた保険した。[18] それにもかかわらず次第に、ひとは、諸建物のために参加強制を導入することを開始し、そして、それとは反対に、動産保険をより多く私人たちに委ねた。[19] そのような公的な建物諸保険は、ところで十八世紀の間にドイツのすべての諸部分において――最初はとくに諸都市において、やがては平地においてもまた、最後にはすべての諸ラントおよび諸地方のために――成立した。より小さな諸国においては、それらは、大部分、国家営造物の性格を有した。[20] これに対して、プロイセンにおいては、王国全体のためのラント保険（Landesasseku-ranz）を設立する試みが失敗した後に、[21] 大きな豊富さと多種多様さにおいてより小規模の諸団体が形成された。そして、それらの諸団体は、一部は、都市のまたは一定数の小都市の建物占有者たちを、一部は、貴族のケルパーシャフトの構成員たちを、一部は、一定数のラント諸ゲマインデを、一部は、最後に、あるクライスまたはある地方の全住民を、相互的な損害担保に結合し、そして、それゆえ、一部は都市的、一部は階級的、一部は国家的な管理を有したのである。[22] 同様にハノーファーにおいては、かなり多数の都市の火災諸組合（Feuersocietä-ten）が成立した。[23] 南ドイツにおいては、十八世紀の後半において初めて類似の有機的諸組織が続いた。[24] これらの諸団体の多くは、参加を自由にし、それとはやがて大部分、制限された諸分担金のシステムが結びついたので、それでもしかし、次第に、参加強制が絶えずより一般的となり、そして、それとの関連において完全な損害賠償が保証されたが、同時にしかし、最大率による査定、クラスシステム、および一部分すでに危険による諸分担金の段階づけが導入され、そして、形成された。[25] 我々の世紀〔十九世紀〕においては、至るところで、私的保険の形成以来、公的な火災諸組合が包括的な立法の対象となった。[26] その場合、プロイセンにおいては、強制構成員制が除去されたが、その一方で、その他のドイツ諸国は、これを問題とはしなかった。さらに組合の業務規程の諸修正は、一部は、有機的組織と経営管理に、一部は、諸地区の境界設定に、関連をもった。プロイセンにおいては、ひとは、この場合に、〈より古い諸団体の諸分割と諸結合をとおしてのみならず、従来該当しなかった諸地方における諸組合の新たな設立をとおしてもまた、諸団体の均等な網をラント全体に広げるべき〉システムを追求した。一八四八年以来、その後、〈一部は、より自由な経営管理を基礎づけ、一部は、動産諸保険の編入を目的とし、一部は、保険法そのものを継続的に形成したところの〉再度の再有機的組織化が行われた。それゆえ、今日、ドイツ全体[27]をとおして公的な保険諸団体が、特定の諸ラント、諸地方、諸クライス、諸都市または人的諸クラスのために、存在している。そして、これらの公的な保険諸団体は、非常に様々に有機的に組織されており、そして、とくにプロイセンの外部では強制に、プロイセンにおいては自由な参加に基づいているが、しかしそれらは、全体としては、〈それらが火災損害の相互的な損害担保のためのコルポラティフな組織構造をもつ公的な諸営造物であり、それらの構成員たちに、被った火災損害を業務規程によって採用された査定額に従って賠償し、そして、このためならびにそれに必要な留保財産の形成のために変化する諸分担金を、損害担保される諸占有物の割合に従って、徴収する〉という点において一致している。それらは、それゆえ、損害担保ゲノッセンシャフト（Garantiegenossenschaft）の原則に基づいており、同ゲノッセンシャフトは、しかし、公的な営造物をとおして媒介されており、そして、それは、それゆえに被保険者たちの総体のなかに根ざすゲノッセンシャフト的な組織体制ではなく、外部から組織構造を与えられそして生命を与えられた〈団体の有機的組織を決定するところの〉営造物の組織体制である。さらにこの有機的組織は極めて多種多様なものであり、加えて今日もまた、決してすべての公的な諸組合（Societäten）が直接の国家諸営造物なのではなく、いくつかの諸組合は、むしろ地方的、地方自治体的またはクライス階級的な諸制度であり、他の諸組合は純粋のゲマインデ諸営造物であり、他の諸組合は最後に混合的性質のものである。[28]

国家から独立して発展したのは、原則として、[29]〈前世紀〔十八世紀〕の後半以来、時おり既存の自治体的なおよびコルポラティヴな形態形成への依存において構成されたところの、[30]そして、個々の職業諸クラスの小さな保険諸社団において一部分我々の日々が達成してきているところの〉[31]相互的な「動産」保険諸ゲノッセンシャフトである。散発的には、建物保険のためにもまた、このようなより自由な諸社団が登場した。それにもかかわらず、それらは、つねにそれでもしかし、〃半官のもの〃とみなされるのがつねであった。[32]完全に自由なそして自己自身のために存在する相互組合〔Gegenseitigkeitsgesellschaft 相互会社〕は、はじめ一七二六年にヴュルテンベルクにおいて設立され、一七五四年頃に相互的なラント保険と交換されたとされている。[33]より大きな伝播を、それにもかかわらず我々のもとでは、相互的な私的諸ゲノッセンシャフトは、われわれの世紀において初めて獲得した。[34]損害担保の原則を現代の連合体の自由な形態形成と結合するこれらの諸ゲノッセンシャフトは、あらゆる人に任意の占有物をもっての加入を許し、その後、損害担保された占有と危険の大きさとに従って、もしかするとあるかもしれ知れない損害をすべての人々の間で分配する。幾つかのゲノッセンシャフトは、それにもかかわらずゴータ銀行（一八一九年）の経過に従って、責任を最大限度に制限してきている。すべてのゲノッセンシャフトにおいて、全部の被保険者たちは、同時にケルパーシャフトの構成員たちであり、ケルパーシャフトの担い手は、それゆえ、疑いある場合には平等の議決権を与えられる被保険者たちの総体である。それでもしかし、ここでは、さまざまな諸クラスへの区分をとおして、しばしば諸段階が登場している。〈そもそも古い諸コルポラチオンにしばしばまだ近くに立っているところの〉より古い諸ゲゼルシャフトにおいては、それに加えて、はじめから管理と指揮に関する総体のすべての諸権利が〈一度だけ任命されそして自らを補充する〉諸委員会と諸官庁に譲渡されること、あるいは、ゲゼルシャフトの諸機関の任命すら一定の諸ゲマインデまたは諸コルポラチオンをとおして行われること、が登場している。より新しい相互諸組合は、それとは反対に、原則として、現代の連合体において通常である経営管理（Verwaltung）の区分の基準に従って、総会、諸決議および理事会のもとに、有機的に組織されている。

最後に、諸営造物に対する関係でも、諸ゲノッセンシャフトに対する関係でも、火災保険制度においてもまた、利益投機は、自らに大きな地域を征服してきており、そして、より最近の時代においては、報酬と引換えに保険を行う株式諸社団が、多数生じてきている。[35] それにもかかわらず、今日まで、相互諸団体は、徹底して優勢を主張している。[36]

相互諸社団と株式諸社団の中間には、火災危険に対するいわゆる混合的な保険諸組合が登場している。そこにおいては、それにもかかわらず、つねに一方の原則または他方の原則が、決定的な原則に留まっている。[37]

c　極めて類似の方法において、「雹〔ひょう〕損害に対する保険」（Versicherung gegen Hagelschaden）がドイツにおいて発展してきている。[38] 一八二二年のベルリン株式会社（Berliner Aktiengesellschaft）、および、同株式会社〔組合〕の一八三二年において国家補助金をもって行われた改革という唯一の例外をもって、[39] 最も最近の時代に至るまで、もっぱら雹損害に対する諸相互ゲノッセンシャフト〔相互協同組合〕が存在した。同ゲノッセンシャフトは、一部分は、多かれ少なかれ特色のある国家的、地方自治体的または階級的な諸制度として、他の部分は、被保険者たちの総体において根ざしている組織体制をもつ自由な諸ゲノッセンシャフトとして、有機的に組織されている。それらは、完全な損害の必ずしもすべてを賠償するのではなく、むしろ被害者たちに対して若干の予め固定された諸分担金だけを分配する。最後に、それらもまた、もともとはすべてが、一定の諸ラントまたは諸地区に向けて指図されていたし、そして、大部分はいまなお指図されているので、例えば、最古の、一七九七年にノイブランデンブルクにおいて設立された相互的雹保険について、そのより大きな流布の後は、特別の独立した諸ゲノッセンシャフトが（それゆえ一八二六年シュヴェートにおいて、一八四〇年ギュストロフにおいて、一八四一年グライフスヴァルトにおいて）枝分かれしており、そして、しばしばラント諸保険（Landesassekuranzen）が存在し、それに対して、後には、それと並んで、より一般的な性格を有する相互諸ゲノッセンシャフトが成立している。(40) 最も最近の時代においては、雹保険もまた、株式諸企業の対象となってきている。(41)

d　同様に、「家畜保険」（Viehversicherung）は、比較的最近の時代において初めて、時おり生業諸組合（Erwerbsgesellschaften）によって営まれている。(42) その一方で、相互的家畜保険諸社団は、すでに前世紀〔十八世紀〕の終わり以来きわめて流布してきている。(43) 伝染病をとおしての甚だしい損失の賠償のために、時おり国家保険諸営造物が、一定の地区のすべての家畜占有者のための加入強制をもって設立されている。(44) 通常の家畜損失（Viehabgang）の賠償またはそのための補助を、とくに極めて多くの小さな、しばしば個々のゲマインデに制限された小規模占有者たちの〈一部分はすでにより古い時代から由来する〉連合体が、自らのために任務となした。これに属するのは、シュレスヴィッヒ＝ホルスタインおよびメクレンブルクの大部分日雇い労働者たちによって構成される雌牛諸ギルド（Kuhgilden）、オルデンブルク、ハノーファー（一八五二年に四七四の）、バーデン（一八四六年に六〇超の）、スイス、チロルの雌牛諸店舗（Kuhladen）、雌牛死亡諸金庫（Kuhsterbekassen）および類似の諸社団、ならびに、個々のプロイセンの諸ゲマインデの同類の家畜保険諸社団である。(45)

e　最後に挙げられた保険の種類との反対において、例えば、保険危険に対する保険（再保険 Rückversicherung）、および、抵当権によって貸し出された諸資本またはその他の未回収の諸資本における損失の危険に対する保険のような、その他の現代的な、物の損害担保の諸種類は、とりわけ生業諸営造物（Erwerbsanstalten）をとおしての経営に指示されている。(46)

2　「人」を襲うある事故から経済に生ずる損害の担保は、物の損害担保から、まず第一に、損害の額がここでは一定の価値評価から導出されることをとおして区別される。それゆえ、損害担保者の自由な裁量が決定するか、あるいはしかし、あらかじめ確定の賠償金額が合意されなければならない。ただ後者の場合においてのみ、そのような損害担保は、投機的な取引の内容を構成するのに適切である。そしてまた、ひとは、そのような損害担保を、その場合にのみ、保険と称するのがつねである。(47) これとは反対に非利己的な諸営造物および諸ゲノッセンシャフトは、〈与えられるべき扶助の測定が組織体制的にそのために任命された営造物のまたはゲノッセンシャフトの諸機関に委ねられうることによって〉極めて十分に、類似の損害担保を確定のあらかじめの規定なしにでも、引き受けることができる。

a　経済的に最大の害悪は、死亡である。その発生が確実であるとしても、それが一定の期間内に生ずるのか、一定の機会において生ずるのか、ある別の人の死亡の前または後に生ずるのか（生存配偶者保険 Überlebensversicherung、結婚生活への保険 Versicherung auf verbundene Leben など）は、不確実であり、そして、そのような未必性（Eventualitäten）に対しては、未必的に支払われるべき賠償金額の約束は可能である。また、そのような限界設定を別としても、それにもかかわらず、なるほど死亡の存在は確実であるが、しかし、その時点、および、従ってそれをとおして本質的に決定される〈経済に成立する〉不利益の範囲は不確実である。この不確実性もまた、〈死亡によって脅かされる者にその者の相続人たちのためにか、それとも第三者の死亡によって脅かされる者に自己自身のために、《その場合、再び、死亡事故の発生の際に支払われるべき一定の金額においてか、それとも不確定の期限に至るまで存続する年金において、存在しうるところの》賠償が保証されることによって〉、損害担保契約をとおしてそれらの危険性を奪われうる。確定の金額と引換えにか、それともそれが原則を構成するように、継続するそしてその最終点の不確実性のゆえに不確実な保険料と引換えにする、すべてのそのような死亡損害担保の引受は、前世紀〔十八世紀〕以来、〈多数の株式生命保険諸組合〔生命保険株式会社〕によって営まれる〉(49) 投機的な営業の内容となってきている。(48) それにもかかわらず、より古い、そして、今日もなお、それと並んで繁栄しているのは、ここでもまた、相互的ゲノッセンシャフト的な損害担保である。ゲノッセンシャフト的な基礎は、〈生命保険がその現代的な形成においてもたらしているところの〉非常に複雑でかつ多種多様な諸形態と諸関係をとおしてすら、排除されていない。すなわち、ドイツの最古の生命保険組合〔会社〕である、ゴータにおける生命保険銀行は、相互性の上に設立されており、そして、それと同様に多くの類似の生命保険諸組合（Lebensversicherungsgesellschaften）が形成されてきている。それらは、ゲノッセンシャフト的な損害担保の原則に基づいており、そして、それらにおいては、それゆえ、被保険者たちまたはそうでないとしても被保険者たちの一定の諸クラス（例えば、全生涯を保険された人々）が同時に保険団体（versichernder Körper）を構成し、真実にはここでただ損害の調整の際に生ずる〈大体の予めの計算に関する〉プラスまたはマイナスであるに過ぎないところの損失または利益を、相互の間で参加の割合において分配し、そして、それらの中からゲノッセンシャフトの諸機関（原則として取締役会といくつかの委員会）を任命するのである。[50] しかし、ここで公益的な営造物がその領域を制限していない限りでは、より原則的には、ゲノッセンシャフトが、今なお、死亡の損害担保（Todesgarantie）というより古い、より単純なそしてより不完全な諸形態のために適用されている。

これらの諸場合のもとに属するのは、例えば、継続的な、たいていの場合、高に従って一様に決定された分担金と引換えに保証されたところの、残された人々への〈あるいは、最初の困窮に対する援助のために、あるいは、ただ埋葬費用の支出のためだけに、役立つ小さな金額の〉支払である。これらの諸課題を履行する、多数の、すでに古い時代以来、存在している死者諸ギルド（Todtengilden）、死者の随意諸決定（Todtenbeliebungen）、死亡諸金庫（Sterbekassen）、埋葬諸金庫（Begräbnißkassen）などは、一方では、〈それらからひとは、買入金額と引換えに、または、継続的な諸分担金と引換えに、当該の財産的請求権を取得するところの〉諸営造物として構成されているが、他方では、しかし、それらは、〈自らを徹底して小規模における相互的な生命保険諸ゲノッセンシャフトとして特徴づけるところの〉、強制された諸社団または自由な諸社団である。[51]

もしかするとあるかも知れない「寡婦」またはもしかするとあるかも知れない養育されない「孤児」のために、未必的に支払われるべき金額の保証、または、〈死亡、寡婦状態の中止、または、一定の年齢の到達によって終了する〉継続的な年金の保証が給付されるところの、損害担保に関しても、事情は異ならない。そのような損害担保もまた、現代的な保険諸組合によって、引き受けられている。しかし、そのような諸目的のための公的な諸営造物も諸ゲノッセンシャフトも、極めてはるかにより古いのである。諸営造物は、いまだ今日、一定の諸階級のために、とくに諸官吏のために、原則を構成している。国家および諸ゲマインデが、以前の時代以来一般的な寡婦諸金庫と孤児扶養諸金庫を、大抵の場合、強制加入義務を伴なって、その諸官吏のために設立したのみならず、諸ケルパーシャフトおよび諸組合もまた、その点にしばしば従ってきている。[52]「あらゆる人」に加入が解放されている国家営造物的に設立された寡婦および孤児諸金庫は、同様に、長い間以前から登場している。[53]しかしより最近の時代においては、ここでもまた、再び、決して完全には適用されなくなってはいなかったゲノッセンシャフト的な結合の原則が、より大きな妥当へと到達している。[54]相互的な寡婦および孤児の扶養のための全く自由な諸社団と純粋の諸営造物との間に、その場合、まさにここで、非常に多種多様な中間構成物が、あるいは、コルポラティフな組織構造をもつ強制諸団体として、あるいは、加入強制を伴わない公的に認可された諸社団として、有機的に組織されて存立している。[55]

b　損害担保を必要とするのは、諸事情のもとでは、死亡に対してのみならず、長すぎる生命に対してもまたである。そのような損害担保は、〈それをとおして一定の金額と引換えに《死亡により終了するそしてそれゆえその総金額において不確定であるところの》年金が取得される〉終身年金契約（Leibrentenvertrag）において存在する。この契約は、その場合、幾重もの複雑化の能力を有するのであり、それらのうち、とくにトンチン年金（Tontine）は、多数者の間の最も長生きする人にそれだけより大きな利益を与えるものである。また、さまざまな方法で、増加する年齢とともに年金の漸進的な増加が実現されうる。しかし、最も純粋に、長すぎる生命に対する損害担保は、老齢扶養契約（Alterversorgungsvertrag）において出現しており、そこでは、ただ一定の年齢に到達する場合のためにのみ、資本またはその時から走り出す年金が約束される。すべてのそのような損害担保は、原則として、同時に、生命保険諸組合によって引き受けられている[56]。しかしさらにそのために、〈一部は、生業組合[57]として、一部は、公益的な諸施設として構成され[58]、一部は、しかし、損害担保ゲノッセンシャフトとの結合にもまた基づくところの〉特別の恩給および年金諸営造物（Pensions= und Rentenanstalten）が存在している[59]。

c　異なる種類の同一の諸形態は、人に生ずる個々の不確かな諸事実（Ereignisse）と結合されるところの経済的諸不利益に対する損害担保を創出するために、可能である。結婚または所帯を構えることの諸費用に対して、そうである。その場合、嫁入仕度および扶養の諸営造物と並んで、相互性に基づく持参金および扶養の諸社団が登場している[60]。類似して早期に、例えば発生する兵役義務からの自由身分の買取（Freikauf）の費用を支払うために、〔登場している[61]〕。ひとは、また、より最近の時代において、一定の旅行またはその他の企画の危険に対して、あるいは、時間または種類に従って制限された事故の危険に対して、保険することを始めている[62]。しかし、最も重要な諸場合は、「病気」（Krankheit）と「廃疾」（Invalidität）である。一部は、治療と看護の費用のために、一部は、一時的または永続的な労働不能者の全生活費のために、ここでは、あるいは、生業諸組合が保険料と引き換えに、あるいは、公益的な諸営造物が加入金または諸分担金と引換えに、あるいは、最後に、ゲノッセンシャフト的な諸社団が、多かれ少なかれ固定された損害担保を引き受けている。加入強制を伴ないまたは伴なわないで有機的に組織されてありうる、恩給、生計、そして、援助の諸目的のための公益的な諸営造物は、〈約束された損害担保があらかじめ決定され、そして、それに対応する等価物が要求される場所で〉、慈善諸制度から厳格に区別される[63]。それら〔公益的営造物〕は、それにもかかわらず、保証される援助と被援助者の分担金との間の直接の関係が存在しない場合、または、援助を求める確定の要求権の代わりに、営造物の諸機関の裁量が登場する場合には、慈善制度へと移行する[64]。それとは反対に、諸ゲノッセンシャフトにおいては、〈その時々の補助金の需要と高を社団決議が決定し、そして、諸分担金が必ずしも直ちにこの補助金のあらかじめ給付された等価物としては現われないことをとおしては〉、損害担保ゲノッセンシャフトの性格はいまだ止揚されず、しかし最も僅かにではあるが、慈善社団の性格が現わされる。なぜならあらゆる社団ゲノッセにとっては、〈彼は、営造物におけるように第三者としてではなく、社団の共同担い手として、社団からより最後の援助を受けるので〉、自助は、彼に病気と労働不能に対する損害担保が供給するものに留まっているからである。

それにもかかわらず、ここでもまた、現代のゲノッセンシャフトの傾向は、それに対して損害が担保される損害の種類とそれをもって損害が担保される賠償金額とを可能な限りあらかじめ決定することへと向かっている。それゆえ、未確定の援助義務は、より多く取引的な諸形態を受け取っている。このようにして、例えば、個々の官吏諸クラスの相互的な恩給諸社団は、登場している[65]。同様に、しかし、労働する諸階級の間に、廃疾者および労働者の恩給諸社団が、とくにしかし疾病者諸社団が、詳細に定められた分担金と援助義務を伴って、形成され始めている[66]。それでもしかし、まさに労働者諸階級の諸ゲノッセンシャフトにおいては、原則として、一定の損害担保目的は、散発的に登場するのではなく、〈それをとおしてここでもまた、構成員の諸分担金の確定的な決定ともしかするとあるかも知れない援助金額の取引的な詳細化とを求める努力が排除されるであろうことなしに〉、多かれ少なかれ制限された方法において、病人、廃疾者および老人介護の諸金庫の諸目的が、埋葬、寡婦および孤児の諸金庫の諸目的と結合されている。この援助および生活扶助の諸ゲノッセンシャフト（Hilfs= und Unterstützungsgenossenschaften）は、それゆえ、全人格を保証する古い諸ギルドの道徳的性格を、現代の保険ゲノッセンシャフトの取引的および計算的な性格と結合している。このことは、国家的、ゲマインデ的または同業組合的に有機的に組織された強制援助諸団体についてもまた、たとえそれらにおいて営造物的モメントがゲノッセンシャフト的モメントを圧倒するとしても、妥当する[67]。しかし、より高い程度において、さらに、〈鉱山および岩塩鉱の労働者たちがそれをとおして、包括的な方法において、家計的および行政的な鉱山設備所有者たちの参加、および、国家の強制と監督のもとに、自らのために相互的に病気、諸事故および死亡における援助を損害担保する〉独特の古い時代に由来する鉱夫組合諸社団（Knappschaftsvereine）について〔妥当する〕[68]。同様に、しかし、〈もちろん強制金庫制度と並んで、我々のもとでは、自らをただ僅かにしか発展させてきておらず、そして、イギリスのフレンドリー・ソサイエティに必ずしも隔たらずに到達している〉労働する諸クラスの「自由意思的な」補助および援助諸ゲノッセンシャフトは、そのように包括的で強く人的な性格を有している。[69]それゆえ、それらは、経済的な諸事故に対する損害担保と並んでもまた、自らに精神的および道徳的な損害担保を保証することを求め、そして、教育諸営造物、諸図書館および兄弟的な諸結合を設立している。その一方では、反対に、まさにより少なく占有している諸階級のもとで、まず第一に道徳的、社会的および教育的諸社団ならびにより高い段階の経済諸ゲノッセンシャフトは、それらの構成員たちおよびその遺族たちを、すべての種類の諸損害において援助し、そして、また十分に特別の補助金庫、恩給金庫、病人金庫、廃疾者金庫、扶養金庫、寡婦金庫、孤児金庫などをそのために設立するのが、つねである。

Ⅱ　「金銭取引ゲノッセンシャフト」（Geldverkehrsgenossenschaft）は、資本流通、資本調達および資本投資の媒介のための諸社団を包含している。

1　「資本流通」（Kapitalumlauf）の媒介は、原則として、〈互いに取引する人々の連合体がそれらのもとに潜在的に留まるところの〉公益的または投機的な諸営造物をとおして、実現される。貨幣交換、取引所諸証券〔上場証券〕の取引、および、手形割引、口座決済（Kontenausgleichung）（振替 Giro）または支払委託をとおしての支払、紙幣の発行などは、振替銀行、割引銀行および発券銀行あるいは個々の銀行家の手中にある。それにもかかわらず、その営業的取引がそのような手段をとおして容易にされるかまたは促進されるべき人々は、それらの総体において、媒介的な銀行団体（Bankkörper）をさえも構成することが可能である。それゆえ、振替銀行（Girobank）は、それが利害関係人たちの総体によって設立され、そして、ゲマインシャフト的な諸機関をとおして管理される共同金庫（Gemeinkasse）として現われるというように、[70]相互ゲノッセンシャフトとして有機的に組織されうる。そして、〈ゲノッセンの間でのみ流通することが決定されている〉紙幣を創造することのための社団は、少なくとも考えうるであろう(71)。

2　「資本調達」(Kapitalbeschaffung) の媒介は、同様に、大部分、〈資本需要者に無償または有償で、担保設定を伴いまたは伴わずに、信用を与え、そして、この者にその場合任意の第三者として向き合う〉公益的なまたは投機的な諸営造物から出発している。形式的にはそのような諸営造物は、つねに資本を求める者たちの債権者たちであり、実質的には、それとは反対に、それらの諸営造物がただ自己の資金から信用を与えるだけであるかどうか、それとも、それらが別の側面ではその側から〈資本をもともと与える債権者たちの〉債務者たちとなり、そして、そのようにしてただ債権者と債務者の間の信用媒介者たちとしてのみ登場するかどうかが、差異を基礎づける。後者は、信用をもって取引する諸銀行の最も重要な任務である。動産信用のためには、このことは、最も純粋に〈同時に貸出銀行と発券銀行であり、そして、そのようにしてひとつの側面に従って前貸しされる資本を、他の側面から、紙幣発行をとおして、すなわち、自己自身を支払人とする債務証書をとおして、調達する〉諸銀行において明らかになる。不動産信用に関しては、すでに、弁済信用諸営造物（年金諸銀行、返済諸営造物など）をとおして、〈そのような諸制度が国家の損害担保のもとに、しかし独立の営造物諸人格として、物的負担弁済金額の債務者と債権者の間の媒介を引き受けることによって〉個々の側面に向けて類似のものが達成されている(72)。一般的に、抵当権上の債務者たちと債権者たちの間を、現代の抵当権銀行と担保証券制度は、〈それらがいまや公益的な国家的、階級的または地方自治体的な諸営造物として構成されるのであれ(73)、それらが、このことが最も最近の時代において登場しているように、生業諸組合として構成されるのであれ(74)〉、媒介することを求めている(75)。すべてのそのような諸場合において、信用ゲノッセンシャフトは存在しない。信用営造物は、むしろ債権者――国家であれ、株主であれ――の機関であり、信用需要者たちは、それ［信用営造物］に対しては、あらゆる任意の債務者がその債権者に対して立つのと同様に、立つのである。――自己の基本財産からの信用供与に関しても、それが生業制度（株式銀行、またはその他の銀行商会）から、その他の非利己的な私的諸制度または私的社団から、[76]あるいは、公益的な信用営造物から生じる場合またはその限りで、事情は異ならない。この種の公益的な諸営造物は、国家の、市町村の、そして、コルポラティフな諸制度として、例えば、公設質屋（die öffentlichen Leihhäuser）[77]、消費貸借および貸付諸金庫（Darlehns= und Vorschußkassen）[78]、補助および土地改良基金（Hilfs= und Meliorationsfonds）[79]のように、しばしば登場している。このような消費貸借諸制度は、それらが一定の諸クライスのために決定されている場合にもまた、これらの諸クライスの自己管理に多かれ少なかれ委ねられており、そして、それをとおして貸付ゲノッセンシャフトに接近されうる。[80]それに対して、真の信用ゲノッセンシャフトは、すべての種類のそのような信用諸営造物との対立において、〈それ〔総体〕がいまやその側で資本をそのために全部または一部自ら調達するのであれ、あるいは、資本を全部または一部、いまや「それ〔総体〕」の債権者となるところの第三の資本占有者たちからその総体の信用で調達するのであれ〉、信用需要者たちの有機的に組織された総体が自ら信用供与者である場合にのみ存在する。

a　そのような信用諸ゲノッセンシャフトは、まず最初に「不動産信用」（Immobiliarkredit）のために前世紀〔十八世紀〕の後半以来、ドイツにおいて成立してきている。これらは、地方的（landschaftlich）な信用諸社団であり、[81]それらの最初のものは、フリードリッヒ大王の決定的なイニシアティヴのもとにシュレージエンにおいて設立され、それがやがてプロイセンの諸地方の多数においてのみならず、多くのその他のドイツの諸国においてもまた、模倣を経験することになったのである。[82]そのように非常にこれらの諸社団は、一方では国家に、そして、他方では既存の諸階級ケルパーシャフトに依存しようとしたし、一部分、今日もなお依存している。それらの指導的思想は、独立の信用ゲノッセンシャフト（selbständige Kreditgenossenschaft）の思想の開始であった。それら〔信用諸ゲノッセンシャフト〕は、この点において、新たに成長するドイツの連合精神（Associationsgeist）の最古の生産に属している。なぜなら、それらの基本理念は、〈この目的のために形成され、そして、国家によってコルポラチオンの諸権利と一連の特別の諸特権を付与された〉〈ある一定のクラスとある一定の地区の土地占有者たちの〉ゲノッセンシャフトが、それらの個々の構成員たちと抵当債権者たちの間に、増強された信用力を有する損害担保する中間人（Mittelsperson）として登場する、というものであったしそしてあるからである。社団は、それゆえ、そのゲノッセンの債権者であり、その抵当債権者たちの債務者である。社団は、その金庫へと、同時に構成員たちの分担金を管理諸費用と償還定期金（Amortisationsrente）のために含むところの諸利息（Zinsen）を個々の土地占有者たちから取立て、そして、同一の金庫から、債権者たちへの利息支払および項目の漸次的な償還を行う。個々の債権に関して、社団は、自己の名において〈その債務証書が、相場を有する無記名証券として構成され、そして、それをとおして抵当権取引の困難全体を除去しているところの〉債務証書（担保証券 Pfandbrief）を発行する。担保証券は、なるほど初めは、つねにまず第一に、個別の財産を記載しているが、同時に、しかし、全体的に連合された諸財産は、抵当権によりかつ連帯的に、規約によつて定められた公定価格の一定金額（三分の二または二分の一）に至るまで社団に、そして従って間接的には債権者たちに、拘束されている。担保証券の解約告知（Kündigung）は、もともと債権者のためには排除されていなかったが、おそらくはしかし、社団は、その構成員たちに対する関係で、解約告知権を放棄していた。その代わりに社団は、遅滞する構成員たちに対する強制保管処分（Sequestration）と執行とに関するきわめて重要な諸特権を保持し、個々の諸財産の管理に関する集中的な監視権を自らのために維持し、そして、その上、諸財産の別の方法での債務負担の可能性を奪うか、または、そうでないとしても、介入の際にすべてのより早期の諸債務の完全な弁済を行わせることに努力した。それらの構成と有機的組織においては、これらの諸社団は、極めて多種多様に形成されていたし、そして、形成されている。原則として、しかし、それらは、独立の、ただ国家の監督のもとにだけ立つ諸ケルパーシャフトとして現れている。それらの生活諸規範は、それゆえ、〈ただ国家的な承認だけを必要として、そして、従ってそのような承認がなければ変更されえない〉自律的な諸規約（プロイセンにおいては〝地方的諸業務規程 Landschaftsreglements〟）をとおして決定され、それらの諸案件を、しかしそれら〔諸社団〕自身が、特別の委員会をとおして（プロイセンにおいてそうである）行使されるのがつねであるところの国家の監督のもとに、管理している。構成員地位は、それにもかかわらず初めは強制的構成員地位もまたその代わりに登場したが、自由意思による参加に、そして、社団をとおしての採用に、基づいている。諸社団は、占有者が諸規約に従う諸条件を履行する場合には、連合能力ある財産のあらゆる占有者に開かれている。連合能力（Associationsfähigkeit）は、しかし、原則として、ただ特別に資格を与えられた諸財産にのみ、すなわち、大部分の場合、ある地方またはあるラントの貴族の諸財産にのみ、認められたのであり、そして、例えば、プロイセンの諸ラントシャフトの多数のもとでは、いまだ今日、地方の騎士諸財産に制限されており、それゆえ、ここではより古いコルポラチオン諸形態の貴族的で排他的な精神が、いまだに主張されている。その性質上およびその内容上、構成員地位は、厳格に人的な権利であり、それゆえにまた、いくつかの階級諸クラス（例えば、騎士たちと農民たち）が構成されていない限りでは、すべての人々に社団生活の平等な共同担い手の地位が、それゆえ、平等な議決権、平等な選挙能力などが帰属するのである。(83) 構成員たちの総体は、大部分の諸社団において有機的組織全体の出発点であり、そして、指導的なコルポラチオン諸機関がそれに基づいてそれらの諸権限を創造するのは、彼らの直接または間接の選挙と代理権である。それゆえ、例えば、プロイセンにおいては、より古い諸ラントシャフトの組織体制は、純粋にゲノッセンシャフト的なものである。あらゆるラントシャフト総体（Gesammtlandschaft）の頂点には、一般的な諸案件の指揮のために、結合された土地占有者たちの代議員によって一時的に選ばれた同僚的な理事会（Vorstand）が、理事会によって指名された下級職員と並んで、立っている。――〔それは、すなわち〕、〈一人の理事者、数人の顧問または代表者、一人の法律顧問および一人の出納係から構成される〉総ラントシャフト監督局（Generallandschaftsdirektion）（マルクにおいてはハウプト騎士団監督局（Hauptritterschaftsdirektion））である。その傍らには、コントロール、責任免除（Decharge）、および、決議検査のために、ひとつの同様に選ばれた二度集合する特別委員会が登場する。団体全体の主たる機関は、諸理事会と〈より狭い諸クライスから選ばれた代議員たち〉とから構成された〈最上位のコントロールとすべての総諸案件における最終決定を有する〉総ラント会議（Generallandtag）である。社団全体は、その場合、さらに自律的な下位の諸団体へと分かれる。その頂点には、〈同様に、理事者たち、顧問たち（長老たち、代議員たち）、法律顧問などから構成される〉地方ラントシャフト監督局（Provinziallandschaftsdirektion）（侯爵領評議員会 Fürstenthumskollegien、騎士団評議員会 Ritterschaftskollegien、部門評議員会 Departementskollegien など）が、総監督局の監視と上級審のもとに、本来の業務執行、例えば、金庫の管理、査定の実施、検査、担保証券の作成、利息の支払と利息の取立、強制保管、経済の監督など、を配慮している。最後に、個々の諸クライスにおいては、すべての連合する財産占有者たちの定期的な集会（クライス会議）が存在し、それらの集会をクライスの長老たちが一年に二度、選挙と審議のために招集する。――このプロイセンのラントシャフト組織体制には、より古い信用諸社団の有機的組織が大部分相似している。それでもしかし、それらのうちの若干においては、階級的諸制度へのより大きな傾向が生じており、[84] それゆえ、個々の信用諸社団においては、そもそももはや社団ではなく、ある階級団体の付属営造物が存在し、[85] ――その他の諸社団においては、逆に、組織体制は、より多く、現代のゲノッセンシャフト諸形成に接近している。[86]

より最近の時代においては、一部分、より古い信用諸社団は、いくつかの諸点において変化しており、一部分、ラントの土地占有者たちの新たな信用諸ゲノッセンシャフトが、部分的に変化された諸原則を伴って成立している。まず最初に、いくつかの諸社団は、コルポラティフで排他的な性格を捨て去りそして農民的な諸財産を騎士の諸財産と並んで許し、[87] あるいは、そうでないとしても、付随的な諸社団をそのようなもののために設立した。[88] その一方では、より最近の諸社団は、大部分、初めからある地区の〈その諸財産が最小限の価値に達するか、または最小限の金額を超える〉すべてのラント的占有者たちのために決定されている。[89] その後、差押えにおけるおよび執行における諸特権は減少される一方、技術は完全化され、計画的な債務の償却が導入され、査定システムは改善され、特殊な抵当権としての担保証券の発行は除去され、そして、債権者の側からのそれらの解約告知不可能性が規約化されている。さらに、個々人の権利の制限は、〈参加が容易にされ、社団を構成員たちの唯一の債権者とする努力は放棄され、そして、個別経済への影響は、一部分、社団の単なる諸検査をとおしておよび《財産状態の諸悪化の場合に生ずる》社団の解約告知権をとおして補充されることによって〉減少させられている。[90]ときおり連帯責任は緩和されており、[91]最も最近の担保証券諸制度においては、しかし、〈留保財産と社団に帰属する抵当権諸資本の総体とをもってする社団の排他的責任が連帯責任の代わりに登場すること《それによってその場合、一定の財産に向けての担保証券の発行は当然に停止すること》によって〉連帯責任は全く脱落している。[92]組織体制と有機的組織は、しばしば独立のゲノッセンシャフトの意味において、継続的に発展させられてきており、そして、それらに対しては、現代の連合形態とともに、同時により大きな自由と可動性が付与されている。[93]他方では、反対に、多数の諸社団においては、ゲノッセンシャフト的な紐帯の解消とともに、そして、連帯責任の緩和または廃止とともに、再びより多く、国家または市町村の営造物的な性格が登場してきている。[94]最後に挙げられた形態において、最も新しい時代において、信用連合の思想は、〈さらに一つの純粋にゲノッセンシャフト的な信用団体をすでに前世紀〔十八世紀〕においてハンブルクにおいてもたらしたところの〉都市的な土地占有をもまた把握してきている。それゆえ、先日ベルリンにおいて〈半分は市町村の営造物であり、他の半分は土地債務者のゲノッセンシャフトにおいて生存すべき〉担保証券制度（Pfandbriefsinstitut）が設立されている。[95]最後に挙げられた種類の信用および担保証券制度は、〈いまや公的制度としてであれ、株式銀行の営利的制度としてであれ、自己の営業財産をもってそして債権者たちの諸機関として、《それらから貸し付けられた土地占有者たちを何らかの相互間の法的結合へともたらすことなしに》物的信用を類似の方法で媒介する〉不動産信用諸営造物への移行を構成するのである。[96]

b　その他の諸階級において排他的に債権者たちの諸機関として特別の諸ゲゼルシャフトまたは諸営造物がそのために構成されているところの、「人的信用」のための連合は、すでに言及されたように、従来、ドイツの労働する諸クラス〔労働者階級〕のもとでの、そしてしかも、とりわけ小規模のそしてより中間的な営業階級のもとでの、最も主要な内容であってきている。「信用および貸付の諸社団」（Kredit= und Vorschußvereine）[97]は、それらが最初の不完全な諸形成を克服した後には、一定数のそれ自体としては無力な個別信用の、それらの有機的結合をとおしての、生存能力ある全体信用への増強に基づくのである。この結果は、〈ゲノッセンたちがその人格をもってゲノッセンシャフトをカバーし、そして、人的かつ連帯的にその諸債務のために損害担保人として責任を負うこと〉をとおして達成される[98]。そのように獲得された信用力によって、諸社団は、諸加入金と諸分担金から構成されるそれらの基本財産（Fonds）を、利息付の消費貸借の採用をとおして[99]、より大きな経営資本（Betriebskapital）へと高める状態にある。そして、その経営資本から、諸団体は、その後、それらの構成員たちに、彼らの人的な信用価値を顧慮して、債務証書または手形と引き換えに、一部は、さらなる担保設定なしに、一部は、保証（Bürgschaft）、占有質（Faustpfand）または担保（Kaution）[100]と引き換えに、有償の諸貸付を一定の期間、与えるのである[101]。非構成員たちに対する信用供与は、せいぜい付随的に、余剰の諸資本の利用のために登場する[102]。さらなる発展の際に、その後、そのような諸社団は、その他の諸関係においてもまた、銀行家の役割をその構成員たちのために引き受け、彼らに継続する諸勘定を開設し、預金（Depositen）を受け入れるなどをし[103]、そして、そのようにして事実、彼らに最初の設立者たちによって与えられたゲノッセンシャフト的な〝国民銀行（Volksbanken）〟の名に値しているのである。それらの内的な編成によれば、それらは徹底して自由な「人的」諸ゲノッセンシャフトであり、それらにおいては、不可欠の資本主義的なモメントは、ただ奉仕するものとしてのみ付け加わっているに過ぎない。構成員地位は、それゆえ、ただ社団またはその諸機関の側の人的な採用をとおしてのみ取得され、そしてそれは、なるほど可能な限り一般的に近づきうるものとされているが、しかしつねにただ、今なお経済および信用の能力ある人々にのみ与えられる（施し物を必要とする人々には与えられない）。構成員の数は、閉鎖されておらず、そして、その可能な限りの増加は社団の利益において存する。定期的な諸分担金の給付、および、さらにはじめからかまたはそうでないとしても遅れて登場する人々にとって、加入金は、それにもかかわらずそれらが資本形成を条件づけるゆえに、構成員となりまたは構成員に留まるために、欠くことができない。逆に、構成員地位は、先行する解約告知の後にはあらゆる者に自由である脱退をとおして、および、死亡をとおして、終了する――その場合、もちろん家計的な清算は、会計年度の経過後一定の期間にはじめて行われる――が、しかしさらに、〈家計的な諸義務の不履行のゆえに、および、信用無能力のゆえに登場するのみならず、〃社団がそれらをその健全な発展のために欠くことができないところの、社団の諸利益に逆行し、または、それらの道徳的または経済的な諸基礎を侵害するところの〃あらゆる行為または全体的態度のゆえにもまた行われうるところの〉総体によって定められる除名をとおしても、終了する。[104] この人的性質のゆえに、ゲノッセンレヒトは、それ自体、すべての人々のために平等である。それゆえ、とくにすべての人々のために〈社団生活への参加〔議決権、選挙能力〕を求める、そして、需要と尊厳に従う信用供与を求める〉完全に平等の請求権が基礎づけられる一方、逆に、すべての人々のために、人的または家計的な関係における平等な諸義務が生み出される。[105] それゆえそのようなものとしてのゲノッセンシャフト財産への眼差しにおいてもまた、ゲノッセンの差異は存在しない。なぜならすべてのゲノッセンは、その中では、ただコルポラチオンの構成員たちとしてのみ権利を与えられ、だれも個々人としては権利を与えられず、脱退者は、それについていかなる持分も要求することができず、そして、最終的な解散の場合においては、すべての債権（Guthaben）の満足の後に、残余財産は、頭数で分配されるからである。[106] それにもかかわらず、信用社団は、経済ゲノッセンシャフトとしては、〈それがその目的を達成しようとし、そして、資本形成をその構成員たちのためにもたらそうとする場合には〉、同時に、資本主義的なモメントをその有機的組織の中へと採用しなければならないゆえに、ゲノッセの人的権利とは、同時に、社団に対する一定の諸関係において独立した財産権が、独特の方法において結合されてきている。すなわち、〈それに時おりさらに、すべてのまたは一定の諸貸付金の諸控除が行われるところの〉構成員たちの義務的な諸分担金〔拠出金〕

（Beiträge）とそれらに貸方記入される毎期の利得から、一定の規範的な高に至るまでの〈それを個々人の永続的な構成員地位はいかなる方法においても処分してはならず[107]、それは、しかし、営業経営の際に生ずる利益または損失の分配の基準を与えるところの〉いわゆる営業持分（Geschäftsantheile）〔基本諸持分 Stammantheile、貸方資本 Guthaben〕が形成される。あるゲノッセが脱退するときは、彼は、この持分の払出しを要求することができ、社団自身の解散の場合には、全部の持分が直接に社団債権者たちに劣後して社団財産から全部または割合に従って（pro rata）カバーされる[108]。この営業諸持分は、明らかに、諸株式（Aktien）との親近性を、〈それらがこれら〔株式〕と同様にゲノッセン権の不可分の構成部分であり、そして、それゆえ継続する構成員地位の間、その不可欠のそして《営業利益についての家計的参加を決定する》付属物である限りで〉有しているが、それら〔営業持分〕に対応するゲノッセン権の廃止の場合には、しかし、直ちに純粋に個人的な諸権利へと転換する。それら〔営業持分〕は、それにもかかわらず、諸株式から、〈それらがそれらをとおして条件づけられそして決定されるゲノッセンレヒトの基礎ではなく、人的なゲノッセンレヒトのもちろん本質的ではあるがしかし従属的な流出物である〉という点において、徹底して異なっている。そこから、それら〔営業持分〕はゲノッセンレヒトと同様に譲渡不可能であること、それら〔営業持分〕は、すでに社団の存続する間にゲノッセンレヒトが消滅する「場合には」、純粋に個人的なものとなり、それとは反対にゲノッセンレヒトが存続する限りでは、その性質に従うこと〉が結果する。それら〔営業持分〕は、しかし、〈《それらが社団財産の全くいかなる観念的な割合的持分をも代表せず、全く一定の金額を代表するように》それらが所有権持分とではなく、債権的諸権利と親近的であることによって[109]、――それゆえ、それらが個人的となるや否や、諸株式と同様に共同所有権の割合的持分へとではなく、それらが通常の債権的諸権利へと転換することによって〉、客観的な点においてもまた、諸株式から区別される[110]。それゆえ、ゲノッセンシャフト財産が、貸方資本（Guthaben）の高への顧慮をもって〈それへと加入金と利益の割合的持分（Gewinnquote）が流入する〉準備金へと、そして、存在する構成員たちの貸方資本の金額に対応する〝構成員たちの財産〟へと分けられるのがつねであるとき、[111] この区別はたんに計算上のものである。実際においては、ゲノッセンシャフトは、その統一体において、〈それらの本質ならびに株式社団の本質がこの財産をとおして決定されるであろうことなしに〉その総財産の唯一の所有者であり、そして、ゲノッセンシャフトは、ただ一定の営業持分をとおして表現される〈独特な組織体制的な修正を伴う〉金額に向けて、その構成員たちの債務者であり、それゆえ、社団に対するこれらの債権的諸権利は、ゲノッセンレヒトとの本質的関係において立ち、そして、それをとおして間接的にむろん社団の有機的組織へと遡って作用するのである。それにもかかわらず、そのようにある貸付社団における営業諸持分（Geschäftsantheile）が株式の諸権利（Aktienrechte）から完全に異なっているとしても、それでもしかし、それらが更なる経過において定款変更をとおして構成員地位の基礎へと高められること、そして、それによって人的ゲノッセンシャフトから〈株式会社〔株式組合〕であれ、株式合資組合〔会社〕であれ〉資本主義的な社団への移行が完成されること、[112] が可能である。――最後に、貸付諸社団の有機的組織に関して言えば、それらは、組織体制の重点を総体へと置き換えるところのその他の種類の現代的諸社団の有機的組織から、いかなる点においても区別されない。主たる機関は、それゆえ、いつでも、一部分は定期的に、一部分は一定数の構成員たちの招集によりまたは申立てにより、集合しそして決議する、原則としては頭数に従って議決権の単純多数をもって決定する総会（Generalversammlung 組合員総会）である。それは、〈立法的な、定款を制定しそして変更する、解散または継続を決議する、すべての抗告と《ゲノッセンシャフト的な判決に留保された諸訴訟を最終審において判決する》経営管理の方向と営業利益の確定を行う、最上位でコントロールしそして責任免除する〉力（Gewalt）であり、そして、それは、すべてのその他の諸機関を任命し、そして、解任する。[113] その他の諸機関は、〈対外的には代理し、対内的には執行を処理する〈原則として三人から、時おりは二人（理事者と会計係）からのみ構成されるところの〉[114] 理事会と、〈理事会におそらく例外なく（たとえ必ずしも不可欠ではないとしても）傍らに登場する〉委員会[115] とから、成立する。委員会の地位は、極めてさまざまなものであり、それは、ここでは、現代のゲノッセンシャフトの有機的組織におけるように、そもそも、より重要な諸場合のための理事会のたんなる強化の有機的組織[116]と、独立にそして独自の議長のもとに同僚的に構成された〈総体を理事会に対して代理するところの〉〈継続的なコントロールを行使し、そして、理事会の職務停止の権限すら与えられているところの[117]〉代表団体の有機的組織との間で、動揺している。最後に、言及されなければならないのは、信用諸社団が、一定の諸修正を伴って、とくに諸土地改良のための消費貸借の付与を通して要求されるより長期の信用期間を伴って、そして、物的信用の招致を伴って、より小さなラント的な占有者たちの間にもまた、導入を見出したことである[118]。

3　「資本投資」（Kapitalanlage）の媒介は、〈そのような媒介がそもそも営業の独立の内容を構成し、そして、たんに信用需要の満足という別の側面のみではなくまたは生業目的の中に没する限りでは〉、一部は、諸預金銀行（Depositenbanken）によって、一部は、諸貯蓄銀行（Sparbanken）によって、実現される。それらのうちの後者は、それをとおして相対的に無産者である諸クラスにおける資本形成を促進することを追求している。このために特別の重要性を有するのは、すべての諸ラントにおいて公的な認可のもとに存在している諸貯蓄営造物である[119]。そして、それらの傍らに、多数の私的諸営造物が同一の目的のために登場している[120]。それと並んで、しかし、本来的な「貯蓄諸ゲノッセンシャフト」、すなわち、〈貯蓄する人々の総体がそこでは同時に資本の投資と利用のための銀行団体（Bankkörper）であるところの〉諸社団もまた、〈それらが独立に登場するにせよ、あるいは、一つの側面としてある別の経済ゲノッセンシャフトにおいて含まれているにせよ〉存在している。とくに、イギリスにおいては消費諸社団が、ドイツにおいてはそのような諸貯蓄ゲノッセンシャフトとしての貸付諸社団が、〈それらがそれらの構成員たちを、社団における小額の増加する諸金額の投資へと強制し、そして、それらが利益を分配せずに構成員たちの貸方資本へと記載することをとおして、それらが独自の資本形成へと確保することによって〉登場している[121]。

ている。

III　経済的な「配分的諸ゲノッセンシャフト」（Distributivgenossenschaften）のうち、

1　若干のものは、それらの諸構成員のもとで、特別の種類の経済ではなく、ただ独立の家計だけを前提としている。

a　それに属するのは、とくに「消費諸社団」（Konsumvereine）[122]である。それらによって達成される諸目的のためにもまた、ドイツにおいてならびに外国において、〈生活の諸必需品を必要とする人々に、小売りにおける利益がなくても放出せんがために、そして、これらの人々にそれによって諸商品の良さと安さを担保せんがために〉、公益的な意図において生活の諸必需品を全般において供給するところの公的および私的な諸営造物が現れたしそして現れている。[123]しかし消費社団においては、この課題は、消費需要者たち自身の連合する総体によって引き受けられる。これらの諸社団は、最も不可欠の生活諸必需品（日々の食料品、燃料、照明材）を大体において供給し、そして、それらをその後、小売りにおいてゲノッセンに現金支払と引換えに譲渡することによって、それらは、個々人を、第一に、不要の商品または偽造の商品を取得する危険から解放し、そして、彼らに、第二に、そうでない場合には中間商人が得るであろう利益を流入させている。それらの諸社団は、それゆえ連合をとおして個々人の消費能力を増強し、これを大消費者たちと同列においている。さらにそれらの内部制度においては、二つの異なる種類のシステムが区別されなければならない。ロッチデール協同組合の創立者たち（Pioniere v. Rochdale）の先行に従ってほとんどすべてのイギリスのストア（stores）において適用へと至り、より最近の時代においては、しかし、ドイツにおいても流布を見出しているところの第一のシステムは、諸商品がゲノッセンに通常の小売価格で販売され、それに対して営業における全利益が資本化され、そして、必要な諸控除の後に、一部は、構成員の貸方資本の形成〔財産形成〕に使用され、一部は、もしこれら〔貸方資本〕が一定の高さに到達している場合には、現金で分配されるという点に存する。[124]もう一つのドイツにおいてより流行しているシステムによれば、諸商品は、構成員たちに、通常の小売販売価格が達するよりも安い価格で提供される。それにもかかわらず、それでもやはりここでもまた、買入価格が、管理諸費用および留保財産のために必要であるよりも、原則としてより高いパーセント追加分だけ上昇されており、そして、剰余金は、構成員たちの貸方資本の増加のために、そして、規範的な高さの到達後は、分配のために使用される(125)。最後に挙げられたシステムにおいては、それゆえ、主たる重点は消費への刺激に置かれており、イギリスのシステムにおいては、節約への刺激に置かれている。法的な差異は、それにもかかわらず、これをとおしては基礎づけられない。おそらくしかし、そのような差異は、貸方資本形成の異なる諸原則をとおして成立する。より小さなそしてより単純な諸社団は、時おり営業持分（Geschäftsantheile）をそもそも形成していない。その他の諸点においては、ドイツの消費諸社団によって、大部分は貸付諸社団についてと同様に手続がされている。それとは反対に、最近、イギリスにおいて最も流布されたシステムは、我々のもとにおいてもまた、模倣されてきている。そして、そのシステムは、相並んで営業諸持分（シェアズ shares〟我々のもとではおそらく〝諸株式 Aktien〟ともまた呼ばれる）の二つの異なる諸クラス、すなわち、〈上に述べられた貸方資本の性質に従うところの〉「告知しうる」システムと、〈相互に平等に、相続可能そして譲渡可能であるところの〉「譲渡しうる」システムを、知っている。登場するあらゆる構成員は、最後に挙げられた種類の持分を、払込みまたは購入をとおして取得しなければならず、存在する構成員地位の間は、少なくとも一つの持分を保持し、脱退の際にはしかしその諸持分をその他の構成員たちに売却しなければならない(126)。〝諸株式〟では、また、これらの諸持分は、ない。けだしこれら〔諸持分〕は構成員地位の基礎でも社団生活の担い手でもないからである。――営業経営に関しては、存在する倉庫、店舗またはそのようなものを保持する諸社団と、構成員たちの注文に応じてのみ商品売買を媒介する諸社団とが(127)、区別されなければならない。消費諸社団の編成と有機的組織は、本質的に、貸付諸社団のそれと同様に、形態形成されている(128)。ただ、構成員地位の人格がしばしばさらにより多く際立っているので、最大限の拡大への傾向がさらにより強いものであるのみならず、ゲノッセンの間にもまた、社会的および道徳的な共同体（Gemeinschaft）が創造され、そして、とくに利益の一定率が教育目的、社団図書室などの施設のために決定されている。[129] 貸付諸社団からの本質的な差異は、〈利益分配が貸方資本の基準に従ってではなく、あらゆる人によって年々買い取られる商品の基準に従って行われる一方で、貸方資本はただ原則において前もってのみ利息付きとされる〉点において基礎づけられるのが、つねである。[130] 社団の諸案件の管理は、ここでもまた、総会、委員会または経営管理評議会（Verwaltungsrath）、および、理事会の間で分配されている。それらの最後のもの〔理事会〕は、原則として三人、すなわち、議長、会計係および倉庫管理人から構成されている。[131]

より発展した消費諸社団は、しばしばそれらの最も重要な必需品の製造または調整をすら引き受ける。[132] そのようなゲノッセンシャフト的なパン屋、粉屋、肉屋、靴および衣料工場、あるいは、十分に農業もまた、専らまたはとりわけそれらの構成員たちのために生産する限りでは、それらは、さらに、〈それらが生産連合へと接近する場合には〉、配分的な諸ゲノッセンシャフトのクラスへと属している。それらは、しかし、それらがそれらの販売クライスをゲノッセンの外に求めるや否や、真の生産諸ゲノッセンシャフトへと移行する。

b　共同の手段によって安いそして健康的な諸住居を構成員たちのために創出する「住居諸ゲノッセンシャフト」（Wohnungsgenossenschaften）は、他の消費諸社団から、それらが使用価値を創造することをとおして異なっている。それらの組織構造は、〈とくにゲノッセンシャフトが、あるいは、調達された諸土地、家々または諸住居の所有者にとどまりそしてこれらをゲノッセンにただ賃貸し、あるいは、それらをゲノッセンに直ちに譲渡しそして自らにただ価格の完全な分割払に至るまでそれについての担保権を留保し、あるいは、最後に、それらをなるほど賃貸はするが、しかし賃料の一部をとおして投資資本を、住居保有者への所有権移転に至るまで償却しうることによって〉、極めて多種多様でありうる。ドイツにおいてならびにフランスにおいては、従来、このような諸目的のためには、ただ、より上位の諸階級の諸社団および公益的な株式諸会社〔株式組合〕のみが存在している。その場合、住居の需要者たちの連合が潜在的に留まっている。[133] イギリスにおいては、これとは反対に、なるほどそのような諸組合は同様に欠けているわけではないが、しかしそのほかにそこでのラントおよび建築諸組合のもとに、同時に〈純粋な相互性に基づくか、または、そうでないとしても優れて相互性に基づくところの〉多くの諸組合が存在している。さらに、イギリスの建築諸組合の諸目的は、しばしば極めて多様であり、そして、それらは、とくにしばしばゲノッセンシャフト的な信用結合を自己の中に展開している。[134]

2　配分的諸ゲノッセンシャフトの第二の種類は、任意の家計ではなく、同種のそしてしかも〈いまや同一または類似の営業であれ、ゲノッセンのラント的な経済であれ〉生産的な経済を要求する。これらの諸ゲノッセンシャフトは、それゆえ生産の一定の諸側面を連合させ、そして、その限りで部分的な生産諸ゲノッセンシャフトとして解釈される。

a　これに属するのは、とりわけ〈それらの構成員たちにそのようにして全体における購入の諸利益である良さと安さを保証するために、それらの構成員たちの生産のために必要な原料を調達し、そして、その後にゲノッセンに販売するところの〉「原料諸ゲノッセンシャフト」(Rohstoffgenossenschaften)[135]である。それらは、従来、とりわけ流布された都市的諸営業のもとに、とくに靴屋たちのもとで革の調達のために、仕立屋たちのもとで布地の購入のために、指物師たちのもとでは木材の購入のために、それと並んで、鍛冶屋たち、織物業者たち、製本屋たちなどのもとでも、発展してきている。全く類似の方法において、しかし、それらは、地方的な生産者たちの間で道を開き始め、そして、ここでは、とくに飼料の蓄え、たねに用いるたね類、技術的な肥料、および、家畜の、共同の調達のために、登場している。[136]それらの組織構成においては、原料諸ゲノッセンシャフトは、徹底して、ただ修正された消費諸社団であるに過ぎない。消費社団と同様、原料ゲノッセンシャフトは、加入金と借入金をとおして営業財産を構成し、留保金と〈追加払と利益の加算をとおして規範的な高に至るまで強制的に高められるところの〉営業諸持分とを区別し、そして、購入された諸原料を、ゲノッセンに買入価格および〈一部は社団のため、一部は営業利益としての分配のために定められた適度な〉追加金と引換えに放出する。[137]利益分配のための基準を構成するのは、ここでもまた、大部分、個々人によって買い取られる大量の商品である。[138] 経営管理は、消費諸社団におけるよりもより多く商人的な経営を必要とする。それゆえに、社団の諸機関としてしばしばさらに特別の諸委員会が特殊の諸営業のために付け加わり、そして、理事会（原則として長 Obmann、倉庫管理人 Lagerhalter および出納係 Kassirer）が、販売をとおして達成された収入から、大抵の場合、利益の配当（Tantieme）を受け取るのである。[139]

b　法外に多様であるのは、「生産の諸手段」の共同の調達と使用を目的とする、諸ゲノッセンシャフトである。消費諸社団と原料諸社団の区別は、それらによって調達されまたは共同体化された諸目的物が「消費」（Verbrauch）のためではなく「使用」（Gebrauch）のために決定されている、という点にある。それらのゲノッセンシャフトは、それゆえ、目的物、施設または制度の実体ではなく使用を、構成員たちの間に分配する。生産諸手段の調達、保持および利用は、その場合、しかし、極めてさまざまに形態形成されてありうる。調達は、諸出資と諸分担金に基づく購入または製作をとおして、それらは、共同の労働をとおして、それらは、最後にただ〈構成員たちが一定のすでに彼らの占有にあるそして特別所有権においてとどまる諸物の使用を、一定の制限の内部において共同のものと宣言すること〉をとおして、結果しうる。保存は、同様に、継続する諸分担金をとおして、あるいは、一定の人的な諸給付への構成員たちの義務をとおして、あるいは、最後にもっぱら社団をとおして、結果しうる。使用は、最後に、徹底してゲマインシャフトにおいて、あるいは、個々人への一時的な委任をとおして、順番であれ、需要に従ってであれ、両者の場合において、あるいは、特殊な報酬なしに、あるいは、使用者の利用金または賃借金と引換えに、行われる。ここからは、同時に、社団の組織体制の法外の多様性が結果する。社団の組織体制は、とくに、営業利益が達成されないときは、より単純であり、そのような営業利益が〈社団の需要がそれらを要求するより以上に、高い諸利用金または諸賃借金をとおして、あるいは、非構成員たちへの有償の委託をとおして〉もたらされる場合には、より複雑であろう。さらにとくに諸目的の差異に従って、純粋に人的な分担金諸義務と享受諸権利を伴う純粋の私的社団も、営業諸持分と諸配当金の形成を伴う人的社団も、最後に、株式原則（Aktienprincip）への移行も、可能である。その場合、より後者の場合においては、同様に再び、株主たち（Aktionäre）の権利は、調達された施設の享受に制限され、あるいは、同時に利益配当請求権を含みうる。適用の個々の諸場合のうち、営業的領域においては、道具諸ゲノッセンシャフト、共同の諸支店および諸倉庫、ならびに、工場諸ゲノッセンシャフトが、強調されなければならない。それらのより後者は、生産ゲノッセンシャフトの萌芽をとくに容易に発展させることができる。[140]それとともに、しかし、これらの諸ゲノッセンシャフトのクライスは、〈非常に多種多様な種類の営業的な諸施設の製作と使用のための諸ゲノッセンシャフト、および、それらの家計的な側面に従って、ゲノッセンシャフト的な諸専門学校、教育＝、模範＝および促進の諸営造物もまた、この点に属しているように〉、営業を営む人々のために決して閉じられていない。その他の諸階級の類似のゲノッセンシャフト的な諸制度、例えば、ゲノッセンシャフト的な諸取引所、および、商人の諸商業学校、あるいは、非独立的な労働者たちのゲノッセンシャフト的な労働または職場案内事務所は、このカテゴリーに入る。最も拡大された適用を、しかし、このゲノッセンシャフト形態は、ラント的な占有者たちの間に見出している。掃除道具、パン焼き釜、レンガ焼き釜およびその他の経営諸設備の共同の建築と使用のため、種牛馬の調達のため、とりわけしかし、高額な農業諸機械のゲマインシャフト的な獲得と使用のために、自由な諸社団が、成立し始め、[141]そして、古い経済ゲマインデの諸課題を引受け始めている。さらに特筆されるのは、我々の時代においては、古い牧場ゲマインシャフトが至るところで破壊された状態にあるので、〈その目的に従って徹底してかつてのマルクゲノッセンシャフトを更新し、マルクゲノッセンシャフトの強制的基礎を《しかし自由な連合をとおして、そして、ゲマインデ組織体制と解き難く結びつけられた古い有機的組織を目的に適合された独立の社団組織体制をとおして》代替させるところの〉新たな牧場諸ゲノッセンシャフトが形成されていることである。[142]あたかも類似の森林および林業諸ゲノッセンシャフトもまた、見込まれているように思われる。

この点には、しかし、すべての地方的な土地改良諸ゲノッセンシャフトもまた、すなわち、〈国家的に強制された諸団体またはそうでないとしてもこの種類の認可された諸団体と並んで存在するところの[144]〉自由意思による排水管諸ゲノッセンシャフト[143]および多様な土地改良、溝堀、牧草地、河川および護岸の諸ゲノッセンシャフトのような、〈それらの創造においては、とくに排水と導水の諸施設のために、最も最近の時代がきわめて多産であるところの〉すべての地方的な土地改良諸ゲノッセンシャフトもまた、数えられなければならない。

c　最後に「販売諸ゲノッセンシャフト」(Absatzgenossenschaften)[145]は、二重の方法において登場する。それらは、ただ共同の販売店舗 Verkaufsladen（営業会館 Gewerbehalle、売店 Magazin、市場 Bazar）だけを調達しそして使用する。それゆえゲノッセンシャフトは、販売の苦労と諸費用を引受け、販売の売上げをしかし特定の生産品の納入者に、時おりパーセンテージの控除後に引き渡す。それでもしかし、この売店ゲノッセンシャフトというより単純な形態においてもまた、原則として、引き渡された生産物は、品質と有用性をゲノッセンシャフトによって調査され、そして、生産物のための確定の価格が設定される[146]。あるいは、しかし、ゲノッセンシャフトは、買主としてのゲノッセンに対する関係ですら、〈ゲノッセンシャフトが、良いと認められる諸生産物を評価価格に従って引受け、諸生産物をいまや確定の価格であれ変化する価格であれ売却し、そして、営業全体の利益または損失をゲノッセンの下に引き渡された評価価値の基準に従って分配することによって[147]〉、登場する。差異は、〈ゲノッセンシャフトは、前者では、ただゲノッセンの販売委託者であるに過ぎないが、後者では、生産するゲノッセンに対する関係では買主であり、消費する公衆に対する関係では売主であること〉、〈それゆえ、前者では、ゲノッセには、ただ小売販売の苦労と諸危険だけが総体によって奪われるのに対して、後者では、反対に販売危険全体が、それゆえ非販売危険もまた、総体へと移行すること〉である。いかに近く販売ゲノッセンシャフトのこの最後の形態が、生産連合に触れているか、いかにそれがしかし原料ゲノッセンシャフトとの結合をとおして、事実、そのようなもの〔生産連合〕へと移行することができるかは、明らかである。

IV「生産ゲノッセンシャフト」（Produktivgenossenschaft）

において、経済の諸目的のための人的ゲノッセンシャフトは、その完成を見出す。至る所で、はじめは僅かな諸開始において、ドイツにおいては、とりわけただ同一の営業の手工業者たちのそれほど大きくない数の結合としてのみ実現され、[148]これらの諸開始においては、しかし、極めて不ぞろいに有機的に組織されて、生産ゲノッセンシャフトは、これまでほとんど確定的に刻印された姿を獲得してきていない。ただその本質は、至る所で、そこにおいては連合された労働そのものが、専らであれ、資本と並んでであれ、生産的企業の担い手となるという点において、一致している。

生産的諸連合においては、必ずしも必然的に、ゲノッセンの「全」生産力を吸収する必要はない。むしろ〈それらのゲノッセンの諸力と諸手段の一部のみを投げ集める〉生業諸ゲノッセンシャフトが、〈一定の限界づけられた領域の内部で共同で生産し、そして、共同の計算のために販売するために〉登場する。このことは、例えば、〈ホップ栽培、ワイン栽培、樹木栽培、畜産のような、ある一定の種類の原料生産、あるいは、チーズ製造、レンガ製造、油製造のような、農業の付随的営業を、その他の点では、結合された個別諸経済の独立性を放棄することなしに、ゲノッセンシャフト的に経営するために〉、いく人のラント的な占有者たちが結合する場合に、問題となる。[149]同様に、原則として、消費諸社団から成長した生産的ゲノッセンシャフト的なパン屋たち、粉屋たちおよび肉屋たちが、このクラスに属する。[150]生産ゲノッセンシャフトの最終目標は、しかしながら、それらの構成員たちの総生産力の、〈個々の資本家の企業または統一的な大企業としての資本ゲノッセンシャフトの企業と同様に、取引へと登場するところの〉唯一のゲノッセンシャフト企業における集中である。それゆえに独立の営業経営者たちのそのような生産ゲノッセンシャフトが設立されると、多くの小営業は一つの唯一の大営業において消滅し、個々人は個人として独立の企業者であることを止め、そして、一つのゲノッセンシャフト企業の生けるそして共同決定する構成部分としてのみ独立性を取り戻すのである。同様に、本来の労働者生産ゲノッセンシャフトにおいては、従来、非独立の労働者は、個人としてではなく、ただ統一的な企業者人格の共同担い手としてのみ、独立性へと高められる。すなわち、例えば、工場においては、資本家の代わりに、労働者たちの多数（Vielheit）が登場するのではなく、それゆえ工場はいまや多数の主人たちを受けとったのではなく、工場主となるのは、有機的に組織された統一的な総体人格（Gesammtpersönlichkeit）としての労働者ゲノッセンシャフト（Arbeitergenossenschaft）である。統一体へと走り出す有機的組織が欠けるときは、多数人の企業としての生産ゲノッセンシャフトには、初めから、資本家たちの統一体の諸企業に対する関係で、競争能力をもたない。

しかし、ここで企業の担い手として現れるゲノッセンシャフトの有機体組織の内的構造に関して言えば、とりわけ二つの異なるシステムが区別されなければならない。〈イギリスにおいてもともと発展しそしてしばしば維持され、フランスにおいてはとりわけ、ドイツにおいては専ら、適用されている〉第一のシステムは、人的ゲノッセンシャフトから出発し、そして、資本の結合をその勤務へと導く。〈イギリスにおいて少なからず流布し、フランスにおいては、しかし、最も最近の時代において法律的に効力を付与された〉もう一つのシステムは、資本ゲノッセンシャフトから出発し、そして、これを労働者たちの人的結合の意味において修正している。法的意味における本来の労働ゲノッセンシャフトは、明らかに、ただ第一のシステムにおいてのみ問題となりうる。実際的結果によれば、それにもかかわらず、第二のシステムは、極めて類似した諸形態形成をもたらすことができる。

1　真の労働ゲノッセンシャフト[151]は、労働そのものが経済的および法的に企業の担い手であるという理念に基づいている。それは、それゆえ、労働者そのものであり、そして、ただ労働者だけが社団団体の積極的な構成部分である。それゆえ生産ゲノッセンシャフトにおける構成員地位は、純粋に人的な権利である[152]。構成員数は、限定されていない。そして、欠缺する労働需要のゆえに、新たなゲノッセンの採用が拒絶されうる場合、それでもやはり、原則としては、〈一定の試用期間後に規約に従う諸条件の履行のもとにゲノッセンレヒトを獲得する権利義務を与えられるのではないであろうところの〉労働者は受け入れられない。構成員地位は、唯一、〈原則として総会に留保され、そして、しばしば全員一致を要求するところの〉採用をとおしてのみ取得される。構成員地位は、死亡、脱退または除名をとおして失われる。[154] ゲノッセンレヒトは、その内容上、平等であり、そして、とりわけ社団生活の平等の担い手たる地位、とくに平等の議決権と平等の選挙能力を与える。[155] この人的な基礎と、いまやもちろん、ここでは、すべての経済諸ゲノッセンシャフトにおけるように、必然的に資本社団（Kapitalverein）が結合し、そして、さらにより決定的に、信用および配分的諸ゲノッセンシャフトにおけるように、合目的性の諸理由は、社団の有機体組織の中への資本主義的モメントの採用を要求する。しかしながらそれ〔資本主義的モメント〕は、ここでは、その他の人的諸ゲノッセンシャフトにおけるように、人的社団によって法的な視点において条件づけられそして決定される、下順位に置かれたエレメントに留まっている。あらゆるゲノッセは、それゆえ、なるほど一定の高の財産出資をするか、または、継続的な諸分担金をとおして補充しなければならず、そして、それは、規範的な高に至るまで、強制的に、そして、そこから原則として確定されている最大の高に至るまで、随意に〈あるいは賃金控除をとおして、あるいは《この特別勘定に記載されるゲノッセンの貸方資本における》利益の記入をとおして〉増加される。[156] しかしながら、そのように成立する〝営業諸持分〟は、ゲノッセンレヒトの基礎ではなく流出物であり、それらは、ゲノッセンレヒトと同様に、譲渡不能であり、担保設定不能であり、そして、移転不能である。[157] そして、それら〔営業諸持分〕は、ただゲノッセンシャフトからの脱退後または除名後にのみ、引き出されうる。それら〔営業諸持分〕は、それゆえ、真実においては、配分的諸ゲノッセンシャフトにおけると同様に、社団に対する〈ただ独特に形態形成されたそしてゲノッセンレヒトと有機的に結合された〉債権的諸権利であるにすぎない。そして、その社団は、それと並んで、留保財産において諸出資、諸分担金、および、利益の積立てをとおして形成された〈自由意思で脱退した構成員たちにも自己の意思に反して除名された構成員たちにも、それに対する何らの請求権も帰属しないところの〉[158] 基本財産を占有する。もしそれにもかかわらず営業諸持分が、ゲノッセンレヒトそのものを決定しない場合、それらは、それでもしかし、人的ゲノッセンシャフトの本質が変更されることなしに、構成員地位の家計的な内容のために決定的でありうる。営業諸持分は、ドイツの生産諸ゲノッセンシャフトにおいてすら、従来、〈ここでは、社団債権者たち、管理諸費用、留保財産などを満足させた後に、利益と損失が営業諸持分の基準に従って分配され、その一方で、労働はそのようなものとして通常の労働賃金だけを受け取ることによって〉、原則としてそうである。(159) その他の生産諸ゲノッセンシャフトにおいては、これとは反対に、ひとは、逆に、貸方資本にただある諸利息だけを保証してきており、利益を反対に頭数に従って、または、給付された労働の価値に従って、分配してきている。(160) 最後に、第三のシステムは、貸方資本に利息を付しそして労働に賃金を支払い、しかる後に、利益を資本配当金（Kapitaldividende）および賃金配当金（Lohndividende）へと分けており、その場合、個別においては、再び、極めて多くの諸修正が登場している。(161) すべてのこれらの利益分配の諸システムそのものが、実際に、〈あらゆるゲノッセが同時に労働し、そして、あらゆる労働者がゲノッセンシャフトへと導かれる限りで〉、ただ二次的な差異を基礎づけるに過ぎないとすれば、労働ゲノッセンシャフトとしての社団の本質にとっては、それらの差異は、徹底して重要ではない。なぜなら利益に対する労働の参加ではなく、企業を行うゲノッセンシャフトの担い手としての労働する人格の地位が、この社団形式の特徴的なものだからである。利益分配は、ゲノッセンシャフトの自律によって、〈そこではあらゆる場合に労働と資本が利益が形成するのを助けるところの〉関係への顧慮をもって、同様に〈それが、例えば、合名生業組合（offene Erwerbsgesellschaft）における組合契約をとおして多様に回答されるように〉、多様に回答されるであろうところの内部的な問題である。

労働ゲノッセンシャフトの本質については、構成員ではない資本家たちに資本配当金が約束されるか、(162) あるいは構成員でない労働者たちに賃金配当金が約束されるか、(163) をとおしてもまた、何ものも変更されない。それに対して、労働ゲノッセンシャフトの修正は、個々のゲノッセンが企業に営業諸持分をもってのみ参加し、ゲノッセンシャフト企業のための人的労働の義務または権限が、それゆえゲノッセンレヒトそのものをとおして必ずしも必然的に基礎づけられない場合に、[164] 登場する。――そして、労働者たちが、ゲノッセンの特性の漸次的な獲得への規約による権利と義務を保持することなく、従事させられる場合は、逆である。[165] 人的ゲノッセンシャフトの性格は、それにもかかわらず二つの場合において、廃棄されない。すなわち、後者の場合は、非独立的な労働者たちの存在がその他の労働者たちの内的な有機的組織に触れることがないゆえに廃棄されないのであり、前者の場合においては、そこでもまた、労働しないゲノッセンは、決して株主たちと同様にただ彼らの財産出資に基づいてのみ参加するのではなく、彼らの人格をもって企業者団体の中に立ち、そこから彼らの権利の譲渡不可能性が、すなわち疑いのある場合にはより高い参加にもかかわらずただ単純な議決権と彼らの人的な責任だけが生ずるにすぎないゆえに、廃棄されないのである。

経済的な人的ゲノッセンシャフトの最高形態としての生産ゲノッセンシャフトが、人格に最も強力に作用し、そして、そのために最も多く高めるように、それにおいては最も力強く人的ゲノッセンシャフトの道徳的モメントが主張される。資本主義的な生業組合との直接の対立において、生産ゲノッセンシャフトは、そこにおいて経済有機体組織のそのような担い手としての労働する人格がより決定的であればあるほど、それだけ一層同一の有機体組織を精神的および道徳的ゲノッセンシャフトの創造のための手段として利用することを求めるのである。援助および生活扶助のゲノッセンシャフトとして、それ［生産ゲノッセンシャフト］は、病気のゲノッセンに、しばしば完全な賃金と病気補助金をさらに支払う。[166] それは、病気や労働無能力のゲノッセンおよび彼らの背後に留まる人々のために、登場する。しかりそれは、教育諸営造物、諸図書館、共同の保養室よび祝祭を配慮する。[167] それは、ゲノッセンシャフト的な労働警察を行使するのみならず、真の道徳警察をもまた行使する。それゆえ、それは、家計的な組合利益に反対に向けられた諸行為および諸不作為のためにのみならず、あらゆる不品位な、不名誉なまたは不道徳的な行為のためにもまた、除名またはその他の刑罰を布告する。[168] それは、最後に対外的にもまた、コルポラティフな利己主義をもたずに、道徳的な経済共同団体として行動する。

生産ゲノッセンシャフトの組織体制は、現代のゲノッセンシャフト組織体制一般と同様に、多様である。総会、選ばれた理事会およびコントロール委員会の間の権力の分配は、もちろん、より大きなまたはより小さな構成員数をとおしても、企業の対象をとおしても、極めて等しくなく決定されている。[169]

2　本来の労働ゲノッセンシャフトの人的基礎とは反対に、イギリスにおいて流布され、現在フランスにおいてもまた実現されたコオペラティフな連合の形態は、資本主義的な基礎から出発しているので、ゲノッセンシャフトは、株式社団として形態形成されているが、しかし、実際的および法的には、資本主義的原則を、労働者たちの人的ゲノッセンシャフトの意味において修正している。[170] ゲノッセンシャフトの基礎は、ここでは、組合資本〔会社資本 Gesellschaftskapital〕であり、個々のゲノッセンレヒトの基礎は、総資本（Gesammtkapital）の割合的持分（Quote）である。そのような割合的持分または株式（Aktie）の保有者たち、すなわち、株主たち（Aktionäre）は、それゆえ「そのようなものとして」そしてただそのようなものとして「のみ」、彼らがいずれにせよ同時に労働者であろうと欲するならば、社団人格の担い手であり、そして、家計的諸権利と諸義務のみならず、議決権、選挙能力、社団生活一般への参加は、株式の流出物である。ゲノッセンレヒトは、従ってそれ自体、譲渡可能であり、そして、相続可能であり、責任は、株式金額または株式金額の多様さに制限されている。もしそれにもかかわらず、このすべてにおいて、そのような協同的な組合（Kooperativgesellschaft）が通常の株式社団（Aktienverein）から区別されないとしても、外的、事実的な差異は、まず第一に、〈諸株式は、極めて小額に設定され、通常は、まず承継的に払い込まれ、そして、とりわけまたは専ら、労働者たちによって支払われ、そして、企業の下で従事する労働者たちの手において受け取られる〉という点に存する。定款に従って、さらに、株式社団の閉鎖性は、いつでも単純な組合決議をとおして組合資本の増加または減少が、従って株式権（Aktienrecht）の創出または廃止をとおして構成員たちの採用または排除が、生じうることをとおして、修正されるのが常である。それとの関連において、しばしば、株式の譲渡は制限され、あるいは、ゲノッセンシャフトの承認に拘束される。ゲノッセンレヒトの内容もまた、原則として、人的な諸権利と諸義務の分だけ増加され、社団の道徳的性格が法的表現へともたらされ、あらゆる株主にただ一個の「議決権」だけが与えられ、社団には除名権が認められている。もちろん、株式のすべてのこれらの諸修正は、人的な意味において記名式でのその発行を前提としている。最後に、規約に従って、しばしばそのような労働者株式諸社団（Arbeiteraktienvereine）においては、〈一定の時間をとおして企業のもとに従事している〉労働者たちに、「そのようなものとして」、賃金配当金（Lohndividende）が保証されるのみならず、ゲノッセンレヒトの取得が〈彼らに利益の割合的持分または賃金から控除がなされ、そして、一個または数個の株式の取得に至るまで、彼らの勘定に増加記載される〉ことをとおして可能とされ、そして、間接的にすら強いられるとき、ここでは、ゲノッセンシャフトは、資本主義的な基礎からほとんど純粋な労働者人的ゲノッセンシャフトと同一の結果へと、至るのである。しかしながら、全体の「法的」性質のためには、それにもかかわらず資本ゲノッセンシャフトの原則が、決定的なものに留まっている。なぜなら、労働者をゲノッセンシャフト的な企業者人格の共同担い手となすところのものは、つねに、人格ではなく、株主の特性（Aktionäreigenschaft）であるからである。[171]

3　最後に、さらに、資本主義的〔資本家的〕なヘルシャフト団体と労働ゲノッセンシャフトを結合することを求める連合形態に言及がされなければならない。利益の割合的持分をもってする労働の支払だけが問題となる限りでは、[172]それをとおしては、経済の有機体組織は、そのものとしては変更されない。より最近の時代においては、それにもかかわらず、イギリスにおいて、産業的パートナーシップ（industrial partnership）という名のもとに、事実、特別の組合形態が〈一部は出資をとおして、一部は利益または賃金の割合的持分の留置をとおして、労働者たちのために《労働者たちを企業の共同担い手とするところの》営業諸持分（Geschäftsantheile）が形成されることによって〉そこから生じてきている。これらの営業諸持分をとおして、それゆえ、営業利益への参加を求める割合的な請求権のみならず、多かれ少なかれ、参加させられる労働者たちによって共同でまたは諸委員会をとおして行使されるべきコントロールの権利、あるいは、経営管理への一定の参加の権利すらもまた、基礎づけられる。(173) 法律は、この連合形態に承認と法的保護を保証し、そして、その場合、とくにパートナーの責任を彼らの営業諸持分に限定してきている。(174) ドイツにおいては、模倣が試みられてきている。(175) それにもかかわらず、従来、制度の継続的発展のために適切であろうところの組合形態は欠けている。(176)

ひとがイギリスにおいて〈多数の日雇い労働者たちをゲノッセンシャフト的に経営されるべきラント財産のゲノッセンシャフト的な賃借地へともたらすために〉用いてきているところの連合形態は、類似のものである。(177)

C　最後に、様々な経済的な人的諸ゲノッセンシャフトの法システムにおける地位について言えば、

I　ただ、最も最近の「イギリス」の会社法（englische Kompagnie=Akte）(178) だけは、それらすべてを包含するためにはるかに十分である。なぜなら、少なくとも七人の構成員を有するあらゆる経済または生業ゲノッセンシャフト〔協同組合〕は、〈もしそれが法律が知る五種類の組合のひとつに適合しているときは〉、法律的な諸形式の遵守のもとに単なる登録をとおしてケルパーシャフトの諸権利と法律の保護を自らのために調達することができるからである。コルポラティフなゲノッセンシャフトのこれらの五種類は、しかし、〈資本主義的な基礎に基づく、そして、人的なあるいは混合された基礎に基づく〉非常に多様な形態形成のために、活動の余地を与えている。すべての三つの諸形式における――無制限の責任、損害担保（Garantie）をとおして制限された責任、または、諸持分を通して制限された責任を伴う――資本社団は、なるほど大陸の株式社団よりもはるかに多く、その担い手たちの人格からの資本団体の解放への方向において制限されていた。資本社団には、反対に、〈自らをその基本的組織体制をとおして人的ゲノッセンシャフトの意味において修正するという〉極めて非常により拡大された可能性が与えられている。(179) 法律は、しかし、さらに資本社団に対して、〈無制限の責任を伴う人的ゲノッセンシャフト、および、あらゆる構成員によって予め給付された損害担保への責任の制限を伴う人的ゲノッセンシャフトを――完全に同列においている。(180) そのようなゲノッセンシャフトという〉二つの形式における純粋の人的ゲノッセンシャフトを――完全に同列においている。

ノッセンシャフトもまた、それゆえ、法律的に引かれた枠の内部で、自由に形態形成することができ、たんなる登録をとおしてボディー・コーポレート〔会社実体〕の諸権利を獲得し、中立が構成員たち自身の五分の一によってこのことを惹起する場合にのみ商務局の特別委員たちをとおしての政府の介入に服し、そして、同様にすべてのその他の諸関係において、〈株式の代わりに至るところでゲノッセンの人格（Person）が登場し、株主名簿（Aktienbuch）の代わりに構成員名簿（Mitgliederverzeichniß）が登場する、という本質的な基準をもって〉資本社団と全く同一の法のもとに立つのである。[181]

この法律と並んで、いまやしかし、イギリスにおいては、〈国家によって公益的とみなされた一定の経済諸ゲノッセンシャフトに、それらが国家によって要求される損害担保を提供する場合には、優遇された地位、いくつかの種類の費用免除、より僅かな諸形式と促進的な諸特権を与える〉特別の諸法律が存続している。要求された諸損害担保は、その場合、とくに、単なる投機的諸企業をとおしての許された諸利益の搾取から保護すべきである。それゆえ、とくに個別諸持分のための最大金額が定められ、そして、諸目的が限界づけられるのがつねである。そのような特別の諸法律は、とくに、労働する諸クラスの利益において、生活扶助諸組合（Unterstützungs Gesellschaften）[182]、土地および建築諸ゲノッセンシャフト（Land= und Baugenossenschaften）[183]、そして、営業および生活保護諸組合（Gewerbs= und fürsorgliche Gesellschaften）[184]のために、現れてきている。

Ⅲ　「フランス」法においては、ひとは、最も最近の時代に至るまで、国家によって特別の権利を付与された諸コルポラチオンのほかには、ただ、無名組合（société anonyme 株式会社）、株式合資組合（société en commandite par action 株式合資会社）、合資組合（société en commandite 合資会社）、合名組合（société en nom collectif 合名会社）という四つの組合〔会社〕諸形態だけを知っており、それらに一八六三年に、有限責任組合（société à responsabilité limitée 有限責任会社）が、国家の認可（Staatsautorisation）なしに設立される株式組合（Aktiengesellschaft 株式会社）として、加わった。それゆえ、無名組合（anonyme Gesellschaft）は、有限責任組合と同様純粋の株式社団であったので、人的ゲノッセンシャフトのためには適切な形式ではなかった。あらゆる相互組合（Gegenseitigkeitsgesellschaft）およびあらゆる人的な経済ゲノッセンシャフトは、むしろ、資本団体の形式へと強制されるか、さもなければ組合契約法によって活動していかざるを得なかった。一八六七年七月二四日の法律は、この状態を、それが法律によって解放された無名組合〔株式会社〕をあらゆる点において完成された資本社団として構成する限りで、〈同じ方法において経済的諸目的のための人的結合を解放することはないままに〉、維持している。[185]しかし、この法律は、協同組合的運動への特別の顧慮のもとに、〈少なくとも人的諸ゲノッセンシャフトの一定の諸クラスに、特殊な国家の認可なしに、コルポラチオン類似の存在を保証するために〉、独特の道をとっている。すなわち、法律の第三編においては、〈その他において存在する組合〔会社〕の諸種類の一般法と並んで、《定款が、引き続く事後の支払をとおしてまたは新たな組合員たちの採用をとおしての組合資本の増加、なされた出資の一部または全部の払戻をとおしての組合資本の減少を許す（四八条）ところの》場所で適用に至るべき〉変更しうる資本を伴う諸組合（sociétés à capital variable 可変資本組合）に関する特別の諸規定がなされることによって、なるほど、新たな組合形態が作られてはいないが、おそらくしかし、人的ゲノッセンシャフトの意味における別の組合形態の修正の可能性が開かれている。そのような場合においては、諸株式または諸株式持分は通常よりもより少額で、しかしながら五〇フラン未満ではなく発行されうるが、しかし記名式で発行されなければならず、そして、組合の確定的な設立後に始めてそして株主名簿における名義書換をとおしてのみ流通しうる。諸株式の譲渡に反対しては、定款をとおして経営管理評議会または社員総会（General- Versammlung）に異議権（Widerspruchsrecht）が与えられている（五〇条）。対立する諸契約の場合においてすら、そのような組合のあらゆる構成員には、脱退は、何時でも自由であり、それに対して、逆に、定款をとおして社員総会に〈その行使のためには、それにもかかわらず少なくとも定款変更のために必要な多数が規定されなければならないところの〉除名権（Ausschließungsrecht）が認められうる（五二条）。構成員の死亡、脱退または破産は、組合〔会社〕

の存続に影響を与えないことが、明示的に付加されている（五四条）。そのような諸組合は、通常の諸形式に服し、それらは、ただ〈その金額以下には諸組合の資本は決して沈んではならないところの〉金額だけを公開しなければならず（五八条）、そして、秩序罰のゆえに常に“à capitale variable”（可変資本の）という追加部分を記載しなければならない（六四条）。法律的な諸制限は、それらにとって、〈設立の際に二〇万フランの額を超えず、そして、年々の決議をとおして同じ金額より以上には増加されてはならないところの〉組合資本〔会社資本〕の高に関して（四九条）、妥当する。さらに定款をとおして、払戻をとおしての組合資本の減少に限界が、そして、それも、〈少なくとも元々の資本の十分の一が保証されたままに留まる〉というように引かれなければならない（五一条）。組合〔会社〕は、十分の一の有効な払込みの前は、設立されたものとはみなされない。脱退しまたは除名されたあらゆる組合員は、最後に、組合および第三者に対し、五年間の間、彼の離脱の瞬間において存在する債務について責任を負う（五二条）。組合は、その形態がいかなるものであるにせよ、その管理人たち（Administratoren）をとおして裁判上代理される（五三条）。

それゆえ、結果的には、経済的な人的ゲノッセンシャフトに極めて近いことになる法的形態形成が可能とされている。しかしながら〈人的ゲマインシャフトから出発し、そして、人的ゲマインシャフトの思想を資本ケルパーシャフトにおいてもまた、最も重要な諸関係において保持しているところの〉イギリス法との直接の対立において、資本主義的な原則は、全組合法〔会社法〕の基礎に置かれており、そして、コルポラティフな組織体制を有する人的ゲノッセンシャフトは、資本社団のたんなる修正とみなされそして取り扱われている。[186]

Ⅲ　ドイツにおいては、普通法は、経済的な人的諸ゲノッセンシャフトを〈無数の諸論議の場となったローマ法的なコルポラチオン法と組合法がもたらしているところの〉完全な法的不安定性に委ねている。ラントの諸法律もまた、しかし、最も最近の時代において初めて、一部は、ゲノッセンシャフト法全体の改訂を開拓し[187]、一部は、諸ゲノッセンシャフトの一定の諸クラスのために独特の法を創造してきている。それゆえ、〈このことがとくに至るところで損害担保諸ゲノッセンシャフトに関して、および、人的な連帯責任なしに基礎づけられた信用諸団体に関して、問題となるように〉一般的法律が欠けている限りでは、あるいは、ゲノッセンシャフトがただ権限を付与する新たな諸法律に自らを服させようとしない限りでは、最近まで、〈諸コルポラチオンと諸組合に関する実定法の諸原則から結果する〉一般的な状態が続いている。それゆえゲノッセンシャフトには、ただ二重の選択のみが残っているにすぎない。ゲノッセンシャフトは、あるいは、〈それが自由な社団法に基づいて集合し、そして、その内的な諸関係を、但書で制限された組合契約をとおしてコルポラチオンに類似して規律することによって〉、承認された法人格をもたない私的組合〔私会社 Privatgesellschaft〕として構成されなければならない。その場合、それは、それにもかかわらず、〈もしそれが、たとえ、より制限された諸クライスのためにそして善良な意思と慣習の助力をもって、耐えうる生き方（modus vivendi）を見出すことができるとしても〉、取引において承認された統一体制度として登場する可能性をもたない。それとも、それ〔ゲノッセンシャフト〕は——そして、公衆へと登場するすべてのより大きな相互的諸ゲノッセンシャフトのためには、この二者択一は実際的な必然性となり——特殊の国家的な設立を調達しなければならない。その場合、それ〔ゲノッセンシャフト〕は、その後、〈国家はそれ〔ゲノッセンシャフト〕にとって不可欠の法人格の付与と委託をもちろん国家に良いと思われる諸条件に結びつけるので〉、保証された私法的地位を独立性の喪失によってあがなうのである。そのうえ、警察的な諸理由からもまた、コルポラチオンの諸権利の付与または非付与を全く別とすれば、相互的な諸ゲノッセンシャフトのいくつかの諸クラスのためには、国家的な承認および監督がしばしば無条件に要求されている。(188)

一般的な法律的な規律の欠缺には、理論における空白が対応している。たいていの場合相互的な保険諸組合のとりわけての顧慮のもとに、相互的ゲノッセンシャフトに捧げられるのが常である僅かな諸指摘は、滅多に深くはその本質に立ち入っておらず、そして、その本質を大体において正当に指摘していることはさらにいっそう稀である。統一性〔単一性〕と多数性の関係への関連において、ローマの組合から、[189] コルポラチオンから、[190] その他の種類の法人格から、[191] それとも、ドイツ法的なゲノッセンシャフトと財産ゲマインシャフトの関係に関する、より少なからざる見解の相違が支配している。〈フランス法の名づけられない組合〔無名組合〕（umbenannte Gesellschaft）は、株式社団の概念よりも広い概念であるという〉全く非難すべきそして諸法律の実定的な内容に矛盾する承認は、株式社団と〈その下に相互諸組合が最も重要なクラスを構成したところの〉等しからざる資本諸出資を伴う諸社団という二つの下位の種類へと分かれるべきであるところの、無名組合〔anonyme Gesellschaft〕という種類概念の設定へと導いた。[193] しかしながらそのような用語法がないとしても、ひとは、しばしば相互的ゲノッセンシャフトの本質を資本連合の中へと置いており、[194] そのようにして極めてすでに最も表面的な観察が不正について確信させなければならないのである。事実、ゲノッセンシャフトは、それが一定の財産なしに成立し、その財産を任意に減少させそして増加させ、元々の財産の完全な喪失の場合にすら本質的な変更なしに存続しうる場合、同様に、そこにおける構成員地位が、いかなる方法においても株式と同様に財産権として性格づけられない場合には、資本ゲノッセンシャフトとして妥当することは不可能である。なぜなら、すでに社団の非閉鎖性が〈ゲノッセンレヒトが「それ自体」いかなる財産価値をも有しないこと〉を明示しているからであり、〔また〕なぜなら、さらに構成員の権利は譲渡できず蓄積できず、そしてしかも、家計的内容に従っては異なるが、これとは反対に社団の担い手たる地位とくに議決権に従っては等しいからであり、最後に、なぜなら、構成員の義務は、一定の一回だけ支払われる資本払込をとおしては尽くされず、または、そうでないとしても尽くされえず、継続的な不特定的な〈たとえ必ずしも必然的にではないとしても〉無制限的な債務として存在するからである。[195]

現行法と支配学説の完全な不十分さは、労働する諸クラスの自助に基づく生業および経済の諸ゲノッセンシャフト〔協同組合〕が人的な連帯責任の信用基礎の上に自らを発展させたときに、現われざるをえなかった。なぜならこれらの諸ゲノッセンシャフト〔協同組合〕は、それらに特別の法律が助けとならなかった限りでは、通常の組合法および社団法のもとに法的に承認された存在を、〈その代表者への代理権の諸授与をとおして非常に不完全な方法において、固有の人格の欠缺を補充し、そして、とくに登場する諸訴訟の場合には無権利と同様であるところの〉ただ契約的に結合された諸多数性〔多数人 Vielheiten〕としてのみ導いたし、そして、導いているからである。(196) ただ僅かな諸国家においてのみ、これに対して、方策が、コルポラチオンの諸権利の寛大な付与をとおして与えられたが、(197) それとは、他面では、再び、〈それをとおして基礎づけられた従属性が、ゲノッセンシャフト的な自助の思想を損なう〉という不利益が結合されていた。商法典（Handelsgesetzbuch）の施行は、諸ゲノッセンシャフトの状態を、改善する代わりに悪化させた。なぜなら、いまやこれらの諸ゲノッセンシャフトが諸商事組合の概念のもとに入るかどうかの問い——すなわち、その回答が個別の場合においては、たんに対内的にまたは同時に対外的に向けられた活動への顧慮をもっても、営業経営の範囲への顧慮をもっても、様々に回答されざるをえなかったところの問い——が生じたからである。(198) 商法典の組合〔会社〕の諸形態については、しかしながらそのどれもがゲノッセンシャフトのためには適合しなかった。なぜなら人的な基礎に基づく商事組合〔商事会社〕は、ケルパーシャフトに至るまでは発達しておらず、コルポラティフな商事組合は、これとは反対に純粋に資本主義的に建設されているからである。新たな社団形態の法的本質を構成すべき理論の諸試みもまた、〈その理論が、とくに一面では、自らを組合契約の理解から解放することができず、(199) 他面では、資本結合〔体〕の思想を持ち込んだことによって〉、(200) 法的本質の完全な理解にまでは自らを高めなかった。幸いにも、拒絶し難いものとなった需要が新たな連合形態の法律的な規律を強いたとき、これらの誤りは、決定的な影響を獲得していなかった。(201) むしろ一八六七年三月二七日のもとにプロイセンのために制定されたゲノッセンシャフト法律〔協同組合法〕、(202) および、この法律から生じた一八六八年七月四日の北ドイツ同盟のゲノッセンシャフト法律〔協同組合法〕(203) は、〝生業および経済諸ゲノッセンシャフト〟〔諸協同組合〕に、その本質にほとんど徹底して適切な法体系中における地位を指示し、その場合、ケルパーシャフト的な性質も、〈人的なそしてそれでもしかし資本を自らのために有機的に結合する〉ゲノッセンシャフトの構造も、妥当へと到達している。

新たな法律がそのために規定されている諸ゲノッセンシャフトは、同法律（一条）によって定義されるよりも多く記述されている。それらの主たる諸種類――それらの構成員たちのための、貸付および信用諸社団、原料および店舗諸社団、生産諸ゲノッセンシャフト、消費諸社団および住居の製作のための諸社団――への引用のもとに、それら〔諸ゲノッセンシャフト〕は、〝それらの構成員たちの信用、生業または経済の促進をゲマインシャフト的な営業経営によって目的とするところの閉鎖されない構成員数をもつ諸組合（Gesellschaften）〟として、記述されている。それでもしかし、それによって少なくとも、大体、経済的な人的ゲノッセンシャフトの最も主要なメルクマールは、示されている。すなわち、非閉鎖性（Ungeschlossenheit）の要件をとおして結合〔体〕の人格が、付加された目的規定をとおして、目的の経済的性質およびこの目的の達成のために適用されるべき手段の経済ゲノッセンシャフト的な性質が、〔示されている〕。[204] この種の諸ゲノッセンシャフトは、ところで法律に従って、〈通常の社団法または組合法をもって満足すること、または、特殊の団体化（Inkorporierung）を求めること〉は禁じられていないままである。しかしながらそれらには、法律的な諸条件を履行することをとおして〝登記されたゲノッセンシャフト〟の諸権利を獲得するという、第三の可能性が開かれている。登記されたゲノッセンシャフトは、いまや、しかし、〈それが経済諸目的のためのコルポラティフな人的ゲノッセンシャフトとして現われることによって〉事実、新たなそして独特の連合の形式である。

1　完全に自由なゲノッセンシャフトとして、そのようなケルパーシャフトは、市民的な自律の産物である。それは、それゆえ、その成立のために国家の承認を必要としない。〈設立行為の公証のために書面の形式が（二条）、その内容のために一定の変更不能な基本的諸特徴と完全性の最小限度が（三条）規定されているが、しかしその他の点においては、任意の形態形成に任されているところの〉設立行為が、それに存在を与えるのである。[205]

そして、それにもかかわらず、法によってケルパーシャフトと認められるためには、ゲノッセンシャフトは、〈本質的に商事組合〔商事会社〕登記簿と同様に整備されているところの〉公的な登記簿への登記を必要とする。(206) 同時に、それは、その構成員たちの名簿を〈その名簿を公の閲覧のために備え置く〉裁判所のもとに提出しなければならず、そして、その定款の抜粋は〈これらの諸形式が登記と同様にゲノッセンシャフトの法律的な存在を条件づけることなしに〉公的な刊行物をとおして公告される（四条）。本質的には、これとは反対に、ゲノッセンシャフトには、企業の対象から借用されている名称は、〝登記されたゲノッセンシャフト〟という追加的記載を含まなければならず、そして、人の氏名を採用してはならない（二条）。同じ方法において、それから、定款の変更はゲノッセンシャフトの自律に依存し、変更決議の法的効果はしかしその書面による公証とゲノッセンシャフト登記簿への登記に依存する（六条）。最後に、ゲノッセンシャフトは、同様に登記と公告を必要とする決議をとおして、その存在を終了させることができる（三四条、三六条）。しかし、解散原因としては、一定の時間の経過（三四条、三六条）、破産（三四条、三七条）および裁判上の刑罰判決（gerichtliches Straferkenntniß）（三五条）が付け加わる。破産をとおしての解散は、経済社団としてのゲノッセンシャフトはあらゆる財産なしには存在しえないことを、証明している。しかしながら、いかに僅かにしかゲノッセンシャフトがそれによって資本ゲノッセンシャフトとして特徴づけられないかは、その成立もその存続も、一定の高の基礎資本金（Grundkapital）をとおしては条件づけられずまたは決定されないことから、明らかとなる。しかしゲノッセンシャフトの解散があらゆる管理行為から奪い取られており、そして、ただ〈ゲノッセンシャフトが公共の福祉を危殆ならしめる法律違反の諸行為または諸不作為、あるいは、その経済的な活動領域の踰越に、責任がある場合に〉、より上位の行政官庁の催促による裁判所の判決をとおしてのみ生じうることは、行政国家のコルポラチオン理論に対する法治国家的解釈（rechtsstaatliche Auffassung）の勝利を示している。

2　新たな社団形態の独特性は、最も鋭く、その構成において、構成員地位の諸条件と内容に関する諸原則において現われている。

a　ゲノッセンレヒトは、人的な権利として、定款によって確定されるべき諸条件の基準に従う入会の意思表示と採用という唯一の方法において取得され（二条、三条四号）、そして、予めなされた解約告知に従って常に許される脱退、および、ゲノッセンシャフトによって処分される除名という、二つの方法において失われる（三八条）。その場合、ゲノッセンシャフトは、定款をとおして自らにその人的＝道徳的性格のために必要な諸損害担保を調達することができるのみならず、すでに法律により、市民的名誉諸権利（bürgerliche Ehrenrechte）の喪失のゆえの構成員の除名の権限が与えられている（三八条）。閉鎖されていない構成員数を有するある社団におけるゲノッセンレヒトが、それ自体、財産権の性格をもつことができないこと、および、それゆえゲノッセンレヒトは譲渡不可能であり、そして、疑いある場合においては相続不可能であることは、明らかである（三八条、三九条）。しかしながら全体の経済的性質は、資本主義的モメントを引き入れることを要求しており、そして、それゆえ、一定の金額の営業持分（Geschäftsantheil）の形成が、あらゆるゲノッセンに義務的とされている（三条五号）。この営業持分は、それにもかかわらず、法律によって徹底して株式と同様にゲノッセンレヒトの基礎として扱われるのではなく、ゲノッセンレヒトと有機的に結合された社団に対する債権的権利（Forderungsrecht）として取り扱われている。存在するゲノッセンレヒトの間は、営業持分は、この債権的権利の性質に従う。あるゲノッセの離脱の際には、あるいは、解散後は、営業持分は、これとは反対に、社団財産についての共同所有権の割合的持分とはならず、一定のゲノッセンシャフトの諸帳簿から認識しうる貸方資本金額（Guthabenssumme）に対する個別的な債権的権利となる。それゆえ離脱する構成員またはその相続人は、ただこの金額の払出しのみを、留保財産またはその他の財産に対する要求権を保持することなく（三九条）、三ヶ月以内にゲノッセンシャフトから要求することができる。そして、清算の際においては、ただこの金額だけが社団の債権者に劣後して〔清算〕財団（Masse）から満足させられ、もしかするとあるかも知れない残余金は、しかし疑いある場合においては頭数に従って分配される（四七条）。

b　ゲノッセンレヒトは、それゆえその内容に従ってもまた、まず第一に人的な性質のものである。それゆえ多数のまたは分割された構成員地位は存在しないのみならず、それ自体あらゆるゲノッセンレヒトは別のゲノッセンレヒトと等しい。とくにあらゆるゲノッセンには、疑いある場合には、社団人格の平等の共同担い手たること（Mitträgerschaft）が、それゆえゲノッセンシャフトの諸案件において一個の議決権がそしてただ一個の議決権だけが、帰属する（一〇条）。それ自体としては、しかし、あらゆるゲノッセは、経済の諸利益についての参加のためにもまた平等に召喚され、そして、営業参加の実際的差異のみが、ここでは非常に多様な方法において、不平等な家計的成果を基礎づけうる。営業諸持分の高に従う利益と損失の分配[207]についての補充的な法律の規定が、この思想に法的な表現を与えている。――とりわけしかし、ゲノッセンレヒトの人格が、ゲノッセンシャフトの諸債務のためのすべてのゲノッセンシャフト構成員たち（Genossenschafter）の〈定款にとって変更不能な、連帯のそして全財産を把握する〉責任において出現する（三条一二号）。この連帯責任は、あらゆる個々人は彼の財産法的な全人格をゲノッセンシャフトのために投入するという思想に基づいている。しかし、ゲノッセンシャフトは独立の人格を有するので、責任は、ただ総体人格のためにする、個々人の諸人格の市民的な損害担保としてのみ主張される。連帯責任の義務は、それゆえ、まず第一に、債権者に対する義務ではなく、ゲノッセンシャフトに対する義務である。債権者たちは、しかし、債権者たちが〈ゲノッセンシャフトがそうするように〉まさにゲノッセンシャフトと契約するゆえに、言葉を代えて言えば、連帯責任は取引におけるゲノッセンシャフトの信用の基礎であるゆえに、請求権をそこから獲得するのである。〈直接に個人を債権者と結びつけるところの〉、［そして］〈そこでは、債権者と個々の組合員の間には組合人格が全く立っておらず、むしろ多数の債務者たちが、唯一つの契約をとおして継続的に、そして、公共をとおしてもたらされる効果を伴って対外的に、結合されているところの〉合名商事組合［合名会社］における連帯責任の関係とは、全く異なっている。それゆえ合名組合〔合名会社〕においては原則的な連帯責任が登場するが、しかし破産の場合において結果する財産分離をとおして修正される一方では、ここ〔ゲノッセンシャフト〕では、ゲノッセは、〈ゲノッセンシャフト人格が生存することをやめた場合に、清算または破産においてゲノッセンシャフトの財産が十分でない限りでのみ〉、ただ補充的に責任を負うに過ぎない（一二条）。この責任がゲノッセの加入前に成立した諸債務にもまた拡張されることは（一二条）、事柄の性質から結果する。離脱したゲノッセンシャフト構成員たちまたは解散されたゲノッセンシャフトのかつての構成員たちのための二年間の訴権の消滅時効（Klageverjährung）の導入（六三条ないし六五条）は、連帯責任の厳格さを緩和している。特別に重要であるのは、しかし、プロイセン法律にそれがまだ欠けていたところの、〈破産の終了後に、または、破産がまだ開始されえない場合に、ゲノッセンシャフト財産が不十分であることが明らかになるや否や、債権者たちによって被られた諸欠損の執行的な強制的賦課をゲノッセンシャフト構成員たちの間に実現するために（五二条ないし六一条）〉独特の手続が導入されていることである。この手続は、〈理事会たちによって、清算人たちによって、または、必要な場合には裁判官をとおして代理される人々によって起草され、そして、主張されるべきであるところの〉〈そしてその後に仮に証明され、そして、裁判官の決定をとおして強制執行可能と宣言されるところの〉配当表（Vertheilungsplan）に関する略式の裁判審理において存在する。この決定に対しては、法律上の手段〔上訴〕は行われないが、おそらくはしかし、あらゆるゲノッセンシャフト構成員には、理事会をとおして代理されるその他のゲノッセンシャフト構成員たちに対する通常訴訟の方法における取消（Anfechtung）は禁止されないままに留まっている。確定された部分諸金額の執行的な徴収は、それにもかかわらず、そのことをとおしては妨げられない。個々のゲノッセンシャフト構成員に対する執行の不奏効をとおして新たな諸欠損が成立する限りでは、分配手続が繰り返される。債権者たちの諸権利については、手続全体をとおして何ものも変更されない（六二条）。

3　ゲノッセンシャフトの有機的組織は、本質的に、定款に委ねられている。ただ、株式社団におけると類似の方法において、組織体制の基本的特徴は、補充的に規定されており、そして、公的な諸利益において、一定の強行的諸規定がとくに対外的な代理行為のために付加されている。総体に留保されたすべての諸権利の行使のための不可欠の機関として、〈目的〔議題〕の通知のもとに、定款による諸形式において理事会（Vorstand）によってまたはもしかするとあるかも知れない監査役会（Aufsichtsrath）によって招集されるところの、しかしつねに、構成員たちの十分の一、または、定款によって定められた別のゲノッセンの数の要求によって、招集されなければならない（一〇条、三一条ないし三三条）ところの〉総会（Generalversammlung）が構成されている。ゲノッセンシャフトは、しかし、さらに第二の不可欠の機関として、理事会をゲノッセンの中から選任しなければならない。この理事会は、対内的には、あらゆる瞬間に解任可能な（一七条）、その委任の諸限界に拘束された（二一条）、責任を負う執行官庁（三三条）である。対外的には、それとは反対に、理事会は、〈その諸行為をとおして直接に義務づけられそして権利を与えられるところの〉ゲノッセンシャフトの裁判上および裁判外の代理行為について、無条件にそして定款による諸制限の法的な効力なしに、資格を与えられている（一七条ないし二四条）。それゆえ理事会構成員たちとその点に登場するあらゆる変更の届出と登記、ならびに、彼らの署名の裁判所への寄託が、必要とされる（一八条、二三条）。最後に、しかし、理事会には法律をとおして公的諸義務もまた課されており、それゆえ、理事会は、とくに毎年、整理された構成員名簿を提出しなければならず（二五条）、必要な諸帳簿を作成し、そして、毎年の貸借対照表を公表しなければならず（二六条）、そして、営業外の諸目的に向けられたあらゆる行為を避けなければならない。しかり、理事会には、この最後に考えられた場合においてのみならず、理事会が《《それらの詳論が集会権および社団権に関するラント諸法律のもとに帰するところの》公的な諸案件に向けられる》総会の諸審議を許容する場合にもまた、罰金で威嚇されている（二七条）。定款は、ゲノッセンによってその中から選挙されるべき監査役会（Aufsichtsrath）（Ausschuß 委員会、Verwaltungsrath 経営管理評議会）を理事会の傍らに設置することができる。そして、それ〔監査役会〕は、それが設置されるときは、コントロール機関の法律的諸権限、総会の招集、理事会との諸訴訟または諸契約の場合におけるゲノッセンシャフト役人の停職およびゲノッセンシャフトの代理行為を行使する（二八条、二九条）。さらに、ゲノッセンシャフトは、その他の代理人たちおよび役人たちを任用することができ、そして、特別の代理人たちを、監査役会の構成員たちに対するもしかするとあるかも知れない訴訟におけるゲノッセンシャフトの代理行為のために選任することができる（三〇条、二九条二項）。

4　登記されたゲノッセンシャフトの法的意義は、このすべてに従えば、自由に意思されたケルパーシャフトのそれである。それは、それゆえ、対内的にも対外的にも、総体人格として登場する。対内的には、このことは、そのコルポラティフな有機的組織において、および、個々人の財産からのゲノッセンシャフト財産の完全に遂行された分離において、現われている。[208] 対外的には、ゲノッセンシャフトは、その商号（Firma）のもとに諸権利を取得することができ、そして、諸債務を負担することができ、土地についての所有権およびその他の物的諸権利を取得することができ、裁判所に訴えそして訴えられることができる。そして、ゲノッセンシャフトは、取引において、商人（Kaufmann）の諸権利と諸義務を有する。[209] 最後に、国家に対する関係では、ゲノッセンシャフトは、特別の警察的な監督のもとには服さない、自由な、自己自身から存在する経済有機体組織（Wirthschaftsorganismus〔経済的有機体〕）である。むしろ公的利益は、開示の原則の無条件の実現をとおして、[210] 理事会構成員たちの民事法的責任をとおして（二七条）、理事会に対する秩序罰の威嚇をとおして（六六条ないし六八条）、そして、ゲノッセンシャフトの解散を宣告する裁判官の判決の可能性をとおして（上述を見よ）、確保されるのである。ゲノッセンシャフトの解散後は、かつてのゲノッセンシャフト財産に関する特別の法律的に規律された清算手続が、以前のゲノッセンシャフトの諸機関の利用のもとに行われること、この場合、清算人たちは、法律上総体の代理行為を行使し、その他の諸点においてもまた、ゲノッセンの団体がまだ有効に留まっていること、そして、特別の諸規定が、場合によっては開始されるべき破産に関して登場すること（四〇条ないし五一条）、これらすべてのことを、ゲノッセンシャフトは、あらゆる種類の商事諸組合〔商事会社〕と分け持っており、そして、それゆえ、ここでは、商法典の諸原則は、必要な諸修正を伴って譲渡されているのである。

それゆえ、〈ドイツのゲノッセンシャフト制度の最も若いしかしたぶん将来には最も豊かな形態形成をとおして惹起されているところの〉最も最近の立法は、再び、古いコルポラチオン法の〈長い間すべての側面から転覆され、そして、穴だらけにされてきた〉構造への粉砕機を置いたのである。今こそ、法律学は、もしそれが時代の法意識の背後に取り残されたままになる危険を冒すことを欲しないとするならば、欠くことのできない新たな建設へと着手すべきときであろう。

【以上、第七十章、終わり】

【以下、第七十章の注】

（1）とくにシュルツェ＝デリッチュ Schulze=Delitzsch, Associationsbuch für deutsche Handwerker und Arbeiter. Leipz. 1853; die arbeitenden Klassen und das Associationswesen in Deutschland (2. Aufl.) Leipz. 1863; Vorschuß= und Kreditvereine als Volksbanken (4. Aufl.) Leipz. 1867. ――フーバー V. A. Huber, Reisebriefe aus Belgien, Frankreich und England. Hamb. 1855; Konkordia, Beiträge zur Lösung der socialen Fragen, bes. Heft 1-3. 6-8; den Art. “Association” im Staatswörterb. I. S. 456-500; die genossenschaftliche Selbsthilfe der arbeitenden Klassen. Elberfeld 1865、エンゲル Engel, die Sparkassen in Preußen als Glieder in der Kette der auf Selbsthilfe aufgebauten Anstalten, i. d. Zeitschr. des kön. preuß. statist. Büreau's 1861 S. 85-118, auch Jahrg. 1866 S. 71 f.、シュネル Schnell, die sociale Privathilfe. Berlin 1860.、プファイファー Pfeiffer, über Genossenschaftswesen. Leipz. 1863.、ミラー B. Miller, die deutsche Arbeiterbewegung. Leipz. 1863.、マッシャー Mascher, Gewerbewesen S. 675-762.、ベッヒャー Becher, die Arbeiterfrage in ihrer gegenwärtigen Gestaltung und die Versuche zu ihrer Lösung. Wien 1868. を参照せよ。

（2）とくに、ラッサール Lassalle, Herr Bastiat Schulze von Delitzsch, der ökonomische Jurian oder Kapital und Arbeit. を参照せよ。これについての若干の反響は、ベッヒャー Becher l. c. S. 168 f. 180 f. 193 f. 218 f. 227. の諸提案において見出される。

（3）　フーバー Huber, Staatswörterb. l. c. S. 466、エンゲル Engel l. c. Jahrg. 1861 S. 117 f.、ベッヒャー Becher l. c. S. 108-114、ルブロウおよびジョーンズ Lublow und Jones S. 138-169. を参照せよ。

（4）　フーバー Huber, Reisebriefe; Konkordia H. 1. 7. 8; die genossenschaftl. Selbsthilfe S. 17 f.、シュルツェ Schulze, die arbeitenden Klassen S. 65 f.、エンゲル Engel l. c. Jahrg. 1861 S. 109-118. 1866. 71 f.、マッシャー Mascher S. 700 f.、プファイファー Pfeiffer S. 71-98.、ベッヒャー Becher S. 87-117. を参照せよ。一八六〇年以来、マンチェスターにおいては、運動に機関として奉仕する〝協同組合員 the Cooperator〟と言う月刊雑誌が現れている。イギリスの文献については、とくに、フォーセット Fawcett, the condition of the englisch labourer. Lond. 1867.、ルドロウおよびジョーンズ Ludlow und Jones, die arbeitenden Klassen Englands. Uebersetzt v. J. v. Holtzendorff. Berlin 1868. を参照せよ。

（5）　Vgl. Huber, Reisebriefe; genossenschaftliche Selbsthilfe S. 16. 38 f. Schulze l. c. 73 f. Pfeiffer S. 98-122. Becher S. 118-136. フランスの文献は、非常に豊かである。より古い文献の証明は、プファイファー Pfeiffer S. 98 Note.。より新しい諸作品については、セルニュシー『協同組合の幻想』Cernuschi, illusions des sociétés coopératives, 1866; フロタール『リヨンおよび南フランスでの協同組合運動』Flotard, le mouvement coopératif à Lyon et dans le midi de la France, Paris 1867; パリにおいて現れている協同組合団体の年報 Almanach de la coopération のさまざまな諸年次、とくに一八六七年の、生産諸社団に関する S. 51 f.、消費諸社団に関する S. 64 f.、信用諸社団に関する S. 74 f.〔を参照せよ〕。

（6）　一八六六年においてフランスで存在している諸ゲノッセンシャフト〔協同組合〕の概観を与えているのは、一八六八年のための協同団体の年報 Almanach de la coopération pour 1868 S. 304-319. である。——イタリアにおける協同組合運動に関しては〔扶助諸ゲノッセンシャフト、国民諸銀行、消費＝、店舗＝および生産諸連合体が見出される。〕、論文 ib. 101-120. を参照せよ。

（7）　注（1）に引用されたシュルツェ Schulze の論文、さらにプファイファー Pfeiffer l. c. 122-144、マッシャー Mascher 709-731、ベッヒャー Becher l. c. 136-179、パリージウス『生業および経済の諸協同組合の私法的地位に関するプロイセン法律』Parisius, das preuß. Gesetz betr. die privatrechtl. Stellung der Erwerbs= und Wirthschaftsgenossenschaften. Berlin 1868. Einleitung S. V-XXX. を、とくに、しかし、シュルツェによって編集された〝諸協同組合年次報告 Jahresberichte über die Genossenschaften〟、そして、〝将来のインヌング Innung der Zukunft〟と〝協同組合制度雑誌 Blätter für Genossenschaftswesen〟の諸年度を参照せよ。

（8）　シュルツェによって、北ドイツ同盟の帝国議会のもとに協同組合法〔ゲノッセンシャフト法 Genossenschaftsgesetz〕の制定を求める一八六八年四月一六日の日付での提案に付加されているところの、一八六六年の年次報告および統計的概観における補充的諸報告（Drucksachen der I. Legislaturperiode, Sitzungsperiode 1868, Nr. 60. S. 45-49.）を参照せよ。

（9）シュルツェ Schulze, Vorschuß= und Kreditvereine S. 299-304. の中に印刷されている〝自助に基づくドイツ生業および経済諸協同組合の一般団体の有機的定款〟を参照せよ。Bl. f. Genossenschaftswesen, Jahrg. 1867 Nr. 30 S. 119. における、ドイツ消費諸社団の団体定款。

（10）Schulze, Vorschuß= und Kreditvereine S. 223. Blätter f. Genossenschaftswesen Jahrg. 1868 Nr. 16. Parisius l. c. S. XIII.

（11）一般に、das Wochenblatt der Annalen der Landwirthschaft〔週刊農業年報〕v. 1863 III. 23. 227. XXIV. 234; d. Zeitschr. des ldw. Vereins f. Rheinpreußen〔ラインプロイセン農業団体雑誌〕, Jahrg. 1864 S. 373 f.; 1865 S. 7 f. 215; 1866 S. 219 f.; die Zeitschr. des ldw. Vereins f. d. Großh. Hessen〔ヘッセン大公国のための農業団体雑誌〕v. 1867 S. 300 f.; ハム Hamm, das Wesen und die Ziele der Landwirthschaft, Leipz. u. Jena 1866 c. 15 u. 18; フーバー Huber, das Genossenschaftswesen und die ländlichen Tagelöhner (Nordhausen 1863); アンシュッツ Anschütz, der Gesellschaftsvertrag im landwirthschaftl. Betriebe, i. d. Mittheil. des landw. Inst. der Univ. Halle 1865 S. 142-170.; シェーンベルク Schönberg, die Landwirthschaft und das Genossenschaftswesen (Breslau 1868); ベッヒャー Becher l. c. S. 237 f. を参照せよ。

（12）マーゲンス Magens, Versuch über Assekuranzen. Hamb. 1753.（一七四六年七月一日のデンマーク保険会社の許可と定款 S. 958-1064.）、ペールス Pöhls, Handelsrecht Bd. IV.（1832）. S. 28-32 §546.、ハイゼ Heise, Handelsr. §26 S. 66. §204 S.408 f.、アイヒホルン Eichhorn, P. R. §112 f.、ミッテルマイヤー Mittermaier §303 f.、ゲングラー Gengler S. 690 f.、ベーゼラー Beseler §259.、エンデマン Endemann, Zeitschr. f. H. R. IX. 284 f., bes. 307, u. X. 242 f.; Handelsr, §58.、マージウス Masius, die Lehre von der Versicherung S. 610 f.、を参照せよ。ペールスによれば、はじめはただ数名の保険者たちの一つの結合体が（例えば、一六六八年フランスにおいて）、彼らの諸特権のゲマインシャフト的な維持のために成立をみたにすぎなかったが、後には、組合営業のための株式資本（Aktienfonds）の調達がそれと結びつくに至った。ドイツにおいては、最古の海上保険会社に属するのは、一七六五年のハンブルク海上保険会社（die Hamburg. Seeassekuranzkompagnie）、および、排他的特権を伴なって許可された〈各二五〇ターレルの四〇〇〇個の株式に基づいて設立された〉ベルリン保険会議所（Berliner Assekuranzkammer）である。プロイセン法令全書 preuß. G. S. S. 41. における一八二五年の海上保険組合の定款。フォン・レンネ v. Rönne II, 2. 387 Note 2. における、その後のプロイセンの諸定款の報告。

（13）河川保険 Flußversicherung は、マージウス Masius S. 611 によれば、はじめは船舶諸会社が増加された運送賃に対して商人たちに給付した全部保証として成立したものであるが、のちに後者〔商人たち〕が自らに利益を確保するために独自の諸組合をそのために設立するに至ったものであった。一八一八年のマインツ船舶航行保険組合（Schiffahrtsassekuranz=Gesellschaft in Mainz）および、一八二七年のブレスラウ河流保険会社（Strom=Assekuranz=Kompagnie in Breslau）（Masius S. 615 f.）はそうであり、一八四三年に改組されたマクデブルク水上保険会社（Wasser=Assekuranzkompagnie in Magdeburg）（ib. 661 f.）は、さらに古いものである。一八四六年において存在しているすべてのドイツの運送保険組合（Transportversicherungsgesellschaften）の概観と制度を、マージウス Masius S. 615-674 において、プロイセンの運送保険組合の〔概観と制度を〕、一八四九年のプロイセン国家に関する諸目録と官庁の諸報告1849 IV. 539 f. において、みよ。陸上運送（Landtransport）の保険に関しては、Masius 612. 648 f. 鉄道保険のための諸株式会社〔組合〕の諸例は、プロイセン法令全書 Preuß. G. S. v. 1853 S. 847, v. 1858. 269. 602. において〔見よ〕。

(14)　ベーゼラー Beseler, P. R. §129 Note 5 によれば、例えば、ノイフォルポンメルンにおいては、一つの海上保険会社が、相互性の原則をもって、しかしながら船体（Kasko）に向けた保険のためにのみ、存在している。

(15)　ロッシャー Roscher, System II. §166 S. 470.、マージウス Masius S. 1 f.、フォン・ベルク v. Berg, Polizeirecht III. 68 f.、を参照せよ。とりわけしかし、フォン・ヒュルフェンの卓越した論文 v. Hülfen, über die Geschichte, den Umfang und die Bedeutung des öffentlichen Feuerversicherungswesens, in der Zeitschr. des kön. preuß. statist. Büreau's, Jahrg. 1867 S. 321-348. を参照せよ。

(16)　フォン・ヒュルフェン v. Hülfen l. c. S. 322. 323 は、一四四六年ないし一六〇三年の時代からの〈個々の諸ドルフシャフトあるいは諸教区の〉シュレスヴィッヒでは五つの火災ギルドとホルスタインでは二つの火災ギルド（Brandgilden）を示し、さらには、〈一六九一年三月五日に設立され、さらに一八四四年に新たな定款を受け取った〉〝シュレスヴィッヒ＝ホルスタインの貴族の火災および射撃ギルド（eine schleswig=holsteinsche adlige Brand= und Schießgilde）〟を、それから、〈すでに一六七六年に、数において四十六の、一つの唯一の都市の一般的火災金庫へと〝条例 Ordnung〟をもって合併されたところの〉ハンブルクにおける若干の火災金庫（Feuerkassen）、および、ハンブルクの村々におけるさまざまな火災諸ギルド（Feuergilden）（一六二四年ないし一六七九年）、一六八五年マクデブルクの火災金庫（Brandkasse）を、最後に、一六二三年からは、プロイセンのヴァイクセルニーデルングの諸ラントゲマインデにおける若干の市町村の諸火災ギルド〈そして、一八一二年には、そのうちのまだ二十二が異なる諸条例をもって存在していたこと〉を示している。――〈ラント民衆を相互援助へと再建の際に義務づけたところの〉ヘルシャフト的な国有地の諸火災ギルド（Domanialbrandgilden）に関しては、Roscher l. c. を参照せよ。

(17)　それゆえ、シュレスヴィッヒ＝ホルスタインの貴族の火災および射撃ギルドの経営管理は騎士的であり、プレッツの修道院聖堂首席司祭（Klosterpropst）がその生まれながらの理事者（direktor natus）であった。ワイクセルニーデルングの諸火災金庫は、すべての参加する村々の村長たちと長老たちによって設立され管理されたが、これらの村々によって損害が査定され、そして、火災援助が割り当てられた。その他のものは、大部分、市町村立であった。

(18)　一七〇五年一〇月一五日のプロイセンの業務規程（preuß. Regl.）（Mylius, C. C. M. V. 173）をとおして命令されたが、それにもかかわらず、そう見えるように、実現へとは至らなかった保険営造物は、そうである。同様に、一七二九年クールザクセンにおいて命令された普通火災金庫（Cod. August. I. 538）、一七四八年のクヴェアフルト侯国火災金庫など、である。

(19)　プロイセンにおいては、すでに一七〇一年一月二三日の火災条例 eine Feuerordn.（Mylius l. c. V. 170）は、クールマルクおよびノイマルク・ブランデンブルクの平地のラントのために、六ないし一〇の村々ごとに（§7）大火災の不幸に対する――しかしまた唯そのようなことに対してのみ――強制的結合を言明した。一七〇六年六月一日の火災金庫業務規程（Feuerkassenreglem.）(ib. S. 237）をとおして、一般火災金庫が設立された。そこへは、すべての所有権者たちが彼らの建物を登録させ、そして、租税の三分の二をもって保険すべきものとされた。

(20)　一七五〇年（ブラウンシュヴァイク）から一八〇六年までに成立した北ドイツ諸国と諸都市のさまざまな火災諸組合（Feuersocietäten）に関する諸報告は、ヒュルフェン Hülfen l. c. S. 326. を参照せよ。

(21)　一般ラントおよび都市火災金庫（General＝Land＝Stadtfeuerkasse）は、一七一一年一月一七日に再び廃止された。Mylius l. c. 237.

(22)　ヒュルフェン Hülfen l. c. S. 324-326. を参照せよ。最古の組合（Societät）は、一七一八年九月二九日（Nov. C. C. M. V, 1. 249）に設立されたベルリンの組合であった。それは、すでに参加強制をもって有機的に組織されており、完全な損害を賠償し、そして、需要を金銭において支払ったのである。類似して、一七一九年クールマルクとノイマルクの諸都市、一七二〇年アルトポンメルンの諸都市、一七二一年マクデブルクの諸都市、一七二二年シュテッティン、など。最古の階級的組合は、〈参加を自由にし、そして、コルポラティフに経営管理された〉一七三八年九月二二日のリッターシャフトリッヒ＝ハルバーシュタットの組合であった。漸次、ラントの諸クライスが従ったが、それらにおいては、それに加えて、しばしば金銭の諸分担金と並んで、自然的な援助が存続した（一七六六年ないし一八〇八年）。最初の地方的組合は、一七六五年のクールマルクのそれであった。

(23)　一七五〇年から一七六五年。v. Hülfen S. 326.

（24）一七五四年ヴュルテンベルクにおいて、一八〇八年全ラントに拡大、一七五八年バーデン＝ドゥルラッハ、一七六六年バーデン＝バーデン、一八〇三年共同のバーデン組合、一七七七年ヘッセン＝ダルムシュタット、一八一一年バイエルンにおいて〔成立した〕。ヒュルフェン Hülfen l. c. 326.

（25）v. Hülfen 327. 強制が後に導入されたのは、例えば、一七七三年ヴュルテンベルク、一七八四年クールザクセン、一八〇七年バーデンにおいてである。

（26）一八二四年以来のプロイセン法令全書 preuß. G. S. において、索引の中で "Feuer＝Societäts＝Reglements"〔火災組合業務規程〕の表題の下に示されている諸法律を参照せよ。また、フォン・レンネ v. Rönne II, 2. 384 f.、ウェーバー Weber, Handb. 318 f., Suppl. 86 f.、フォン・レーデン v. Reden, Erwerbs＝u. Verkehrsstatist. III. 2160 f.、フランツ Frantz, der preuß. Staat I. 889 f.〈同時にその他のドイツ諸国の諸命令を報告している〉フォン・ヒュルフェン v. Hülfen l. c. S. 327-329、を参照せよ。

（27）ドイツおよびスカンジナヴィアの外には、ただスイスのいくつかのカントン〔州〕だけが、今世紀〔十九世紀〕において、カントンのラント保険（Landesversicherungen）（十七、そのうちの十六は義務的）を設立してきている。Hülfen l. c. S. 328.

（28）プロイセンにおいては、あらゆる地方の、ラントの、そして、都市の火災保険組合（Feuersocietät）が〈その下にいくつかの部門の諸管理部が立つところの〉一つの総管理部（Generaldirektion）を有している。それに加えて、しかし、しばしば、政府と地方の火災探知の特別委員たちおよび代表委員たち、業務の執行のためのクライス管理部、家屋台帳（Kataster）、土地登記簿（Grundbücher）および目録（Tabelle）、建物の評価、損害の査定、支払等の処理が、加わっている。すべてのこれら諸機関は、公的な行政諸官庁として、最終段階においては、内務省（Ministerium des Innern）に属している。

（29）たんなる動産保険のための国家諸営造物（Staatsanstalten）もまた、登場した。一七八四年のクールザクセンの火災金庫（Brandkasse）（Cod. August. II, 2. 842）がそうであるが、それは一八一九年（G. S. S. 16）に解散された。

（30）一七六九年（N. C. C. M. IV. 6292）のクールマルクの牧師たちの保険社団（Versicherungsverein der Prediger）はそうである。それは、四〇〇ターレルまでのあらゆる完全な動産が引き受けられたことによって、まだ極めて不完全なものであった。すでに早期からゴータにおいて類似のものが〔存在した〕。Hülfen l. c. 327.

（31）聖職者および教師たちのための六つのそのような諸社団、および、労働組合員、商人および市民のための六つのその他の諸社団についての、Zeitschr. des kön. preuß. statist. Büreau's, Jahrg. 1862 S. 123. における報告を参照せよ。

（32）Hülfen l. c. S. 325. Dieselbe Zeitschr., Jahrg. 1862 S. 121 f.

（33）Roscher l. c.

(34)　イギリスにおいては一六九六年に、フランスにおいては一七五四年に、最初の相互組合（gegenseitige Gesellschaft〔相互会社〕）が設立された。ドイツにおいては、最古のかなり大きな相互諸組合（Gegenseitigkeitsgesellschaften）――一七九五年九月二四日のハンブルクの住民の連合体、一八〇〇年のブレーメンのそれ、一八〇一年のノイブランデンブルクにおけるメクレンブルク動産火災保険組合〔会社〕（die Mecklenburg. Mobiliarbrandversicherungsgesellschaft）――は、まだ一定の地区に拘束されていた。同様であるのは、二つのベルリンにおける社団（一八一二年）、この基礎に基づいてノイブランデンブルク組合〔会社〕から切り離されたシュヴェート（一八二六年）およびギュストロフ（一八五三年）における諸支部、マリーエンウェルダーにおけるおよびシュトルプ（一八四〇年）、グライフスワルト（一八四一年）、ケーテン（一八三二年）における諸組合〔会社〕、などである。普通ドイツ的性格を有する最初の相互組合〔会社〕は、ゴータにおける火災保険銀行（Feuerversicherungsbank）（一八一九年）であった。多かれ少なかれそれを模範としたのは、ノルデン（一八二七年）、ロストック（一八二七年）、アルトーナ（一八三〇年）、ウィーン（一八二八年）、デュッセルドルフ（一八四〇年）などにおける諸組合〔会社〕であった。すべてのこれらの諸組合〔会社〕の歴史と組織体制に関しては、マージウス Masius S. 9-77. を参照せよ。

(35)　ドイツにおける最古の火災保険株式会社〔組合〕は、一七七九年の第五ハンブルク保険会社（die fünfte Hamburger Assekuranzkompagnie）、その後、一八〇八年にはブレーメンにおいて、一八一二年にはベルリンにおいて、一八二二年にはトリエストにおいて、一八二四年にはヴィーンにおいて、同じ目的の株式諸社団（Aktienvereine）が、一八二三年にはエルバーフェルトにおける祖国火災保険組合〔会社〕（die vaterländische Feuer=Versicherungs=Gesellschaft）が、一八二五年にはアーヘン＝ミュンヘン〔火災保険組合〕が、一八三四年にはカールスルーエにおけるフェーニックス（der Phönix in Karlsruhe）が、一八三八年にはコローニア（Kolonia）、一八四三年にはボルーシア（Borussia）、一八四二年にはフランクフルト〔火災保険組合〕、一八四三年にはマクデブルク〔火災保険組合〕など〔が続いた〕。歴史と組織体制については、マージウス Masius S. 97-176. において〔参照せよ〕。

(36)　業務範囲の比較をヒュルフェン Hülfen S. 329-343 において、そして、対立の意味に関する適切な諸指摘を、同 S. 343-348. において〔参照せよ〕。

(37)　例えば、株式に基づいて設立されているライプチッヒ火災保険公社（die Leipziger Feuerversicherungsanstalt）（Masius S. 77 f.）は、それがより長期の期間に向けられた被保険者たちに純利益についての持分を委ねていることをとおして相互会社ではなく、そして、逆に、ライプチッヒ火災保険銀行（die Leipziger Brandversicherungsbank）（ib. S. 87 f.）は、〈それが同時に保険料取引（Prämiengeschäft）を締結し、そして、そこからの利益と損失を相互に保険された利害関係人の間で分配する場合に〉、その内部的有機的組織に従うとき、生業組合（Erwerbsgesellschaft）ではない。

（38）Masius S. 174 f. Roscher, System II. §476. S. 167.

（39）Masius S. 348-388.

（40）相互的なラント保険（Landesassekuranzen auf Gegenseitigkeit）は、例えば、一八二三年アンハルトのために、一八二三年ザクセンのために、一八三〇年ヴュルテンベルクのために、一八三三年ハノーファーのために、一八三三年バイエルンのために、一八三八年リッペのために、一八四〇年クールヘッセンのために、設立された。″シュレスヴッヒ＝ホルスタインおよびラウエンブルク公国の貴族諸財産と諸修道院のための雹〔ひょう〕保険組合 Eine Hagelassekuranzgesellschaft″は、一八一八年以来、キールにおいて存在している。ドイツ全体のために最初に数えられるのは、一八二九年以来、プロイセンにおける雹損害保険銀行であった。類似して、一八四五年エルフルトにおけるそれ。雹保険のための個々の諸相互組合の歴史と組織体制は、Masius S. 188-348. において〔参照せよ〕。Weber l. c. 330 f., Suppl. 92. Gengler S. 700 Note 18. をもまた〔みよ〕。

（41）この種のプロイセンの諸組合（Gesellschaften）は、例えば、G. S. v. 1853 S. 955, 1854 S. 192, 1855 S. 188, 1856 S. 724, 1859 S. 8. 104, 1864 S. 532.

（42）牛類および馬のためのライン＝ウェストファーレン保険組合（die rheinisch=westphälische Versicherungsgesellschaft für Rindvieh und Pferde）（Preuß. G. S. v. 1848 S. 99）は、そうである。

（43）マージウス Masius S. 389-475. ロッシャー―Roscher l. c. §477. を参照せよ。地区の地方的諸境界を越えて、一八三四年のドイツのためのライプチッヒ家畜保険組合（Masius 392 f.）は、最初に努力したが、しかしそれは、一八三九年まで存続したのみであった。一八三九年のヴュルテンベルク家畜保険社団、一八四三年のフランクフルトにおける″ツェレス″。一八四〇年のハンブルクの〔家畜保険社団〕。マクデブルク（Stat. in d. G. S. v. 1855 S. 188）、ケルン＝ミュンスター、などの〔家畜保険社団〕。

（44）それゆえフリードリッヒ二世は、一七六五年一一月二四日と一七八三年二月一五日の業務規程をとおしてシュレージエンにおいて相互的家畜保険のための強制諸団体を設立した。それらの諸団体を一八四一年六月三〇日法律（G. S. S. 285）は、〈それがあらゆる政府地区のために牛類ペストに対する保険組合（eine Versicherungsgesellschaft gegen Rindviehpest）（§3）を加入強制（§5）をもって命令したことによって〉地方（Provinz）のために一般化した。経営管理は、被保険者たちのあらゆる参加なしに、諸政府のもとにある（§11）。プロイセン地方のための二つの類似の諸団体が、一八四五年六月二一日のC. O.（G. S. S. 161）をとおして形成されている。

（45）以下のものを参照せよ。Roscher l. c. Masius 410 f. 460 f. そこ〔マージウス〕には、三つの《ゾーリンゲン地区におけるライヒリンゲン》、シュライデン、そして、プフォルツハイムの〉家畜保険社団が印刷されている。Anschütz, Mitth. des landw. Inst. Halle 1865 S. 156. 157. さらにウェストファーレン地方の Ob. Präs.〔長官〕によって一八三五年三月二〇日に推薦された、諸ゲマインデのための牛類保険社団の定款草案を、フォン・カンプツ v. Kamptz, Ann. XIX. 89. において見よ。さらに、Maiheft der landw. Jahrb. f. Ostpreußen v. 1864. における、新たな定款。Gengler S. 701 Note 19 および、とくに v. d. Goltz, die Association zum Zwecke der Viehversicherung, i. d. Zeitschr. des landw. Ver. f. Rheinpreußen 1866 S. 120-128. の論文をもまた、見よ。

（46）例えば、〝プロイセン抵当保険株式会社〔組合〕Preußische Hypothekenversicherungs=Aktiengesellschaft〟（G. S. v. 1862 S. 214）。――それでもなお、相互的商品信用保険（gegenseitige Waarenkreditversicherung）の試みもまた、商人間で行われている。Endemann, Z. f. d. ges. H. R. IV. 209. H. R. S. 848 Note 22.

（47）Zeitschr. des kön. preuß. statist. Büreau's 1866 S. 294 f. 1867 S. 171 f. における、〝事故保険 Unfallsversicherung〟に関するエンゲル Engel の諸論文を参照せよ。

（48）生命保険（Lebensversicherung）の歴史については、マージウス Masius S. 466 f. を、〔生命保険〕契約者間の法律関係に関しては、シュタウディンガー Staudinger, die Lehre vom Lebensversicherungsvertrage. Erlangen 1858. ベーゼラー Beseler S. 540 f. エンデマン Endemann, H. R. §176. を参照せよ。

（49）より古い〔生命保険株式〕会社〔組合〕の歴史と制度を Masius S. 535-554. において〔みよ〕。その後に加わったもの〔生命保険株式会社〕は、それらがプロイセンにおいて営業する限りでは、ブレーマー Brämer, das Lebensversicherungswesen in Preußen, in der Zeitschr. des statist. Büreau's, Jahrg. 1867 S. 50 f. の論文から明らかとなる。一八二八年のリューベックにおけるドイツ生命保険組合〔会社〕（Masius S. 534）、一八三六年のベルリン〔生命保険組合〕（ib. 542）、一八四五年のフランクフルト〔生命保険組合〕（ib. 534）のような、いくつかの生命保険組合〔会社〕は、被保険者たちに一定の配当率（Gewinnrate）を与えている。

（50）生命保険相互組合〔会社〕（一八二九年ゴータの、一八三一年ライプチッヒの、一八三一年ハノーファーの、一八四〇年ウィーンの、一八四一年ブラウンシュヴァイクのそれ、ハンブルクにおけるハルモニア）の歴史と制度を Masius S. 505-535. 559. においてみよ。ペールス Pöhls IV. 322-348. ホプフ Hopf i. d. deut. Vierteljahrsschr. 1852 S. 366 f. ブレーマー Brämer l. c. S. 52. を参照せよ。

（51）ボーデン Boden, über Einrichtung der Sterbekassen. Celle 1787. を参照せよ。S. 27 によれば、それらは〝閉鎖された組合 geschlossene Gesellschaften〟であるが、それでもしかし、本質的には営造物として取り扱われている。最近の死亡金庫（Sterbekassen）に関しては、シュネル Schnell, sociale Privathilfe S. 54 f. およびそこに報告されている定款。牧師と学校教師のためのプロイセン死亡金庫諸社団（Preußsche Sterbekassenvereine für Prediger und Schullehrer）は、フォン・レンネ v. Rönne II, l. 408 Note 1 において、司法官吏のためのそれは、同所 ib. 409 Note 2 および J. M. Bl. v. 1844 S. 78, 1845 95. 128, 1860 143. における諸定款。その他のその種の諸社団は、ウェーバー Weber l. c. 816 f. Suppl. 228 f. において。死亡金庫の概念に関しては、preuß. C. O. v. 29. Sept. 1833（G. S. S. 121）。――イギリスの友愛組合 friendly societies（Masius 482. 569, Engel l. c. 114 f.）においても、我々の労働者階級の〈強制された、そして、大部分は自由な〉援助諸社団においても、同時にひとつの死亡および埋葬金庫（Sterbe=Begräbnißkasse）が含まれているのがつねである。

（52）イェーニッヒェン『寡婦たちの諸金庫について』Jenichen, de fiscis viduarum, Lips. 1703. を参照せよ。そこでは S. 51 f. に、一六一八年以来設立された諸金庫とそれらの諸定款の目録が〔ある〕。ゲプハルト Gebhard, über Witwen= und Waisen= Pensionsanstalten. München 1844 Th. I. プロイセンに関しては、ひとは、とくに〈C. O. v. 27. Febr. 1831（G. S. S. 3）をとおして文官に制限された〉プロイセンの〝一般寡婦扶助公社〟（preußische Allgemeine Witwenverpflegungsanstalt）に関しては、フォン・レンネ v. Rönne II. l. 406-408 を、牧師たちと教師たちの特別の寡婦および孤児の扶養諸施設に関しては、v. Rönne l. c. 408 Note 9 und Unterrichtswesen I. 552-556 を、大学の寡婦と孤児金庫に関しては、同 ib. II. 505 f., Weber 173 を、鉄道諸会社のその諸官吏のための扶助および死亡諸金庫に関しては、Reskr. v. 9. Sept. 1843（M. Bl. d. i. V. 1843 S. 265）を〔参照せよ〕。

（53）Gebhard l. c. S. 61 f. 84 f. を参照せよ。プロイセン一般寡婦扶助公社もまた、もともとはあらゆる人に開かれていた。Reglem. v. 28. Dec. 1775（N. C. C. V. 381）。しかしそれは、一八一二年に破産した。

（54）例えば、一七五〇年のカッセル自由組合（eine Kasseler freie Gesellschaft）に関しては、Gebhard l. c. §3 S. 5 を、一七五四年のブレーメン寡婦扶養組合（Witwenversorgungssocietät zu Bremen）に関しては、ib. §5 S. 6 f. を、一七七三年にプロイセンにおいて国王の承認をもって成立されたが、しかしただ三年間だけ存在したに過ぎない市民官吏組合（Civilbeamtengesellschaft）に関しては、ib. §9. を参照せよ。ラントシャフトによって損害担保された組合は、一七六七年にカーレンベルクにおいて成立した。Ib. §7 S. 9 f. とくに古くて数多いのは、牧師と学校教師たちの間での寡婦たちと孤児たちの自由な諸組合である。例えば、選ばれた代表者たちと諸委員会によって管理されるバイエルン学校教師寡婦諸組合（die bairischen Schullehrerwitwensocietäten）に関しては、Gebhard S. 96-113. を、プロイセンに関しては、Weber l. c. 813 f. を参照せよ。株式寡婦制度（Witweninstitut auf Aktien）は、すでに一七七七年にハンブルクにおいて設立された。Gebhard §13 S. 42. ――より一般的な自由または強制の生活扶助諸団体のこの側面に関しては、以下を参照せよ。

（55）〈そこでは、同時により早期の一部は不十分な、一部は一面的な諸見解が見出されるべきである（441-448）ところの〉プファイファー Pfeiffer, die rechtl. Verhältnisse der Witwenkassen, Z. f. D. R. IX. 440 f. もまた、公的営造物、生業企業、そして、ゲノッセンシャフトという、三つの主要な種類を区別している。より後者のものを、彼は、もちろん厳格にローマ法的な人々のウニヴェルシタス（universitas personarum）と構成している。S. 450-486.

（56）相互諸組合〔会社〕によっても、また。例えば、マージウス Masius 510. 520 §11. 527. 530. 537 f. を参照せよ。一八四〇年のヴィーンにおける普通相互資本＝年金保険＝公社（Die allgemeine wechselseitige Kapitalien= und Rentenversicherungs=Anstalt）S. 559 は、六部門、すなわち、1．資本保険社団（Kapitalversicherungsverein）、2．死亡事故のための資本保険社団（Kapitalversicherungsverein für den Fall des Todes）、3．終身年金制度（Leibrenteninstitut）、4．普通退職年金制度（Allgemeines Pensionsinstitut）、5．子供扶養公社（Kinderversorgungsanstalt）、6．相互扶養公社（Wechselseitige Versorgungsanstalt）、を含んでいる。

（57）例えば、一八四四年三月二二日のベルリン年金および資本保険銀行（Masius 554 f.）、および、異なる諸年次組合（Jahresgesellschaften）の標準に従って増加する年金を保証する年金および扶養公社（1825 in Wien, 1833 in Stuttgart, 1839 in München）は、そうである。Ib. 675 f.

（58）トンチン年金保険（Tontinen）もまた、国家の営造物として登場した。例えば、ハンブルクにおける普通扶養トンチン年金保険（die allgemeine Versorgungstontine）がそうである。Pöhls l. c. 66 f. 348-351. ――イギリスにおいては、国の生命保険および年収制度は、郵便と結合されている。Ges. v. 1864 (26 et 27 Vict. c. 14)。――ベルギーの老齢扶養金庫に関しては、シュネル Schnell l. c. S. 75. 76. を参照せよ。

（59）例えば、五十歳から確定した退職年金を保証している、相互性に基づいて設立されたブレスラウの老齢扶養公社はそうである。Masius S. 556 f。さらに、一八三七年のプロイセン寡婦、退職年金および扶養公社、一八三五年のバーデンのための相互的扶養公社、一八四一年のザクセン、一八四三年のハノーファー、一八四四年のダルムシュタットなど。Masius 678 f. Weber 811 f.

（60）シュルツ Schulz, über Versorgungs= und Aussteuerkassen. Berlin 1822.（金庫条例 Kassenordnung S. 6 f.）。子供たちをもしかするとあるかもしれない困窮から保護するために、あらゆる結婚した構成員が出資をしなければならないところの、ケルンにおける保証金庫に関しては、ウェーバー Weber l. c. Suppl. 229。〝子供扶養金庫〟は、子供が一定の年齢に達するときは、一定金額を支払う。

(61)　Endemann, H. R. S. 855.

(62)　Engel, Zeitschr. des statist. Bür. 1866 S. 294 f. 1867 S. 171 f.

(63)　これには、国家（プロイセンに関しては、Rönne II, 2. §302 S. 392-402）、諸ゲマインデ、諸ケルパーシャフト、諸鉄道などの「すべての」公務員退職年金諸公社（Beamtenpensionsanstalten）が、属する。

(64)　レンネ Rönne l. c. 402 Note 2, 404 Note 5. 6, 405 Note 1-3. における、プロイセンからの諸例。

(65)　例えば、J. M. Bl. v. 1843 S. 162 f., 1855. 46, 1860 263. における、フランクフルト、ハム、パーダーボルンにおけるプロイセンの弁護士たちの任意の退職年金諸社団の、国家によって承認された諸定款、および、推奨する訓令（das empfehlende Circ. Reskr. ib. S. 262.）を参照せよ。

(66)　その後しばしば模倣されることになった疾病者社団（Krankenverein）を、シュルツェ Schulze は、デリッチュにおいて一八四九年に、次のような形で設立した。すなわち、あらゆる構成員は、年齢に従って段階づけられた加入金および定期的な分担金と引換えに、疾病の諸場合における無償での医師の措置と医薬品を求め〔る請求権を取得し〕、さらに、しかし、継続する労働無能力の間、構成員地位の期間に従って三つの固定した率へと段階づけられて運用される生活扶助を求める請求権を取得する、と。その社団は、委員会（Ausschuß）と並んで、一つの選ばれた理事会（Vorstand）によって指揮される一方、その主たる機関は、多数決によって決議する総会（Versammlung）である。その社団とは、金銭の分担金をとおして確保される死亡金庫（Sterbekasse）が結合されているが、しかし死亡金庫への参加は随意である。プファイファー Pfeiffer 125. 126. ——多くのその他の疾病者諸社団（Krankenvereine）および傷痍軍人諸社団（Invalidenvereine）に関しては、ミラー Miller, die deut. Arbeiterbewegung. Leipz. 1863. において〔参照せよ〕。マッシャー Mascher S. 393 f.、シュルツェ Schulze, die arbeit. Klassen S. 31 f.、シュネル Schnell S. 114 f. を参照せよ。職人疾病者金庫（Gesellen=Krankenkasse）の定款を、シュネル Schnell S. 61 f. において、疾病者日雇人金庫の定款を、同 ib. 119 f. において〔参照せよ〕。

(67)　上述、第六十八章、注(31)ないし(33)を参照せよ。

(68)　カルステン Karsten, Urspr. des Bergregals S. 31. によれば、最も古い鉱夫組合金庫（Knappschaftskasse）は、ランメルスベルクの鉱夫たちの自発的な運動に基づいて一五三八年にゴスラールのラートをとおして設立された。その後の鉱山諸条例は、徹底して鉱山所有者たちの出資義務を確定し、そして、金庫を強制的営造物として有機的に組織している。例えば、Wagner. C. J. Metall. S. 9. 104. 365. 404. 492. 829. 961. 1030. 1047. 1048. 1265. 1267. 1289. 1312. 1325. 1388. 1424. より新しい諸法律は、諸鉱夫組合を一般に有機的に組織してきている。Oesterr. Bergges. §210 f. Großh. sächs. §99 f. Preuß. Ges. betr. die Vereinigung der

Berg=, Hütten=, Salinen= und Aufbereitungsarbeiter v. 10. April 1854 (G. S. S. 139), それに代わって現在では Bergges. v. 24. Juni 1865 の §§165-185 が登場している。一つの鉱夫組合社団の地区において従事する当該カテゴリーのすべての労働者たちの強制的構成員性が確立され、そして、彼らから彼らの賃金の割合に従う出資金が徴収される一方、鉱山所有者たちは、原則として、出資金の半分を担わなければならない。諸社団は、法律的人格の権利（Recht der juristischer Persönlichkeit）、および、差押と執行に関する特別の諸特権を有する。諸社団は何を諸構成員に保証しなければならないかは、定款がこれを定めている。すなわち、最小限のものとしては、プロイセンにおいては、完全な権利を有する諸構成員のためには、疾病事故における自由な治療と投薬、重大な過失なく生じた疾病あるいは労働不能の場合における疾病者手当てあるいは終身の廃疾者扶助、埋葬費用、再婚または死亡に至るまでの寡婦の扶助、および、十四歳に至るまでの孤児の扶養が、確定されている。官憲的に確定された定款は、〈社団の管理を選ばれたがしかし認可された鉱夫組合幹部（Knappschaftsvorstand）および認可された諸官吏（Beamte）に、官庁の監督のもとに、委ねることを常とするところの〉組織体制を規定している。最新のプロイセンの鉱山法律は、これとは反対に、ゲノッセンシャフト的な自律と自己管理に、ここでもまた、再びより大きな活動の余地を与えてきている。なぜなら定款は、鉱山施設占有者たちおよび一つの選ばれた労働者委員会によって作成されるが、しかしその認可は、ただ〈それが法律に違反している場合にのみ〉拒絶されることが許されるからであり（§169）、そしてその規定は、定款変更の場合においてもまた妥当するからである（§170）。経営管理は、しかし、上級鉱山局（Oberbergamt）の監督のもとに、〈鉱山施設所有者たちから半数、総体を代表する鉱夫組合の長老たちから半数、選出される〉鉱夫組合幹部をとおして、鉱夫組合の長老たちの関与とコントロールのもとで、行われる。その場合、この代表者委員会と幹部との間には、現代のゲノッセンシャフト一般におけるのと類似の関係が、見られるのである（§178-186）。

（69）　フーバー Huber, Staatswörterb. I. 466 f.、プファイファー Pfeiffer l. c. 85 f.。イギリスの友愛組合（friendly societies）によって追求された諸目的の大きな多様性は、とくに、エンゲルス Engels l. c. 1861 S. 114-117. および、ルドロウとジョーンズ Ludlow und Jones l. c. S. 90 f. の諸報告から明らかになる。ドイツの生活扶助ゲノッセンシャフトについては、シュネル Schnell, sociale Privathilfe S. 54 f. und ein Statut S. 70 f. auch S. 151 f.。

（70）　ある意味においてこのことは、ハンブルク銀行において問題となる。マルクアルドゥス Marquardus, de mercator., Anh. S. 586 f. における、Hamburger Banko=Ordn. v. 31. Dec. 1639〔一六三九年一二月三一日のハンブルク銀行条例〕、ヒューブナー Hübner II. 114-119. における、その後の歴史と制度を、参照せよ。銀行は、〈それらの中の一人が毎年退任するところの〉五人の市民たちの一つの同僚団（Kollegium）をとおして、ラート代議員たちの参加のもとに管理される。

(71) それゆえ、例えば、パリにおいては、構成員たちの間で諸信用証券（Kreditscheine）を流通させるために、兄弟的諸連合のユニオン（union des associations fraternelles）が計画された。ベッヒャー Becher l. c. S. 126.

(72) プロイセン（vgl. Ges. v. 2. März 1850 über die Errichtung von Rentenbanken (G. S. S. 112); レッテとフォン・レンネ Lette u. v. Rönne, Landeskulturgesetzgebung II, 1. 519 f. および、フォン・レンネ v. Rönne, Staatsr. II, 2. 218 Note 1 そこではすでに早期に存在している個々のラント諸部分の償却諸金庫（Tilgungskassen）もまた証明されている。フランツ Frantz l. c. 245 f.）、ザクセン、ハノーファーなどにおいて、そうである。ロッシャー Roscher, System II. §123 S. 351. ヒューブナー Hübner, Banken I. 107. II. 470.

(73) Hübner I. 105 f. Roscher l. c. §136 S. 381. Staatswörterb. V. 303 f. Brämer, die Grundkreditinstitute in Preußen, i. d. Zeitschr. des kön. preuß. statist. Büreau's. Jahrg. 1867.

(74) この種の国家諸営造物は、しばしば外国において存在している（ヒューブナー Hübner II. 218 f. 232 f. によれば、ロシアにおいては一七五四年以来貴族のために、一七八六年の帝国貸付銀行 Reichsleihbank が、一八四五年以来ポーランドのために、多数の農民銀行などが）。しかし、例えば、一八四二年六月一八日以来、ハノーファーの年金銀行（Rentenbank）と結合された内閣によって管理されるラント信用公社（Landeskreditanstalt）（Hübner II. 405 f.）、または、シュレージエンのための〈一八三五年六月八日の命令（G. S. S. 101）をとおして国家基金からの無利息の貸付金に向けて設立された（§4）、コルポラチオンの諸権利を付与された（§1）、特別の国家の官庁をとおして管理された〉王国信用制度（königl. Kreditinstitut）も、何ら異なるものではない。一八四〇年一月二二日のナッサウラント銀行（Nassauische Landesbank）、一八三二年六月二三日のクールヘッセンにおけるラント信用金庫（Landeskreditkasse）も、同様である。〈非構成員に対してもまた貸付を与え、紙幣を発行し、そして、《銀行制度の資本を拠出した》階級団体（Ständekorpus）によって管理されるところの〉階級的銀行制度の一例を提供するのは、一八四四年のブディッシンのラント階級銀行（landständische Bank zu Budissin）である（Revid. Stat. v. 17. Apr. 1850. sächs. G. S. S. 103）。市町村の担保証券公社（Pfandbriefsanstalten）に関しては、以下、注(95)を見よ。

(75) 例えば、一八六四年五月二日の第一プロイセン抵当権株式会社〔組合〕（die Erste Preußische Hypothekenaktiengesellschaft）、一八六四年五月一八日のプロイセン抵当権株式銀行（Preuß. Hypothekenaktienbank）（G. S. S. 241. 285）、一八六六年一〇月一日のコェスリンにおけるポンメルン抵当権株式銀行（die Pommersche Hypothekenaktienbank）、フランクフルトにおける抵当権株式銀行、などの諸定款を参照せよ（Brämer l. c. S. 226 f. 231.）。とくにバイエルン抵当権および手形銀行（die bairische Hypotheken=Wechselbank）、それからマイニンゲン、ワイマル〔のそれ〕などのような、より古い諸株式銀行もまた、同時に、それと並んで抵当権銀行である。

（76）　消費貸借（Darlehen）を大部分無利息で行ったそのような諸社団は、とくに一八四八年以来、多数成立した。それゆえ一八四八年以来、ベルリンにおいて、諸貸付を与えるところの〝小規模な手工業者たちと工場主たちの間の困窮の援助のための婦人社団〟（Frauenverein zur Abhilfe der Noth unter den kleinen Handwerkern und Fabrikanten）が存在している。シュネル Schnell, sociale Privathilfe S. 34. における、市民援助社団（Bürgerhilfsverein）の定款を参照せよ。

（77）　より古い質屋（Leihhäuser）（慈悲の山 montes pietatis）に関しては、スカッチア Scaccia, de commerc. S. 75 f.（スカッチアは、それらの財産を〝貧者たちのウニヴェルシタス〔貧者団体 universitas pauperum〕〟の所有物と説明している Nr. 449 S. 76°）、マルクアルドゥス Marquardus S. 496 Nr. 32 f. u. ordinatio et capita des Leihhauses in Hamburg ib. Anh. 496 f.、ベルク Berg, Polizeirecht I. 379 f. u. Leihhausordnungen f. Dresden v. 1786, f. Gotha v. 1783, f. Aschersleben v. 1776 ib. V. 948 f. 962 f. 987 f.、ゲングラー Gengler 284 f.、モール Mohl, Polizeiwiss. I. §58、を参照せよ。質屋は、ハンブルク、一七六五年のブラウンシュヴァイクのそれのように（Hübner II. 113 f.）、あるいは、海上取引によって設立され、そして従って間接的に国家的なベルリンにおける王国公設質屋（Leihamt）（Stat. i. d. G. S. v. 1834 S. 23-29）のように、国家の営造物として登場している。通常は、しかし、それらは、都市的であり（vgl. d. preuß. K. O. v. 28. Juni 1826 G. S. S. 81.）、そして、しばしば貯蓄金庫（Sparkassen）と結びついている。

（78）　多数の貸付または消費貸借金庫は、国家、市町村またはコルポラティフ〔団体的〕な貯蓄営造物（Sparanstalten）と結びついている。例えば、一八五四年一一月二八日のホーエンツォルレルン＝ジグマーリンゲン貯蓄および貸付金庫（Spar= und Leihkasse zu hohenz. Sigmar.）（G. S. S. 285）の定款を参照せよ。土地占有者に対する諸貸付のための特別のケルパーシャフト的な制度は、例えば、一八四八年一一月一三日のシュレージエン・ラントシャフト消費貸借金庫（G. S. S. 410 f.）、地方的制度である、一八五四年一二月五日のブレスラウにおける、シュレージエン地方のための〈地方によって経営基金および補償基金をもって装備され、損害担保され、そして、管理された〉階級的貯蓄および消費貸借金庫（G. S. S. 609 f.）である。

（79）　主として公益的諸企業（gemeinnützige Unternehmungen）のために消費貸借を与える、プロイセン地方援助金庫（die preußischen Provinzialhilfskassen）はそうである（最古のそれは、ウェストファーレンにおいて一八三一年）。Staatsanz. v. 1854 S. 213. Frantz 894. v. Rönne II, 2. 131 Note 2. 国家諸手段から基金を寄付されて、それらは、地方の階級的諸委員会の諸長官の監督のもとに、管理されている。――とくに農民的占有者たちへのラントの土地改良のための諸貸付の保証のために特定された土地改良基金（Meliorationsfonds）も、類似している。v. Rönne l. c. 240 Note 2. Frantz 898. v. Reden 2164 f. におけるそれらの諸定款の報告。――家畜供給金庫に関しては、Rau, Lehrb. §120b。

(80) 鉱山業一般の促進のためをも個々の鉱山占有者たちへの消費貸借のためをも目的とした六つのプロイセン鉱山援助金庫(Bergbauhilfskassen)(Berggewerkschaftskassen 鉱山組合金庫、Schürfgelderkassen 試掘資金金庫)は、そのための一例である。それらは、それらの基金(Fonds)が鉱山業占有者たちの規律された諸分担金と諸公課をとおして徴収され、一八六三年までは鉱山諸官庁によって管理されたが、一八六三年六月五日の法律(G. S. S. 365. 鉱山法 Bergg. §245. の後も効力を維持)をとおして、それにもかかわらず、参加する占有者たちに譲渡されている。これらの金庫は、定款を確定しているが、それでもしかし、定款の確定のためならびに変更および廃止のためには、大臣の承認を必要とする(§1. 2)。この定款の基準に従って、金庫利害関係者たちは、〈総会(Generalversammlung)(§5. 6.)と選ばれた理事会(Vorstand)(§4)をとおして、鉱山局(§7. 8)の特別委員の監督のもとに、それらの諸案件を管理するところの〉ひとつのコルポラチオンを構成している(§1)。

(81) Vgl. Roscher, System II. §133 S. 374 f. u. im Staatswörterb. V. 298 f. Hübner, die Banken I. 106 f. v. Bülow=Cummerow, über Preußens landwirthschaftl. Kreditvereine. (2. Aufl. Berlin 1843). Bes. S. 24 f. v. Rönne II, 2. 244 f. Beseler §97 S. 389 f. Brämer l. c. S. 215-226.

(82) Vgl. die K. O. über die Grundzüge u. das Schlesische Landschaftsreglem. v. 9. u. 15. Juli 1770 b. Rabe I. 81; Kreditreglem. der Kur= und Neumärk. Ritterschaft v. 15. Juni 1777 b. Mylius, N. C. C. V. 678, v. Berg l. c. V. 494-753; f. Pommern v. 13. März 1781 b. Rabe II. 1 f.; f. Westpreußen v. 19. Apr. 1787 ib. 243 f.; f. Ostpreußen v. 16. Febr. 1788 ib. 474; f. Posen v. 1821 (G. S. S. 217)。さらに、v. Rönne l. c. 246 Note 2. において報告されている、多数のその後の、プロイセン法令全書(G. S.)における諸集成、諸変更および諸追加。――それから、ベルク Berg l. c. 753-869 における、一七八二年一二月一〇日の〝ハンブルク市とその地域における諸相続人と土地のための信用金庫〟の〝組織体制条項〟、一七九一年のリューネブルク侯国の騎士階級信用制度の定款 ib. 869 f. ――さらに、一八〇三年のレファールのエストニア貴族信用金庫(esthländische Kreditkasse zu Reval)、〈一八一一年のシュレスヴィッヒ=ホルスタインのための、一八一八年のメクレンブルクのための、一八二三年のグローニンゲンのための、一八二五年のカーレンベルク=グルーベンハーゲン=ヒルデスハイムの、一八二六年のブレーメンとフェルデンのための、一八二五年のヴュルテンベルクのための〉信用諸社団の、歴史と組織体制に関しては、ヒューブナー Hübner, Banken II. 229 f. 110 f. 405 f. 408 f., Roscher l. c. Brämer l. c. S. 231 f.〔を参照せよ〕。最後に、一八四四年四月二六日のザクセンにおける世襲領騎士階級信用社団の諸定款(Zusätze v. 7. Mai 1850, G. S. S. 99)。――外国の類似の諸社団に関しては、Hübner II. 185 f. 242 f. 440 f.〔を参照せよ〕。

（83）　プロイセンにおいてそうである。いくつかの諸財産を占有する場合に、メクレンブルクにおいても同様である。ここでは、同時に、社団の諸官吏による引受の義務が基礎づけられている。ヒューブナー Hübner II. 111.。ハンブルクの信用金庫（Kreditkasse）は、三つの異なる利害関係者クラス（Stat. v. 1782 art. 2. 19-106.）を区別した。そして、その最後のクラスは、制度によってはじめて相続人を得ようとする人々を包含するが、しかし、「すべての人々に平等の」議決権（art. 15）と平等の選挙能力（art. 15）を与えた。極めて厳格に、人格が、エストニア信用金庫の定款 §4-20. において登場する（ここでもまた、複数の諸財産は複数の議決権を与え「ない」。）。任意代理が、ただ未成年者たちと婦人たちだけに許されるのがつねであることは、構成員地位（Mitgliedschaft）の人的性質と関連している。独特であるのは、ヴュルテンベルク信用社団の規定である。それは、あらゆる構成員に〈代理権をとおしてもまた行使されるべき〉決定的な議決権を認め、債務証書（Schuldverschreibungen）の所持人たちには、しかし、助言的な議決権を認めている。ザクセンにおける一八四四年の世襲領信用社団（der erbländische Kreditverein）は、それが信用保証に関して、諸ヘルシャフト（Herrschaften）、騎士財産（Rittergüter）および農民財産（Bauergüter）を区別するが、しかし、これらの諸クラスに従ってではなく、年々の年金の高に従って一個または数個の議決権（五議決権まで）を与えることによって、原則から非常に大きく隔たっている。

（84）　エストニア信用金庫（§4 f.）およびメクレンブルク信用社団においてそうである。それらにおいては、それにもかかわらず、同様に、すべての諸機関（メクレンブルクにおいては、社員総会 Generalversammlung、検査委員会 Revisionskomité、三人の地区幹部 drei Kreisdirektionen と一人の主幹部 eine Hauptdirektion）が、総体とその選挙から生じている。

（85）　「純粋の」コルポラチオン営造物（Korporationsanstalt）は、例えば、一七九一年の定款によれば、〈それが騎士団体そのものによって管理され、そして、騎士階級の同僚団の任命をとおしてその特別の諸官庁（信用委員会 Kreditkommission §147 f.、補助者たち Assistenten および法律顧問たち Konsulenten §182 f.、会計係 Kassirer §202 f.、登録係 Registrator §202 f.、管理係 Administrator §215 f.）を受け取ることによって〉リューネブルク侯国の騎士階級の信用制度である。――その基金をもまた階級団体から有する、ブディッシンのラント階級銀行も、類似している。

（86）　すでにハンブルクの信用金庫（art. 7-18）が、そうである。その組織体制は、完全に自由に合意された定款（art. 1）に基づいており、そしてその定款は、最高の権力を多数決をもって決議するすべての人々の総会に（art. 15）、指揮を〈それらの一人が毎年退任する〉選挙された七人の取締役の同僚団に、譲渡する（art. 7-14）。ザクセン世襲領信用社団は、社団の諸案件を選挙された一つの理事会 Vorstand、法律顧問 Syndikus、被授権者たち Bevollmächtigte、事務所職員 Büreaupersonal および社員総会 Generalversammlung の間に分配している。ヴュルテンベルクの信用社団は、社員総会と三年間の任期で選任される指揮する委員会 leitender Ausschuß の間に、さらに一つの選挙されるコントロール委員会 Kontrolekommission を知っている。その一方、〔指揮〕委員会は、理事 Direktor と法律顧問 Syndikus を、本来的な執行と対外的な代理行為のために任命する。

(87) 東プロイセンにおいては、すでに一八〇八年に五〇〇ターレル以上の価値における土地が、そして、さらに、東プロイセンの農業的信用団体への農民の土地の起債に関する一八四九年五月四日の通達（Erl.）(G. S. S. 182）が、そうである。カーレンベルク＝グルーベンハーゲンにおいては一八三六年以来、ブレーメン＝フェルデンにおいては一八二六年以来、より大きな農民農場が許された。ヴュルテンベルクにおいては、より小さな土地占有が、もともとはゲマインデの保証の場合に、一八二六年以来は直接に〔許された〕。はじめからザクセンの世襲領社団は、農民農場を許した。

(88) 新西プロイセンラントシャフトは、一八六一年五月三日の定款（G. S. S. 206）をとおしてそうである。それは、〈ラントシャフトから排除された《その財産が一五〇〇ターレルの課税価値に達する》占有者たちにそれへの加入が開かれているが、しかし、西プロイセン一般ラントシャフトの幹部によって、特別の《毎年集合する構成員たちの》より狭い委員会のコントロールのもとに管理される（§37-39）ところの〉独立のコルポラチオンである。

(89) 〈少なくとも五〇〇〇ターレルの課税価値を有する財産のための〉一八五七年五月一三日のポーゼン地方のための新たなラントシャフト信用社団（G. S. S. 326., vgl. G. S. v. 1858 S. 525, 1859 S. 575, 1862 S. 142）、および、〈農業または林業に用いられる、少なくとも五〇ターレルの純利益を有する土地のための〉一八六四年五月三〇日のザクセン地方のラントシャフトの信用団体（G. S. S. 353, dazu G. S. v. 1867 S. 1344）は、そうである。

(90) 例えば、ベルリン担保証券制度の定款 §26-28. を参照せよ。

(91) ヴュルテンベルク信用社団は、すでに一八三一年に責任を二年間の年金に制限した。

(92) 例えば、一八六四年のザクセン信用団体の定款 Stat. des sächs. Kreditverbandes v. 1864 §1. 12; 一八六八年のベルリン担保証券制度の定款 des Berliner Pfandbriefinstituts v. 1868 §2. 7. 12. 15. を参照せよ。

(93) ザクセン地方のラントシャフトの信用団体は、経営管理ラート（Verwaltungsrath 経営管理評議会）が選任する三人の構成員を数える幹部（Direktion）によって経営管理され、そして、対外的に代理される（§5-7）。その一方、全体のコントロールと経営管理の諸案件における決議とは、〈総代理委員（General=Deputation）によって選任される、九人の仲間たちから成る〉経営管理ラートに帰属し（§8. 9）、総体は、しかし、〈総体によって三年任期で選任され、そして、経営管理ラートをとおして強化された〉三十三人の構成員の総代理委員をとおして、代理される（§11. 12）。

(94) 新ポーゼン信用社団は、国家の特別委員の監督の下に、一部分は国王によって、一部分は大臣によって「任命された」幹部（Direktion）をとおして経営管理され（§35. 40-42）、そして、コントロールと総体利益の代表だけが、両債務者クラスの内部で、二つの選ばれた委員会と二つの代表者たちから構成される社員総会によって、行使されるのである（§37. 38. u. Regul. v. 24. Nov. 1859, II. §11）。――一八六五年一〇月三〇日のオーバーラウジッツとニーダーラウジッツのための信用制度は、この地区の市町村階級ケルパーシャフト（Kommunalständekörperschaft）へと依存している。

（95）　一八六八年五月八日のもとに認可された、一八六八年三月一三日の定款。その制度は、コルポラチオンの諸権利（§3）を備える〝土地占有者たちの社団〟（§1）と称され、そして、あらゆるベルリンの土地占有者に加入を自由としている（§4）。それは、しかし、一人の特別の委員をとおして代表されるマギストラート〔市参事会〕の監督（§60. 69）と国家の上級監督（§68. 69. 72）のもとで、マギストラートによって「任命された」幹部（Direktion）（Direktor, Räthe, Bauverständige）をとおして経営管理される（§52-59）、そして、一般的な諸案件に関する決議のため、および、最上位のコントロールのためにのみ、〈三年ごとに行われる、担保証券が発行された土地占有者たちの選ばれた代表委員たちから構成される〉社員総会（§61-63. 67. 68）が存在し、たな卸し、苦情検査、鑑定およびコントロールのためには、毎年集合する同じ方法で選ばれる委員会（§61-63. 65）が存在し、最後に、継続的なコントロールのためには、〈この委員会によって選ばれた、三ヶ月ごとに集合する、六人からなる〉特別委員会（§64）が存在する。

（96）　上述、注(73)ないし注(75)を参照せよ。

（97）　ハルバウアー Hallbauer, über Vorschuß= und Kreditvereine, mit besonderer Rücksicht auf den Kreditverein in Meißen, Leipz. 1857、プファイファー Pfeiffer l. c. 131 f.、シュネル Schnell, sociale Privathilfe S. 20 f.、パリージウス Parisius S. XIII f.、を参照せよ。とくに、しかし、シュルツェ Schulze, Vorschuß= und Kreditvereine als Volksbanken, 4. Aufl. Leipz. 1867, および、そこでの付録において、すなわち、〈ゲノッセンシャフト法律の保護のないこれらの諸社団の形態形成にとって特徴的であるところの〉ベルリン貸付諸社団のための模範定款（S. 257 f.）、〈ザクセン政府からコルポラチオンの諸権利を受け取った〉マイセンの信用社団の定款および業務命令（S. 265 f.）、ならびに、最後に、〈プロイセンのゲノッセンシャフト法律のもとに立とうとする〉貸付諸社団のための模範定款（S. 281 f.）〔を参照せよ〕。これらのそしてその他の諸定款は、協同組合制度雑誌（Blätter für Genossenschaftswesen）においてもまた、公表されている。とくに、さらに、デリッチュにおける貸付社団の修正された定款 Delitzsch, Jahrg. 1867 Nr. 47 und 48. を参照せよ。類似の定款は、Schnell l. c. S. 25. においてもまた〔見られる〕。ラントの諸定款は、以下、注(118)〔を見よ〕。――イギリスの貸付組合（loan societies）については、エンゲル Engel l. c. 1861 S. 116 を、フランスの相互信用組合（soc. de crédit mutuel）に関しては、Almanach de coopération〔協同組合年鑑〕1867 S. 47 f.〔を見よ〕。

(98) 連帯責任（Solidarhaft）の原則の成立と意義に関しては、シュルツェ Schulze l. c. S. 41 f. 212 f.。社団の諸権利を与えられたザクセンの諸社団は、一部分は（マイセンの社団 §39-45 のように）、まず最初は、ただ〈裁判官の共働の下に確定されたそして場合によっては更新されるべき〉分配の基準による持分に従った責任のみを生じさせる。Innung der Zukunft, 1862 Nr. 5.

(99) 一部分は貯蓄出資の形式において、一部分は銀行信用として、一部分は手形と引換えに。詳細は、シュルツェ Schulze S. 55-70. 108-143. において。

(100) 若干の僅かな諸社団は、抵当権信用（Hypothekenkredit）をもまた、引き込んでいる。それに対して、シュルツェ Schulze S. 158 f. は、反対の説明をしている。模範定款 §72. を参照せよ。——ラントの信用諸社団においては、これとは反対に、物的信用（Realkredit）の顧慮が不可欠となる。例えば、アンハウゼンの教区における貸付社団の定款を、ライフアイゼン Raiffeisen, Darlehenskassenvereine S. 193 f. §31. において参照せよ。

(101) Schulze S. 143-175. Normalstat. §1. 2. 9. 11. 12. Meißner Stat. §1. 3. 26. Musterstat. §1. 37. 64-74. ——諸信用の確認と保証は、比較的大きな諸社団においては社団の諸機関に委ねられ、それらの代理権は、しかし、大部分、諸条件、諸最大限度などに関しては、諸訓令をとおして制限されている。しばしば、予め〈それらにおいてあらゆる構成員のために信用の最大限度が固定されているところの〉人的信用能力リストが作成されている。Meißner Geschäftsordn. S. 279-281. Musterstat. §37.

(102) Schulze S. 15. 24 f. 32 f.

(103) Schulze S. 131 f.

(104) ゲノッセンレヒトの取得と喪失に関しては、シュルツェ Schulze S. 32-40、通常定款 Normalstat. §13、マイセンの定款 Meißner Stat. §6-10、模範定款 Musterstat. §49-54、クライス・ビットブルクにおけるラント信用社団の定款（注(118)を見よ）§8. 12。

(105) 通常定款 Normalstat. §6、マイセンの定款 Meißner Stat. §11. 12、模範定款 Musterstat. §55. 56. ビットブルクの定款 Bitburger Stat. §2. 5. を参照せよ。諸社団が預金 Guthaben の任意の増加、または、複数の営業持分を許し、それゆえ経済的な点において、いくつかの構成員の諸クラスが成立することが、散発的に登場する。このことをシュルツェ Schulze S. 89 は、原則に反するものとして非難している。パリージウス Parisius S. 14. を参照せよ。

(106) Schulze S. 73-80. Musterstat. §86 Abs. 2. 異なるのは、Meißner Stat. §46.

(107) ただ二から三までの諸社団だけが、一部金額の引出しを許している。Schulze 91.

(108) Schulze 81-108. Normalstat. §7. 10. Meißner Stat. §27. 30. Musterstat. §57-60. 75-87. Bitburger Stat. §4. 7. 利益分配の場合

には、つねに、ただ実際に払い込まれた額だけが顧慮される。若干の諸社団は、配当金を頭数に従って分配している。

(109) Normalstat. §7. 〝社団金庫に対する関係では、預金 Guthaben は、債務債権（Schuldforderung）の性格を有している。〟 Meißner Stat. §28 Nr. 4.

(110) 社団が存続するときは、それらは、社団に対する債権的諸権利となる。これとは反対に、解散後は、社団所有権（Vereins-eigenthum）の代わりに、頭数に従うゲノッセンの観念的な共同所有権が登場する一方、預金は、財団（Masse）に対する個人的な債権的諸権利となる。それらは、〝社団の解散の場合には、社団の債務のもとに併せて清算されるのであり〟、そして、定款が言うように、〝本来の社団債権者たちにのみ〟劣後するのである。Normalstat. §7. Musterstat. §83-87.

(111) Normalstat. §7. 8, Meißner Stat. §2—4. 28, 最も厳しく Musterstat. §2. 61-63. Bitburger Stat. §6.

(112) このことは、例えば、アイスレーベンの割引組合（Eislebener Diskontogesellschaft）において問題となった。Schulze 53.

(113) Schulze 176 f. Normalstat. §3. 14-16. Meißner. Stat. §32-35. 46. Musterstat. §22. 38-48. 92.

(114) Schulze 180 f. 188 f. Normalstat. §4. Meißner Stat. §13-23. Musterstat. §4-24. Parisius S. 68-73.

(115) Schulze 181 f. Normalstat. §5. Meißner Stat. §24. Musterstat. §25-37. 23.

(116) はじめはより小さな諸社団、例えば、デリッチュの社団において、そうであった。同様に、Normalstatut §3-5. Meißner §13 f. Bitburger §3.

(117) より大きな諸社団においてそうである。Vgl. Musterstat. §25 f. ——貸付社団（Vorschußverein）の有機的組織は、時おり、さらに、独自の諸幹部と諸委員会をもつ、多かれ少なかれ独立した諸部門または諸支店への編成をとおして、複雑化している。Parisius S. l. c. 37. 38.

(118) エルレマイヤー Erlemeyer, die Vorschuß= und Kreditvereine in ihrer Anwendung auf die ländl. Bevölker. im Herz. Nassau. 1863. ティルマンニー Thilmanny, i. d. Zeitschr. des landw. Vereins f. Rheinpreußen 1866 Nr. 5; auch ib. 1864 S. 142 f. 376 f. ライファイゼン Raiffeisen, die Darlehnskassenvereine als Mittel zur Abhilfe der Noth der ländlichen Bevölkerung. Neuwied 1866. シェーンベルク Schönberg l. c. 13 f. を参照せよ。Zeitschr. des ldw. Ver. f. Rheinpr. 1864 S. 134-140. におけるビットブルク地区「クライス」のための信用社団の定款を、同1865 S. 210. でモンジョア（Montjoie）地区のための消費貸借金庫の定款を、ライファイゼン Raiffeisen l. c. 73 f. において、（都市とラントの混合した）ヘッダースドルフの消費貸借金庫社団の定款を、同書193 f. で、アンハウゼン教区における（純粋にラント的な）消費貸借社団の定款を、参照せよ。さらに、〈小規模な家屋および土地占有者たちによって、連帯責任を伴なう「不動産信用 Realkredit」と財産形成のための《社員総会、経営管理ラート、および、

〔三人の構成員による〕ディレクトーリウムによって経営管理される》自由なゲノッセンシャフトとして設立された〉一八六二年八月一〇日のロイブスの抵当権信用社団（Hypothekenkreditverein zu Leubus）の制度を、ブレーマー Brämer l. c. S. 229. において〔参照せよ〕。

(119) ドイツにおいては、諸貯蓄金庫は、一部は、国家制度、一部はクライスまたは階級の制度、一部はゲマインデの制度であり、そして、これらのケルパーシャフトによって損害担保されている。Preuß. Reglem. v. 12. Dec. 1838（G. S. 1839 S. 5）、およびフォン・レンネ v. Rönne II, 2. 129 f. におけるその他のプロイセンの命令を、参照せよ。Die preuß. und übrigen deut. Sparkassen. Herausgeg. von dem Centralverein für das Wohl der arbeit. Klassen. Berlin 1851. Engel l. c. S. 90 f. Schmidt, das Sparkassenwesen. I. Oesterreich und Preußen. Berlin 1863. 公設質屋（Leihanstalten）との関連については、上述を見よ。――一八六三年七月二八日の貯蓄銀行（saving banks）に関するイギリスの法律（26 et 27 Vict. c. 87）は、ミッテルマイヤー Mittermaier i. d. Z. f. d. ges. H.R. VIII. 140 f. によって報告されている。同じ目的を有するイギリスにおけるその他の諸営造物に関しては、エンゲル Engel l. c. 110 f. ルドロウとジョーンズ Ludlow und Jones S. 32. 90 f.

(120) しばしば諸社団によって設立されている（例えば、Sächs. G. S. S.100 f. における一八五〇年五月七日のケーニヒスブリュックの農業社団の貯蓄公社の定款）。それに関しては、Preuß. Reskr. v. 30. Sep. u. 15. Dec. 1839（v. Kamptz Ann. Bd. 23 S. 655. 871）u. 5. Nov. 1856. このような諸貯蓄公社（Sparanstalten）は、対外的には、原則として、貸付社団（Vorschußvereine）でもある。Schulze S. 57 f. Vgl. auch Schnell l. c. 10 f.

(121) Pfeiffer 89 f. 134. Becher 101. Schulze 134.

(122) Vgl. Huber, Staatswörterb. l. c. 479 f.; genossenschaftliche Selbsthilfe 22 f. Engel l. c. 116. Pfeiffer l. c. 74 f. 120 f. 127 f. Derselbe, die Konsumvereine. Stuttgart 1865. Mascher l. c. 703 f. 716. Becher 101 f. 151. Schulze, arbeit. Klassen 99 f.; Jahresbericht f. 1866 S. 10 f. 65 f. Almanach de coopération p. 1867 S. 64 f. Richter, die Konsumvereine. Berlin 1867. Parisius l. c. S. XX f. ラントに対する適用に関しては、Schönberg l. c. 17. 18。――ダンチッヒの消費社団（Danziger Konsumsverein）の定款を、Busch. Archiv V. 61-64, i. d. Abh. v. Koch "über Konsumsvereine" において〔見よ〕。理由書つきの定款草案を Richter l. c. 51 f. で、模範諸定款を Bl. für Genossenschaftswesen 1867 Nr. 31 u. 32 S. 123 f. u. 1868 Nr. 3 u. 4 S. 13 f. で、みよ。

(123) フランスの食料組合（société alimentaire）、イギリスのペニー・ソサイエティーズ、ドイツの貧民救食所（Volksküchen）、食事施設（Speiseanstalten）などは、そうである。連合体への最初の導出を、我々のもとではリートケ（Liedtke）によって設立された貯蓄諸社団（Sparvereine）が含んでいる。それに関しては、Liedtke, Hebung der Noth der arbeitenden Klassen durch

Selbsthilfe, Berlin 1845, bes. Heft 1 S. 40 f.（Statut einer Spargesellschaft 貯蓄組合の定款）; Heft 2 S. 5 f. 45 f.（Brodsparkasse パン貯蓄金庫）。

(124) Vgl. Huber, Reisebriefe; genossenschaftliche Selbsthilfe 22 f. Pfeiffer 74 f. 129; Konsumvereine S. 188 f.

(125) 財産形成は、最初のシステムに従うよりもただゆっくりとのみ登場し、そして、とりわけ加入の際になされるべき出資およびそれらの補充のための引き続く定期的な諸分担金をとおして実現される。営業持分が、利益の貸方記入（Gewinnzuschreibungen）をとおして基準高（Normativhöhe）を上回るときは、大部分の諸社団は、この増加に最大限度を設定し、その他の諸社団は、一定額を上回る分を権利者にその意思に反してもまた払い出すことを、少なくとも社団の諸機関の自由に任せている。Danziger Stat. §4. 9. 10.; Statut v. 1867（Bl. für Genossenschaftsw. Nr. 31）§7–10. を参照せよ。

(126) Pfeiffer l. c. Parisius S. 15.

(127) それゆえ、ダンチッヒの消費社団（Konsumverein）は§3において、原則として、倉庫は保持されるべきではないと規定している。しかし、リールのユマニテ（humanité in Lille）は、共同体的な肉屋に自らを制限しているが、その一方では、それは、その他の商品を〈定期的にすべての構成員たちによって報告される〉一定の期間のためのその需要の届出の基準に従って始めて調達し、そして、直ちに分配している。そのようなたんなる〝市場諸社団（Markenvereine）〟に関しては、リヒター Richter, die Konsumvereine S. 25. を参照せよ。

(128) 加入金、諸分担金および利潤の割合的持分、経営のための他人の金銭の受容れをとおしての留保基金の形成もまた、ここでは、しばしば反復されているが、しかし必ずしも不可欠ではない。Richter 68 f.

(129) Bl. f. Genossenschaftswesen v. 1867 Nr. 31 における定款§13. によれば、そうである。ロッチデール協同組合の創立者たち（Pioniere von Rochdale）は、二・五パーセントを教育諸目的のために決定している。Pfeiffer S. 79. 81.

(130) Stat. v. 1867 §13. ダンチッヒの消費社団は、このために商品券（Waarenmarken）を発行している（§8）。利益分配に関する詳細は、Richter l. c. S. 60 f. Parisius S. 45 f. において。損失は、あるいは持分に従って、あるいは頭数に従って、分配される。パリジウスは、前者に賛成し、リヒターは、後者に賛成する。

(131) 例えば、Stat. v. 1867 §15–27. Parisius S. 74 f. を参照せよ。内部的な社団法（das innere Vereinsrecht）に関する争いは、すべての諸定款の最終諸規定に従って、訴訟の方法の排除を伴なって、社員総会が決定すべきである。

(132) ロッチデール協同組合の創立者たちは、靴および衣服の工場、肉屋と商品倉庫を、彼らの店舗（stores）のために設置した。一八五一年には、彼らは、〈店舗の諸原則に従う独立の社団として、それゆえ地代の控除後に残る利益を穀類の買主の間で分配することを伴なって、有機的に組織された〉穀物製造工場（Kornmühle）を設立した。一八四七年のリーズ（Leeds）における民衆穀物製造所（Volksmühle）も同様である。Pfeiffer 82 f. Huber, Staatsw. 481. Becher 102. を参照せよ。肉屋組合（boucheries sociétaires）は、フランスにおいてもまた、しばしば存在している。チューリッヒの消費社団は、九つの販売店舗のほかに、一つの倉庫、一つのパン屋と一つの食堂を有している。

（133）　上述、第六十五章、フーバー Huber, Konkordia Heft 2 u. 3. Staatswörterb. 489-496. ベッヒャー Becher 131-133. パリージウス Parisius l. c. S. 11 und im Arbeiterfreund 1865. S. 278 f. —Daselbst. S. 309 f. 一八六二年にハンブルクにおいて四十八人の労働者たちによって設立されたが、しかし「閉じられた」建築ゲノッセンシャフトに関する諸報告、を参照せよ。

（134）　Vgl. Acte v. 14. Juli 1836（stat. 6 et 7 Wil. IV. c. 32）. Pöhls, Aktiengesellsch. 65 f. Becher 95 f. Huber, Staatsw. 489 f. Konkordia Heft 2 u. 3. Ludlow und Jones S. 97 f. Bes. aber Engel, Zeitschr. l. c. 1861 S. 117 u. Jahrg. 1867 S. 71-75 :〝イギリスの土地および建築諸ゲノッセンシャフト（Land= und Baugenossenschaften）〟。〝相互〟組合（mutual societies）と並んで、その他の（〝投資 investing〟）〔組合〕が存在する。それらは、構成員たちの一部がいまや利息付の資本投資をもって参加している。しかしこれらもまた、住居を欲する人々を連合体の共同担い手としている。さらに、ひとは、自らを一定の時点から閉鎖し、その後その投資資本を〈この目標そのものの到達をもって終了させるために〉償却する〝terminating〔有限組合〕〟と、加入と脱退がいつでも開かれたままになっている〝permanent〔永久組合〕〟とを区別している。法律は、一五〇ポンドを超える株式を許容せず、そして、二〇ポンドを超える月々の払込を許容していない。——消費諸社団（例えば、ロッチデール、Pfeiffer S. 75）、清算諸連合体などともまた、建築＝および住居諸ゲノッセンシャフトは、結合している。ゲノッセンシャフト的な洗濯場および浴場、保養場などは、それと関連している。

（135）　Pfeiffer 140 f. Becher 148 f. Mascher 716 f. Auerbach, Z. f. H. R. VII. 4 f. Koch, im Archiv v. Busch V. 46 f.（ここではダンチッヒ靴屋連合の有機的組織が報告されている。）。Parisius S. XXVI f. Schulze, Associationsbuch S. 177 f.; Jahresbericht f. 1861 S. 32 f.（デリッチュにおける靴屋連合の定款）, f. 1866 S. 8 f. arbeitende Klassen S. 94 f. 121; Innung der Zukunft 1864 Nr. 9; とくに、しかしシュルツェ（Schulze）によって作成された、Blätter für Genossenschaftswesen, Jahrg. 1867 Nr. 23 u. 24 S. 90 f. における〝原材料諸ゲノッセンシャフトのための通常定款〟。

（136）　Vgl. Schönberg l. c. S. 15. 肥料ゲノッセンシャフトに関しては、とくに Zeitschr. des ldw. Vereins f. Rheinpreußen Jahrg. 1864 S. 376 f.; 1866 S. 99 f. 247 f. 肥料消費社団の定款の草案は、ib. 248 f. 同様に、braunschw. land= und forstwirthsch. Mitth. 34. S. 289.〔ブラウンシュヴァイクの農業林業報告〕において。テューリンゲンおよびフランケンの子馬株式諸社団（Fohlenaktienvereine）のような、家畜たちの共同の調達と分配のための諸社団が、株式に基づいてもまた登場している。Anschütz l. c. u. ein Meininger Stat. i. d. ldw. Zeitschr. f. Kurhessen, Jahrg. 1861, 3. 129.

（137）シュルツェの通常定款（Normalstatut）の§2. 56-95. を、諸構成員の（幹部による）採用、（社員総会による）退社および除名に関しては§48-53. を、ゲノッセンの諸権利と諸義務に関しては§54-56. を、参照せよ。

（138）Normalstatut. §84. 85. Parisius S. 42 f.

（139）Vgl. Normalstatut §4-23. を幹部〔Vorstand 取締役会〕に関して、§24-36 を委員会に関して、そして、§37-47 を社員総会〔Generalversammlung〕に関して、参照せよ。原材料諸ゲノッセンシャフトのさまざまな種類の有機的組織に関する詳細を、パリージウス Parisius S. 73 f. において、それらにおける営業持分の形成に関しては、S. 16. を〔参照せよ〕。

（140）アウエルバッハ Auerbach l. c. S. 3. 作業場ゲノッセンシャフト（Werkstätteg.）の生産ゲノッセンシャフト（Produktivg.）への移行については、ザーガンの織物職工インヌングの工場に関する Zeitschr. des preuß. statist. Büreau's v. 1864 S. 205-208 におけるヤコビ Jakobi の諸報告が、その例を提供している。インヌングのあらゆる構成員には、特別に要求されるべき購入金（Einkaufsgeld）と引換えに、工場ゲノッセンシャフト（Fabrikgenossenschaft）への加入およびそれと結合された利益配当請求権（Dividendenanspruch）が開かれる。工場（Fabrik）は、金庫委員（Kassendeputation）、労働委員（Arbeitsdeputation）および小売委員（Verschleißdeputation）によって経営管理される。

（141）アンシュッツ Anschütz l. c. 175. シェーンベルク Schönberg l. c. S. 14 f. ヘッセン＝ダルムシュタット、クールヘッセン、ジグマーリンゲン、ヴュルテンベルクにおける機械諸ゲノッセンシャフトの形成に関しては、Zeitschr. des ldw. Ver. f. Großh. Hessen 1865 S. 401, Neue ldw. Zeitung 1866 S. 118, landw. Anzeiger f. Kurhessen 1863 Nr. 2 u. 3, Wochenbl. der Annalen der Landwirthsch. 1863, III, 6. 73. Württemb. land= und forstwirthsch. Wochenbl. 1866. 245. 農業経営新聞 Agronomische Zeitung v. 1867 Nr. 4. における、蒸気脱穀機の保持のためのゲノッセンシャフトの定款。

（142）アンシュッツ Anschütz l. c. 152-156 および、Wochenbl. der Annalen der Landwirthschaft, Jahrg. 1865. Nr. 11. における、エルフルトにおける羊飼いゲノッセンシャフト（Schäfereigenossenschaft）の定款。あらゆるゲノッセは、共同の牧場利用に服させられた彼の土地占有の二モルゲンごとに一匹の羊を、それを超える羊たちを特別に社団の金庫に支払われるべき牧場使用料と引換えに、牧場へと送ることが許されるが、しかし、各十五頭の羊たちにつき一頭を羊飼いに冬飼いさせなければならない。牧場についてのもしかするとあるかも知れない余裕を、幹部（Vorstand）は、他人の羊たちおよび太らされるべき去勢された雄羊をとおして社団の利益において用いることができる。土地の経営は、個々の諸点において拘束されており、その他の家畜の推進は厳禁されている。社団の金庫からは、代表者、会計係、および、羊飼いが、報酬を支払われ、財産出資をとおして形成された設備資本は償却され、共同の夏用の羊小屋、羊飼いの家、羊の囲いのための出費は、支出され、そして、最後に、残額は、ゲノッセンの牧場使用に服するモルゲン数（Morgenzahl）の割合に従って、配当金として分配される。毎年の終わりに、あらゆる人に退社は自由である。社団の指揮は、会計係と並ぶ選ばれた代表者のもとにあり、継続するコントロールは毎年選ばれる三人の受託者のもとにあり、最高の権力は頭数に従う多数決で決議する総体（Gesammtheit）のもとにある。

(143)　例えば、schles. ldw. Vereinsschr. 1861 H. 4 S. 305. における、シュレージエンの排水設備組合（Drainage＝Gesellschaft）の定款を参照せよ。

(144)　上述、第五十八章を参照せよ。そこで言及されているゲマインデ類似の諸団体にもまた、生き生きとしたゲノッセンシャフトの感覚が、大部分の場合、成立を、いずれにせよはじめて真の生活能力を、与えていることは、自ずから理解される。

(145)　Voigt, neues Arch. f. H. R. III. 344 f. Auerbach l. c. S. 2 f. Schnell l. c. S. 42 f. Schulze, arbeit. Klassen S. 98 f. Jahresbericht f. 1866 S. 9. Parisius S. XVII f.

(146)　例えば、シュネル Schnell l. c. S. 42 f. における、共同の営業ホールの定款を参照せよ。そこでは、§16 において無用の商品の拒絶が、そして §28 において確定の価格の決定が、社団に委ねられている。ゲノッセンシャフトの商号のもとに、しかし個々人の計算で売却するところのデリッチュの靴屋たちの連合体も、類似している。仕立屋たち、靴屋たち、家具師たちによって、（例えば、一八四八年のベルリンにおける結合した家具師たちの中央倉庫）、この種の共同の販売倉庫が、すでに本来のゲノッセンシャフト運動の開始前に、時おり、設立されていた。ゲノッセンシャフト的な婦人たちの慈善市［バザーレ］もまた、これに属する。Zeitschr. des ldw. Vereins f. Rheinpr. 1865 S. 705 f. における、ボン地域のためのホップ栽培社団の諸定款をもまた、参照せよ。それらによれば（§13）幹部は、構成員によって目指されたホップの販売を仲介すべきである。

(147)　ゴータにおける仕立屋連合体はそうである。Schulze, arbeit. Klassen S. 99. このような販売連合の適用を、ハルトシュタイン Hartstein は、とくに家畜輸出のために提案している。Schönberg l. c. 16 f. 類似の諸原則に基づいているのは、ジュネーヴにおいて存在する、しばしば模倣されたゲノッセンシャフト的な精肉銀行（Fleischbank）である。〝ボンでのゲノッセンシャフト的な方法による精肉銀行の設立〟に関する論文を、Zeitschr. des ldw. Vereins f. Rheinpreußen, Jahrg. 1865 S. 172 f. において、参照せよ。価格の確定のための委員会は、ここでは、一部分は家畜保有者たちから、一部分は精肉消費者たちから構成されている。

(148)　その多数がロッチデールの創立者たちによって一八五五年に設立された木綿紡績工場と織物工場を模範とし、そして、とくに本来的な工場設備のために設立されているところの、イギリスの生産諸連合体〔協同諸会社 cooperative companies〕に関しては、フーバー Huber, Reisebriefe, Konkordia Heft 7 u. 8、プファイファー Pfeiffer 91-98、ベッヒャー Becher 104 f.、ルドロウとジョーンズ Ludlow und Jones S. 97 f. を参照せよ。とくに同種類のより小さな営業経営者たち（仕立屋たち、ピアノ製造者たち、ブリキ職人たち、安楽椅子家具師たち、家具師たち、やすり目立て職人、書籍印刷業者たち、壁職人たち）の間で成果を挙げた、フランスの生産諸連合体に関しては、Huber l. c. u. Staatsw. I. 488 f., Pfeiffer 103-120; Becher 128 f. Almanach de coopération p. 1867 S. 51 f. u. f. 1868 S. 304 f.、ならびに、注(5)において引用された Flotard u. Cernuschi の諸論文を〔参照せよ〕。ドイツにおいては、より大きなゲノッセンシャフト〔協同組合〕の諸工場は、従来ほとんど成果を持たなかった。それゆえ、最大のドイツの生産ゲノッセンシャフトであるケムニッツの機械労働者会社（Maschinenarbeiter＝Kompagnie）は、一八六六年の年に清算に陥った。Innung der Zukunft f. 1865 S. 182 f. 181 f., Jahresbericht für 1866 S. 9 f. ニュルンベルクにおける歯車職人の生産ゲノッセンシャフト（一八六三年）は、同様に再び没落した。Blätter f. Genossenschaftswesen 1867 Nr. 1 S. 4。同様に、ベルリンにおけるショール織工たちも失敗した。反対に、若干の織物諸ゲノッセンシャフト、ひとつのタバコ労働者連合体（ベルリンにおける）、いくつかのゲノッセンシャフト的な織物工場、および、ある数の手工業的営業の領域におけるより小さな労働諸ゲノッセンシャフト、とくに仕立屋たち、家具師たち、金属労働者たち、書籍印刷業者たち、時計職人たち、靴職人たち、車大工たち、バラ栽培師たちの間の〔ゲノッセンシャフト〕、および、諸機械の製造のための〔ゲノッセンシャフト〕が、存在している。シュルツェ Schulze's Jahresbericht f. 1866 S. 55 における列挙、並びにその諸註釈 ib. 9 f. および、in den Blättern f. Genossenschaftswesen, Jahrg. 1867 Nr. 41 S. 161 f. パリージウス Parisius S. XXVIII f.、を参照せよ。

(149) 例えば、それぞれ一頭ないし三頭の雌牛をもつしばしば五十人から六十人の所有者たちからなり、厳格なゲノッセンシャフト的な監督（あらゆるミルク偽造者を追放すること）のもとに共同でチーズを製造し、そして、共同体的な計算のために販売するところの、ユーラ〔州〕において形成されたチーズ諸ゲノッセンシャフト（チーズ製造者たち fruitières）に関しては、ロッシャー Roscher, Syst. II. §180 Note 18. ライン地方の類似のチーズ製造所および酪農場に関しては、Zeitschr. d. ldw. Ver. f. Rheinpr. 1866 S. 227 u. Wochenbl. der Ann. der Landw. 1866 S. 425. ブドウ栽培諸ゲノッセンシャフトに関しては、bad. ldw. Wochenbl. f. 1867 S. 177. 185. 193. 全体として、シェーンベルク Schönberg l. c. S. 16. を参照せよ。

(150) 消費社団と生業ゲノッセンシャフトの本来的な混合物は、ベルリンのゲノッセンシャフトパン製造業（Genossenschaftsbäckerei）である。Bl. f. Genossenschaftswesen. Jahrg. 1867 Nr. 27. u. 28 S. 107 f. において、その定款を参照せよ。それは、構成員たちにパンを確定の価格で販売し（§29）、そして、純利益を〈営業持分の基準に従って分配される〉資本配当金と、〈消費の基準に従って分配される〉買入配当金へと分けている（§32）。このゲノッセンシャフトの更なる特殊性は、それが、個々の人々と登記された諸ゲノッセンシャフトという二つの構成員たちのクラスを包含することである。双方の諸クラスの諸権利と諸義務は、もちろん異なって決定されており、とくに、人的な諸持分（§8. 9）とゲノッセンシャフトの諸持分（§10. 11）という、二つの、形成と額に従って等しくない諸クラスが区別されている。

(151) ドイツにおいては、ゲノッセンシャフトは、以前に妥当する法に従っても、最新のゲノッセンシャフト諸法律に従っても、資本社団としてではなく、ただ人的ゲノッセンシャフトとしてのみ構成されうる。ここで展開された労働ゲノッセンシャフトの諸特徴は、それゆえすべての諸定款において、そしてとくに、〈シュルツェによって起草され、そして、Blätter für Genossenschaftswesen, Jahrg. 1867 Nr. 41. 42 S. 161 f. をとおして公表されている〉〝生産諸ゲノッセンシャフトのための通常定款〟において再び見出される。（合名商事組合 Offene Handelsgesellschaft の諸形式に適合した、より以前の通常定款を、Innung der Zukunft 1865 Nr. 7 S. 53 において見よ。）。同一の有機的組織は、しかし、イギリスにおいてもまた、始めはロッチデールの創立者たちによって用いられたのであり、そして、現在もまた、そこでは多くの協同的な諸組合において見出される。完全に純粋に、人的社団を、すべてのより古いフランスの生産諸連合体が実行している。しかり、それらは、〈それらが、ただ合名組合（kollektive Gesellschaft）または合資組合（Kommanditgesellschaft）としてのみ法律上許されていたに過ぎない一方では、それらを、株式合資組合（Kommandit=Aktiengesellschaft）または純粋な株式会社〔株式組合〕（Aktiengesellschaft）の形式から、すでに株式の法律上の最少金額が、排除したゆえに〉、すでにそのことゆえに、別の形式を選ぶことができなかったのである。模範として役立ちうるのは、その後の追加諸決議を伴なう、一八五二年のパリの壁職人連合体（Maurerassociation）の定款である。それは、プファイファー Pfeiffer l. c. S. 229-247. において印刷されている。一八六五年に確定された模範定款は、付録 Beilage Nr. 10 der Association, Jahrg. 1865, として、印刷されている。

(152) ドイツの通常定款§45-52、パリの壁職人の連合体（association）の定款 art. 8 を参照せよ。

(153) 通常定款§45は、全員一致を要求している。ベルリンのゲノッセンシャフトパン製造業の定款§4. を参照せよ。人的および道徳的な諸特性への顧慮は、採用と除名に関するパリの壁職人の連合体の諸規定において（art. 14. 18. 21. 26. 27）、そして、特別に規律された採用の諸条件（b. Pfeiffer S. 240 f.）において最も決定的に現れている。

(154) 通常定款§46-48. 除名については、三分の二の多数決が要求されている。ベルリンのゲノッセンシャフトパン製造業の定款§5.

(155) 通常定款§33. さらに§51. 52。パリの壁職人連合体の定款 art. 5。

(156)　通常定款§53-56、および、とくに、月々の分担金をとおしての資金調達に関して§52. 53、配当金の保留に関して§54、会計帳簿に関して§56。ベルリンのゲノッセンシャフトパン製造業の定款§6-12。パリの壁職人連合体の定款art. 7. 20.（ここでは、営業持分は、同様に、加入金、報酬の控除および利益の留保をとおして、一〇〇〇フランまで義務的に形成される。）

(157)　通常定款§56. パリの壁職人連合体の定款art. 23. 28. 29.

(158)　通常定款§3. 49. 57-59.

(159)　通常定款§65. 66. および、それについてのシュルツェ Schulze S. 161. の覚え書を参照せよ。同様に、一八六一年以来、ロッチデールの工場制手工業組合といくつかのより若い諸協同組合（Kooperativgesellschaften）を参照せよ。Pfeiffer S. 93. 96. Huber, Konkordia H. 8 S. 37.

(160)　頭数に従って、はじめは、クリッシイ（Clichy）の仕立職人たちの模範に従い、若干のフランスの諸連合体は、分配した。しかし、ひとは、間もなく賃金をとおして表現される労働価値（賃金分配金 Lohndividende）に従う分配へと移行した。Pfeiffer 106 f. 109. 後者は、イギリスにおいてもまた登場している。Ib. 97. ドイツにおいては、〈共同の仕事場で作業する〉十人未満の構成員をもつより小規模の諸ゲノッセンシャフト〔協同組合〕は、営業資本（Geschäftskapital）を利子つきで出資し、通常の出来高賃金（Stücklöhne）を支払い、そして、余剰の利益を頭数で分配するのが、つねである。Parisius l. c. S. 46.

(161)　それゆえはじめは、この点でその他の諸組合がそれに従っているところの、ロッチデールの紡績業者たちは、純利益を半年ごとまたは一年ごとに資本出資（Kapitalguthaben）と賃金の額に従って、分配した。マンチェスターの工場制手工業組合は、これとは反対に、この点で同様に模倣したが、利益を、半分ずつ（他の組合は、二対三または三対二の割合において）資本と労働の間に分け、そして、その後に始めて、資本の分け前の内部では、出資（Guthaben）に従って、労働の分け前の内部では、出来高に従って分配している。パリの壁職人連合体は、四十パーセントを資本に、出資の割合に従って、六十パーセントを労働に、労働日の割合に従って、分配している（art. 17）。Vgl. Pfeiffer 92. 97. 109. 212. 234, Becher 129 そして、その他の可能な諸分配方法に関しては、Pfeiffer 175-189, Parisius l. c. S. 46-47.

(162)　時おりフランスにおいてそうである。Pfeiffer S. 109. パリの壁職人連合体が一八五三年九月二二日以来（ib. 238 f.）、いわゆる労働しない構成員たちを、少なくとも一千フラン、そして最大で一万フランの資本出資（Kapitaleinlagen）をもって、利益に対する持分を求める権利以外の何らかの他の権利を認めることなく、許しているとき、これもまた、基本的には、ゲノッセンシャフトの有機体（Genossenschaftsorganismus）にとって共同の担い手ではないところの、利益配当金をもつ社団債権者、または、匿名組合員たち（stille Gesellschafter）であるにすぎない。

(163) 例えば、マンチェスターにおいてそうである。Pfeiffer S. 212 における定款 art. 23.

(164) しばしばイギリスにおいてそうである。純粋の労働ゲノッセンシャフト〔協同組合〕は、大部分、明示的に、あらゆる加入者を、彼の労働、彼の勤勉、そして、彼の能力をゲノッセンシャフトに捧げ、そして、身体的にそれらの企業において共働することを、義務づけている。例えば、パリの壁職人連合体の定款 art. 7. は、そうである。

(165) フランスにおいて、いわゆる "adhérants 支持者たち" または "auxiliaires 補助者たち" は、そうである。Pfeiffer 120. 238. Becher 129.

(166) Pfeiffer S. 114. 117. Verordn. der Maurerassoc. v. 6. Dec. 1855 ib. 246. 247.

(167) Pfeiffer 104. 119. Huber, Staatswörterb. I. 468. 469.

(168) Normalstat.〔通常定款〕§47-52. Administrationsvorschr. der Pariser Maurer〔パリの壁職人たちの管理規定〕b. Pfeiffer S. 242-246.

(169) ベルリンのゲノッセンシャフトパン製造業の定款 §13-27. ドイツの通常定款 §4-44 は、より小規模なゲノッセンシャフトを狙って工夫するゆえに、理事会（Vorstand）（§5-30）と社員総会（Generalversammlung）（§33-44）の間に、ただ一人の検査役（Revisor）（§31. 32）だけを置いている。フランスの諸組合は、従来、一人または数人の業務執行構成員と一つの監査委員会で満足している。

(170)「この」連合体形式の模範としては、〈プファイファー Pfeiffer S. 209-229 において印刷されている〉マンチェスターにおける紡績および工場制手工業組合の定款が、妥当する。株式は、ここでは、一ポンドの額面である。

(171) マンチェスターにおける工場制手工業組合においては、五個の株式の取得に至るまで、そうである。定款の Art. 23、S. 212。

(172) このようにして、フランスにおいては、家屋ペンキ職人レクレール（Leclaire）の例に従って、すでに一八四二年以来、しばしば利益分け前の分配が、すべてのまたは一定の時以来従事している労働者たちの間で登場した。

(173) エンゲルの論文 Engel, der Arbeitsvertrag und die Arbeitsgesellschaft, im Arbeiterfreund, Jahrg. 1867 S. 129-153. ベッヒャー Becher 106 f. をもまた、参照せよ。

(174) Gesetz v. 5. Juli 1865（28 et 29 Vict. c. 86）

(175) ベルリンにおける真鍮工場主W・ボルヒェルト・ジュニア（W. Borchert jun.）について。商務大臣の書簡（Schreiben des Handelsministers an denselben v. 18. Febr. 1868, abgedr. i. d. Nat. Zeit., Jahrg. 1868 Nr. 85, Beibl. 1.）を参照せよ。

(176) 株式合資組合は、すでに株式の最小限の高（Minimalhöhe）のゆえに、利用可能ではない。現行法によれば、商法典（H. G. B.）または普通法（gemeines Recht）の〝匿名組合 stille Gesellschaft〟のもとへの包摂のみが残っている。新たな法律は、〈協同組合法（Genossenschaftsgesetz）が合名組合（offen Gesellschaft）の法と株式社団（Aktienverein）の法を結合したのと〉類似の方法において、匿名組合（stille Gesellschaft）の法と株式合資組合（Aktienkommandit gesellschaft）の法とを結合させざるを得なかった。

(177) サフォーク伯爵領におけるアッシングトンのガードン（Gurdon）によって作られた諸制度（一八三〇年以来）に関しては、Huber, das Genossenschaftsw. u. d. ländl. Tagelöhner S. 20. Anschütz l. c. S. 142–147. Schönberg l. c. S. 18–20. 家屋敷は、このために形成される日雇労働者協同組合（Tagelöhnergenossenschaft）へと経営貸付の付与のもとに、次のように賃貸借において与えられる。すなわち、総体の諸給付と諸支払をとおして前貸金の漸次的な消滅が生じ、個々のゲノッセンは、しかし、賃金の控除と利益の増加記載をとおして増加する少額の出資の支払をとおして決定される、賃貸権（Pachtrecht）についての不可分の〈しかしながらグーツヘル〔地主〕と協同組合の同意の下に〉譲渡可能である 持分を獲得する。家事労働（Wirthschaftsarbeiten）は、通常の日雇賃金と引換えにゲノッセンをとおして行われるが、彼らの諸力が及ばない場合にのみ、第三の労働者たちをとおして行われる。諸労働の決定と分配は、グーツヘルの上級監督のもとに、個別代表者（ein Einzelvorsteher）がこれを配慮し、その他の諸点における団体の代表のためには、代表者、一人の会計担当者および一人の家畜マイスターから、一つの委員会が形成される。不誠実およびその他の非違行為は、除名をもってのみならず、留保資金に帰している賃貸借持分の喪失をもってもまた、罰せられる。協同組合〔ゲノッセンシャフト〕とは、消費社団（とくにミルクのための）と貸付組合（Vorschußverein）（あらゆるゲノッセは、彼の持分の半分に至るまで、有利子の貸付を受けうる。）とが結合されている。

(178) 一八六二年八月七日の〝諸商事会社およびその他の諸会社の設立、統制および整理解散のための法律〟（An act for the incorporation, regulation and winding up trading companies and other associations）。第六十九章を参照せよ。

(179) 上述、第六十九章を参照せよ。

(180) 無限責任会社（Unlimited company）（art. 6）；保証つき有限責任会社（company limited by guarantee）、それについて、付録1のBのもとの定款例（Beispielsstatut unter B in Anhang 1.）。

(181) 上述を参照せよ。独特であるのは、定款の中に、構成員数について通常数または最大数が確定されていなければならず、それを超過することは、予めの定款変更を、そのために規定される諸形式とともに、要求していることである。カイスナー Keyßner l. c. S. 555. 社員総会においては、あらゆる構成員は、「一」議決権を有する（art. 52）。社員総会の招集は、五人の構成員の申立に基づいて行われなければならない。Keyßner S. 563. 構成員の採用に関しては、ib. 565 f.

(182)　最初の議会記録は、一七九三年のものである（stat. 33 Geo. III c. 54）。その後、stat. 35 Geo. III. c. 111, 43 Geo. III. c. 11, 10 Geo. IV. c. 56, 4 et 5 Will. IV. c. 40, 13 et 14 Vict. c. 115, 18 et 19 Vict. c. 63. 若干の変更が、21 et 22 Vict. c. 101 und 23 et 24 Vict. c. 58; をとおして生じた。29 et 30 Vict. c. 34（11. Juni 1866）をとおしての家畜保険諸組合〔会社〕への拡張。法律は、〈法律によって明確に規定された諸目的（構成員たちまたはその最も近い親族たちのための死亡保険、事故保険および老齢保険）、または、第一財務秘書役もしくはスコットランドにおいてはロード弁護士（Lordanwalt）が適切と宣言したその他の目的を追求するところの〉すべての諸組合〔会社〕に利益を与える。三〇ポンド以上の年金、二〇〇ポンド以上の資本金、六または一〇ポンド以上の子供たちの埋葬金は、保険されてはならない。諸組合は、それらの定款、年次の業務報告書、および、五年ごとの詳細な報告書を Registrator General of friendly societies〔諸友愛組合の登録長官〕に提出する義務を負う。それに対して、それらの組合は、登録をとおして、諸資本と比較的小さな土地を取得し、訴訟を追行し、執行力をもつ仲裁判決を下すことの権利、および、印紙税の免除（Stempelfreiheit）を獲得する。Engel l. c. 114 f. Ludlow und Jones 35 f.

(183)　Ges. v. 14. Jili 1836（6 et 7 Will. c. 32）. より詳細は、Engel, Zeitschr. des statist. Büreau's, Jahrg. 1866 S. 71 f. Ludlow u. Jones 37。いかなる持分も一五〇ポンドを超えてはならず、月々の加入は二〇ポンドを超えてはならない。

(184)　一八五二年六月三〇日の法律 Das Ges. v. 30. Juni 1852（15 et 16 Vic. c. 31）は、同時に、供給および産業諸組合〔会社〕（provident and industrial societies）に関する一八六二年八月七日の新法 neues Gesetz v. 7. Aug. 1862（25 et 26 Vict. c. 87）をとおしての新たな会社法の制定によって代替されている。それらは、鉱山業と銀行制度を例外として、あらゆる労働、商業および手工業のために、および、許されたあらゆる目的のためのゲノッセンシャフト財産の利用のために、可能であり、そして、その法律適合性の行われた証明後の登録をとおして完全なケルパーシャフトの権利を獲得する。それらの諸特権は、印紙税免除、より僅かな諸書式、および、直ちに登場する制限された責任〔beschränkte Haftbarkeit 有限責任〕において存在する。その代わり、一人のゲノッセの営業持分は、二〇〇ポンドを超えてはならない。Ludlow und Jones S. 38 f. ――さらに、一八三五年と一八六三年の貸金諸組合（loan societies）に関する法律を参照せよ、ib. 32.

(185)　諸トンチンおよび諸保険組合〔会社〕（Tontinen und Versicherungsgesellschaften）（tit. V）との関連においては、法律（art. 66）は、諸トンチンまたは生命保険組合〔会社〕の性格をもつ諸連合体は、それらが相互または保険料組合〔会社〕（gegenseitige oder Prämiengesellschaften）であろうとするときは、政府の認可と監督に服し続け、その他の諸保険組合〔会社〕は、これに対して、特別に制定されるべき諸条件の規準に従って、自由に構成されうる、と規定している。

(186) 諸ゲノッセンシャフト〔協同組合〕は、もちろん今日もまた、従来そうであったように、人的に責任を負う理事者たち(Geranten)を伴なう、単純な合名組合または合資組合として構成されうる。

(187) 第二部〔第二巻〕を参照せよ。一般ゲノッセンシャフト法へと属するのは、バイエルンの協同組合法律草案(vgl. denselben in den Bl. für Genossenschaftswesen, Jahrg. 1868 Nr. 13-15)である。それは、許された諸目的のための「すべての」社団を、株式会社と諸コルポラチオンを例外として、規律しようとしている。

(188) プロイセンにおいては、プロイセン一般ラント法 A. L. R. I, 11 §651. 652 をとおして、ゲマインシャフト的な、すなわちまさに相互的な寡婦金庫(Witwenkassen)、埋葬費積立金庫(Sterbekassen)、および、持参金金庫(Aussteuerkassen)のために、ラント君主の承認が要求されており、そして、利害関係者たちの諸権利と諸義務に関しては、国家的に認められた計画へと指示されている。K. O.〔内閣令〕v. 29. Sept. 1833 (G. S. S. 121) は、個々の場合において、ラント君主の名において承認と監督を行使すべき役所を規定している。Das Reskr.〔訓令〕d. M. d. J. v. 12. Jan. 1837 (フォン・カンプツ v. Kamptz, Annalen Bd. 21 S. 109) は、これらの諸規定は疾病金庫にもまた関連すると宣言している。持参金および結婚金庫(Aussteuer= und Heirathskassen)の監督に関しては、Reskr. d. M. d. J. v. 5. Febr. 1852 (M. Bl. d. i. V. S. 9) を参照せよ。この種の承認されない諸営造物を設立することに対する特別の刑罰を、刑法 Strafges. §340 Nr. 6 が確定している。最後に、das Ges. v. 17. Mai 1853 (G. S. S. 293) §1 は、これらの諸規定を全く一般的にあらゆる種類の保険諸営造物に拡大している。それでもしかし、一八六一年五月二一日のもとにより古い埋葬費積立金庫のために、および、一八六一年五月二五日のもとに新たに設立されるべき埋葬費積立金庫のために、大臣の訓令が発せられている (M. Bl. d. i. V. S. 120. 121)。それは、国家の後見に一つの限界を引こうとしており、それによれば〝過剰な配慮〟をとおして〝ゲノッセンシャフト的な自助〟が損なわれる方法において押しやられることはないであろう。警察的な承認そのものは、コルポラチオンの諸権利の付与を封鎖するものではないが、しばしば特別の諸規定の設定のもとに、この付与に関して、明示的に言明がなされている。Vgl. z. B. Reskr. v. 9. und 21. Sept. u. 4. Nov. 1844, 25. Mai u. 3. Juli 1861, M. Bl. d. i. V. 1844 S. 206. 283. 302; 1861 S. 121. 171.

(189) 組合概念(Societätsbegriff)から出発しているのは、ダンツ Danz, Hdb. d. deut. P. R. II. §217 S. 318 f.、ゲルバー Gerber §202 Note 3.、ゲングラー Gengler S. 687 f.、プファイファー Pfeiffer, jur. Perf. §43 S. 33、である。最も詳細であるのは、シュタウディンガー Staudinger, die Lehre vom Lebensversicherungsvertrage S. 72. 149 f.〈組合員たち socii の相互に対する、および、第三者の個々の組合員たちに対する〉訴えの欠缺から直ちに成立する疑いを、シュタウディンガーは、契約によって組合の存続期間について生ずる理事会の代理(Substitution)の承認をとおして解決しようとしている。組合概念は、僅かな法律の諸規定、例えば、プロイセン一般ラント法 Pr. A. L. R. II, 11 §650. 651.、オーストリア法典 Oesterr. Gesetzb. §1287. をもまた支配している。

(190) ローマ法のコルポラチオンの原則を貫徹しているのは、相互的寡婦金庫に関してのプファイファー Pfeiffer, Z. f. D. R. IX. S. 450-486.、マウレンブレッヒャー Maurenbrecher §159.、ルノー Renaud, Aktiengesellschaften §17 S. 170-176. である。ルノーは、相互組合〔会社〕（Gegenseitigkeitsgesellschaften）と株式社団（Aktenvereine）を、任意の私的コルポラチオン（gewillkürte Privatkorporationen）という類概念のもとに総括しようとしている。

(191) ルンデ Runde §208. 283.、アイヒホルン Eichhorn §119. においては、彼らが〝寡婦金庫および類似の諸施設〟のために公的な承認を要求していることによって、公的営造物という概念が優越しているように見える。クンツェ Kuntze, Z. f. H. R. VI. 220 f. は、基金（Fonds）を擬人化し、それゆえ、財団人格（Stiftungspersönlichkeit）を構成している。エンデマン Endemann, H. R. §174 S. 835 Note 10 もまた、相互的ゲノッセンシャフト〔Gegenseitigkeitsgenossenschaft 相互協同組合〕を独自の法人格を持つ資本主義的な取引制度とみなしている。

(192) ベーゼラー Beseler §71. 97 a. E. 129 I. 彼は、債務者たちまたは被保険者たち自身によって形成される〝法律上の人格を持つゲノッセンシャフト〟とみなしている。ブルンチュリー Bluntschli §39 Nr. 7. 132 Nr. 4. 141 は、至るところで、彼の独特なゲノッセンシャフト概念をその場所で設定している。チューリッヒ法典 Zürch. Gesetzb. §1742：「被保険者たちの結合は、相互保険においては、保険者として現れる一つのゲノッセンシャフトを形成する。」を参照せよ。

(193) マウレンブレッヒャー Maurenbrecher, P. R. §402.、ブラッケンヘフト Brackenhöft, im Rechtslex. V. 88.、ベンダー Bender, Grunds. des engeren Handlungsrechts §154.、ミッテルマイヤー Mittermaier §557.、アウエルバッハ Auerbach, Gesellschaftswesen §60-62.、ゲングラー Gengler S. 187（銀行に関して）、ブルンチュリー Bluntschli §139.。同様に多くのフランス人たち、例えば、パルドシュ『商法講義』Pardussus, cours de droit comm. IV. nr. 1043 S. 277.

(194) 例えば、ペールス Pöhls, Aktiengesellsch. S. 63 f.、ヨリー Jolly, Z. f. D. R. XI. S. 334 §3（ヨリーは相互的諸ゲノッセンシャフトを広義の諸株式会社のもとにすら包摂している。）、クンツェ Kuntze, Z. f. H. R. VI. 220 f.（クンツェは、それらを〝諸財産のウニヴェルシタス universitas bonorum〟と構成している。）、エンデマン Endemann, H. R. S. 281 Note 48、はそうである。

(195) ルノー Renaud l. c. S. 173 f.、ベーゼラー Beseler l. c. をもまた参照せよ。

(196) あらゆるゲノッセンシャフトのために官憲の承認という要件を設定する試みを、ひとは、最初は、クールヘッセン、ハノーファーにおいて、そして、貸付諸社団に関してはプロイセンにおいてもまた、行った。オーストリアにおいては、もちろん一八六七年一一月七日の社団法 Vereinsgesetz v. 7. Nov. 1867 に至るまでは、国家的な許可の必要性が法として存在した。Vgl. auch Parisius S. XXX f.

（197）　とくにメクレンブルク、ザクセン王国、および、テューリンゲン諸国において。シュルツェ Schulze, Vorschuß= und Kreditvereine S. 17. 時おりプロイセンもまた。それゆえ、Kab. O.〔内閣令〕v. 12. Juli 1857 をとおして、〝ベルリンにおける家具師工場の結合したマイスター〔親方〕たちの商業施設と中央倉庫〟は、法人（juristische Person）の諸権利が与えられた。

（198）　参照せよ。ゴールドシュミット Goldschmidt, H. R. I. S. 426、エンデマン Endemann, deut. Vierteljahrsschr. Nr. 105 S. 153 f. u. H. R. §32 Note 6、ブッシュ Busch, im Archiv I. 208 f.、クレーヴェル Kräwel ib. II. 341 f.、ラーデンブルク Ladenburg III. 427 f.（彼は、社団 Vereine、生業組合 Erwerbsgesellschaften、ゲノッセンシャフト Genossenschaften を区別している。）、コッホ Koch ib. VIII. 350. X. 1、アウエルバッハ Auerbach, Z. f. d. ges. H. R. VII. 4 f.、パリジウス Parisius l. c. S. 52 f. Note 56。原材料諸社団に関しては、とくに、コッホ Koch, Arch. V. S. 46 f. および、消費諸社団に関して ib. S. 60 f.。問題に関する諸認識、Busch, Archiv II. 170. III. 370. 388. IV. 321. VI. 33; Z. f. d. ges. H. R. VI. 560. VII. 479. 585. VIII. 613. 615. において。

（199）　例えば、コッホ Koch, Archiv V. 50. 64. を参照せよ。同様に、アウエルバッハ Auerbach, Z. f. d. ges. H. R. VII. S. 1-27. 338-386. は、修正された組合 societas の思想から出発している。ベーゼラー Beseler, P. R. §71 C. S. 253 は、これらの諸社団をまだコルポラティフな諸ゲノッセンシャフトの下には数えていない。成果がはじめて、それらの諸社団がコルポラティフな形態形成を獲得することができるかどうかを示すことになるであろう。

（200）　エンデマンはそうである。Hildebrand's Jahrb. I S. 489-492 における論文において、彼は、なるほど結合体の基礎を〝人的信用についての基金 Fonds an Personalkredit〟を指摘しているが、基金は、彼にとっては、しかし、資本概念のもとに帰している。なぜなら、彼は、H. R. S. 281 Note 48 においては、諸ゲノッセンシャフトを資本連合体（Kapitalassociationen）に数えているからである。アウエルバッハ Auerbach l. c. S. 26、および、コッホ Koch, im Archiv v. Busch VIII. S. 350-372 もまた、ゲノッセンシャフトの中に、〈株式の占有者たちではなく、人々が、参加権利者たちであることをとおしてのみ修正されているところの〉〝本質的に資本結合体〟を見出している。クンツェの構成は、極めて技巧的である Kuntze, i. d. Z. f. d. ges. H. R. VI. S. 220-228。クンツェは、一面では統一性（Einheit）であり、他面では多数性（Vielheit）であるところのゲノッセンシャフトの中に、統一性をもっぱら財産の現在高（Vermögensbestand）の中に、多数性を人々の結合の中に、見出している。そのようにして、彼は、ゲノッセンから完全に切り離された財産（Patrimonium）の担い手としての法人（eine juristische Person）を獲得するが、しかし、このペルゾン（Person）は、彼にとっては、ただ擬人化された資本基金であるに過ぎず、コルポラチオンとよりも、財団といっそう親近的である。ゲノッセンたちは、それゆえ、〈ゲノッセンシャフト財産の所有者であるところの〉この抽象的なペルゾンの担い手ではなく、諸機関にすぎない。他方では、ゲノッセンは、この財産について、独特な諸財産における権利（jus in bonis）を有するのであり、そして、ゲノッセンは、この権利をあらゆるゲノッセが自らのために有するのではなく、この権利に関して、合有者（Gesammthänder）として拘束されている。この合有（Gesammthand）からは、その場合、同時に、〈例えば、無資格者の排除において示されるところの〉人的なゲノッセン団体が、〈社団人格を有する何かあるものを創造しなければならないことなしに〉生ずるものとされるのである。

(201) シュルツェ＝デリッチュ Schulze=Delitzsch は生業および経済の諸ゲノッセンシャフト〔協同組合〕の法的な本質すらも、はるかに正当に把握しているゆえに、とりわけ〔そうである〕。なぜなら、彼は、同様に決定的に、それらのゲノッセンシャフトのコルポラティフな施設、〝総体人格〟の存在（例えば、Vorschuß= und Kreditvereine S. 51. 66. 124. 129）を〈彼が、他方において、いかにここでは株式社団の「資本」ゲノッセンシャフトに対する関係で「人的または労働の」ゲノッセンシャフトが存在しているか、を指摘するときに〉強調しているからである（例えば、同書 S. 26. 43）。

(202) G. S. S. 501. 新たなラント諸部分へと、Verordn. v. 12. Juli, 12. August und 22. September 1867（G. S. S. 1189. 1449. 1634）をとおして導入された。より小規模な諸国のうち、ザクセン＝ワイマル、および、ザクセン＝マイニンゲンが、同法律を導入した。その法律の註釈を、パリージウス Parisius S. 3-137. において参照せよ。

(203) 北ドイツ同盟法令全書 Norddeutsches B. G. Bl. v. 1868 Nr. 24 S. 415.

(204) それ自体として、これに従って、諸損害担保ゲノッセンシャフト（Garantiegen.）（援助諸社団、疾病者諸社団、生活扶助諸社団、すべての種類の保険諸社団）、ゲノッセンシャフト的な諸貯蓄銀行、機械諸ゲノッセンシャフトなどは、法律をとおして、それらがまさに法律の諸条件およびとりわけ連帯責任を履行しようとする場合に、登録されたゲノッセンシャフトの諸権利の獲得のために、とくに列挙された諸カテゴリーがそうであるのと同様に、能力が与えられる。今日の法における確固とした用語法の欠缺にとって特徴的であるのは、直ちに法律の§1において“Gesellschaft”“Verein”そして“Genossenschaft”が同義語として現れていることである。ゲノッセンシャフトの概念に関して、Parisius S. XXXVII f. und S. 3 f. を参照せよ。

(205) 法律は、もちろん、商法典のように、“Gesellschaftsvertrag（組合契約）”について語り、そして、ただ括弧の中においてのみ“Statut（定款）”を付加している（§2）。それにも拘らず、第二部（Th II）においては、ひとがケルパーシャフトを認めるや否や、それを設立する行為は必然的に〈契約であることを〉やめなければならないことが示されている。

(206) §4-8. 69. 71. プロイセンの法律がゲノッセンシャフトの登録の遂行に関する司法大臣の訓令に委ねたところの若干の諸規定

は、現在、法律自体の中に採用されている。プロイセンの大臣訓令 Die preußischen Ministerialinstruktionen v. 2. Mai, 10. Aug., 25. Sep. u. 26. Okt. 1867 は、パリージウス Parisius l. c. S. 147-168. においてまとめられている。

(207) ゲノッセンシャフトの財産の尽きた後には、それにもかかわらず、頭数による損失の分担が再び登場する。§9。プロイセンの法律は、§8 において、疑いのあるときは頭割りを規定している。制度の本質には、おそらく、大部分の場合、頭数に従う出資の付利とそれに続く利益分配の補充的な規定が対応したであろう。異説、アウエルバッハ Auerbach l. c. S. 361。しかし、パリージウス Parisius S. 40. Note 47. を参照せよ。さらに、おそらくあらゆる定款は、この点に関して整備しており、そして、個々のゲノッセンシャフトの諸種類のゆえのその際に登場する諸差異が指示されているであろう。

(208) それゆえ、一人のゲノッセンシャフト構成員の私的債権者たちは、当該構成員自身がゲノッセンシャフトから要求しなければならないところのものについてのみ、自らに保持することができ（§13. 14）、彼らの債権を、全部であっても一部であっても、ゲノッセンシャフトへの債務と相殺することはできず（§15）、そして、〈彼らが彼らの債務者のゲノッセンシャフトの出資財産への執行を獲得した場合については〉その者〔債務者〕の除名〔退社〕を、ただ、事業年度の経過の六ヶ月前になされる告知に従ってのみ要求することができる（§16）。

(209) §11. ひとは、もちろん明示的には、ゲノッセンシャフトに、独自の法人格を認めないことを敢えてしてきている。しかし、それが、実際には人格のすべての諸権利を有しているとすれば、法律の思想もまた、それに関してはほとんど疑いがありえない。ここで繰り返される必要のないすべての内的な諸理由のほかに、特徴的であるのは、すでに〈その中にはいかなるゲノッセンシャフト構成員の名も登場してはならないところの〉非人格的な商号（Firma）の要求である。商号の中には営業の本来の担い手を示す傾向があるゆえに、〈もしまさにゲノッセンシャフトそのものが担い手ではないとした場合には〉、ここでは担い手が全く欠けることになるであろう。第二部を参照せよ。

(210) §§2-8. 18. 20. 23. 25. 26. 35-37. 41. 71 の諸届出、諸登録および諸公告のほかに、ここには、§33. の規定が属する。それによれば、社員総会の諸決議は、議事録へと記載され、それの閲覧は、あらゆるゲノッセンシャフト構成員および国家の官庁に許されなければならない。――国家の監督に関しては、Parisius S. 26. を参照せよ。

【以上、第七十章の注、おわり】

【以上、ギールケ『ドイツ団体法論　第一巻　ドイツゲノッセンシャフト法史』原文千百十一頁完訳】

《付録1》

オットー・ギールケ

「株式会社論」

（ホルツェンドルフ編『法律学百科事典』第三版第二部第一巻』一八八〇年）

オットー・ギールケ『株式会社論』、ホルツェンドルフ編『法律学百科事典』第三版第二部第一巻所収（一八八〇年、六三頁ないし七二頁）

庄子良男訳

Aktiengesellschaft, Otto Gierke, in: Encyklopädie der Rechtswissenschaft in systematischer und alphabetischer Bearbeitung. Herausgegeben unter Mitwirkung vieler Rechtsgelehrter von Dr. Franz von Holtzendorff, o. ö. Professor der Rechte in München. Zweiter Theil Rechtslexikon. Erster Band. Dritte, durchgehends verbesserte und erheblich vermehrte Auflage. Leipzig, Verlag von Duncker & Humblot. 1880. S. 63-72.

【S. 63】

【株式会社 Aktiengesellschaft】（Th. I. S. 535）

株式会社は、「すべての」構成員が一定の財産出資「のみ」をもって参加しそして責任を負う社団（Verein）である。

古代においては知られておらず、奴隷制度（Sklaverei）と個人財産制度（Pekulienwesen）をとおして欠くことができ、そしてまたしばしば反対物として引用されるローマの徴税請負人組合（Publikanensozietäten）においてもまた決して模範とされたのではなく、この社団形式は、一方では総体的所有権〔総有権〕（Gesammteigenthum）において、および、他方ではゲノッセンシャフト（Genossenschaft）において、証明されるドイツ法的な諸根の関連成長から、近代の取引生活をとおして次第に形成されてきているのである。「株式」原則の最古の利用は、しかしまだ完成された会社的構造を有してはいないが、イタリアのモンテス（montes）において見出される。けだし、公的権力によって直接に設立されたか、または、そうでないとしても認許された、これらのしばしば銀行類似の資本的諸営造物においては、事業財産（Fonds）についての譲渡可能な持分（loca montis）が、利潤収入（Gewinnbezug）の権利と共に売却されたからである。これに対して、株式原則に基づく「会社法的」構造の基礎づけは、オランダ、イギリスおよびフランスの大規模な世界商業諸会社によって初めて完成された。株式会社の更なる発展は、自由な資本結合の、つねにより一般的な、そして、より独立した形態への株式会社の形成において存在した。とくに【S. 64】一方では、会社持分の可動性と譲渡性の前進する高まりをとおして、次第しだいにこの社団形態の資本主義的、非人的性格が形成された。そして、他方では、〈最初はほとんどただ公的にそして国家と緊密に結びつけられた諸制度においてのみ実現されてきていた〉株式会社は、次第しだいに〈なるほどまだ長い間国家的な授権（Autorisation）と監査に拘束されたままであったが、しかし結局は、この束縛をもまた粉砕した〉自由なゲノッセンシャフトへと形成された。自由な資本結合体というこの形式において、やがて株式会社は、商業、営業および取引のすべての領域において近代の大企業の、最も強力な、もちろんまた最も危険な、そして、最も多くの場合に濫用にさらされる梃子へと形作られた。

この発展過程に対応しているのは、株式会社「法」は、〈より最近の時代においてすべてのヨーロッパ諸国の立法が株式会社のための普通法を創造するに至るまでは〉、長い時間をとおしてただあらゆる個々の社団のための国家的な許可（Octoroi）をとおして基礎づけられた特殊法にのみ基礎づけられたままであったということである。この場合、大陸においては、全体として一致する基本諸原則が展開された。影響力が豊かであったのは、とくにソシエテ・アノニーム（無名会社〔株式会社〕sociétés anonymes）に関するフランス商法典（Code de Commerce）（フランスにおいては、現在一部は廃止され、一部は一八六七年七月二十四日の法律をとおして補充されている。）の諸規定であった。これに対してイギリスにおける株式会社法は、様々に異なる発展を有したのであり、そして、さらに今日、しばしば行われた大陸法への接近にもかかわらず、〈イギリスにとっては、すでに株式会社の概念が、有限責任制の株式会社と非有限責任制の株式会社の並存のゆえに、異なって把握されなければならず、そして、さらに長い間そもそも排斥されていた純粋な資本社団の原則は、今日もなお決して大陸においてと同じ範囲においては実現されていない（一八六二年と一八六七年のCompagnies-Act）ことによって〉本質的な諸点において大陸法から区別されるのである。ドイツにおいては、以前にはただ二三の地方特別法（とくに一八四三年一一月九日のプロイセン法律および一八五二年一一月二六日のオーストリア社団法Oesterr. Vereinsgesetz）だけが株式会社法を規律した後に、初めてＨＧＢ〔普通ドイツ商法典〕が普通株式会社法（ein gemeines A.=Recht）を作成した。ＨＧＢの諸規定は、しかし、一八七〇年六月一一日のドイツ帝国法律をとおして徹底的な変更を受けた。それによってとくに二つの点で変更がなされている。第一に、ＨＧＢはただ〈その対象が商行為の経営に存する〉株式会社のためにのみ諸確定を行ったのに対して、商法の株式会社法は、すべての、商業を営まない株式会社にもまた、拡張されている。そして、第二に、〈ＨＧＢが国家の認可（Genehmigung）の要件に、そして、国家の監視権に固執し、そして、ただラント諸法律にのみこの点における離反を許したのに対して〉、株式会社の形成と管理は、国家に対する関係で自由に与えられており、そして、その代償として一連の法律的な規範的諸規定、強化された開示、および、取締役会（Vorstände）と監査役会（Aufsichtsräthe）の高められた責任が導入されている。

経済的にはゲノッセンシャフト的な資本有機体（Kapitalorganismus）として現れる株式会社の「法的性質」は、非常に争われている。それに関して設定された諸理論は、二つのグループに分けられる。第一のグループの諸理論は、ただ人々の団体の特異性のみを顧慮する。この視点から、人は、株式会社を、あるいは、ひとつの純粋のまたは修正されたソキエタス〔societas 組合〕と説明し（ジンテーニス Sintenis、トェール Thöl、ペールス Pöhls、トライチュケ Treitschke、ロエスレル Rösler、シュミート Schmid、以前にはゲルバー Gerber もまた）、あるいは、ローマ法のウニヴェルシタス（universitas）の意味におけるコルポラチオン（Korporation）と説明し（ヘルマン Hermann、ウンガー Unger、ハイゼ Heise、フィック Fick、ルノー Renaud)、あるいは、〝形式的〟および〝集合的〟単一体を伴う組合(Gesellschaft)、したがって法人の意味における諸修正を伴う組合と説明し(ヨリー Jolly、ライシャー Reyscher、ブリンクマン Brinckmann、ザルコフスキー Salkowski、以前にはウンガー Unger もまた)、あるいは、逆に、組合的諸要素をもつ法人と説明し(アウエルバッハ Auerbach、ディーツェル Dietzel、フィッティング Fitting、ラーデンブルク Ladenburg、現在はゲルバー Gerber もまた)、あるいは、組合とコルポラチオンの間の中間段階の比較的古い意味におけるドイツ法的な〝ゲノッセンシャフト〟として説明し(ヴォルフ Wolff、ミッテルマイヤー Mittermaier、ヴァイスケ Weiske、【S.65】ブルンチュリー Bluntschli)、あるいは、最後に、完全に発展させられたが、しかしドイツ法のゲノッセンシャフト的原理にしたがって構成されたケルパーシャフトという意味におけるドイツ法的なゲノッセンシャフトとして説明した(ベーゼラー Beseler)。諸理論の第二のグループは、株式会社の資本的(Kapitalistisch)な側面のみを一面的に眼中に捉え、そしてその上でその中に、あるいは、独特な物権法的な共同体を見出し(マールバッハ Marbach)、あるいは、無主の目的財産を見出し(デメーリウス Demelius、ベッカー Bekker など。その一方、この概念の発明者であるブリンツ Brinz は、まさに株式財産を目的財産としてではなく、共同所有権として説明している。)、あるいは、擬人化された資本財産、財団、または取引制度(クンツェ Kuntze、ヴィッテ Witte、エンデマン Endemann)を見出している。株式会社の真の本質は、「財産ゲノッセンシャフト」(Vermögensgenossenschaft)、そしてそれも資本ゲノッセンシャフト(Kapitalgenossenschaft)の一種におけるそれである。株式会社は、それゆえ、第一に、ゲノッセンシャフトであり、それはすなわち、《《最終的に法人の統一体権と諸固有権の多数性を組織体制をとおしてひとつの有機的な全体に結びつけるために》そこにおいて総体に内在する統一体が独立の法人格へと高まり、同時にしかし、構成員たちの個人的な諸固有権のための余地が残されているところの〉ドイツ法的なケルパーシャフトである。そして、このゲノッセンシャフトは、第二に、財産が、そしてそれもその他の財産諸ゲノッセンシャフトからの区別として金銭資本が、その存在を全体においても個別においても条件づけ、そして、決定していることをとおして、その他の諸ゲノッセンシャフトから区別されるのである。それゆえ、株式会社は、例えば、ゲマインデが地域なくして存在できないように、一定の名目額のいわゆる基礎資本金（Grundkapital）なしには、存在することができず、そして、この資本は、〈それによって資本が生活しそして行動することができるためにはなるほど不可欠ではあるが、しかしその全体の編成と形態形成においては資本的基礎に自らを適合させるところの〉社団有機体（Vereinsorganismus）の生活目的である。そして、それゆえ、さらに株式会社における構成員たる地位は、基礎資本金の観念的な価値の割合的持分をとおして条件づけられそして決定され、それゆえ社団ゲノッセンの個性は、完全にどうでもよく、それどころか全く不確定に留まりうるのであり、そして、構成員たる地位そのものが〈それと構成員たる地位が結びつけられるところの〉財産の割合的持分の法的性質を受け取るのである。

株式会社の「設立」（Errichtung）は、それゆえ、何よりもまず払込または支払約束をとおしての基礎資本金の徴収を前提とする。このため本来の設立には、一連の「準備的諸行為」が先行するのがつねである。そして、それらに基づいてしばしば極めて複雑な、立法によって従来ほとんど注目されなかったが、これに対して最も最近の時代において、実際上しばしば争いとなり、そして、理論（とりわけ、ヴィーナー Wiener, Z. f. d. g. HR. Bd. XXIV v. 1879）によって徹底的に取り扱われたところの、法律諸関係が生ずるのである。これらの諸関係の法律構成においては、株式会社そのもののコルポラティフな存在に先立って存在するすべてのことは、債権債務的な契約協議の領域において運動することが確定されなければならない。（すでに生成中の株式会社が設立段階の一定の時点から株式会社として取り扱われるイギリス法によるのとは異なる）。通常、株式会社の設立は、法的に当座組合（Gelegenheitsgesellschaft）として取り扱われるべき団体（Konsortium）の側の「企画」（Projekt）の設定と公告とともに始まる。企画者たちが全ての株式を自らに引受けそして株式の購入のためにのみ誘われることによって、企画者たちが真実においてはすでに会社の発起人たち（Gründer）であることは可能である。本来的な企画においては、これに対して、彼らは、他の人々を株式会社の設立のために勧誘し、その場合にしかしながら株式会社の側で、しばしばすでに株式会社の定款およびその他の生活諸条件を確定しているところのたんなる企業者たち（Unternehmer）である。その後、企画に従う株式金額の「記載」をとおしての参加申込の引受が生ずる。記載は書面の形式を必要とし、そして、無条件でなければならない。そこから、先ず最初に、企画者たちと署名者たちの間の法律諸関係のみが成立する。しかし株式会社が存在に至るときは、株式会社自身が、株式会社のために行われた諸合意に基づいて、企画者たちに対する関係でも署名者たちに対する関係でも、直接に、権利を与えられ、そして、義務を負わさせるのである。そのことは、現行法において承認された第三者のための諸契約の有効性から説明される。【S.66】株式会社および株主を、発起人たちおよび企業者たちによる甘言から保証するために、二〇九条bにおいて若干の〈もちろんほとんど十分ではない〉予防策がなされている（以下を参照せよ）。注目する価値があるのは、さらに、すでにこの準備段階において株式会社の将来の有機的組織（Organisation）が暫定的な有効性を現わしていることである。――「設立そのもの」は、準備的な諸行為とは反対に、契約ではなく、〈それによって参加者たちの、自らを統一体として設定しかつ具体化する、総体意思（Gesammtwille）が、ケルパーシャフト人格（Körperschftspersönlichkeit）を生命へと呼び出すところの〉ひとつの構成的行為（ein konstituirender Akt）である。このために、とりわけ〈裁判所および公証人によって証書化され、そして、社団の組織体制証書として二〇九条に従って社団の本質的な生活諸条件に関する諸規範を含まなければならないところの〉定款の作成と認可を必要とする。株式会社は、ひとつの商人的名称、そしてしかも純粋の事実商号（Sachfirma）を認めなければならない。最後に、株式会社は、株式会社として法的に存在するためには、商業登記簿への登記を必要とする。これに対して、形式的および統一的な設立決議は、これを必要としない。むしろ登記の法律的な諸条件に属するのは、適切な〈全ての取締役会構成員によって署名されたか、または、公証人によって認証された形式において提出された〉定款の提出と並んでは、ただ一定の方法において行われるべき〈一方では、基礎資本金の規準に従って必要な構成員たちの数の《一致するそして適切に表示された》設立意思が実際に存在することの、他方では、第三者ならびに構成員たちの保証に関する一定の諸条件が履行されることの〉証明のみである。この場合、しかし、ドイツ商法典は、〈総株主によって署名された定款をとおしての確認、または、この点についての定款による形式において招集された全ての株主の株主総会の裁判所によりまたは公証人により証書化された決議をとおしての確認〉という、確認（Konstatierung）の二つの異なる方法の間の選択、を許している。個別的には、ところで、先ず第一に、これらの方法のひとつによって、株式資本全体の記載が確定されなければならない。第二に、あらゆる株式に向けての一〇パーセント、そして、保険会社においては二〇パーセントの実際の払い込み。第三に、発起人をとおしての株式会社の甘言に対する法律的な予防策の履行。これらの留保は、ある株主が現金における以外の出資をする場合、株式会社が商業的または産業的施設あるいはその他の財産物件を引き受ける場合、あるいは、株主のために何か別の諸利益（発起人報酬、新株引受権、選挙権など）が条件付けられる場合に、登場する。すべてのそのような合意は、明瞭に、そして、正確な評価をもって、定款へと記載されるべきである。さらに、しかし、再び、二つの規定された諸形式の一つにおけるそれ〔合意〕に向けられた意思の確認をもって足りる。ただもしかするとあるかも知れない承認する総会決議は、諸受益者の議決権排除のもとに、および、〈少なくとも諸株主の〔頭数の〕４分の１をも、株式諸金額の４分の１をも、包含する〉多数決をもって、行われなければならない。最後に、登記のために、監査役会が株主総会において選任されることの証明を必要とする。それゆえ、法律上、株式会社のすべての三つの本質的な諸機関が登記前に存在していることが前提とされている。登記をもって、株式会社は、株式会社として存在する。その前に発行された株式および株式持分は無効であり、そして、その前に株式会社の名において行為した者は、人的にかつ連帯して責任を負う。登記に引き続いて、裁判所による抜粋の公告が行われる。

株式会社における「構成員たる地位」Mitgliedschaft は、〝株式〟として、独立のそして人から分離しうる権利、すなわち、〈会社財産の価値についての観念的持分、および、社団生活のコルポラティフな共同の担い手たること、という二重の内容を有するが、その全体の性質においては、しかし、その財産法的な側面に従って決定されるところの〉権利となっている。ひとは、それゆえ株式の取得をとおして構成員となる。株式の数は確定したものである。諸株式は、相互に原則として平等であるが、しかしそれでもなお、完全株式（Vollaktien）と並んで、独立した、しかしよりわずかな社員権の性質をもついわゆる〝株式持分〟（Aktienantheile）が発行されるのみならず、初めからであれ、【S.67】事後的な発行の結果においてであれ、非平等の諸権限をもついくつかのクラス（シリーズ）の株式諸権利もまた、登場する（普通株式 Stammaktien、優先株式 Prioritätsaktien、普通優先株式 Stammprioritätsaktien、種類株式 Aktien Lit. A, B, C など）。株式および株式持分は、少なくとも一五〇マルク〔の額面〕を示さなければならず、保険会社の株式および無記名株式は少なくとも三〇〇マルク〔の額面〕を示さなければならず、そして、不可分である。これに対して一人の手における株式の蓄積は無制限である。それゆえ人格からの構成員たる地位の解放は、複数の社員たる地位の可能性において、完全な表現へと達している。株主権（Aktien=R.）は、〈有価証券の性質を有し、そして、それぞれ定款にしたがって記名式または無記名式でありうるところの〉同様に株券（Aktie）と名づけられる証書に化体されている。記名株式は、〈その記載が株式会社に対する関係でもっぱら株主としての資格について決定するところの〉特別の株主名簿（Aktienbuch）に記載されなければならない。無記名株式は、額面金額全額の払込後にはじめて発行されることが出来る。ひとは、株式を、原始的には社団からの発行をとおして、あるいは、承継的に既存の他の株主権の承継をとおして、取得する。譲渡の諸形式との関連においては、株券が属するところの有価証券のクラスの諸原則が適用される。記名株券は、疑いある場合には指図証券である。株式証券についての所有権を取得する者は、株主となる。有価証券の性質にしたがって、しかし、証券についての物権の取得およびすべての種類の占有の取得をとおして、証券からの権利についてもまた、法的および事実的な行使可能性が成立しうる。それゆえ株式会社においては、構成員たる地位は、すべての法的および事実的な有体動産の運命を共有することができる。それゆえここでもまた、実体的な株主権の問題は、株主名簿をとおしてまたは無記名株券の呈示をとおして行われるべき株主としての資格（Legitimation）の問題とは、一致しない。その上、個々の株主権（例えば、議決権証書 Stimmkarten）の行使のための資格の特別の諸形式が存在する。この種の最も重要な資格証券（〔免責証券〕Legitimationspapiere）は、それ自体ふたたび特別の有価証券として振り出された〈もしかするとあるかもしれない利益持分の取立を求める権利を独立化させる〉配当金クーポン（Dividendenkupon）および〈新たなクーポンの引受を求める権利を独立化させる〉タロン（Talons 利息更改証券）である。中間証券（Interimsscheine）および予約株券（Promesse）については、中間証券の項目を参照せよ。

そのように構成される社団（Verein）は、その組織体制をとおして〈それによってその個別の生活諸機能が、さまざまなそしてしばしば極めて多数の諸機関に分配されるところの〉コルポラティフ〔団体的〕な「有機的組織」（Organisation）を受け取る。三つの機関が法律的に不可欠である。まず第一に、「株主総会」（Generalversammlung）、すなわち、諸定款に従って適切な時期に、適切な場所および適切な方法において行われる株主の集会である。株主総会は、定時総会と臨時総会に分けられる。そのうち前者は、定期的に反復されるものであり、後者は、必要の場合に取締役会、監査役会またはその他の諸機関によって、一定の形式において目的の提示のもとに（二三八条）招集され、そして、株主の一定部分の申立てに基づいて（二三七条）招集されなければ「ならない」。株主総会においては、争いのある場合においては、あらゆる株主は、あらゆる株式につき一票を行使する。原則として、株主総会は出席議決権の単純多数決をもって決議する。その諸機能上、株主総会は、株式会社の最高機関である。株主総会は、原則として、株式会社のすべての生活問題における決議、自治の行使、争いある諸問題における最終決定、およびその他の諸機関に関する監査を有する。株主総会は選任と解任を行う。株主総会は、貸借対照表と計算状態を調査し、利益分配を確定し、そして、棚卸しを施す。そして、個々の株主の利益を代表し、そして、取締役会および監査役会に対する訴えを提起する。株主総会の作用領域は、しかし決してコルポラティフな領域そのものを超えては及ばない。なぜなら株主総会は、特別の定款授権なしには、企業の目的を変更することができず（二一五条）、そして、個々人の固有権へと介入することはできないからである。

【S.68】（「株主総会」の項目において詳細を参照せよ。）第二の不可欠の機関は、「取締役会」（Vorstand）である。取締役会は、一人、複数人、または、コレーギウムから、統一的または集合的な頂点をもつコレーギウム、あるいは、同僚的な顧問（Beirath）を伴う統一的または集合的な取締役団（Direktorium）からもまた、成り立ちうる。その任命は、最も多様な方法において規制されてありうるが、しかし、定款にとって変更不可能の法律規定（二二七条）によれば、〈もちろん任用契約に基づく個人法的な損害賠償請求権がそれによって影響されることはないが〉、絶えず、あらゆる瞬間において撤回可能である。取締役会の諸機能は、対外的には、とくに株式会社の代理において、そして、対内的には、業務執行と経営管理において、存在している（二三九条と二三九条a）。あらゆる不適切性をとおして、あらゆる取締役会構成員は、株式会社に対しても、第三者に対しても、人的および連帯的に自ら責任を負うのである。その上、公的権力は、取締役会を公的諸利益の維持のために責任ありとし、それゆえに、とくに脱落する国家的監督の代わりに、刑罰の威嚇の下に置かれた一連の義務が取締役会のために法律的に基礎づけられている（二四九条と二四九条a）。（詳細を「取締役会」の項目において参照せよ）。第三の法律的に不可欠の（一八七〇年六月一一日の法律に至るまでは、ただ任意的であるにすぎなかった）機関は、最後に、「監査役会」（Aufsichtsrath）である。監査役会は、株主たちから任期つきで選ばれた、少なくとも三人の構成員たちの同僚団である。その諸機能は、株主総会を代理し、情報提供し、そして、必要な場合には招集すべきであり、そして、〈定款をとおしてしばしばさらに極めて拡大されているところの〉このために決定された法律的な諸権限（二二五条a）を占有するところの、常設のコントロール機関のそれである。監査役会もまた、民事法的に、そして、刑法的に、不適切性について責任を負いうる（二二五条b）（詳細は、「監査役会」の項目において参照せよ。）。これらの三つの法律的に不可欠の諸機関のほかに、様々に異なる地位においてフェアワルトゥングスラート〔経営管理評議会 Verwaltungsrath〕が登場する（この項目を参照せよ。）。最後に、〈それらの諸権限が、それらの委託に向けられており、そして、疑いある場合においては、それらに譲渡された諸取引の通常の範囲に向けられるところの〉非常にさまざまな種類の委員会、諸役人および被授権者たちが見られる。取締役会の免責のためには、〈業務執行に何らかの参加を行ったところの〉人々は、決して任命されてはならない。これとは反対に、ドイツ法には、それをイギリス法が有するような、計算検査人（Rechnungsrevisoren）の制度の法律的規律は、疎遠である。

設立された株式会社の諸「法律関係」に関して言えば、株式会社は、まず最初に、「対外的に」徹底して独自の法人格の地位を有する。株式会社〃そのもの〃は、それゆえ、〃独立に〃その諸権利と諸義務を有し、所有権と物的諸権利を取得し、裁判所に訴え、そして、訴えられうる。株式会社は、その諸機関をとおして、〈それらの諸機関が明示的にまたは諸事情の状態に従って株式会社の名において登場し、そして、それらの組織体制に従う権限の内部に留まる限りで〉行動する。後者の制限は、しかしながら、取締役会に関しては、ただ対内的にのみ妥当する。その一方では、第三者に対する関係では、実定的規定（二三一条）をとおして取締役会のあらゆる権限制限は、法的に無効なものと宣言されている。それでもしかし、幾人かの取締役会構成員は、疑いある場合には、ただ共同してのみ行為することができる。取締役会は、株式会社のために宣誓をもまた行う。株式会社そのものが権利を与えられ義務を負わされる限りでは、個々人は、あらゆるケルパーシャフトにおけるように、関与しない。とくに、それゆえ、第三者に対しては、社団諸債務のためにもまた、ただ、〈《営業成果をとおしてこれが増加されまたは減少されるがごとき》基礎資本金と《準備金、償却および類似の諸目的のために形成される》付随的営業財産とから構成されるところの〉社団財産だけが責任を負う。この財産を、しかし、株式会社は、債権者たちから奪ってはならず、とくにそれゆえまだ未履行の出資を免除してはならず、そして、履行された出資を規則に違反して返還また払い出しをとおして減少させてはならない。彼らが不正に受領してしまっているところのものについて、株主は、責任を問われ続ける。株主は、ただ彼らが善意で受領した利益配当金だけは、再び返還する必要はない。【S.69】

株式会社の「内部的な諸法律関係」は、一般には定款（Statut）に従って決定される。ここでは、株式会社そのものと〈その場合にとりわけ取締役会と監査役会に対する訴訟資格の問題が法律的に規定されている（二二六条を一九四条と一九五条とともに参照せよ）ところの〉その諸機関との間の諸法律関係、とくにしかし株式会社と株主たちの間の諸法律関係が顧慮される。後者の関係においては、株式会社に対する株主の地位においてはコルポラティフ〔団体的〕な諸社員権（korporative Mitgliederrechte）（jura universitatis ウニヴェルシタスの諸権利）と個々の諸固有権（individuelle Sonderrechte）（jura singulorum 個々人の諸権利）が、内的に絡み合わされていることが注目されなければならない。株主が「団体的に」のみ権利を与えられている限りでは、彼は社団意思に服さなければならず、そして、提案と議決権行使をとおしてのみこの意思の形成に働きかけることができる。反対に彼の「固有権」（Sonderrecht）が及ぶ限りでは、彼は、社団に第三者として向き合い、そして、社団に対して独立に訴えを提起することができる。株主権（Aktienrecht）の団体的な側面と個人的な側面の緊密な関連は、法律的に、例えば、〈取締役会との株式会社の訴訟の場合には、あらゆる個々の株主に自己の費用を以ってする補助参加の権利が認められていること（二二六条を一九四条と一九五条とともに参照せよ）をとおして〉承認されている。

個別においては、株主の諸権利と諸義務は、とくに議決権（Stimmrecht）、定款およびもしかするとあるかも知れない仲裁裁判所（Schiedsgerichte）への服従などのような、株式会社のゲノッセンシャフト的な生活にも、会社財産にも、関係する。財産法的な諸義務と諸権限は、しかし、徹底して前者の線に立っている。この点における株主の「諸義務」は、約束された出資（Einlage）を現金で、完全にかつ適時に行う債務に制限されている（株式を〝解放する〟liberiren こと）。出資が現金で行われないときは、二〇九条bの特別の予防策が登場する。遅滞は、定款によって、様々な不利益を伴って、しかし株主権の喪失についてはただ一定の法律的な諸制限（二二一条）のもとでのみ、威嚇されうる。株主権の譲渡の際には、その解放（Liberierung）のための義務もまた、株式の中に含まれる財産複合の統合的な構成部分として、取得者に移転する。しかし、それと並んで、定款または株式会社の側での明示的な免責が彼を免除しない場合には、もともとの署名者は、責任を負わされ続ける。それでもしかしこの場合においてもまた、記名株式においては、退場する株主は、さらに一年間、すべてのその当時まで株式会社によって負担された諸債務について、未払出資金債務（Rückstand）の額まで補充的に責任を負わなければならない（二二三条）。そして、無記名株式の場合には、署名者は、額面金額の最初の四十パーセントの払込についての責任から、そもそもいかなる方法においても免除されえず、残額に関しては、しかしただ定款の明示的な規定の基準に従ってのみ免除されうる（二二二条）。株主の「権利」は、二一六条によれば、〝株式会社の財産についての割合的持分〟において存している。この持分は、しかしながら、ゲノッセンシャフト的に結合されかつ団体的な社員たる地位と編み合わされた価値の割当分（Werthquote）として、株式会社の存続中は実現されえず、むしろ営業利益に対する配当請求権（Theilanspruch）においてのみ表明され、株式会社の終了の際にはじめて自由な共同所有権の割当分へと変化する。利益または〝配当金 Dividende〟に対する請求権は、年次貸借対照表に従って完全な出資に関する純粋な剰余金が生じ、そして、さらに定款に従って配当金に先行する諸控除が、とくに準備金（Reservefonds 留保財産）のために積み立てられるや否や、基礎づけられるのである。利益の分配は、〈それが例えば基本株式と優先株式の関係において登場するごとき〉不平等が定款をとおして確定されているのではない限り、株式額面の基準に従って行われる。一定額の利息は条件とされてはならず支払われてはならない。企業の準備の間のあらかじめ定められた期間のために利息（Zinsen）（いわゆる〝建設利息 Bauzinsen〟）が約束されてよいこと（二一七条）は、ただ見かけだけの例外にすぎない。さらに、定款においてしばしば〝利息〟と〝配当金〟が区別される場合、これはただ配当金の異なる種類であるに過ぎず、いわゆる〝利息〟は、【S.70】〈いわゆる〝配当金〟がもしかするとあるかも知れない最終的な剰余から分配されるべき特別剰余（Superdividende）を意味する一方では、留保財産のためという利益のもう一つの使用の前に、分配のための留保財産の配分率（Tantièmen）などが来るところの〉株金額の一定の割合率に固定された事前配当金（Vordividende）である。国家または別の人のいわゆる利息担保（Zinsgarantie）もまた、実際には、最低配当金の担保である。

株式会社の「変更」（Veränderung）は、決して人的構成の交代にあるのではなく、一方では、〈それゆえにあらゆる定款変更が設立と同一の諸形式を必要とし、そして設立と同様に登記前にはいかなる法律効果をも有しない（二一四条）ところの〉団体的な有機体組織の変化において存し、他方では、基礎資本金の減少または増加において存する。基礎資本金の「減少」（Verminderung）は、ただ株主総会の決議をとおしての基礎資本金の部分的な払戻または引下げ――その場合、解散の場合における分配と同一の諸規定が適用される（二四八条）――において存在するのみならず、〈定款または株券発行前になされた決議の明示的な規定に従って、それゆえ予め予告された漸次的な解散としてのみ許されるところの〉漸次的な株式の無効宣告（Amortisation）においてもまた存在する。加えるに、株式会社は、自己株式を無効宣告してはなら「ない」。同様に、株式会社は、自己株式を取得してはならない（二一五条）。なぜならそのような取得は、株式会社は彼自身の構成員ではありえないので、当該社員たる地位の無効化と、そして従って基礎資本金の減少と、同意義であるからである。禁止に違反する法律行為は無効である（帝国上級商事裁判所一八七五年五月七日判決 Erk. des ROHG. v. 7. Mai 1875, Bd. XVII, S. 381）。禁止は、しかし、ただ自己の計算で行いかつ確定的な（実現の）取得だけに妥当し、それゆえ、例えば、取得の際に同一の法律行為において再び譲渡される差額取引（Reportgeschäft）は、株式会社に許されている（帝国上級商事裁判所は一八七六年六月一三日判決においてそうである。ROHG. im Erk. v. 13. Juni 1876, Bd. XVIII, S. 423）。——基礎資本金の増加は、新株の発行をとおして行われる。その場合、新株式は、しばしば〝基礎株式〟（Stammaktien）に対する関係で〝優先株式〟（Prioritätsaktien）として財産権的に優遇されるが、その代わりしかし、その他の点においてとくに議決権に関しては劣後する。そのような絶えず株式会社の本質変更の諸形式に結合された「基礎」資本金の増加から、借款〔社債〕の募集（Aufnahme einer Anleihe）をとおしてする「経営」資本のたんなる増加は、法律的に鋭く区別されなければならない。この場合、社団の有機体組織（Vereinsorganismus）の資本的基礎は変更されずに留まり、そして、ある数の新たな社員たる地位ではなく、ある数の債権者集団（Gläubigerschaften）が加わる。しばしばそのような借款は、公的な借款の種類に従って、部分的な諸債券（Theilobligationen）において発行され、そして、あらゆる部分債権は有価証券（Werthpapier）において化体される。この場合において成立するいわゆる〝優先債券〟（Prioritätsobligationen）は〝優先株式〟から、〈それらが株式会社の構成員ではなく債権者とすること、それゆえ確定利息、株主に先立つ満足および〝償却財産〟からのしばしば一定の償却計画に従って漸時的に実現されるべき償還を求める請求権を与えるが、反対に、配当金および議決権を与えないこと〉をとおして、区別される。しかしながら債権者たちにはコントロール権限が認められているが、他方では、優先株式には議決権およびその他の諸社員権が奪われうるので、優先株式と優先社債の間の原理的な徹底した区別は、しばしば実際上僅かなものに減少されている。そこから、それらは、生活においてはしばしば〝優先権〟として総括され、法律家たちによってすら混同され、そして、諸定款においてしばしば混在して規定されていることが説明される。

最後に、株式会社は、株式会社のために定款において例えば規定された存続期間の経過をとおして、株主総会の決議をとおして、および、破産開始をとおして、「解散」される。これとは反対に、国家の認可（Staatsgenehmigung）の撤回、基礎資本金の半分の減少の場合における行政処分、という商法典（HGB.）において認められた解散原因（Auflösungsgründe）は、一八七〇年六月一一日の法律（Ges. v. 11. Juni 1870）をとおして除去されている。【S.71】破産手続が登場しない場合には、解散登記、債権者の届出の催告のもとにする解散の公告、および、清算（Liquidation）が続く。取締役会、または、その他定款もしくは決議をとおして決定される人々が、合名商事組合において妥当する諸原則に従って（二四四条）清算を実行する。財産は、諸債務の消滅後に、株主間に彼らの株式の割合に従って分配される。分配は、しかしながら第三回目の公告の後一年の経過前には行われてはならない（二四五条）。独特の諸関係が、清算の間、換価（Realisierung）という目的のために継続する財産集合体の客観的な統一性と閉鎖性をとおして、成立する。その場合、消滅する団体的な有機的組織の一定の事後効が主張される。清算と財産分配は、いわゆる「合併」（Fusion）をとおしては、排除される。合併においては、株式会社の解散は、株式会社の他の株式会社との結合をとおして、〔すなわち〕組織改変された株式会社をとおして、あるいはまた、初めて新たに形成される株式会社をとおして、実行される。ここでは、事業全体が積極財産と消極財産とともに直接に新たな主体へと譲渡される。商法典は、しかしながら、旧株式会社の債権者たちを一連の法律的な諸規定をとおして詐欺から守ることを試みている。合併は、合併された株式会社の解散の第三回目の公告の日から丸一年の経過後に初めて、実際に達成されることが許される。その間は、そして、分離された財産管理のその終結に至るまでのさらに長い期間、解散された株式会社の裁判籍は、解散株式会社のために存続する。消滅する株式会社の債権者たちの満足または担保提供に至るまで、その財産は分別して管理されなければならない。この管理は、なるほど新株式会社の取締役会が、しかし、分別のために人的および連帯的責任のもとに行う。

彼らの請求権の届出への債権者たちの催告は、中止または延期されうる（二四七条）。——株式会社が、一人の手へと全株式が集中することをとおして解散されるかどうかは、争われている。最近の時代においては、このことは、ほとんど否定されている。それでもやはり会社（Gesellschaft）は存在しない。そして、それゆえ、それは、正当な見解によれば、その一人の人またはその代理人によって、法人の機関としてではなく、ただ完全な人的責任のもとにのみ、取り扱われうる。ただ、有価証券への社員たる地位の化体によって、社団の客観的実体（das objektives Substrat des Vereins）は無傷のまま留まっており、そして、その破壊に至るまでは、現在の唯一の所有者をとおしてあらゆる瞬間において主体的な会社関係を再び生み出すことができることが、注目されなければならない。無記名株式においては、そもそも全過程が潜在的に留まってありうる。

最後に、厳格化された開示と取締役会および監査役会に対する罰則の威嚇を伴う一八七〇年六月一一日の法律の規範的諸規定が、株式詐欺（Aktienschwindel）に対する関係で無力であったことが明らかとなって以来、ドイツ株式会社法の「改革」が、全面的にかつ正当に希求されていることが、さらに指摘されるであろう。いくつかの側面から、国家の認可と国家の監督への復帰が要求されている。それをとおしては、それでもしかし類似の逸脱は決して妨げられてきてはいない。別の側面からは、国家的またはその他の公的な諸企図をとおしての株式会社の可能な限りでの排除が、弁護されている。しかし、同一の諸目的のための公共的な営造物の競争が極めて有益に作用しうるとしても、それでもしかし株式会社は、〈資本の増強、小資本の結実および危険の制限によって現代の経済的発展の最も重要な梃子のひとつであり続けてきているところの〉現代世界に不可欠のそしてそれ自体最高度に祝福豊かな企業形態である。さらに別の側面からは、イギリスの模範への接近が望まれている。しかしその場合、大部分は、余りにも一面的に、ただ、発起人たちによって署名されるべきそして公表されるべき事業内容説明書（Prospekt 目論見書）の真実性と完全性についての、端的に要求される一定数の発起人たちの〈法定の一連の年数の経過前は免除不可能な〉人的および連帯的責任の創出だけが、強調されている。【S.72】私の見解では、そのほかに、この社団形態の純粋に資本主義的な諸要素とは反対に、ゲノッセンシャフト的な諸要素の強化を求める、イギリスにおいて同様に前以て形成されている方向における株式会社法の改正が必要である。なぜなら我々の株式会社の最大の弱点は、それが徹底してコルポラティフ〔団体的〕な組合〔会社〕として構成されているにもかかわらず、真実においては、その組合〔会社〕的な生活は大部分たんなる外観に過ぎない、という点に存するからである。しかし立法は、この方向において、たとえすべてのことではないとしても、それでもしかしいくつかのことをなしうるのである。

原典：D.HGB. Art.207-239（das Ges. v. 11. Juni 1870 は HGB. の本文に挿入されている。）—— Französ. Ges. v. 24. Juli 1867 i. d. Z. f. HR.XII. Beil. 99. —— Engl. Gesellschaftsakte v. 1862 und 1867 in der Z. f. HR. VII. 423 u. 533 u. XIV. 453. ——その他の外国諸法律については、Fick ib. XIII. 391 u. Renaud §3. ——原典としては、さらに個々の株式会社の「諸定款」が観察されるべきである。

文献：Pöhls, Das R. der A., Hamburg 1842. —— Renaud, Das Recht der A., Leipzig 1863, 2. Aufl. 1875（das Hauptwerk）. —— Auerbach, Gesellschaftswesen, S. 184-407; Das Aktienwesen, Frankf. a. M. 1873. —— Marbach, Ein Wort über den Rechtscharakter der Aktienvereine, Leipzig 1844. —— Hermann, Der Rechtschar. der Aktienvereine, Leipzig 1858. —— Abh. v. Jolly u. Reyscher i. d. Zeitschr. f. D. R. XI. 317 u. XIII. 382; v. Voigt, Rösler, Fick, Kuntze, Witte, Reuling, Ladenburg, Bekker, Nissen, Goldschmidt und Wiener in der Zeitschr. f. das ges. HR. I. 477. IV. 286. V. 1. VI. 229. VIII. 1. XIII. 167, 179. XVII. 379. XIX. 353. XXI. 1. XXIV. 1. u. 450. —— Gierke, Rechtsgesch. der D. Genossenschaft, §69. —— Die Lehrbücher des D. Priv. R. und des HR.（bes. Endemann, Das Recht der Aktiengesellschaften ec.; als Nachtrag zu dessen Darstellung des D. HR., Heidelberg 1873; Thöl, HR. (6. Aufl. 1879), §§121-178; Gareis, Das

Deutsche HR., Berlin 1880, §§35-40). —— Keyßner, Die A.= und Kommanditgesellschaften auf Aktien unter dem RGes. vom 11. Juni 1870, Berlin 1873. —— Auch die “Gutachten zur Reform der Aktiengesetzgebung” von Goldschmidt, Behrend u. Wiener, abgegeben auf Erfordern des Vereins für Sozialpolitik v. 1873, sowie die Verhandlungen dieses Vereins vom 12. u. 13. Okt. 1873, (S.51 ff. u. 90 ff.) —— Verhandlungen des 11. Deutsch. Juristentages, Bd. II (1873), S. 71 ff. u. 310 ff. —— R. Zwicker, Die Reform der Gesetzgebg. üb. A. (Gegenwart 1874, Nr. 6). —— v. Strombeck, Ein Votum zur Reform der Deutschen A.= Gesetzgebg., Berlin 1874. —— Molle, Die Lehre von den A. u. den Kommanditgesellschaften auf Aktien, Berlin 1875. —— Thöl, Aktienunrecht, Leipz. 1877. —— Löwenfeld, Das Recht der A., Kritik und Reformvorschläge, Berlin 1879.

オットー・ギールケ　Otto Gierke.

【ギールケ『株式会社論』・完】

《付録2》

ウルリッヒ・シュトゥッツ

「オットー・フォン・ギールケの思い出」

（一九二一年一一月二八日ベルリン法律家協会での追悼演説）

【訳者前書】私は『駿河台法学』第二三巻一号ないし二六巻一号において、ギールケのドイツ団体法論第一巻『ドイツ団体法史論』（原文一一一頁）の最初の一頁から二九五頁までの全訳を発表させていただいてきたが、その間にも、これを読み進めて最近になって漸く『ドイツ団体法史論』の完訳を作ることができた。既発表の分は、ギールケが五期に分ける団体法史区分の第一期と第二期の全部に当たっているが、私の関心の主たる対象である会社法の法人論と直接に関わる部分は、第四期と第五期であり、そこでは、近代の株式会社制度と協同組合制度が、ドイツ的なゲノッセンシャフトの系列に連なる団体として、ドイツ団体法史の最終段階に位置づけられ、検討されている。第三期以降の部分は、既発表分を含めて直接出版することにしたので、ひとまず連載を終えたいと思う。多くの紙面を割いてくださった本学と編集委員の方々に深く感謝申し上げたい。

そこで、今回は、数あるギールケの追悼文や論評論文の中でも、伝記的事実に最も詳しいと思われるウルリッヒ・シュトゥッツ教授の「オットー・フォン・ギールケの思い出」を翻訳紹介する。シュトゥッツは、一八六八年チューリッヒに生まれ、一九三八年にベルリンで亡くなった非常に著名な教会法学者であるとのことである。一九〇四年ボン大学教授、一九一七年以後はベルリン大学の正教授を務めており、本追悼演説は、ギールケが一九二一年一〇月一〇日八十歳でベルリンで亡くなった直後の、一九二一年一一月二八日に、ベルリン法律家協会で行った追悼演説である。重厚深遠なギールケの著書同様、その伝記的事実についても、わが国ではあまり知られていないように思われるだけに、身近に接した同僚でしかも年少の生徒かつ友人という立場からみたギールケの人となりやその活動についての、とくにゲルマニストの立場からの証言として、資料的価値が高いように思われる。なお、本追悼演説の原文が掲載されているサヴィニー財団法制史雑誌四三巻（法制史雑誌五六巻）四五頁乃至六三頁には、一八六〇年から一九二一年までの各年次ごとの詳細なギールケの著作目録が付けられているが、本稿では割愛する。

【以上、初出時の訳者前書】

ウルリッヒ・シュトゥッツ『オットー・フォン・ギールケの思い出』一九二一年一一月二八日、ベルリン法律家協会で行われた追悼演説、於ドイツ技術者および建築家協会会館。サヴィニー財団法史学雑誌四三巻、法史学雑誌五六巻、ゲルマニスト部門。一九二二年、S. VII-S. LXIII.

Ulrich Stutz, Zur Erinnerung an Otto von Gierke. Gedächtnisrede gehalten vor der Juristischen Gesellschaft zu Berlin im Vereinshaus Deutscher Ingenieure und Architekten am 28. November 1921.【原注1】 In: Zeitschrift der Savigny-Stiftung für Rechtsgeschichte Herausgegeben von J. Partsch, O. Gradenwitz, E. Seckel, E. Heymann, U. Stutz, A. Werminghoff, H. E. Feine. Dreiundvierzigster Band LVI. Band der Zeitschrift für Rechtsgeschichte, Germanistische Abteilung. Weimar Hermann Böhlaus Nachfolger. 1922.

【原注1】〔この追悼〕演説は、本来印刷のために予定されてはいませんでした。とくにこの場所で、私は、本来的に、ギールケのことを、より多く、私がそれを以前にハインリッヒ・ブルンナー（Heinrich Brunner）とリヒャルト・シュレーダー（Richard Schröder）の場合に行なったような方法において思い出すことを意図しました。なぜなら、私は、それが、〈死者に彼のより狭いゲマインデの真只中でその話し手として言葉をとおして敬意を表することとは何か違うことであり、そしてさらに、全世界における専門家たちに論文をとおして学者生活とその成果とを報告することとも何か違うことである〉ことを十分に意識していたからです。それでもしかし、演説を聴いた少なからぬ人々は、そして、演説について噂を聞いた非常に多数の人々は、逆に、ギールケの学問的人格が、私がそれを彼の亡くなった直後の新鮮な印象のもとで彼らとともに見そして描写したままに、後世に伝えられることを欲しました。これらの望みを、私は、最終的に拒絶することができませんでした。それゆえ、彼の人となり〔in eundem〕までは、今日では、以前よりもさらに僅かにしか問題とされることはないので、私は、〈別の場所で公表することが目下の諸事情のもとでは排除されているこの〉演説を、ここでは、告別の辞の代わりに、そしてしかも若干の僅かな諸訂正と諸補充を別とすれば、もとの形のまま、提出しようとするのです。ギールケ自身も、類似の諸場合においては同様の態度を取りました。そして、もし我々が、我々が昨年この雑誌において、彼が偶々印刷のために書いた最後のものを報告することができたことを誇りとするとしても、彼は、それでもしかし、我々の企画との特別の関係を、〈ただ全く偶然にのみ共働したことはあったにせよ〉決して持たなかったので、それゆえ編集の立場から〔彼の〕貢績を評価することは、この場

合においては不必要です。演説は、しかし、まさに徹底して、ゲルマニストであるギールケを対象としています。〈その繁栄が最後までとくに彼の心中にあったところの〉ベルリン法律家協会（Berliner Juristische Gesellschaft）の背景において彼を見ることを、おそらく誰も妨げないでしょう。むしろその反対です。彼の学者人格の姿が、それをとおしてより明白なものとなり、そして、より暖かいものとなるであろうことを、私は願っています。

【以上、原注1】

高く尊敬すべき会衆の皆さん！

オットー・フォン・ギールケは、二度、我々の法律家協会のクライスで追悼演説のために言葉を発しました。一八九五年一〇月一九日には、それゆえ、すでに自己の成果の完全な高みにおいて、彼〔ギールケ〕は、ルドルフ・フォン・グナイスト（Rudolf von Gneist）について語りました。祝賀された人の私法ならびに公法にとっての意義を等しく正当に評価した、十分に考え抜かれた印象深い演説は、今日もなお、我々がグナイストに関して有している最良のものであり、過去の世紀〔十九世紀〕におけるドイツ法律学の歴史に対するもっとも美しい諸寄与の一つです。

一九一六年一月八日には、しかし、彼は、当時自らもすでに七十歳台の半ばにおいて、すべての方向に向かっての最も繊細で最も愛情に満ちた理解をもって、〈その人とともに、彼が、ドイツ法の学問における我々のベルリン大学の法学部における一種の双子の碩学たる地位において、《ひとはおそらく言って良いでしょうが》教皇の座を獲得し、そして、ひとつの世代をとおして名声に満ちて主張したのであったところの〉ハインリッヒ・ブルンナー（Heinrich Brunner）の生涯と仕事とを叙述しました。この演説もまた、残念ながら長い間それにふさわしい注目を受けていませんが、その種類における傑作です。

現在の時間を、我々は、オットー・フォン・ギールケ自身に捧げています。彼がこの、我々のクライスに属していたゆえにでは全くなく、彼がほとんど半世紀の間、我々の構成員であった一方で、十二年間、我々の非常に功績ある議長であり、そして、最後に我々のすべての人々に尊敬される名誉会長であったゆえにのみそうするのではありません。法律学の巨匠であり、そして、卓越したドイツの男性に、今日、我々の回想が妥当するのです。我々がここで彼について見たところのものを超えて、我々は、彼を、彼の素朴な偉大さの全体を把握することを試みることを欲するのです。彼の精神的な姿は、十年前に巨匠クリムシュ（〔Fritz〕Klimsch）の芸術家的手腕をとおして確定された彼の肉体的な姿が我々の前に立っているのと同様に、我々の前に登場することになります。彼の生涯業績のほとんど圧倒的な重圧と彼の存在の豊かさとに直面するとき、私の力よりももっと強力な力にとってすら、ほとんどあまりにも大胆すぎる冒険です！。あなた方のだれでもが、自らの体験から、そして、とりわけ自らの暖かい感情から、最善のものを付け加える場合にのみ、その大胆な試みは成功することができるのです。その場合にのみ、オットー・フォン・ギールケは、彼が生きていたごとくに、もう一度我々の間に立ち現われることでしょう。

彼は、シュテッティン（Stettin）において、一八四一年一月一一日に、生まれました。洗礼において、彼は、オットー・フリードリッヒ（Otto Friedrich）という名を受け取りました。彼の父であるユリウス・ギールケ（Jurius Gierke）は、その当時、都市の法律顧問の職務を担っていました。オットーの母であるテレーゼ（Therese）は、ツィーテルマン家（Zitelmann）の生まれであり、同名のボンの法学者は、彼女の甥であり、ギールケのより若い従兄弟です。一八四八年の夏に、家族は、ベルリンに移住しました。心の気高い、天分の豊かな、そして、新たな諸理念の意識において政治的に関心のある男性であった父は、そこで、プロイセンの国民議会（Nationalversammlung）の構成員として活動し、そして、その当時アウエルスヴァルト――ハンゼマン内閣（Ministerium Auerswald-Hansemann）に農業大臣（Landwirtschaftsminister）として入閣していました。ベルリンの内閣庭園における子供らしい遊びをもって私の連関する生涯の追憶が始まっている、と息子ギールケは、我々に後に、彼の七十歳の誕生日に語っています。一八五〇年には、父は、ブロムベルクに控訴裁判所長官（Chefpräsident des Appellationsgerichts）として赴任しました。オットーは、〈実際的にも学術的にも定評のあるギムナジウム教師であり、熟練した数学者であったダインハルト（Deinhardt）によって指導されたところの〉そこでのギムナジウムの第六学年に進学しました。白髪の老人になってもなお、以前の生徒であった彼は、この学校の素晴らしさを感謝の念をもって賞賛しました。そこに突然、死がやってきて、そして、一八五五年、コレラによって、ギールケと彼の五人の兄弟姉妹たちから、短い間に次々と両親を引き離しました。彼が一生涯、決して完全には克服することがなかったところの恐るべき打撃でした。

孤児となった私の心は硬直し、　　Mein verwaistes Herz erstarrte,
おずおずと孤独のなかに身を隠した、　　Barg sich scheu in Einsamkeit,

と、彼は、七十歳の生年の完成の機会に、詩に作られた回想の中で告白しています。その回想は、彼にとってあらゆる点において特徴的であり、そして、彼を以前から鼓舞したところの厳粛なそして高い生命理解の雄弁な証言です。彼の母親の家族が、孤児たちに援助の手を差し伸べました。シュテッティンの大聖堂通りにおけるツィーテルマンの家へと、そして、アルトダムの側のヘーケンドルフにおける祖母の別邸へと、ギールケの子供たちにとって、やがて再び楽しい思い出が結びつきました。オットー自身は、彼の母の最長兄である法律顧問官オットー・ツィーテルマン（Otto Zitelmann）の下での親愛に充ちた受け入れを見出しました。この人は、以前、その父と同様に、多忙な、高く尊敬された、彼の職業に完全に満足してはいるが、しかし決して派手な活動をするわけではない弁護士でした。彼オットーと彼の妻である〈ギーゼブレヒト家の生まれで、ギールケのドイツ語および歴史の教師であるルードヴィッヒ・ギーゼブレヒト（Ludwig Giesebrecht）の娘であり、そして、ドイツ帝政期の歴史家〔ヴィルヘルム・フォン・ギーゼブレヒト〕の従姉妹である〉エルネスティーネ（Ernestine）は、自らも多くの子供たちに恵まれていましたが、甥について、最も完全なそして最も美しい意味において、両親の役割を引受けたのです。さらに、受取人によって注意深く守られることになる、〈後に、後見人であり養父であるひとが、その被保護者に、彼が生活の中へと歩み出たときに、用意周到に持たせた〉諸助言が与えられました。この被保護者がそれらの諸助言を、彼の全生涯の進行が教えているように、実際にもまた肝に銘じてきたことが、本質的に、〈伯父が良き部分としてさらに共に体験することの喜びを有したところの〉彼のより確実な上昇に寄与したのです。その他のことを行ったのは、学校であり、すなわち、当時、〝明白に刻印された特性をもつ精神的に高い境地にある選り抜きの教師たち〟がそこで活動していたところの聖母修道院ギムナジウム（Marienstift-gymnasium）でした。ギールケが、そこで最優秀の生徒として過ごした二年間において、ギーゼブレヒト、カール・エルンスト・アウグスト・シュミット（Karl Ernst August Schmidt）、および、フーゴー・イルベルク（Hugo Ilberg）、ヘルマン・グラスマン（Hermann Graßmann）、および、フェルディナント・フリードリッヒ・カロー（Ferdinand Friedrich Calo）のような人々を、先生たちとして有したことを、私は、たんに言及することだけで足りることでしょう。彼の広範な一般的教養、および、表現をめぐって決して淀むことのない、むしろ思想と言葉のあまりにも偉大な豊かさと格闘する彼の表現技術のみならず、彼の哲学的な、ある程度までヘーゲル（Hegel）によって影響された精神方向、たぶん国民的なロマン主義への彼の傾向もまた、歴史への傾斜と同様に、それゆえ萌芽においてきざしているように思われます。より最後のもの〔歴史への傾斜〕は、もちろん、始めから、すべてのそしてあらゆる地方的な色合いならびに観方の直接性を持ってはいませんでした。歴史的な感覚が大きな歴史的環境の印象のもとにまたは伝統の豊かな父なる都市に対する愛の中で展開された我々の専門のその他の人々とは反対に、ギールケの法史的方法は、以前から、何か非感覚的〔精神的〕なもの、何か抽象的なもの、そして、何か一般的なものに向けられたものを、それ自体として有しています。注意すべきことに、彼は、後に、一度もプロイセン法制史（Preußische Rechtsgeschichte）を講義したことはありませんでした。彼は、永遠にいつまでも普通ドイツ的な過去の精通者であったしあり続けたのであり、そして、自らをたぶんまさにそれゆえに、後にベルリンにおいて場所に関しては極めてぴったりであると感じたのです。ここベルリンでは、他の人々にとっては遺憾なことに、学説と研究のために、環境と生活からは、その他どこか別のところよりも、より僅かにしか取り出されるべきものはないからです。ひとは、ギールケを歴史家であると、とりわけ学識のゆえに呼ぶことができるかもしれません。この学識は、しかし、高い能力に恵まれた早熟の若者に、本質的には、すでに学校が媒介したものであるように思われます。そして、そのような成果をもってこそ、一八五七年秋における学校からの彼の卒業の際に、養父は、すでに当時、強い功名心によって鼓舞されたまだ十七歳にならないギールケと、すべての厳粛さをもって、いまや開始しつつある法律学の勉強において直ちに学者的な生涯行路を眼中に置くことが当を得たものと思われないかどうかの問題を、詳しく議論したのでした。

最初のゼメスターを、ギールケは、ベルリンで、さらなる三ゼメスターをハイデルベルクにおいて過ごし、ハイデルベルクでは、学生組合アレマンニア（Burschenschaft Alemannia）に所属しました。休暇は、アルプス地方へのそしてベネチアまでの旅行のために用い、二つの最後のゼメスターを再びベルリンにおいて過ごしました。非常に活発な勤勉さにもかかわらず、たぶん彼が、速やかに進歩せんがために諸講義を、彼の先生たちを選択することなしに、単純に〈それらが学習計画に従って彼に提供されたままに〉聴講したゆえに、獲得物は、あまり大きいものではありませんでした。一般的には、彼は、ハイデルベルクの人々を、その中で、ローマ法学者フォン・ファンゲロウ（von Vangerow）および〈ギールケがそのもとでドイツ法制史を聴講した〉その後のバーデンの国務大臣ヨリー（Jolly）を評価しましたが、しかし、教師としての歴史家ルードヴィッヒ・ホイサー（Ludwig Häußer）をもまた、当時のベルリンの人々より以上に評価していました。彼がベルリンに戻り、そこで新鮮な力としてゲオルク・ベーゼラー（Georg Beseler）を彼の演習において見知ったときに初めて、局面は一変したのです。なぜなら、やがて彼の父のごとき友人であり恩人となるその人は、とりわけおそらくその人が熱烈なドイツ人であったゆえにもまた、彼にとって決定的となったからです。ギールケは、そのことを絶えずそして繰り返し感謝していますが、一八八九年には、彼のペンから流れ出た三つの〔追悼の辞の〕うちの最初のものである暖かい追悼の辞をとおして、感謝の気持を表わしました。

さらに第六ゼメスターにおいて、候補者〔ギールケ〕は、グスタフ・ホーマイヤー（Gustav Homeyer）によって直ちに好意的に評価されたディセルタチオン〔博士学位請求論文〕『封建的諸債務について』（De debitis feudalibus）を提出しました。信託遺贈法（Fideikommiß-）とともに封建法（Lehen-）が、世襲地法（Stammgüter-）とともに私的フュルスト法（Privatfürstenrecht）が、最後まで、彼にとって愛好する領域であったのは理由のないことではなかったのであり、その領域において、彼は、とくに多く熱望された鑑定人として、最大の成果をもって活動したのです。すでに処女論文は、良い編成と完全性をとおして、とくにしかし、ベーゼラーの意味における、そして、カール・フリードリッヒ・ゲルバー（Carl Friedrich Gerber）をほとんど憤慨的に拒絶することにおける、その厳格にゲルマニスト的な論文の態度をとおして、卓越しています。そして、ゲルバーの魅惑的に短くそして優雅に叙述されたドイツ法を、ギールケは、それにおいてはドイツ的な魂は殺されている、と後になって率直に非難しています。その後のことは、きわめて迅速に進みました。すでに一八六〇年八月二一日に、ギールケは、まだ十九歳にならずに、二つの法〔ローマ市民法と教会法〕の博士となったのです。

本来的に創造的な仕事を開始したのは、もちろん彼においてもまた、二十歳代の半ばであり、彼が免除された兵役年と予備役の後に、そして、一八六五年六月二七日に裁判所の陪席判事として任命され、ベルリンにおいて自らのためにハビリタチオン〔教授資格請求論文〕に向けて準備することを開始したときでした。請求論文のためのテーマを、彼は、再びベーゼラーの助言をもって選びました。それは、ドイツのゲノッセンシャフトという もので、先生〔ベーゼラー〕の独自の理論からの心臓部分でした。先生は、すでに二十年前に、彼の有名な書物『民族法と法曹法』（Volksrecht und Juristenrecht）の中で、その対象を〝ドイツ民族の法意識の深部から〟導き出し、そして、その後、彼のレールブッフにおいてさらに解明することを試みていました。それでもしかし、彼が自ら感じていたかも知れないように、まだ十分には決定されておらず、そして、決して完結的でもありませんでした。すなわち、彼のゲノッセンシャフト概念は、いまなお不明確な中間物であり、彼によって主張されたリアリティーを欠いており、いまなおすべての方法的―理論的な疑いを打倒する証明は、歴史と生活を欠いており、また、諸団体の団体である国家との公法の断固たる関連づけは、その証明を欠いていました。そのことおよび多くのその他のことが、現在では、ギールケをとおして挽回されることになったのです。先生〔ベーゼラー〕の側からの彼〔ギールケ〕の達成能力についての無条件の信頼の何という証明、他方の者〔ギールケ〕における何という勇敢な行為、この両者は、ベーゼラーがそれをとおして《≪はるかに彼を超えて成長し、そして、それをとおして最も良く彼の功績と彼の名声を後世において保持し、それどころか増大したところの≫一人の生徒である精神的相続人を生む！という〉一人の先生としての〈ギールケ自身には与えられなかった〉最大の幸福を割当てられたところの成功をとおしてのみ、克服されたのです。引き続く時期においては、彼のそうでなくても、〈約六十歳の頃になって初めて一時的にいくらか害されたところの〉元々力強い健康を、深刻に危険ならしめるほどに脅かした、燃えるような情熱をもって、ギールケは、仕事に没頭しました。ただ、もしかするとあるかも知れない良き友人たちとの交友をとおしてのみ、そして、高貴な社交の豊富な世話をとおしてのみ、幾らかの変化が登場したのです。高貴な社交を、ギールケは、最後まで、大きな範囲において必要としました。社交が彼を仕事において妨げることはありませんでした。社交は、彼を仕事のために鼓舞したのです。後には、夕方には熟してすら仕事を打ち切る早起き人間になりましたが、彼は、若年においては、夜型人間であったので、遅い時間において、楽しい集まりから家に帰って着席し、早朝に至るまで、彼の思想の精巧な織物をさらに紡ぐことができました。彼は、人々および人々との会話を、すでに彼の外的な不器用さが内部に向けて侵害することから自らを守るために、必要としました。それゆえ、彼が大学における彼の教授活動を中止せざるを得なかった前の年には、ほとんど彼の最大の心配は、彼がもはや毎日談話室において同僚たちを自らの回りに見なくなるということでした。それゆえ彼にはたとえ極めて困難であったとしても、〈彼が、理論と実務の実り豊かな交換を評価したのみならず、ベルリンの法律家協会のすべてのクライスとの学問的および社交的な交際をもまた評価したところの〉我々の催し物にもはや出席しないこととなりました。彼の研究の比較的長い中断をもたらしたのは、ギールケがそこにおいて国境守備隊の砲兵少尉としてケーニヒグレーツにおける戦闘に参加した、一八六六年の〔プロイセン・オーストリア〕戦争でした。その翌年、ルクセンブルク問題のゆえに、新たに軍旗への召集のおそれがあったとき、彼は、おそらくは再びベーゼラーの了解をもって、速やかに決心してヴェニア・レーゲンディ〔教授資格の許可 venia legendi〕の付与を請願しました。彼は、はじめは、一撃でゲノッセンシャフトの歴史と法を克服しうると信じたとしても、彼は、まもなく、彼はまず第一に歴史を超えては及ばないであろう、それどころか歴史においてもまた、何はさておき諸要求を広く後退させなければならないことを認識しました。彼が一八六七年四月はじめに学部長ベーゼラーに学部のために提出したところのものは、すでに翌年には公刊された『ドイツゲノッセンシャフト法史』〔ドイツ団体法史論〕およびその続きである『ドイツケルパーシャフト概念の歴史』の詳細なスケッチの、いずれも計画された全体に関する概観によって伴われていますが、そのせいぜい三分の一に過ぎませんでした。ひとは、再びホーマイヤーが報告した判定に、それにもかかわらずある程度、彼にハビリタチオンとしての手書きの千百ページのこの断片が惹起した穏やかな恐れ（den gelinden Schreck）を認めるのです。しかし、ホーマイヤーは、作品の完全な承認を拒否しませんでした。その一方、共同報告者であるベーゼラーは、第一判定者によって疑念をさしはさまれた、彼〔ベーゼラー〕の理論に対する関係での〔ギールケの研究の〕独創性を、明白に強調しました。五月一七日の公法と私法の関係に関する試験講義は、むろん、ただ、最初の諸開始においてのみですが、すでに、とりわけ、ドイツ人のもとでのすべての法の元々の統一性、および、そこから現れるより強力な相互作用と二つの領域の達成された繊細で整然とした区別を求める感覚についての、ギールケの後年の諸主張を展開しました。ドイツ法、プロイセン法および国家法について行われたハビリタチオンは、一八六七年五月二七日にラテン語で行われた、より古い時代とその後の時代における手工業ツンフトの相違に関する公開講義をとおして終結にもたらされました。それは、もちろんドイツゲノッセンシャフト法史のための準備作業に基づくものでした。

このテオドール・モムゼン（Theodor Mommsen）の仲立ちをとおしてヴァイトマン出版において、既に言及されたように、早くも一八六八年に現れたこの『ドイツゲノッセンシャフト法史』〔ドイツ団体法史論〕は、巨大な作品でした。たとえ今日では、より多く発展の諸事実のみを確定している第一巻が、大部分は、とりわけギールケ自身のその後の仕事をとおして古くなっているとしても、ただ〈著者が、新たな理念との取り組みにおいてもまた、本質的に、その当時手元に存在する文献を彼の諸目的のために十分に利用することに自らを制限せざるを得なかったこと〉は、明らかです。そして、今日もなお、〈私が、自らの三十年以上の原典研究に基づいて、ゲオルク・フォン・ベロウ（Georg von Below）およびその他の人々の最近の諸詳論に直面するとき、この点に関するもっとも完全な確信から確言しますように〉、基本的な諸輪郭は、徹底して確固として存立しており、それは、今日もなお、ゲノッセンシャフトとヘルシャフトの間の、あのギールケによって明らかにされた数世紀間の雄大な格闘に関して、彼の完全な正当性を有しており、まさに今日、アイヌングの決定的意義という重要な諸結果と思想とは、都市自由とその他の諸団体――ひとはスイス連邦（Schweizer Eidgenossenschaft）のことを考えればよいのですが――の形成にとって、再び啓示として働いています。階級制国家（Ständestaat 等族国家）とその二元主義（Dualismus）の描写に関してもまた、ギールケは、最新のものに半世紀ほど先に到達しています。とりわけ、しかし、今日もなお、既に、この第一巻のためには、〝ゲノッセンシャフトの視点の下にするほとんどドイツ法制史〟である、という正鵠を射たブルンナー（Brunner）の定式化が妥当するのです。

直ちに、そして、首尾よく、いまや新たな私講師（Privatdozent）〔となったギールケ〕は、彼の教育活動を、最初から、ドイツ帝国史およびドイツ法制史、〈封建法、手形法および商法と並んで〉ドイツ私法論、ならびに、国家法を、交互に講義しつつ、開始しました。それは、我々が見るであろうように、主要問題に最後に至るまで留まっているレパートリーです。第二巻についての仕事もまた、取り上げられました。それは、彼が当時まだ信じていたように、労作を終結にもたらすはずのものでした。

そこで戦争が勃発し、そして、ギールケを再び平和な研究から引き離しました。彼は、フランスへの戦役に、そしてしかも、ヘッセン連隊のもとで、再び国境守備隊砲兵士官（Landwehrartillerieoffizier）として参加しました。時には、彼は、彼の中隊長の代理として彼の砲兵中隊（Batterie）を率いたのでありまして、一八七一年一月一九日、メズィエール（Mézières）を前にして鉄十字勲章（das Eiserne Kreuz）を受けました。少なからず喜ばしいことであったのは、退任したアルフレッド・ボレーティウス（Alfred Boretius）の後任としてのチューリッヒ大学への招聘でした。招聘はディーデンホーフェン（Diedenhofen）〔現フランス領〕に届きましたが、しかし、〈ひとは彼を、ベルリン〔大学〕において、ベーゼラーの働きかけと学部の提案によって、《たとえ最初は無報酬であったにせよ》一八七一年三月九日に員外教授（Extraordinarius）としたこと〉をとおして拒絶されました。ひとが、彼を、いかに高くそこで評価したかは、彼が一八七二年一月に、学部において、ゲルマン法学の非正教授たち（Nichtordinarien）の中で〝もっとも有望な者 der hoffnungsvollste〟と称されていたことからもまた、明らかとなります。ミュンヘン大学におけるパウル・ロート（Paul Roth）が拒絶した直後、学部は、三十一歳のギールケを、むろんそれほど著しく年長ではないブルンナー（Brunner）とリヒャルト・シュレーダー（Richard Schröder）に続く第三番目の候補者としてすら、〈その後最初にあげられた人〔ブルンナー〕に帰着することになる〉ホーマイヤー（Homeyer）の後継者のために提案しました。

しかしもちろん、すでにもはやベルリンの員外教授ではありません。その間に、彼は、すなわち、チューリッヒの招聘を拒絶したことに代わる完全な俸給を、〈彼が、オットー・シュトッベ（Otto Stobbe）の後継者として、ブレスラウ大学の正教授のために、提案され、そして、すでに一八七一年一二月一三日に任命されていたことをとおして〉獲得していました。一八七二年の復活祭のときのブレスラウへの彼の移住とともに、ギールケにとっては、彼の豊かに祝福された人生の、最も美しいそして最も実り豊かな諸章の中の、一章が開始しました。

まず最初に、人的関係において。すでに間もなく、彼は、この名の二人の法学者の妹であるリリー・レーニング（Lili Loening）と婚約し、そして、彼女と一八七三年四月三日に結婚しました。彼〔ギールケ〕が、見たところ最も固有の体験から、彼のそもそも無意識的な自らの性格描写に富んでいるグナイストの追悼演説の中で、当時、告白していることについて、言わせていただきたいと思います。すなわち、〝彼〔グナイスト〕には、すべての人生の宝物の中で最も聖なるものが与えられていました。それは、正しい結婚、〈彼を完全に理解し、そして、完全に彼に命を打ち込むところの〉〈愛と誠実において彼の最後の呼吸に至るまで彼のために世話を尽くすところの〉〈すべての彼の日々の上に太陽の光をそそぐところの〉最も高貴な配偶者たる女性との結合でした。〟〔と、ギールケは語っています〕。私は、彼が数十年の過程で極めて多くの数においてそれに与らせたところのすべての人々に、この彼〔ギールケ〕の太陽のような家庭生活が忘れがたく留まるであろうことを、付け加えておきます。さらに、ブレスラウにおいては、結婚から、六人の活発な花開く子供たち、すなわち、三人の息子たちと三人の娘たちが生まれました。さらに、ルヨ・ブレンターノ（Lujo Brentano）、ヴィルヘルム・ディルタイ（Wilhelm Dilthey）、アルフレッド・ドーフェ（Alfred Dove）、および、彼らの夫人たち、親しい友人たちのクライスが、学部においては、専門同僚であるヘルマン・シュルツェ（Hermann Schulze）、カール・ルードヴィッヒ・フォン・バール（Karl Ludwig von Bar）、および、その他の人々が、加わりました。彼が彼らの中でそして大学で受け取った信頼される地位について、私は、これ以上お話しいたしません。むしろただ、彼が、一八八二年ないし一八八三年に光輝ある学長職についたこと、そして、一八七五年には、学部から、教会法の唯一の代理人として、ベルリンへと、臨時の総教会会議（Generalsynode）に派遣されたこと、だけを言及したいと思います。

それによって、彼は、活発な関与を引受けたにもかかわらず、むろん必ずしも別段多くの幸福を持ったわけではなく、おそらくは、しかし、彼の清廉な法感情をとおして決定された彼の不羈独立の態度のゆえに、文化闘争のあの時代において、あらゆる種類の公的な敵対を経験しなければなりませんでした。教会法のためには、もともと必ずしも直接には好意を持っていたわけではなかった彼が、教会法を、一八七八年に究極的にジークフリート・ブリー（Siegfried Brie）に、普通国家法およびドイツ国家法（Allgemeines und deutsches Staatsrecht）に関する夏学期の講義と引換えに、譲ったことは、驚くことではありません。それと同じ時期、彼は、もちろんただ彼の精通した仕事の諸目的のためにのみ、ブレスラウの図書館の豊かな諸宝物の助けをもって、極めて深く中世の教会法学へと立ち入り、それも〈ただだれかある人が、そして、自らに、それによって、《〔その後〕一九一一年に、まさにブレスラウの神学部が、ベルリンの哲学者たちが名誉哲学博士を与えたのとほぼ同じ時期に、彼に与えたところの》神学の名誉博士に対する十分に基礎づけられた期待権を取得したほどに〉立ち入ったのでしたが。いまや彼は、ベーゼラーの模範に従って、中世の法源、とくにザクセンシュピーゲルの演習を持つことを始めました。おそらく彼の最初の生徒は、ハインリッヒ・ロジン（Heinrich Rosin）であり、彼は、その後、彼のもとで教授資格を請求し、先生のブレスラウからの離任前に、フライブルク・イム・ブライスガウへの招聘に応じ、最近、ベルリンから来たマックス・パッペンハイム（Max Pappenheim）によって代わられました。言葉の本来の意味において学派を作ることは、ギールケには、当時もその後も問題となりませんでした。彼は、彼の講壇からの諸講義（Kathedervorträge）および彼の諸演習をとおして、彼の学生たちを、彼らがまさにそうすることができたように、彼らを将来騎乗させるために、彼らの腰をしっかりと鞍〔くら〕につけること〔すなわち、独り立ちして研究することができるように基礎を固めること〕を求めました。それゆえ、そこにおいて我々のきわめて多数の人々が彼らの法制史的な諸処女論文を公刊することが許されたところの、一八七九年にブレスラウにおいて開始された、今日まで一三〇冊を超えて成功裏に出版されている『ドイツ国家史およびドイツ法制史のための諸研究の大集成』(Sammlung der Untersuchungen zur Deutschen Staats-und Rechtsgeschichte)もまた、〈例えばその後のカール・ツォイマー(Karl Zeumer)のより小さな集成とは異なって〉、素材の選択に関しても、取り扱いの方法に関しても、外部からその集成に寄せられたのではない〔内部からの〕諸論文においてすら、統一的な特徴を担っていないのです。〔特徴があるといえば〕せいぜい、ギールケが、著者に、この著者が自らの考えに従って利用しようと欲するにせよそうでないにせよ、印刷前に、口頭または書面で短い意見を、すなわち、〈あたかも彼〔ギールケ〕が、彼の仕事の負担にもかかわらず、感動的な誠実さにおいて大量に彼に寄せられる文献的な贈り物のあらゆるものに、最後まで、問題に立ち入る感謝の証言をもって酬いたのと、全く異ならない判断を〉、与えたということでした。

ブレスラウの時期の間、しかし、最も豊かな実りは、ギールケの書物上の創造物に与えられました。ただそれと並んで、彼が、フランツ・フォン・ホルツェンドルフ(Franz von Holtzendorff)の法律百科事典(Rechtslexikon)のために多数の項目を執筆し、そして、当時さらに大きな規模において論評したことが、想起されます。その場合、彼は、時には、深く探索する批判的諸考察の中へと多くの独自のものをもまた入り込ませました。〈さらに一九一五年に変更を加えられずに再版された〉一八七四年の国家法の基本諸概念および最新の国家法の諸理論に関する研究、ならびに、一八八三年のパウル・ラーバント(Paul Laband)およびその帝国国家法との論争は、いずれも、精力的に、ラーバントおよびその他の人々のあまりにも形式主義的な方向に反対して開始し、そして、事実と歴史をより正当に評価するであろうより多くプラグマティックな方向のために登場し、そして、著者をして、彼のゲノッセンシャフト法的な研究の背景の上に、最終的に国家法の教師としてもまた資格づけるために十分であることを示しました。商法(Handelsrecht)については、しかし、エンデマン(Endemann)のハンドブッフ、および、ゴールドシュミット(Goldschmidt)の協同組合論(Erwerbs-und Wirtschaftsgenossenschaften)などについての類似の諸批判が展開されました。このほか、ギールケは、この部門と、さらに後になって始めて、商法典（Handelsgesetzbuch）の新たな規定の機会に、そして、ホルツェンドルフ＝コーラーの百科事典（Holtzendorff-Kohlersche Enzyklopädie）における彼のスケッチをとおして、さらに特別に関係しました。時には、彼は、おそらく現に、かなり大勢の聴衆を前にしての諸講演をもまた行っています。すなわち、一八七三年には、旧帝国と新帝国に関して、一八七八年には、ここベルリンで合唱協会において、もちろんドイツ法への顧慮において、法の青春と老年に関して、〔講演したの〕でした。それについては、素材における一致にもかかわらず、ヤコブ・グリム（Jacob Grimm）の方法とは反対であることが、とくに注目に値します。全く彼の要素において存したのは、自然法とドイツ法に関する一八八三年の彼のブレスラウ大学の学長就任演説でした。それは、大きな構想を持つ、はるか以前のことから詳細に論じた、そして、それでもしかし単純で明快な諸特徴において自らを展開した概観の模範であり、そして、自然法の本質と歴史的使命、ドイツの諸法規と法的諸制度の救助についてのその意欲されざる貢献、ならびに、法の歴史的解釈をとおしてのその克服を、卓抜に叙述へともたらしています。〔それは〕ゲノッセンシャフト法〔団体法〕についての、その間に毅然としてさらに促進された、主たる仕事の豊かな果実！なのです。

このことを〔ドイツ団体法論の〕第二巻において解決することは、その間に不可能であることが明らかとなっていました。一八七三年に発行された第二部は、まさにただ、ドイツのケルパーシャフト概念の歴史だけを与えたのです。しかしそれは、巨匠の傑作であり、それによってギールケは、一度に、まず第一にドイツ法の〔第一級の〕教義史家となったのでした。証書的および著書的な諸資料の海の中に深く沈潜することの、そして、我々にしかる後に、再び浮上して、比類のない感情移入の能力をもってそして神の恩恵を受けた歴史的な体系家として、彼が〈天性の本質および先祖から遺伝した法の〉最も深い深みから見たところのものを言うことの、彼の唯一無二の天稟、それは、ここで、その最初の勝利を祝ったのでした。この芸術において、彼は、今日の時代に至るまで、到達されていないのであり、そして、彼は、たとえ我々の学問の、現在それが問題であるよりもより良い将来が暗示するかも知れない場合ですら、それほど速やかには、凌駕されることはないでしょう。その〔第二〕巻は、それゆえ、驚くべき諸発見についてもまた豊富でした。唯一つの発見だけを挙げるとすれば、それは、彼によってここで明らかにされた諸土地についての中世法と、諸土地において結合された個々人の交替を超えて自らを高めている抽象的なドイツのケルパーシャフト人格（Körperschaftspersönlichkeit）の成立にとっての中世法の意義、です。もちろんその場合、計画は、常に益々拡大しており、そして、ライフワークへと成長しました。そして、その個々の諸巻は、なるほど内的には一つの全体を形成していましたが、同時にしかし、完結した個別の諸作品として現われました。そのことは、まさに、極めて正当にも、続巻において現われました。それらのために、継受の歴史の団体法に関連する部分が与えられうるためには、まず、外国のコルポラチオン理論の歴史が解明されなければならなかったのです。そして、そのこと自体が、すでに間もなく、再び、ギールケ以外のあらゆる他の人々にとっては一生を要求したであろうところの、一つの課題として現われました。そこに、一つの間奏曲が、今度は、むろん純粋に学問的な種類の間奏曲ですが、やって来たのです。

ギールケは、すなわち、ヘルボルン（Herborn）の教授で後のエムデン（Emden）の法律顧問であったヨハンネス・アルトゥジウス（Johannes Althusius）の、ほとんど忘れられていた一六〇三年の政治学（Politik）のなかに、カルヴァン主義の基礎の上に建設された、そして自然法に先駆ける、ほとんどこの世から消えていた国家理論（Staatslehre）を発見しました。彼は、国家契約（Staatsvertrag）の理論と国民主権（Volkssouveränität）の理論、代表原則（Repräsentationsprinzip）の理論にとっての、〔そして〕連邦主義（Foderalismus）と法治国家（Rechtsstaat）の理念にとっての、その中心的意義を、〈彼が、それを、中世の国家理論と自然法的な国家理論の間へと位置づけたこと、そして、彼が法の体系学にとってのその意義を徹底的に評価したこと〉をとおして明らかにしようとしました。全体は、すでに一八八〇年に、たぶん最も価値のある、いずれにせよしかし最も成功した〔前掲の〕〝諸研究〟（Untersuchungen）のための寄稿として現われました。その書物は、すなわち、それがさらに、一九〇二年と一九一三年の二度、発行されるという反響を見出しました。私は、新版が出されたのではなく、〔再〕発行されたと言います。なぜなら、彼が止むことなく猛烈に前進し、そして、まさに、彼のどっしりとした、と私は言いたいのですが、キクロープス〔一つ目の巨人〕の城壁の上に建てられたような諸構成の巨大さのゆえに、再び数年を費やしたかもしれない新たな諸作業とは関わりを持たず、若干の僅かな諸追加をもって満足したことは、ギールケの一つの特徴であったからです。ひとが、何ゆえにこの書物がそれほど成功したのか、そして、まさに本来有名になったのみならず更なる学者仲間のお気に入りとさえなったのか、を問うならば、ひとは、その理由を、ギールケが千頁以上にする代わりに、ここでは三五〇頁にしておくことで我慢したこと、および、ゲルマニステンの狭い仲間のほか、その場合に、国家論および国家法、法哲学およびそもそも哲学、および、その歴史の主張者たちや信奉者たちもまた、ならびにそれを越えて歴史家たちもまた、考察の中に入ったことのなかにのみ、見出すのではないでしょう。決定的であったのは、この本が、私のためにエルンスト・ランズベルク（Ernst Landsberg）の言葉を用いるならば、〃我々が持っている最もオリジナルでかつ最も重要な文献史的研究のひとつである〃、ということでした。

そのようにして、それは、ギールケの主著のための開拓者であること、そしてそれも、次第にそれについて興味を見出し始めた読書界におけるのみならず、著者自身においてもまた、すなわち第三巻のための開拓者であることを、証明しました。〔ドイツ団体法論の〕第三巻は、すでに一年後に現われ、そして、まずまさしく学問的な一大事件であることを意味しました。それは、古代および中世の国家理論とコルポラチオン理論、ならびに、そのドイツへの受容、を取り扱っています。いかにギールケが、ここで、古代哲学へと、そして、古代のと同様に中世のローマ法へと、しかしまた、純粋な教会法学へと、そして、ローマ法的にゆがめられた教会法学へと、彼のコルポラチオン理論を取り出すために、精通しようと努めたかは、全く驚くべきことです。国民的視点がより多く後退した一方で、彼をこの課題においては研究者の関心だけが彼の研究の対象へと鼓舞したことが、〈さもなければまさに純粋に学問的に向けられた諸性質にもかかわらず、彼の諸研究にただ余りにも容易に対抗したところの〉先入見を沈黙させました。さらに、彼は、それでもしかし、ここでもまた、〈後にドイツにおいて少なくともまず最初に継受されたイタリアの教義は、ゲルマン的法思想を彼自身によってその当時まで認められていたよりも、はるかに大きな範囲において自らのなかに採用していた〉という発見をしました。しかし、この巻の読者にとって中心となったしそして中心となっているのは、国家と教会についての中世的な観方に関する、大規模なそして徹底的な諸詳論でした。理由のないことではなく、まさにこの一部分は、一九〇〇年に、残念なことにその後余りにも早く亡くなったフレデリック・ウィリアム・メイトランド（Frederic William Maitland）によって、ケンブリッジにおいて英語に、そして訳者自身の序文をそなえて、翻訳されており、一九一四年の戦争勃発の直前には、しかし、この姿においてジャン・ドゥ・ポンジュ（Jean de Pange）によって、フランス語でもまた、出版されています。

その間に、ギールケのブレスラウでの年月はその終わりに近づきました。再び、ヘルマン・シュルツェ（Hermann Schulze）の活動的な協力のもとに、ギールケは、一八八四年夏において、彼自身がかつてその下で講義を聞いたところのアヒル・ルノー（Achill Renaud）の後継者として、ハイデルベルク大学への招聘を受け取りました。指名は、七月一一日に、宮廷枢密顧問官の称号の同時的な付与のもとに生じ、就任は、一八八四年から一八八五年の冬学期のために生じました。彼は、ただ六ゼメスターだけルペルト・カローラ（Ruperto-Carola〔ハイデルベルク大学〕）で活動しました。ハイデルベルクのゲルマニストの正教授としての彼の特性において、彼は、バーデン歴史委員会（Badische historische Kommission）にもまた、正規の構成員となりました。彼の〔ハイデルベルクからの〕離任後、彼は、バーデン歴史委員会の構成員として、一八八八年に、〈家族財産法と相続法の歴史ならびに〔ローマ法〕継受の歴史のためのさまざまなことがらを提出したところの〉十五世紀におけるバーデン都市法と改革諸計画に関する一つの論文を出版させました。それは、さらに一九一六年にモニュメンタ・ゲルマーニアエ〔ドイツ歴史的記念碑叢書 Monumenta Germaniae〕において計画されたサリカ法典（Lex Salica）の版に関して起草された鑑定意見の次には、より古いドイツの諸法源の出版が問題となった彼の手になる唯一のものです。

その地方的な魅力をとおして、極めて魅惑的な、彼に学生時代から親愛な〈そのうえ賑やかに祝賀された〔彼の博士学位取得二十五周年の〕記念祭（Jubiläum）がそこへと帰した〉ハイデルベルクにおける短期の滞在すら、ギールケにおいては、ふたたび力強い作品を成熟させました。今回は、しかし、現行法の領域からです。ギールケは、自らを一度、解釈学者として活動させ、そして、ベーゼラーとギールケによって主張された〈実務において次第に多く新生面を開いている〉諸理念に、道を用意することの必要を感じました。それゆえ、彼は、主著についての歴史的作業を中断し、自らを『ゲノッセンシャフト理論とドイツ判例』（Die Genossenschaftstheorie und die deutsche Rechtsprechung）に関する研究に向けました。最初のボーゲン〔全紙〕は、彼がすでに彼の『ゲノッセンシャフト法』〔ドイツ団体法論〕の第一巻を献呈していたベーゼラーに、一八八五年一月六日に博士学位取得五十周年記念のために謹呈されました。その後、ギールケにとって、作品は、再び、もともとの計画をはるかに超えて成長しました。ケルパーシャフト思想とケルパーシャフト法をより鋭く作り出すために、彼は、ゲマインシャフト法、とくに、〈そこでは、もっとも緊密な結合にもかかわらず、婚姻による財産共有においても、合名商事組合〔合名会社〕およびその他においても、諸主体の多数を超えては、統一体（Einheit）が自らを上昇させないところの〉ゲザムト・ハント〔合有〕をともに顧慮すべく動機づけられるのをみました。その結果は、再び一千頁の本でした。それは、既に、一八八七年の春に現れました。そして、芸術作品としては、たぶんゲノッセンシャフト法の先行する二つの巻ほどには、高い地位にはないとしても、それでもしかし、それは、実務を広範にかつ永続的に刺激しました。

そしてまた、それは、まさに、その著者のベルリンへの招聘にとって、さらに〔選考の〕計測器の皿へと合わせて落ちんがために、適切でした。そこに、一八八七年夏、〈高齢により、創設中であったゲルマニストゼミナール〔ドイツ法研究室〕の指揮を自ら退くことを望んだ〉ベーゼラーのために新たに作られた補充教授職（Ersatzprofessur）の任命が問題となりました。明らかに、彼は、ギールケを後継者として獲得することを望んでいました。始めは、〈彼にとっても余りにも無作法に見えた〉ギールケのゲノッセンシャフト法〔ドイツ団体法論〕に、批判的に立ち向かっていたハインリッヒ・ブルンナー（Heinrich Brunner）もまた、次第しだいにその卓越した価値を評価することを学び、そして、ギールケの中に、自己の研究および教育活動の最善のそして最も歓迎される補充を見出しました。それゆえ、〈第一位にギールケを、第二位にゲッティンゲンにおいて活動しているシュレーダー（Schröder）を、そして、第三位にバーゼルにおけるアンドレアス・ホイスラー（Andreas Heusler）を指名する〉提案リストが成立しました。ベーゼラーは、ブルンナーによって起草された鑑定意見を、さらに明示的に、ギールケが、その学問的な意義と彼の人格に従って、無条件に優越に値すると、強調しました。フリードリッヒ・アルトホフ（Friedrich Althoff）は、しかし、〈まさにルドルフ・ゾーム（Rudolph Sohm）をとおして輝かしく強化されたライプチッヒの法学部が、ベルリンの法学部をゲルマン法学（Germanistik）において凌駕することのないためには〉、ブルンナーと並んでのギールケの獲得は不可欠であると確信して、即座に招聘を行わせ、そして、ギールケに採用が可能とされたことについての、彼によって起草された教育、司法および財政の三人の大臣たちの直接報告書をとおして世話をしました。すでに一八八七年六月二九日に、枢密司法顧問官（Geh. Justizrat）としての資格の同時的な付与のもとにする任命が行なわれ、就任は、しかし、それに続く冬学期のために生じました。そうしてギールケは、〈そこから彼が博士学位取得（Promotion）と教授資格取得（Habilitation）をもって出発したところの〉〔そして〕〈彼が一生涯彼の精神的故郷とみなし、そして、それに彼が彼の最後に至るまで、全霊をもって愛着したところの〉学部（Fakultät）に戻りました。六十七ゼメスターと、〔第一次〕大戦後の時代の二つのその間のゼメスターをそれに数えると、六十九ゼメスターを、彼は、学部に積極的構成員として所属しており、その最後のゼメスターだけを病気によって講義せず、その代わり退職者（Emeritierter）として、私の助手であるワルター・シェーンフェルト（Walther Schönfeld）博士の援助によって一九二一年夏学期には、まだ演習を担当したので、彼は、ベルリンにおいて全部で七十ゼメスターの間、授業を行ったのです。

彼のベルリンでの活動は、大部分の人々の眼前に、そしてしかも我々の眼前にだけではなく、たとえたぶん最初からではないとしても、それでもしかし最後の十年間は、まだ極めて直接的に存在しています。それゆえ私は、彼の活動をブレスラウおよびハイデルベルクの活動と同じ方法において描くことを断念することができます。

彼の活動は、ただ休暇をとおしてのみ中断されました。休暇が家で、最後の三十年において、我々の多くの人々にとって親しい、快適な、シャルロッテンブルクのカルマー・シュトラーセにおける彼の住まいにおいて、決して休むことのない研究作業のために用いられなかった限りでは、休暇を、ギールケは、まず第一に、外部の諸会合への参加のために用いました。彼が、彼の友人たちであるアドルフ・ワグナー（Adolph Wagner）、グスタフ・シュモラー（Gustav Schmoller）およびブレンターノ（Brentano）と一緒に、〈彼が一八七二年以来、したがって最初から〉社会政策学会（Verein für Sozialpolitik）のための、諸総会においては講演者としておよび議長として、委員会においては構成員および副会長として、何を意味したかということ、および、彼が〈彼が発起人としてともに所属したところの〉福音主義社会会議（Evangelisch-sozialer Kongress）の諸集会において何を意味したかということ、それは、それ自体として、〈さらに、ベルリン国家学協会（die Berliner Staatswissenschaftliche Gesellschaft）をめぐる、および、国家学成人教育コース（die Staatswissenschaftlichen Fortbildungskurse）をめぐる、彼の諸功績もまた、その中で記念されなければならないであろうところの〉一章であります。国家と法が社会的精神によって充たされることに向けて、彼もまた、不断に意を用いました。〔国家と法の〕両者が、その場合、それらの有効性のために欠くことのできない厳格さを失うことがありうるという危険を、おそらく彼もまた、まず最初には、実際の価値以下に低く評価していました。法律家ギールケには、法律家会議（Juristentag）は、さらに近くに存在していました。法律家会議のために、ギールケは、すでに一八七八年に鑑定意見を起草し、その中で彼は、ドイツの裁判官たちと弁護士たちのための諸試験の帝国法的規律を推奨し、そして、とりわけ兵役期間を算入せずに八ゼメスターの法の学習を、しかし一年間の任命辞令の事後的な日付遡及を伴って、要求しました。十年後、彼は、たとえ完全ではないとしてもより多くの成果を伴って、自由なケルパーシャフトの形成の原則を主張しました。ふたたび十年後、一八九八年に、彼の鑑定意見は、民法典の諸規定に従えば、間接占有者に対してもまた物権の追求が許されることを、完全に浸透させました。さらにもっと大きな成果を、彼は、法律家会議においても、その後の一九〇九年と一九一〇年のプロイセンの立法および帝国立法においてすらも、一九〇六年に報告された〈国家公務員によって国家公務員に委託された公権力の行使において惹起された損害についての国家の責任〔国家賠償責任〕に関する〉彼の鑑定意見によって、収めました。しかし、討論における報告者として、ならびに、部会議長として、彼は、とくにしかしながら常設委員会（Ständige Deputation）の構成員として、貢献しました。同委員会に、彼は僅かな中断はあっても一八八八年以来所属しており、一九一五年以来、彼はその議長であり、本年〔一九二一年〕九月一四日以来は、彼はその名誉構成員であったのです。〈その際には、彼が彼の令夫人によって、しばしば彼の子供たちの一人またはその他の子供たちによって、伴われるのがつねであり、〔そして〕彼にとっても、彼がその際に出会ったところの人々にとっても、多くの美しい思い出がそれらと結びついたところの〉すべてのこれらの諸集会は、彼を、ベルリンおよび彼の活動の以前の場所々々をはるかに超えて、全ドイツおよびオーストリアへと、学術的でない諸クライスにおいてもまた、知られ、そして、愛されしめるために、大きく寄与しました。稀ならず、彼は、その場合、ドイツの諸国境を越えて、スウェーデンおよびノルウェーに、オランダに、パリに、繰り返しイタリアに、とくにローマに、行きました。そこでは、彼は、一九〇三年に、カピトール（Kapitor）での国際歴史家会議（Internationaler Historikertag）においてイタリア語の式辞を行いました。そして、彼は、アドルフ・フォン・ハルナック（Adorf von Harnack）が葬式において彼の棺

〔ひつぎ〕によって証言したように、イタリア人たちによってドイツ的性格全体（Deutschtum）を体現する人として驚異の眼差しで凝視されました。素晴らしい日々が、さらに、彼に、まさに一九一四年春における戦争勃発前に、フラスカーティ（Frascati）におけるヴィラ・ファルコニエーリにおいて与えられました。一九一一年には、彼は、アテネとコンスタンチノープルを訪問しました。イギリスとスコットランドには、彼は、すでに一八九四年、そして、その後再び一九一三年に、ロンドンにおける国際歴史家会議において、訪問しました。そこでは、彼は多数決原則の歴史について講演しました。その示唆に富む講演は、その後、ドイツ語においてシュモラー年報（Schmollers Jahrbuch）においてもまた、公表されています。それに先立ち、彼は、一九〇九年には、〈ボストンにおいてハーヴァード大学で法学博士 Dr.legum の称号を受け取り、そしてドイツの国家法とそのアメリカ合衆国憲法との諸関係について英語での講演を行うために〉全く海を越えて北アメリカに渡りました。彼の諸作品の範囲とドイツ文字による印刷にもかかわらず、そして、彼の明白なドイツ的性格にも拘らず、彼は、そのようにして次第しだいに国際的な妥当性をもまた獲得しました。

ベルリン大学では、彼は、おそらくは、彼の以前の活動の諸場所でよりももっと中心的な立場を受け取りました。一九〇二年から〇三年には、彼は、ベルリン大学の学長であり、そして、ベルリン大学を、とりわけミュンスター・アカデミーの大学への昇格の際に代表しました。その機会に、彼に、名誉のために国家学博士（Doktor der Staatswissenschaften）の称号が与えられました。それを彼は、フライブルク・イム・ブライスガウからもまた受け取りました。ベルリンの学長として、彼は、二つの重要な講演、すなわち、一つは、人間的諸団体の本質に関する講演を、もう一つは、歴史法学派とゲルマニステン〔ゲルマン法学者たち〕に関する講演を行いました。一九〇九年には、さらにそれに加えて、シュタインの諸都市条例に関する皇帝誕生日記念講演が加わりました。それらの講演は、すべて三つとも最も緊密に彼の固有の研究作業と関連しています。第一の講演は、減少することのないエネルギーをもって有機的団体説（die organische Verbandstheorie）を主張しました。第二の講演においては、彼は、歴史法学派の内部でのロマニステンとゲルマニステンの間の格闘を追跡し、改めてゲルマニストであることを告白し、そして、対立のすべての緩和にもかかわらず、ローマ法理論とドイツ法理論のむろん平和的な併存に固執しようとしています。第三の講演は、シュタイン男爵（Freiherr von Stein）の天才的な法律創造の基礎のうえに、最近のプロイセン諸都市法におけるゲノッセンシャフト的な要素の発展を取り扱っています。ギールケが、たびたび教授会（Plenum）によって選ばれた構成員として大学評議会（Senate）に席を占めたことは、ほとんど特別の言及を必要としません。あたかも彼が媒介のための特別の熟練を有していたからというのではなく、おそらくしかし、彼の独立性、率直性、志操堅固性そして正直性が、あらゆる疑いを超えていたゆえに、彼は、繰り返し成功裡に、物的および人的な諸対立の克服のために、求められたのです。我々の学部の学部長職を、彼は、三度、務めました。すでに、ブルンナーの死去以来、彼が我々の長老（Senior）であった以前から、彼は、特別の程度において同僚たちの信頼と尊敬を受けていました。まさに彼が支配するのではなく、ただともに相談しそしてともに決定しようとしたゆえに、彼は、〈さもなければ《同僚団の構成が時間の経過の中で変化するときに》ただ余りにも容易に、以前の学部ライオンたちがそれに陥るところの〉孤立の運命から守られ続けたのでした。

彼の教授活動は、古い諸行路においても広く及びましたが、ただ、一八九七年ないし九八年以来は、新たな学習規定（Studienordnung）に従って、民法典の物権法および家族法に関する諸講義が、ゲルマン法、商法および一般国家法とドイツ国家法に付け加わっただけでした。時おり、彼は、さらに、とくに著作権法、発明者法および営業法についてもまた、講義しています。毎夏学期、彼は、中世の諸法源に関する諸演習（Übungen）を担当しましたが、その場合、ほとんど専ら、彼がほとんど中世の普通ドイツ法として順繰りに取り扱ったザクセンシュピーゲル（Sachsenspiegel）のラント法（Landrecht）全三巻に自らを制限し、そして、そのために、彼は、早い時期において文献的な練習作業を行わせました。冬学期においては、ドイツ私法（Deutsches Privatrecht）および商法（Handelsrecht）の領域からの諸法律事件が決定されていました。

彼の教授の成果に関しては、私は、私自身の感謝すべき思い出から報告することができます。彼が、例えば我々の前に高く位置する議長の椅子の上に君臨するように、講壇上に君臨したとき、ひとは、〈より多く彼の理念世界のスタイルの中に、白髪憤怒のライオンのように座っているゾーストの裁判所条例（Soester Gerichtsordnung）の裁判官を眼前にみることを選ぶのでないならば〉、ミケランジェロのモーゼのモデルを眼前に有することを信じることができました。彼が自己自身との困難な格闘の中で謹厳な態度で語り始めると、彼は、彼がほとんど雷神（Donnergott）であるかのような気持ちを〔我々に〕起こさせました。彼の諸講義（Vorlesungen）を、彼は、自由に、しかし、〈注意深く練られた、豊かに編成され、そして、良心的にフォローされた〉ノートに基づいて、行いました。このノートを、彼は、大学への往路にある〈戦争勃発以来は毎日の休憩騎行の場所となっていた〉ティーアガルテン〔動物園〕において、もう一度概観することをつねとしていました。授業（Vortrag）は、明瞭で飾り気がなく、そして、厳格に即物的であり、決して易しくはなく、徹底して聴衆の上位の層に向けて裁断されていました。構想の独立性と偉大さは、ギールケの講義をもまた特徴づけていました。私が彼の授業を聞いたとき、私は、すでにそれに先立って、ドイツ法と教会法に私を捧げることを志していましたが、卓越したパンデクテンの講義をとおして、現代の法にとってのドイツ法的諸理念と諸形成の意義を見失っていました。いかに私が、そこで、ギールケの精神の力強い、彼の構成の一貫性において、および、彼の遂行において印象深い、歴史的および解釈論的に根本的に基礎づけられたそして驚くほど完全な体系をとおして――彼は、当時、〔民法典〕第一草案の顧慮のもとにドイツ私法論を八時間講義したのです――極めて圧倒されたかは、忘れがたく私に留まっています。それゆえ、私は、それを文献の助けのもとに四つ折り判の二巻に作り上げました、そして、私には、ゲルマニストになるという決心への回帰は、全く自明のことであったのです。私と同様に、〈彼の授業を十年間の経過の中で聴講し、より早期のより熱心な諸時期においてははるかに三月までそして八月まで持ちこたえた〉一万人の中の多くのその他の〔学生たち〕は、長い間であれ短い間であれ、完全に彼の思想に魅惑されたのであり、そして、まことに極めて悪くない学生たちでした。数十年を通じて三十人そしてそれ以上に及ぶ参加者を数えた、彼のザクセンシュピーゲルの演習においてもまた、彼は、口頭による教授タレントをとおしてではほとんどなく、とりわけ彼の学識をとおして、活動しました。その場合に、すでに上級者または十分に準備した者が、彼を質問をとおしてまたは全く矛盾をとおして動揺させせんがために、出席していたときは、彼は、自己自身から現れ出たのであり、そして、演習は、自ずから学問的なゼミナールの高みへと上昇したのです。

すべてのその他の人々においても、学生たちにおいても、彼の成果に寄与したのは、彼の人格と彼の作法でした。彼は、才気と優雅さをとおして幻惑することをしませんでした。あらゆる成功への渇望を、彼は、最も深い心底から嫌っていました。ただ、ここでもそこでも、彼には、それにさらに最も多く法律的に潤色された機知（Witz）が成功したのです。ドイツ法におけるフモールに関しては、彼が、若い年代にホーマイヤーの博士学位取得五十周年記念のために、一つの可愛い、後に新版が出された書物をすら、書いています。彼自身は、しかし、この貴重な神様の贈り物〔天賦の才〕を、〈彼が重要なことを重要でないことから、なるほど十分に区別はしたが、しかし重要でないことをも、ただしぶしぶ《しかもたんにそれが彼自身に関係した場合のみではなく》犠牲にしたにすぎないゆえに〉、ほとんど何も有していませんでした。彼自身は、しかし、つねに本題を逸することは全くありませんでした。そして、日曜日の午後の家庭内での無邪気な遊びにおいてさえ、容易にそれに熱中しましたが、しかし学問的な諸詳論においては完全に熱中しました。私は、グナイスト（Gneist）が、当時の学部長であったハインリッヒ・デルンブルヒ（Heinrich Dernburg）の研究室における口頭による博士試験において、グナイストが全く異なる考えを持っていたところの質問をもって、厳しく私に迫ったとき、ギールケがいかに、ひとたび、試験（Übung）の目的を度外視して、私の側に立って自ら論戦を引受け、そして、試験官に対して、彼〔ギールケ〕が喜んで私から聞いたことがあったであろう諸回答をもって、応酬したかということを、今日もなお、満足をもって思い出すのです。ひとが彼から受け取る圧倒的な印象は、彼が考え、言い、そして、行為したすべてのことにおける最も聖なる真面目さでした。それゆえ彼の表現のパイプオルガンは、ほんらい熱中、満足、そして、憤激という三つのレギスター〔音栓〕だけを有したのです。憤激さえも、彼は、誠実に表明しました。なぜなら、彼は、彼の率直さにおいては、人生の頂点においてすら、まさに、ただ衝突しないことのために無条件に必要であった限りでのみ、注意を払ったにすぎないからです。しかし、彼は、少なくとも意図的には、決して人を傷つけることはなく、イローニッシュでもありませんでした。それゆえ彼は、なるほど対立者をもつことはあっても、しかしほとんど敵をもつことはありませんでした。義務が要求するところでは、山蔭に身を隠すことはありませんでした。しかし、彼が話すことがなくても、彼をある程度知った人は、どのように彼が考えるか、どのようにひとは彼と向き合うべきか、を知っていました。なぜなら彼は、悪意も虚偽もなく、安定しておりそして徹底して信頼することができたからです。ブルンナーに対する関係が永久に模範的なものに留まったことは、とりわけギールケの功績でした。彼は、彼の親切と彼の善意を、むろん、言葉をとおしてよりも、むしろ行為をとおして表明しました。そのことは、彼の本質の北ドイツ的な謹厳さにより、ほとんどさらにより多く、ある種の不器用さに係っていました。彼は、より早期の年代においては、どちらかといえば情熱的で激しかったのですが、歳を重ねるにつれて、静寂と調和とが、彼において優位を占めました。喜びにさえも、彼は、必ずしも容易には、より多く顕著な表現を与えませんでした。外部における謹厳さには、内部における釣り合いが対応しました。それについては、すでに言及された、一九一一年に詩に作られた彼の生涯に対する回顧もまた、証言を果たしています。彼の意識および思索全体から、全くより高次のことがらにおいてのみ出現するものに適切である、魂の純粋性が、語りかけました。それらと、本来すべての偉大な創造者の諸性質に内在するあの天上的な天真爛漫さと、子供のように敬虔な意識とが、むろん教義的および教会的な特徴なしに、結びついていました。たしかにギールケは、彼の内的な価値を自ら意識していました。しかし、外部に向かっては、服装においても、彼のその他の風采においても、必ずしも多くを与えませんでした。それでもしかし、彼は、厳格な自制心において自らを持していました。彼は、すべての生活状態において、彼の名声の高みにおいてすら、不遜ではなく、すべての学者的高慢さからそしてあらゆる教授的虚栄から自由な、素朴で自然な人間であり続けましたが、そのことが、確かにまさしく彼との交際を極めて快適なものにしたのでした。最大の成果もまた、彼の性格を何ものも損なうことはできませんでした。そして、それゆえに、彼は、なるほど他の人々のように取り巻きたちに崇拝されることはありませんでしたが、しかし真に尊敬され、彼の心に近くある人々によって誠実に愛されました。

公的諸問題に対する彼の立場に関しては、私は、ほとんど申し上げる必要はないでしょう。政治的党派には、彼は、ただ晩年において一時的に所属したにすぎません。その以前には、彼は、我々の極めて多くの人々と同様に、彼の独立性のために、そして、彼が純粋にザッハリッヒ〔即物的〕に留まろうとしたゆえに、彼がたとえいかなる政党にも適合しなかったにせよ、どの政党にも忠誠を誓いませんでした。彼の発展全体および彼の歴史的法律的思考方法は、彼を、むろん〔一八〕四八年代の自由主義の環境から、次第に保守的な陣営へと導きました。彼は、確信から、そして、心から、立憲君主主義（konstitutionelle Monarchie）の信奉者でした。〝神とともに国王と祖国のために（Mit Gott für König und Vaterland）〟という標語は、それが一八六六年〔普墺戦争〕と一八七〇年〔普仏戦争〕の戦場においてそうであったように、〔ドイツ帝国〕崩壊後もまた、彼の標語にとどまったのです。権威の下への彼の従属は、無批判のそれとは全く異なるものでした。それは、つねに法と良心の枠内に留まっていました。彼は、一度も絶対主義（Absolutismus）のために弁護したことはありませんし、あるいは、阿諛追従から彼の確信を離れることは一髪の間すらもありませんでした。彼が一九〇六年春、司法大臣べーゼラーの慫慂によって、皇帝の御前で、現代生活における判例の立場と諸任務について講義したとき、ある新聞は、憤激しなければならないと信じましたが、それは全く理由のないことでした。彼は、むろん骨の髄までプロイセン的＝ドイツ的でした。彼が、一八一三年〔ナポレオン戦争〕の自由の戦士たちを先生たちとし、そして、熱愛された祖国の上昇を、兵士の武器をもってならびに精神そのものの武器をもって、共に切り開くことを助け、祖国の最盛期を半世紀をつうじて共に見つめてきたことは、理由のないことではなかったのです。別の場所では別の憲法諸形態が歴史的に存在し、そして、同様に正当づけられていることについては、彼は、完全な理解をもっていました。各人のものを各人に（suum cuique）〔認め〕、あらゆる人にその人のものを、しかり、同じものではないものを〔認める〕、それが、彼の思考方法が決定した方向でした。

とりわけ、高く発展した法意識が、彼に固有のものでした。法〔権利〕のために、彼は、彼の最も内奥においてほとんど宗教的な熱情を抱いていました。それが問題となるとき、彼は、法〔権利〕のための闘争をもまた、恐れませんでした。秩序に対する注意は、彼においては、最小のことがらにすら及びました。私が、かつて我々の大学から帰宅する際に、出口と決められた左扉から出る代わりに、入り口を通って建物を出たとき、〈我々二人の外には、私がそれによって道をさえぎったような誰も、そのあたりには認められなかったにもかかわらず〉、彼は、私にそのことで、〈人は、秩序を、直接的な実際的必要がそのために存在しない場合にもまた、秩序自体のために尊重しなければならない〉として、ひどく真面目に非難しました。

精神が法律家を作る（Pectus facit juristam.）のです。そのような性質が心身を伴って法律家であったこと、そして、彼の愛全体が祖国の法、すなわち、ゲルマン‐ドイツ法に妥当したことは、当然に理解されます。法が民族精神の所産であることは、彼にとって信仰箇条でした。すべての厳格な学問性と冷静性にもかかわらず、彼には、その場合、ロマン主義（Romantik）の芳醇な一しずくがともに注いでいました。彼が、道徳性に対するドイツ法の特別に内的な関係を賞賛した場合、あるいは、誠実が以前からドイツ法において演じてきている決定的な役割について語るに至った場合に、そうでした。ただ、彼のロマン主義もまた、ヤコブ・グリムの具体的・感覚的な「ロマン主義」との対立において、何か抽象的・純理的なものをもっていました。彼は、たんなる古代の諸遺物とは、そもそも関わりをもちませんでした。純粋の法制史すら、彼にとっては強く後退していました。彼は、なるほど、法制史家として最高の物を達成しようと欲する者にとって、〝直接的に実務的な傾向からの離反、生起したところのものへのそれ自身のためにする沈潜、何があったかということの認識に向かう純粋の衝動〟が不可欠であることを、認識していました。そして、彼は、例えば、ケルパーシャフト概念の歴史の研究においては、自らも、それに従って行動しました。しかし、ほとんど意思に反して、そして、ただ一時的でした。次第に多く、彼においては、法制史に対する彼の立場において、法律家が、歴史家を超えて、優越を獲得しました。少しの変更をもって彼がかつてグナイストについて確言したことが、彼について言われます。すなわち、過去において生きていたことが問題なのではなく、過去からいまなお生きていることが、彼には問題であった、と。それゆえ、彼は、物的関係においても人的関係においても、法制史と現行法を分離することに反対して抵抗しました。純粋に歴史的なドイツ私法論については、彼は、何ものも知ろうとは欲せず、そして、あらゆる学者的法律家たち、とくにあらゆるゲルマニストたちからは、彼は、〈たんに歴史的にのみならず、解釈学的にもまた、現行法において活動することを〉要求しました。確かにそのことは、望ましいことであり、望ましいことに留まっています。ただ、明白である諸理由から、それは、もはやそれほど容易には実現されないだけです。学問の資料は、まさにギールケの固有の活動をとおしてもまた、強力に増加してきています。諸方法は、洗練されてきています。法制史と法解釈学は、精神の極めて異なる態度を要求しており、今日、両者とも、極めて大きな装置をもって作業しており、そして、両者とも、極めて多くの異なるものを前提としているので、より大きな規模において両者を実際に克服することは、ただたださらに僅かな人々にしか成功しないのです。すべての諸事情のもとでは、もちろん理論のために、両者の二国家一君主連合体（Personalunion）に固執されなければなりませんが、その場合、それぞれ素質と傾向に従って一方の側面にまたは他方の側面に重点を置くことは、個々人に委ねられたままです。ギールケ自身は、法制史の学問的繁栄のうえに、法制史をとおしての現行法の永続的な結実を置きました。

そのことは、明らかに、彼の研究作業のさらなる継続において現われます。その研究作業から、彼は、彼の偉大なベルリンの立場においてもまた、離れませんでした。反対です。彼においてもまた、さらに、研究者が彼の中においてすべてのことに勝っていたことが、理論と生活における彼の活動の秘密をなしたのでした。彼は、我々の時代の最も包括的なそして最も精神の強固な思想家でした。しかしいつでも彼の研究領域の確かなそして堅く境界づけられた基盤から、そのことは、むろんドイツの私法と公法の過去全体と現在全体を包含しました。それゆえ、彼の文献もまた極めて強力なものです――私はそれをちょうど印刷にして一万頁と評価します――が、濫作そのものの全く何ものももっていません。濫作から彼を守ったのは、すでに彼の存在の、〈彼がそもそも彼の法律学をすべての諸個別性に至るまで決定したように、正確に彼の著作者活動を支配したところの〉倫理的特徴でした。諸訂正を、彼は、ペーパー〔原稿用紙〕上にみることを喜ばず、むしろ、彼は、好んで下降する線上に運動する〈彼の硬直し角ばった、まさに力強いそしてとくに性格の強固な、しかし明瞭な〉諸筆跡において、二度、それどころか三度、書き直しました。あらゆる文章の中に、彼は、本来的に彼の全存在を投入しました。彼のスタイルに対して広範という非難をすることは、極めて不当でしょう。いかなる文章も、彼においては不必要ではありません。ひとは、彼の学術上の生涯業績の、まさに驚くべき集中についてさえも語ることができます。ムルトゥム・ノン・ムルタ（Multum, non multa. 多岐にわたることどもではなく、ひとつのことが深く〔研究されるべきである〕）。彼は、勝手な振る舞いをしたり、盲目的な定式化を刻印したり、または、たんなる着想をおごるということは、しませんでした。すべてにおいて、彼は、ただことがらにだけ目を向けました。すべては内的に関連しています。それゆえ、〈彼が遺した、そして、それらの若干のものにすでに私は言及しており、その他のものをさらに引用するであろう〉多数の諸講義、諸講演、諸論文もまた、彼の主業績の幻の太陽たちにすぎません。その彼の主業績へと、いまや私は立ち返ることにしましょう。

彼の団体法論の第四巻について、ギールケは、ゲノッセンシャフト理論に関する彼の本の完成後直ちに、さらにハイデルベルクにおいて作業することを開始しており、そして、この作業をベルリンにおいて、いつもの行動力をもって継続してきていました。第四巻は、近世の国家理論とコルポラチオン理論（Staats-und Korporations-lehre der Neuzeit）を含むことになっていました。しかし間もなく、そのためにもまた、余りにも狭すぎることが明らかとなり、十九世紀における団体理論の歴史は、第五巻のために後回しにされざるを得ませんでした。しかし、十九世紀はじめに至るまでの発展を継続することさえもまた、著者には、もはや完全な範囲においては成功しませんでした。なるほど自然法的な社会理論の叙述を、彼は、さらに成し遂げ、そして、それによって全体にさらに特別に価値のある一章を付け加えました。ただ、実務へのその浸透にだけは、彼は、もはや、〈教会法における、公法学者たちにおける、そして、哲学における、コルポラチオン理論をもまた、もはや彼は追跡しなかったように〉、立ち入りませんでした。たぶんここでは、それでもやはり、内的な諸困難もまた示されていたのです。要するに、作品は、停滞したままでした。後になってもまた、仕事は、彼によっては、もはや取り上げられませんでした。なぜか、それを我々は直ぐに見ることになるでしょう。それゆえ、何十年もの間ほとんど売れてこなかった最初の三巻が、そのことがまさに基礎的な諸作品において容易に起きることであるように、発見され、後に品切れとなり、そして、一九一三年、復刻版において新たに発行されたとき、著者は、悲哀に充ちた断念なしにではなく、そして、彼の個人的な覚書をとおして彼にとって特別に特徴的な前書きを伴って、第四巻のその他の点では極めて堂々たる未完の書物を、死後に遺された作品の種類に従って、併せて出版させました。

まず最初に妨げを惹起したできごとは、一八八八年における民法典の第一草案の出現でした。その極めて根本的に学識があるが、しかしすでに克服された立場を主張している理由書（Motive）を伴う、生活から遊離した作品について、至るところで、いかに幻滅が、とくにしかしゲルマニストたちのもとで大きかったか、そのことを、我々年長者たちは、すべていまなおはっきりと思い出すのです。すでに片足を墓場に踏み入れていた白髪のベーゼラーは、少なくとも彼のメモ帳の中で、涜神者に大破門を言い渡すために、さらにペンを執りました。ギールケは、もちろんそれ〔幻滅〕を、すべての公衆の前で盛大にアナテマ〔異端判決〕（Anathem）として実行しました。ただ、彼は、呪詛することに留まりませんでした。むしろ彼は、まず最初には、シュモラーの年報（Schmollers Jahrbuch）における一連の論文の中で、そして、その後は一八八九年の民法典草案とドイツ法に関する彼の有名な書物の中で、ひとはそれを、全体においておよび個別において、より良く作らなければならなかったし、作ることができたであろうこと、そして、どのようにより良く作らなければならなかったし、作ることができたであろうか、を詳細に論じました。ギールケが、それを否定することでは我慢せず、それと最も強力な肯定を結びつけたこと、そのことは、私の考えでは、彼の業績を、〈ひとがギールケの書物を全く正当にもそれとの比較のなかに置いてきたところの〉立法についての我々の時代の使命に関するサヴィニー（Savigny）の論文を超えて、高めるものです。それは、著者によってほとんど心血を注いで書かれたゆえに、ところどころギールケによってすら、さもなければほとんどかつて到達されたことのない叙述の高みと力へと高められていることが、付け加わっています。ここには、彼の情熱が、真にもたらされていました。今日もなお、ひとは、第一章のある諸頁を感動なしに読むことはできませんし、その他の部分も〈何をドイツ国民は真にドイツ的な法典の言葉と内容において期待することができたのか〉に関する教示を受けることなしには、読むことができません。いかなる行路を詳論がとったか、そして、どのようにギールケが自らをその他の場合にもまた、農業が問題となる部門に関するプロイセンラント経済コレーギウム（das Preußische Landesökonomiekollegium）の諸審議において、特殊の諸研究において、一八八九年、ウィーン法律家協会（Wiener Juristische Gesellschaft）で私法の社会的任務に関して行われた講演において、関与させたかは、知られています。プロイセン政府は、彼を、思慮深くもまた最善の識者として第二委員会（Zweite Kommission）へと送ることを欲しましたが、南ドイツの諸政府は、しかし、そのような高みに自らの意気を高めることができませんでした。ただ、商法典の新たな起草のために、ひとは、彼を後に引き込みました。民法典のための第二委員会には、ドイツ法の思想家である彼〔ギールケ〕の代わりに、ドイツ法の詩人であるゾーム（〔Rudolph〕Sohm）が入り、そして、作品を、第二委員会においておよび帝国議会（Reichstag）において、彼のむろん圧倒的に美しい演説をもって伴なわせました。第二草案は、著しく良くなりました。そのことを、ギールケもまた、認めました。しかし、それでもなお、それをさらにより断固として、より根本的に改変した場合に彼がなしえたかもしれないほどではなかったのです。一八九五年六月一五日、第二草案を、ゾームは、我々の協会において弁護しました。ギールケは、かなり長い演説において、いつもながらの重みをもって第二草案に反対しました。今日もなお、我々のクライスにおける幾多の人々は、この記憶すべき会議について物語ることを知っています。新聞においても、そして、より小さな印刷物においても、彼は、もう一度、督促的に、そして、警告的に彼の声を上げました。さらに、つねに彼は、とりわけ良きもの（die Güte）が問題であり、第二に初めて法の統一（Einheit des Rechtes）が問題となるのであり、法の統一は熱望されなければならないが、良きものを犠牲にしてまで急ぐべきではない、と考えていました。理由のないことではありません！。今こそ、ひとは――引き続く時代が教えているように、たぶんそれでもしかし、必ずしも全く完全に不当にというわけではなく――言わなければならない、あるいは、今でなければ言う機会はないと信じたのであり、そして、〈速やかな帝国議会の審議から生じたごとき〉法典を、〈二十年後にスイスがオイゲン・フーバー（Eugen Huber）の、言葉においても内容においても、より成功したそしてよりドイツ的な民事法典（Zivilgesetzbuch）を達成したようには、もちろん諸事情に従って、最高に到達しうるものに到達することなしに〉、承認したのです。〈彼が達成したことのすべてのうちで何ものも、真実に祖国のドイツ的な民法を求めるこの闘争ほどには、彼をおそらく有名にはしなかったこと〉を別としても、いずれにせよ、ギールケの仕事は、無益ではありませんでした。

ギールケは、〈と、私が再び彼自身がグナイストのために特徴づけた一言をもって言うならば〉、〝法律家であり、そして、頭のてっぺんから足のつま先まで法律家でした〟。このことは、彼が、さいころがいったん振られた後では、無批判ではないものの、新法の地盤のうえにしかし忠実に自らを置いたことの中にもまた、確かめられます。彼が直ちに大学でそれを、そしてしかも他の人々のように、一時しのぎにそれに合わせられた諸講義においてではなく、基礎から新たなそれにあわせて裁断された新たな諸講義において、教えはじめたことを、我々は、すでに聞きました。そうでなくてもまた、彼は、〈新法の市民権獲得を容易にし、そして、自らおよび他の人々における新法についての精通を促進するために〉彼がすることができたことを行いました。彼の父なる都市において、彼は、冬学期全体をとおして、時おりは、土曜日へと及んで、そして、一部分は、さらにそれに引き続く夏学期においても、それについての諸講義を行いました。〈彼が、そこにおいて、さらにすでに長い間、第一草案の出現以前から、将来の民法の形成に関する詳論に活発に参加し、そして、例えば、婚姻の夫婦財産制（das eheliche Güterrecht）のために地域システム（Regionalsystem）を主張したところの〉法律家会議において、我々は、彼がすでに他の関連において、新法典の法についてもまた、取り組むのを見ていました。それに、特殊の諸研究、すなわち、最初はベルリン大学のデルンブルヒ（〔Heinrich〕Dernburg）のための祝賀論文集において初めて現われ、すでに二年後には新版の出た権利能力なき諸社団（Vereine ohne Rechtsfähigkeit）に関する諸研究が付け加わりました。その中で、彼は、これらの諸形成物をケルパーシャフト法〔社団法〕の内部において支配されるものとして、〔しかしそれにもかかわらず〕法典によってはそのようなものとしては認められていない諸ケルパーシャフトとして説明しており、そして、それらの中に、自由なケルパーシャフト形成を拒絶する形式的な法に対する生活の勝利を見出しています。最も明瞭に、しかしながら、制定された法（lex lata）としての民法典が彼のために獲得したところの意義は、彼の第二の記念碑的な主著である『ドイツ私法論』（Deutsches Privatrecht）に現われることになりました。

そのようなものを〔ビンディング編〕のドイツ法律学の体系的ハンドブックのために書くことをギールケに促したのは、彼の友人であるカール・ビンディング（Karl Binding）でした。確かにホイスラー（Heusler）は、先立ってこの叢書の中で、私法論（Privatrecht）を出版させていました。それについてギールケは、後に、たとえ単純化を求める努力と芸術的な完成において、法概念の選択におけるおよび特徴づけにおける若干の恣意なしとはしないとしても、それは思想において深く、理解において精神豊かであり、形式において魅惑的である、と判断しました。とりわけ、しかし、同書は、外国法の受容前に生きていたような純粋なドイツ法の体系のみを与えており、そして、それゆえにもまた、法学入門（Institutionen）として、ドイツ法への入門（Einführung）として、徹底して適切である、と自らを称しています。何を学問が、何をハンドブッフが、それと並んで必要としたか、そして、何がドイツゲノッセンシャフト法〔団体法論〕の歴史家〔ギールケ〕から最も最初に期待されえたか、それは、〈旧時代の法を短く総括するだけにし、その代わりに、しかし、継受をとおしてのそして近世をつうじての法状態を、注意深く付随させ、そして、現代のためには、〔法状態を〕一部分は確立し、一部分は新たにするところの〉ひとつの叙述でした。ギールケは、そのような課題の引受が、彼を、すべての先立つものがそれをなしたのとは全く異なって、彼のゲノッセンシャフト法から引き離すであろうことを、十分に洞察していました。それにもかかわらず、彼は自らに拒みませんでした。あるいは、ゲノッセンシャフト法の永遠の同一性が、彼を、やはり結局は、いくらか疲れさせたのかもしれません。さらに、彼は、自らを、すべての仕事を行うという彼の努力のゆえに、〝時々まさに荒れた広野〟の徹底的研究にもまた引き入れなければならず、そして、〝労苦に満ちた探索の成果〟は、その場合しばしば、ほとんど黄金を含んでいなかったのですから。それゆえ、彼は、おそらく喜んで、翼をさらにより高い飛行のために羽ばたかせることを欲したのです。とりわけ、しかし、一度、現行法についてもまた体系家として、大規模に活動することが、彼を誘惑したのであり、そして、彼は、〈まず最初は、彼が希望したように、さらに延期されるべき法典編纂のために、広範なゲルマニスト〔ゲルマン法学者〕的な基礎を彼が創造することによって〉さらに救出されなければならないところのものを、ドイツ法によってそしてドイツ法のために救出することを、自らに義務づけられたものとみなしました。この意味において、彼は、新たな課題へと取り掛かりました。その際、彼は、もう一度、ベーゼラーの諸痕跡に従いました。ただ、彼がそこでは、ゲノッセンシャフト法〔団体法論〕におけるよりもほとんどさらにより多く、ベーゼラーを超えて成長したのです。

一八九五年に現われた〔ドイツ私法論〕第一巻は、輝かしい業績です。彼は、ゲルマニスト的な立場から、素材をバランスよく、十分に円熟して支配しかつ透徹しています。事柄をすべてのものの上に置いて、彼は、それでもしかし、形式を無視することから自らを守り、そして、例えば、うまく定義することをもまた、理解しています。完全に、それどころか余すところなく、彼は、それにもかかわらず、美しい調和を確保し、そして、諸視点と諸思想の豊かさをとおして畏敬の念を起こさせます。驚かせる諸発見として、一つの体系的な叙述を、モノグラフィーのような機会と同じ方法においてではなく、研究の開拓者は、与えています。それにもかかわらず、ここでは、多くのことが、全く新たな光の中で現われました。〈その中で、ギールケによってすでに以前に主張されたいくつかのことが完全な成熟に到達し、その他のことは《その後の機会において、例えば、ギールケの一九一七年にロゴス（Logos）において発表された法と道徳性に関する繊細な研究の中で、さらに個別の点において叙述されんがために》基本的諸特徴において確定されたところの〉総論において、直ちにそうでした。人、個々人および団体人（die Personen, die Einzelpersonen und die Verbandspersonen）に関する章において、そうです。より最後のもの〔団体人〕に関する節は、理解しうるように、特別に成功しています。なぜなら、それは、一方では、ゲノッセンシャフト法において用いられた研究の沈殿をもたらし、他方では、同一の基準において、作品のまだ到達していない諸部分を完成させるならば約束されていたであろう諸成果を、先取りしているからです。それには、その後さらに、ギールケの人格的諸権利、すなわち、独自の人の独立化された諸部分についての諸権利の理論に基づいて、氏名権、商標権、著作権、および、発明者権の理論が、加わりました。ひとは、最近数十年間の学問に、それが分析に基づく総合を不当に軽視してきている、と非難してきています。ドイツ法の学問は、この非難にはあてはまりません。ギールケのゲノッセンシャフト法〔ドイツ団体法論〕とギールケのドイツ私法論は、それだけですでに、その非難に反駁するのに十分でしょう。ゲルマニスト的な立場からは、〈ブルンナーの法制史論（Brunners Rechtsgeschichte）における と類似して、第一巻が決定的に最も良く成功して現われていること〉は、もちろん同意されなければならないでしょう。もちろんギールケにおいてもまた、次第しだいに年齢が自らを主張したこと、そして、〈まさしく、デルンブルヒ（Dernburg）、レヴィン・ゴールドシュミット（Levin Goldschmidt）、パウル・ヒンシウス（Paul Hinschius）の生涯業績への一瞥が確証することですが、数十年の経過の中で、なるほど生産力を弱めるわけではないところの〉ベルリンの活動が、おそらくはしかし、次第により多く〈そこからのみ極めて大きな諸作品の真に芸術的な造形が可能となるところの〉休息を奪うということも、同様に重要なことではありません。決定的なことは、むしろ、ギールケの第一巻の後に直ぐに、民法典がやってきたことでした。ドイツ私法論は、また、従来の制限された意味においてのみであっても、将来的にはもはや存在しませんでした。ギールケは、開始した企図を放棄すべきであったでしょうか？　彼は、いまや、それをとおして彼のゲノッセンシャフト法の運命が封印され、そして、ゲノッセンシャフト法〔ドイツ団体法論〕が未完成作品に留まるであろうことを、洞察したにもかかわらず、そうは考えませんでした。いまや、彼は、新法をゲルマニスト的に貫徹すること、新法のドイツ法的な内容を展開すること、そして、新法のドイツ性の成長を将来において促進させることを、自らのために課題としました。それは、彼が従ってきた内的な良心の強制であったと彼が保証する場合に、ひとは、彼を喜んで信じるのです。

それゆえさらに二つの巻が、すなわち、一九〇五年には、〈すでに長い間、前もって完成されていたが、その後、新法に向けて再度根本的に改作された〉物権法（Sachenrecht）が、そして、一九一七年には、債務関係法（das Recht der Schuldverhältnisse）が、現われています。家族法（Familienrecht）をもたらすはずであった、引き続く第四巻については、ギールケは、手稿において、婚姻法および夫婦財産法、ならびに、親の権利と子の権利を、嫡出宣言（Ehelichkeitserklärung）に至るまで、遺しました。この作品もまた、彼に、それゆえ彼の元々の計画を超えて成長したのであり、そして、巨大な諸形式を取りました。そのうち印刷されたものは、しかしながら、およそ三千頁を充たしています。その場合、中心的地位を占めるのは、物権法です。それは、なるほど、〈法律的秩序への顧慮なしに、体系的な諸理由からここに編入される〉有価証券法を別とすれば、主たる問題において、民法典の第三編において規律される諸素材およびそれらの歴史的前身に自らを制限しており、そして、ラント法に留保された諸素材を、特別諸法におけるその後の取扱いのために取り除けています。しかし、ひとが、例えば〈ギールケが同様に一八九七年に《その成果を法律家会議の鑑定意見の姿において我々がすでに知っている》精巧な個別研究の中で、新法を通して鼓舞されて新たな生命を獲得した〉動産占有の理論を考えるだけでも、それは、ゲルマニスト的にさらに極めて実り豊かなものであります。いずれにせよ、すでに、そこでは、ギールケが独立の原典の基礎をプロイセン一般ラント法（das Preußische Allgemeine Landrecht）を超えては遡っていないことが、現れていました。あらゆる個々の制度に関して、彼がそれをたとえより控えめな基準においてであれ、ゲノッセンシャフト法のために行ったのと類似して、中世からローマ法継受をとおして、パンデクテンの現代的適用（usus modernus pandectarum）、諸規約、および、より古い地方特別諸法をとおして、個別的に追求すること、それは、まさに、ギールケの仕事力をもつ二度目の人生を必要としたことでしょう。そのことが、とくに認められうるのは、第三巻においてです。法典前の時代からのドイツ法は、第三巻においては、著しく後退しています。このことは、ギールケが、債務と責任についての中心問題を、彼によって編集された集成（Sammlung）の一九一〇年の第一〇〇冊の中で先取りしていたゆえにもまた「そうなのです」。キルペリヒ王（Chilperich）の勅令（Edikt）における相続法（Erbrecht）と近隣法（Vicinenrecht）に関する多く詳論されたすでに一八七六年の研究、および、ドイツ法律語辞書（Wörterbuch der deutschen Rechtssprache）の同人となったことから生じた、一九〇八年のシュレーダー（Schröder）記念論文集における完全私有地（Allod）の項目にすぐ続いて、債務と責任に関する書物は、その著者のもともと唯一の純粋に私法史的なモノグラフィーであり、そして、ひとがさらにそれについて考えることができるように、いずれにせよ〈その当時までは、ただスカンジナヴィア法および中世ザクセン法のためにのみ取り扱われてきた問題を、たとえおそらく十分に広範とはいえないとしても、より広範な基礎のうえに、そして、必ずしも確定的にではないが、詳論したという〉価値を有しています。しかしそれによって、もちろん、ハンドブッフにおける債務法の王冠から、最も美しい真珠の一つもまた、取り出されました。その他の点でもまた、ギールケは、特殊の諸研究をとおして、すなわち、一九一一年においては、フェルディナント・フォン・マルティッツ（Ferdinand von Martitz）のためのベルリン大学祝賀論文集において、債務承継と責任に関する寄稿をとおして、一九一四年においては、ブルンナーのための〔記念論文集において〕雇用契約の諸根源に関する啓発的な研究をとおして、同年には、その前に亡くなったエミール・シュトローアル（Emil Strohal）に捧げられた、たんに一時的な債務諸関係との対立における継続的債務諸関係の平和的解除をとおして、責任の重荷を果たしました。それゆえ、第三巻もまた、多くの美しい果実を担いました。ひとは、学問的にゲルマニスト的立場からは、ギールケが〈我々に、例えば、ホルツェンドルフ＝コーラーの百科事典における彼の素晴らしい概要の二十倍の範囲において、二巻または三巻において、《その中では、民法典の法が、たんにより古い法のひた寄せる波のたんなる泡のように現われ、より古い法が、これとは反対に、その現代に至るまでの歴史的発展の中で、そして、その理念の内容において、完全に妥当に至っているであろうところの》、本来的なドイツ私法論（Deutsches Privatrecht）を贈ることを〉思い切ってしなかったことを、遺憾とするかもしれません。そうする代わりに、彼は、国民的——法政策的視点を前面に打ち立てました。しかし、それもまた、一つの偉大な行為でした。彼をとおして、ゲルマニストは、いまやとくに債務関係法にもまた、全体においてもすべての個別の諸点においても、着手してきているのです。それによってギールケは、彼の友人であり同僚であるデルンブルヒ（Dernburg）と同様に、新たなドイツ民法の大家として、しかしゲルマニスト的な〔ドイツ民法の〕大家として終わったのです。

二世代をとおして、そのようにギールケは、〈我々には今日すでにほとんどメルヘンのような気持ちを起こさせる〉諸事情の恩恵のもとに、創造してくることができました。少なくとも彼の諸理念の、同時代の学問の共有財産への移行に関して言えば、彼の成果は、他の人々におけるよりも遅いものでした。しかし、その成果は、その代わりにまたもっと一般的であり、そして、もっと永続的なものでした。理論と実務への彼の影響に関しては、公法においておよび私法において、そして、はるかにそれを超えてゲノッセンシャフト制度に向けては、国家理論において、社会学において、社会的領域において、独自の諸研究が提出されて来ました。一般的には、彼の諸理論は、決して受け入れられませんでした。しかし、彼は、また、ひとが彼の諸理論から離れ、あるいは、本質的に彼の諸理論を超えて行ったかもしれないことを、体験する必要もまたありませんでした。そして、すべての側から彼に最大の尊敬が与えられました。その尊敬は、彼の業績に対してと同様に、彼の人格に対して、妥当しました。最後に、彼は、〈彼の子供たちが、各人がその仕方において、二三の子供たちはそのうえ公的な諸地位において、一人の子息は最も近い専門仲間としてゲルマニスト的な大学正教授において、彼らの職業を遂行しており、そして、十六人の孫たちが彼に続いて成長してきたこと〉を、彼が体験することが許されたところの、彼の家庭の真只中において、家族長として現われたのみではなかったのです。彼は、むしろ、ゲルマニストたちの〈そして多くのその他の同僚たちの〉広いクライスにとってもまた、家族長でした。最も明瞭に、そのことは、〈彼が博士学位取得五十周年記念祝賀を意欲された隠遁における休暇の間に行い、六十周年記念祝賀を病気のゆえに不本意の隠遁の中で行ったにもかかわらず〉、彼の七十歳の誕生祝賀の日に、〔すなわち〕彼がおそらく彼の生涯の最も美しい日に数えたところの一日に、現れました。前もって学部が彼を三巻の祝賀論文集をもって祝賀していたのですが、彼に対して、いまや尋常でない多数の生徒たち、友人たちおよび崇拝者たちの一団が、彼の胸像のほかに、〈それについて彼が、上機嫌に、《すでにその〔贈り物の〕大きさが、私の精神の子供たちとの一見しての親近性を裏切っているね》と考えたところの〉祝賀の贈り物を捧げました。その他の大喝采については、あなた方は、私をして沈黙させて下さい。まだ言及されていない名誉学位授与、諸アカデミー会員などのような、彼に対してその当時またはその他の機会に与えられたその他の諸名誉と諸顕彰についてもまた〔沈黙させて下さい〕。ただ、一九一一年一月二七日の世襲貴族の付与と、一九一五年におけるプール・ル・メリト勲章の平和クラスの議決権ある騎士の任命とが、さらに特別に言及されるでしょう。

まさに私には収穫を喜ぶ　Ja, mir hat ein erntefroher
活発な仕事日が花開いている。　Rüstger Arbeitstag geblüht,
恩恵によって明るく照らされ、　Hell von Gunst bestrahlt, von hoher
高い仕事熱により燃え立って。　Werkbegeisterung durchglüht

と、彼は、まさに七十歳の記念祝祭の際に、最も深い心の底から告白しました。

〝現世での行路の終わりの前には、ひとは、いかなる死すべき者をも幸福であると賞賛すべきではない。〟この古い格言を、ギールケは、以前、ベーゼラーへの彼の告別の辞の中で、そうすることで、ベーゼラーには幸福が最後まで忠実に留まった、ということを確言するために、自分のものとしました。彼自身には、残念ながら、幸福は、それとは異なって与えられていました。

もちろん、すでに戦争の勃発によってではありません。なるほど、彼は、それをとおして作られる状態の恐るべきことを、決して低く評価してはいませんでした。しかし、恐怖を、彼は決して知りませんでした。その宗教性が古いプロイセンの種類に従って〈それがたぶん純粋の来世的キリスト教と契約を結んでいる〉より以上に強い国民的な打刻を有したところの彼は、神が祖国とその平和を愛する皇帝の良き権利を不名誉にはさせないであろうことを、堅く信じていました。法律家としてならびに歴史家としての彼のために、浮動的な世界過程に対する関係で、抑制が要求されることを、彼は承認しませんでした。危険の瞬間から、彼は、ただいっそうドイツ人でした。彼は、一八七〇年へと引き戻されるのを感じました。そして、彼は、もはや武器をもって闘うことはできなかったので、ひとが彼を理由なしにではなくすでに以前から一種の法律的なゲルマニアの指導者（Praeceptor Germaniae）とみなすことに慣れてきていた彼は、言葉にそしてペンに訴えたのです。極めて感激して、そして、感激しつつ、ただ若者たちの誰かのように、彼は、一九一四年九月一八日に、戦争と文化について語りました。この意味において、〈ひとが今日、なるほどいまなお苦悩に動かさせられてのみ読むことができるが、しかし、彼の祖国愛に対する、そして、それらから物語るところの道徳的高貴さに対する、最大の尊敬なしには、読むことができないところの〉彼のその他の戦争諸著作および彼の戦争諸詩もまた、理解されることを欲するのです。すべての変転の諸場合においてひるむことなく、彼は、勇敢にそして徹底して一貫しました。一九一八年の悲惨な冬月の最初の数日においては、さらに、彼は、すべての一般公衆を前にして、かの詩人〔エマヌエル・ガイベル、1815–1884〕とともに、確固たる信頼に、〝もう一度、ドイツ的本質によって、世界は甦るにちがいない（einmal am deutschen Wesen werde noch die Welt genesen）〟という表現を与えました。

それでもしかし、まず最初に、彼が考え、そして、我々が彼と共に希望していたのとは、ああ、全く異なることになりました。それは、彼の人生の悲劇でした。戦争から無事に帰還した二人の息子たちのうち、彼の大いなる期待を正当づける最も若い息子が、彼と彼の家族たちから悪性の病気をとおして突然に奪い取られたことは、それが極めて厳しく彼を襲ったにせよ、彼にとって最も困難なことであったのではありません。彼の祖国の残酷な運命、そして、彼の民族の深い没落、それらが彼の最も内奥において出会ったのです。あの恐るべき日々においては、ここのブランデンブルク門で戦闘が行われ、機関銃がタタタタと音を立てていたので、私は、たびたび、このいつでもなお〈ほとんど青白くない亜麻色の、いつでもなお波立つ頭髪とひげをもった〉偉大な旧時代からの直立したポンメルンの偉丈夫の側を通って、大学への確固たる義務の履行のための回り道をして、朝霧の中から太陽が血のように赤く、ティーアガルテン〔動物園〕の霜の降りた木々の上に登る間に、移動したのでした。ただ、私は、あなた方は、私に、何がその場合に彼を動かしたのかを描き出すことを免除していただきたい。ただ、私は、彼がさらに一九一九年五月四日、ゲルマン的国家思想に関する彼の美しい明澄な、勇敢な演説の中で表現したことは、最後の呼吸に至るまで彼を鼓舞したものが、ドイツの将来に対する信念、あるいは、そうでないとしても希望であったということを、あなた方に、保証したいと思います。

それゆえ、このドイツの柏（カシワ）の木は、たとえ嵐の中においてであっても、倒れてしまってはいません。毅然として、彼は、さらに作業し、そして、すべての憲法、またさらに新たな憲法を、それが彼の趣味に従うものではなかったとしても、十分に検討しました。一九二〇年春には、彼は、より静かになり始めました。そして、諸特徴と態度が変わりました。夏には、彼は、同様にまだ家庭の祝祭を感謝して行った後に、深刻な障害を受けました。さらに彼は回復し、新たにペンを握り、彼の八十歳の誕生日を一般の参加のもとに行い、そして、夏には、すでに述べているように、もう一度、たとえ諸困難がないわけではなかったとしても、彼のザクセンシュピーゲルの演習をもつことができたことは、幸いでした。精神においては、彼は、強いままでしたが、ただ身体だけは、より弱くなりました。しかしそれについての嘆きは、一度も彼の唇から洩れることはありませんでした。彼の地上での存在の最後の耐えうる日曜日に、私は、彼を、いつもの訪問の際に、彼の家のテラスで見出しました。どのように彼がそこに金朱色のぶどうの群葉に絡まれて座っていたか、どのように彼が、普通でなく長い間暖める太陽を、そして、家とともにかつて彼自身によって設置された彼の庭園の今なお緑の木々を、喜びとしていたか、それを私は決して忘れないでしょう。正反対へと変化した世界における、高貴な成熟の姿と次第に消え行く黄金時代の姿！。その後、日ならずして、彼を熱病が襲いました。苦しむことなく、彼は、一九二一年一〇月一〇日の初更、肺炎によって眠りにつき、そして、〈彼がすでに十年前に敬虔な帰依のなかで〔次のように〕歌っていたところの〉神が、彼を、すべての地上的な深い悲しみから解放しました。

いざ来たれ、すべての圧迫者よ！　　Komm heran denn, Allbezwinger!

私の未来はお前のものではない。　　Meine Zukunft ist nicht dein.

地上のものに平和をもたらす者よあれ！　Sei dem Irdschen Friedensbringer!
私の真の本質は神のものである。　Gottes ist mein wahres Sein.

高く声望のある会衆の皆さん！

今日は、あの日、〔すなわち、〕その当時、国王ご夫妻および皇太子の臨席のもとに、ギールケの先生であり博士学位の授与者であったルードヴィッヒ・エドゥアルト・ハイデマン（Ludwig Eduard Heydemann）によって、フリードリッヒ・カール・フォン・サヴィニー（Friedrich Carl von Savigny）に対して、我々の諸追悼演説の最初のものが行われた、あの日から、ほとんど六十年が経っています。サヴィニーが輝かしい始まりでした。ギールケは誇り高い最後となるでしょうか?。もはや断じて、私は、そう信じることはできません。もちろん〈彼自身がそれをもってかつてグナイスト（Gneist）の生涯業績の永続性について語ったところの〉信頼をもって、我々は、今日、彼の生涯業績の永続性について語ることはできません。国家は、いまなおつねに、苦悶に絶望しているように見える状態にあります。そして、何が、我々に外的な圧力のもとで、そして、内的な規律喪失のもとで、未来をさらにもたらすであろうかは、誰も知ることができません。我々の日々の経済的および社会的な諸転覆によって、とくに我々の文化のための、なかんずく学問のための、諸希望は、極端に不透明です。それでもなお、に我々は、〈もし我々が最後の息を引き取るまで、我々のドイツ法の学問の英雄時代と彼がその学問において獲得したことのすべてを、我々と我々の後進たちのために保持することに努めないとすれば〉、我々の不滅の巨匠の悪しき弟子たちであることになるでしょう。そして、それにもかかわらず最悪のことが来るとしても、我々は、彼のアルトゥジウス〔研究〕から、〈そのような人格とそのような生涯作品を、数世紀の後ですら、新たな生命に目覚めさせるためには、ただ「一人の」精神の血縁者を必要とするに過ぎないこと〉を知っているのです。それゆえ、たとえ大胆にせよ、そして、不穏な夜にこの意味における勇気のために、すべての謙虚さにおいて、詩人〔ゲーテ〕の言葉が、ギールケに適用されるでしょう。すなわち、

あなたの地上の日々の痕跡は、
未来永劫に消えることはできない。

Es kann die Spur von deinen Erdentagen
Nicht in Aeonen untergehn.

〔ファウスト一一五八三‐一一五八四行から〕

《付録3》

カール・ヴィーラント

「オットー・フォン・ギールケ」

（全商法雑誌八六巻二六九頁、一九二三年）

カール・ヴィーラント「オットー・フォン・ギールケ」

Otto von Gierke von C. Wieland, ZHR86, 1923. S.269-272.

昨年〔一九二一年〕一〇月一〇日に亡くなったオットー・フォン・ギールケ〔1841.1.11–1921.10.10〕とともに、商法の領域における指導者たちの一人が、すなわち、前世紀〔十九世紀〕の後半において〈我々が今日驚嘆する〉商法の学問の高貴な建築を築き上げた人々の一人が、逝ったのである。ギールケが、トェール〔Heinrich Thöl, 1807–1884〕およびゴールドシュミット〔Levin Goldschmidt, 1829–1897〕のように、商法の研究を、自らのために生涯の課題として選ばなかったとしても、〈彼もまた、まなざしを絶えず全体に向け、そして、それをとおして我々の部門を、些細な研究と小仕事に汲々とすることと、支離滅裂に分裂させられることとの危険から守ってきたゆえに〉、我々は、彼を自信をもって彼ら〔トェールとゴールドシュミット〕の名前のそばに置くことが許されるのである。彼には、最も独自の、そして、最も興味深い商法の創造物の構築が、特別の課題として与えられた。〝ゲノッセンシャフト理論とドイツ判例（Die Genossenschaftstheorie und die deutsche Rechtsprechung, 1887）〟という作品は、初めて、商法的なゲマインシャフトの諸形態の統一的かつ包括的な研究を企図している。それは、〈それが人間の諸団体全体を包含する、そして、ギールケによって私法ならびに公法において有効なものと認められた〉〈そもそもギールケの精神的な中心点を形成したところの〉中心概念、すなわち、「ゲノッセンシャフト」の概念から、攻撃がなされただけに、それだけ一層実りをもたらすべく解決されることができたところの、課題であった。ここでは、この基礎的な作品の、そして、ゲノッセンシャフトの思想に捧げられた諸著作の意義と影響を評価すべき場所ではない。ただ、次のことだけは指摘されてよい。すなわち、〈すべての人間的諸団体は、〝〈個別存在よりも高く聳え、そして、〔個別存在を〕完全なものにする〉総体存在の担い手として〟、すなわち、中心的な生活統一体から魂を吹き込まれた集合統一体として、現れる〉という思想は、ギールケがその思想をそれらの表現諸形態の中で装わせたところの、時代に条件づけられた表現諸形態――それらの表現諸形態に、我々は、〝現実の総体人 reale Gesammtperson〟の概念および有機体説 organische Theorie と関連するいくつかのその他の思考諸形態を数えたいが――からは、徹底して独立している。その思想は、我々の失うことのできない財産に留まっており、そして、生き生きとした全体観の獲得物にとっても、ならびに、個々のものにおける解釈学的作業にとっても、絶えず実りあるものとして証明されている。ここからは、ギールケ自身によって取り扱われなかった多くの諸問題へもまた、光が当たることは、法、道徳および慣習の境界設定に捧げられた、ギールケの最後の諸仕事の一つにおける以上に、美しく、そして、徹底した方法においては、たぶん何処でも眼前には登場しない（Logos VI, 1916/17, S. 211 ff., besonders S. 218 ff.）。後半生の主著である『ドイツ私法論』（Deutsches Privatrecht, 3 Bde. 1895, 1905, 1917）からもまた、商法 Handelsrecht には、豊かな獲得物が流れ込んでいる。なぜなら、最初のものとして、いまだ生命力あるドイツ私法を、その完全な範囲において、そして、その体系的な構成において観念へともたらしている作品は、より狭い理解における私法に設定された枠を超えないという一部分不安な努力にもかかわらず、ゲルマン法にとって特徴的な〈その生活領域がとりわけまたはもっぱら商法に属するところの〉多数の法的諸形成物を見過ごすことができなかったことは、自ずから理解される。我々は、提出されたものの豊かさから、ただ若干のものだけを、すなわち、第一巻においては、人間の諸団体に関する簡略な叙述のほかに、すべての簡潔さにもかかわらず至るところで内容豊かな氏名権および商標権、文学的および営業的な著作権の詳論を、第二巻においては、特別財産の理論、総有権、貨幣と有価証券、善意の動産取得と動産質を、指摘したい。債務関係法においては、完全に、列挙が必要ではないほどに、相互に、民事法と商法が組み合わされている。〈ギールケによってしばしばモノグラフィー的に取り扱われた〉〈商法の領域にとっていまだ徹底的にはその意義において認識されなかった〉債務と責任の対立を想起し、さらには、〈売買法における商法的な特別諸規定、企業賃貸借、諸商人指図、および、諸指図債務への〉多数の諸指摘を、想起することで十分であろう。商慣習としての取引慣習に帰属する卓越した意義に直面するとき、最後に、なお、この関連において〈我々にいかなる他のギールケの諸著作も、法制度の本質と諸目標に関する全体観への洞察と、多くの現代の諸潮流に対するその位置づけを保証しないほどに〉法、道徳および慣習に関する既に言及された論文が、指示されることができる。商法の代表者は、彼が、新たな混合の試みに対する関係で、法と慣習の諸領域を鋭く互いに区別することをギールケに感謝するであろう。そもそもひとは、この論文から、〈ギールケによって再び名誉にもたらされた古くから保存された区別のメルクマールが、すべてのそれに向けられた諸努力にもかかわらず、まだより良きものをとおしては代替されていない〉という印象を受け取るのである。特殊的に商法に捧げられた諸仕事のうち、ホルツェンドルフ＝コーラーのエンチクロペディーにおける概要の外には、このツァイトシュリフトのためのギールケの諸論考が言及されなければならない。それらは、以下のものである。

1 独立の諸論文：〝新商法典草案〟Der Entwurf des neuen Handelsgesetzbuchs, Bd. XLV（1896）S.441–540.

2 諸書評：von Sicherer, Genossenschaftsgesetzgebung, Bd. XX（1875）S.298–303; Endemanns Handbuch des deutschen Handelsrechts, Bd. XXVII（1882）S. 598 ff., XXIX（1884）S.243 ff.; Eltzbacher, Die Handlungsfähigkeit, Bd. LV（1904）S. 307-318.

単なる有用性でも、そしてまた社会的理想でもなく、「正義」こそが、ギールケの確信によれば、法に内在する、法にその固有の価値を保証する理念であり、そして、いかに純粋の正義愛が彼〔ギールケ〕の本質の特徴を構成し、そして、その他のことがらに関する彼の判断に唯一の基準を与えているかについては、あの諸書評が力強い証言を与えている。最も厳しい良心性をもって諸特徴と諸欠点を相互に考量するときは、より弱い諸業績に対してもまた相対的価値が指摘される。どこでも批判は、意識的または無意識的に自己の立場との一致によって影響される。〔しかし〕総合判断は、根本的な、すべての諸個別性へと浸透する分析をとおして準備されるのであり、そして、そのようにして、言及された諸著作の対象は、批評家〔ギールケ〕をとおしていくつかの方向に向かって促進されている。いくつかの諸書評は、そのようにして追求された諸モノグラフィーへと成長させられている。そのようにして、例えば、エンデマンのハンドブッフにおけるコッホ論文（Kochs Aufsatz in Endemanns Handbuch）についての〔ギールケの〕書評〔ZHR. Bd. 29（1883）, S. 249 - S. 254〕は、貨幣と金券の理論についての当時の状況に関する考えうる最良の概観を与えている。願わくは、我々のツァイトシュリフト〔ZHR．全商法雑誌〕に、将来においてもまた〈批評家の重く責任ある課題を極めて深く突き詰めた〉かくも誠実な共同作業者たちの欠けることがないことを〔祈りたい〕。

《解　説》

オットー・フォン・ギールケ

『ドイツ団体法論』（全四巻）

庄子　良男

一　はじめに

以上に訳出したのは、オットー・フリードリッヒ・フォン・ギールケ（Otto Friedrich von Gierke, 1841-1921）の著書『ドイツ団体法論』（ドイツゲノッセンシャフト法 Das deutsche Genossenschaftsrecht）の第一巻として、一八六八年七月、ベルリンのヴァイトマン社（Berlin, Weidmannsche Buchhandlung）から出版された『ドイツゲノッセンシャフト法史』（Rechtsgeschichte der deutschen Genossenschaft）である。

ギールケの『ドイツ団体法論』は、この第一巻の刊行後、引き続いて一八七三年一月、第二巻が『ドイツケルパーシャフト概念の歴史』（Geschichte des deutschen Körperschaftsbegriffs）という副題のもとに出版され、さらに一八八一年六月には、第三巻が『古代と中世の国家理論およびコルポラチオン理論とそれらのドイツへの受容』（Die Staats- und Korporationslehre des Alterthums und des Mittelalters und ihre Aufnahme in Deutschland.）という副題のもとに出版された。また、一九一三年には、第四巻が『近世の国家理論とコルポラチオン理論――十七世紀中期に至るまで、自然法については十九世紀初期に至るまで、叙述された――』（Die Staats- und Korporationslehre der Neuzeit. Durchgeführt bis zur Mitte des siebzehnten, das Naturrecht bis zum Beginn des neunzehnten Jahrhunderts.）という副題のもとに、第一巻ないし第三巻の復刊と同時に、新たに出版されたが、この第四巻は未完のまま出版されたのであり、『ドイツ団体法論』の全体が完成するには至らなかった。しかし未完に終わったとはいえ、『ドイツ団体法論』は、全巻で三四八〇頁に及ぶ大著であり、フリードリッヒ・カール・フォン・サヴィニー（1779-1861）の『中世ローマ法の歴史』（Friedrich Carl von Savigny, Geschichte des römischen Rechts im Mittelalter, 6 Bde., 1815-1831, 1834-1850 in 7 Bde.）と並んで、十九世紀ドイツ歴史法学のそして同時にゲルマン法学の金字塔を樹立した作品であって、法律学の永遠の古典というべき作品である。

二　本書訳出の動機と意図

1　本書とわが国の会社法

私がこの書物を読む直接の動機となったのは、株式会社の法人論を学ぶ過程で、本書第一巻（第四分冊）の最後の部分に、株式会社および協同組合が当時の実定法を引用しつつ詳細に取り扱われており、現代のわが国の会社法の母法であるドイツにおける出発点の姿が、ドイツ団体法発展全体の中に位置づけられているのを知ったからである。すなわち、法人実在説〔実在的団体人格説〕（reale Verbandstheorie）として知られるギールケの思想は、本書第一巻の歴史叙述を基礎としているのであって、本書は、十九世紀半ば過ぎまでのドイツの会社法や国家法を含む団体法全体を、ゲルマン古代法からのゲノッセンシャフトの連続的発展の歴史として捉え、株式会社や協同組合を、古代のジッペや、村落共同体、中世の都市や教会、近代国家を含む人間のすべての諸団体の延長上に位置づけている。そのような株式会社法の歴史的叙述として、一八六八年に出版された本書は、近代株式会社法の初期の時代まで、ドイツ商法第一改正法（一八七〇年）直前の時代までをカバーしている。これは〔その間に一八八四年ドイツ第二改正法が入るが〕わが国の会社法の出発点をなす明治三十二年（一八九九年）商法第二編が成立する直前までの時期にあたる。法人論の建設者であるギールケの本書によって、我々は、わが国の現行会社法に連なる団体法の歴史的発展のひとつの筋道を、その出発点から辿りうることになるのである。

この書物を読もうとしたもうひとつの動機は、平成十七年会社法の制定である。すなわち、制定当初は正面からはあまり議論されなかった印象があるが、会社法の基礎理論あるいは法人論に関わる大きな変化が生じているのではないかということが直感された（すでに大改正前夜に、河本一郎博士は、「会社法の教科書の改訂にあたり感じたこと」金融商事判例一一六五号（二〇〇三年）一頁で、「株式会社あるいは株式の本質論のうちのどれが大改正後の株式会社により良く適合するか」を問題とされている）。これまで理解してきた会社法的なアイデンティティーが一時的に見失われそうな状況の中で（稲葉威雄『会社法の基本を問う』中央経済社（二〇〇六年）をはじめとする新会社法に対する激しい批判は、伝統的な立場の動揺と困惑を示している）、会社法の連続的発展における出発点と到達点の双方から、この新たな会社法を眺めることによって、会社法の全体像の把握に近づきたい。そのために、やや遠大ではあるが、本書をまず読むことから始めようと考えたのである（株式会社法史については、すでにわが国における古典的研究として、英独仏を渉猟した大隅健一郎『株式会社法変遷論』（一九五三年、新版は一九八七年、有斐閣）があるが、大塚久雄『株式会社発生史論』（一九四七年、中央公論社）も、経済史の研究書であるが十九世紀の株式会社法史と関連するドイツの会社法学説の紹介を含んでいる。ギールケについては、石田文次郎『ギールケの団体法論』ロゴス出版、昭和四年があり、ギールケの思想全体を、団体論・法人論・団体本質論・社会法論・権利能力なき社団論・合手的組合論・法源論・法律と道徳の関係論に整理して、詳細に考察している）。

ここでは、以下、本書の内容から直接的にはやや離れるが私の内部ではつながっている、現行会社法と関わる私の問題意識と私の現在の見解に簡単に言及しておきたい。

2　会社法の規定と通説の立場

わが国の現行会社法においては、会社を「社団」すなわち株主の団体とみる明治三十二年商法の旧規定（旧五二条）が削除されたほか、いわゆる合併等組織再編（吸収合併・吸収分割・株式交換、新設合併・新設分割・株式移転）の場合における対価柔軟化の導入（会社法七四九条一項二号・七五一条一項三号・七五八条四号・七六〇条五号・七六八条一項二号・七七〇条一項三号・七五三条一項六号八号・七六三条一項六号八号・七七三条一項七号）、あるいは、全部取得条項付種類株式の制度を用いるスクイズアウト（少数派株主の締め出し）の規定（会社法一〇八条二項七号・一七一条）の新設によって、経済的対価を支払えば（株式の価値がゼロである場合には対価なしで）多数決によって株主の地位を奪う〔逆に排除される株主から見れば、対価を得て会社を売却する〕ことも可能となったこと、平成二十六年改正によるいわゆるキャッシュアウト規定〔特別支配株主による株式等売渡請求制度、会社法一七九条以下〕の新設によってその方向は一層進められたこと、さらには、平成十九年八月七日のブルドックソース対スチールパートナーズ事件許可抗告審の最高裁判所決定（民集六一巻五号二二一五頁）により、株主総会特別決議による差別的行使条件つきの新株予約権の発行によって、対価の交付を条件としたうえでの敵対的買収者たる株主〔特定株主〕の排除は、株主平等原則に反するものではないとの解釈が確立されたこと、などによって、従来疑われることのなかった株主たる地位の固有権性が否定される一方、支配株主の権利は著しく強化されるに至っている。いずれも社団規定の削除と論理的関連にあると認められるが、それによって株式会社を株主の団体とみる従来の株式会社法の基本的立場は大きな修正を受けたと認められる。

これと平行して、学説上も、会社法の目的は、効率性と公正性の実現にあると説かれ（落合誠一『会社法要説』ii頁　有斐閣、二〇一〇年）、あるいは、株式会社は株主の所有物である（落合・前掲、神田秀樹『会社法入門』（岩波新書、平成一八年）四頁以下）、さらには、株式会社には「株主利益最大化原則」が妥当する（江頭憲治郎『株式会社法第六版』（有斐閣、平成二七年）二二頁以下。なお、落合「企業法の目的――株主利益最大化原則の検討」現代の法7・企業と法（岩波書店、一九九八年）二三頁は、これを「強行法的原則と解すべきである」という）との見解が、強力に主張されている。その帰結として、「取締役の善管注意義務や忠実義務は株主利益の最大化を内容とする」（江頭・前掲）とも説かれている。この点について、アメリカ法律家協会『コーポレート・ガバナンスの原理：分析と勧告』第Ⅱ編会社の目的と行為、第二・〇一条によれば「……会社は、会社の利潤及び株主の利益を増進させるために事業活動を行うことを、その目的とすべきである。」として、「会社の利潤」と「株主の利益」を会社の目的として並記しているが、わが国の通説はこのうち「会社の利潤」を脱落させていることが注目される。また、取締役の義務について、同上第Ⅳ編注意義務及び経営判断の原則第四・〇一条は、「取締役又は役員は、会社に対し、誠実に会社の最善の利益に合致すると合理的に信ずる方法で……その職務を遂行する義務を負う。」

と規定しているが（証券取引法研究会国際部会訳編『コーポレート・ガバナンス』（財団法人日本証券経済研究所、一九九四年）一六頁、二二頁）、ここでも、わが国の通説は、取締役の義務内容の相手方を会社から株主へと方向転換させている点において特徴的である。

このように株主が会社の所有者であるとする通説の見解は、会社法に新たに登場した所有者である株主が所有物である会社を自由に売買したり処分したりできると解する会社商品観とともに、株主中心の解釈にかなり徹底したものである。これと関連して、株主間に会社支配をめぐる争いがあるときは、株主間の争いに任せるべきであって、株主によって選任・解任されるべき取締役の介入する余地はないと解し、すなわち、取締役がいずれか一方の株主に味方する結果になることは、取締役が株主を選ぶことになるから、株式会社の権限分配秩序に反するものとして許されないと解し、したがって会社に不利益をもたらすかも知れない敵対的買収に対しても、取締役は会社事業を守るための買収防衛策を立ててはならず、取締役には買収防衛策を立てる権利も義務もないとの説、あるいは、株主自身にも買収防衛策をとることで株主を選ぶ権利はないとの説すら主張されている。これがわが国において現在支配的な会社法の学説といってよい。

3　私見の立場

しかし、私がこれまで会社法を研究・教育する過程で抱いてきた見解は、現在の通説とは異なっている。すなわち、会社法一条は会社法の趣旨を「会社の設立、組織、運営及び管理については……この法律の定めるところによる」と明記するとともに、実体規定の冒頭に「会社は、法人とする」（会社法三条）と規定している。会社がこのような独立の権利主体として活動しうるためには、会社は、自ら会社の意思を決定するとともに決定された意思を実行することができなければならないから、そのために会社の意思を決定する機関と決定された意思を実行する機関とを必要とする。また決定された意思が適法かつ妥当に実行されているかどうかを監視・監督する監査機関も必要であろう。したがってこれらの機関の構成とその権限の分配を定めることによって会社の組織を定めることが会社法の中心的な目的となる。会社法一条はこの会社法の目的を明記したものである。経済的な効率性と公正性は無視されるべきではないが、それは経済的な目的ではあっても法律的な目的ではない。また、会社は株主の私的所有物であると説かれるが、法人である会社が別の自然人または法人の所有物であるように、権利主体である自然人が誰か別の自然人または法人の所有物であることが不可能であることは、原理的に不可能なのであるから、それはたんなる比喩ないしイデオロギーにすぎない。多数の株式を所有する株主が株主総会の意思を左右し、自派の取締役を選任して、それによって会社の経営を事実上支配できることは、会社の意思決定の問題、すなわち、私的自治の枠内にある問題であって、所有の問題ではない。そして、会社の法人格は株主の人格とは別個独立のものであるから、定款所定の会社事業（二七条一号）を維持し発展させることが、会社との委任契約に基づく取締役の善管注意義務（三三〇条）・忠実義務（三五五条）の内容をなすはずである。取締役は、会社に対して義務を負うのであって、株主に対して義務を負うものではない。会社法上は、取締役と会社の間の委任契約と、会社と株主の間の出資契約があるに過ぎず、取締役の違法行為差止請求（三六〇条）や代表訴訟（八四七条以下）など、会社法が特に認める場合を除いては、取締役と株主の間に直接の法律関係は存在しない。このような会社法の構成は、現在の新しい会社法のもとにおいても、従来から全く変わっていない（平成二十六年改正の社外取締役についても同様である）。したがって会社法上、取締役の株主に対する信認関係上の義務、あるいは、取締役の株主に対する誠実義務を認める根拠はなく、また、そのようなものを認めるとすれば、会社の法人格は宙に浮いてしまうのである。このように考えると、取締役は、会社の目的たる事業を守る必要があるならば、会社のために独自の買収防衛策を講ずる権利も義務もあるという結論になる。そうすると、これらのことを否定する現在の支配説の解釈は、伝統的な株式会社観、そして、会社の法人格を認める現在の会社法の規定とは両立しがたいように思われるのである。

もっとも現在の支配説の立場でも、株式会社の基本的性質として、法人性・営利性・社団性を認め（神田『会社法第一七版』（弘文堂、二〇一五年）四頁）、あるいは、株主を会社の構成員と認めており（江頭・前掲一二一頁）、株式会社を株主の団体とみる伝統的な解釈的立場はその限りで従来と変わっていないようでもある。しかしまた、わが国の解釈と立法を進めてきた通説のコーポレート・ガバナンス論が、前述のようにその内容や射程に限定を欠くように見えるのは、それと会社の法人格から出発するわが国の会社法との関連が結局は曖昧であるためではないかと思われる。要するに、現在の会社法には、基本的には、株式会社を株主の団体と見る従来のドイツ法的な法人論と、これを否定ないし制限するアメリカ法的・金融商品取引法的な会社商品観とが併存している状況にあるといってよいであろう。二つの原理が併存するこのような現行法の状況は、世界市場の中でのわが国の企業のおかれた状況に必然的に対応する当面ベストの立法と受け止めるべきであるとしても、しかし現在の支配的学説は、急激なアメリカ法の影響を前にして、我々が従来維持してきた法人論から目をそらし、あるいは、無視する危険に陥っているのではないか。以上のような問題意識の中で、法人論の学説史的な出発点に位置するギールケの本書を読みつつ、会社法の解釈と将来の方向を考えていきたいというのが、本書に向かう私の姿勢であった。

簡単に要約することは困難ではあるが、私は、現在のところ、上述のような現行法の理解に立ちつつ、会社の経済的実体をなす企業そのものは、これを経営者・従業員・株主からなるゲノッセンシャフトとして捉えることが可能であるとしても、会社法上の株式会社は、それらの者とは別個独立した客観的存在であって、株主のゲノッセンシャフトではなく、会社に対する関係では、株主は、投資契約上の地位を有するにすぎず、実体たる企業の構成員ではあるが、法人たる株式会社の所有者でも構成員でもなく、会社法の規定に基づく会社の機関たる株主総会の構成員の地位を持つにすぎないとみるべきではないかと思う。株主総会は、株主のゲノッセンシャフト〔団体〕であるとも言えるが、それは、種類株主総会や、取締役会および各種委員会、監査役会、社債権者集会など、株式会社における会議体である諸機関をそれぞれのゲノッセンシャフトと見ることも可能であることと同様であるに過ぎない。株主の保護は、現行法上、投資家としての経済的利益と会社の組織法的手続の保証に尽きるとみるのが、現行会社法の立場に合致するように思われる。

4　ギールケを中心にみたわが国の学説

このような私見の考え方は、株式会社を法人格と諸機関から構成されるものとみる点でギールケ（第四分冊三六五頁）に従うものであるが、株式会社を株主のゲノッセンシャフトとみるギールケの立場（第四分冊三五八頁）とは、異なっている。明治三十二年商法の起草者の一人であった岡野敬次郎博士はベルリンに留学してギールケからも直接・間接の影響を受けたと推測されるが（商法は主にゴールドシュミットとブルンナーを聴講したという。『岡野敬次郎傳』（六樹会、一九二六年）三四頁-三五頁）、それ以来、わが国の学説においては、本書を直接読むことはほとんど行われず、主として、ギールケの一八八七年に出版された『ゲノッセンシャフト理論とドイツ判例』を参照しつつ、法人論の研究が進められてきた（例えば、『田中耕太郎・人と業績』鈴木竹雄編（一九七七年）「田中商法学の特質と地位」六頁、一三頁〔矢沢惇発言〕）。株主権の団体的側面と個人的側面（固有権）を分けるギールケの社員権に関する見解（第四分冊三六六頁）を支持する松本烝治博士の段階においてすでにギールケの法人実在説ではなくフランスのサレイユによる法人組織体説の採用がみられ（松本烝治「法人学説」（一九一一年）『商法解釈の諸問題』（有斐閣、一九五五年）所収一一三頁、一三九頁）、その後を引き継いだ田中耕太郎博士の段階においては、ギールケの機関論を踏まえつつも（田中耕太郎「機関ノ観念」『商法学特殊問題上』〔一九五五年、一九九八年〕二二八（六一四）頁は「抑モ法人ノ機関ナル観念ヲ認ムルニ至リシハギールケノ団体人格ノ学説ニ負フ所甚ダ多シトス」という。なお、公法学者のものとして、柳瀬良幹「ギールケの機関論」法学三一巻一号一頁以下（一九六七年）には、ギールケの機関論についての明晰な分析が展開されている）、株主の共益権は株主が社員の地位において有するのではなく機関の権限として有するに過ぎないとして社員権の概念を否認し、社員たる地位という概念を用いるべきことを主張され（田中「我が国に於ける社員権理論──社員権否認論 一──」前掲一一三（四九九）頁）、これが自益権すなわち利益配当請求権を意味するにすぎない（田中「株式会社法序説」前掲四四四頁）と解することによって、株式会社を株主のゲノッセンシャフトとみる立場からのずれを生じている。その教えを受けた松田二郎博士も、田中博士の立場をさらに進めて株式債権説を展開し（共益権を国家における公権に対応するとした点は、ギールケの思想への接近とみられるものの）、それによって株主のゲノッセンシャフトであることを否定されることになる。私の恩師服部栄三先生もまた、田中博士の教えを引き継いで株式債権説を採られて社団性を否定し（服部栄三「株式の本質」『株式会社法講座第二巻』（有斐閣、一九五六年）三六九頁以下、四一五頁）、株式会社を第三種の法人と説明しておられたが、ここでもまた、株主をゲノッセンシャフトの構成員とするギールケの見解からの離反を示している。株式会社財団説（八木弘『株式会社財団論』有斐閣、一九六三年）もまた、法人格の独自の存在を認めつつ、そのゲノッセンシャフト性を否定する点において、ギールケの学説とは隔たっている。わが国の現在の通説は、鈴木竹雄博士によって、株式社員権説が松本博士の立場に復帰することをとおして主張されて、株主が会社の所有者であり会社の構成員であるとされたことが、基礎となっている（鈴木竹雄『新版会社法』全訂第三版（一九九一年、初版一九五四年）八二頁）。会社を社団とする明文規定を欠くに至った平成十七年会社法のもとにおいても、会社の法人性・営利性・社団性を認める通説の立場が維持されてきている（神田・前掲）。このわが国の現在の通説は、株主が会社の実質的所有者であって会社の構成員であるとみる点において、株式会社を株主の総有権の対象であり株主のゲノッセンシャフトであるとみるギールケの思想の延長上にあるともいえよう。

5　ギールケとの関連でのドイツの状況

ドイツにおいては、ワイマル共和国時代におけるラテナウのいわゆる企業自体の理論やこれを「企業共同体」の理論として定式化するネッターの学説（大隅・前掲新版三七三頁以下に詳細な研究が行われている。ただしギールケの名は、全体をとおして四〇八頁に一度登場するのみである）は、法人の社会的実在を主張するギールケの思想に近いものと認められる。第二次大戦後、一九七〇年代にドイツ企業法委員会の場で議論されたのは、ドイツ株式法において採用されている従業員の共同決定制度を企業法の中にどのように法律的に位置づけるかの問題を中心とするものであった。これは、企業のゲノッセンシャフトに即応する株式会社の組織構造を解釈論または立法論的に再検討したものであるという意味においては、ギールケの問題意識の延長上にあるといえる。そしてそこでは、共同決定制度の定着は、株式会社をたんに株主だけのゲノッセンシャフトとしては捉え得ないのではないかが問われたのである。もっとも「組織としての企業」に法人格を認めるべきことを主張するトーマス・ライザーの思想（拙稿「企業法の現状と課題——T・ライザーの企業法理論（その一）」月刊監査役一五九号（一九八二年）四二頁以下、「企業目的による企業概念の再構成——T・ライザーの企業法理論（その二）」前掲一六三号（一九八二年）四三頁以下）や、権利能力なき社団としての「企業団体」（Unternehmensverband）というものを認め、その中に持分所有者団体と従業員団体と経営者〔の団体〕が存在し、所有者団体に会社法が対応し、従業員団体に経営体制法（経営組織法）が対応するとみるオットー・クンツェの思想（拙稿「クンツェの企業および企業法概念について」東北大学企業法リポート第二回・月刊監査役一五一号（一九八一年）三四頁以下、「企業組織の基本構造の検討——ドゥーデンとクンツェの見解を中心として——」前掲第四回・前掲一五三号（一九八一年）五〇頁以下。なお、企業を権利主体と捉えることには反対も強い。Karsten Schmidt 後掲「付記」S. 34。）においては、団体の中に独立した団体を認め、団体を包含するさらに大きな団体を認めるギールケの団体思想がそのまま形を変えて存在しているように思われる。また、当時企業法委員会メンバーであったウォルフガング・シリングは、株式会社はすでに株式企業（Aktienunternehmen）であるとする株式企業論を展開したが（拙稿「シリングの企業法理論について」月刊監査役一五六号（一九八二年）四八頁以下）、この説は、株主と従業員のゲノッセンシャフトを認めることになる点で、これもまた、ギールケのゲノッセンシャフト論の発展または再生であるともいえよう（シリングは、会社法から企業法への発展の中で、ワイマル期における企業自体の理論が必ずしも十分に顧慮されていないことを、指摘している。Vgl. Frank Laux, Die Lehre vom Unternehmen an sich, Walther Rathenau und die aktienrechtliche Diskussion in der Weimarer Republik, 1998. S. 267)。ギールケの『ゲノッセンシャフト理論とドイツ判例』を一〇〇年後の「書評」において再評価し、彼の法人論と機関論が今日の会社法学の基礎を構成していることを強調するカルステン・シュミットは、「ギールケのゲノッセンシャフト思想と企業法をめぐる論議との間の諸関連は、父の死後生まれた子供たちのたんなる虚構ではない。」(Karsten Schmidt, S. 40) と述べているが、それは、ギールケのゲノッセンシャフト思想の影響ないし射程が企業法の論議にまでそしてそれを超えて今日にまで及んでいることを示している。

6　まとめ

いずれにせよ、以上にみてきたような立法や学説のギールケの思想との距離は、その間の時代の推移の中での会社法制の変化と学説史的な発展の跡を示すものであるが、それにもかかわらず、〈株式会社の法人格を自然人の法人格の擬制〔法人擬制説〕とみて取締役を株主あるいは株主総会の代理人とみる〔株式会社組合説〕〉のではなく、株式会社に法人格を認め、機関の意思決定によって会社の意思が決定され機関の行為によって会社の行為が実現されると考える点には、異論は全く存在しない。わが国の会社法も、明治三十二年商法(第四十四条一項「会社ハ之ヲ法人トス」、第二編第四章第三節の標題「会社ノ機関」)はもとより、現行会社法もまた、会社の「法人格」(第三条)と会社の「機関」(会社法第二編第四章の標題)を明文で認めているように、株式会社の法人論と機関論におけるギールケの基本思想は、今日まで常に実定法上維持されてきているのである。

現行会社法における会社商品観の登場は、歴史の必然であるとも思われるが、その立場を推進してきた現在の通説のめざす方向は、アメリカ法への無限の接近であろうか、それともドイツ法的な法人中心の思想への復帰であろうか。おそらくいずれでもないであろう。株式会社が多数の孤立した投資家たる株主との投資契約へと分解していく方向なのか、企業体としての経営者と従業員のゲノッセンシャフトが解体されて、経営者は株主の代理人的地位に変化するのか、それともギールケが構想したような株主のゲノッセンシャフトたる性格が維持され続けるのか。若い研究者の方々には、ドイツ的な法人中心の思想とアメリカ法的な会社商品観という二つの原理を、楕円の焦点のように共存させている現行会社法について、将来の方向を見定めつつ、両者を整合的に結びつけるわが国の実態に合った新たな会社法理論を建設していっていただきたいと思う。ギールケの本書は、その際に、一つの原点と一つの方向を示すものであり続けるであろうと思われる。

三　ギールケと『ドイツ団体法論』

1　ギールケの生涯と業績

本書の著者ギールケは、どういうひとであったのか。ギールケの生涯行路については、本書に訳出したシュトゥッツのネクロローグに詳しいが、以下、改めて『ドイツ団体法論』を中心としつつ、彼の生涯と業績を概観することにする。

i　出生から『ドイツ団体法論　第一巻』出版まで　オットー・フリードリッヒ・フォン・ギールケは、一八四一年一月一一日、シュテッティン（現ポーランド領ウェストポンメルン州）において六人兄弟姉妹の長男（Stutz, S. IX による）として生まれた。

彼の父ユリウス・ギールケ（Julius Gierke, 1806–1855）は、シュテッティンの都市法律顧問を務め、のちにプロイセン農業大臣やブロムベルク控訴裁判所長官を歴任した法律家であり、母テレーゼ（Therese）（–1855）は古いポンメルンの法律家の家系であるツィーテルマン（Zitelmann）家の息女で、ボンの法学者エルンスト・ツィーテルマン（Ernst Zitelmann, 1852–1923）はこの母の甥であり、オットーの従兄弟に該たる。オットーは、ブロンベルクとシュテッティンのギムナジウムを経たのち、ベルリン大学において法律学の勉強を開始する。続いて、ハイデルベルクで三ゼメスターを過ごしたのち、最後の二ゼメスターを再びベルリンで学び、そこで生涯の師となるゲオルク・ベーゼラー教授(Georg Beseler, 1809–1888)に出会いその人格と学問に深く傾倒する。一八六〇年カール・グスタフ・ホーマイヤー教授(Carl Gustav Homeyer, 1795–1874)のもとに『封建的諸債務について』(de debitis feudalibus)を提出して、十九歳で法学博士となった。一八六五年に裁判所の陪席裁判官に任命された彼は、彼の師であるベーゼラーの慫慂により、教授資格請求論文『ドイツゲノッセンシャフト法史』と「ドイツケルパーシャフト法論」〔ドイツ団体法論〕を作成し提出する。その内容は、「ドイツゲノッセンシャフト法史」と「ドイツケルパーシャフト概念の歴史」の詳細なスケッチおよび計画全体の概観を含むものであった。計画全体の三分の一ほどにとどまるものであったが、作品を承認した主査ホーマイヤーの報告からは、一一〇〇頁に及ぶ手稿が与えた「穏やかな恐れ」(den gelinden Schreck)が伺われると指摘されている(シュトゥッツ)。これによって、一八六七年にベルリン大学から教授資格を付与され、同大学私講師としてドイツ法制史、封建法・手形法および商法と並んでドイツ私法論および国家法を講義することになる。翌一八六八年七月には、テオドール・モムゼン教授(Theodor Mommsen, 1817–1903)の尽力により、ベルリンのヴァイトマン社(Weidmannsche Buchhandlung)から本書『ドイツ団体法論』「第一巻　ドイツゲノッセンシャフト法史」が出版される。一八七一年にはチューリッヒ大学教授に招聘されたが、ベルリン大学員外教授に任命されたことによりこれを拒絶。しかし同年末には、ブレスラウ大学正教授に指名された。

ii　ブレスラウでの『第二巻』と『第三巻』の出版　翌年正教授に就任したブレスラウにおいては、第一巻の「まえがき」で当初半年後の出版を予告していた『ドイツ団体法論』の第二巻が、一八七三年一月に(出版の遅延はギールケの普仏戦争への従軍による。)『ドイツケルパーシャフト概念の歴史』(Geschichte des deutschen Körperschaftsbegriffs)という副題のもとに、出版された。第二巻では、ドイツにおけるケルパーシャフト概念の歴史とケルパーシャフト概念の国家概念への上昇の歴史とが、第一巻の叙述を基礎に、さらにこれを証明し補充しつつ、叙述されている。ギールケは、その意義を「真夜中にたった一つの鋭く照射された一点から、光が周囲全体に落ちるように、ドイツの法意識において人間の諸団体における統一体のための思考形式が受けたところの変化の確定は、同時に、あの法意識一般の変化する内容に関する驚くべき諸解明を結果として明らかにした」と述べて、団体法思想の成果と将来の方向への確信を覗かせている。また、一八八一年六月には、第三巻『古代と中世の国家理論およびコルポラチオン理論とそれらのドイツへの受容』(Die Staats- und Korporationslehre des Alterthums und des Mittelalters und ihre Aufnahme in Deutschland.) が出版された。ここでは、表題のとおり古代ギリシャ・ローマと中世の国家理論およびコルポラチオン理論について、ギリシャ・ローマのケルパーシャフト概念、古代哲学・ローマ法学・キリスト教の団体概念、ローマ法大全のコルポラチオン概念、中世における註釈学派・教会法学者・グロッセからバルトルスに至るローマ法学者のコルポラチオン理論、そして、その完成された姿におけるローマ教会法学者たちのコルポラチオン理論について、法人の学説史のみならず、国家と教会に関する諸見解の発展をもまた、詳細にこれを明らかにしようとしている。その上で、ドイツにおける理論と実務が外国の教義をどのように受け入れ、継受時代のドイツの立法とコルポラチオン理論を形成してきたのかを、辿っている。

iii　ハイデルベルクを経てベルリンへの復帰と『ドイツ私法論』　この第三巻の公刊に先だつ一八八〇年には、『ヨハンネス・アルトゥジウスと自然法的国家諸理論の展開』(Johannes Althusius und die Entwicklung der naturrechtlichen Staatstheorien: zugleich ein Beitrag zur Geschichte der Rechtssystematik, 1880. 1913. 1968. その翻訳として、オットー・フォン・ギールケ著、笹川紀勝＝本間信長＝増田明彦訳『ヨハネス・アルトジウス　自然法的国家論の展開及び法体系学説史研究』二〇一一年、勁草書房) が執筆され、そして、一八八四年に招聘に応じたハイデルベルク大学正教授の地位において、一八八七年には、恩師ベーゼラーに献呈された『ゲノッセンシャフト理論とドイツ判例』(Die Genossenschaftstheorie und die deutsche Rechtsprechung, 1887, 1963.) が著される。アルトゥジウスもドイツ判例も、いずれもドイツゲノッセンシャフト法の一部を構成すべき内容と位置づけをもつものであった。この『アルトゥジウス』は、第三巻第十一章「中世公法学者の諸理論」の内容を先取りしたものであったことから、その多くの部分を第三巻において文言どおり繰り返したとギールケは述べている(「第三巻のまえがき」を参照)。ギールケは、一八八七年に、恩師ベーゼラーの後継者としてベルリン大学正教授に迎えられた。ここに『ドイツ団体法論』の完成の機はいよいよ熟したというべきであった。しかし、これに先立って既にヴィントシャイトを中心に一八七四年に作業を開始していた民法制定委員会が一八八八年に公表したドイツ民法第一草案は、ギールケの目には、あまりにも個人の権利義務に中心をおくローマ法的概念法学に傾斜したもので、生活から遊離した草案であったから、ゲルマン法の立場からの根本的な批判論をもってこれと対決することを彼に余儀なくせしめた。ギールケは、一八八八年から九五年にかけてドイツ民法第一草案と第二草案に対する精力的な批判を展開したが、一八九六年のドイツ民法の成立後は、一転してドイツ民法を基礎とするゲルマン法的解釈の展開を解釈学者としての使命であると考え、これに没頭することになる。その成果は、彼の後半生を飾る未完の大作『ドイツ私法論』(Deutsches Privatrecht ビンディング叢書)全四巻(生前は三巻のみ出版。一八九五年第一巻総論、一九〇五年第二巻物権法、一九一七年第三巻債務関係法。第四巻家族法は、遺族に保管されていた九〇〇枚に及ぶギールケの手稿をもとに、カール・クレーシェル教授とその後継者カリン・ネールゼン‐フォン・シュトゥリーク教授の手で二〇一〇年に出版されている)として結実する。ここでは、ギールケは、法制史家であると同時に、それ以上に解釈学者の立場に徹していたと認められる。エリック・ウォルフは、ビンディング叢書を引き受けて以後、ギールケの「関心は全部現代に向けられて」いた(Erik Wolf, 後掲「付記」S. 697)と述べている。しかし法解釈に臨む姿勢について、これに先立つ一八八七年の『ゲノッセンシャフト理論とドイツ判例』の「前書き」の中で、すでに、ギールケは、「法制史家は、法制史家としては、もちろん歴史的な真実を〈真実それ自体のためにそして実際的な顧慮なしに〉求めるべきであるが、しかしながら、法制史家の中にある法律家にとっては、けっきょくは彼の時代の法生活が〈そこから彼が出発しそしてそこへといつでも彼が帰って行く〉故郷にとどまるであろう……」（Gierke, a.a.O. Vorwort, S. VII）と述べていた。ドイツ民法典に向かうギールケの姿勢もそれと異なるものではなく、同じことは、まさに『ドイツ団体法論』全体についても妥当するものであったのではないかと思う。現行法を尊重し、現行法の中に生きておりそして生きるべき古来からの法理念を追求する点において、ギールケの研究姿勢は一貫していたのである。なお、ギールケの『ドイツ私法論』は、ここでもサヴィニーの『現代ローマ法体系』全八巻に拮抗するゲルマニストの大作であることが指摘されるであろう（Savigny, System des heutigen Römischen Rechts, 8 Bde. 1840 bis 1849, Registerband 1851, Ndr. 1956。これについては、小橋一郎博士による秀れた翻訳が完成されている（成文堂、一九九三年ないし二〇〇九年））。

iv　『第四巻』の公刊と最後の日々　ギールケは、その間も、『ドイツゲノッセンシャフト法論』を完成させる意思を失うことはなかった。しかし、第一次世界大戦開始直前の一九一三年八月、『ドイツゲノッセンシャフト法論』の第一巻・第二巻・第三巻が復刊される際に、それと同時に、すでにかつて執筆されたが約二十年間匡底に蔵されていた未完の原稿をそのままその第四巻として、新たに刊行する。第四巻の「まえがき」の中で、ギールケは、未完成原稿の完成はもはや不可能であることを告白し、完成されたとした場合に展開されたであろう全体の構想を、各章の内容を明らかにしつつ示すと共に、この第四巻が完成されたとした場合（すなわち、「第二部」が完成されたとした場合」に、さらに書かれるべき「第三部　十九世紀における団体理論の歴史」のためには、新たな一巻『第五巻』が必要であったであろう、と述べている（第二部が完成されなかったために、第一巻の原著者まえがき（第一分冊）に予告されていた作品全体の事項索引と原典目録は、作成されなかった。）。本書第一分冊の冒頭に付録として収めた「第四巻のまえがき」は、ギールケの真摯な研究姿勢、ギールケが開拓してきたドイツ団体法研究の長い苦難の道のりとその続行を断念せざるをえない悲痛な感情を伝えて余すところがなく、読む者に深い感動を与えずにはおかない。折しも『ドイツ私法論第三巻』の執筆中であったが、最後のときの遠くないことを意識したのであろうか、遺作として出版されたとした場合と同様の寛容さをもって『ドイツ団体法論』の「第四巻」が受け入れられることを希望すると述べている。『ドイツ団体法論』は、雄大な構想、時代と共に絶えず進歩発展する対象、そして、増大する素材の豊富さからもまた、未完に終わらざるを得ない運命の作品であった。

ギールケは、ベルリン大学において、ハインリッヒ・ブルンナーと並んで、ゲルマニステンの両巨匠として活躍し、一九〇二年から三年にかけては学長職を務めた。晩年には、彼の名声は世界中におよび、一九〇九年にはハーヴァード大学から名誉博士号を授与されるなど、数々の栄誉に包まれた。一九一一年の七十歳の誕生日には、皇帝ヴィルヘルム二世によって世襲貴族に叙せられた(氏名にフォンがつくのは、それ以後である)。一九二一年二月には、彼が長い間議長を務めてきたドイツ法律家協会の名誉議長に指名されている。これらの事跡は、シュトゥッツのネクロローグに詳しいから、これ以上は立ち入らない。

いずれにせよ、ドイツの敗北と帝政の崩壊に終わった第一次世界大戦の戦中戦後の動揺と混乱は、ゲルマン的な精神と法文化の擁護者であった彼の精神に深い衝撃を与えたに違いない。失意のうちにもドイツ文化の将来に対する信頼を失わなかった彼であるが、もはや余力は残されていない。一九二一年一〇月一〇日、ドイツの敗戦と帝政の崩壊後の不穏な空気の中で、ギールケは、ベルリンのシャルロッテンブルクにある彼の家で苦しむことなく亡くなった。偉大な学者の最後の日々について万感を込めて描くシュトゥッツの証言は、極めて印象的である。

2 個人史的な諸断片

ギールケの生涯を概観した機会に、個人史的な断片を二三付け加えると、まず第一に、著名な法律家を輩出した富裕な家系の父母のもとに生まれた彼であったが、一八五五年、十五歳のときコレラによって突然両親を失うという悲運に遭遇する。しかし、幸いにも母方の実家であるシュテッティンのツィーテルマン家の一族の伯父夫妻に引き取られて慈愛に満ちた環境の中で勉学生活を続けることができた。幸い中にも恵まれたこの経験は、血族共同体の結束と紐帯を彼の心に刻みつけ、やがて「ゲノッセンシャフト」を中心に据える団体法研究に生涯を捧げる重要な動機となったものと推測される。

第二に、ベルリンのほか、ハイデルベルクで学んだことによって、当時まだその有名な『株式会社法論』は出版されていなかったが商法学者アヒレス・ルノー（Achilles Renaud, 1819–1884）の民事法クラス（Zivilrechtskolleg）に所属したのであって（E. Wolf, 後掲 S. 677）、それが後にルノーの後継者としてハイデルベルクに招聘される機縁ともなった。そしてそれに加えて、その地において学生組合アレマンニア（Heidelberger Burschenschaft Allemannia）に参加している点に、ゲルマン的心情の横溢した熱血漢と伝えられる彼の性格の一端が伺われる。その後、ベルリン大学に戻っての最後の二ゼメスターにおいてゲルマニストのベーゼラー教授と出会い、終生変わらない誠実と信頼で結ばれることになるが、ベーゼラーその人とともにギールケ自身のロマン的精神と魂の純粋性を示すものにほかならないであろう。

第三に、ギールケは、ブレスラウ大学教授となった直後、一八七三年にマリエ・チェチーリエ・エリーゼ・レーニング（Marie Cäcilie Elise Loening, 1850–1936 通称リリー）と結婚したが、彼女は、書籍出版社を営むカール・フリードリッヒ・レーニング（Karl Frdr. Loening, 1810–1884）の息女であり、彼女の兄弟でオットーの義兄弟となるエドガー・レーニング（Edgar, 1843–1919）は、ハレの国家法・教会法の教授、同じくリヒャルト・レーニング（Richard, 1848–1913）は、イェーナにおける刑法・刑事訴訟法の教授であった。ベルリン大学を代表するパンデクテン法学者ハインリッヒ・デルンブルヒ（Heinrich Dernburg, 1829–1907）はリリー夫人の従兄弟にあたる。法律学の巨匠たちとの親族関係の中で、彼の学問的使命感は一層高くかき立てられたことであろう。結婚生活は極めて円満で幸せなもので、ギールケ自身が国法学者グナイスト（Rudolf von Gneist, 1816–1895）に仮託して「最も高貴な配偶者たる女性との結合」であったと吐露していることを、シュトゥッツが証言している。三人の息子と三人の娘に恵まれたが、長女アンナ（Anna v. Gierke, 1874–1943）は、女子教育の指導者として著名であり、ワイマル国民議会議員を務めたほか、ナチス時代、告白教会に深く関与して多くのユダヤ系の人々を援護したことでも知られている。長男ユリウス（Julius, 1875–1960）はゲッティンゲンの商法および法制史の教授であり、次男エドガー（Edgar, 1877–1945）は「フォン・ギールケ病」で知られる高名な医師で病理学者であった。いずれも父の精神を受けついで人類に貢献した人々であったことが銘記される。

第四に、ゲノッセンシャフト研究との関連では、第一巻が公刊されたその年に、ドイツ協同組合法が制定されたことであり、その立法を推進したのは、ギールケの父と政治的立場を同じくする父の親友ヘルマン・シュルツェ゠デリッチュ（Hermann Schulze- Delitzsch, 1808–1883）であったことである。後述のように、理念史を志向するギールケのゲノッセンシャフト思想と実務的なシュルツェ゠デリッチュのゲノッセンシャフト概念とは、当然のことながら同じではなかったが、ギールケが父をとおしてシュルツェ゠デリッチュの間接的な影響を受け、背を押されつつ研究を進めたことは推測するに難くないであろう。

四　本書『ドイツゲノッセンシャフト法史』について

以上、彼の生涯業績との関連において『ドイツ団体法論』全体を概観してきたので、以下においては、第一巻『ドイツゲノッセンシャフト法史』に立ち返ることにする。

ギールケは、本書第一分冊の「訳者まえがき」に述べたように、構成員の平等な水平的結合を本質とする仲間団体を「ゲノッセンシャフト」、垂直的な支配と服従の関係を本質とする団体を「ヘルシャフト」と捉えて、その対立と発展の歴史を描いている。

1　ギールケのゲノッセンシャフト概念・その一

ゲノッセンシャフトは、一般に仲間団体を意味し、英語ではfellowship、comradeshipあるいはassociationなどと訳されている（Community In Historical Perspective, Otto von Gierke, Edited by Antony Black, Cambridge University Press 1990, 2002. Glossary S. XXXI）。ギールケは、ゲノッセンシャフトについての厳密な定義を与えていないが（もっとも、例えば第四分冊二三六頁参照）、彼が実際にゲノッセンシャフト法史の対象として取り上げている範囲は、婚姻による家族に始まって、親族団体、それを含む氏族、複数の氏族からなる部族、それを包含する民族、ゲマインデ、都市、ギルド、さらには教会、国家、さらにそれを包含する連邦国家、株式会社、協同組合など、あらゆる団体に及んでいる。そこからは、ギールケのゲノッセンシャフト概念がこれらすべてを包含する最広義の意味で用いられていることは明らかである。マルチン・ペーテルスの研究によれば、十八世紀前半のツェードラーの百科事典（Lexikon von Zedler, Zehenter Band: G.-Gl., Halle/Leipzig 1735, S. 887 bei Martin Peters, Die Genossenschaftstheorie Otto v. Gierkes（1841–1921）, Marburger Schriften zum Genossenschaftswesen 95, Vandenhoeck & Ruprecht, 2001, SS. 85-86）では、「ゲノッセンは、階級についておよび出自について、互いに等しい人々である。……ゲノッセンシャフトは、その限りで、階級または出生の同一性である。」と説明しているが、この定義はギールケの定義よりもはるかに狭い。この十七・八世紀の理解によれば、ゲノッセンシャフトは自然的、社会的または法的に同列におかれる人々の集団を意味し、ひとは任意の加入によってゲノッセ〔仲間〕なのではなく、構成員数についても目的についても限定は存在しなかったからである（Vgl. Peters, a.a.O. S. 85）。また、一八六八年ドイツ協同組合法の父といわれるシュルツェ－デリッチュは、ゲノッセンシャフトを「経済的諸目的のゆえに、個々の小さなそして取引において消滅する諸力に、彼らの結合をとおして可能な限り大きな諸利益を意のままにさせることに努力する、ほとんど資力のない、とりわけ労働者階級の間の結合」と定義している（Hermann Schulze - Delitzsch, Das Deutsche Associationswesen, in: F. Torwart (Hg.), Hermann Schulze-Delitzsch. Schriften und Reden, Band 1, Berlin 1909, S. 272.: bei Peters a.a.O. S. 86）。このシュルツェ－デリッチュの定義は、十八世紀の定義が示す階級と出自の同一性という固定した自然条件よりも、経済的無力の認識を共有する特殊の条件付ゲノッセンの認識に基づく結合を指すことによって、より限定的な（ペーテルスによれば、より狭い）概念として用いられている。これに対して、ギールケは「個々人によって共同の価値の実現のために自発的に創られた社会的構成物（Sozialbildungen）」を広くゲノッセンシャフトとみなしたのである、とペーテルスは述べている（Peters, S. 86）。アントニー・ブラックは、ギールケにおけるゲノッセンシャフト概念について、「慣習的に、それは、近代ドイツでは〈イギリスにおけるよりも広く〉商事会社のより広いカテゴリーを包含する（経済的）協同組合 cooperative society、ギルド gild または（宗教的）団結 religious solidarity のような（歴史的な）兄弟団体 brotherhood を意味する。」とし、「ギールケは、それを、とくに構成員が任意に結合されるがしかし現実に一体として考えそして行動することのできる結合力のある構成単位〔ユニット〕を形成する団体（group）を意味すべく用いた。それを彼は、ゲルマン文化に特有のものと信じたのである。」と説明している（A.Black, op.cit. Glossary S. XXXI）。

2　ギールケのゲノッセンシャフト研究に向けられた諸影響

ゲノッセンシャフトを中核とするギールケのゲルマン法理解は、ギールケの弟子であった教会法学者ウルリッヒ・シュトゥッツの追悼演説によれば、ギールケの指導教授であったベーゼラーによっても、ギールケの独創であることが強調されていたといわれている。同時に、しかし現在では、ギールケの父との個人的交流があり、すでに一八六〇年代にゲノッセンシャフト運動を組織していた、シュルツェ-デリッチュの思想的影響によるものと指摘する見解（マルチン・ペーテルス Martin Peters, a.a.O.）や、一八四八年のパウルス教会における憲法審議をそのゲノッセンシャフト法的な思想によってリードしたゲオルク・ベーゼラーそのひとの影響によるもの（アルベルト・ヤンセン Albert Janssen 後掲「付記」）とする見解などがあり、さらには、ギールケは、個人や社会の生命の構造的連関を理解することにより世界と人生の謎を普遍妥当的に解くことを目指したディルタイ（Wihelm

Dilthey, 1833–1911）の「生の哲学」〔レーベンスフィロゾフィー〕の立場の影響を受けていることを強調する見解も存在している（Wolf, S. 689, Janssen, S. 362. ヤンセンは『シュライエルマッヘルの生涯』をとおしてのディルタイ哲学の強い刻印」を指摘している）。確かにディルタイには、「個々の個人は決して孤立して存在するのではなくして、実は家族、もっと複雑な団体、国民、時代、ついに人類そのものにおいて互いに関係している」（ディルタイ『哲学の本質』〔原著一九〇七年〕戸田三郎訳、岩波文庫〔一九三五年〕一二頁）との記述がみられ、婚姻、姻族、氏族、部族、ゲマインデ、国家、国家連合に及ぶギールケのゲノッセンシャフト理解と重なる思想の展開が見られる。両者の間の家族ぐるみの親密な交流も記録されている。

このほか、エリック・ウォルフは、イェーリング（Rudolf von Jhering, 1818–1892）の諸論文とりわけ「目的が法全体の創造者である」という命題がギールケの思考に強く影響を及ぼしたこと（Erik Wolf, S. 675）を指摘している（バーダー Bader, Otto Friedrich Gierke, in: Deutsche Biographische Enzyklopdie, Band 3. 1996. S. 375. もこれに従う）。しかし、ウォルフは、イェーリングが実証主義者にとどまり法は目的と課題をとおして決定されるとしながら目的と課題の価値評価を放棄してしまっていたのに対し、「ギールケは、法の諸目的の内容を社会的または歴史的な諸所与の必然的な帰結として理解しようとしたのみならず、法の諸目的を社会的な諸必要に従う倫理的な基本諸原則に向けて形成しようとした」（S. 675）ゆえに、ギールケは、すでに早くからそして本質的に、イェーリングの諸帰結を超えていた、と述べている。そして、「ギールケは、彼がゲルマンのゲノッセンシャフト理論の伝承された基本思想の中に、そして、ドイツ私法の一定の諸制度の中に彼の時代の正当な法のための基準を彼の民族のために見出したと信じたゆえに、そうすることができたのである。」（a.a.O.）とも述べている。この点に関して、ギールケは、ドイツ団体法論『第一巻』の冒頭の「序文」（第一分冊本文一頁以下）において、「すべての生と同様に、すべての歴史は闘争であ」る（二頁）と述べて、新旧の思想間に展開される闘争のダイナミックな姿を描き出しており、その後に現われた〈法の生成に関する闘争を説く〉イェーリングの『権利のための闘争』（一八七二年）との間の思想的関連を窺わせる。しかし〔しかも〕ギールケの『第一巻』（一八六八年）にはイェーリングの引用は見出せず、『法における目的』（一八七七年）も『第一巻』より後の出版であるという事実をどうみるべきであろうか。ウォルフの言う強い影響の如何と経路については、さらに詰めたいと思う。

いずれにせよ、ギールケがゲノッセンシャフト法史と取り組むに至った内的原因と外的状況には、時代の政治・経済・社会の全ての要素が影響を与えていると思われるが、包括的なゲノッセンシャフト法の歴史の叙述は、ギールケそのひとの手によらなければ完成させられえなかったのであって、ゲルマン法の世界の解釈に理想的な表現を与える任務は、時代精神を体現する若き天才の手によって始めて遂行されることになったものであろう。そして、ひとたびそれが公表されると、それは直ちにドイツ団体法の古典として受け入れられたのである（一八八二年に一巻ないし三巻の出現の直後、フェリックス・ダーン（1834–1912）は、サヴィニー（1779–1861）の『中世におけるローマ法の歴史』は歴史学派の戦勝記念物であるが、ギールケは、彼の『ドイツゲノッセンシャフト法論』において、サヴィニーの模範に真に恥じない歴史学派の戦勝記念物を創造したのである。」と賞賛している。Felix Dahn,〔Rezension〕Otto Gierke, das deutsche Genossenschaft, in: Jahrbücher für Nationalökonomie und Statistik, N.F. Fünfter Band (1882), S. 151., Zitat aus Martin Peters, S. 1–2)。

3 ギールケのゲノッセンシャフト概念・その二

このように、ギールケのゲノッセンシャフト概念は、個人を超える文化的・歴史的・法的な次元を包含するために彼が発見したオリジナルな概念であって、人格を全体的に包摂する自然的なゲルマン古代のジッペ（血族団体）を原型としつつも、次第に拡大して、人為的な都市や教会や国家におよび、さらには目的が個別化して保険組合、株式社団、各種の経済的な協同組合として展開されていく動的発展的な概念であった。そして、ゲノッセンシャフトとの対立概念とされたヘルシャフトの概念についても、ギールケにおいては、両者が全く相容れない異なる範疇のものとして捉えられているのではなく、水平的平等な結合を本質とするゲノッセンシャフトの中に、それに対立する垂直的な支配服従の関係であるヘルシャフトの要素が内包されており、反対に、ヘルシャフトが優勢である場合にも、その中にゲノッセンシャフトの要素がつねに内包されており、したがって、あるときは、前者がより支配的となるが、またあるときは、後者が支配的となるというように、歴史の進行とともに両者の盛衰が交替して出現する、とみるのである（田中耕太郎「固有権の理論に就いて」商法学特殊問題上（一九五五年、一九九八年）二一五（六〇一）頁は、ギールケの社員権に関する見解を彼の『ゲノッセンシャフト理論とドイツ判例』に依りつつ分析し批判しているが、「氏は全体と個体との間の関係の考察に於て、全体の絶対支配又は個体の無条件優越の何れにも与しないのであって、寧ろ其の間の関係に微妙なる濃度の段階を認めんとする。」と述べて、ここでも一貫して現われているギールケの弾力的な思考の特徴を的確に指摘されている）。あるいは、歴史の中で現実に展開される多種多様な団体の具体的な姿の背後に、共通に一貫して生動するゲノッセンシャフトの概念を見出したことによってはじめて、彼は、広範な領域に及ぶゲノッセンシャフト法全体の歴史をゲノッセンシャフトの概念の動的な発展過程として記述することができたということができよう。本書を「ゲノッセンシャフトの視点のもとにするドイツ法制史」であるとしたベルリン大学教授で彼の同僚であった法制史家ハインリッヒ・ブルンナー（Heinrich Brunner, 1840–1915）の評言は、まさに正鵠を得たものと思われる。

4　『第一巻　ドイツゲノッセンシャフト法史』の内容

i　五つの時期

ギールケは、ドイツゲノッセンシャフト法の発展を五つの時期に分けて叙述している。第一期は、最古の時代からフランク帝国のカール大帝が西ローマ帝国皇帝として戴冠される八〇〇年までの時期であり、第二期は、八〇〇年から一二〇〇年までの時期であり、第三期は、一二〇〇年から一五二五年までの時期であり、第四期は、一五二五年から神聖ローマ帝国の解体に至る一八〇六年までの時期であり、第五期は、一八〇六年以後、本書が出版された一八六八年までの時期である。このような区分が取られるのは、ギールケによれば、それぞれの時期におけるゲノッセンシャフトが、各時期特有の組織原理に支配された特有の形態を示すためであると説明されている。これによって、歴史主義が要求するように歴史を自己目的と見ることなく、歴史的考察方法をとりつつ、歴史を現代と結びつけることになる(Peters, a.a.O. S. 85)。

ii 第一期 それによれば、第一期(八〇〇年まで)においては、ゲルマン的な法意識は、すべての人間的結合を家父長的に理解する点に特徴があり、この全期間をとおして、すべての結合体の基本形態は、家父長的な組織原理に基づく「自由なゲノッセンシャフト」である。しかし、この家族そのものが、ヘルシャフト的に組織される家族共同体と、ゲノッセンシャフト的に組織される家族の集団または氏族という二つのグループに区別しうることから、後者からより高次のゲノッセンシャフトが成長する一方、前者からより高次のヘルシャフト団体が成長する。そして、両者の間の闘争をとおして、古い人格性の原理とすべての団体の物的性〔物権性〕の間の闘争がこれと交差しつつ展開され、その過程で、ゲノッセンシャフトは物的ゲマインデに、ヘルシャフトはグルントヘルシャフト〔領主支配〕に発展する。そしてこの時期の終わりには、それまで支配的であった家父長的な組織原理は、グルントヘル的な法解釈および国家解釈に譲歩せざるを得なくなる。

iii 第二期 第二期(八〇〇年から一二〇〇年まで)においては、ヘルシャフトはゲノッセンシャフトに、物的性〔物権性〕は人格性に、確定的に勝利し、家父長的および封建的組織原理が、国民生活を支配する。主人と従者の構造が、教会と国家において高く聳え立ち、あらゆる関係が物的、領主的なものとなる一方、古い自由なゲノッセンシャフトは、時代の運動から排除された地方において辛うじて命脈を保つにとどまる。この第二期を特徴づける組織形態は、団体のもともとの統一体を代表する主人〔君主〕が独自の総体権をもつ「従属的ゲノッセンシャフト」または「ヘルシャフト的ゲノッセンシャフト」である。だがこの時期の終わりには、「意欲されたゲノッセンシャフト」を生み出す、若々しい強力な「アイヌング」〔自由な合意による結合〕の原則が現われる。このアイヌングの原則が、ゲノッセンシャフトの自然的な基礎と結合し、都市において「最古のゲマインデ」と「最古の国家」を出現させ、そして、それが最終的に封建国家を崩壊させることにつながっていく。

iv　第三期　第三期（一二〇〇年から一五二五年まで）においては、封建国家とヒエラルヒー〔教権制度〕が崩壊する。その一方、アイヌングの原則は、下から上に向かうゲノッセンシャフトの結合によるより高い諸集団を組織し、さらに、物的諸権利の独立性を否定することなく土地からの人格の解放を準備し、公法と私法の区別を導いて、国家、ゲマインデ、ケルパーシャフトなどの観念的な総体人格の概念を生み出す。これによって自由な合意をとおしてのドイツの総体国家の形成にもほとんど成功する。しかしこの時期のゲノッセンシャフト制度は、階級制度の枠を打破し、とくに農民階級を引き込むことができないままに硬直し始め、都市と領邦の融合、より大きな国家統一体へと働く新たな力に対抗することができない。結局、この時期の終わりには、領邦主権〔ラント高権〕が、領主支配を領邦国家に改変し、それが近代の国家理念の唯一の担い手となるに至る。

v　第四期　第四期（一五二五年から一八〇六年まで）においては、領邦主権と、継受されたローマ法によって発展した官憲的原理とが確定的に勝利する。すなわち、この時期には、官憲的国家思想とそれに基づく警察国家と後見国家とが発展する一方、ゲノッセンシャフト制度は、古い自由と自治とを否定されて、特権を与えられたコルポラチオン制度へと転換される。これによって時代の特徴的な組織形態となる「従属的なコルポラチオン」は、私法的な存在となり、統一的な国家権力に屈服し、ただ国家の一部〔営造物〕としてのみ公法的意義をもって存続しうるものとなる。かくして領邦主権は、すべての古い団体を解消し、公的権利の特権と不平等を破壊し、臣民の概念において法律の前でのすべての人々の平等と、最終的には個人的自由とを創造する。これが、十九世紀において登場するすべての人々のための市民的自由のための基礎となるのである。

vi　第五期　第五期（一八〇六年以後〔一八六八年まで〕）は、本書の構成上は、先の第四期と一体として論じられているが、すでにギールケが生きた十九世紀の時代を対象とするものであって、彼は、この時期を一般の国家市民と代議制国家の思想において原初の諸対立の宥和を期待する時期であるという。そして、この時期は、まだ極めて短いが、その本来的な形成原理は、近代的な姿における「自由な結合体」であり、かつ、あるであろうと述べ、この時期をとおして、ドイツの古いゲノッセンシャフトの観念は、長い死のごときまどろみの後に、再び力強い生命に目覚め、それがもたらした新たな共同体の豊かさによって充たされて、ゲノッセンシャフト制度の完成を見出してきていると結論する。ここで、とりわけ重要と思われるのは、近代の株式会社制度を「ドイツ法的な総有権とドイツ法的なゲノッセンシャフトとが完成された財産ゲノッセンシャフトへと融合したもの」(S. 990)と把握して、これをドイツ法的なゲノッセンシャフト発展の延長上に位置づけていることである。これに対して、合名会社は、ドイツ的なゲノッセンシャフトの影響を受けてきているとしても、ローマ法的な組合原則に基づく契約関係であることをやめておらず、その近代的発展をとおしてもその性質を変更してきていない(第四分冊一六〇頁)とし、合名会社と同様、合資会社もまた、ゲノッセンシャフトの系列に属するものではない(前掲一六二頁)と述べ、その関連において、株式合資会社を株式会社の前身とみる解釈が誤りであることを指摘している。このようにして彼は、株式会社を純粋の資本ケルパーシャフトとみるとともに、労働組合を含む近代の経済的諸目的のための協同組合制度を、株式会社の単独支配がもたらす資本の独裁制の危険に立ち向かい、資本団体による利益の搾取から公共の福祉を守る制度と位置づけている(第四分冊二〇五頁)。そして、経済的弱者の相互扶助を目的とする協同組合が、真のゲノッセンシャフト発展の方向であるとして、様々な種類の協同組合を取り上げてその展望を明らかにしている。

vii　以上の要約とギールケの抱いた社会像

要するに、第一期の家父長的組織原理を基礎とする自由なゲノッセンシャフトは、第二期に至って、封建的組織原理によるヘルシャフトに敗北し、封建国家に従属する従属的ゲノッセンシャフトまたはヘルシャフト的ゲノッセンシャフトとなるが、やがて、より若く強力なアイヌング的原理が登場し、これがゲノッセンシャフトの自然的基礎と結合することによって、最古のゲマインデ、最古の国家をドイツにもたらし、封建国家を崩壊させる。第三期には、このアイヌングの原理に基づいて、下から上に向かってゲノッセンシャフトの結合によるさまざまな集団が組織され、国家、ゲマインデ、ケルパーシャフトの総体人格の概念を生むが、最終的には、当時のゲノッセンシャフト制度の限界のゆえに、領邦主権が近代の国家理念の唯一の担い手となるに至る。第四期は、領邦主権が勝利し、官憲的国家思想と警察国家の下で、ゲノッセンシャフト制度は古い自由と自治を否定されるが、第五期に至って、ドイツ法の非常に古いゲノッセンシャフトの目覚めによって、近代的な姿における多種多様なゲノッセンシャフトが新たに登場してくる。この自由なゲノッセンシャフトの観念こそが、公的生活と私的生活の全領域を把握し形成する自由な団体制度のための、創造の女神である、とされるのである。このようにして、ギールケは、ローマ法的な個人法に対して、ゲルマン法的な団体法の存在とその思想を明らかにして、ローマ法に対するゲルマン法の固有の存在意義を確立したということができる。

換言すれば、第一期の自由なゲノッセンシャフトは第二期のヘルシャフト原則に敗北するが、第三期に至ると、自由意思に基づくアイヌング原則によるさまざまな団体の形成を経て、領邦主権が成立する。第四期には、これが官憲国家となり、ゲノッセンシャフトの自由と自治が否定されるが、第五期に至り、ゲノッセンシャフトが再生して、多種多様の自由な団体を生じさせる。このように自由なゲノッセンシャフトの消長は、ヘルシャフトの消長と表裏の関係にあり、この両者の間の闘争の歴史として、ドイツ団体法史の全体像が示されるのである。そして、最終的に、ギヴ・アンド・テイクの関係で成り立つ市民社会に対応する株式会社制度と、それによる公的利益の独占から公的利益を守るものとしての各種の協同組合制度が位置づけられて説明されている。このように見てくると、ギールケにおいては、我々が現在生きている現代資本主義のもとでの民主主義的で自由な法治国家に共通する、穏健な修正資本主義的社会像が理想とされていたものといえるであろう。

viii　シュトゥッツの評言

以上がギールケの言葉に依拠した本書『ドイツゲノッセンシャフト法史』の内容

の大筋である。このような素朴で一般的な時代区分そのものは、基本的には、ゲノッセンシャフトおよびその組織原理の特徴に着目したギールケの独創に基づくものであろう。シュトゥッツは、ギールケの法史的方法について、それは「何か非感覚的〔精神的〕なもの、何か抽象的なもの、何か一般的なものに向けられたものをそれ自体として有している」と述べるとともに、ギールケの思想形成は、多くの歴史家がその歴史的感覚を彼の育った歴史的環境や伝統ある都市に対する郷土愛の中で獲得していくのとは異なったものであり、すでに学校教育によって媒介されたものであったとする一方、そこには「ヘーゲルによって影響された精神方向、国民的ロマン主義への傾向」が認められることを指摘している。

5 『ドイツゲノッセンシャフト法史』に対する評価

i 一般的評価とギールケの歴史研究に対する批判

ドイツ団体法論第一巻「ドイツゲノッセンシャフト法史」は、その構想の雄大で総合的であることから、全体を特徴づける様々な評価が与えられている。前述のハインリッヒ・ブルンナーによる〝ゲノッセンシャフトの視点のもとにするドイツ法制史〟との評言は古典的なものであるが、そのほかにも、〝ゲノッセンシャフトの社会史〔エクスレー Oexle〕〟、あるいは、〝一般世界史(Universalgeschichte)〔エンゲルハルト W.W. Engelhardt〕〟、などと評されてきている。

もっとも、ギールケの歴史研究に対する厳しい批判論も存在する。『ドイツ団体法論』の第一巻の抄訳〔後掲参照〕を編集して解説したアントニー・ブラックは、〔第三巻に関して〕〈ギールケは、カノン法学者とローマ法学者が、団体人格のゲルマン法的概念を発展させる代わりに誤ったローマ法的概念を導入し、ネオ封建的・専制的な指導者たちによる諸連合体の支配を正当化し合法化したと論じているが〉、「ギールケは中世の諸テキストが法人に関して言っていたことを誤って把握した」のであり、「団体人に関する民族ゲルマニストと学者ロマニステンの見解の構成、そしてその間の対立は、大部分ギールケ自身の想像力の産物であった」として、ギールケは、

「統一体、兄弟たることなどを讃える教会の長老たちや年代記作者たち、ギルドまたはその公証人たちによって書かれたテキストをゲノッセンシャフトの支配的なゲルマン的イデオロギーのための証拠として解釈した」のであると述べて、「第一巻において、大胆にも我々の前におかれているギールケの歴史理論は、概念的な枠組みの中にフィットされることが不可能と証明された証拠として孤立して存在している。」（Antony Black, op.cit. 1990. SS. XXIX-XXX）と論じている。歴史家バーダーもまた、ドイツ団体法論は「その重要なそして今日まで決定的なものに留まっているすべての法理論的な諸認識によって第一級の法律的な偉業である」と認めつつも、「一般的な歴史研究は、注目すべく僅かにしか実りがなかった」（Karl S. Bader, Deutsche Biographische Enzyklopädie, Herausgegeben von Walter Killy. 1996. Band 3. S. 375）と述べて、その後段においてブラックに同調している。

ii　理念史としての評価　以上に対して、マルチン・ペーテルス（Martin Peters）は、バーダーの前段の評価と同様に、ギールケの本書を〝様々な視界のもとにする、法律的および社会経済的基礎に基づくゲノッセンシャフト理念史〟であると述べている。私もまた、ギールケの叙述そのものから、本書は、あくまでバーダーやペーテルスが正当に指摘しているように、「ゲノッセンシャフト理念史」として読まれるべきものであると思う。すなわち、ドイツ民法典の制定を将来の法律学全体の課題とみなしていた十九世紀の法学者の一人として、ギールケは、とりわけ立法論の基礎となるべきゲルマン法の思想を確立すべく、その核心を構成員の自由と平等を尊重しつつ団体の一体性が出現するゲノッセンシャフトに求めて、ゲノッセンシャフト「法」の歴史を書いているのであり、規範的な意味におけるゲノッセンシャフトの歴史、あるいは、当為（Sollen）としてのゲノッセンシャフト史として評価されるべきものであろう。歴史家もまた現代に生きる者としての問題意識から歴史的事実の解釈に向かうのではないかと思われるが（林健太郎『史学概論』（有斐閣、一九五三年）二三六頁、E. H. カー『歴史とは何か』清水幾太郎訳（岩波書店、一九六二年）九七頁）、少なくとも私は、最初に述べたように、現行法とその解釈がどのようにあるべきかを問いつつ歴史を遡る一種の歴史哲学の書物として本書を読んだのである。歴史いかと思われる。

的事実の探求だけを目的とした書物ではないから、歴史家たちの批判については、専門外の私には何とも言えないが、仮にそれ自体としては正当であるとしても、ギールケの本書に対しては限定的にしか妥当しないのではないかと思われる。

iii 『ドイツゲノッセンシャフト法史』の意義

ギールケの歴史研究に対して、上述のような厳しい疑念を提起したブラックであるが、彼もまた、本書の意義を次のように言う。すなわち、『ドイツ団体法論』の「第一巻は、これまで無視されてきているが、それは、一部分は、その歴史的判断がその後の研究の中で修正を必要とするゆえであり、一部分は、その後の彼の作品によって得られた名声のゆえであり、さらに一部分は、索引の付けられていない膨大な量のテキストのゆえである。しかし、事実、ギールケは、ここ〔第一巻〕では、一八七一年以来展開した〔第二巻以降〕よりも、明らかによりリベラルな〈諸団体と国家についての〉見解を展開している。さらにそれ以上に、諸理念の歴史に関する後続する諸巻の諸論議は、この第一巻において明瞭に確言されている諸仮説から説明されている。ここには、初期マルクスと同様に、ギールケにおいてもまた、出発点は、後に広く知られた諸作品に発見される諸強調とは重大に異なるいくつかの諸強調を含んでいる。」と述べており、それを別としても、この「第一巻は、壮大なスケールの哲学的な歴史のモニュメントであり、文献学的な平衡と知的な力を伴って、我々を吹きぬけていくゲルマン民族の叙事詩である。」として、本書の魅力を語っている(A.Black, op.cit. p. xv–p. xvi)。

いずれにせよギールケの展開する大きな構想と細部の事実の詳細は、理念史の域を超えて、我々のインスピレーションを刺激する。専門の研究者にとっては、すでに既知のことも乗り越えられたことも少なくないのかもしれないが、同じ事実であっても、時代と共に変化する関心の目からは、たえず新たな問題提起の意味を持ち続けているといえるであろう。問題意識の差異によって、様々な読み方が可能であるという意味において、本書は、まさに法律学の古典であり、青春の全力をもってゲルマン法思想の確立に取り組んだギールケの瑞々しい息吹を伝える永遠の書物であるということができるであろう。

五　『ドイツ団体法論』の翻訳と本書の付録について

1　翻訳の底本

ギールケの『ドイツ団体法論』第一巻は、一八六八年に出版された後、一九一三年に第二巻・第三巻とともに内容に手を加えないまま（第四巻の新刊と併せて）復刊されたが、一九五四年にも全巻が復刻された（Akademische Druck- und Verlagsanstalt, Graz, 1954）。さらに、二〇〇五年／〇六年には、Elibron Classics 社からもオリジナルを正確にリプリントした全巻の復刻版（全九分冊、第一巻は全三分冊）も出されている。私が用いたのは、このエリブロン版である（ただし、ギールケの執筆した本文を含むオリジナル部分には問題はないが、エリブロンの編集者が原著とは別に新たに付けたと推測される見開き表紙の部分にはドイツ語の誤りが多い。）。

2　従来の翻訳の諸例

ギールケの『ドイツ団体法論』第一巻の翻訳としては、これまで、英語への抜粋訳として、第一巻全体〔原文一一一一頁〕を二二九頁に要約した、メアリ・フィッシャー（Mary Fischer）の訳とアントニー・ブラック（Antony Black）の編集・解説による『歴史的展望の中のコミュニティー』（Community in Historical Perspective, Otto von Gierke, Edited by Antony Black, Cambridge University Press, 1990, 2002）があり、これが英語圏では最初の翻訳とされている（Editor's Introduction p.ix）（同書は、第二巻の抜粋 pp. 232–246と、第三巻の抜粋 pp. 246–249の英訳をも含んでいる）（また、同書 p.viii によれば、第一巻 pp.1–14の訳に J. D. Lewis, The Genossenschaft-theory of Otto von Gierke, University of Wisconsin Studies in Social Sciences and History, 25 (Madison: University of Wisconsin Press), pp. 113–

19. がある)。第一巻の翻訳は、それ以外には知られていないようであるから、脚注を含めた第一巻全体の翻訳は、本書が世界で最初のものということになる。

なお、ギールケの『ドイツ団体法論』の第二巻については、翻訳は全く存在していない（但し上掲Black）。第三巻については、フレデリック・ウィリアム・メイトランド『中世の政治諸理論』(pp. 502-644 trans. F. W. Maitland as Political Theories of the Middle Age, Cambridge University Press, 1900.) が部分訳（第十一章「中世公法学者の諸理論」の注を含む全訳に三八頁の解説論文を付したもの）（これをフランス語に重訳したものがジャン・ドゥ・ポンジュ〔Jean de Pange, Les théories politiques du Moyen Age. Paris 1914〕によって一九一四年に出されている。本書第四分冊三九五頁参照）を行っており、また、ジョージ・ヘイマン『結合体と法。古典時代と初期キリスト教時代』(pp. 8-128 trans. G. Heiman as Associations and the Law: the Classical and Early Christian Stages, University of Toronto Press, 1977) も部分訳（第三章ないし第五章の注を含む全訳に六八頁に及ぶギールケの思想についての解釈的論文を付したもの）である。また、第四巻については、アーネスト・バーカーが『一五〇〇年ないし一八〇〇年の自然法と社会理論』(pp. 276-541 trans. Ernest Barker as Natural Law and the Theory of Society 1500 to 1800, Cambridge University Press, 1933) という書名のもとに部分訳（第十四章ないし第十八章の注を含む全訳に八三頁に及ぶ研究論文を付したもの）を行っている (Black, op.cit. p.xii-p.xiii)。いずれも、前掲のブラック編の第一巻に関する翻訳を含めて、ギールケの原題とは異なる書名を掲げているが、それは、詳細なイントロダクションまたは解説論文を含む一種独立の紹介書または研究書であって、ギールケの原著とは異なる著作であることを意識しているためではないかと推測される。もっとも、ドイツ語で団体を意味する語彙がノートリアスなほど豊富であるのに対し、英語には団体を意味する語彙が少なく (Black)、正確な対応を欠くため翻訳が困難であるという事情もあるようである（例えば、同じ Genossenschaft の語につき、Black は community、Heiman は fellowship、Barker は association と、それぞれ別の訳語を当てている）。

3　本書の付録について

本書には、付録として、第二巻・第三巻・第四巻の各「まえがき」を第一分冊の冒頭に掲げたほか、第四分冊には、《付録1》としてギールケの論文「株式会社論」と、《付録2》ウルリッヒ・シュトゥッツの「オットー・フォン・ギールケの思い出」を収録したほか、さらに最終の第四分冊の段階で当初の予定に加えて、私の専門である商法学者の側からの追悼文として、《付録3》カール・ヴィーラントによる「オットー・フォン・ギールケ」を追加している。

このうち、第二巻ないし第四巻の「まえがき」は、『ドイツ団体法論』全体の構想と成立事情を示す資料であるが、とくに「第四巻のまえがき」は、繰り返しにはなるが、未完に終わった部分全体の構想を示すとともに、その完成に生涯をかけたギールケの強い情熱とそれにもかかわらず未完に終わらざるを得なかった経緯と無念さを切々と述べる感動的な文章であって、ギールケの魅力溢れる人間像を伝えて余すところがないものである。第四分冊の《付録1》は、ホルツェンドルフ編の法律学百科事典に収録された論文「株式会社論」であって、一八七〇年ドイツ旧商法第一改正法を前提とした解説である。団体法論第一巻に展開されたギールケの株式会社論が、実定法規定を踏まえつつ端正かつ具体的に説明されている。とくに一八八四年の第二改正法に至る中間時期の議論に対し、株式会社のゲノッセンシャフト的側面の推進を提案するギールケの見解を知ることができる点において意義がある。なお、彼は、Holtzendorff, Encyklopädie der Rechtswissenschaft. 7. der Neubearb. 2. Aufl. Bd. 3. の中の項目『商法綱要』Otto von Gierke, Grundzüge des Handelsrechts, 1913においては、一九〇〇年発効のドイツ新商法を踏まえた株式会社法の解説を行っている。《付録2》は、ギールケの経歴や学問的活動を研究する上で必ず引用されるベルリン大学教授ウルリッヒ・シュトゥッツによるネクロローグであり、ゲルマニストとしてのギールケの生涯と業績が、教え子でかつ同僚としての立場から克明に叙述されている。《付録3》は、商法本質論についてのいわゆる企業法論の主張により二十世紀前半の商法学をリードしたスイス・バーゼルの商法学者カール・

ヴィーラント(Carl Wieland, 1864-1936)による追悼文である。ギールケがその著書『ゲノッセンシャフト理論とドイツ判例』をはじめとする、広い視野から商法解釈学に行った様々な貢献を、商法学者ハインリッヒ・トェール(Heinrich Thöl, 1807-1884)とレヴィン・ゴールドシュミット(Levin Goldschmidt, 1829-1897)のそれに比肩するものであることを証言している。

六 翻訳に用いた辞書類

本書の翻訳は容易ではなかった。ギールケのこの書物は、格調高い明快な文章で書かれているが、独創的で統一的な思想を緻密な論理のうえに展開しているため、理解が容易でないばかりではなく、本文はドイツ文字で印刷され、中世ドイツ語・ラテン語を含む英独仏に亙る詳細な文献を引用する膨大な脚注は、我々が直接読むことを拒んでいるかのようでもある。一つの注を読解するのに何日もかかって進まないこともしばしばであった。長期間にわたり少しずつ読み進めたので、訳語の不統一があったり、訳者じしん叙述の背景に暗い箇所について思わぬ誤解を犯したりなどしていないかという危惧もある。補正の機会があれば幸いである。これまで気づいた校正漏れの訂正については、巻末にまとめて記しておいた。

翻訳に当たっては、訳語の選定に苦労した。そのため、辞書を手放すことができなかったが、博友社の木村・相良の独和辞典、研究社の大独和辞典には、つねにお世話になった。また、山田晟先生のドイツ法律用語辞典、世良晃志郎訳・ミッタイス「ドイツ法制史概説」の索引、世良=広中俊雄共訳・ミッタイス著「ドイツ私法概説」の索引などを、常に参照させていただいた。また、中世ドイツ語については、非常な困難を覚えたが、レクサーの小辞典を常用したほか、神田の大島書店で偶然入手したオックスフォードの学生用アンゲルザクセン語辞典によって、非常に助けられた。とくにその冒頭に掲げられている音韻変化の一覧表は大変参考になった。また、本書には、シュレスヴィッヒ＝ホルスタイン地方の資料が多く引用されていることから、アルトフリーゼン語辞典がなかったならば訳せなかった箇所が沢山あった。レクラム文庫のザクセンシュピーゲルの巻末の訳語索引も、極めて有益であった。方言の仙台弁で育ち、留学時ハイデルベルクでバイエルン方言の学生と親しんだ私には、中世ドイツ語が次第に身近なものに感じられた。このほか、グリムのドイツ語辞典（全三十三冊）、レクサーの中高ドイツ語大辞典（全三冊）、アルトザクセン語辞典、を手元に揃えて参照した。

因みに、グリムの辞典でEHEという見出し語をみると（Deutsches Wörterbuch von Jacob und Wilhelm Grimm, Band 3 S. 39. DTV. 1984）、冒頭にラテン語で「matrimonium〔婚姻〕」の意味が示され、続いて、「ゴート語の aivs (m.) は、ギリシャ・ラテンの諸語に全く対応する αἰών〔生命、永遠〕、aevum〔永遠〕を意味し、古高ドイツ語 êwa (f.) は、aevum をも、lex〔法、法律〕をも意味し、いわば永遠の秩序 ewige ordnung、規則 regel、法 recht および婚姻 matrimonium、すなわち、神によって設定された男と女の間の紐帯 ein von gott eingesetztes band zwischen mann und weib、を意味した。」と説明されている（さらにゴート語や新高ドイツ語の詳しい説明が続く）。これをみると、現代ドイツ語ではもっぱら婚姻の意味に用いられている Ehe の語には、matrimonium 婚姻、aevum 永遠、lex 法律、という三つの意味があり、それによってこの一語の中には、婚姻が永遠のものでありこれが正義の源泉であるとみるゲルマン法の精神が示されていると考えられる。レクサーの辞書で ê または êwe をみても、永遠 ewigkeit、法 recht、法律 gesetz、神によりそして人により正当に是認された婚姻の結合 der durch göttl. und menschl. recht geheiligte bund der ehe、などの意味が列記されているから（Matthias Lexer, Mittelhochdeutsches Taschenwörterbuch 38. Aufl. S. Hirzel Verlag Stuttgart, 1992. S. 52）、グリムの説明はたんなるドイツロマン派的な解釈ではないと考えられる。ギールケのゲノッセンシャフト概念の出発点も「婚姻」であり、そこから展開されるゲノッセンシャフトが正義や法の源泉であると説かれているが、このことは、彼の思想や理論がドイツ人の言語と精神の根底にあるものと合致していることを物語るものであるように思われる。

このほか、ラテン語は、研究社の田中秀央編の増訂新版羅和辞典をもっぱら用い、英語については研究社の英和大辞典、ラテン語とギリシャ語については、いずれもオックスフォードの大辞典も利用した。フランス語は、大修館の仏和辞典、ロベールの大仏和辞典を用いた。なお、地名や人名の区別や意味がつきにくい場合も少なくなかったが、インターネットのドイツ語版で確認することが多く、大変役立ったことを記しておきたい。

七　おわりに

私は、二〇〇六年に筑波大学法科大学院を定年退官し、早稲田大学大学院会計研究科を経て駿河台大学法科大学院の商法担当教授となったため、会社法の旧法と新法の両方の講義案を作成・改訂して配布し、演習の準備をし、定期試験や司法試験の模範解答を作成し配布するなど、学生指導のために忙殺された。多くの判例を読み、会社法や商法・手形法についてアップツーデートな知識を維持する機会は得られたものの、法科大学院で学問的要求を充たすことは困難であった。この七、八年間、精神の枯渇をいやすためにも、オアシスに避難するようにギールケの本書を読み進めたが、それは、誠に楽しく自らを救済する作業であった。ギールケの冷静で力強い思想と文章に私は慰藉を見出したのである。

ギールケに関わる思い出は色々ある。東北大学法学部の広中俊雄先生の演習においては、ギールケの『ドイツ私法論』をテキストとして講読していただいた。その最初の授業で、先生が世良晃志郎先生と共訳されたミッタイスの『ドイツ私法概説』(創文社、一九六一年)の解説(三五一頁以下)に書かれたのとほぼ同趣旨のギールケに対する厳しい批判を、ほとんど怒りを込めた激しい口調で敷衍されたことが印象に残っている(前掲三五六頁は「ナチスの思想は……その団体主義原理の点でも、ゲルマニステンの主張と本質的に合致しており……」という。同傾向の研究に、K・クレッシェル『ゲルマン法の虚像と実像——ドイツ法史の新しい道——』石川武監訳(創文社・一九八九年）がある。もっとも歴史家ブラックは「ナチスはギールケの思想をハイジャックして著しく曲解した形態で利用したのであ」り、「ギールケが意味したこととは全く異なっていたとみるのが公平」である、と述べている。Black, op.cit. p. xxiii)。同じ頃、助手仲間や先輩の方々とギールケの読書会を開いたこともあったが、Verband や Verein や Körperschaft など団体を意味するドイツ語の訳の段階で意見が分かれて進まず、どのくらい続いたのかは思い出すことができない。当時は手も足も出なかったのである。また、服部栄三先生によって私が助手に採用されてご指導いただいていた頃まさに原審判決が議論の対象であった八幡製鉄政治献金事件について、その後現われた昭和四五年六月二四日最高裁判所判決を東北大学商法研究会で取り上げた機会であったが、判旨が法人実在説に立っていることに関連して、服部先生が「会社法における「機関」の概念はギールケの法人実在説の功績です」とはっきりと仰っておられたことを思い出す。服部先生には法人の不法行為能力を認めるギールケ説を批判した松本先生古稀記念『会社法の諸問題』所収「会社の権利能力・行為能力及び不法行為能力」（服部栄三『株式の本質と会社の能力』一一二頁、一三〇頁以下〔初出一九五一年〕）をはじめ、田中先生還暦記念『商法の基本問題』所収の「トェールの商法論について」（一九五二年）、一連のゴールドシュミット研究、「ルノーと近代株式会社法学」（服部・前掲書二四八頁以下）、さらには「機関」や「組織法と組織行為」など多数の論文があり（「著作目録」法学四七巻六号二四三頁以下、参照）、法人論はご研究の中心をなしていたから、先生の漏らされる片言隻句から多くの教えをいただいたように思う。東北大学商法研究会での服部先生の明晰なお言葉や熟考されるお姿は、今も眼前に髣髴とする。今更ながら、先生の忠実な弟子ではなかったことが悔やまれる。その後、菅原菊志先生のご指導のもとにご一緒に一九七〇年代のドイツ企業法の研究会を作り、分担してドイツの学説を調べたことも思い出される。先にも触れたが、私が分担して紹介した当時のドイツ企業法委員会の委員長を務めたオットー・クンツェ（Otto Kunze）の見解は、会社法と経営体制法は、資本提供者団体と従業員団体それぞれの内部法であり、これが権利能力なき社団としての企業すなわち企業団体の中にその構成部分として包含される、と説くものであった(拙稿・前掲)。今回ギールケを読んで、団体の中に団体があり、それらの団体を包含するより大きな団体があると考えるギールケの思想にこの見解が極めて類似するものであることを再認識するとともに、クンツェの思想は〔労働組合の発展を期待したギールケの思想とも関連して〕ギールケの影響を強く受けていたのではないかと推測された。少なくとも現在、EU連合や、地方分権や道州制の論議など、団体の中での個人の自由を尊重しつつ、団体の中に団体を認め、それぞれが単一体であると同時に多数体でありうるとする思想は、ギールケが構想した団体法思想の射程内に予めすべて包含されうるものであることは、疑いの余地がない。いずれにせよ会社法を学ぶ以上は『ドイツ団体法論』を読まなくてはと、いつも漠然とは思っていたが、簡単に読めるようなものではなく、現役を退く年齢になって、ようやく「第一巻　ドイツゲノッセンシャフト法史」だけではあるが、読みとおすことができた。すべては故人となられた私の二人の恩師、服部栄三先生と菅原菊志先生のお導きによるものと思わずにはいられない。

＊　＊　＊

東北大学での刑法ゼミの恩師荘子邦雄先生からは、拙著をお送りするたびに絶えず温かい激励のお言葉をいただき、勇気を与えてくださった。不器用な私の研究に対して故鈴木禄弥先生と鈴木ハツヨ先生からいただいたお励ましの言葉も、忘れることができない。西洋法制史の小山貞夫先生からも、東北大学の伝統に連なるものとの懇切なお手紙をいただいて嬉しかった。田中輝和教授も、変わらない友情で私を支えてくださった。

そのほかにも、ひとりひとりお名前を挙げることはできないが、多くの方々から激励やお便りをいただいた。心から感謝申し上げる。

また、この機会に、ともに学び私をつねに叱正し鼓舞してくれた友、故高橋柏君〔元東京大学図書館事務部長〕と、清廉な学究の範を示してくれた岳父故塚田毅〔東北大学名誉教授・教育心理学〕に、追憶をもって感謝と共感を寄せる。私事ではあるが、この間の妻晃子の支えも、道子、陽子、良晃の三人の子たちとその家族の応援も、有難かった。本書を、私と妻の双方の亡くなった父母の霊前に捧げたい。

今回の出版も、信山社の渡辺左近氏にお世話になった。お会いする度にギールケ論を中心に話が弾み、数々の有益なご助言とご助力を与えて下さった。衷心から感謝申し上げる。校正を担当して下さった編集部の柴田尚到さんの丹念なお仕事にも厚く御礼申し上げる。

平成二十七年十月

仙台の書斎にて　庄子良男

【付記】ギールケに関する若干の重要文献の紹介

ギールケの思想を研究したドイツにおける論文は膨大な数に上る。最近のわが国の研究には、それらを用いているものも散見される。私自身は以下に掲げる少数の論文を読んだにすぎず、偏りもあるが、いずれも本解説を書く参考にさせていただいた。ここでは、本解説の資料ないし補充としてそれを掲げて、解説の本文に引用できなかったが印象に残る箇所を、断片的にではあるが、引用して紹介する。順序は、発表の年代順による。

一　フライブルク大学教授エリック・ウォルフ『ドイツ精神史における偉大な法学者たち』第十六章「オットー・フォン・ギールケ」(Erik Wolf, 16. Kapitel, Otto von Gierke, in: Grosse Rechtsdenker der deutschen Geistesgeschichte, Vierte, durchgearbeitete und ergänzte Aufl. 1963, S. 669–S. 712. 初版は一九三九年)。思想史的・精神史的に歴史主義とゲルマニステンの成立の過程を辿り、歴史の中でのギールケの位置づけを明らかにした上で、生涯業績を辿りつつ、ゲノッセンシャフト論を初めとする彼の思想を分析した重厚なギールケ論である。シュトゥッツの証言とともに、ギールケ研究上重要な地位を占める。以下は、抜粋。

〔ドイツの国家法および憲法的立法の将来の課題について〕「代表制的な立憲国家は、純粋のヘルシャフトでも官憲的な国家制度でもない。——立憲国家は、ゲノッセンシャフト的な基礎（国家市民性）と官憲的な頂点（王制）とを有機的に、〈すなわち総計としてではなく〉新たな生き生きとした統一体として結合する共同体である。」「それゆえ、ギールケの国家理論は、《具体的な》組織体制〔憲法〕理論として、すなわち、彼の時代のドイツ国家の法的な基本秩序の解釈として現れる。それとは、彼の国家理論が同時に人間的諸団体一般の本質についての彼の一般的認識であったことは矛盾しない。ギールケのゲノッセンシャフト理論が《一般的な社会理論》

であったという洞察から、《有機的な国家理論と現実の団体人格の理論は具体的な国家理論を意味せず、一般的な団体理論にすぎない》と結論する者は、ギールケの弁証法を正当には理解していない。」(S. 686)。

〔時代と向き合う姿勢について〕「ギールケは、彼の時代の中で《悲観主義者》としても《楽観主義者》としても立っていない。彼は政治的現在への眼差しにおいて、悲観主義者としては、余りにも《ロマン的》であり、楽観主義者としては、余りにも《現実的》であった。彼は、彼の時代を、賛美することなく肯定したし、同様に、《古き良き時代》の後ろ向きの賛美者でもなかった。」(S. 686)。

〔《新ロマン主義者》と呼ばれることについて〕「過去の情緒的な美化という意味におけるロマン主義者であるためには、ギールケは、余りにも素朴な、むしろ冷静な性質であった。彼のなるほど感激的な言語は、それが愛国的な感情、社会的な熱意、あるいは、道徳的な情熱によって充たされているところでも、絶えず内容に満ちて即物的であるにとどまった。古代ドイツ法とその中に保存されている忠実、共同意識および誠実性という諸価値に対する彼の愛は、諸古代または諸伝統に対する愛好からきたものではない。それは、政治的必要と社会的危機を救うという彼の時代の要求から育まれたのである。」(S. 691)。

〔ギールケの歴史的法律学の方法について〕「彼は、法制史を、講義においても現行法から切り離されて知ろうとはしなかった。なぜなら歴史的なるものは、まさに現行法の中において把握されるべきであるからである。」(S. 691-S. 692)。「すべての歴史的な法は、彼にとっては、彼がその中に正義を見出した限りでのみ、法であった。」「そして《法の独立性は、国家化をとおして危険なものと化すこともありうる》と考えた。《法は、それがたんなる手段に引き下げられる場合、正義の思想が必要性の概念へと解消される場合、内的に価値剥奪される。》と。それゆえ、ギールケは、ゲルマン法を〈それが彼の国民の原始法であったゆえに〉ではなく、《いかなる他の法においても、倫理的要素がそれほどの力強さ、強靭さ、内面性をもっては働いていない》ゆえに推奨したのである。」(S. 692-S. 693)。

〔ドイツ法の理念について〕「しかしそれ（ゲルマン法）についてそうであるとすれば、ドイツ法においてもまた、何が法であるかを問うだけではなく、何が法であるべきかを問う法律学が必要とされるであろう。そして、それは、冷静な合目的性の意味においてのみならず、倫理的理想の意味における法である。この《法の理念》は、しかし、抽象的な諸概念においては現われず、自らを《歴史の潮流の中で浮き沈みする人間的な諸ゲノッセンシャフトの具体的な法の諸構造物において》実現されるのである。」（S. 693）。

〔ギールケの今日的意義について〕「ヨーロッパ文化の危機を克服する試みから、第一次大戦においてすでに明らかになっていた近代の法意識の危機から、二十世紀の新たな世界像をめぐる全闘争から、ギールケの影響は、切り離して考えられるべきではない。……ギールケの作品は、〈利用と権力という理念をとおしての法理念の破壊に対する闘争の中で、法理念の旗印を高く掲げること、法の基礎と目標は正義であるという思想を誠実に維持すること〉という同一の課題の前にあらゆる法思想が立たされているところの、一時的な諸形態のすべての変化を超えて存続する、ドイツ法思想の永遠の内容について、証言している。」（S. 708）。

以上みてきたように、エリック・ヴォルフは、ギールケを擁護し肯定的に評価しているが、これに対して、その後に現われた、フランツ・ヴィーアッカー『近世私法史――とくにドイツにおける発展を顧慮して――』（一九五二年）鈴木禄弥訳（創文社、一九六一年、新版一九九五年）〔初版で引用〕五四二頁以下は、これとはややニュアンスを異にする立場を示している。すなわち、ヴィーアッカーは、ギールケの巨大な影響力と思想家としての独創性を認めつつも、五四六頁で、〔ニーチェの言葉を借りて〕ギールケは「『昨日と明日の』思想家であり、彼は『今日をもたない』のである。」と結論するとともに、五四八頁注（24）においては、リヒャルト・ワーグナーを批判するニーチェの『善悪の彼岸』第八章（Nietzsche, Jenseits von Gut und Böse, 8. Hauptstück 1885）〔と第九十九節〕を引用して、その論評は、「ギールケという偉大な人物の内奥に向かっても、驚嘆すべき洞察を与えてくれる。」と述べている。〔もっともトーマス・マン（Thomas Mann）は、『リヒャルト・ワーグナーの苦悩と偉大』（一九三三年）（青木順三訳、一九九一年、岩波文庫）の中で、ニーチェの評価は形を変えた賛美であり、ワーグナーの仕事が首尾一貫性をもって完結していることを見逃したか、または、誰にも気づかせまいと望んでいることから生じた見解である、と批判している。」このほか、同頁注㉒では、ギールケのディルタイからの影響を指摘するエリック・ウォルフの推定を証明不能のように思われる、と批判している（「解説」四四八頁、参照。後述のヤンセンはウォルフの立場を支持している）。

二　アンドレアス・フィヤール「オットー・フォン・ギールケ」（『新ドイツ人名事典』所収）（Andreas Fijal, Neue Deutsche Biographie（NDB）, Herausgegeben von der Historischen Kommission bei der Bayerischen Akademie der Wissenschaften, Sechster Band Gaal – Grasmann, 1964, Duncker & Humblot/Berlin, S. 680.）。短い伝記。

「ギールケの学問的な核心をなすのはゲノッセンシャフト論であり、ヘルシャフトとゲゼルシャフトの緊張領域から出発して、彼は、社交を求めて努力する人間の社会的団体の中に、法の起源を認識した。ギールケは、ゲノッセンシャフトを〈家族から国家に至るまでのすべてのケルパーシャフト的な自由な結合に基づく諸団体を包含する〉ドイツの法律生活の中心現象として理解した。彼は、ケルパーシャフトに、その中に集結する個々人のたんなる総計を超えて及ぶ現実の団体人格を認めた。」（S. 680）。

三　ヤーン・シュレーダー「オットー・フォン・ギールケ」（クラインハイヤー＝シュレーダー編『五百年以来のドイツの法学者たち』所収）（Jan Schröder, Otto von Gierke (1841–1921), in: Kleinheyer＝Schröder (Hrsg.), Deutsche Juristen aus fünf Jahrhunderten, 1975, UTB C.F.Müller. S. 95–S. 101.）。短いが、充実した記述が見られる。すなわち、ギールケは、ローマ法の「形式に魂を吹き込む精神は、我々の父祖の法の精神である！。」とし、ドイツ法の歴史的研究に基づく法律学と並んで哲学的考察方法をもまた要求した限りで、法実証主義（ヴィントシャイト、ビンディング）からも社会学的実証主義（イェーリング）からも区別される、とした上で、「実体的な基準を、ギールケは、〝歴史の潮流の中に浮かび上がりそして姿を消していく人間的な諸ゲノッセンシャフトの具体的な法の諸形成物の中に〟実現されるところの〝法理念 Rechtsidee〟の中にみた。この法理念が本来どこに存するかを、ギールケ自身は、示すことができなかった（〝正義の原像は我々には姿を現さない〟）。しかし、人は、彼が実質的に〈彼が彼の巨大な解釈学的歴史的な諸作品の主要部分をそれに捧げたところの〉ゲルマン法の一定の諸原則のなかにそれ〔正義〕が実現されているのを見たということが許されるであろう。」（S. 97.）と述べている。

四　ハンブルク大学教授カルステン・シュミット「私法における団体理論の一〇〇年。オットー・フォン・ギールケのゲノッセンシャフト理論の影響史についての現今の諸考察」（Karsten Schmidt, Einhundert Jahre Verbandstheorie im Privatrecht. ――Aktuelle Betrachtungen zur Wirkungsgeschichte von Otto v. Gierkes Genossenschaftstheorie. ―― Berichte aus den Sitzungen der Joachim Jungius - Gesellschaft der Wissenschaften E.V. Hamburg Jahrgang 5・1987・Heft 4. S. 3-S. 43.）。会社法学の立場から、ギールケの『ゲノッセンシャフト理論とドイツ判例』の出版後一〇〇年の一九八七年を機会に書かれた「書評」。ギールケが不快な愛国者たちの一人と呼ばれうることや法律学におけるリヒャルト・ワーグナーにも比されうることにも言及した上で、それにもかかわらず、団体私法に及ぼしたギールケの不朽で「感動的な」功績（実在的団体人格の理論と機関論）を再確認し、賛否を別として、現代の未解決の諸問題（瑕疵ある団体、設立中の会社、権利能力なき社団等への権利能力の拡張、構成員地位の権利）や法政策的諸議論（コンツェルン団体の法人性、企業の権利主体性）のすべてにギールケの考察の射程ないし影響が及んでいることを指摘して、今日に妥当する彼の「驚くべき先見性」を明らかにしている。

〔実在的団体人格の理論〔法人実在説〕について〕ギールケによれば、「団体人は現実の人であり、たんに擬制された人ではない」。彼は、彼が行為能力ある有機体として把握する諸団体の実在と権利能力との間の差異と関連とを認識すべきことを我々に教えた。「ギールケは、その限りで二つの基本命題を遺産として遺した。第一の命題は、団体の存在ではなく、権利能力だけが法律問題である、というものである。国家と法は、完成した団体人をすでに見出しているからである。第二の命題は、これらの構築物の法人化は、なるほど法律問題ではあるが、しかし決して国家の恣意に服する法律問題ではなく、それゆえ、諸法人は、国家的付与をとおしてのみならず、慣習法規でもまたありうるところのたんなる法規に基づいてもまた、成立しうる。」(S. 14)。このように「ギールケは、団体実在の事実から団体人格の法律効果への架橋を導くことによって、立法者の諸団体に対する関係での法政策的活動の余地を狭め、そして、法の継続的発展のための基礎をすら、慣習法の資格で置いている。この点に、彼の法政策的な重要性が存在する。」(S. 15)。シュミットは、法律が認める範囲を超えて法人格を承認すべきことが主張される場合に、ギールケの名前がつねに繰り返し呼ばれるのは、驚くことではないと述べている。

〔法人の意思能力と行為能力・機関論〕「ギールケの第二の不朽の功績は、彼が法人の意思能力と行為能力のための理論的基礎を設定したことにある。」(S. 15)。「団体の意思能力と行為能力は、ギールケによれば、個々人におけるように、法によってのみ認められそして限界づけられた現実の事実であり、意思と行為の媒介者は、団体の諸機関である(いわゆる機関説)。」(S. 16)。シュミットは、ギールケの叙述「ただ法人だけが法律的意味における機関を有する。……総体人の諸機関は、諸機関の中で意欲しそして行為する統一体を、法の領域において、社会的な人間的有機体の同時に法律的な秩序の基準に従って現象へともたらすからである。機関の概念は、共同体的な組織体制法をとおして、そしてこの組織体制法をとおしてのみ、法の概念へと特徴づけられる。機関の概念は、個人法においては模範をもたず……ただ自己自身にのみ等しい。」を引用し、このギールケ理論は、「社団には理事会またはその構成員等の故意過失が帰責されなければならない」と規定するBGB三一条においてただ一部だけが表現されているにすぎない原則を最後まで考えることが妥当するところで維持され、その生産性が証明される、すなわち、「機関説は、〈その内部ではBGB三一条はただ断片的な個別解決として現われるにすぎない〉完結したモデルを提出している。すなわち、団体は、占有権を行使することができ、機関の故意過失をとおして帰責可能的に行為することができ、知または不知をもつことができ、そして、団体は意思表示をもまたすることができるのである。」(S. 19)、と述べている。

五　メアリ・フィシャー訳、アントニー・ブラック編『歴史的展望の中のコミュニティー』に付されたブラック「編集者の紹介」(Antony Black, Editor's introduction, in; Community in Historical Perspective, 1990. 2002. Cambridge University PresS., S. xiv–S. xxx)。これは、イギリスのケンブリッジ大学出版局から一九九〇年に出版されたギールケのドイツ団体法論第一巻の英文の要約版に付された英文の解説論文である。本文にもしばしば引用した。厳しいが公平な歴史家の目が感じられる論文である。

〔ギールケの貢献について〕「法律的・政治的な諸理念の歴史に関するギールケの作品は、範囲においてモニュメンタルであり、オリジナルな解釈の宝庫であった。過去、現在および未来についての彼の大胆なイメージは、彼に、原典資料の比類のない大きさへと断固として探求することを、習慣的にただ細部においてだけ，そして、孤立においてだけ、研究されてきた歴史的証拠の全体的な塊りを並列させることを可能にしたのである。このことは、保証のない思索に導いたかもしれないが、それはまた、光彩を添えることができたのである。それは、ギールケと学者たちの引続く諸世代の双方をして、さもなければ統制できないほどの資料を整えることを、そして、それらが焦眉の現代的重要性をもつように見えるゆえに、精力的な研究を強いたところの、中世史と初期近代ヨーロッパ史に関する諸問題を形成することを、可能にしたのである。」(S. xxiii)。

〔『ドイツ団体法論第一巻』の意義〕「ギールケの貢献は、二律背反的であった。けだし彼が提案した実際の歴史的解釈は、ゲノッセンシャフトの道徳的理念に学問的な支持を与えるためにア・プリオリな仮定によって命令されており、そして、歴史的な提案としては誤りであるか、または、偏向的であったからである。しかしながら、それらは、いくつかのケースにおいては、影響を持ち続けた。『ドイツ団体法論』第一巻は、ここでは決定的である。なぜならその中でギールケは、今日でも広く読まれ、学者たちによって折に触れて引用されるところの、引き続く（そしてより良く知られている）第三巻と第四巻の概念的なスキームと解釈的なパターンの基礎を設定したからである。自認されているように、言語に飢えたイギリスにおいては、本書は、主として英語に翻訳された諸部分に限られるが、しかしそれらの諸部分は、時おりは学部学生の読書リストの目玉となっている。彼らがいかに僅かにしか彼のものを実際に読んできていないかを少し恥ずかしく思うのみであっても、ギールケの名前は、いまなお尊敬を命ずるのである。しかしながら、第一巻なしには、ギールケが何を意図していたのかを理解することは、しばしば不可能なのである。」（S. xxiii–S. xxiv）。

六 カール・S・バーダー「オットー・フォン・ギールケ」（Karl S. Bader, Otto Friedrich v. Gierke, in: Deutsche Biographische Enzyklopädie（DBE）, Herausgegeben von Walter Killy unter Mitarbeit von Dietrich von Engelhardt, Wolfram Fischer, Franz Georg Kaltwasser, Bernd Moeller und Rudolf Vierhaus. K.G.Sauer, 1996. Band 3.（S. 374–S. 375）.）。ドルフおよびゲマインデの歴史を研究する歴史家による簡潔な伝記。本文に引用。「戦争の結末に深く突き動かされて、彼は、彼の最後の数年において、勇気を失うことなく、彼が遭遇した幻滅を克服するために自らを投入した。最後まで法理念の力を確信して、すでに外的な風貌からしてゲルマンの戦士であった彼は、〈彼がそれを理解したごとき〉法は人間の力と弱さに勝利しなければならないという意識をもって死んだ。」（S. 375）。

七 マルチン・ペーテルス『オットー・フォン・ギールケのゲノッセンシャフト理論』（Martin Peters, Die Genossenschaftstheorie Otto von Gierkes（1841–1921）, Marburger Schriften zum Genossenschaftswesen 95, Göttingen Vandenhoeck & Ruprecht. 2001）。これは、マールブルク・ゲノッセンシャフト制度叢書第九五巻として二〇〇一年に

出版された論文で、本文一二二頁のほか、末尾S. 123–S. 141において、ギールケの略歴・著作目録、ギールケを対象とする研究論文の詳細な目録が掲載されている。また、その冒頭には、マールブルク大学教授フォルカー・ボイティーン Volker Beuthien による「序文」（Vorwort, S. V–S. VI）が置かれており、そこでは、「ギールケの『ドイツ団体法論』は画期的な作品とみなされているが、それにもかかわらず、この作品は、ゲノッセンシャフト〔協同組合〕の実務によっても学問によっても、しばしば一度も言及されていない。」とドイツの現状が示され、ペーテルスの本書はその空白を埋める労作であるとされている。事実、ペーテルスの本書は、『ドイツ団体法論』を中心に、まず、法史学、ゲノッセンシャフト学、歴史学の研究状況を概観して、近年「ギールケ・ルネッサンス」（S. 2）とも言うべき再評価の動きが見られることを示す。続いて、ギールケの生涯行路と業績を辿り、歴史と同時代史に対するギールケの立場を浮き彫りにした上で、ギールケにおけるゲノッセンシャフトの歴史像・諸ケルパーシャフトの成立・機関説・法人・構成員地位・機関としての理事会などの項目ごとに分析・検討して、ゲノッセンシャフト理論の全体像を明らかにしようとしている（S. 76–S. 122）。十九世紀の理念世界と政治的状況を背景に、様々な側面からギールケの思想を浮き彫りにした労作である。本文中にも引用したが、ここでは、多岐にわたる彼の論述のゆえに、彼の結論的考察から引用する。

〔ギールケのゲノッセンシャフト理論の意義〕ギールケは「その文化史的に向けられた〈ヨーロッパの文書証明の経験的基礎に基づく〉ゲノッセンシャフト的な法律諸関係の分析によって、当時妥当したゲノッセンシャフト概念に影響を与えた。彼の作品をとおしてゲノッセンシャフト概念の歴史的、国法的、哲学的そしてまた社会倫理的な次元が可視的なものとなった。それゆえ、彼にはゲノッセンシャフト理論と学問における重要な意義が帰属する。」（S. 120–S. 121）。

〔リベラルな諸原則〕「ゲノッセンシャフト的にリベラルな基本諸原則――自律、自己責任、自己管理および自己機関性――は、ギールケによって疑われることはなく、国家に対して確実性をもって提出された。多くの同時代者とは反対に、彼は、それを超えて、とりわけ諸基本権、民族の参加および連合権を擁護している。この場合、興味深いのは、ギールケが、国家を、〈ドグマ的‐純理的、第三者的、技巧的、中央集権的な、そしてただ私的な、市民的秩序のみを代表する、服従国家および営造物的国家の形態における構造物〉としてではなく、〈民族と国民に確かに碇（いかり）を下ろした、地方分権的な、連邦的および多層的な政治的秩序〉として、願望したことである。」（S. 121）。

〔ゲノッセンシャフト理論の魅力〕「ゲノッセンシャフト理論の魅力は、ギールケが、総体に対する関係での個人の権利義務を定式化するのみならず、それ以上に、これとの密接な関係において、個人に対する関係での総体の権利義務をもまた定式化していることの中に見出されなければならない。……ギールケは国家絶対主義的な権力のあらゆる全能を批判し、拒否さえしたが、とりわけ諸ケルパーシャフトの成立に関してそうであった……。諸ゲノッセンシャフトは、彼の見解によれば、認許または認可をとおしてではなく、それ自身から成立する。すなわち、恣意的な国家的行為に基づいてではなく、社会的行為、すなわちすべての〈潜在的な〉構成員の共同の意思と態度に基づいて成立する。この視角のもとに、ギールケは、私的自治を尊重する法治国家の激烈な擁護者であり、そして、同時に、狭い諸法律と諸命令に対する批判者である。」（S. 121）。

〔彼自身の時代に対するギールケの批判と立場〕「彼は、国家の全能を個人の全能と同様に恐れた。それゆえ彼は、二つの対立物のジンテーゼを目指した。一つの解決を、彼は、〈諸機関が――取締役会の例について明らかにされるように――それ自体として対立の中にあるのではなく、メタモルフォーゼ〔変形〕のように自己自身から形成されるという観念に基づくところの〉彼の機関説においてのみ見出している。」（S. 121-S. 122）。「ギールケの理論と諸要求は、一定の自由主義的または保守的なプログラムへとはまとめられない。〝時代の子 Kind der Zeit〟として、ロマン主義的に輝いた〝ナショナリスト〟として、特殊的な社会層の代表者として、農業的利益の代表者として、あるいは、特定の政治的な問題提起の思想的先駆者として、彼を評価する諸努力は、失敗する。

彼の諸要求の全系列は、保守的とも、リベラルまたは社会民主主義的ともレッテルを貼られうる。それどころかそれらの諸要求は、時おりその後ろ向きの方向において徹底して近代的である。」（S. 122）。ギールケは徹底して知的独立性を維持したのであり、この自主独立性において、ギールケの生涯と業績は、今日もなお教えるところが豊かである、とペーテルスは結んでいる。

八

アルベルト・ヤンセン「法律学にとってのオットー・フォン・ギールケの持続している意義」（Albert Janssen, Die bleibende Bedeutung des Genossenschaftsrechts Otto von Gierkes für die Rechtswissenschaft, in Zeitschrift der Savigny- Stiftung für Rechtsgeschichte 122. Band, Germanistische Abteilung, 2005. S. 353-S. 366）。第二次大戦後のギールケ研究への関心をリードしてきたとされる法制史家ヤンセンによる、前掲ペーテルス論文の書評を兼ねた二〇〇五年の論文である。歴史的、解釈学的、哲学的諸視点からの検討をとおして、ギールケの『団体法論』の今日的意義を決定しようとしている。なお、ヤンセンには、すでにギールケの法史学方法論を扱った Otto von Gierkes Methode der geschichtlichen Rechtswissenschaft. Studien zu den Wegen und Formen seines juristischen Denkens (=Göttinger Studien zur Rechtsgeschichte 8), Göttingen 1974. があるが、筆者は未見のため、頭記の論文を引用して彼の見解を紹介する。

〔解釈学的に持続している意義〕「ギールケのゲノッセンシャフト理論の持続する解釈学的意義は、憲法〔組織体制〕的な機関設定においては汲みつくされず、我々の憲法秩序および法秩序の支持的モメントを意味するところの、民衆の〝諸権限〟の法律的理解において存在する。それは、それゆえ、たとえば、〝民衆の憲法制定権力〟という概念の理解のために寄与すること、〝ドイツ国民 deutsches Volk〟への基本法の前文の指示、ならびに、〝国民 Volk〟からのすべての国家権力の出発（GG. 二〇条二項）を内容的に説明すること、または、法律と〝法〟への執行権力と判例の拘束（GG. 二〇条三項）の内容を、より詳しく具体化することができる。」（S. 359–S. 360）。

〔結局何が持続しているか〕ギールケのドイツ団体法論には「彼の現代の政治的社会的諸潮流を意識的に自らの中に取り上げ、それに対して特別に彼の団体法論をもって自らの法律的回答を与えようと試みた一人の偉大な法律家についての追憶がとどまっている。……それと並んで、それは、従来どおり有効な憲法〔組織体制〕史的、解釈学的および哲学的認識を包含している。そして、それらの認識のすべては、私の考えでは、しかし、ひとが実際にこの法律的思考の広い地平線に自らを入り込ませる準備ができている（そしてその状態にある）場合にのみ、正当に評価される。今日、学問的にそして実際的に活動する法律家にとってもまた、〈ギールケがそれを我々の前に生きそして仕事したごとくに〉少なくとも自発的に、かの身体的な投入と自己自身に対するかの精神的な要求をもって、彼の日々の諸業務と取り組むとすれば、それは、十分にふさわしいことであろう。彼の生命と彼の思考のこの模範とすべきことにおいて、私にとって、それゆえ彼のゲノッセンシャフト法の〔今日まで〕持続しているものが存在するのである」（S. 366）。

〔第一分冊「訳者まえがき」の補遺〕「コルポラチオン」と「ケルパーシャフト」の意味について

ローマ法的な「コルポラチオン」Korporation とゲルマン法的な「ケルパーシャフト」Körperschaft については、本書では、原語のままカタカナで表記している。この点については、コルポラチオンを「法人」、ケルパーシャフトを「社団」と解する立場も存在する（村上淳一「ドイツ団体法論」世界名著大辞典第八巻（平凡社、オリジナル新版一九八七年）九七頁-九八頁）。

しかし、ギールケの用いている「コルポラチオン」Korporation の語は、基本的に当時の実定法であったプロイセン一般ラント法（Allgemeines Landrecht für die Preußischen Staaten）第二部第六章「組合 Gesellschaft 一般について、および、とくに会社 Corporation および共同団体 Gemeinen について」の Corporation とほぼ同一概念であって、第八十一条「会社と共同団体は、市民生活の取引においては一人の慣習上の人（moralische Person 道徳人）を観念させる。」と規定されているように、組合に法人格が付与されたものを意味すると解される。これに対して、「ケルパーシャフト」Körperschaft については、ギールケ自身が、「人格の存在がフェラインをケルパーシャフトとなし、そして、ケルパーシャフトをその他のフェラインから区別する」のである（本書第一巻第一分冊「序文」八頁）、と明言している。したがって、ギールケの立場からは、ケルパーシャフトもコルポラチオンも、いずれも「法人」であるが、「組合」に法人格が付与されたものがコルポラチオンで、「フェライン」〔社団〕に法人格が付与されたものがケルパーシャフトとして、区別されるべきことになる。権利能力ある組合がコルポラチオンで、権利能力ある社団がケルパーシャフトであるといってもよい。さらにいえば、法人格以前の問題として、人の結合が契約的である場合における「組合」と、団体的一体的結合である場合におけるフェライン〔社団〕との、原理的な区別がその前提に置かれている、ということができる。

以　上

〈著者略歴〉

オットー・フォン・ギールケ（Otto Friedrich von Gierke）

1841年1月11日シュテッティンに生まれ、1921年10月10日ベルリンで逝去したドイツの法学者。1867年ベルリン大学にて教授資格を取得し、1871年同大学員外教授、同年ブレスラウ大学正教授、1884年ハイデルベルク大学正教授を経て、1887年ベルリン大学正教授となる。ドイツ法制史、手形法、商法、民法、国家法など幅広い分野でゲルマン法思想の展開と確立に尽力。代表作は未完の大著『ドイツ団体法論』『ドイツ私法論』など多数。

〈訳者略歴〉

庄子良男（しょうじ・よしお）

昭和18年2月21日新潟市に生まれる。仙台市の小・中校を経て、宮城県仙台第一高等学校、卒業。昭和40年3月東北大学法学部、卒業。東北学院大学教授、千葉大学教授を経て、平成7年4月筑波大学大学院企業法学専攻教授（平成18年3月、定年退官）、平成18年4月早稲田大学大学院会計研究科教授（平成19年3月退職）、平成19年4月駿河台大学大学院法曹実務専攻教授（平成27年3月退職）。

平成11年1月大隅健一郎賞、平成12年11月博士（法学）早稲田大学。

現在、筑波大学名誉教授。

〈主要著作〉

『手形抗弁論』（信山社、平成10年）

『ドイツ手形法理論史』上・下巻（信山社、平成13年）

オットー・フォン・ギールケ　ドイツ団体法論
第一巻　ゲノッセンシャフト法史　第四分冊

2015年（平成27年）11月20日　初版第1刷発行

訳　者　庄　子　良　男

発行者　今　井　　　貴
　　　　渡　辺　左　近

発行所　信山社出版株式会社

〒113-0033 東京都文京区本郷 6-2-9-102
Tel 03-3818-1019　Fax 03-3818-0344
henshu@shinzansha.co.jp
Printed in Japan

印刷・製本／松澤印刷・日進堂

ISBN978-4-7972-2648-5 C3332

ギールケ『ドイツ団体法論』第一巻全四分冊　総索引

【索引の構成】

【ギールケ『ドイツ団体法論』第一巻全四分冊・事項索引】(五十音順)
【ギールケ『ドイツ団体法論』第一巻全四分冊・人名索引】(ABC順)
【ギールケ『ドイツ団体法論』第一巻全四分冊・地名索引】(ABC順)
【第四分冊・付録1・ギールケ「株式会社論」事項索引】(目次に順ずる内容順)
【第四分冊・付録2・シュトゥッツ「ギールケの思い出」・事項索引と人名索引】
　【シュトゥッツ・事項索引】(目次に準ずる内容順)
　【シュトゥッツ・人名索引】(ABC順)
【第四分冊・付録3・ヴィーラント「ギールケ」・索引】(ABC順)
【第四分冊・庄子良男「解説」・事項索引と人名索引】
　【庄子「解説」・事項索引】(目次に準ずる内容順)
　【庄子「解説」・人名索引】(ABC順)

注1：第一分冊の本文の頁は，「序文」の1頁から始まっている。第一分冊本文65頁は①65というように示す。それに先立つ第一分冊の冒頭の「訳者まえがき」「内容目次」「原著者の第一巻まえがき」「第二・三・四巻まえがき」を含む1頁－65頁の分については，それと区別するため，例えば，①前65と示す。

注2：第二分冊本文65頁は，②65，と表示する。③は第三分冊，④は第四分冊を示す。

注3：事項索引の見出し語〔　〕は異なる訳語を当てる場合のあることを示す。

【ギールケ『ドイツ団体法論』第一巻全四分冊・事項索引】(五十音順)

【あ行】

アイスランド法……①41
アイトゲノッセンシャフト〔誓約ゲノッセンシャフト〕Eidgenossenschaft……②360，②362，②363，②381，②384，②392
アイニグング〔合意，結合〕Einigung……③239
アイニグング契約 Einigungsvertrag……②196
アイニグングの権利 Einigungsrecht……③241，③244
アイヌング〔約定による結社，同業組合〕Einung……①15，①237，①267〔自由民の自由な結合〕，①268，①289，①290，①303，①307，①334，①336，①344〔自由な一〕，①345，①359〔諸国の承認〕，①380，①405〔平和一〕，①408，①413，①435，②3，②4，②8，②9，②72，②81〔商人一〕，②83〔商人一〕，②98，②99，②174，②178，②179，②180〔上級貴族の一の特色〕，②181，②188，②198，②211〔聖職者と平信徒

の一〕，②215〔学者の一〕，②216，②228，②248〔政治的一〕，②249，②250，②251，②252，②253〔諸効果〕，②254〔政治的一〕，②292，②293，②324〔一としての帝国〕，②333〔領邦国家への影響〕，②364，②369，②372，②373，②392〔自由な一思想〕，②434-440，③22，③23，③239〔一権〕，③240〔階級的一の許容〕，③281，③282，④3，④5
アイヌング思想 Einungsgedanke……①345〔二つの方向：ギルドと都市〕，②98，②100
アインラーガー Einlager……②382
アウグスターヌム法 Jus Augustanum……①297
アウクスブルクの宗教和議 Augsburger Religionsfriede……③300
アウスロイテ Ausleute……①255
アカデミー Akademie……④24-25〔諸例〕
—アカデミー・フランセーズ académie française……④24
—ベルリン・アカデミー Berliner Akademie……④24
アグナーテン〔父方の親戚，男系親族〕Agnaten……②182，②195，②398
アジールレヒト〔庇護権〕Asylrecht……①197
頭数多数決 Kopfmajorität……②243
アックラマーチオ・ポプリ〔民衆の同意の歓呼〕acclamatio populi……①163
アハトゥング〔保護剥奪〕Aechtung……①174
あばら家住民……ケッターをみよ。
アームト〔職務，官職〕Amt……①252，①257
アムマン〔郡長，ラント郡長〕Ammann……②348，②349，②350
アラマン族 Alamannen……①66，①68
アラマンニー族の法律 lex alamannorum……①99，①108
アラマンニー人のローマ帝国からの普通商人……②86，②257
アルディオーネン Aldionen, ardiones……①211，①214
アルトゥス・ヘーフェ〔アーサー王の宮廷，ギルド名〕Artushöfe……②70，②74，④8
アルトリンプルクの共同相続人団体 Ganerbschaft Alt=Limpurg……②71，②73，②74，②75，②76，②77，④8
アルプ〔高山牧場，高地牧場，山岳〕Alpen……②466，②467〔一帳簿〕，②474，②506〔マイスター〕，②507〔一警察，帳簿〕，③53
アルプマルク〔高山牧場マルク〕Alpmark……②466，③54，③59
アルメンデ〔共用地〕Allmende……①91，①96，①113〔諸例〕，①119，①208，②441，②453，②454，②460，②461，②470，②472，②501〔一権〕，③35，③65，③68
アロード〔完全私有地〕Allod……①190
アンゲルザクセン Angelsachen……①27-31，①40，①41，①149〔一帝国〕，①151〔帝国〕，①160，①163，①169，①172，①201，①221
—首の捕獲〔首つかみ〕Halshang……①40，①43
—の集合的名称 sibsceaft, sibscipe, maegdh, maegsib, maegburgh……①33

—の諸法律 angelsächsische Gesetze……①28, ①175, ①181
—法 angelsächsisches Recht……①29, ①44, ①123, ①131, ①173, ①176
アントゥルスティオーネス〔信認された王の従士〕antrustiones, Antrustionen……①139, ①147, ①148, ①149, ①181, ①209〔様々な名称210〕
家 Haus……①25〔ドイツの—〕, ①136, ①182, ②174〔—ゲマインシャフト〕, ②182, ②185〔ハウスレヒト〕
—家ヘルシャフト Hausherrschaft……①136, ①182
—上級貴族の家 das hochadlige Haus……①36, ②181, ②182, ②183
イギリス議会主義 der englische Parlamentarismus……③253
イギリス憲法史 englische Verfassungsgeschichte……①359
石工 Steinmetzer, cementarius……①279, ②132〔組織体制〕, ②133〔兄弟団体〕, ④18
—石工左官 Steinmetzmaurer……②133
—建築職人組合 Bauhütte……②132, ②133
—自由左官同盟 Freimeurerbund……②133
—フリーメイソン同盟 Freimaurerbund……④18, ④26, ④45
異端糾問 Inquisition……②208, ②211
異端者 Ketzer……②210, ②211〔—の諸ギルド〕
従兄弟団体 Vetterschaft……フェッターシャフトをみよ。
イネ法典〔イネ王の法典〕Ges.Ines…… ①44, ①360
違法行為 Wagen……①29
インヌング〔同業組合〕Innung……①264〔荘園法的〕, ①267, ①268, ①308, ①312, ①313, ①380, ①381, ②50〔手工業者の—禁止〕, ②78, ②79, ②99, ②109〔自治〕
—商業インヌング Handelinnungen……②78, ②79, ②80〔営業能力等〕, ②115, ②116, ②130〔—フェライン〕, ②199, ②228〔盗賊—〕, ②229〔傭兵—〕, ②230, ③28, ④106, ④123〔—強制〕, ④124, ④126, ④127, ④128, ④129, ④130〔強制—〕, ④131, ④134, ④135, ④138
インムニテート〔治外法権〕Immunität……①132, ①179, ①185, ①190, ①195, ①196, ①197, ①198〔—特権〕, ①199, ①200, ①201, ①202, ①215, ①221, ①231, ①257, ①303, ①313〔騎士の〕, ①327, ①328, ①329, ②205
ヴィスビューの商人団体……②83
ウィテナゲモート〔賢人会議〕witenagemot……①163, ①178
ヴィルキュール〔自治的法令〕Willkür……②18, ②97, ②113, ②351, ②352
ウェストファーレンの市長村団体 Kommunalverbände Westphalens…… ③212
ウェストファーレンのラントゲマインデ条例（1841）……③121
ウェストファーレンの和平〔平和〕westphälischer Friede……③20, ③234, ③247, ③282, ③283, ③295, ③311
ヴェンド族〔人〕Wenden……②103, ②155, ②170, ②515, ③264, ④77
ウォルムス荘園法（1024年）Wormser Hofrecht……①244

ウォルムスの諸決議 Beschlüsse von Worms（1231）……②15
ウニヴェルシタス universitas……①252，①271，①296，②344，②347，③17，③29〔道徳的人格〕，③34〔一の物〕，③238〔一の諸権利〕，④4，④90，④110
—ウニヴェルシタス・クレーリ〔信徒団体〕universitas cleri……①445
—ウニヴェルシタス・フィデーリウム〔聖職者団体〕universitas fidelium……①445
—ユーラ・ウニヴェルシターティス〔団体の諸権利〕jura universitatis……④88，④89
ウプスタルボームのラント集会 Landesversammlung in Upstallbom……②358
ウプスタレスボームの諸法律 Upstallesbomer Gesetze……①343，②364
ウェルテン Uerten……②501
ウェルテンレヒト Uertenrecht……②501
ウルドルフ〔原始村落〕Urdorf……①123
ウルフェーデ〔復讐断念契約，和解〕Urfehde……①29
ウンゲノッセ〔仲間でない者〕Ungenosse……①245
ウンターザッセン〔所属者〕Untersassen……②402
永久的小作権 Kolonatrecht……②452
営業階級 Gewerbestand……④133〔三グループ〕
営業経営者 Gewebetreibender……①265
営業警察 Gewerbepolizei……③41〔官憲への移行〕
営業権 Gewerberecht……④75，④76
営業＝商業会議所 Gewerbe= und Handelskammer……④133
営業条例 Gewerbe Ordnung……④57，④68，④124〔三システムと立法例〕，④126，④133
—ヴュルテンベルク……④68，④124
—オーストリア……④138
—北ドイツ連邦草案……④140-141
—ザクセン……④68
—テューリンゲン……④68，④137
—バイエルン……④124，④126，④138
—バーデン……④68，④127，④133
—ハンブルク……④125，④126
—ブラウンシュヴァイク……④68，④127
—プロイセン……④57，④125
—リューベック……④125，④126
営業独占 Gewerbemonopol……②101
営業の自由 Gewerbefreiheit……④83，④94，④98，④122，④123，④125，④136
営業の物権法的性質 realrechtliche Natur eines Gewerbes……②103
営業法律 Gewerbegesetz……④121-141〔近代の一〕，④123〔諸国の一〕
—オーストリア……④129
—バイエルン……④129

―プロイセン……④122, ④130
営業持分 Geschäftsantheile……④284〔株式との差異〕, ④285, ④288, ④296, ④297, ④300
営造物〔アンシュタルト〕Anstalt……②198, ③112〔国家―〕, ③276, ④4, ④5, ④7, ④11, ④14
英雄文学 Heldenpoesie……①141
役権……地役権をみよ。
エヒテ echte……①247〔三種類の〕, ①269
エヒトウォルト〔アハトウォルト〕echtwort, achtwort……②503
王 König……①73, ①74〔王制〕, ①75, ①79〔海王, 軍隊王〕, ①87, ①139〔王の食客〕, ①147〔食客〕, ①152-153〔民族王〕, ①174, ①175〔王の殺害〕, ①179〔王の山・王のブナ林〕, ①180〔王権〕, ①190〔相続王, 世襲王〕, ①192〔王位〕, ①220〔神の代理人〕, ①289〔王権〕, ①433〔王のゲマインデ〕
―王の平和 Königsfriede……①158, ①159, ①175
―王の奉仕〔王への奉仕〕Königsdienst……①157, ①158, ①165, ①166, ①199, ①280
王位継承条例〔王位承継規定〕Succesionsordnung……②195, ②397
オーストリア刑法 österreichisches Strafgesetz……④56
オーストリアゲマインデ法律 das neueste österreichische Gemeindegesetz……③132, ③136, ③147
オーストリア法典 Oesterr. Gesetzb.…… ④348
オフィキウム officium……①265
オランダ Niederlande……③283〔連邦国家〕
オランダ議会 Generalstaaten……④168, ④169
オルシーのギルド Orcy's Guild……①363, ①366
オルデン〔結社〕Orden……④17〔諸例〕
オルト警察 Ortpolizei……③143, ③144, ③180
オルト〔場所〕ゲマインデ Ortsgemeinde……①123, ①124, ①125, ①392〔農民―〕, ③73, ③108-182, ③109, ③118, ③120, ③122, ③124, ③125, ③203, ③211, ③225, ③226, ③292
オルト市民権 Ortbürgerrecht……③43, ③67, ③119
オルト市民法 Ortbürgerrecht……②491
オルトシャフト Ortschaft……③64, ③67

【か行】

階級 Stand, Stände……①240, ③254
―階級ケルパーシャフト Ständekörperschaften……③234, ③237, ③246, ③266
―三階級選挙制 Dreiklassenwahlsystem……③119, ③168, ③210
―市町村階級コルポラチオン komunalständische Korporation……③218

—市町村階級的諸団体 komunalständische Verbände……③218, ③219, ③221, ③223
—地方階級的諸団体 provinzialständlicher Verband……③219, ③220, ③221
—第一階級 erster Stand……③220
—第二階級 zweiter Stand……③220
—第三階級 dritter Stand……③220
—帝国諸階級〔帝国等族〕Reichsstände……帝国をみよ。
—同盟的結合 Bündnisse……③239
海事裁判所 Seegericht……④101
外人 Fremde……①50, ①105, ①132, ①173
海法 Seerecht……②262〔普通—〕, ④64
—ウィスビュー海法 das Wisbysche Seerecht……②284
—ハンブルク海法 Hamburger Seerecht……②282
—リューベック海法 lübisches Seerecht……②282
解放奴隷 Liberten……①167, ①183
ガウ〔ゴー〕gau,ga,go……①45〔—ゲマインデ〕, ①58, ①79, ①90, ①91〔—アルメンデ, マルク〕, ①201, ①228, ①332
ガウゲノッセンシャフト Gaugenossenschaft……①65, ①122, ①132, ①333
学者 Gelehrte……②215〔諸ゲマインハイト〕
家産制原則 das patrimoniale Princip……②177
家産制的理念 patrimoniale Idee……①164
家士……ファッサルレンをみよ。
貸方資本 Guthaben……④284, ④288, ④289, ④296, ④297
鍛冶屋 faber……①279
家族 Familie……①1, ①25, ①40〔家族罰金〕, ①47〔罰金〕, ①137〔domus,familia,hired〕, ①260〔—法〕, ①286〔法〕, ②176〔組織体制〕, ②180, ②181, ②186〔自律〕, ②191〔世襲財産〕
—家族ゲノッセンシャフト Familiengenossenschaft……②178〔上級貴族の—〕, ②180
刀打ち Ritterschlag……①309
家長 Hausherr……①25, ①136
家長階級 Hausmannsstand……②371
家長権〔家父長権〕mundium……①31, ①53, ①136, ①138, ①144〔多くの同義語〕, ①158, ①182, ①197, ①206, ①214
ガッフェル〔ギルド〕Gaffel……②54, ③203
加入金 Aufnahmegeld……①256, ①268
カヌートギルド Kanutsgilde……①425
カピトゥラリア Kapitularien……①161, ①221, ①258
寡婦金庫 Wittwenkassen……④272
家父権 potestas……①206

株式会社〔株式組合〕Aktiengesellschaft……②243，②466，③126，③279，④45，④47，④64，④69，④73，③126〔一原則〕，④143〔原則〕，④164，④166〔基本的性格，歴史〕，④166-205，④171，④175，④180，④183，④188，④204，④205-206〔活動分野〕，④224，④264，④268，④285，④289，④342，④348
—会社人格 Gesellschaftspersönlichkeit……③279
—株券の無効宣告 Amortisation……④196
—株式 Aktie……④164，④168，④171，④197，④231，④284，④285，④288
—記名株式 Namenaktie……④196
—無記名株式 Inhaberaktie, Aktien auf Inhaber……④171，④173，④175，④197
—普通株式 Stammaktie……④197
—優先株式 Prioritätsaktie……④197
—株式営造物 Aktienanstalt……④187
—株式ゲノッセンシャフト Aktiengenossenschaft……④187
—株式原則 Aktienprincip……④168，④170，④171，④178，④218，④292
—株式資本 Aktienkapital……④45
—株式の譲渡可能性 Uebertragbarkeit der Aktien……④196〔と制限〕
—株式発行 Aktienemissionen……④47，④179，④218
—株主 Aktionär……④292
—株主総会 Generalversammlung……③279，④164，④198，④234
—株主名簿 Aktienbuch……④196
—監査役会 Aufsichtsrath……④164，④165，④198
—代表者 Repräsentant……③279
—定款 Statut……④197，④199，④234〔定款変更〕
—取締役会 Vorstand……④165，④198
—保険株式会社 Versicherungsgesellschaft auf Aktien……④74
—保険相互会社……保険相互会社をみよ。
—有限責任 die beschränkte Haftbarkeit……④172，④175
株式会社の理論
—財産ゲノッセンシャフト Vermögensgenossenschaft……④185
—ドイツ法のゲノッセンシャフト説 Genossenschaftstheorie……④184，④214
—目的財産説 Zweckvermögen……④185〔財団人格，営造物人格〕，④214
—ローマ法のウニヴェルシタス説 universitas……④183，④184
—ローマ法の組合説 Societätstheorie, Gesellschaftslehre……④182，④183，④214
株式会社の理論〔旧理論〕
—スカッチアのモンテス＝質屋説 Leihhäuser……④182
—ハイネクキウスのコルポラ説 Corpora……④182
—マルクアルトの商人ギルド説 Kaufmannsgilde……④182
株式会社の歴史……④166

—イギリスの東インド会社 die englisch= ostindische Kompagnie……④169，④170，④219〔類似の諸会社〕
—レギュレーテド・カンパニー〔規制会社〕regulated company……④169
—イギリス法……④170-173，④171〔バブル・アクト〕
—ジョイント・ストック・カンパニー法 Joint Stock Companies Acts……④172，④220，④230〔銀行等の諸例〕
—無限責任合本会社……④230
—有限責任合本会社……④230
—大会社法 die große Companies Act（1962）……④172-173，④172〔資本社団の三類型，諸機関〕，④220，④301
—トレーディング・カンパニー〔商事会社〕trading companies……④172，④220，
—イタリアのサン・ジョルジオ銀行 banca di S. Giorgio……④167，④218〔従う諸銀行例〕
—オランダの東インド会社 die ostindische Handelkompagnie……④168，④219
—十七人委員会 Siebzehnerausschuß……④169，④219
—ドイツ法……④178，④179
—ウィーン東方会社 Wiener orientalische Kompagnie……④178
—エムデン会社 Emdener Kompagnien……④178
—ドイツ商法典 das deutsche Handelsgesetzbuch……④180
—〔設立の〕許可 Oktroi……④180，④182
—〔設立の〕承認 Genehmigung……④180
—プロイセン法律（1838，1843）……④182
—フランス法……④174-178，④302，④303
—西方会社 Compagnie d' Occident……④174，④175
— 一八六七年法律……④176〔イギリス法継受〕，④177，④178，④303
—ソシエテ・アノニム〔無名組合，無名会社，株式会社〕société anonym……④175，④176，④177〔組織と運営〕，④302，④306
—西インド会社 Com. des Indes occidentales……④174
—東インド会社 Comp. des Indes orientales……④174
—ミシシッピー会社〔インド会社〕Missisippigesellschaft……④174
—有限責任会社 société à responsabilité limitée……④176，④177
株式社団 Aktienverein……④143，④146，④151，④154，④156，④158，④164，④165，④166-205，④171，④178，④179，④180，④181，④182，④183〔法人格〕，④184，④185，④186，④187，④188〔財産ゲノッセンシャフト〕，④189，④190，④191〔構成と編成〕，④193，④196，④198，④199〔機関〕，④200，④201，④202，④204，④205，④223〔諸会社例〕，④224，④225，④228〔諸株式銀行〕，④229〔諸株式銀行〕，④230，④264，④268，④299，④300〔労働者—〕，④303〔フランス〕，④306〔フランス〕，④345

—株券 Aktie……④192
—記名式……④192, ④196
—無記名式……④192, ④196
—株式 Aktie……④192〔物となったゲノッセン権〕, ④193〔会社財産についての持分〕, ④196, ④284, ④288, ④299, ④310
—株式企業の対象 Gegenstand des Aktienunternehmens……④189
—基礎資本金 Grundkapital……④189, ④191, ④192
—権利能力 Rechtsfähigkeit……④201
—構成員地位 Mitgliedschaft……④191, ④192〔株式〕
—社団の定款 Vereinsstatut……④196
—人格 Persönlichkeit……④194
—生業目的〔営利目的〕Erwerbszweck……④190
—総体意思 Gesammtwille……④195
—取締役会 Vorstand……④200
—物的商号 Sachfirma……④189
—有機体組織 Organismus……④202, ④203〔私法ではなく公法〕
株式社団の前段階……④143, ④146, ④151
—岩塩鉱法におけるゲノッセンシャフト Genossenschaftsverhältnisse in Salinenrecht……④157, ④158
—岩塩鉱 Saline……④212-214〔法律関係の詳細〕
—製塩業者組合 Pfännerschaft……④158
—ゲザムトハント〔合有〕Gesammthand……④144
—共同相続人のゲザムトハント Gesammthand von Miterben……④144
—船舶組合 Rhederei……④144, ④145, ④146
—鉱山組合〔鉱山会社〕Gewerkschaft……④151, ④152, ④153, ④154〔法人格〕, ④155, ④156, ④158
—鉱山株 Kuxen……④150, ④152, ④155-156〔株式類似の動産〕
—鉱山業者 Bergleute……④150
—水車 Mühlen……④146, ④147, ④148
—水車ゲノッセンシャフト Mühlengenossenschaft……④146
—水車権 Mühlenrecht……④147
—水車相続財産〔水車相続人団体〕Mühlenerbschaft……④146, ④148, ④149
—ケルンの水車相続財産……④148〔完成された株式社団〕
—ラントゲマインデ諸関係……④143
—アルプマルク〔高山牧場〕ゲノッセンシャフト Alpmarkgenossenschaft……④143
—ゲヘーファーシャフト〔林業の人的結合体〕Gehöferschaft……④143
—ハウベルク〔樹木伐採〕ゲノッセンシャフト Hauberggenossenschaft……④143
家父長制 patrichial……①13, ①188

貨幣承認 Geldbewilligung……②388
貨幣条例 Münzordnung……②419
貨幣鋳造請負人 Münzer……①287，①288〔一頭〕，①289〔一裁判権，レーン裁判権〕，①297，①298，①299，②223，②236，③105
貨幣鋳造請負人ゲノッセンシャフト……①287，①288，①289，①290，①296
貨幣鋳造権 Münzregal, Münze……①287，②374，②404〔の売却〕
貨幣鋳造職 Münzamt……①288
家僕 Hausdiener……①139
神の国 Gottesreich……①218，①219
カロリング朝 Karolinger……①108，①126，①132，①152，①161，①162，①166，①177，①178，①189，①210，①280，①327，①330，①340，③52
カロリング帝国 das karolingische Reich……①227，①394
為替職務〔両替職務〕Wechselamt……①288
ガンエルプシャフト……共同相続人団体をみよ。
官憲〔官憲支配，当局〕Obrigkeit……①16，②4，②8，②65，②109，②212，②409，②436〔の思想〕，②437〔当局システム〕，②493，③3-30，③8〔思想〕，③9，③10，③15，③20〔一的国家理念の発展〕，③35〔一の承認〕，③39〔の理念〕，③70，③77〔裁判所一〕，③89，③92，③105〔表現と概念の出典〕，③108-182，③109〔システム〕，③132，③172〔都市の一〕，③183，③206，③207〔ラント一〕，③254〔と臣民〕，③303〔的国家〕，④128〔オルト一〕
官憲的国家 obrigkeitlicher Staat……④3-28〔におけるフェライン〕
官職権 Amtsrecht……①207，①290
官職権益 Stuhlgerechtigkeiten, Amtsgerechtigkeiten……①340，①409
官職レーン Amtslehn……①266，①290，①333，①381
完全自由民 Vollfreien……①167
カントン Kanton……③284，③285
カントン集会 Kantonversammlung……③284
キヴィタス〔都市国家〕civitas……①45
議会〔国民代理，国民代表〕Volksvertretung……③251，③266，③270
機関 Organ……①49，①162，①408〔ゲマインデの〕，①410
企業 Unternehmung, Unternehmen……④246，④252
騎士 Ritter……①168，①307〔騎士道〕，①308〔一慣習〕，①309〔身分〕，①312〔一のゲヴェール，騎士法〕，①313，②40，②294〔騎士ゲゼルシャフトの諸例〕，②298〔標識〕
騎士インヌング Ritterinnung……①309
騎士会議 Rittertage……①307，①312
騎士階級 Ritterschaft……①287，①306，①309，②293，②294〔帝国自由一〕，②370，②376，③218〔騎士団体〕

騎士財産占有者階級 Rittergutsbesitzerstand……③215
騎士団 Ritterorden……①313, ②188
騎士ツンフト Ritterzunft……①309
騎士的な撤回権 ritterschaftliches Retraktsrecht……①286
騎士同盟 Ritterbünde……②188, ②294〔諸例〕, ④9
騎士のゲゼルシャフト Rittergesellschaften……②294〔諸例〕, ②308〔諸例〕, ②309〔諸例〕, ②310, ②311
—イーゲル〔ハリネズミ〕同盟 Igelbund……②385
—エレファンテンブント〔象同盟〕……②296, ②305
—オウムゲゼルシャフト Papageiengesellschaften……④8
—グライフ〔グリフィン〕ゲゼルシャフト Gesellschaft mit dem Greifen……②294, ②309
—シュテルン〔星〕ゲゼルシャフト Sterngesellschaft……②294, ②306, ②308
—聖ゲオルク〔イェルク〕の盾ゲゼルシャフト Gesellschaft von St. Georgenschild……②295, ②296, ②305, ②308, ②320, ②328, ②331, ②349, ②378
—白鳥騎士団〔僧団〕Schwanenorden……④9, ④21
—エルベ河の白鳥僧団 Schwanenorden an der Elbe……④24
—馬上競技〔馬上槍試合〕ゲゼルシャフト Turniergesellschaft……②299, ②309, ④9
—パルメン僧団 Palmenorden……④24
—フュアシュペンガーゲゼルシャフト Fürspänger……②294, ②306, ②307, ②308
—ヨハネ修道会騎士団 Johanniterverein……④10, ④21
—ライオンゲゼルシャフト〔ライオン同盟〕Gesellschaft vom Löwen, Löwenbund……②295, ②296, ②304, ②306, ②307, ②308, ②328, ②330, ②378, ②411, ③241
騎士の品位 Ritterwürde……①307, ①308, ①309, ①313
技術は相続しない Die Kunst erbt nicht……④103
貴族 Adel……①166, ①180, ②177〔—の諸家族〕, ②178〔—の家ゲノッセンシャフト〕, ②183, ②187
—下級貴族 der niedere Adel……②187
—原始貴族 Uradel……①52, ①59
—出生による貴族 Geburtsadel……①164
—上級貴族 Hochadlige……②177, ②179, ②180, ②183, ②195
—奉仕貴族〔功労貴族〕Dienstadel……①52, ①166, ①180, ①212
—民族貴族 Volksadel……①52, ①165
貴族同盟 Adelsbünde……②292, ②293, ②295, ②304, ②360
北ドイツ同盟 norddeutscher Bund……④36, ④134, ④350
宮宰……ハウスマイヤーをみよ。
宮廷会議 Hoftage……①307
宮廷奴隷 Hofhörigkeit……①149

宮廷法〔莊園法〕Hofrecht……①206
教育および授業至上権 Erziehungs= und Unterrichtsregal……④14
教会 Kirche……①217, ①442〔一組織体制〕, ①443, ①444〔ケルパーシャフト〕, ②198〔ゲゼルシャフト的な結合体〕, ②200〔一の諸コルポラチオン〕, ③297-328, ③312, ③313〔国家と一〕
—改宗決定権 jus reformandi……③300
—カトリック教会 katholische Kirche……①217, ①220, ①443〔独身制〕, ③297, ③300, ③302, ③303, ③306, ③308, ③312, ③313, ③316, ③323
—救貧院 Versorgungsanstalten……③305
—教会会議 Synoden……①445, ①446, ②198〔一原則〕, ②212, ③299, ③313, ③317, ③318
—教会規律 Kirchendisciplin……③318
—教会ゲノッセンシャフト……①219, ③297
—教会ゲマインデ……①219
—教会とゲノッセンシャフト……①217, ①442
—教会法 kanonisches Recht……③306
—教区 Parochien……①219
—兄弟団体 Brüderschaften……③321〔ルターの廃止要求〕, ③322
—サークル兄弟団体 Zirkelbrüderschaft……④8
—聖母ギルド Liebfrauengilde……③322〔規約内容〕
—ホーエンシュトゥール兄弟団体 Hohenstuhlbrüderschaft……③322
—水夫コンパニー Seglerkompagnie……③322
—公会議 Koncilien……①445
—コムトゥール〔騎士修道会管区長〕Komthure……②201, ②203, ②204
—コングレガチオン Kongregation……①447, ①448, ①450, ①451, ①452, ②200, ③323〔諸例〕
—コンシストーリウム〔枢機卿会議, 宗教局〕Konsistorium……③299, ③301, ③302, ③318
—司教 Bischof……①219, ①446, ③300
—司教座聖堂参事会 Kapitel, Domkapitel……②204, ③305, ③306, ③307, ③316
—司教職 Episkopate……①219, ①445
—慈善施設 Stifter……③305
—修道院 Kloster……①219, ①448, ①449, ②200, ③305, ③306, ③316
—修道院長〔大修道院長〕abbas……①170, ①179
—修道会総会長 General……③309
—修道士教団 Mönchsorden……①449, ①450〔諸例〕, ②200, ③307
—アウグスティノ修道会 Augustiner……②207
—アドランテン Adoranten……③319, ③320

—アルミニアーナー Arminianer……③318
—イエズス会〔士〕Jesuiten, Gesellschaft Jesu……②214, ③302, ③308, ③310, ③324
—ウルスリーヌ修女僧団 Nonnenorden der Ursulinerinnen……③307
—エンゼル兄弟 Engelsbrüder……③320
—オラトリオ会 Oratorium……③307
—カプチン僧団 Kapuziner……②209, ③307
—カーランツギルド Kalandsgilden……①371, ②214
—カーラント〔一日参集信心会〕Kaland……①371, ③323
—カルメル修道会 Karmeliter……②206
—騎士教団〔騎士僧団〕Ritterorden……①452, ①457〔外国の諸例〕, ②201, ②202, ②206, ②298, ③306, ③307, ③308
—ギヒテリアーナー教徒 Gichtelianer……③320
—急進フス教徒党 Taboritenpartei……②211
—クエーカー教徒 Quäker……③320
—クリューニー教団 Orden der Kluniacenser……①450
—敬虔派〔経験主義者〕Pietisten……③304
—再洗礼派 Wiedertäufer……③94, ③303, ③319, ③320
—シトー会教団 Cistercienserorden……①450, ②200, ②213, ③308
—慈悲の友会修道女僧団 Orden der barmherzigen Schwestern……③307
—シュヴェンクフェルダー派 Schwenckfelder……③320
—スウェーデンボルク派 Swedenborgianer……③320
—ゾツィニアーナー Socinianer……③319, ③320
—第三会員 Tertiarier……②210, ②211, ②213
—托鉢修道会 Bettlermönche……①451, ②206, ②208, ②209, ②214, ②218, ③308
—テアチノ修道会 Theatiner……③307
—テンペル騎士教団 Orden der Tempelherrn……①452, ②201
—ドイツ騎士団 der deutsche Orden……①453
—ドミニコ修道会 Dominikus……②206, ②207, ②208, ②213
—バプティスト教徒〔浸礼教徒〕Baptisten……③320
—バラ十字兄弟団体〔黄金十字団〕Rosenkreuzerbrüderschaften……③320, ④27
—ピアリスト会 Piaristen……③307
—ヒエロニムス修道会 Hieronymitenorden……②214
—フィリッポーネン Philipponen……③320
—フランシスコ修道会 Franciskaner……②206, ②207, ②207, ②208, ②209, ②213, ③307
—プレギツェリアーナー教徒 Pregizerianer……③320
—ベネディクト教団 Benediktiner……①450, ①456, ②200, ③308

―ヘルンフーター派 Herrnhuter……③304
―ボヘミア兄弟 bömische Brüder……②211
―ミヒャエル派 Michelianer……③320
―無信仰者 Dissidententhum……③320
―メソジスト派 Methodisten……③320
―メンノー派教徒 Mennoniten……③320
―ユニテリアン派 Unitarier……③319, ③320
―ヨハネ騎士修道会士教団 Orden der Johanniter……①452, ②201
―ラザロ会 Lazaristen……③307
―聖職禄 Pfründe……①443, ②201
―世俗人 Laien……①219, ①220
―絶対主義的組織体制 absolutistische Verfassung……③309〔僧団〕
―僧団の四クラス……③309
―僧団法 Ordengesetz……②203
―ドイツマイスター〔ドイツ騎士修道会長〕Deutschmeister……②203
―破門 Kirchenbann……③239, ③318
―ビショッフ〔司教〕システム Episkopalsystem……③301
―副僧正職 Archdiakonate……①219
―プロテスタント教会 protestantische Kirche……③298, ③300, ③302, ③303, ③316
―牧師 Pfarrer……①219
―三つの誓い……③308
供犠集会 Opferversammlung……①71
供犠食事 Opfermahlzeiten……①347, ①353
教権制度 Hierarchie……ヒエラルヒーをみよ。
教皇権 Papstthum……②198
教皇座〔シュトゥール〕Stuhl……③306
教皇首位権 Primat……①218, ①445
強制加入義務 Zwangsbeitrittspflicht……④272
行政絶対主義 Verwaltungsabsolutismus……③251
行政組織 Verwaltungsorganisation……③21〔近代の―〕
強制収用権 Expropriationsrecht……③194
兄弟団体〔ブリューダーシャフト〕Brüderschaften……①351, ①353, ①370〔聖職者の〕, ①377, ①378, ①379, ②389, 教会における兄弟団体をもみよ。
兄弟テメーデ Brudertemede……②176
協同組合運動
―イギリスの協同組合運動 kooperative Bewegung……④254, ④255〔諸例〕, ④346
―シェフフィールド事件 Sheffielder Vorgänge……④254
―フレンドリー・ソサエティーズ〔友愛組合〕friendly societies……④255〔諸例〕, ④

256，④275，④327
—マンチェスターの紡績＝工場制手工業組合 Spinn= und Manufacturgesellschaft……④344
—ロッチデール協同組合の創業者たち Pioniere von Rochdale……④255，④287，④337，④338，④341，④342，④343
—ドイツの協同組合〔ゲノッセンシャフト〕運動 Genossenschaftsbewegung……④257，④258-259〔諸例〕，④260
—ゲノッセンシャフト法〔協同組合法〕Genossenschaftsrecht……④305
—ベルリンのゲノッセンシャフトパン製造業 Berliner Genossenschaftsbäckerei……④342，④344
—フランスの協同組合運動……④256，④257〔諸例〕
—共済基金 caisses de prévoyannce……④256
—消費社団 sociétés de consomation……④257
—相互扶助組合〔共済組合〕société de secours mutuel……④256
共同誓約 Konjuration……①362〔教会会議による禁止〕，①363，①405
共同誓約者 conjurati……②31〔都市支配〕
共同相続人団体〔共同相続財産，ガンエルプシャフト〕Ganerbschaften……①423，②55，②74〔諸例〕，②189，②190，②207，②240，②310，③285
共同団体 Gemeinwesen……①1，③88-108，③95
共同統治権 Mitregierungsrecht……③260
共同の最善 das gemeine Beste……③255，③261
共同利益 Gemeininteresse……③95
許容勅令……信教自由令をみよ。
ギルド Gilde……①264，①267，①346-347〔ギルド制度成立の諸見解〕，①349，①350〔平和と法〕，①351〔ゲノッセンシャフト，全人間を要求〕，①352〔最古のゲルマン的ギルド，宗教的共同体〕，①353〔コンヴィヴィア〕，①355〔古いゲノッセンシャフトの性格〕，①356，①358〔平和ギルド〕，①362，①370，①372〔世俗的〕，①373〔代表者の名称〕，①374〔裁判権〕，①375〔共同利益〕，①376〔営業ギルド〕，①377，①410，②70〔諸氏族の諸—〕，②71〔都市貴族の—〕，②72〔諸特権〕，②73〔旧市民ギルド〕，②74-75〔諸例〕，②76〔諸例〕，②78〔商人の諸—〕，②80〔—機関〕，②90〔商業—の内部規律〕，②91〔内部規律〕，②227〔盗賊ギルドなど〕，②231〔諸例〕，③203，④8〔フェラインへの移行〕，④263，④264，④271
ギルド規約 Gildestatuten……①353，①360，①363
ギルド平和 Gildefriede……①355，①356，①365
ギルド法 Gilderecht……①355，①356
ギルドマイスター Gildemeister……①410，①411
キルヒガング Kirchgang……②501
金印憲章 die Goldene Bulle……②194，②274，②319，②396，③238，③257，④22

銀行業者 Banquiers……②223
金銭交換 Geldwechsel……①288
勤労警察 Arbeitspolizei……②102
グーツヘルシャフト〔土地支配〕Gutsherrschaft……④68
組合契約 Gesellschaftsvertrag……④158，商法をみよ。
クライス諸階級 Kreisstände……③213，③214，③216〔諸団体〕，③217，③218，③286
クライス階級的コルポラチオン kreisständische Korporation……③286〔諸機能〕
クライスコルポラチオン Kreiskorporation……③214
クライス集会 Kreisversammlung……③215，③216
グラーフ〔伯爵〕Graf……①68，①123，①154，①170，①190，①194，①198，①229，①284〔マンネン〕，①304，①392
—ガウグラーフ Gaugraf……①68
—ツェントグラーフ Centgraf……①68
グラーフ裁判所 Grafengericht……①198，①200，①324
グラーフ裁判集会 Grafendinge……①333
グラーフシャフト Grafschaft……①329〔婦人の相続等，プファルツ—，マルク—〕，①330，①331，①332，①337
クリエ〔集団〕Kurie……②394，②395
クリュフテ Klüfte……②176
グルントヘル Grundherr……①92，①98，①106，①182，①186，①193〔様々な名称〕，①197，①198，①199，①200，①257，①303，①432〔からの諸都市〕，②444
グルントヘルシャフト〔土地支配〕Grundherrschaft……①86，①93，①106，①107，①137，①182，①183，①184，①185，①195，①206，①261，①303，①315，①316，①319，①395
クレリカーウニオン〔聖職者ウニオン〕……②300
軍旗レーン Fahnlehn……旗レーンをみよ。
軍隊制度 Soldwesen……②228
経済的有機体 wirthschaftliche Organismen……④62-74
警察 Polizei……③81〔良き—の改革〕，③132，③180，④12，④13，④34，④35
—オーストリア警察条例 Oesterr. Polizeiordn.（1527）……④109
—警察立法 polizeiliche Gesetzgebung……④52
—帝国警察条例 R.P.O.（1577）……③81
刑事裁判権 Strafgerichtsbarkeit……①162，①258，②61，③142，③269
芸術家 Künstler……①265
軽犯罪 Vergehen……④12
刑法 Strafrecht……①286
啓蒙的絶対主義 aufgeklärter Absolutismus……③310
啓蒙的専制主義 aufgeklärter Despotismus……③21

ゲヴェーレ Gewere……①130，①253，①254，①260，①288，①317〔総体ゲヴェーレ〕，②188〔総体―〕，②451，②455
ゲギルダン gegildan……①361〔の諸例〕
ゲザムトハント〔総手〕Gesammte Hand……②188
結合権〔アイニグング権〕Einigungsrecht……②377，②379，③269，④33
結合体 association〔連合，連合体〕……①前1，①5，①16
結婚 Vermählung……①42
血讐 Blutrache……①28
ケッター〔あばら家住民〕Kötter……③51，③59，③69
家人 Dienstmann, Dienstleute……①141，①153，①167，①168，①185，①242，①284，①294〔フェルトとマウラーによる―の三種類〕，①303〔団体〕，②297
家人階級〔ディーンストマンシャフト〕Dienstmannschaft……①282，②370
家人法〔奉仕法〕Dienstrecht…… ①149，①208，①241，①280，①281，①286，①293〔最古の諸例〕，①294，①295〔フェルトによる詳細な諸例〕
―バーゼルの家人法 Dienstmannenrecht von Basel……①293
―マクデブルクの家人法 recht der dynstmanne to Magdeburg……①293，①294
ゲノスアミ〔ゲノスザーメ〕genossami, Genossame……①277，③82
ゲノッセン〔仲間〕Genossen……①22，①209，①252，②72〔要件〕，②76，②77〔ハウス―〕，②119〔相互の関係〕，②120〔ツンフト―の平等性〕，②122〔平等の確保〕，②123，②457-458〔二種類，諸名称〕，②461〔非―〕，②471〔利用権〕，②478，②481〔集会〕，②487〔裁判所〕，③48〔結合の三種類〕，③83〔ホルツ―〕
―完全ゲノッセン〔完全仲間〕Vollgenossen……①22，①46，①102，①105，①126，①332〔審判人となりうる自由民〕，②80〔―レヒト〕，②457〔諸名称〕，②460〔―ゲマインデ〕，②461，③45
―ゲノッセンレヒト Genossenrecht……①50，①94，①100，①103，①130，①252，①290，①322，②103〔取得要件〕，②106〔人格性・ツンフトでは相続不能〕，②116〔取得〕，②395〔法人の―〕，②449，②450〔取得要件〕，②451〔フーフェの占有〕，②452，②453，②454，②455〔諸表現〕，②456，②457-458〔二つのクライス，諸名称〕，②459〔独立の物権〕，②461，②463，②471，②497〔能働的と受働的〕，③53，④283〔平等〕，④284，④296，④297，④310，④311，④312
―保護ゲノッセン〔保護仲間〕Schutzgenossen……①22，①50，②80，②461，②462〔諸クラス・諸名称〕
ゲノッセンシャフト Genossenschaft……①前39，①前42，①21，①23〔ヘルシャフトとの結合〕，①34〔ジッペ〕，①76〔帝国―〕，①124，①129〔政治的―〕，①174，①205，①208，①222，①240〔―の中のヘルシャフト〕，①241〔三類型〕，①251，①252，①254，①256，①257〔その主人〕，①280〔奉仕法上の〕，①283〔構成員地位の取得原因〕，①310，①322〔結合の目的と対象，内容〕，①323〔裁判権〕，①327〔ツェント・ガウ・ラントの―〕，①327〔―の解体〕，①333〔部族〕，①348〔氏族―〕，①349〔ギ

ルドの一的特徴〕，①381〔の総体権〕，①444〔ドイツ法の一と教会の差異〕，②5，②6，②7，②10〔諸都市〕，②60〔市民の〕，②68〔相続一〕，②71〔一の特権〕，②98〔手工業者の一〕，②104，②175〔家族一〕，②196，②198〔聖職者の一〕，②226，②227〔階級と職業の〕，②228〔海賊一〕，②237〔中世的な一〕，②239，①242〔荘園一〕，②248，②313〔一の平和〕，②315〔平和一〕，②336〔タールー〕，②346，②434-440，②438〔ラント的一〕，②441-516〔ラント的一〕，②441〔諸種類〕，②447-448〔多数の諸名称〕，②464，②468，②469，②478〔一裁判所〕，②480，②481，②482-483〔代表者〕，②484〔罰令権〕，②486，③26〔国家理念を強める傾向〕，③48〔農業〕，③54，③144〔防衛一〕，③145〔道徳的一〕，③146，③203，③204，②205，②220〔職業〕，③83〔ホルツ〔木材〕〕，③281〔帝国における一〕，④4〔中世的一〕，④5，④62，④66，④67，④68〔資本一〕，④69，④70，④71〔財産一と人的一〕，④72〔共同経済一と個別経済一〕，④73，④75-121〔古い一の運命〕，④81〔営業的一の変遷〕，④97〔商人の一〕，④142-235〔財産ゲノッセンシャフト＝株式会社〕，④235-351〔経済目的の人的ゲノッセンシャフト＝協同組合〕，④236〔本質は総体人格を持つ有機体〕，④260，④261，④271，④272，④286，④292，④308〔登記された一〕，④342，④343，④350，④351

　一とヘルシャフトの対立・闘争……①14，①21，①25，①150，①195，①204，①205，①208，①217，①228，①230，①299〔の相続〕，①379〔営業的一〕，③48〔農業一〕，④246

一ゲノッセンシャフト的組織体制……①27，①151〔崩壊〕，①168，①219〔教会の〕

一ゲノッセンシャフト理論とドイツ判例……①前58

一古代法のゲノッセンシャフト……①25，①315，①323〔特徴〕

一財産ゲノッセンシャフト Vermögensgenossenschaft……④142-235，④166〔株式会社〕

一シーアゲノッセンシャフト Scirgenossenschaft……①65，①69

一自由なゲノッセンシャフト freie Genossenschaft……①239，①315，④62-351〔経済的〕，④62-66〔経済的有機体〕

一人的ゲノッセンシャフト Personalgenossenschft……④235-351，独立の項目をみよ。

一宣誓〔誓約〕ゲノッセンシャフト Eidgenossenschaft……①42，②248，②273，②278，②360，②392

一フィルクゲノッセンシャフト Fylkgenossenschaft……①65，①69

一平和と法のゲノッセンシャフト……①76，①100，①160，①220，①222，①372，②476，②478

一ヘルシャフト的ゲノッセンシャフト〔従属的一〕……①208，①237，①446

一封建法的〔レーン法的〕なゲノッセンシャフト lehnrechtliche……①289，①303，①344

一民族ゲノッセンシャフト Volksgenossenschaft……①44，①50，①61，①76，①84，①132，①137，①156，①174，①208，①327〔の解体〕，①331，②480

―経済的な人的ゲノッセンシャフト wirthschaftliche Personalgenossenschaft……④235, ④236〔法的本質＝独自の総体人格をもつ有機体〕, ④237〔義務的商事組合・公的営造物は該当しない〕, ④242〔四種類〕, ④245, ④260, ④261, ④262〔発展と形態形成〕, ④301, ④298, ④304

―金銭取引ゲノッセンシャフト Geldverkehrsgenossenschaft……④242, ④275-286

―資本調達 Kapitalbeschaffung……④275

―貸付社団 Vorschußvereine……④258, ④329, ④333, ④334, ④335, ④336, ④348

―信用金庫 Kreditkasse……④330, ④331〔諸例〕

―信用ゲノッセンシャフト Kreditgesellschaften……④242, ④255〔第二段階〕, ④258, ④276, ④277, ④280

―信用社団 kreditvereine……④258, ④328〔諸例〕, ④330, ④331, ④332, ④333, ④334, ④336

―相互銀行 Gegenseitigkeitsbanken……④242

―担保証券 Pfandbrief……④276, ④278, ④280, ④281, ④332

―抵当権銀行 Hypothekenbanken……④276, ④328〔諸例〕

―不動産信用 Immobiliarkredit……④277

―資本投資 Kapitalanlage……④286

―貯蓄ゲノッセンシャフト Spargenossenschaften……④286

―貯蓄銀行 Sparbanken……④286, ④350

―資本流通 Kapitalumlauf……④275

―発券銀行 Zettelbanken……④275

―振替銀行 Girobanken……④275

―割引銀行 Diskontobanken……④275

―人的ゲノッセンシャフト Personalgesellschaften……④237, ④238〔資本社団との差異〕, ④239〔ゲノッセンレヒトの平等性・株式との共通点〕, ④301, ④302, ④303

―共同意識 Gemeinsinn……④244

―ゲノッセンシャフト人格 Genossenschaftspersönlichkeit……④241

―合名生業組合 offene Erwerbsgesellschaft……④297

―生業および経済のゲノッセンシャフト〔協同組合〕……④240, ④242, ④258, ④259〔ドイツ―の一般団体の設立〕, ④301-302〔イギリス〕, ④307, ④350

―生業組合〔営利組合, 営利会社〕Erwerbsgesellschaft……④264, ④269, ④273

―相互組合〔相互会社〕Gegenseitigkeitsgesellschaft……④267

―生産〔的〕ゲノッセンシャフト Produktivgenossenschaften……④243, ④252, ④255〔運動目標〕, ④260, ④294-, ④295, ④297, ④298, ④299, ④341

―教育ゲノッセンシャフト Bildungsgenossenschaften……④253, ④257

―損害担保ゲノッセンシャフト Garantiegenossenschaften……④242, ④254, ④255〔第一段階〕, ④262, ④263〔ギルド起源〕, ④266, ④305, ④350

—寡婦金庫 Witwenkassen……④272, ④324, ④347
—救貧社団〔援助社団〕Hilfsverein, Hilfsgenossenschaft……④255
—救貧ゲノッセンシャフト……④257
—孤児金庫 Waisenkassen……④272, ④324
—疾病〔者〕社団 Krankenverein……④255, ④326
—死亡社団 Sterbeverein……④255
—終身年金契約 Leibrentenvertrag……④272
—生活保護ゲノッセンシャフト Unterstützungsgenossenschaft……④257
—生活保護社団 Unterstützungsverein……④255, ④256
—トンチン年金 Tontinen……④272, ④325, ④346
—養老社団 Versorgungsverein……④255
—老齢扶養契約 Alterversorgungsvertrag……④272, ④325
—配分的ゲノッセンシャフト Distributivgenossenschaften……④242, ④255〔第二段階〕, ④287-293, ④287, ④290
—原料ゲノッセンシャフト Rohstoffgenossenschaft……④290, ④293, ④339
—原料社団 Rohstoffverein……④291
—住宅〔住居〕ゲノッセンシャフト Wohnungsgenossenschaften……④243, ④289, ④338
—消費ゲノッセンシャフト Konsumgenossenschaften……④258
—消費社団 Konsumvereine……④243, ④286, ④287, ④288, ④289, ④291, ④294, ④336, ④337, ④338, ④341, ④345, ④349
—生産ゲノッセンシャフト Produktivgenossenschaft……④294, ④298, ④339
—販売ゲノッセンシャフト Absatzgenossenschaften……④293, ④340
—労働ゲノッセンシャフト Arbeitsgenossenschaft……④243, ④252, ④295-301, ④297〔本質〕, ④299, ④300, ④344
—産業的パートナーシップ industrial partnership……④300
—労働者ゲノッセンシャフト Arbeitergenossenschaft……④295
—保険ゲノッセンシャフト Versicherungsgenossenschaft……④243, ④264
—物の損害担保 Sachgarantie……④264, ④269
—運送保険 Transportversicherung……④264
—鉄道運送 Eisenbahntransport……④264
—内陸水路運送 Tranport auf Binnengewässern……④264
—陸上運送 Landtransport……④264
—海上保険 Seeassekuranz……④264
—海上危険 Seegefahr……④264
—海上危険に対する保険 Versicherung gegen Seegefahr……④264
—火災危険に対する保険 Versicherung gegen Feuergefahr……④264
—火災ギルド Brandgilden……④264

—火災組合 Feuersocietäten……④265
—相互保険 Gegenseitigkeitsversicherung……④264, ④322〔諸例〕
—家畜保険 Viehversicherung……④269, ④322〔諸例〕, ④323
—雹〔ひょう〕損害に対する保険 Versicherung auf Hagelschaden……④268
—人の損害担保
—援助および生活扶助ゲノッセンシャフト Hilfs= und Unterstützungsgenossenschaften……④274, ④298
—恩給および年金営造物 Pensions= und Rentenanstalten……④273
—株式生命保険組合〔生命保険株式会社〕Lebensversicherungsgesellschaften auf Aktien……④270
—結婚生活保険 Versicherung auf verbundene Leben……④270
—生存配偶者保険 Überlebensversicherung……④270
—生命保険 Lebensversicherung……④270, ④323, ④346
—生命保険組合 Lebensversicherungsgesellschaften……④271, ④273, ④323〔諸例〕, ④346
—動産保険 Mobiliarversicherung……④266, ④267
—保険法 Versicherungsrecht……④266
—ラント保険 Landesassekuranz……④265, ④269, ④322〔相互—の諸例〕
—ラント保険 Landesversicherung……④267
ゲノッセンシャフト法律〔協同組合法〕Genossenschaftsgesetz (1968) ……④307, ④308-315
—解散原因 Auflösungsgründe……④309
—監査役会 Aufsichtsrath……④313
—ゲノッセンシャフト構成員〔協同組合員〕Genossenschafter……④311
—ゲノッセンシャフト登記簿〔協同組合登記簿〕Genossenschaftsregister……④309
—ゲノッセンレヒト Genossenrecht……④310, ④311
—商号 Firma……④314
—有機的組織 Organisation……④312
—理事会 Vorstand……④313, ④314
—連帯責任 Solidarhaft……④311, ④312
ゲヘーファーシャフト Gehöferschaft……①111, ③59
下僕 Diener……①145, ①168, ①187, ①218
ゲマイナー Gemeiner……②189, ②190
ゲマインシャフト Gemeinschaft……①246, ④4〔精神的, 道徳的, 社会的—〕, ④7
ゲマインデ Gemeinde……①1, ①43〔ゲルマン人の組織体制〕, ①86, ①97, ①241〔諸種類〕, ①247〔自由な〕, ①252〔その構成員の諸名称〕, ①262〔債務者としての〕, ①276〔の義務〕, ①317, ①336〔閉鎖的な軍隊ゲマインデ〕, ①410〔の機関〕, ①411, ②176, ②335, ②442, ②443, ②476, ②477〔裁判権〕, ②481, ②489〔—のラート〕,

②514〔組織体制〕，②515〔ラート〕，③31，③37〔財産〕，③41，③42，③43〔国家の行政地区〕，③47〔広狭の一〕，③48〔農業一〕，③50〔用益一〕，③51〔権益一〕，③60〔広狭の一，隣人一〕，③62，③63，③64，③67〔一勅令〕，③68，③69，③102〔人格〕，③103，③108-182，③109，③110〔国家の営造物，国家意思が存在根拠〕，③111〔公法と私法の区別〕，③112，③113，③114〔私法的人格〕，③115，③116，③117，③118，③119，③120，③124〔一市民〕，③125，③128-129〔法人格と諸機関〕，③129〔統治〕，③130，③131〔機関〕，③134〔組織〕，③135〔法的意義，自己管理〕，③137〔法人格と権利能力〕，③138〔一家計〕，③139〔課税権，自律〕，③140〔有機体組織〕，③141〔裁判権消滅〕，③142〔上下の諸団体との関係〕，③143〔共同団体〕，③145〔学校制度〕，③146，③147-148〔一諸条例の全体的概観〕，③149〔本質，固有の人格〕，③150〔構成〕，③151〔市民権，有機的組織〕，③152，③153〔法的意義〕，③154〔立法と行政〕，③156，③157，③162，③171〔代表者〕，③183-202〔類似の諸団体〕，③203-234〔クライス，地区，地域一〕，③204〔一の中の一〕，②205〔職務一〕，③206，③225〔職務一〕

一インムニテートゲマインデ Immunitätsgemeinde……②335

一オルトゲマインデ Ortsgemeinde……②441，③62，③143，③203，③212，③224，③225

一ガウ〔ゴー〕ゲマインデ……①45，①342，②335，②441，③205

一市民ゲマインデ Bürgergemeinde……①45，①432，③62

一集合ゲマインデ Sammtgemeinde……③203-234，③212，③224

一自由なゲマインデ die freien Gemeinden……①317，①322，②13〔ゲマインデ自由〕

一ツェントゲマインデ Centgemeinde……②335，②441，③205

一ドルフ〔村落〕ゲマインデ Dorfgemeinde……①315，①316，②487，③120，③121

一農民ゲマインデ Bauergemeinde……①318，①392〔諸名称〕，②487

一マルクゲマインデ Markgemeinde……①61，①100，①315，①316，①318，②335，②479，③32〔没落〕，③52，③63，③203

一民族ゲマインデ……①45，①53，①61，①75，①340，②442，③253

一ランデスゲマインデ Landesgemeinde……①319，②333-357，②348，③267

一ラントゲマインデ Landgemeinde……①45，③69〔政治的一〕，③71，③72，③203，③235

一レアルゲマインデ〔物的ゲマインデ，農地所有者共同体〕Realgemeinde……①103，②457，②458，③64

ゲマインデ幹部 Gemeindevorstand……③130，③131〔コレーギウム〕，③132，③133，③134〔国家権力の機関〕，③152

ゲマインデ金庫 Gemeindekasse……①262，②476

ゲマインデゲノッセンシャフト Gemeindegenossenschaft……①137，②479〔対内的・対外的側面，道徳・社交・宗教〕，②480〔組織体制〕，②481，②486〔諸役人〕

ゲマインデゲマルクング Gemeindegemarkung……③112

ゲマインデ条例 Gemeindeordnung……③158-169〔諸立法例〕, ③170, ③171
ゲマインデ所属員 Gemeindeangehörige……③117〔諸名称〕, ③118〔政治的義務の平等〕
ゲマインデ代理 Gemeindevertretung……③134
ゲマインデラート Gemeinderath……②338, ③130, ③224
ゲマインデ領域 Gemeindegebiet……③112, ③113
ゲマインデ類似の諸団体 gemeindeähnliche Verbände……③183-202
　—家計ゲマインデ Haushaltsgemeinde……③186
　—学校ゲマインデ Schulgemeinde……③184, ③196
　—教会ゲマインデ Kirchengemeinde……③184
　—経済ゲマインデ Wirthschaftsgemeinde……③186
　—狩猟ゲノッセンシャフト Jagdgenossenschaft……③186, ③197
　—水門ゲマインデ Sielgemeinde……③193
　—堤防ゲノッセンシャフト Deichgenossenschaft……③187, ③188, ③189, ③190〔有機的組織〕, ③191, ③192
　—堤防ゲマインデ Deichgemeinde……③187, ③189
　—道路ゲマインデ Wegegemeinde……③186
　　—道路団体 Wegeverband……③186
　—排水ゲノッセンシャフト Drainagegenossenschaft……③202
　—貧民ゲマインデ Armengemeinde……③185
　　—オルト貧民団体 Ortsarmenverband……③185, ③196
　　—ラント貧民団体 Landarmenverband……③186
ゲマインデレヒト……①260, ②454, ②455, ②497〔—の条件〕, ③49, ③52, ③121
ゲマインハイト〔公共体〕Gemeinheit……②490, ②491
ケーメルリングの法 Recht der Kemerlinge……①269
ケルパーシャフト Körperschaft……①前42, ①前44, ①前47, ①前50, ①前57, ①前62〔の犯罪〕, ①8〔フェラインとの差異〕, ①217〔—の犯罪, 教会〕, ①285, ①307, ①308, ①309, ①310〔ファッサルレンの〕, ①310〔共同相続財産・相続人団体の〕, ①373〔保護ギルドの〕, ①380〔手工業者の〕, ①446, ①447, ②34, ②37, ②61, ②62, ②70〔氏族の諸—〕, ②82〔個別のハンザ〕, ②108〔ツンフト〕, ②174〔氏族〕, ②176〔閉鎖的〕, ②180, ②181, ②189, ②230〔歩兵傭兵の—〕, ②365-433〔ラント諸階級の—〕, ②372〔総体—, ラントシャフト〕, ②373, ②393, ③3, ③6, ③12, ③25, ③28〔特権—〕, ③45〔特権—〕, ③63, ③95-96〔特権—〕, ③129, ③195, ②205-206〔階級—〕, ③218, ③250, ③252, ③306〔聖職者の—〕, ④3, ④5〔政治的—〕, ④6, ④70〔二つの—〕, ④100〔商人の—〕, ④101, ④123, ④124〔古い—〕, ④125, ④143〔持分的基礎〕, ④172, ④308, ④309
ゲルマーニア germania……①37, ①60, ①147, ①148, ①193
ゲルマン的民族性 germanisches Volksthum……①227
ゲルマンの王制 das germanische Königthum……①72, ①73

ゲルマンの諸部族
—アラマン〔アラマンニー〕族……①77，①80，①91，①99
—アンゲルザクセン族……①139
—ヴァンダル族……①78
—カッティー族……①77
—カマウィー族 Chamaver……①133
—キンブリー族……①78，①88
—クァーディー族……①78
—ゲピーダエ族……①78
—ケルスキー族……①77，①80
—ゴート族……①54，①78，①139，①160，①169
—ザリエルフランク族……①104
—サルマティア族……①88
—スイオーネス族……①77
—スウェーディー族……①78
—スウェビー族……①85，①88
—テウトニー族……①78，①88
—テューリンガー族……①78
—ドゥアーデン族……①80
—西ゴート族……①78，①79，①80
—バイエルン族……①78，①170
—バスタルナエ族 Bastarner……①87
—東ゴート族 Ostgothen……①54，①78，①80
—フランク族……①43，①78，①116，①139，①147，①161，①163，①169，①214，①340
—フリース族……①77
—ブルグンド族 Burgunder……①54，①78，①80，①109，①139
—ヘルムンドゥーリー族……①78
—北欧……①139
—マルコマンニー族……①77，①78，①80
—ランゴバルド族……①78，①79，①80，①139，①169
—リュギイイ〔リュギイー〕族 Lygii……①77
—ルギイ〔ルギール〕族 Rugier……①78
ゲルマン民族……①3
ケルン大司教 Erzbischof von Köln……①215
ケルンの家人法 Cölnsch.dienstr.…… ①294
ケルンの諸教区 Kölner Parochien……②62
ケルンのツンフト証書 kölner Zunfturkunde……②162

ケルンのブドウ酒兄弟団体 Kölner Weinbruderschaft……②88
ケロケンスアーレス cerocensuales……①250
権益〔権能〕Rechtsamen……③50〔ゲノッセンレヒトの吸収〕，③51〔―ゲマインデ〕
剣士ギルド Fechtergilden……②227，②233
建築師 architectus……①279
ケンテナーレ〔ツェンテナーレ〕……①79
ケンブリッジ・ギルド die Cambridger Gilde……①363，①364，①365，①366，①383
憲法 Konstitution……①330〔フリードリッヒ二世の憲法〕，④29
　―表見的憲法 Scheinkonstitutionen……③265
　―立憲君主制 konstitutionelle Monarchie……③273
憲法 Verfassung……③270〔議会の諸機能〕，③271，④32〔代表制的〕
　―オーストリア国家基本法 Staatsgrundgesetz über die Rechte der Staatsbürger（1867）……③326，④56
　―ドイツ帝国憲法 die deutsche Reichsverfassung（1849）……③162，③175，③180，③181，③314，③327，④33
憲法国家〔組織体制国家，立憲国家〕Verfassungsstaat……③271，③272，③315
憲法証書 Verfassungsurkunde……③111，③161〔諸例〕，③314，③315，③325，④23
　―ヴァルデック……③328
　―ヴィルツブルク……④109
　―オルデンブルク……③325，③328
　―プロイセン……③209，③328
　―ベルギー……④54
　―マイニンゲン……④51，④54
権利会議 Rechtstage……①332
権利主体性 Rechtssubjektivität……③112〔財産法的―〕
権利能力 Rechtsfähigkeit……①317，①444，②272，②343〔ラントの―〕，②346〔諸ゲノッセンシャフトの―〕，②396，③137，③206
　―意思能力 willensfähig……②272，③112，③137，④88
　―行為能力 handlungsfähig……②272，②343，②396，③112，③137，④88，④89
権利保証 Rechtsbürgschaft……①357，①366
公会議 Koncilien……①218，②199
公共の安全 salus publica……③101
公共の福祉〔公的な―〕das öffentliche Wohl……②406，③10，③249，③254，③275，④80，④205
高権 Hoheit, Hoheitsrechte……③34
後見 Vormundschaft……③112
後見証書……ムンド証書をみよ。
鉱業 bergmännisches Gewerbe……②224〔組織体制〕

—鉱山組合〔鉱夫組合，鉱山会社〕Gewerkschaft……②243，②247，④204，④210，④211，④330〔—金庫〕
—鉱夫組合〔坑夫団体〕Knappschaft……②226，④274〔—社団〕，④326，④327
鉱山株 Kuxen……②242，④208
鉱山業 Bergbau……②226，②242
—ベルクマイスター Bergmeister……②225
—ランメルスベルク鉱山 Rammelsberg……②232，②242〔法〕，②247
鉱山業者 Gewerken……②225
鉱山裁判官 Bergrichter……②225
鉱山裁判所 Berggericht……②225
鉱山至上権 Bergregal……②226，③35
鉱山条例 Bergordnungen……②232〔諸例〕，④207-208〔諸例〕，④209，④210，④211，④326
—ゴスラール鉱山条例……②232
鉱山法 Bergrecht……②225，②242，④330
—イグラウの鉱山法 Iglauer Bergrecht（1248）……②232
—シェムニッツの鉱山法 Schemnitzer Bergrecht……②232
—プロイセン鉱山法律 Preußisches Berggesetz……④212，④327
高山牧場〔高地牧場〕……アルプをみよ。
工場労働者 Fabrikarbeiter……④132，④135
公租義務 Zinspflicht……①255
耕地共同体〔フェルトゲマインシャフト〕Feldgemeinschaft……①111，③36
耕地警察 Feldpolizei……③41
耕地整理 Verkoppelung……③36〔—法律〕，③37
皇帝 Kaiser……①280，②255〔皇帝法〕，③287，③288〔同輩中の首席〕，③289
皇帝権 Kaiserthum……②252，③301
公物 res publicae……③34
公法 das öffentliche Recht, jus publicum……②490，③16
拷問特権 Folterprivileg……③263
国際法 Völkerrecht, völkerrechtlich……③241，③283，③290，③293
コグナーテン〔母方の親戚〕Kognaten……②182
国民 Nation……③7，③145〔—学校〕，③267〔の代理人〕，③281，④282〔—銀行〕，③290，③291〔—国家〕
—ドイツ国民 die deutsche Nation……③287
国民工場の理論 Theorie der Nationalwerkstätten……④250
国民国家 Nationalstaat……③291
国民主権 Volkssouveränität……民族主権をみよ。
国民代表 Volksvertretung……議会をみよ。

—議会〔衆議院〕Abgeordnetenhaus……③268
—第一議会〔貴族院〕die erste Kammer……③267, ③278
国民代表〔民族代表〕Volksrepräsentation……③265, ③266〔公的コレギウム〕, ③278
— 一般的国民代表原則……③265
国民ラント Nationalland……①86, ①87
ゴー〔ガウ〕グラーフ裁判所 Gericht des gogreven……①324〔ツェント裁判所〕
孤児 Waisenkind……①173
孤児扶養金庫 Waisenversorgungskassen……④272
扈従 Komitat, comitatus……①139, ①140, ①147, ①148, ①153, ①313〔類似の諸名称〕
股従 Affinen……①44
個人の自由 individuelle Freiheit……③13
国家 Staat……①1〔—団体〕, ①70〔古代の—〕, ①228〔組織体制〕, ②405〔思想〕, ②408〔理念〕, ②409, ②429, ③10, ③11〔後見—〕, ③14〔中世的インヌングー〕, ③18〔—の起源に関する諸説〕, ③19〔の理想〕, ③20〔—絶対主義〕, ③98〔の万能〕, ③102〔有機体組織〕, ③150, ③151, ③209〔国家政府の—〕, ③234-280〔—のゲノッセンシャフト的要素〕, ③273-274〔—と民族〔国民〕の一体性〕, ③274〔—と法の一体性〕, ③275, ③276〔ゲノッセンシャフト〕, ③277, ③292, ③293, ③300, ③310〔教会との闘争〕, ③313〔と教会〕, ②325〔—皇帝制〕, ②380〔—官憲〕, ④11〔—団体〕
—官憲的国家 der obrigkeitliche Staat……③10, ③11, ③17, ③234-264, ③289
—警察国家 Polizeistaat……③10, ③274
—絶対国家 absoluter Staat……③10, ③13, ③14
—同盟国家 Bundesstaat……同盟をみよ。
—法治国家 Rechtsstaat……③11, ③274, ③275, ③276
—立憲〔的〕国家 Verfassungsstaaten……③315, ④29
—連邦国家 Föderativstaat……③282, ③283
国家機関 Staatsorgan……③270, ③272, ③273
国家契約 Staatsvertrag……①175〔—説〕, ①407
国家市民 Staatsbürger……③265〔—制〕, ③272, ③273, ③277, ③315
国家人格 Staatspersönlichkeit……③270, ③271, ③272〔四機関〕
国家理念 Staatsidee……③273〔近代ドイツの—〕, ③277-278〔近代の—〕
国家連合 Konföderation……②260
コルノーテン〔参審員〕Kornoten……②488
コルポラチオン Korporation……①前39, ①前52, ①前55, ①前57, ①125, ①289〔—の諸機関〕, ①323〔マルクー〕, ①352, ②6, ②62, ②109〔理論〕, ②115〔ツンフト〕, ③3, ③4, ③12〔法人格〕, ③24, ③64, ③97〔特権〕, ③110, ③132, ③133〔機関〕, ③194, ③206, ②208〔権利〕, ③211〔権利〕, ③212, ③215〔階級—〕, ③221, ④4〔ローマ法的—〕, ④71〔財産—〕, ④97〔商人の—〕, ④100〔商人〕, ④101, ④119〔商人—〕, ④304, ④305, ④315

—特権コルポラチオン Privilegskorporation……③3-30, ③3〔本質はケルパーシャフト〕, ③8, ③29, ③207, ④10
—ローマ法的コルポラチオン理論……④4, ④11
コロヌス制度〔小作制度〕Kolonat……①183
婚姻 Ehe, connubium……①1, ①213, ①245〔Ungenosse との婚姻〕, ①263, ①276
婚姻強制 Ehezwang……①433
コンコルダート Konkordat……③311, ③316
コンソルティウム〔共同団体〕consortium……①296, ①297, ①298, ①299
コントール Komtoor, Komtor……②86, ②87
コンムーネ〔コムーネン, 自治都市, 市町村〕Kommune……①402, ①405, ②208
コンメルキウム commercium……①213
コンメンダチオン〔授手托身行為〕Kommendation……①138, ①143, ①154, ①167, ①173, ①183, ①185, ①186, ①348

【さ行】

再受戻権 Wiedereinlösungsrecht……①193
財産ゲノッセンシャフト Vermögensgenossenschaften……④142
最終帝国議会決議 jüngster Reichsabschied（1654）……③247
裁判官 Richter……①257, ②343〔ラントの一〕, ②354〔諸名称〕, ②484
—ドルフ〔村の〕裁判官 Dorfrichter……①100, ①116, ②484
—農民裁判官 Bauerrichter……①100, ①116, ②484
裁判権 Gerichtsbarkeit……①190, ①266, ①374〔ギルドの〕
裁判集会 Ding……①29, ①48〔一の平和〕, ①55, ①215〔一協力義務〕, ①255, ①287, ①288, ②46〔都市〕, ②232〔森林一〕, ②313, ③44〔メルカー一〕, ③94
—定時裁判集会 ungebotene Dinge……①328, ①332〔ラント議会〕, ①339〔態様と名称〕, ②481
—臨時裁判集会 gebotene Dinge……①328, ②481
裁判所 Gericht……①22, ③40〔ゲノッセンシャフト的要素の喪失〕, ①131〔ガウ一〕, ①161〔ガウ一〕, ①162〔家一, 宮廷一〕, ①207〔レーン一〕, - ①257〔フロンホーフ一〕, ①266〔ゲノッセン一〕, ①285〔奉仕（役務）一〕, ②88〔商事一〕, ②342〔流血一〕, ②483〔刑事一〕, ③40〔フォークタイ一, 領主一〕, ③272〔憲法国家の一, 陪審一〕
—荘園裁判所 Hofgericht……①207, ①253, ①255, ①326
—ツェント裁判所……①131, ①161, ②483
—帝国裁判所 Reichsgerichte……③44, ③98
—ドルフ裁判所 Dorfgericht……①323, ③77, ③78
—フンデルトシャフト裁判所 Hundgedinge……②357
—ヘルシャフト裁判所 Herrschaftsgericht……①161, ①258, ③40
—マルク裁判所 Markgericht, Märkergericht……①323, ①326, ②483, ③40

—民族裁判所 Volksgericht……①138, ①141, ①207, ①231, ①300
ザクセンシュピーゲル Sachsenspiegel……①43, ①132, ①133, ①246, ①293, ①294, ①295, ①306, ①311, ①312, ①314, ①324, ①325, ①326, ①332, ①334, ①338, ①339, ①341, ①418, ②255, ②428, ②509, ②511, ②513
ザクセン狩猟命令 sächsische Jagdverordnung……③186
ザクセン人 Sachsen……①66
ザクセン封建法 Sächs.Lehnr.…… ①293
差押免除 Befreiung von der Pfändung……②224
殺人賠償金〔人命金〕Wergeld……①29, ①117, ①168, ①170, ①172, ①181, ①355, ①373〔撲殺〕
—の家族罰金 Familienbuße, 氏族罰金 Geschlechtsbuße への解体……①30
ザーテスロイテ Satesleute……②381, ②382, ②416
サリカ法〔ザリエル族の法, サリカ法典〕Salisches Recht, lex Salica……①30, ①33, ①40, ①42, ①103, ①104, ①112, ①116, ①118, ①120, ①121, ①126, ①169, ①173
参事会 Magistrat……③133, ③172〔都市の官憲〕
三十年戦争 dreißigjähriger Krieg……②230, ②263, ③6, ③20, ③32, ③44, ③88, ③94, ③234, ③247, ③281, ③283, ④13
三大必要 trinoda necessitas……①132, ①133, ①202
三圃式（さんぽしき）耕作〔経済〕Dreifelderwirthschaft……①94, ②470
司教 episcopus, Episkopus, Bischof……①170, ①173, ①190, ①392〔の諸都市〕, ①393, ①394, ①395〔のヘルシャフト〕, ①396〔司教裁判所〕
司教座聖堂参事会 Kapitel……①447, ①448, ①449, ②64, ②201, ②207, ②298, ②300〔—会議〕, ②301, ②369, ②384, ②385
死刑 Todesstrafe……①170
自権者養子縁組 Arrogation……①35
自己管理〔自治, 自己行政〕Selbstverwaltung……①256, ②208, ③209, ③210〔諸機関〕
自己集会権 Selbstversammlungsrecht……④12
死者ギルド Todtengilden……④271
死者の随意決定 Todtenbeliebungen……④271
慈善施設 Stiftngen……④16, ④17
氏族 Geschlecht……①1, ①25, ①32〔—集会〕, ①43〔ゲルマン人の—組織体制〕, ①44, ②174〔法人格〕, ②175, ②176〔閉鎖されたケルパーシャフト〕, ②192〔諸例〕
七月革命 Julirevolution……③109, ④32
市長 Bürgermeister……①431, ①438
市町村団体 Kommunalverbände……③211, ③224
ジッペ Sippe……①25, ①28, ①31, ①33〔閉鎖性〕, ①38〔意味〕, ②174, ②175, ②177
—の総有 Gesammteigenthum……①32
—の有機的組織 Organisation……①34

—古いジッペの閉鎖性のモメント……①33
　—ゲネアローギア〔家系〕genealogia……①33
　—ゲンス〔種族〕gens……①33
　—コグナーチオ〔親類関係〕cognatio……①33
　—パレンティルラ〔親族関係〕parentilla……①33
実力行使権 Gewaltrecht……①199, ①207, ①261
シテ・ナポレオン cité Napoléon……④257
私法 jus privatum……③16
死亡料 Sterbefall……①433
資本家 Kapitalisten……③54〔—ゲノッセンシャフト〕
市民 Bürger, cives, burgere……①398〔諸名称〕, ①400, ②42, ③10, ③122, ③128〔—委員会〕, ③276
—ゲマインデ市民 Gemeindebürgerschaft……③120
—国家市民的住民 Staatsbürgerliche Einwohner……③116
—受働的市民 Passivbürger……③116, ③118
—能働的市民 Aktivbürger……③116, ③118, ③120〔—権〕
市民階級 Bürgerstand……②175, ②226, ③94, ③96〔特権—〕
市民階級 Bürgerschaft……③123, ③124, ③128
市民ゲマインデ Bürgergemeinde……①401, ①402〔諸特権〕, ①406, ①432, ②36〔完全—〕, ②38〔完全—〕, ②40〔完全—〕, ③120〔オルト—〕
市民権 Bürgerrecht……②35〔完全市民権〕, ②41, ③96〔—の大小〕, ③102〔都市—〕, ③107, ③118〔オルト—〕, ③122〔完全—の基礎〕, ③123〔平等議決権等〕, ③124
—完全市民権 Vollbürgerrecht……③122〔基礎は財産と税〕
—ゲマインデ市民権 Gemeindebürgerrecht……③114, ③115, ③119, ③122, ③151
—国家市民権 Staatsbürgerrecht……③102, ③115, ③119, ③151
—市民権獲得金 Bürgergewinngeld……③123
市民宣誓〔市民誓約〕Bürgereid……①407, ③123
市民団体……ビュルガーシャフトをみよ。
市民的利用権 bürgerliche Nutzungen……③38
社会契約説 Theorie des Gesellschaftsvertrages……③18
借地相続制 Besthaupt……①433
社団〔フェライン〕Verein……フェラインをもみよ。④28-62, ④29, ④46-47〔構成と組織の多様性〕, ④48-51〔有機的組織〕, ④50-51〔国家による類似組織の利用〕, ④55〔の自由〕, ④172
—学問的目的をもつ諸社団 Vereine mit wissenschaftlichen Zwecken……④39-40, ④59〔諸例〕
—慣習と道徳性のための諸社団 Vereine für Sitte und Sittlichkeit……④44
—経済社団 Wirthschaftsverein……④65

—芸術促進のための諸社団 Vereine für Beförderung der Kunst……④40
—慈善諸社団 Wohlthätigkeitsverein……④45〔諸例〕，④61〔諸例〕
—公共的建築会社 gemeinnützige Baugesellschaften……④45
—賃貸借ゲノッセンシャフト Miethsgenossenschaft……④46
—疾病者社団 Krankenverein……④326
—資本社団 Kapitalverein……④69
—宗教的諸社団 die religiösen Vereine……④38，④39〔二種類〕，④58-59〔諸例〕
—グスタフ・アドルフ社団 Gustav=Adolphs=Verein……④39
—商業・営業・産業・交通のための諸社団 Vereine für Handel, Gewerbe, Industrie und Verkehr……④40-41
—ドイツ海事社団 der deutsche nautische Verein……④41
—ドイツ商業会議 der deutsche Handelstag……④41
—信用および貸付の社団 Kredit= und Vorschußverein……④282
—政治的諸社団 die politischen Vereine……④37〔二種類〕，④56〔禁止〕，④57〔イギリスの諸例〕
—国民社団 Nationalverein……④38
—ドイツ改革社団 der deutsche Reformverein……④38
—普通ドイツ諸社団 allgemein=deutsche Vereine……④38
—生成中の社団 werdende Vereine……④50
—ドイツプロテスタント社団 der deutsche Protestantenverein……④39
—農業・林業的諸社団 die land= und forstwirthschaftlichen Vereine……④41，④60-61〔諸例〕
—扶助社団 Unterstützungsverein……④132
—利益代表のための諸社団 Vereine für Interessenvertretung……④42-43
— 一般ドイツ労働者社団 ein allgemeiner deutscher Arbeiterverein……④43
— 一般労働者教育社団 der allgemeine Arbeiterbildungsverein……④43
—婦人保護諸団体 Frauenschützvereine……④43
社団権 Vereinsrecht……④30，④31，④32，④33，④35，④36，④51，④52，④55
社団法 Vereinsrecht……④36，④52，④54〔オランダ〕，④251〔普通—〕
社団法律 Vereinsgesetz……④53，④56〔ヴュルテンベルク〕
射的者ギルド Schützengilden……②239
シャルルマーニュ帝……カール大帝〔Karl der Große 人名索引〕をみよ。
自由 Freiheit……①2
シュヴェルトマーゲン〔剣親〕Schwertmagen……①31，①44
集会 Versammlung……④12，④13〔自力—の諸名称〕，④57〔政治的—禁止〕
集会権〔法〕Versammlungsrecht……④12，④30，④33，④35，④36，④52
集会法 Versammlungsgesetz……④53
宗教改革 Reformation……②205，②212，②492，②516，③3，③5，③20，③46，③70，③

88，③106，③234，③283，③298，③299，③303，③307，③311，④3
宗教改革法 jus reformandi……③94
宗教禁制 Religionsbann……③303
宗教的自由 religiöse Freiheit……③304，③314
十三年戦争13jähriger Krieg……②392
従士 Gefolge, Gefolgsleute……①139，①140，①142〔一の奉仕〕，①210，①215
従士 trustis, dienstmannen ……①170，①210，①281，①282〔のゲノッセンシャフト〕
十字軍 Kreuzzüge……①307
従士裁判権 Gefolgegerichtsbarkeit……①210
従士制 Gefolgschaft……①139〔様々な名称〕，①140
従者 Folger……①140
修道院 Kloster……教会をみよ。
修道院長……教会をみよ。
自由付与状 Freiheitsbriefe……①402，①405，①439，②21，②375，②381〔ラントー〕，②426
従僕 Gefolgsmann……①141
自由民 Freien……①167，①316，①324〔二つの区別〕
一最高自由民 Höchstfreien……①306
一中級自由民 Mittelfreien……①306，①312
主権 Souveränität……①75，③21，③241
手工業 Handwerk……②101〔一の名誉〕，②118〔一の名誉〕，②131〔普通ドイツ一法〕，③99〔Gewerke〕，④77，④91〔濫用〕，④113〔濫用〕，④116〔一条例〕
手工業者 Handwerker……①265，②78〔一ツンフト〕，②118
手工業の職務 Handwerksamt〔または営業権 Gewerberecht〕……②100〔権利の概念に義務の概念を包含〕，②101
授手托身行為 Kommendation……コンメンダチオンをみよ。
主人〔君主〕Herr……①136，①140，①154〔一の奉仕〕，①159，①187〔一の奉仕〕，①266〔の裁判権と懲戒権〕，①268〔一とする諸方法〕，②292〔一階級〕
主人権〔君主権〕Herrenrecht……①136，①157，①160，①191，①223
シュトゥーベン〔商工業者団体，会館〕Stuben……②70，②74，②75
シュトゥーベンレヒト〔商工業者組合権〕Stubenrecht……②72〔プフリュンデ(禄)としての〕，②77〔の売買〕
シュトラウビング家 Straubing……②377
シュトラスブルク都市法 Strasburger Stadtrecht……①278，①279，①296，①418，①430，②149
シュトラスブルクの建築職人組合 die Strasburger Bauhütte……②132
シュトラスブルクの諸組織体制……②39
シュラインカルテ……都市，都市帳簿をみよ。

シュラインス・カッセ〔シュライン金庫，都市金庫〕……都市をみよ。
シュルツェ〔市町村長〕Schulze……③77
シュルトハイス〔市長，村長〕Schultheiß……①199，①257，①324，①333〔一裁判集会〕，①438，①439，①440，①441，②20〔一職〕，②485
シュワーベンシュピーゲル Schwabenspiegel……①133，①246，①293，①294，①295，①306，①311，①312，①313，①314，①324，①326，①338，①339，①341，②509，②511，②513
シュワーベン同盟 das schwäbische Bund……②297，③281
シュワーベン都市同盟 das schwäbische Städtebund……②235
シュワーベン封建法 Schwäb.Lehnr.…… ①293
シュワルツブルク＝ルドルシュタットのゲマインデ管理条例（1827）……③49
荘園会議……ホーフターゲをみよ。
荘園ゲノッセン……①254，①260〔一の総体〕，①269〔その諸名称〕
荘園ゲマインデ Hofgemeinde……①432〔からの諸都市〕
荘園奴隷 Hofhörige……①247，①249，①265
荘園法 Hofrecht……①211，①214，①241，①244，①246，①251，①259，①271〔クサンテンとルッティンゲン〕，①273〔エッセン〕
荘園僕卑 Hofgesinde……①265
荘園マルク〔ホーフマルク〕Hofmark……①255
上級貴族 Hochadlige……②183，②184
商業インヌング……②223-224〔多数の諸例〕
一織物工 Weber……②223
一貨幣鋳造請負人……②223
一芸術家 Künstler……②223
一航海者 Seeschiffer……②223
一小売商人 Krämer……②223
一ビール醸造者 Brauer……②223
一ワイン商人 Weinhändler……②223
商業会議所 Handelskammer……④139-140〔プロイセン〕
商業の独占 Handelsmonopol……②80
商事裁判所 Handelsgericht……④99，④101
商事勅令〔フランス〕ordonnance v. 1673……④215
使用者団体 Arbeitgeberverband……①前56
商人 Händler……①265
商人 Kaufleute……①267，②74，②78
商人階級 Kaufmannsstand……②222
商人ギルド kaufmännische Gilden……①376，②78
商人コンパニー Kaufmannskompagnie……④8，④20

商人裁判所 Handelsgericht……②88
商人団体の諸特権……②96
商人的商号 Kaufmännische Firma……④190
商人ブリューダーシャフト〔兄弟団体〕Kaufmannsbrüderschaft……①423
商人ラート Kaufmannsrath……②82
商法 Handelsrecht……②244, ②262, ④64, ④98〔一典〕, ④99, ④119, ④161, ④165, ④217〔ドイツ商法典〕, ④224, ④307, ④345
一組合〔会社〕Gesellschaft, Societät……②244, ④159, ④160, ④165
一株式組合……株式会社をみよ。
一株式合資組合〔株式合資会社〕Aktienkommanditgesellschaft……④164〔諸機関は株式社団の類推〕, ④165, ④217, ④259, ④285, ④302〔フランス〕④342, ④345
一合資組合〔合資会社〕Kommanditgesellschaft……④159, ④162, ④163, ④164, ④171, ④190, ④214, ④215, ④216, ④302〔フランス〕, ④342, ④347
一無限責任社員 Komplementär……④163, ④164, ④165, ④216
一有限責任社員 Kommanditist……④163, ④164, ④216
一合名組合〔合名商事組合, 合名会社〕offene Handelsgesellschaft……②244, ④159, ④160, ④161〔代理関係〕, ④162, ④163, ④214, ④215, ④302〔フランス〕, ④311, ④312, ④342, ④345, ④347
一集合的組合 Kollektivgesellschaft……④161, ④164
一商事組合〔商事会社〕Handelsgesellschaft……②236, ②244〔Maskopei〕, ④158, ④163, ④168〔Handelskompagnie〕, ④183, ④307, ④315
一当座組合〔一時的組合〕Gelegenheitsgesellschaften……④159
一匿名組合 stille Gesellschaft……④159, ④163, ④216, ④343, ④345
一商慣習 Handelsgebräuche, Handelsgewohnheiten……④99, ④119, ④216
一商号 Firma……④161
一商行為 Handelsgeschäfte……④100
一商行為の普通法 ein gemeines Recht der Handelsgeschäft……④99
一生業組合〔営利会社〕Erwerbsgesellschaften……④159〔商法の一〕
一船舶共有 Mitrhederei……②244
荘民 Hintersassen……ヒンターザッセンをみよ。
職業 Beruf……②220〔一階級, 一ゲノッセンシャフト〕, ②221
贖罪〔贖罪金〕Sühne……①22, ①28, ①284
食卓仲間 Tischgenossen……①147, ①270
職人 Gesellen……②128, ②129, ②131〔ツンフト〕
一修業証書 Lehrbrief……②142
一出生証書 Boltbrief, Burtbrief……②142
一評判証言 Leumundszeugniß……②142
職務〔官職〕Amt, Aemter……③11, ③203

叙任 Investitur……①144
ショーネン航海者 Schonenfahrer……④8, ④20
自力救済 Selbsthilfe……②224
シーレン Shiren……①91, ①154
信教自由 Toleranz……③304, ③305, ③321
　—信教自由令〔許容勅令〕Toleranzedikt……③304, ③321
神聖ローマ帝国 das heilige römische Reich……②130, ②222〔—の普通商人〕, ②315
親戚 Magen……①173
　—母方の親戚 Spilmagen……①44
親族 Verwandte……①27
親等 Grad……①29
審判人 Schöffen……①131, ①161, ①245, ①258, ①271〔—能力〕, ①281, ①395〔制度〕, ①403, ①404〔審判人職〕, ①424〔—兄弟団体〕, ①439, ②487, ②488, ③77
審判人団〔審判人仲間〕Schöffenkolleg……①409, ①412, ②31
審判人マイスター Schöffenmeister……①409, ①415, ①426
臣民 Unterthanen……①153, ①160, ③10, ③14〔自由と平等〕, ③92, ③124, ③248〔特権〕
臣民宣誓 Unterthaneneid……①160, ①161, ①176
森林警察 Forstpolizei……②474, ③41〔Waldpolizei〕, ③74
森林条例 Forstordnung……③74
森林相続団体〔森林共同相続人団体〕Walderbschaften……②468
森林マルク Waldmarken……②468
随意決定 Beliebungen……②481, ③41〔官憲の承認〕, ③78〔官憲の承認〕
水車 modendinum……④206, 株式社団の前段階をみよ。
水車〔場〕相続人 Mühlenerben……④207, ②240
スイス共和国 die helvetische Republik……③44, ③119, ③203, ③282
水門ゲノッセンシャフト Sielgenossenschaft……②468
水門権 Sielrecht……②507
水門証書 Sielbrief……②507, ②508
スカンジナヴィア法 nordische Rechte……①29
ストライキ Arbeitseinstellung……④36
スラヴ人〔スラヴ族〕Slaven……①110, ②85, ②140, ②417, ③264
生業 Gewerk……②131, ④67
生業および経済協同組合〔協同組合〕Erwebs=und Wirthschaftsgenossenschaft……①頭56
生業組合〔営利会社〕Erwerbsgesellschaft……④65, ④67
生産および販売ゲノッセンシャフト Produktiv= resp. Absatzgenossenschaft……④222
誠実宣誓 Treueid……①138, ①260
誠実の紐帯 Band der Treue……①348

誠実奉仕 Treudienst……①141，①186，①235，①300〔一義務〕，②3，②434
聖職者 Geistliche……②198，②300〔一ウニオン〕，②310-311〔一の諸ウニオン〕，②369
　一高位聖職者階級 Prälatenstand……②370
　一坊主階級 Pfaffheit……②370
聖職者法と世俗法の二元主義 Dualismus des geistlichen und weltlichen Rechts……②238
聖職禄 Pflünden……①443，②201，③312
　一空位聖職禄 Kommenden……③312〔国家財産〕
聖ペテロ〔ザンクト・ペトリ〕の諸法律 leges s. Petri……①248，①249，①275
誓約 forspreca, Eid……①31，①140
誓約証書 Schwörbrief……①408
世襲領の結合 Erblandsvereinigung……②385
世俗人 Laien……①219〔一のゲマインデ〕
摂政〔摂政職〕Regentschaft……②398
絶対個人 absolute Individualität……③13
セディーチオ〔謀反〕seditio……④12
全員一致制 Einstimmigkeit……②496，③76
選挙協約 Wahlkapitulation……③240，③241，③244，③245，③259，③260，③282，④22
戦争権 Kriegsrecht……②21
戦争手工業 Kriegshandwerk……①308
選帝侯 Kurfürst……②293
先買権 Vorkaufsrecht……①260，②470
船舶共有 Mitrhederei……④64
船舶組合 Rhederei……④144，④145，④146，④206
船舶法 Schiffsrecht……②237
葬式食事 Totenmahle……①353
喪失宣誓 Los=schwören……①42
相続アイニグング〔相続合意，相続協定，相続結合〕Erbeinigung……②383，②385，②417，②418
相続可能文言 Erblichkeitsklausel……③256
相続兄弟契約 Erbverbrüderung……③259
相続契約 Erbverträge……②179，②185，②196
相続ゲノッセンシャフト Erbgenossenschaft……①111
相続相互契約 Erbverbrüderung……②179，②187，②292
相続人団体 Erbenschaften……①111
相続人不在の財産 vonum vacans……③311
相続法 Erbrecht……①286
相続ラント……世襲領をみよ。
相続和解 Erbvergleich……②384

総体 Gesammtheit……①49，①135，③9
総体義務〔総有義務〕Gesammtpflicht……①256
総体権〔総有権〕Gesammtrecht……①14，①32，①222，①242，①256，①260，①286，②471〔個別権の源泉〕
総体権 Gesammtberechtigung……①26
総体財産〔総体所有財産〕Gesammteigen……①96，①191
総体所有権〔総有，総有権〕Gesammteigenthum……①84，①122，①123，①163，①261，②447，③39〔解消〕
総体統一体 Gesammteinheit……③9
ソキエタス〔組合〕societas……①244〔のもとに理解されたゲノッセンシャフトの区別〕
ソキエタス・パラフレドールム societas parafredorum……①277
属人法宣言 professiones juris……①132
組織体制 Verfassung……①135，①196，①408〔都市の〕，①286，③270
組織体制 Verfassung……憲法をもみよ。
訴訟裁判権 streitige Gerichtsbarkeit……①259
ゾーストの都市法 Stadtrecht von Soest……①439
租税 Steuer……①158，②42，②399，②407，②428，②432，③122，③124，③269〔一徴収〕，③285〔帝国一〕
　一間接税 die indirekten Steuer……②407，②432
租税同意権 Steuerbewilligungsrecht……②398，②399，③247，③251，③255，③269
租税免除 Abgabenfreiheit……②12，③247，③251
村長職 Schulzenamt……①271
村落 Dorf……①83
村落団体〔農民団体〕Bauerschaft……②60
村落マルク Dorfmark……①83

【た行】

大学〔総合大学〕Universität, universitas……②215，②216〔ボロニアとパリ〕，②217〔最古のドイツの大学〕，②218，④10〔Hochschule〕，④11，④14，④15，④21
　一学部 Fakultäten……②217，②218
　　一学校 Schulen……④14，④15〔諸学校〕
　　一ギムナジウム Gymnasien……④15
　一個別分野の教育機関 Bildungsanstalten für einzelne Zweige……④15〔その諸例〕
　　一音楽学校 Konservatorien……④15
　　一絵画大学 Malerakademien……④15
　　一芸術学校 Kunstschulen……④15
　　一国立大学 staatliche Akademien……④16
　　一商業学校 Handelsschulen……④15

—農業大学 landwirthschaftliche Akademien……④15
—大学の組織体制 Gemeinheitsverfassung der universitas……②216〔ボロニアとパリの差異〕，②217，②218
—同国出身学生団体 die Nation……②217，②218
大空位時代 Interregnum……②313
代表システム Repräsentativsystem……③253〔近代の一〕
代表制的共和国 repräsentative Republik……③280
代表制的君主制〔一政体〕repräsentative Monarchie……③271，③272，③279，③280
代表制的ケルパーシャフト repräsentative Körperschaft……③268
代表制的憲法 Repräsentativverfassung……③263，③270，④32
代表制的国家 Repräsentativstaat……③255，③279
代表制的コレーギウム Repräsentativkollegium……③269
代表制的組織体制……代表制的憲法をみよ。
タークヴェーン Tagwen……③82
ダゲヴァルディ dagewardi……①245
他権者養子縁組 Adoption……①35
多数決原則 Majoritätsprinzip……②266，②374，②394〔Stimmenmehrheit〕，③76
盾の官職〔楯の職務〕Schildesamt……①308，①313，②435
タールゲノッセンシャフト Thalgenossenschaft……②336，②337
—オルト Ort……②336，②338
—タール Thal……②336，②337，②338
—ワルトシュタット Waldstatt……②336，②337，②338
団結禁止 Koalitionsverbote……④36
男子諸同盟 Männerbünde……④31
—男子同盟 Bund der Männer……④53
—若者同盟 Bund der Jungen……④53
地役権〔役権〕Servituten……①124，③34
治外法権……インムニテートをみよ。
父殺し Vatermord……①147
地方宮廷会議 Provinzialhoftage……①163
血の友誼関係 Blutfreundschaft……①63
中央集権〔化〕Centralisation……③14，③21，④14
仲裁裁判官 Schiedsrichter……①285，③269
仲裁裁判所 Schiedsgericht……②254
忠誠宣誓 Huldigungseid……①160，①260
チューリッヒ法典 Zürch. Gesetzb.……④348
長子相続権 Erstgeburtsrecht, Primogenitur=Vererbung……①26，①299，②185，②194，②195，②197，②378〔と不可分性〕

直接民主制 unmittelbare Demokratie……③280
朕は国家なり l'état c'est moi.…… ③8
ツェンテナーレ〔ケンテナーレ，百人組長〕Centenare……①65，①154，①170，①229
ツェンテネン Centenen……①63
ツェントゲノッセンシャフト Centgenossenschaft……①122，①333
ツェントゲマインデ Centgemeinde……①125
ツェント裁判集会 Centdinge……①333
ツェーントシャフト〔十人組〕Zehntschaft……①64
ツェントマルク Centmark……①123
ツェーンメンナー・フェライン〔十人団フェライン〕Zehnmänner=Verein……①64
ツンフト Zünfte……①264，①267，①362，①378〔制度の起源，商人ギルドや兄弟団体〕，①381，②37，②39〔組織体制〕，②52-53〔諸騒乱〕，②54，②55〔勝利と敗北〕，②73〔騒乱〕，②98〔一の有機的組織〕，②99〔一の諸名称〕，②104〔受入れと拒絶〕，②105〔受入れと入会料〕，②106，②107〔都市との関係〕，②108〔二重の地位〕，②109，②110〔廃止〕，②111〔集会権と監督〕，②112，②113，②114，②115，②116，②117，②118〔労働のコントロール，検閲〕，②121-123〔労働ゲノッセンシャフト〕，②124〔裁判所，警察〕，②125〔有機的組織，機関〕，②126〔保護ゲノッセン〕，②127〔マイスター，徒弟と職人〕，②134，②135〔最古の諸名称〕，②135〔職務の諸名称〕，②142，②143，②144〔寡婦の職務引継ぎ〕，②145，②146〔設立証書，公課〕，②147〔誓約，諸負担〕，②151，②152，②153〔諸規約〕，②154〔名簿，印章〕，②156〔入会金〕，②157〔金庫〕，②158，②159〔買春禁止，欠陥品の破壊〕，②164〔一平和〕，②165〔裁判権〕，②166〔マイスター〕，②167，②168，②169，②170〔名簿〕，②171〔教育期間，遍歴〕，②233〔音楽師〕，②239〔営業権〕，③7〔一精神〕，③90〔敗北〕，③91〔一の抑圧〕，③92，③93，③104〔一蜂起，除名〕，④74，④75，④76〔構成〕，④77，④78-79〔有機的組織〕，④79〔政治的意義の喪失〕，④80〔競争排除と堕落〕，④81〔崩壊〕，④82〔法的本質〕，④83〔官憲の影響〕，④84〔構成員地位の条件〕，④85，④86，④87，④88〔法的意義〕，④90〔自律〕，④91，④92-93〔裁判権〕，④93-95〔経済的意義〕，④95〔道徳的・社会的意義〕，④96，④97〔刑罰〕，④101-102〔諸原典〕，④123〔一制度の否定〕
　—歌手のツンフト Sängerzünfte……④9
　—自由なツンフト制度 freie Zunftwesen……②98，②99
　—マイスターザングツンフト〔職匠歌ツンフト〕Meistersangszünfte……④80
ツンフト強制 Zunftzwang……①381，②101，②102，④75，④80，④83，④94，④98，④116
ツンフト記録 Zunftrolle……④102-103
ツンフト証書 Zunfturkunden……②110，②134〔最重要の諸例〕，②148〔司教の破棄権〕
ツンフト条例 Zunftordnung……④96，④104，④114，④116
　—帝国ツンフト条例 Reichszunftordnung……④91

ツンフト櫃〔ヒツ〕Zunftlade……④84，④89
定期賃借人 Zeitpächter……②452
定期賃貸借 Zeitpacht……②500
抵抗権 Widerstandsrecht……②377，②423，③287
帝国 das Reich……①305，②324-332〔アイヌングとしての帝国〕，②327〔平和アイヌング〕，③287，③288，③289
帝国アイヌング Reichseinung……③97
帝国アハト刑〔帝国国外追放，ライヒスアハト〕Reichsacht……②317，②327，③286
帝国階級〔帝国等族〕Reichsstände……③282，③283，③285，③284，③285，③284，③285，③287，④13
帝国階級制度〔帝国等族資格，帝国階級団体，一地位〕Reichsstandschaft……①305，②19，②326，③98，③284，③287
帝国官職〔帝国職務〕Reichsamt……①328〔不動産権益となる〕，①330，①337〔の世襲制〕
帝国議会 Reichstage……①163，①177，①305，①311，②293，③287
帝国議会決議 Reichsabschied……①178，④91
帝国騎士階級 Reichsritterschaft……①285，①307，①312，②299，②328
帝国宮廷会議 Reichshoftage……①162
帝国宮廷官職 Reichshofämter……①304
帝国警察 Reichspolizei……③286，③288
帝国警察条例 Reichspolizeiordnung……④91
帝国コルポラチオン Reichskorporationen……③284
帝国コンスティトゥーチオ〔帝国宣告文〕Reichskonstitutionen……②313
帝国自由権 Reichsfreiheit……②335，②345，②411
帝国荘園ブラッケル Reichshof Brackel……①268
帝国戦争条例 Reichskriegsordnungen……②230
帝国組織体制 Reichsverfassung……③287
帝国直轄制〔帝国直属制〕Reichsunmittelbarkeit……①316，②328，②336，②411，③97
帝国統治院 Reichsregiment……②327
帝国都市 Reichsstadt……②329
帝国伯爵領 Reichsgrafschaft……②359
帝国判決 Reichsurtel……③286
帝国フュルステン Reichsfürsten……②201
帝国平和 Reichsfriede……③286
帝国レーン Reichslehen……①271，①304，①338
ディストリクト Distrikt……③223，③224
ディストリクトラート〔レーテ〕Distriktrath……③223，③224
ディトマルシェンの諸氏族 Geschlechter Ditmarschens……②175

堤防義務 Deichpflicht……③189，③190
堤防ゲノッセンシャフト Deichgenossenschaft……②468，③187，③188，③192〔法的意義，
　意思能力と行為能力〕
堤防権 Deichrechte……②507
堤防高権 Deichregal……③188
堤防コルポラチオン Deichkorporation……③191
堤防裁判官 Deichrichter……②508
堤防条例 Deichordnung……②419，③198
堤防法 Deichrecht……③198
デカーネ〔十人組長〕Dekane……①65
テクレンブルク封建法 leges feudales Teklenburgicae……①292，①293，①294
テュートン人 teutonici……②85
デンマーク王……①170，①192
ドイツ石工条例 gemeindeutsche Steinmetzenordnung……②132
ドイツ関税同盟 deutscher Zollverein……③293
ドイツゲノッセンシャフト法史……①前47，①前55
　—時代区分……①13
ドイツ史 die deutsche Geschichte……③274
ドイツ私法論 Deutsches Privatrecht……①前58
ドイツ商法典 Deutsches Handelsgesetzbuch……④307
ドイツ帝国 deutsches Reich……③290
ドイツ帝国憲法……憲法をみよ。
ドイツ的なるもの〔ドイツ性〕Deutschthum……①152，①235
ドイツ同盟 der deutsche Bund……②71，③290，④10
ドイツ民族 deutsches Volk……③290
ドイツ民族精神 deutscher Volksgeist……民族精神をみよ。
ドイツ民法典 BGB……①前64
統一体〔統一性，単一体〕Einheit……①1
同格出生 Ebenbürtigkeit……②196
当局 Obrigkeit……官憲をみよ。
道徳人〔道徳的人格，慣習的人格〕moralische Person……③34，③111，④51
同輩中の首席 primus inter pares……③288
同盟 Bünde……②292，②360-361〔スイスの諸—〕
　—同盟証書 Bundbriefe……②251，②273
　—同盟条約 Bundesvertrag……②260，③283
　—同盟的結合〔同盟的結合条約〕Bündniß, Bündnißvertrag……②260，②276，②291，③
　　99〔ランデスヘルの承認〕，③283〔政治的，宗教的〕
　　—カトリックリーガ die katholische Liga……③283

—シュマルカルデン同盟 der schmalkaldische Bund……③283
—神聖同盟 der heilige Bund……③283
—トールガウの同盟的結合 das Torgauer Bündniß……③283
—福音ウニオン die evangelische Union……③283
同盟国家 Bundesstaat……②336〔フリースラントの同盟集会〕，②358-365〔フリースラントとスイス〕，②364〔スイスの近代的—〕，②358-365〔諸形成〕，③290，③293
同盟誓約 Bundeseid……②381
同盟的結合 Bündnissen……②292，②360-361〔スイスの諸—〕，②418
—攻守同盟的結合 Schutz= und Trutzbündnisse……②388
トゥルスティス……従士をみよ。
特別財産 Sondereigen……①114
匿名組合 stille Gesellschaft……④64，④69　商法をもみよ。
都市 Stadt……①264〔—マルク〕，①374，①392〔フランク帝国の諸—〕，①398〔市民たちの諸名称〕，①432，②13〔自由諸都市〕，②13〔司教権力との闘争〕，②14，②15，②17〔自由諸都市〕，②18〔権利能力〕，②20〔—裁判官〕，②27〔法人〕，②28〔総体人格〕，②29，②30〔機関〕，②31〔裁判集会〕，②46，②47〔諸職務〕，②60〔成立ち〕，②66〔都市金庫〕，②269〔自由都市〕，③88-108〔—的共同団体の没落〕，③90，③91，③92〔政府システムの完成〕，③96〔財産，金庫〕，③98，③99，③100，③107〔の高権的権利〕，③170〔代議員の権限〕，③172〔参事会は—の官憲〕
—キヴィタス civitas……②59
—ギリシアのポリス……②59
—シュラインス・カッセ〔シュライン金庫，都市金庫〕Schreinskasse……都市をみよ。
—都市組織体制 Stadtverfassung……①374，①375，①403，①433，①440，②11〔その歴史〕，②26，②60，②514
—都市帳簿 Schreinkarte, Schreinsbücher……②56，②65，②66
—都市的共同団体 städtisches Gemeinwesen……①388，③88-108〔—の没落〕，③89〔ラントゲマインデの没落と類似〕
—帝国自由都市〔帝国の自由〕Reichsfreiheit……②17，②277
—ラント都市 Landstadt……②18
都市外居住市民〔プファールビュルガー〕Pfahlbürger……②15
都市外居住市民〔アウスビュルガー〕Ausbürger……②16，②43
都市外追放 Stadtverweisung……①408，①426
都市貴族 Patriciat, Patricierthum……②36，②40，②54，②55，②79，③90，④20〔ギルド〕
都市貴族ゲマインデ Patriciergemeinde……②36
都市裁判所の裁判籍 städtischer Gerichtsstand……①402，①422
都市市民権 Stadtbürgerrecht……②463
都市自由 Städtefreiheit……①388〔自由なアイヌング原則とマルクゲマインデ原則の結合〕，

①389〔その成立史〕，①392，①433，①434，①436，②15〔の否認〕，②22-23〔否認する勅法〕，②100，③88〔の没落〕，③102
都市条例 Städteordnung……③170，③171，③172，③173，③174，③175，③176，③177，③178
都市当局〔都市官憲〕Stadtobrigkeit……①414
都市同盟 Städtebund……②130，②249，②256，②263，②274，②276，②277，②278，②279，②280，②288，②289，②290，②291，②360，③92，③99〔破棄〕，③284
—コンスピラーチオ conspiratio……②289，②290
—シュワーベン都市同盟……②276，②277，②279，②289，②290，②291，②328，②330，②349
—ドイツの諸都市同盟 deutsche Städtebünde……②249
—ライン都市同盟 der große rheinische Städtebund……②269，②271，②276，②277，②280，②290，②291，②313，②325
—ロンバルド都市同盟 lombardischer Städtebund……②249
都市のゲマインデ städtische Gemeinde……①433，②14，③106
都市の自治 Selbstverwaltung……②13〔その内容〕
都市の平和 Stadtfriede……①394，①407，①433
都市法 Stadtrecht……②12
都市ユンカー Stadtjunker……②222
土地への隷属 Grundhörigkeit……①183，①184，①231
特許状 Patent……③243
特権〔ベネフィーキウム〕beneficium……①186，①193，①282，①328〔レーエンに変化〕，①329，③282
徒弟 Gesellen……①267
徒弟期間 Lehrzeit……②103
トホペザーテン tohopesaten……③92
トリエントの公会議 das Tridentinische Koncil……③302，③316，③323
トリエントの宗教会議 Synode von Trient……②209
トルコ人 Türken……③263
ドルフゲマインデ Dorfgemeinde……①120，ゲマインデをみよ。
ドルフシャフト〔村落共同体，村団体〕Dorfschaft……①93，①109，①122，①123，②441，②489
ドルフマルク Dorfmark……①109，①116，①126
奴隷 Hörige……農奴をみよ。
奴隷 homines……①157，①167〔臣民〕，①171
奴隷 Knechtschaft
—刑罰奴隷 Strafknechtschaft……①51
—債務奴隷 Schuldknechtschaft……①51

—保護奴隷 Schutzhörige……①61
奴隷的労働 opera servilia……①137
トレンガ・デイ〔神の休戦〕trenga dei……②318
—神の平和 Gottesfriede……②318

【な行】

西ゴート族……ゲルマンの諸部族をみよ。
西ゴート族の法典……蛮民法をみよ。
入会手数料 Eintrittsgebühr……②112，②143，②151〔帰属〕
認可 Bestätigung……④139
認許システム Koncessionssystem……④94，④109，④123，④179
ネーエルレヒト〔物権的取得権，優先権〕Näherrecht……①32，①95，①207，①260，②470
ノヴゴロドの商人団体……②84，②85
農場 Hof……①182，①200
農場法〔荘園法〕Hofrecht……①206
農場団体 Hofverband……①183
農奴〔奴隷，隷属者〕Hörige……①126，①136，①139，①164，①211，①244，①316
農民階級 Bauernstand……②175，②226，②370〔ラント統治への参加〕，②490，②491，②493，③261
農民財産 Bauerngut……②502
農民裁判所 Bauergericht……②63
農民氏族 Bauerngeschlechter……②174〔ケルパーシャフト〕，②175
ディトマルシェンの農民氏族 in Ditmarschen……②175
農民戦争 Bauernkrieg……②212，②302，②372，②492，②515，②516，③3，③44
農民団体 Bauerschaft……バウアーシャフトをみよ。
農民蜂起 Bauernaufstand……③303

【は行】

バイエルン王……①192
バイエルン族……ゲルマンの諸部族をみよ。
バイエルン部族法典 l.Bajuv.…… 蛮民法をみよ。
バイエルンラント法 Bair. Landr.…… ③74，③75，③76
ハイオニアの公務赤書 rotulus officiorum Heioniensium……①293
バイザッセン〔無権利居留民〕Beisassen……②340，②462〔の権利〕，②463，③45，③96
バイジッツァー〔無権利居住者，同宿者〕Beisitzer……②463〔一権〕，②464，③46，③47，③59，③69，③117
賠償 Buße……①284

ハイマート権 Heimathsrecht……③117
ハイムシャフト〔郷里団体〕Heimschaft……②65
ハイムブルゲン heimburgen……②65
ハインリッヒ王の憲法 Konstitution（1226）……②249
バウアーシャフト〔農民団体〕Bauerschaft……①64，①98，①110，①186，②226，②441，②448，②489，③58
ハウスマイヤー Hausmeier……①212
バーゼルのツンフト証書 Baseler Zunftbriefe……①278，②158
旗レーン〔軍旗レーン〕Fahnlehn……①304，①338
罰令権 Bann……①153，①207，①258，①304，①311，③41
　—軍事罰令権 Heerbann……①75，①156，①317，①332
　—裁判所罰令権 Gerichtsbann……①75
　—平和罰令権 Friedensbann……①298，②342
　—流血罰令権 Blutbann……①258，①329，①396，②342，②483
パトリモニアル・シュタート〔家産国家，封建国家〕Patrimonialstaat……①231
パトリモーニウム〔世襲領地〕patrimonium……①329
ハノーファーの職務集会 die hannoverschen Amtsversammlungen……③213
パラフレドゥス parafredus……①215
パリ大学 Paris……②207
バルシャルケン Barschalken……①211，①213
判決人 Urteiler……①161
判決発見 Urtelsfindung……①191，①207，②481
判決発見人 Urtelsfinder……①161，①245，①258，①302，①305，①307，②487，②488
ハンザ〔ハンザ同盟〕Hansen, die deutsche Hansa……①376，①377，②55，②81〔大ドイツハンザ，有機的組織〕，②82〔総体ハンザ，裁判権と刑罰権〕，②83〔イギリスの諸ハンザ〕，②85，②86〔有機的組織〕，②92，②93〔諸規約〕，②96〔一商人の諸特権〕，②97〔有機的組織〕，②130〔総体一〕，②227〔一都市〕，②237，②245〔ハンザ船の船長の権限〕，②253，②256，②257〔二つの要素，諸名称〕，②258，②259，②260〔同盟の組織体制証書〕，②261，②262，②263，②264〔法の理念〕，②265，②266，②267，②268，②269，②273，②276，②280，②281，②282，②283，②284，②285，②390，②422，③90，③91，③92〔除名〕，③281，③282，④8
ハンザ会議 Hansatage……②260，③91
ハンザ除名 Verhansung……②259，②260，②261，②262，②265，③91，③92，③104
半自由民 Halbfreie……①164〔保護仲間〕
半自由民 Minderfreie……①168
バンデ〔傭兵団体〕Bande……②228，②229，②234，②235
ハンドライフング〔援助〕Handreichung……①138，①143
バンマイレ Bannmeile……③95

バンマイレンレヒト Bannmeilenrecht……②102
蛮民法 leges barbarorum……①31，①75
—アラマンニー族の法律 lex Alamannorum, alamannisches Gesetz…… ①30，①119，①132，①172
—サクソン族の法律 L.Saxonum…… ①119
—西ゴート族の法典 L.Wiesig.…… ①117
—バイエルン族の法律 bairisches Gesetz……①30，①172
—バイエルン部族法典 l.Bajuv.…… ①114，①117，①340
—ブルグンド族の法律 L.Burgundionum, burgundisches Volksrecht……①119，①121，①278
—リプアリア族の法律 L.Ripuaria, ripuarisches Gesetz…… ①30，①120，①133，①172，①176，①213
パン屋 Bäcker, beken……①278，①279
パン屋の訴訟手続 Instanzen für die Bäcker……①278
ヒエラルヒー〔階級秩序，教権制度〕Hierarchie……①219，①236，①344，②3，②199，②205，②434，③298，③303
被解放民 Liberte……①143
東ゴート族……ゲルマンの諸部族をみよ。
庇護権……アジールレヒトをみよ。
ビザンツ〔東ローマ帝国〕Bysanz……①223
非自由民 Unfreie……①50，①164〔法外人 Rechtslos〕，①211
非訟裁判権〔非訟事件〕freiwillige Gerichtsbarkeit……①258，①259，②61，②478
皮髪刑 Haut und Haar……②478
秘密結社〔結合体〕geheime Gesellschafen……④14，④19，④27〔諸例〕，④34〔刑罰〕，④54，④104，
—イルミナート Illuminaten……④27
—秘密黄金十字団 die geheimen Rosenkreuzerverbindungen……④27
ビュルガーシャフト Bürgerschaft……①388，①389，①397，①399，①400，①404，①406，①411〔ギールケの理解〕，①412，①433，①436，①437，②21，②32，②34，②59〔ドイツ都市の〕，②64，②79
ビュルガーマイスター〔市長〕Bürgermeister……②28〔機関〕，②29
平等 Gleichheit……③13
ビールゲルデン Biergelden……①324
ヒルデンゼンの修道院法 recht des stichtes to Hildensen……①293
賓客権 Gastrecht……①59
貧困規則 Armuthsregel……②208
貧困の誓願 Armuthgelübde……③324
ヒンターザッセン〔荘民，背後居住者〕Hintersassen……①200，①254，①328，②340，③

47，②402，③45，③46
貧民〔救済〕義務 Armenpflicht……③185
ファッサルレン〔家士，家士制〕Vassalität, vasalli……①139，①143，①144，①145，①149，①154，①155，①156，①157，①159，①167，①171，①173，①186，①187，①210，①218，①227，①229，①236，①239，①241〔同じヘルシャフトに属するが家僕とは別のゲノッセンシャフト〕，①300，①301，①302〔―のゲノッセンシャフト〕，①303，①304，①306，①307，①308，①310〔のケルパーシャフト〕，①311，①332，①334〔―会議の登場〕，②297，②370〔封臣階級〕
ファッサルレン裁判所 Vassallengericht……①302
ファッサルレン的裁判所 vassalistisches Gericht……①215
ファミリア〔郎党〕familia……①243，①244〔とゲノッセンシャフト〕，①245，①246〔―の諸法律〕，①247，①282，①283，①296
ファミリアの平和と法……①245
フィスカリーネン〔出納官〕Fiskalinen, fiscalinus……①211，①213，①214，①215，①244，①273〔法と慣習〕
夫役 Frohnen……①158，①183
夫役農場〔フロンホーフ〕Fronhof……①206，①211，①213，①258〔―主人〕
フェッターシャフト〔従兄弟団体〕Vetterschaft……②176，②193
フェーデ〔敵対〕Fehde……①29，①44，①57，②261〔―証書〕，②272，②299
フェーデ権……①29，①44，②21，②387〔ラントの―〕，③282
フェーメ裁判所〔刑事裁判所〕Vemgericht……①340，②268
フェライン〔社団〕Verein……①8，①106〔フーフェ―〕，①129，①144〔平和―〕，①205，①358〔隣人的土地所有者の―〕，③24，③282〔―権〕，③303〔―法〕，③314〔―権〕，③315，④3-28〔官憲的国家における―〕，④4，④5〔教育〕，④7〔経済，信用，保険〕，④9〔社交〕，④12〔―権〕，④13〔禁止〕，④16，④17，④28-62〔諸目的のための自由な―〕，④29，社団をもみよ。
―ドイツフェライン法 Das deutsche Vereinsrecht……①217〔への教会の影響〕
―平和と法のフェライン Friedens= und Rechtsverein……①23，①228，②292
フェルトゲマインシャフト〔耕地共同体〕Feldgemeinschaft……①94，①98，①115
フェルトマルク〔耕地マルク〕Feldmark……①93，①111
フォークタイ Vogtei……①267〔保護―，庇護―〕，①316，①317，②345，②366，②444，②477〔罰令権〕，②483
フォークタイ裁判所 Vogteigericht……①214，①249，①317
フォークト〔監督官〕Vogt……①200，①257，①440，①441〔裁判権〕，②20，②371
フォークト裁判集会 Vogtdinge……①333
フォレンゼン〔法廷人〕Forensen……③116，③121，③164
不可分性 Untheilbarkeit……②194〔選帝侯所領の―〕，②195，②378，②379
復讐 Rache……①22，①28

復讐義務 Rachepflicht……①39
フス戦争〔フス信奉者戦争〕Fussitenkrieg……②235
武装会議〔ワーペンターク〕wapentac……①368
武装権 Waffenrecht……①308, ③282, ④79
武装能力者 Waffenmündige……①160
部族 Stamm……①1
部族法……蛮民法をみよ。
普通ドイツ手工業法 ein gemeines deutsches Handwerksrecht……②131
普通同盟会議 gemeine Bundestage……②328
普通法 gemeines Recht……①132, ④32
物化〔物権化〕Verdinglichung……①129, ①186, ①187, ①188, ①189, ①192, ①231, ①235, ①251, ①282, ②454
物権法 Sachenrecht……①286
物上負担 Reallasten……①132
不動産権益 Immobiliargerechtigkeit……①328
不動産物権 Immobiliarrecht……①236
不似合結婚 Mißheirath……②186
フーバー Huber……①259, ①273
フーバーシャフト Huberschaft……①251
プファルツ裁判所 Pfalzgericht……①162
フーフェ Hufe……①102, ①103, ①118, ①165, ①183, ①265, ①316, ②451, ②452, ②453, ②456
フーフェンゲノッセンシャフト Hufengenossenschaft……①320, ①321
フーフェンゲマインデ Hufengemeinde……①321
プフレークハフテン〔夫役義務者〕pleghafte, Pfleghaften……①324, ①325
フュルスト〔侯爵〕Fürst……①49, ①73〔王への変化〕, ①74, ①139, ①200, ①241, ①284〔マンネン〕, ①304, ①305, ①306, ①307, ①311〔その概念要素〕, ①334, ①338〔地位〕, ①435〔一的な諸都市〕, ②185, ②186, ②366, ③271〔国家の機関〕, ③272, ③273, ③289
—私的フュルスト法〔フュルスト私法〕Privatfürstenrecht……②194
—普通ドイツ私的フュルスト法 ein gemeines deutsches Privatfürstrecht……②185
フュルスト主権 Fürstensouveränität……③251, ③271
フライハイトブリーフ……自由付与状をみよ。
フライブリーフ……免除権付与状をみよ。
フライブルクの設立証書 Gründungsurkunde von Freiburg……①426
フライヘル〔男爵〕Freihherr……①284〔マンネン〕, ①342
フライヘル・フォン・シュタイン Freiherr v. Stein……③102
フライマイスター Freimeister……④83, ④84

ブラッケルの荘園法 Hofrecht von Brackel……①246
フラテルニタス・ヴィーニ〔ぶどう酒兄弟団体〕……①423
フラテルニタス・メルカトールム fraternitas mercatorum……①423，①424
プラトン・アカデミー Platonische Akademie……④23
フランク王 Frankenkönig……①192，①194
フランク時代 fränkische Zeit……①200，①201
フランク族……ゲルマンの諸部族をみよ。
フランク帝国 Frankenreich……①138，①149，①151，①152，①155，①161，①162，①163，①168，①177，①178，①180，①189-190〔王位は不動産物権〕，①213，①218，①224，①226，①239，①303，①332，①333，①349，①354，①392，②434
フランス革命 die französische Revolution……③8，③19，③21，③32，③61，③71，③109，③302，④13
フランス共和国 die französische Republik……③44，③119，④52
フランス刑法典〔コード・ペナル〕code pénal……④30，④52
フランス国家絶対主義システム das französische staatsabsolutistische System……③158，③159
フランス商法典 Code de commerce……④182，④221
フランス的市町村体制 französische Municipalverfassung……③160
フーリエ社会主義組合 Fourrier'sche Phalanx……④256
フリースラント人 Friesen……①29，①40，①56，①66，①335，①336，①341〔一の特権的自由〕，①342，②358〔一の共通法〕
フリースラントの同盟集会 Bundesversammlung……②358，……ウプスタルボームをみよ。
フリースラント法 friesisches Recht……①56
フリーメイソン同盟……石工をみよ。
ブルクアンタイレ Burgantheile……②190
ブルクグラーフ〔城砦伯爵〕Burggraf……①418，②20，②189
ブルク平和〔城の平和，都市の平和〕Burgfriede……②189
ブルグンド族 Burgunder……ゲルマンの諸部族をみよ。
ブルグンド帝国 Burgundisches Reich……①162
ブールゲノッセンシャフト〔隣人一〕Burgenossenschaft……②61
ブルゲンゼン〔市民たち〕Burgensen……①398，①399〔一ゲマインデ〕
ブルシェンシャフト〔大学生組合，学生団体〕Burschenschaft……④31，④37
ブルンネンゲゼルシャフト Brunnengesellschaft……②507
プレカリウム〔プレカリーエン，容仮占有〕Precalium, Precalien……③34，③37
フーレン〔ゲマインデ負担〕Fuhren……③57，③58
プロイセン Preußen……③209，地名索引をみよ。
プロイセン海上貿易会社 Seehandlung……④187
プロイセン刑法 preußisches Strafgesetz……④56

プロイセンゲマインデ条例 Preuß.Gem.O.…… ③175
プロイセン憲法証書 Verfassungsurkunde……③209
プロイセン国家 preußischer Staat……③20
プロイセン青年同盟 der preußische Jugendbund……④31
プロイセン都市条例 Preuß. St. Ordnung（1808）……③102，③103，③111，③123，③161，③164，③168，③169，③170，③171，③172〔参事会は都市の官憲〕，③175，③182
プロイセンラントゲマインデ条例 Preuß. Landgem. Ordn.…… ③168
プロイセン〔一般〕ラント法 das preußische allgemeine Landrecht……③64，③75，③76，③77，③100，③106，③121，③157，③161，③167，③171，③181，③302，③305，③311，③324-325〔聖職者ゲゼルシャフトの一般規定〕，④13，④14，④21，④26，④97，④106，④152〔鉱山組合の諸規定〕，④153，④209，④347，④348
プロピンクイ〔親類〕propincui……①29
フロンヘル〔フロン主人〕Fronherr……①254
フロンホーフ……夫役農場をみよ。
フンデルトシャフト〔百人組〕Hundertschaft……①62，①64，①67，①84，①91，①92，①109，①117，①129
平和 Friede……①159
—王の平和 Königsfriede……①174
—神の平和 Gottes Friede……①159，①174
—キリストの平和 Christi Friede……①159
—皇帝の平和 kaiserlicher Friede……①405
平和金 Friedensgeld,〔フレードゥス fredus, フレート fretho〕……①47，①194
平和裁判所 Friedensgericht……②21
平和喪失 Friedlosigkeit……①47
平和罰金 Friedensbuße……①138
平和保証団体〔平和誓約団体〕Friedensbürgschaften, frithborgas……①358，①361，①367
ベーオウルフ Beovulf……①147
ベガルデン〔男子ベギン会〕Beghalden……②208，②211
ベギーネン Beghinen……②210，②214
ベライドゥンゲンの権利〔建築紛争の検査権〕Recht der Beleidungen……②66
ベリーブンゲン〔随意決定〕Beliebungen……②61，②65，②113
ヘルヴェチア〔スイス〕革命 helvetische Revolution……③48
ヘルヴェチア共和国 die helvetische Republik……③61
ベルギー年代記 die belgische Chronik……①309
ヘルシャフト Herrschaft……①前39，①14，①25，①130，①192〔地域—，民族—〕，①224〔ドイツ的な—の理念〕，①235〔と奉仕〕，①239〔総体権がその源泉〕，①242，①265〔その諸官職の名称〕，①266，①304，②492，④66，④68〔資本—〕，④246
ヘルシャフト的ゲノッセンシャフト……①208，①211，①237，①239，①240，①241，①

287
ヘルシャフト的裁判所 herrschaftliches Gericht……①214, ②492
ヘルシャフト的団体 herrschaftlicher Verband……①135, ①136, ①150, ①157, ①182, ①204, ①218, ①229, ①243〔種々の名称・種類〕, ③13, ④246〔企業〕
ヘールシルト〔封建法上の権利能力〕herscilde……①294, ①305, ①312
ヘルツォーク〔将軍, 大公〕Herzog……①49, ①73, ①74, ①153, ①155, ①156, ①192, ①200, ①229, ①304, ①306, ①330, ①333, ①334, ②366, ③244
遍歴期間 Wanderzeit……②141
ホーエンシュタウフェン家〔朝〕Hohenstaufen……①405, ①406, ②228〔時代〕, ②249
ホーエンツォルレルン家〔朝〕Hohenzollern……②389, ③98
放火脅迫状 Brandbrief……②415
封建国家 Lehnssaat……①15, ①164, ①235
封建システム Feudalsystem……①235, ①236, ①237, ①344
封建法……レーン法をみよ。
奉仕 Dienst……
—騎士奉仕 Ritterdienst……①281
—宮廷奉仕 Hofdienst……①281
—主人の奉仕 Herrendienst……①281
—奉仕法……家人法をみよ。
奉仕期間 Dienstzeit……②103
奉仕義務 Dienstpflicht……①155, ①255, ①266
奉仕権 Dienstrechte……①284
奉仕者 der Herrn Dienende……①265〔様々な名称〕
奉仕奴隷〔制〕Diensthörigkeit……①302
奉仕の理念 Idee des Dienstes……①142
奉仕ワイステューマー Dienstweisthümer……①293
封臣 Lehnsmannen……①242
封臣……ファッサルレンをみよ。
法人 juristische Person……②114〔ツンフト〕, ③111, ③195, ③237
法人格 Rechtspersönlichkeit……①444, ②190, ②191, ②405〔ラントまたは民族の—〕, ③12〔コルポラチオン〕, ③24, ③285, ④139〔認可による付与〕
法人擬制説〔擬制説〕Fiktionstheorie……①前61
法人実在説〔実在的総体人格〕reale Gesammtpersönlichkeit……①前64
封臣制 Lehnmannschaft……①305
法治国家……国家をみよ。
法の判告 Rechtweisung……①207, ①208, ①258, ①307, ①332, ②61, ②481
放牧権 Weiderecht……①124, ②474, ②475
放浪民族 Wandervolk……①82

牧場警察 Weidepolizei……②475
牧場使用権 Triebrechte……②474
僕卑 Gesinde……①139，①145，①168
　一家内僕卑 Hausgesinde……①139，①281
補欠選挙 Kooptation……③92
保険会社 Assekuranzkompagnien……①354
保険株式会社 Versicherungsgesellschaft auf Aktien……④222
保険相互会社 Versicherungsgesellschaft auf Gegenseitigkeit……④74
保険フェライン Assekuranzverein……①354〔ギルドは一に非ず〕
保護者〔保護君主，保護主人〕Schutzherr, hlâford……①27，①300
保護奴隷 Schutzhörigkeit……①149
補佐 Kuratel……③112
ホッホシュティフト〔修道院本山〕Hochstift……②384，②385
ホーフアルメンデ Hofallmende……①261
ホーフゲノッセン……①260〔の同意〕。
ホーフゲノッセンシャフト……①211，①212，①216，①256，①260，①261，①262，①263
ホーフゲマインデ……①221，①245，①251〔その諸種類〕，①259〔の自律性〕，①263，①267
ホーフゲリヒト……①214
ホーフターゲ〔荘園会議〕Hoftage……①256，①268，①270〔その諸名称〕
ホーフマルク〔荘園マルク〕Hofmark……①242，①250，①261，①273
ホーフマン〔荘園人，宮廷人〕Hofmannen……①242
ホーフレヒト……①221，①241，①251，①263，①264
歩兵 milites……①168
ボルンマイスター〔泉管理人〕Bornmeister……②241
ボロマイシャー同盟 Borromeischer Bund（1586）……②364

【ま行】

マイスター Meister……①265，①266，①267，②127，②128，②129，②149
マイスターシュトゥック Meisterstück……④85
マイスターゼンガーシューレン〔職匠歌人学校〕Meistersängerschulen……②239
マイスター選挙 Meisterwahl……②149
マイスターの寡婦の権利……②106，④76
マイスターレヒト〔マイスター権，親方権〕Meisterrecht……④76，④85〔諸要件〕，④116
埋葬金庫 Begräbnißkassen……④271
マークシャフト〔親戚〕Magschaft……①25，①44
マクデブルク家人法 Recht der dynstmanne to Magdeborch……①292，①294

マーゲンゲノッセンシャフト Magengenossenschaft……①27
マスコパイ〔商事組合，商事会社〕Maskopei……④64，④69，④214
マジャール人 magyarisch……②85
貧しいコンラッド armer Konrad……②302
マルク Mark……①85，①90〔マルクの意味〕，①91〔種々のマルク，ツェントとの差異〕，①97，①112〔条例〕，①126，①197〔自由なマルク〕，②441，②442，②443，②444，②445，②446〔所有財産〕，②447〔ゲノッセンシャフトとの関係〕，②448，②449，②472〔法律・警察による保護〕，②473，②478〔裁判所など〕，②495〔諸境界〕
—共同〔共有〕マルク〔ゲマインマルク〕gemeine Mark,Gemeinmark……①96，①98，①124，②470
マルクゲノッセンシャフト Markgenossenschaft……①107，①115，①122，①124，①125，①126，①127，①128，①197，①316，①320，①325，①432，②240，②441，②448，②465，②472，③64，③65
—高山牧場〔アルプ〕マルクゲノッセンシャフト Alpmarkgenossenschaft……②240，②466
—森林マルクゲノッセンシャフト Waldmarkgenossenschaft……②240
—堤防監視および水門監視ゲノッセンシャフト Deichachten und Sielachten……②241
—ブルンネン〔井戸〕ゲノッセンシャフト Brunnengenossenschaften……②241
—ワインベルク〔ぶどう畑〕ゲノッセンシャフト Weinberggenossenschaft……②240
マルクゲマインシャフト〔マルク共同体〕Markgemeinschaft……①100，①197，①251，②443，③32〔変化の方向〕，③48〔ゲノッセン結合の三種類〕
マルクゲマインデ Markgemeinde……①115，①121，①122，①123，①127，①432，③36〔—の解消〕，③64
マルク分割 Marktheilung……③37
マンネン Mannen……①219，①235，①282，①284〔主人の階級に従い異なるフェラインを構成〕，①304
マンネンゲノッセンシャフト Mannengenossenschaft……①211，①284，①286〔ラント法上の権利無能力〕
ミーティウム mitium……①213〔その意味〕
見習い Lehrling……①267
見習い期間 Probezeit……②103
ミニステリアーレン〔非自由召使，奴隷〕ministeriales……①139，①154〔家人〕，①155，①168，①169，①171，①210，①229，①241，①245，①247，①277，①281，①283〔その諸結合の諸名称〕，①285，①287，①288，①290〔諸名称〕，①291〔フェルトの正当な定義〕，①292，①293，①294〔貴族，教会，帝国の—〕，①306〔フェライン〕，①307，①308，①332，①423，②49
—バーベベルクのミニステリアーレン法 Justitia ministerialium Babebergensium……①293
—ヒルデンセンの修道院法 Recht des stiftes to Hildensen……①294

—フレッケンドルフ修道院のミニステリアーレン法 Recht der Ministerialen des Stiftes Freckendorf……①293
ミニステーリウム ministerium……①265
民衆法 leges populorum……①132
民族 Volk……①13〔一自由〕, ①71〔民族人格〕, ①73〔民族移動〕, ①141〔民族詩〕, ①178〔一集会〕, ③273〔国家との同一性〕
民族主権〔国民主権〕Volkssouveränität……③271, ③280
民族精神 Volksgeist……③5〔ドイツ—の変化〕, ③7, ③252, ③253
民族団体 Völkerschaft……①1, ①46, ①48, ①71, ①83
民族法 Volksrecht……①47, ①50, ①132, ①138, ①193, ①196〔一般民族法〕, ①300
無産階級 besitzlose Klassen……④245, ④248〔カースト〕
無主の物は国庫に帰属する……③33
無主物 res nullius……③34
ムート期間 Muthzeit……②103
ムニキピウム〔ローマの自治都市〕municipium……①389
ムンディウム……家長権をみよ。
ムンデブルド mundeburdo……①172
ムンドアルド mundoald……①31
ムンド証書〔保護証書, 後見証書〕Mundbrief……①159, ①173
ムンドビュルト〔保護〕mundbyrd……①174
ムントボーラ Mundbora……①173
ムントマンシャフト〔被護民団体〕Muntmannschaft……②37
メエント〔メエンテン〕Meenten……②459, ②504, ③50, ③51
メエント〔ゲマインデ〕組織体制 Meentverfassung……②176
メルキイ人 Mercii……①179, ①221
メロヴィング朝 Merovinger……①152, ①177, ①177, ①189, ①190, ①192, ①212, ①280, ①327
免除権付与状〔フライブリーフ〕Freibriefe……①421, ②239, ②377, ②414, ②415, ②416, ②422, ②423, ②424, ②426, ②429, ②432
免税特権 Zollfreiheit……①312
メンテレ〔人命贖罪金の一部〕mentele……①40
モルゲンガーベ Morgengabe……①312
モルゲンシュプラッヘ〔ツンフト総会〕Morgensprache……②82, ②111, ②149, ②150, ④86

【や行】

槍レーン Scepterlehn……①304, ①338
有機的組織 Organisation……①408

遊牧する諸部族 nomadische Stämme……①81
ユグノー同盟 Hugenottenbund……③318
ユース・フォエデーリス〔同盟権〕Jus foederis……③241
ユダヤ……①35
ユダヤ人……①158，①173，②44，②63，②64〔ゲノッセンシャフト〕，②68，②69，②70，②227〔階級，団体 Judenschaft〕，③303
ユダヤ人ゲマインデ Judengemeinde……②43，②44，②63
ユダヤ人司教 Judenbischof……②64，②70
ユダヤ人のウニヴェルシタス universita judeorum……②69
ユダヤ人マイスター Judenmeister……②64
ユダヤ人レガール Judenregal……②44
ユンカー・コンパニー Junkerkompagnien……②74，②75，②88
用益所有権 Nutzungseigenthum……①261
傭兵……ロッテ，バンデ，ランツクネヒトをみよ。
ヨハンネス・アルトゥジウスと自然法的国家諸理論の展開……①前53

【ら行】

ライヒスアハト……帝国国外追放をみよ。
ライヒスカンマーゲリヒト Reichskammergericht……②145，②327，②330，②357，③57
ライン地方の市長職諸団体 Bürgermeistereiverbände der Rheinprovinz……③212
ライン同盟 Rheinbund……③265
ラヴェンナの勅令 Edikt von Ravenna（1232）……②15，②23
ラティフンディウム Latifundien……①107
ラート〔都市参事会〕Rath……①411，①413，①414〔中央集権化の傾向〕，①429，①430，①431，①433，②28〔都市の機関〕，②30〔大小のラート〕，②31，②32，②33，②34，②46，②47〔諸職務と諸役人〕，②386，②426，③91-93〔—貴族制〕，③97〔—ファミリー〕，③104，③105〔終身の〕，③107〔詐欺瞞着〕
ラートケラー Rathskeller……③96〔の持分〕
ラート能力〔参事会員能力〕Rathsfähigkeit……①398，③90〔諸職務の—〕
ラートワイン Rathswein……③96〔の持分〕
ランゴバルド帝国 Langobardisches Reich……①162
ランツクネヒテ〔歩兵傭兵〕Landsknechte……②229，②235〔諸例〕
ランデスゲマインデ〔ラントゲマインデ〕Landesgemeinde, Landgemeinde……①124，②333，②334〔同盟国家の基礎づけ〕，②335，②343〔組織体制〕，②405-406〔国家〕，②408，②409〔旧理念の消滅〕，②429，②434-440，②444，②489，③31，③49〔条例〕，③97，③207，③243
ランデスヘル〔ラント主人，ラント君主〕Landesherr……192，②334，②366，②367，②371，②373，②398，②402，②405，②406，②407，②484〔裁判権〕，③34，③101，

③245
ラント Land……②343〔一機関〕，②368，②369〔国家としてのラント〕，②401〔一の需要〕，②403〔権利主体〕，②405〔一の法人格〕，②408〔一代表〕，②429〔概念の区別〕
ラント会議 Landtage……②340〔ウプスタルボームの一〕，②390
ラント会議一覧表 Landtagstabelle……②414
ラント〔諸〕階級 Landstände, Landstandschaft……②19〔制度〕，②366，②368〔ケルパーシャフト〕，②386-387〔組織体制〕，②390〔ケルパーシャフト〕，②393，②405，②412，②413，②414〔歴史〕，②418〔組織体制〕，②425〔諸活動〕，②432，②433，③234-264，③235〔一的コルポラチオン〕，③237〔一地位〕，③254，③255〔一ケルパーシャフト〕，③256，③258，③260，③262〔運命〕，③263〔堕落〕，③265〔組織体制〕，③270，③279〔一ケルパーシャフト〕
ラント階級的諸団体 Landständekorpora……③234-264，③237
ラント官憲〔ラント当局〕Landesobrigkeit……②366，②367，②378，③100
ラント居住者 Landsassen……①324
ラント居住性〔制〕Landsässigkeit……③97
ラント郡長……アムマンをみよ。
ラント警察 Landespolizei……③144
ラント高権 Landeshoheit……②8，②180，②252，②325，②366，②367，②370，②409，③97，③98，③253，③258，③261〔一制限契約無効論〕
ラントシャフト Landschaft……②368，②372〔総体ケルパーシャフト〕，②377，②378，②379，②382〔一的国家連合〕，②383，②384，②385，②388，②390〔の敗北〕，②395，②396〔権利能力・行為能力〕，②397-398〔諸活動〕，②400〔貢納契約の権利主体〕，②401〔国家思想の徴候〕，②402，②403，②407〔国家財産〕，②408，②414，②415，②416，②429，③236，③237，③243，③259〔金庫〕，③260，③262，③263〔拷問特権〕，③269
ラントの利益 Landesinteresse……②179，②180，②407，②408
ラント分割 Landestheilung……②391
ラント平和〔令〕Landfriede……①369，②270，②274，②278，②280，②286，②312-318，②327，②315〔ウェストファーレンの一〕，②319-322〔諸例〕，②322〔法人格〕，②323，②326，②327，②328，②360，②383，②384，②385〔一アイヌング〕，②391，②392，②425，③245，③281，④22
ラント平和同盟 Landfriedensbünde……②252，②278，②280，②312，②314，②315，②317，②318，②325，②327，②328，②373，②376，②415，②421
ラント法 Landrecht……①132
ラントラート Landrath……③216，③217，③223
ラントロイテ〔ラント住民〕Landleute……②446
ランメルスベルク鉱山法 Recht des Rammelsberges……②242
利益投機 Gewinnspekulation……④244

利息禁止 Zinsverbot……④162
立憲君主制 konstitutionelle Monarchie……憲法をみよ。
リッターシュラーク……刀打ちをみよ。
リッヒャーツェッヒェ Richerzeche……①375, ①376, ①384, ①403, ①410, ①411, ①412, ①423, ①424, ①425, ①428, ①429, ②36, ②49, ②50, ②54, ②71, ②75, ②76, ②77, ②110, ②147, ②154
リーテン〔半自由民〕Liten……①53, ①165, ①167, ①181, ①183, ①210, ①211, ①250〔一法〕
リューベックのツンフト証書 lüb.Zunfturkunde……②162
リューベックのツンフト法 die lüb. Zunftr.……②141, ②159, ②161
リューベックのツンフト名簿 lüb. Zunftrolle……②170
リューベックの都市金庫帳簿 Kämmereibuch……②233
リューベックの都市法（1240）……②145, ③90
両替業者 Wechsler……②223
領国 Territorium……①200, ③113, ③114
領主システム Patrimonialsystem……①199
領主支配 Grundherrschaft……①14
領主制 Patrimonialität……①189, ①191, ①328
領主的権力 patrimoniale Gewalt……①188
領邦国家 Territorialstaat……①15, ②7, ②333
領邦主権〔ラント高権〕Landeshoheit……①15
隣人ゲマインデ Nachbargemeinden……②60
流浪民 das fahrende Volk……②227, ②233
一放浪する諸ゲノッセンシャフト……②227〔乞食, 泥棒, 海賊等の〕
隷属関係 Hörigkeit……①149
レガーリエン〔至上権, レガーレ〕Regalien……②13, ②33
レーン〔封土〕Lehen……①187, ①215〔一裁判所〕, ①282, ①289, ①301〔一の喪失〕, ①304〔ヘルシャフト一〕, ①306〔一ゲノッセンシャフト〕, ①308〔一戦争制度〕, ①329〔グラーフ, 帝国, ヘルシャフト一〕, ①334〔一会議〕, ②367, ②428, ②434〔一帝国〕, ②452
レーン貴族 Lehnadel……①304, ①305
レーン裁判権 Lehnsgerichtsbarkeit……①300, ①311
レーン集会〔封建議会〕Lehnskurie……①305, ①311
レーン主人〔封土主人, レーン君主〕Lehnherr……①304, ①305, ②366
レーン授与 Belehnung……①253, ①309, ①310, ①317
レーン制度〔封土制度〕Lehnswesen……①187, ①236, ①287, ①334
レーン法〔封土法, 封建法〕Lehnrecht……①206, ①282, ①289, ①300, ②466〔総体的一〕

レーン法的ゲノッセンシャフト……①303，①309
連合〔結合〕Association……③22〔近代一運動〕，④251〔一禁止〕，③315〔一自由〕
連合権 Associationsrecht……④30〔フランスでの禁止〕，④32，④51，④53
連合精神 Associationsgeist……④13，④30，④134，④277
連合理念 Associationsidee……③26-27〔その二方向〕，③28〔有効性〕
連邦国家……国家をみよ。
労働 Arbeit……①前56〔一組合〕，④247，④252，④253〔一組合社団〕，④254〔一停止，ストライキ〕
労働階級 arbeitende Klasse……④245，④274，④282
労働者 Arbeiter……④247，④253-254〔イギリス〕，④260，④274
ロシア人 Russen……②84，③263
ロッテ〔傭兵連中〕Rotten……②228，②234
ローマ人 Römer……①61，①181，①223〔保護ゲノッセンとしての〕
ローマ帝国 imperium, Römerthum……①223〔ゲルマン人の畏敬の念〕，③16
ローマ的民族性 römisches Volksthum……①227
ローマの国家理念……①222〔その影響〕
ローマ法 das römische Recht……①184，②492，③15，③16，③17〔一学〕，③37，③70，③147〔放棄の必要性〕，④12，④54
ロルハルデン Lollharden……②210，②211
ロンゴバルド Longobard の集合的名称 fara……①33
ロンドンの商人ギルド〔ハンザ〕……②82，②83
ロンドンの平和ギルド Londoner Friedensgilden……①354，①357，①364

【わ行】

ワイストゥーム〔ワイステューマー，判決例〕Weisthümer……①259，①273，①275，①276，①278，①279〔トリーアの一〕，①311，②61，②65，②113，②497
ワインカウフ〔手付金〕Weinkauf……①253
ワインブルーダーシャフト Weinbruderschaft……②89
ワインベルク〔ワイン畑〕Weinberg……②240〔ゲノッセンシャフト〕，②507〔裁判所〕
ワックスツィンジゲン〔蝋貢納民〕Wachszinsigen, waszinsisch……①242，①247，①250

【以　上】

【ギールケ『ドイツ団体法論』第一巻（全四分冊）・人名索引】（ABC 順）

注4：ギールケは，ほとんどの場合，人名を「姓」のみで引用しているが，そうでない場合も少数だがある。以下の本索引は，ギールケの表示に従う。

【A】

Abel（アーベル）……①77
Achenbach（アッヘンバッハ）……③83
Adrian（アドリアン）……②234
Aedhilbald（アエドヒルバルト王）……①194
Aethelbert（アエテルベルト王）……①38
Aethelbirt（アエテルビルト王）……①144，①172
Aethelredh（アエテルレート王）……①172,
Aethelstan, Athelstanus（アエテルスタン王）……①38，①44，①116，①173，①176，①194，①357
Albrecht（アルブレヒト）……①310，②419
Albrecht Ⅰ（アルブレヒト一世）……②319
Albrecht, Herz.（アルブレヒト大公）……②283
Albrecht Ⅱ（アルブレヒト二世）……②319，②330
Alexsander（アレクサンダー大王）……③261
Alfred（アルフレッド王）……①38，①144
Althusius（アルトゥジウス）……①前53，①前60
Amalarius（アマラーリウス）……①457
Anderson, Jac.（アンダーソン，ジャック）……④220
Andlers（アンドラース）……③263
Anschütz（アンシュッツ）……③201，③202，④217，④317，④322，④339，④345
Apollinarius, Sidonius（アポリナーリウス，シドニウス）……①147
Ariovist（アリオヴィスト）……①78
Aristoteles（アリストテレス）……③247
Arminius（アルミーニウス）……①78
Arnold（アルノルト）……①201，①202，①280，①296，①297，①298，①385，①391，①392，①413，①415，①416，①418，①419，①420，①421，①423，①424，①426，①428，①429，①430，②19，②20，②21，②24，②25，②46，②47，②48，②49，②50，②51，②52，②53，②54，②55，②56，②65，②68，②70，②134，②146，②147，②149，②150，②156，②161，②165，②255，②286，③75，③105
Arnulf（アルヌルフ）……①149
Audoneus（アウドネウス）……①194
Aue, Kurt v. der（アウエ，クルト・フォン・デア）……①313，②303，②309，②310，④24
Auerbach（アウエルバッハ）……④214，④215，④217，④226，④227，④230，④231，④

232, ④234, ④338, ④339, ④340, ④348, ④349
Augustinus（アウグスチヌス）……①454, ②206
Avitus（アヴィトゥス）……①169
Ayrer（アイラー）……③108, ④116

【B】

Baehr, Bähr（ベール）……①37, ③276, ③280
Barthold（バルトホルト）……①88, ①391, ①415, ①423, ①429, ①438, ②74, ②90, ②91, ②92, ②93, ②96, ②140, ②234, ②280, ②281, ②281, ②282, ②284, ②285, ②420, ②421, ③104, ③105, ③106, ③107
Bauer（バウアー）……②194
Baur（バウアー）……②497, ③258
Becher（ベッヒャー）……④315, ④316, ④317, ④328, ④336, ④338, ④340, ④343, ④344
Beier（バイヤー）……④109, ④111, ④115, ④116
Bekker（ベッカー）……③201, ④227
Bender（ベンダー）……④348
Bensen（ベンゼン）……②515, ②516
v. Berg（ベルク）……④54, ④318, ④329, ④330
Berger（ベルガー）……③258
Bergius（ベルギウス）……④102
Berlepsch（ベルレプシュ）……②231, ④102, ④103, ④112, ④118
Berulle, Pierre de（ブリュル, ピエール・ド）……③323
Beschorner（ベショルナー）……④225, ④234
Beseler（ベーゼラー）……①6, ①32, ①43, ①120, ①314, ①439, ②184, ②193, ②194, ②195, ②196, ②197, ③73, ③74, ③75, ③81, ③87, ③198, ③199, ③200, ③201, ④102, ④144, ④165, ④206, ④208, ④210, ④212, ④214, ④216, ④217, ④226, ④230, ④231, ④234, ④317, ④318, ④323, ④330, ④348, ④349
Besold（ベゾルト）……③294
Bethmann=Hollweg（ベートマン＝ホルヴェーク）……①58, ①78, ①88, ①89, ①118, ①144, ①145, ①146, ①148, ①337, ①391, ①431
Betsius, Nic.（ベトシウス）……②194
Beyer（バイヤー）……①279, ④82
Beyer, Adrian（バイヤー, アドリアン）……④101, ④102, ④103, ④104, ④105, ④106, ④107
Biedermann（ビーダーマン）……③106
Binding（ビンディング）……①前58
Bischoff（ビショッフ）……②96

Bitzer（ビッツェル）……②8, ②255, ②305, ②413, ③84
Blumberg（ブルームベルク）……②214
Blumer（ブルーマー）……①87, ①276, ①277, ①325, ①341, ②347, ②348, ②349, ②350, ②365, ②495, ②496, ②499, ②500, ②501, ②502, ②505, ②506, ②507, ②509, ②510, ③80, ③82, ③86
Bluntschli（ブルンチュリー）……①60, ①87, ①88, ①110, ①112, ①113, ①114, ①118, ①456, ①268, ①275, ①276, ①277, ①278, ①341, ①415, ①417, ①418, ①430, ①455, ②24, ②46, ②48, ②49, ②50, ②52, ②54, ②74, ②76, ②134, ②146, ②147, ②158, ②167, ②168, ②194, ②409, ②410, ②430, ②494, ②496, ②497, ②499, ②501, ②502, ②503, ②505, ②509, ②510, ②511, ③61, ③75, ③78, ③79, ③80, ③81, ③83, ③84, ③87, ③106, ③166, ③200, ③326, ④25, ④26, ④55, ④208, ④210, ④214, ④216, ④217, ④226, ④231, ④234, ④348
Bode（ボーデ）……②285, ②289
Boden（ボーデン）……④323
Bodmann（ボードマン）……①390, ②197, ②356, ②496, ②497, ②499, ②512, ③78
Böhmer（ベーマー）……①278, ①297, ①313, ①438, ①454, ①455, ①457, ②52, ②57, ②65, ②68, ②69, ②70, ②134, ②135, ②136, ②137, ②140, ②143, ②144, ②145, ②146, ②147, ②148, ②149, ②151, ②152, ②154, ②155, ②156, ②158, ②159, ②160, ②161, ②162, ②163, ②164, ②165, ②166, ②167, ②168, ②169, ②286, ②287, ②288, ②320, ②321, ②322, ②323, ③263, ④115
Böhmer, J.H.（ベーマー）……③107
Böhmert（ベーメルト）……①385, ①455, ②134, ②141
Bonifaz Ⅷ（ボニファキウス八世）……②208
Borchert jun., W.（ボルヒェルト・ジュニア）…… ④344
Bouchaud（ブショー）……④217
Brackenhöft（ブラッケンヘフト）……④225, ④234, ④348
Brämer（ブレーマー）……④323, ④328, ④330, ④336
Brater（ブラーテル〔ブラーター〕）……③160, ③182, ④55
Bremen, Adam v.（ブレーメン，アダム・フォン）……①336
Brinckmann（ブリンクマン）……④214, ④215, ④216, ④217, ④226, ④230, ④232, ④234
Brinz（ブリンツ）……④227
Brunhild（ブルーンヒルド）……①174
Brünneck（ブリュンネック）……③197, ③198
Brunnemann（ブルンネマン）
Buchholz（ブッフホルツ）……②412, ②418, ②419, ②426, ②432
Buchka（ブフカ）……③83
Budde（ブッデ）……③83

v. Bülow（ビューロウ）……③200，④330
Burkhard（ブルクハルト（司教））……①244，①248
Burmeister（ブールマイスター）……③105
Busch（ブッシュ）……④217，④336，④338，④349
Buxtorff（ブクストルフ）……③243

【C】

Caesar（カエサル）……①27，①38，①43，①45，①62，①66，①73，①77，①78，①88，①89，①91，①108，①110，①144，①193
Cagliostro（カグリオストロ〔カリオストロ〕）……④27
Calvin（カルヴァン）……③299，③300
v. Campe（カンペ）……②410，②423，②425，②426，②428，②429，②430，③257
Cancrin（カンクリン）……④212
Carpzov（カルプツォフ）……③76，③79，③301，④110，④111，④112，④113
Cassel（カッセル）……②354，②365
Celtes, Konrad（ケルテス，コンラード）……④23
Cernuschi（セルニュシー）……④316，④341
Childebert Ⅰ（キルデベルト一世）……①119，①174
Childebert Ⅱ（キルデベルト二世）……①117，①177
Chilperichs（キルペリークス王）…… ①116，①120，①121，①172
Chlodov.（クロードヴェヒ王）…… ①117
Chlotachar（クロタカール）……①170
Chlotachar Ⅱ（クロタカール二世）……①117，①192
Chlothar Ⅱ（クロタール二世）……①155，①162，①177
Cirksena, Edzard（ツィルクゼーナ，エドツァルト）……②359
Cnut（クヌート王）……①58，①172，①367，①383
Cölestin Ⅳ（ケレスティン四世）……②208
Conring, Herm.（コンリング，ヘルマン）……④104
Cornelius（コルネーリウス）……②515
Cramer（クラーマー）……③73，③76，③80，③107，④106，④109，④116
Cummerow（クンメロウ）……④330
Cuneo（クネオ）……④218

【D】

Dagobert（ダゴベルト王）……①190
Dahlmann（ダールマン）……①128，②192，③182
Dahn（ダーン）……①78，①79，①147，①148
Dähnert（デーネルト）……②420

Daniels（ダニエルズ）……①59, ①144, ①145, ①170, ①341, ②194, ②303
Danz（ダンツ）……④347
Datt（ダット）……②255, ②286, ②289, ②290, ②291, ②303, ②304, ②305, ②308, ②309, ②310, ②318, ②319, ②320, ②321, ②322, ②323, ②330, ②331
De la Curne de St. Palaye（ドゥ・ラ・キュルヌ・ドゥ・サン・パライェ）……①313
Demelius（デメーリウス）……④227
Dethmar（デトマール）……③104
Dieterici（ディーテリーキー）……④60
Dietzel（ディーツェル）……④226
Dohm（ドーム）……②232
v. Dönniges（ドェンニゲス）……①390
Dove（ドーフェ）……①456, ①457, ②213, ③323, ③324, ③328
Dreger（ドレーガー）……②19, ②20
Dronke（ドロンケ）……①127
Ducange（デュカンジュ）……①109, ①417, ①425
Duncker（ドゥンカー）……②494, ②499, ②503, ③82, ③87
Duntze（ドゥンツェ）……①416, ②150, ③105

【E】

Eadgar（エアドガール王）……①117, ①170
E.A.F.C.（エー・アー・エフ・ツェー）…… ②418
Eberhard II（エーベルハルト二世）……②382
Ebhardt（エプハルト）……③161, ③196, ③231, ④55
Edmund（エトムント王）……①29, ①39, ①45
Ehrenbach（エーレンバッハ）……③259
Eichhorn（アイヒホルン）……①58, ①60, ①67, ①79, ①89, ①111, ①115, ①116, ①117, ①120, ①144, ①146, ①148, ①149, ①172, ①176, ①178, ①179, ①180, ①181, ①193, ①201, ①202, ①214, ①268, ①277, ①280, ①290, ①291, ①296, ①310, ①311, ①312, ①313, ①324, ①325, ①336, ①337, ①338, ①339, ①341, ①342, ①385, ①390, ①391, ①415, ①418, ①422, ①423, ①429, ①454, ①455, ①457, ②156, ②194, ②195, ②213, ②255, ②256, ②280, ②284, ②286, ②289, ②303, ②318, ②357, ②409, ②410, ②413, ②418, ②424, ②425, ②426, ②427, ②429, ②516, ③74, ③75, ③76, ③107, ③198, ③258, ③259, ③260, ③261, ③294, ③295, ④102, ④109, ④111, ④116, ④206, ④208, ④209, ④210, ④212, ④214, ④216, ④317, ④348
Emminghaus（エンミングハウス）……①386, ③106
v. Ende（エンデ）……③76
Endemann（エンデマン）……④119, ④120, ④214, ④215, ④216, ④217, ④218, ④221,

④224, ④227, ④230, ④231, ④232, ④233, ④234, ④235, ④317, ④323, ④326, ④348, ④349
Engel（エンゲル）……④315, ④316, ④323, ④324, ④326, ④333, ④338, ④344, ④346
Ennen（エンネン）……①290, ①291, ①296, ①313, ①360, ①360, ①382, ①383, ①384, ①385, ①391, ①416, ①418, ①419, ①423, ①424, ①426, ①427, ①428, ②19, ②20, ②21, ②22, ②23, ②24, ②45, ②46, ②47, ②48, ②50, ②52, ②53, ②54, ②55, ②56, ②65, ②66, ②67, ②68, ②69, ②70, ②74, ②76, ②77, ②87, ②88, ②89, ②90, ②91, ②96, ②134, ②140, ②143, ②144, ②147, ②148, ②149, ②150, ②151, ②154, ②156, ②158, ②159, ②160, ②161, ②162, ②163, ②164, ②165, ②166, ②167, ②168, ②170, ②171, ②280, ②283, ②284
Ennen u. Eckertz（エンネンおよびエッケルツ）……①296, ①297, ①298, ①299, ①384, ①418, ①419, ①423, ①427, ①429, ②20, ②21, ②23, ②24, ②45, ②46, ②47, ②50, ②51, ②56, ②65, ②66, ②67, ②69, ②70, ②75, ②76, ②89, ②90, ②134, ②138, ②140, ②141, ②144, ②147, ②150, ②154, ②158, ②159, ②160, ②162, ②163, ②164, ②168, ②214, ②246, ②287, ②310, ②320, ④206, ④207
Erasmus v. Rotterdam（エラスムス・フォン・ロッテルダム）……④23
Erhard（エアハルト）……②289, ②320, ②321, ②322, ②323
Erlemeyer（エルレマイヤー）……④335
Ersch u. Gruber（エルシュおよびグルーバー）……②134, ②213, ③320, ④25, ④102, ④218
Escher（エッシャー）……④216

【F】

Falck（ファルク）……①87, ①112, ①118, ①128, ②499, ③83
Falckenstein（ファルケンシュタイン）……①457
Fawcett（フォーセット）……④316
Febronius（フェブロニウス）……③317
Fehr（フェール）……①455
Feuerbach（フォイエルバッハ）……④21, ④54
v. Fichard（フィッヒャルト）……①420, ①421, ①437, ①438, ②25, ②48, ②52, ②54, ②74, ②75, ②76, ②77, ②245
Fick（フィック）……④216, ④217, ④218, ④220, ④225, ④226
Ficker（フィッカー）……②303
Fidicin（フィディーツィン）……②134, ②136, ②140, ②141, ②142, ②159, ②162, ②419, ②420, ③107
Fitting（フィッティング）……④226
Flotard（フロタール）……④316, ④341
Förstemann（フェルステマン）……②214

Fourrier（フーリエ）……④256
Franck（フランク）……①421，①438，②25，②158
Francke（フランケ）……④25
Frantz（フランツ）……④59，④60，④61，④320，④328，④329
Franz von Assisi（アッシジのフランツ〔聖フランシスコ〕）……②206
v. Freiberg（フライベルク）……②308，②414
Freiesleben（フライエスレーベン）……④208，④210
Freigedank（フライゲダンク）……②515
Freising, Ruprecht von（フライジング，ルプレヒト・フォン）……②511
Frémery（フレムリ）……④216
Frensdorff（フレンスドルフ）……①426，①438，①440，①441，②19，②45，②46，②47，②48，②49，②55，②57，②74，②134，②139，②150，②152
du Fresne（デュ・フレヌ）……①456
v. Freyberg（フライベルク）……②303，②304，②305，②308，②414，②415，②416，②426，②428，②431，②432，③256，③258，③260，③261
Freytag, G.（フライターク）……②213，②233，②235，②245，②246
Fricke（フリッケ）……④102，④103，④104，④106，④107，④108，④109，④111，④112，④113，④114，④115，④116，④117
Friedrich Ⅰ（フリードリッヒ一世）……①410，②234，②389，②419，③99
Friedrich Ⅱ（フリードリッヒ二世）……①386，①417，②249，②392，③250，③262，③324，④26，④179，④322
Friedrich Ⅲ（フリードリッヒ三世）……②319，②320，②330，②516
Friedrich der Grosse（フリードリッヒ大王）……③8，③320，④178，④277
Friedrich Wilhelm Ⅰ（フリードリッヒ・ヴィルヘルム一世）……③99，③250
Friedrich Wilhelm Ⅱ（フリードリッヒ・ヴィルヘルム二世）……③250，③324
Frising, Otto（フリージング，オットー）……①314
Fritsch（フリッチュ）……④102
Fürth（フュルト）……①181，①279，①290，①291，①292，①293，①294，①295，①312，①313，①391

【G】

Gans（ガンス）……④226
Gaudlitz（ガウドリッツ）……③76
Gaupp（ガウプ）……①59，①61，①77，①133，①144，①146，①180，①324，①390，①415，①416，①418，①419，①423，①428，②22，②51，②87，②149
Gebhard（ゲプハルト）……④324
Gehler（ゲーラー）……④27
Gelpke（ゲルプケ）……④214

Gemeiner（ゲマイナー）……①43，①68，①90，①144，①145，①146，①169，①175，①297，①298，①390，①391，①415，①422，①425，①426，①438，②21，②46，②47，②51，②52，②53，②56，②57，②65，②87，②305，④208
Gengler（ゲングラー）……①418，①420，①421，①440，①441，②19，②46，②51，②56，②57，③199，④206，④209，④210，④212，④214，④215，④216，④225，④227，④231，④232，④234，④317，④322，④323，④329，④347，④348
Gerber（ゲルバー）……②195，③85，④208，④209，④210，④212，④214，④216，④225，④231，④347
Gercken（ゲルケン）……②419，②420
Gerstlacher（ゲルストラッヘル）……②303，④102
Gfrörer（グフレーラー）……①221，①280，①378
v. Giech（ギーヒ）……③182
Giesebert（ギーゼベルト）……③76
Gieseler（ギーゼラー）……①454，①455，①456，①457，②213，②214，③317，③318，③319，③320，③321，③323，③324，③326，③327，④27，④58，④59
Göhrum（ゲールム）……②196
Goldschmidt（ゴールドシュミット）……④215，④216，④349
v. d. Goltz（ゴルツ）……④323
Gönner（ゲンナー）……③107，③294，③295
Göschen（ゲッシェン）……①298，①438，②56，②139，②140，②142，②143，②146，②149
Gosen（ゴーゼン）……①295
Göttling（ゲットリング）……②234
Grefe（グレーフェ）……③82
Gregor XI（グレゴリオ十一世）……②210
Gregor v. Tours（グレゴール・フォン・トゥールス）……①144，①149，①169，①170，①172，①173，①174，①175，①176，①177
Grimm（グリム）……①39，①55，①57，①59，①66，①79，①80，①90，①113，①115，①116，①117，①118，①120，①128，①149，①155，①169，①170，①175，①181，①193，①246，①250，①268，①270，①271，①272，①273，①274，①275，①276，①277，①278，①279，①294，①325，①337，①339，①340，②356，②357，②494，②495，②496，②497，②498，②499，②500，②502，②503，②505，②507，②509，②510，②511，②512，②513，②515，③75
Grot, Gerhard（グロート，ゲルハルト）……②211
Grotius（グローチウス）……③301
Gruber（グルーバー）……④25
Gryphius（グリュッフィウス）……①457，②303，②309，②310，④24
Guden（グーデン）……①291，①298，①419，①456，②21，②48，②68，②233，②305，

②310, ②311, ②320, ②323, ②330
Guérard（ギュエラール）……①277
Guizot（ギゾー）……①178
Guntchrammus（グントクランムス）……‐①177
Günther（ギュンター）……①67, ①278
Gurdon（ガードン）……④345
Güterbock（ギューターボック）……④220
Guyet（ギュイエ）……③83

【H】

Häberlin（ヘーバーリン）……②320, ②330, ②410, ②413, ②421, ②433, ③239, ③254, ③255, ③258, ③260, ③263, ③294, ③295
Hackmann（ハックマン）……③198, ③199, ③200, ③201
Hagemann（ハーゲマン）……③75, ③76, ③200
Hahn（ハーン）……④226
Hake（ハーケ）……②246, ④208
Hallbauer（ハルバウアー）……④333
Hallmann（ハルマン）……②214
Hamm（ハム）……④317
Hannesen（ハンネゼン）……③108
Hanssen（ハンセン）……①87, ①88, ①89, ①110, ①111, ①112, ①115, ①118, ①127, ①128, ②193, ②231, ②245, ②246, ②353, ②355, ②357, ②494, ②499, ②502, ②510, ②511, ②513, ③77, ③78, ③81, ③83, ③107, ③321
Hartstein（ハルトシュタイン）……④340
Hartwig（ハルトヴィッヒ）……①347, ①360, ①361, ①362, ①363, ①364, ①382
Hasemann（ハーゼマン）……②134, ④102, ④103, ④118
Haubold（ハウボルト）……③76
Haulleville（オルヴィル）……①391
Haxthausen（ハクストハウゼン）……①87, ①112, ②509
Heffter（ヘフター）……②194, ②195, ②196, ④21, ④54
Hegel（ヘーゲル）……①390, ①391, ①405, ①415, ①416, ①418, ①419, ①423, ①425, ①426, ①428, ①429, ①430, ①438, ①439, ①440, ①441, ②19, ②21, ②22, ②24, ②46, ②410, ②413, ②417, ②423, ②425, ②426, ②427, ②428, ②429, ②433, ③257
Hegel（ヘーゲル〔法哲学〕）……③19, ③30
Heimbach（ハイムバッハ）……③83, ③84
Heineccius（ハイネクキウス）……①385, ④23, ④25, ④88, ④102, ④104, ④105, ④106, ④109, ④110, ④111, ④112, ④114, ④182, ④224

Heinrich Ⅰ（ハインリッヒ一世）……③102
Heinrich Ⅳ（ハインリッヒ四世）……①421，②249，②318
Heinrich Ⅴ（ハインリッヒ五世）……①421，①430，②249
Heinrich Ⅵ（ハインリッヒ六世）……①430
Heise（ハイゼ）……④214，④215，④216，④225，④231，④317
Held（ヘルト）……④55
Henke（ヘンケ）……①440
Hennig（ヘンニッヒ）……①457，②213
Henricus Ⅰ（ヘンリクス一世）……①29
Hermann（ヘルマン）……④225，④232，④234
Herrmann（ヘルマン）……③326
Heumann（ホイマン）……②233，③79，④25，④209
Heusler（ホイスラー）……①87，①201，①202，①277，①280，①296，①297，①385，①392，①416，①417，①418，①419，①420，①421，①426，①427，①430，①431，②21，②22，②23，②24，②46，②49，②52，②53，②54，②55，②56，②57，②65，②68，②76，②77，②134，②146，②147，②149，②150，②156，②160，②165，②350，②496，②501，②505，②506，②509，②510，③75，③80，③82，③105，③106
Hildebrand（ヒルデブラント）……②162，④349
Hillebrand（ヒルレブラント）……③75
Hincmar（ヒンクマール）……①177，①181，①362，①369
Hirsch（ヒルシュ）……②134，②156，②158，②159，②165，②166，②167，②168，②170，②171，②172，②173，③105
Hirsch, J.（ヒルシュ，J.）……④61
v. Hirschfeld（ヒルシュフェルト）……③320，③326
Hobbes（ホッブス）……③18，③30，③261，③301
Hocker（ホッカー）……④227，④228，④229，④233
Homeyer（ホーマイヤー）……①113，①310，①312，①314，①338，①340
Hommel（ホンメル）……③106
Honorius Ⅲ（ホノリウス三世）……②206
Hontheim（ホントハイム）……①292，①425，②25，②321，②418
Hopf（ホプフ）……④323
v. Hormayr（ホルマイヤー）……②305，②309
Horn（ホルン）……③107
Huber, V. A.（フーバー）……④315，④316，④317，④336，④337，④338，④340，④345
Hübler（ヒューブラー）……③319
Hübner（ヒューブナー）……④218，④220，④222，④223，④224，④228，④229，④230，④233，④327，④328，④329，④330，④331
Hucwald（フークヴァルト）……①61，①77

Hugo（フーゴー）……③258, ③260〔Lud.〕
v. Hülfen（ヒュルフェン）……④318, ④319, ④320, ④321
Hüllmann（ヒュルマン）……①290, ①295, ①296, ①297, ①298, ①312, ①313, ①384, ①385, ①391, ①415, ①417, ①423, ①429, ①439, ②46, ②52, ②53, ②54, ②55, ②65, ②66, ②68, ②70, ②74, ②75, ②87, ②88, ②89, ②90, ②134, ②146, ②147, ②150, ②156, ②159, ②410
Hund（フント）……①425

【I】

v. Ickstatt（イックシュタット）……③260, ③261
Ine（イネ王）……①39, ①40, ①44, ①144, ①360
Innocenz Ⅲ（インノケンツ三世）……②206

【J】

Jacobi（ヤコビ）……②426, ②427, ②430, ②433, ④339
Jacobi, L.（ヤコビ, L.）……②416
Jacobsen（ヤコブセン）……③295
Jäger（イェーガー）……①438, ②148
Jargow（ヤルゴウ）……③258
Jenichen（イェーニッヒェン）……④324
Jethro（エテロ〔旧約聖書〕）……④20
Johann XXII（ヨハン二十二世）……②209, ②210
Jolly（ヨリー）……④226, ④231, ④232, ④348
Jordan（ヨルダン）……④55
Josepf Ⅱ（ヨーゼフ二世）……③302, ③321
Justinianus（ユスティニアヌス）……①9

【K】

v. Kamptz（カンプツ）……③173, ③196, ④60, ④61, ④323, ④336, ④347
Kant（カント）……③19, ③30, ④26
Karl der Große（カール大帝）……①13, ①118, ①161, ①174, ①178, ①192, ①224, ①226, ①229, ①230, ①258, ①337, ①362, ①363, ①446
Karl Ⅳ（カール四世）……①215, ②148, ②319
Karl Ⅴ（カール五世）……②201, ④206
Karl Ⅵ（カール六世）……④178
Karlmann（カールマン）……①354, ①364
Karsten（カルステン）……②232, ②246, ④208, ④209, ④210, ④326
Kemble（ケンブル）……①39, ①55, ①56, ①59, ①79, ①87, ①89, ①90, ①91, ①108,

①109, ①115, ①116, ①133, ①143, ①144, ①145, ①147, ①149, ①169, ①170, ①178, ①201, ①221, ①360, ①361, ①363, ①365, ①366, ①367
Kemmerich（ケンメリッヒ）……③258
Kerner（ケルナー）……②197, ③294
Keyßner（カイスナー）……④220, ④232, ④233, ④345, ④346
Kindlinger（キンドリンガー）……①59, ①247, ①268, ①269, ①270, ①273, ①274, ①275, ①276, ①277, ①278, ①279, ①290, ①291, ①292, ①293, ①295, ①390, ①415, ②352, ②355, ②418, ②426, ②429, ②431, ②495, ②499, ②503, ②505, ③81
Kleinschmid（クラインシュミート）……②432
Kleinschmidt（クラインシュミット）……②416
Klemens V（クレメンス五世）……②201
Klock（クロック）……③259
Klüber（クリューバー）……①313, ②193, ③107, ④21, ④26, ④27, ④28, ④55
Klüpfel（クリュプフェル）……②255, ②286, ②318
Knies（クニース）……①88, ①111
Knipschildt, Knipschild（クニプシルト）……②194, ④111, ④112
Koch（コッホ）……②329, ②330, ③165, ③173, ③195, ③259, ③295, ④336, ④338, ④349
Kohler（コーラー）……②194
Konrad Ⅲ（コンラッド三世）……①421
Köpke（ケプケ）……①59, ①144, ①145, ①147, ①148, ①150, ①169, ①171, ①176
Kopp（コップ）……②349, ②365, ③295
Köstlin（ケストリン）……①56
Kostnitz（コストニッツ）……②213
Kraut（クラウト）……①41, ②169, ③74, ④215
Kräwell（クレーウェル）……④217, ④349
Kreittmayr（クライトマイヤー）……③74, ③75, ③79, ④102, ④103, ④105, ④106, ④107, ④108, ④109, ④110, ④111, ④113, ④115, ④116, ④117, ④118
Kremer（クレーマー）……①310
v. Krenner（クレンナー）……②413, ②414, ②415, ②416, ②422, ②425, ②428, ②430, ②431, ②432, ③257
Kreutzler（クロイツラー）……①77
Kreyssig（クライシッヒ）……②421, ②426
Kritz（クリッツ）……④225
Krüger（クリューガー）……②410, ②427, ②430, ②431
Kuntze（クンツェ）……④214, ④227, ④231, ④234, ④348, ④349
Kyllinger（キルリンガー）……②197

【L】

Laband（ラーバント）……④217, ④227
Labbaeus（ラッバエウス）……①454, ②303
Lacomblet（ラコンブル）……①67, ①69, ①250, ①268, ①270, ①271, ①276, ①277, ①278, ①385, ①418, ①422, ①431, ②22, ②56, ②65, ②68, ②69, ②70, ②135, ②149, ②288, ②303, ②310, ②311, ②320, ②503
Ladenburg（ラーデンブルク）……④214, ④226, ④349
Lambert（ランベルト）……①296, ①298, ①391, ①416, ①418, ①419, ①424, ①426, ①427, ①429, ①432, ②50, ②51
v.Lancizolle（ランツィツォルレ）……①391, ①423, ①437, ③261, ③262
Landau（ランダウ）……①57, ①59, ①69, ①78, ①83, ①87, ①88, ①89, ①90, ①91, ①110, ①113, ①115, ①116, ①118, ①127, ①128, ①144, ①146, ①147, ①149, ①169, ①201, ①202, ①221, ①268, ①336, ①337, ①338, ①339, ②303, ②304, ②305, ②306, ②307, ②308, ②309, ②495, ②497, ②499, ②502, ②504, ②505, ②509, ②510, ②512, ③74
Lange（ランゲ）……②432
Lappenberg（ラッペンベルク）……①441, ②19, ②87, ②91, ②92, ②93, ②256, ②280, ②282
Lassalle（ラッサール）……④250, ④315
Lehmann（レーマン）……①297, ②49, ②51, ②76, ②77, ②88, ②320
Leibnitz（ライプニッツ）……②232, ②242, ②247
Leist（ライスト）……②433, ③258, ③294, ③295, ④21
Lemgo（レムゴー）……③294
Lenz（レンツ）……②412
Leo（レオ）……①67, ①149, ①291, ①391, ②309
Lerchenfeld（レルヒェンフェルト）……①338, ①341, ②306, ②413, ②414, ②415, ②416, ②422, ②423, ②425, ②426, ②427, ②428, ②429, ②431, ②432, ③258
Lette（レッテ）……③182, ③198, ③227, ③228, ④328
Leudaster（ロイダスター伯）……①181<
Leyser（ライザー）……③75
Liedtke（リートケ）……④336
Limnäus, Limnaeus（リムノイス）……③258, ④22
Lippe（リッペ）……②194
Lisch（リッシュ）……②427
Löbell（レーベル）……①144
Löher（レーエル）……①59, ①391, ②22
Lojola, Ignatius von（ロヨラ, イグナチウス・フォン）……③307
Lothar（ロタール）……①421

v. Löw（レーフ〔レフ〕）……①113，①114，②494，②495，②496，②497，②498，②499，②500，②502，②503，②504，②505，②506，②509，②510，②511，②512，②513，②514，③73，③79，③81
Lüders（リューデルス）……②418，②419，②420，②421，③258，③262
v. Ludewig（ルーデヴィッヒ）……②320，④104，④113，④114
Ludlow und Jones（ルドロウおよびジョーンズ）……④316，④327，④336，④338，④340，④346
Ludolf（ルドルフ）……③263
Ludolph（ルドルフ）……③76
Ludwig XIV（ルイ十四世）……③8，③249，④24
Ludwig des Baiern（皇帝ルードヴッヒ）……②319，②375
Lünig（リューニッヒ）……①438，②288，②289，②290，②304，②306，②309，②320，②321，②409，②412，②416，②417，②418，②421，②426，②431，③257，③294
Luther（ルター〔ルッター〕）……②212，③8，③298，③299，③300，③312，③317，③321
v. Lutterloh（ルッテルロー）……④104，④114
Lynker（リュンカー）……③263

【M】

Machiavel（マキアヴェッリ）……③261
Mader（マーダー）……②498，③295
Magens（マーゲンス）……④317
Majer（マイヤー）……①146
Marbach（マルバッハ）……④226
Marculf（マルクルフ）……①170，①173，①175，①176，①202，①215
Marquardsen（マルクアルドセン）……①360，①361，①366，①367
Marquardus, Marquard（マルクアルドゥス〔マルクアルト〕）……②93，②283，②284，④20，④22，④119，④120，④182，④206，④214，④215，④218，④219，④221，④327，④329
Martens（マルテンス）……④206，④225
Martin（マルチン）……④212
Mascher（マッシャー）……②134，②141，②159，②231，③164，③181，③196，④26，④61，④102，④103，④104，④105，④116，④117，④119，④315，④316，④326，④336，④338
Masius（マージウス）……④223，④227，④317，④318，④321，④322，④323，④324，④325
Maurenbrecher（マウレンブレッヒァー）……②195，③74，③75，③76，③77，③79，④54，④348
Maurer（G.v.）（マウラー）……①59，①66，①87，①88，①89，①90，①91，①110，①111，

①112, ①113, ①114, ①115, ①116, ①117, ①118, ①121, ①127, ①128, ①143, ①144, ①145, ①147, ①149, ①150, ①169, ①170, ①171, ①172, ①175, ①180, ①181, ①193, ①201, ①202, ①210, ①213, ①214, ①214, ①215, ①216, ①246, ①247, ①268, ①269, ①270, ①271, ①272, ①273, ①274, ①276, ①277, ①278, ①279, ①280, ①290, ①291, ①294, ①295, ①310, ①312, ①313, ①324, ①325, ①326, ①341, ①366, ①415, ②196, ②347, ②349, ②356, ②357, ②440, ②494, ②495, ②496, ②497, ②499, ②500, ②501, ②502, ②503, ②504, ②505, ②506, ②507, ②509, ②510, ②511, ②512, ②513, ②514, ②515, ②516, ③73, ③74, ③75, ③76, ③78, ③79, ③80, ③81, ③83, ③84, ③85, ③86, ③87, ③165, ③182

Maurer, K.（マウラー, K.）……①41, ①56, ①59, ①66, ①69, ①91, ①115, ①127, ①143, ①144, ①145, ①147, ①148, ①149, ①150, ①174, ①180, ①181, ①193, ①201, ①202, ①294, ①360, ①361, ①366, ②195, ②196, ②409, ②410, ②413, ②423, ②424, ②425, ②426, ②427, ②430, ②431, ②432

Maurer, W.（マウラー, W.）……①87, ①91, ①127, ①128, ①366

May（メイ）……④52, ④57, ④58, ④219

Maximilian（マクシミリアン帝）……②230, ②327, ②328, ②331

Meichelbeck（マイヒェルベック）……①274

Merbach（メルバッハ）……④116

Merkel（メルケル）……①109, ①120, ①121, ①148

Mevius（メーヴィウス）……④22, ④109, ④112, ④114, ④115, ④116, ④215

Meyer（マイヤー）……②232, ②247

Michelsen（ミヒェルゼン）……①87, ①112, ②173, ②192, ②193, ②353, ②355, ②427, ②494, ②503, ②509, ②510, ③50, ③54, ③76, ③81, ③82, ③84

Miller, B.（ミラー）……④315, ④326

Miraeus（ミラエウス）……①127

Mittermaier（ミッテルマイヤー）……①92, ①268, ②505, ③74, ③75, ③76, ③87, ③107, ③198, ④206, ④208, ④210, ④214, ④215, ④216, ④217, ④220, ④226, ④230, ④231, ④232, ④317, ④336, ④348

Mohl（モール）……④55, ④119, ④329

Mommsen（モムゼン）……①43, ①361

Mone（モーネ）……①271, ①275, ①276, ①361, ①385, ②55, ②58, ②134, ②136, ②138, ②139, ②141, ②144, ②145, ②146, ②147, ②149, ②150, ②151, ②152, ②153, ②155, ②156, ②157, ②158, ②159, ②160, ②161, ②162, ②163, ②164, ②165, ②166, ②167, ②168, ②169, ②171, ②172, ②173, ②197, ②214, ②504, ③74, ③78

Montag（モンターク）……①201

Montesquieue（モンテスキュー）……③30

Moritz（モリッツ）……①390

Mose（モーゼ〔旧約聖書〕）……④20
Moser（モーザー）……②194，②195，②196，②197，②303，②352，②409，②410，②411，②412，②413，②417，②418，②421，②422，②423，②426，②427，②433，③30，③107，③241，③254，③255，③256，③257，③258，③260，③261，③262，③263，③264，③294，③295，④21
Moser, F.K.v.（モーザー，F.K.v.）……③263
Moser, J.J.（モーザー，J.J.）……②194，③30，③254，④27
Möser（メーザー）……①88，①117，①268，②409，②418，③73，③76，③254，③263
Möser, J.（メーザー，J.）……③30
Müllenhoff（ミュルレンホーフ）……①363
Müller（ミュラー）……②422
Müller, H.（ミュラー）……①118
Münter（ミュンター）……①347，①360，①457
Muther（ムター）……③201
Myler（ミューラー）……③259
Mylius（ミリウス）……④135，④222，④223，④319，④330

【N】

Neocorus（ネオコールス）……①128，②192
Neri, Philippus v.（ネリー，フィリップス・フォン）……③323
Neugart（ノイガルト）……①109，①128，①194，①250，①270，①296，①298
Neumann（ノイマン）……②410，②413，②421，②425，②428，②430
Niebuhr（ニーブール）……①43，①88，②192
Niesert（ニーゼルト）……②503，②512
Nitzsch（ニッチュ）……①280，①290，①298，①385，①391，①415，①419，①420，①427，①429，②50，②192，②193

【O】

Ochs（オックス）……①278，①297，①362，①385，①421，②51，②53，②74，②76，②134，②136，②140，②143，②144，②146，②147，②149，②153，②157，②158，②160，②163，②164，②168，②169，②515，③81
Oechsle（エクスレー）……②515，②516
Oettinger（オエッティンガー）……③73
Offa（オッファ王）……①194，①221
Olussen（オルッセン）……①110
Orelli（オレッリ）……④217
Ortloff（オルトロフ）……②166，③83，④102，④103，④104，④106，④107，④108，④109，④114，④115，④116，④117

Osenbrüggen（オーゼンブリュッゲン）……①201，②233〔巻末の訂正追加分〕
Otto, Herzog（オットー大公）……②375，②429，③255
Otto d.Gr.（オットー大帝）…… ①181，①200，①395
Otto von Brandenburg（オットー・フォン・ブランデンブルク）……②271
Owen, Robert（オーウェン，ロバート）……④255

【P】

Panzer（パンツァー）……②414，②426，②427，②428，②429，②431，②432
Päpke（ペープケ）……③54，③82，③83
Pardessus（パルドゥシュ）……④214，④231，④348
Parisius（パリージウス）……④316，④333，④334，④335，④336，④337，④338，④339，④340，④341，④343，④349，④350，④351
Paul II（パウル二世〔教皇〕）……④23
Pauli（パウリ）……②169，④182，④222，④225
Pertz（ペルツ）……①119，①120，①149，①169，①170，①171，①172，①176，①177，①193，①194，①213，①214，①277，①296，①311，①337，①338，①340，①362，①363，①364，①365，②22，②233，②255，②286，②287，②288，②319
Petrus de Andlo（ペトゥルス・デ・アンドロ）……③79
Pfaff（プファッフ）……①437，③301
Pfeiffer（プファイファー）……④316，④325，④326，④327，④333，④336，④337，④338，④340，④342，④343，④344，④347，④348
Philipps（フィリップス）……①56，①59，①79，①144，①149，①201，①311，①312，①336，①338，①340，①361，①367，①415，②410，③75
Philipps des Schönen（フィリップ美王）……②201
Piper（ピーパー）……②495，②496，②499，②503，②505，②512，③73，③81
Pippinus（ピッピーヌス）……①170
Planck（プランク）……①454，①456，②213
Plutarch（プルタルコス）……①87
Pöhls（ペールス）……④223，④225，④227，④230，④231，④232，④234，④317，④323，④338，④348
Posse（ポッセ）……②432，③260
Pözl（ペーツル）……③202
Prantl（プラントル）……④27
Prinius（プリニウス）……①88
Puchta（プフタ）……①43
Pufendorf（プーフェンドルフ）……③76，③106，③198
Pütter（ピュッター）……②194，②195，②196，②410，②431，②432，②433，③254，③260，③263，③294，③295

【R】

Rabe（ラーベ）……④223，④330

Raiffeisen（ライフアイゼン）……④334，④335

Randa（ランダ）……④215

Rau（ラウ）……④102，④218

v. Raumer（ラウマー）……①454，①456，①457，②22，②213，②214，②255，②419，②420，②515，③107

v. Reden（レーデン）……④60，④320，④329

Reinhard（ラインハルト）……③76，③79

Remling（レムリング）……①297，①420，①422，①430，①431，②20，②21，②50，②57，②68，②69，②70，②75，②311

Renaud（ルノー）……①115，①268，②494，②499，②502，②503，②504，②505，②506，②510，②511，③74，③76，③78，③80，③81，③83，③84，③85，③87，③166，④210，④216，④217，④218，④220，④221，④224，④225，④226，④227，④230，④231，④232，④233，④234，④348

Rettberg（レットベルク）……①360，①454，①455，①456

Reyscher（ライシャー）……②410，②426，②427，③78，③81，③83，③85，④22，④55，④226，④231

Riccius（リッキウス）……③107

Richard（リヒャルト）……②52

Richelieu（リシュリュー）……④24

Richter（リヒター）……①453，①454，①455，①456，③195，③317，③318，③319，③326，④336，④337

Richthofen（リヒトホーフェン）……①40，①43，①55，①114，①341，①342，①365，①382，②351，②352，②353，②354，②356，②364，②507，②508，②509

Ried（リート）……②21，②65，②158

Riedel（リーデル）……②150，②157，②419，③107

Riehl（リール）……②246

Ritschl（リッチュル）……④61

Rive（リーフェ）……①37

Rockinger（ロッキンガー）……③256

Rockinger, Ludw.（ロッキンガー，ルードヴィッヒ）……②414

Rogge（ロッゲ）……①117

Römer（レーマー）……②494，②503，③76，③81，③84，③85

v. Rönne（レンネ）……③160，③181，③196，③198，③228，③231，③232，③326，④25，④27，④28，④53，④54，④55，④60，④117，④121，④135，④136，④138，④139，④209，④210，④211，④223，④317，④320，④324，④326，④328，④329，④330，④336

Röpell（レペル）……④218，④219
Roscher（ロッシャー）……①87，①88，①89，①90，①110，①111，①112，③75，④60，④61，④102，④218，④318，④320，④322，④328，④330，④341
Rößler, Rösler（ロェスラー〔ロェスレル〕）……②96，④217，④225
Roth（ロート）……①58，①78，①143，①144，①145，①146，①147，①148，①170，①171，①173，①175，①193，①201，①337，①362
Rothar（ロタール）……①171，①172，①211
Rotteck（ロッテック）……②419
Rousseau（ルソー）……③18
Rozière（ロズィエール）……①109
Rudhart（ルートハルト）……②414，②415，②416，②423，②425，②427，②431，②433，③256，③257，③258，③259，③262
Rudolph v. Habsburg（ルドルフ公）……②319
Runde（ルンデ）……①457，③106，③198，③199，③200，③201，④102，④108，④109，④113，④116，④208，④212，④348
Rupp（ルップ）……③326

【S】

Sachsse（ザックセ）……①43，①91，①144，①148，①338，①360，①361，①367
Sales, Franz v.（ザーレス，フランツ・フォン）……③323
Salkowski（ザルコウスキー）……④226
Sartorius（ザルトリウス）……②87，②90，②91，②92，②93，②94，②95，②96，②97，②155，②165，②193，②279，②280，②281，②282，②283，②284，②285，②320
Savary（サヴァーリ）……④225
Savigny（サヴィニー）……①58，①66，①67，①68，①116，①144，①146，①148，①149，①169，①176，①391，①439
Scaccia（スカッチア）……④182，④215，④218，④224，④329
Schaab（シャープ）……①390，②57，②197，②234，②286，②287，②288，②289，②290，②291，②311，②318，②321，②322，②323，②330，②331，③105
v. Schäffle（シェフレ）……③182，④102，④139，④215，④216，④217，④218，④219，④235
Schannat（シャンナート）……①215，①417，①420，①421，①426，①429，②21，②24，②51，②54，②68，②70，②134，②137，②142，②146，②147，②151，②153，②154，②155，②168，②197，②304，②306，②307，②308，②311，②320，②321
Schauberg（シャウベルク）……②503，②505，②511，②513，③81，③82
Schazmann（シャッツマン）……③76
Scheidler（シャイトラー）……②234
Schels（シェルス）……③328

Schiebe（シーベ）……④214
Schilter（シルター）……③74
Schilterus（シルテールス）……②194
Schlosser（シュロッサー）……③263
Schlözer（シュレーツァー）……②410，③257，③258，③260，③263，④27
Schmalz（シュマルツ）……①454，①455，①457，④26
Schmauß（シュマウス）……③258
Schmid（シュミート）……①41，①67，①91，①109，①133，①144，①147，①169，①172，①173，①174，①175，①176，①177，①178，①360，①360，①361，①363，①364，①365，①366，①367，①368，④55，④217，④225
Schmidt（シュミット）……②255，②421，②515，③106，④210
Schmidt, G.Fr.（シュミット）……②246
Schneider（シュナイダー）……④210
Schnell（シュネル）……④61，④324，④326，④327，④329，④333，④336，④340
Schönberg（シェーンベルク）……②134，②135，②136，②137，②138，②140，②141，②142，②150，②152，②159，②160，②161，②162，②163，②164，②170，②171，②172，④317，④335，④336，④338，④339，④340，④341，④345
Schönberg, Mager v.（シェーンベルク，マーガー・フォン）……③243
Schöne（シェーネ）……①170
Schöpf（シェップフ）……③75
Schöpflin（シェプフリン）……①279，①417，①422，①438，②21，②24，②51，②52，②55，②57，②288，②495
Schöttgen（シェットゲン）……②421，②426
Schreckenstein, Roth v.（シュレッケンシュタイン，ロート・フォン）……①290，①291，①312，①313，②50，②52，②74，②75，②77，②197，②246，②303，②304，②305，②306，②307，②309，②310，②417，②418
Schreiber（シュライバー）……①420，①421，①429，①440，②25，②46，②47，②69，②88，②145，②148，②149，②288
Schröder（シュレーダー）……①38
Schüler（シューラー）……③83
Schulte（シュルテ）……①59，①144，①145，①171，①194，①201，①290，①311，①312，①313，①337，①338，①340，①415，①453，①454，①455，①456，②409，②410，②413，③259，③294，③295，③323，③328
Schulz（シュルツ）……④325
Schulze（シュルツェ）……①78，①194，①337，①338，①341，②193，②194，②195，②196，②197
Schulze, G.（シュルツェ，G.）……④21
Schulze=Delitzsch（シュルツェ＝デリッチュ）……④315，④316，④317，④326，④333，

④334, ④335, ④336, ④338, ④340, ④341, ④343, ④349, ④350
Schulze in Delitzsch（シュルツェ）……④258
Schunk（シュンク）……②246
Schunk, P.（シュンク, P.）……②516
Schüz（シューツ）……③243
Schwebemeyer（シュウェーベマイヤー）……④220
Seibertz（ザイベルツ）……①275, ①439, ②412, ②418, ②496, ②503
Selchow（ゼルヒョウ）……④114
Senckenberg（ゼンケンベルク）……①369, ③260
Seufert, Seuffert（ゾイフェルト）……①454, ③82, ④116
Sickel（ジッケル）……①173, ①201, ①202
Siegel（ジーゲル）……①39, ②89
Sigismund（ジギスムント王）……②319
Sigismund, K.（ジギスムント）……④104
Sintenis（ジンテーニス）……④210, ④225
Simon（ジモン）……②413, ②419, ②421, ②427, ②428, ③257, ③262
Sixtus V（シクストゥス五世）……④215
Sohn（ゾーン）……③263
Sommer（ゾンマー）……②356
Stälin（シュテーリン）……②214, ②291, ②304, ②305
Staudinger（シュタウディンガー）……④323, ④347
Stein（シュタイン）……④54, ④55, ④57
Stein, Freiherr v.（シュタイン, フライヘル・フォン）……③102
Stenzel（シュテンツェル）……①312, ①313, ①437, ②134, ②234, ②235, ②236, ②289, ②303, ②310, ③280, ④21
Stephan（シュテファン）……③243
Sternberg（シュテルンベルク）……①113, ②494, ②503, ②504, ②505, ②510, ②513, ③50, ③74, ③75, ③78, ③79, ③80, ③82, ③84
Stettler（シュテットラー）……③80, ③81, ③83, ③84, ③87
Stieglitz（シュティーグリッツ）……③74, ③75
Stobbe（シュトッベ）……①314, ①324, ①326, ①338, ①340, ④215
Stock（シュトック）……②171, ②172
Strabo（ストラボン）……①87
Straccha（ストラッカ）……④215, ④218, ④224
Strauch（シュトラウフ）……④102, ④108, ④110, ④111, ④112, ④115, ④116
Struben（シュトゥルーベン）……②195, ②410, ②424, ②425, ②426, ②427, ②428, ②433, ③73, ③75, ③76, ③80, ③107, ③108, ③254, ③258, ③259, ③260, ③263, ④108

Struv, Struve（シュトゥルーフェ）……①385, ②166, ④82, ④101, ④102, ④103, ④104, ④105, ④106, ④107, ④108, ④109, ④110, ④111, ④112, ④113, ④115, ④116, ④117, ④118
Stryck（シュトリーク〔ストリーク〕）……②194, ②197, ③75, ③108, ③258, ③263, ③294
Stumpf（シュトゥンプフ）……①418
Stüve（シュテューフェ）……②494, ②495, ②502, ②507, ②511, ③75, ③80, ③87, ③180, ③181, ③182, ③196
Sybel（ジーベル）……①68, ①77, ①78, ①88, ①89, ①144, ①145, ①146, ①148, ①169, ①175, ①201, ①347, ①360, ①361

【T】

Tacitus（タキトゥス）……①27, ①36, ①38, ①42-, ①55, ①58, ①59, ①62, ①66, (①68, ①73, ①77, ①78, ①80, ①88, ①89, ①94, ①109, ①110, ①113, ①139, ①140, ①141, ①143, ①144, ①147, ①180, ①183, ①206, ①214, ①416
Tassilo（タッシロー）……①155, ①170, ①192
Theodorich（テオドリック）……①54
Thibaut（ティボー）……③76
v. Thile（ティーレ）……③259
Thilmanny（ティルマンニー）……④335
Thöl（トェール）……④214, ④216, ④217, ④225, ④231, ④232, ④234
Thomasius（トマージウス）……③259, ③301
Thomassinus（トマッシーヌス）……①453, ①454, ①455, ①456, ②213, ②214
Thorismund（トリスムント）……①80
Thudichum（トゥーディッフム）……①59, ①79, ①89, ①90, ①91, ①111, ①115, ①118, ①119, ①121, ①127, ①128, ①145, ①146, ①148, ①180, ①326, ①337, ①338, ①339, ①340, ②440, ②494, ②495, ②496, ②497, ②498, ②499, ②501, ②502, ②503, ②504, ②506, ②509, ②510, ②511, ②512, ②513, ②514, ③73, ③74, ③75, ③80, ③81
Tittmann（ティットマン）……①339, ①385, ①386, ①437, ①439, ②25, ②47, ②48, ②52, ②57, ②134, ②140, ②144, ②150, ②152, ②409, ④54
Tocqueville（トクヴィル）……④58
Töppen（テッペン）……②421, ②515, ②516, ③106
Treitschke（トゥライチュケ）……②213, ④214, ④215, ④216, ④225, ④231
Tritheim（トゥリトハイム）……②234
Troplong（トゥロロン）……④206
Trouillat（トゥルイヤー）……①278, ①362, ①385, ①421, ②21, ②22, ②23, ②51, ②53, ②134, ②135, ②136, ②140, ②143, ②146, ②147, ②150, ②153, ②157, ②

159, ②160, ②163, ②164, ②168, ②169, ②256, ②288, ②318, ②321
Tschudi（チューディ）……②347, ②348, ②349, ②350, ②365
Tzschoppe und Stenzel（チョッペおよびシュテンツェル）……①313, ①360, ①385, ①429, ①437, ②19, ②20, ②25, ②45, ②47, ②48, ②52, ②96, ②134, ②141, ②144, ②145, ②147, ②150, ②151, ②152, ②153, ②156, ②159

【U】

Unger（ウンガー）……①177, ①178, ①214, ①310, ①312, ①337, ①338, ①339, ①341, ②195, ②255, ②304, ②309, ②318, ②353, ②354, ②356, ②410, ②411, ②412, ②413, ②418, ②423, ②425, ②426, ②427, ②428, ②429, ②430, ②431, ②432, ③257, ④217, ④225, ④226

【V】

Vernulaeus（ウェルヌラーエウス〔フェルヌロイス〕）……④105, ④109
Vischer（フィッシャー）……②288, ②289, ②291
Vitriarius（ヴィトゥリアーリウス）……②432
Voigt（フォイクト）……①437, ②75, ②134, ②140, ②156, ②213, ②427, ②494, ②513, ③262, ④53, ④225, ④340
Voigt, J.（フォイクト, J.）……②213, ②255, ②421

【W】

Wachsmuth（ワクスムート）……②515
Wachler（ヴァッハラー）……④25
Wackernagel（ヴァッカーナーゲル）……①37, ①290
Wagner（ワグナー）……②231, ②232, ④207, ④326
Waitz（ヴァイツ）……①37, ①41, ①55, ①59, ①67, ①78, ①87, ①89, ①90, ①111, ①115, ①116, ①117, ①118, ①119, ①120, ①121, ①128, ①143, ①144, ①145, ①146, ①147, ①148, ①150, ①169, ①170, ①171, ①172, ①173, ①175, ①176, ①177, ①178, ①180, ①181, ①193, ①194, ①201, ①202, ①213, ①216, ①310, ①326, ①360, ①361, ①366, ①367, ①415, ①418
Walter（ヴァルター）……①59, ①61, ①120, ①144, ①145, ①171, ①176, ①180, ①201, ①290, ①295, ①311, ①312, ①313, ①337, ①338, ①339, ①340, ①341, ①382, ①383, ①415, ①418, ①427, ①453, ①454, ①455, ①456, ①457, ②194, ②255, ②357, ②409, ②410, ②413, ②421, ③294, ④225, ④234
Warnkönig（ヴァルンケーニッヒ）……①416, ①426, ②514
Wattenbach（ヴァッテンバッハ）……①391
Weber（ウェーバー）……④59, ④60, ④61, ④320, ④322, ④324, ④325
Wehner（ヴェーナー）……③258, ④113

Wehrmann（ヴェールマン）……①385, ②52, ②55, ②87, ②134, ②135, ②136, ②137, ②138, ②139, ②140, ②141, ②142, ②143, ②144, ②145, ②146, ②147, ②148, ②149, ②150, ②151, ②152, ②153, ②154, ②155, ②156, ②157, ②158, ②159, ②160, ②161, ②162, ②163, ②164, ②165, ②166, ②167, ②168, ②169, ②170, ②171, ②172, ③104
Weiske（ヴァイスケ）……①59, ①66, ①69, ①115, ②246, ②494, ②505, ②509, ②510, ②511, ③74, ③75, ③81, ③84, ③85, ③86, ③87, ③160, ③161, ③162, ③163, ③164, ③165, ③166, ③167, ③168, ③169, ③170, ③172, ③173, ③174, ③175, ③176, ③177, ③178, ③179, ③180, ③182, ③226, ③295, ④208, ④209, ④210, ④232
Weiß（ヴァイス）……④22, ④53, ④54, ④226
Weiß, Ad.（ヴァイス）……④102
Weisser（ワイッサー）……④102, ④106, ④116, ④119
Welcker（ヴェルカー）……②419, ④55
Welte（ウェルテ）……③323
Wenck（ヴェンク）……①339
Wencker（ヴェンカー）……②306
Wenzel（ヴェンツェル王）……②319, ②320, ②326
Werner（ヴェルナー）……②134, ④103, ④112, ④221, ④222
Wernher（ウェルンヘル）……③75, ③79
Wetzer（ウェッツァー）……③323
Wichmann（ヴィッヒマン）……①429
Wiedemann（ヴィーデマン）……①89
Wiesand（ヴィーザント）……③75
Wigand（ヴィーガント）……①275, ①279, ②56, ②75, ②135, ②147, ②148, ②356, ②496, ②505, ②510
Wilda（ヴィルダ）……①40, ①41, ①55, ①57, ①58, ①120, ①173, ①176, ①277, ①280, ①296, ①346, ①360, ①361, ①362, ①363, ①364, ①365, ①366, ①368, ①384, ①385, ①391, ①415, ①423, ①425, ①429, ①456, ②74, ②75, ②76, ②77, ②88, ②89, ②90, ②91, ②95, ②134, ②135, ②137, ②139, ②139, ②140, ②141, ②147, ②149, ②150, ②156, ②158, ②159, ②160, ②165, ②166, ②169, ②170, ②171, ②172, ②195, ②410, ②424, ②425, ②426, ②427, ②429, ②430, ②433, ②509, ③198, ③256, ③261, ③262, ③322, ④20
Wildvogel（ヴィルトフォーゲル）……③263
Wilhelm（ヴィルヘルム王）……①309, ②313
Wilhelm von Holland（ヴィルヘルム・フォン・ホランド）……②270
Wimpfeling（ヴィンプフェリング）……④23
Windscheid（ヴィントシャイト）……④226

Winzer（ヴィンツァー）……①347, ①360, ①365, ①369, ①383, ①385, ①423, ②74, ②172, ②173, ④26, ④27
Wippermann（ヴィッパーマン）……①338, ①339
Witte（ヴィッテ）……④227, ④231, ④234
Wittmann（ヴィットマン）……①55, ①57, ①59, ①78, ①79, ①144, ①145, ①146, ①148
Wolff（ウォルフ）……④210, ④226
Wunderer, J.D.（ヴンデラー）……②245
Würdtwein（ヴュルトワイン）……②311, ②357
Wyß（ウィス）……②349, ②501, ②503, ③81, ③82

【Z】

Zachariä（ツァハリエ）……②194, ②410, ②413, ②430, ③107, ③160, ③182, ④21, ④54, ④55
Zesen, Philipp v.（ツェーゼン, フィリップ・フォン）……④24
Zimmermann（ツィンマーマン）……①437, ②515, ④227, ④230
Zinzendorf（ツィンツェンドルフ伯）……③320, ③321
Zirkler（ツィルクラー）……④21, ④22, ④51, ④54, ④55
Zöpfl（ツェプフル）……①37, ①55, ①59, ①61, ①80, ①88, ①120, ①121, ①133, ①144, ①145, ①146, ①148, ①169, ①171, ①172, ①175, ①176, ①177, ①178, ①180, ①181, ①193, ①201, ①202, ①214, ①290, ①295, ①311, ①312, ①313, ①325, ①336, ①337, ①338, ①339, ①341, ①361, ①367, ①391, ①415, ①416, ①426, ②50, ②74, ②145, ②147, ②196, ②318, ②409, ②410, ②424, ②430, ②516, ③279, ③294, ③295, ③326, ④21, ④53, ④55, ④57
Zorn（ツォルン）……②286, ②311
Zwingli（ツヴィングリー）……③298, ③299, ③300, ③317, ③321

【以　上】

【ギールケ『ドイツ団体法論』第一巻（全四分冊）・地名索引】（ABC 順）

【A】

Aachen（アーヘン）……④321
Aalborg（アールボルク）……③322
Achen（アーヘン）……①433, ①456, ②25
Adewert（アーデウェルト）……②507, ②508
Aegeri（エーゲリ）……③82
Afganistan（アフガニスタン）……①35, ①112
Agram（アグラム）……②96
Aichstadt（アイヒシュタット）……②305
Airbach（アイルバッハ）……②66
Alamannien（アラマンニエン）……①127
Algau（アルガウ）……②302, ②506
Allgäu（アルゴイ）……②467
Alpen（アルプス地方）……①92
Alp Girlen（アルプ・ギルレン）……②506
Altenburg（アルテンブルク）……③159, ③161, ③162, ③164, ③165, ③166, ③167, ③170, ③172, ③173, ③176, ③177, ③178, ③179, ③180, ③278, ④136, ④137
Altenhaslau（アルテンハスラウ）……②494, ②499, ②500, ②505, ②509
Altenstadt（アルテンシュタット）……②498, ②499
Alt=Limpurg（in Frankfurt（アルト・リンプルク））……①423, ②55, ②74, ②75, ②76
Altmark（アルトマルク）……②389
Altona（アルトーナ）……④321
Altpommern（アルトポンメルン）……④319
Altpreußen（アルトプロイセン）……③119
Amerika（アメリカ）……④38, ④58, ④228, ④230
Amsterdam（アムステルダム）……④218, ④219
Amt Zug（アムト・ツーク）……②361
Angelsachsen（アンゲルザクセン）……①27, ①41, ①66, ①68, ①108, ①116, ①128 ①130, ①144, ①145, ①147
Angermünde（アンガーミュンデ）……②211
Anhalt（アンハルト）……②194, ②195, ③160, ③180, ③181, ③263, ③278, ③279, ④28, ④53, ④322
Anhausen（アンハウゼン）……④334, ④335
Anklam（アンクラム）……②258, ②281, ③57, ③104
Ansbach（アンスバッハ）……④107, ④108, ④112, ④118

Antwerpen（アントワープ）……②283
Appenzell（アペンツェル）……①113，②305，②337，②349，②350，②361，②362，②467，②501，②506，③82
Appingdam, Appingadamme（アッピングダーム〔アッピンガダンメ〕）……②352，②364
Argau（アルガウ）……②501，②507
Armberg（アルムベルク）……②305
Aschaffenburg（アシャッフェンブルク）……②155
Assington（アッシングトン）……④345
Augsburg（アウクスブルク）……①297，①299，①416，①421，①430，②46，②52，②53，②54，②55，②68，②74，②231，②291，②331，②515，③92，③295，③300，③319，④23，④28，④221
Australien（オーストラリア）……④219

【B】

Baar（バール）……②496，②502，③78，③82
Bacherach（バッヒェラッハ）……②155
Baden（バーデン）……②194，②196，②331，②412，③76，③77，③86，③119，③120，③159，③160，③162，③163，③164，③165，③166，③167，③168，③169，③171，③175，③176，③177，③178，③179，③180，③187，③198，③201，③233，③262，③278，③325，④28，④34，④53，④56，④60，④103，④104，④106，④107，④108，④109，④111，④112，④114，④115，④117，④118，④127，④133，④136，④137，④180，④208，④269，④320，④325
Baden=Baden（バーデン＝バーデン）……④320
Baiern（バイエルン）……①113，①127，①155，①340，②194，②276，②277，②278，②291，②294，②296，②305，②308，②309，②315，②319，②320，②321，②328，②374，②375，②376，②377，②378，②379，②380，②393，②396，②403，②411，②413，②414，②423，②424，②425，②426，②427，②428，②429，②431，②432，②433，②505，②513，②514，③64，③67，③76，③77，③80，③81，③85，③86，③87，③90，③102，③119，③123，③159，③160，③161，③162，③163，③164，③165，③166，③168，③169，③170，③171，③172，③173，③174，③175，③176，③177，③178，③179，③180，③181，③187，③197，③198，③201，③223，③226，③233，③239，③255，③256，③257，③258，③259，③261，③262，③278，③279，③325，③326，④25，④28，④34，④53，④58，④59，④60，④115，④124，④125，④126，④128，④133，④136，④137，④138，④139，④140，④208，④223，④228，④229，④320，④322，④324，④328，④347
Baireuth（バイロイト）……②413，④105，④106，④107，④108，④110，④114，④115，④117，④118
Bamberg（バンベルク）……①416，②25，②50，②147，②516

Barisiaca（バリシアーカ村）……①127
Basel（バーゼル）……①279，①296，①299，①416，①417，①419，①420，①422，①426，①430，②16，②21，②24，②31，②46，②47，②48，②49，②50，②51，②52，②53，②54，②55，②74，②76，②77，②132，②134，②136，②137，②139，②140，②143，②144，②145，②146，②147，②149，②150，②151，②156，②157，②158，②163，②165，②169，②235，②270，②291，②305，②306，②361，②384，②411，③81，③93，③94，③105，③106，③203，③240，③257
Baunach（バウナッハ）……④107，④117
Belgien（ベルギー）……②210，③326，④136，④325
Bellersheim（ベルレルスハイム）……②504
Berg（ベルク）……②382，②412，③160，③317，④124，④208
Bergen（ベルゲン）……②84
Berlin（ベルリン）……②134，②142，②165，②389，③99，③327，④24，④26，④45，④59，④60，④61，④100，④120，④121，④228，④229，④259，④317，④319，④321，④329，④332，④333，④340，④341，④342，④343，④344，④349
Bern（ベルン）……①440，②17，②23，②25，②256，②276，②288，②290，②349，②361，②362，②363，③81，③84，③94，④224，④225，④323
Bernburg（ベルンブルク）……③160，③180，③181，③279
Dorf Bernheim（ベルンハイム村）……①325
Bertholsdorf（ベルトルスドルフ）……③321
Bibrau（ビブラウ）……②456，②502，②505
Biel（ビール）……②256，②288，②363
Bingen（ビンゲン）……②155，②249，②270，②321
Bitburg（ビットブルク）……④334，④335
Bitterfeld（ビッターフェルト）……④258
Blickersdorf（ブリッカースドルフ）……②502
Bochold（ボッヒョルト）……②43
Bodensee（ボーデンゼー）……②277
Böhmen（ボヘミア〔ベーメン〕）……②211，②315，②319，②391，②410，②411，②426，②432，③90，③320
Bologna（ボロニア）……②216，②217
Bonn（ボン）……④340
Boppart（ボッパルト）……②155
Borussia（ボルーシア）……④321
Boston（ボストン）……②83
Brabant（ブラバント）……②96，②234
Brandenburg（ブランデンブルク）……①440，②280，②309，②315，②321，②331，②388，②396，②410，②411，②425，②426，②432，③90，③98，③122，③220，③228，③

231, ③239, ③247, ③257, ③258, ③259, ③317, ④97, ④106, ④107, ④108, ④109, ④110, ④111, ④112, ④114, ④116, ④117, ④118, ④208, ④209, ④222, ④319, ④321
Braunschweig（ブラウンシュヴァイク）……①386, ②55, ②75, ②194, ②195, ②257, ②263, ②276, ②281, ②283, ②285, ②294, ②381, ②411, ②413, ②425, ②426, ②427, ②430, ②431, ②432, ②433, ②515, ③63, ③84, ③91, ③98, ③104, ③119, ③120, ③133, ③159, ③160, ③162, ③163, ③164, ③165, ③166, ③167, ③170, ③171, ③172, ③173, ③174, ③175, ③176, ③177, ③178, ③179, ③180, ③181, ③198, ③225, ③234, ③235, ③257, ③263, ③278, ③279, ③324, ③325, ④106, ④107, ④108, ④109, ④110, ④111, ④112, ④114, ④116, ④117, ④118, ④125, ④127, ④136, ④137, ④140, ④223, ④229, ④319, ④323, ④329, ④338
Bregenz（ブレゲンツ）……②305, ②506
Breisgau（ブライスガウ）……②372
Breiti, Hof v.（ブライティ荘園）……②498
Bremen（ブレーメン）……①335, ①416, ①417, ②17, ②55, ②87, ②89, ②91, ②134, ②135, ②149, ②150, ②169, ②257, ②260, ②270, ②281, ②285, ②341, ②342, ②354, ②365, ②410, ②413, ②425, ③91, ③104, ③160, ③198, ③199, ③201, ③231, ④105, ④125, ④126, ④136, ④137, ④178, ④180, ④223, ④224, ④228, ④264, ④321, ④324, ④330, ④332
Brescia（ブレーシア）……③323
Breslau（ブレスラウ）……②151, ②285, ③104, ③327, ④60, ④318, ④325, ④329
Bristol（ブリストル）……②83
Brokmer（ブロクマー）……①342, ②341〔—ラント〕, ②343, ②351, ②353, ②354, ②355
Brügge（ブリュージュ）……①377, ②81, ②85, ②96, ②97, ②259, ②260, ②282, ②283
Brünn（ブリュン）……④60
Brunnesbutle（ブルンスビュッテル）……②193
Bückeburg（ビュッケブルク）……④229
Budissin（ブーディッシン）……④228, ④328, ④331
Bugenhagen（ブーゲンハーゲン）……③322
Burg（ブルク）……②355
Burg auf Fehmarn（ブルク・アウフ・フェーマルン）……③107
Burg Homburg（ブルク・ホムブルク）……②512
Burgthal（ブルクタール）……②372
Burgund（ブルグンド）……②309
Buxtehude（ブクステフーデ）……②163

【C】

Cambridge（ケンブリッジ）……①360
Celle（ツェレ）……④60, ④258
Chemnitz（ヒェムニッツ〔ケムニッツ〕）……④228, ④341
Cleve（クレーフェ）……②382, ②383, ②412
Clichy（クリッシイ）……④343
Corvey（コルヴェイ）……②345
Cremona（クレモナ）……①417
Creuznach（クロイツナッハ）……②155
Cyper（キプロス）……②201

【D】

Dänemark（デンマーク）…… ①108, ①359, ①384, ②84, ②88, ②89, ②93, ②260, ②352, ②417, ④218, ④219, ④317
Danzig（ダンチッヒ）……②141, ②150, ②281, ②285, ③105, ③106, ④100, ④103, ④120, ④121, ④229, ④336, ④337, ④338
Darmstadt（ダルムシュタット）……③76, ③262, ④207, ④229, ④320, ④325, ④339
Delitzsch（デリッチュ）……④258, ④326, ④333, ④338, ④340
Delphi（デルフィ）……④219
Demmin（デムミン）……②258
Dessau（デッサウ）……③160, ④223, ④229
Detmold（デトモルト）……③167, ③325
Deventer（デフェンター）……②285
Dietz（ディーツ）……③37
Dithmarschen（ディトマルシェン）……①28, ①40, ①68, ①96, ①128, ①250, ①316, ①335, ②175, ②176, ②192, ②235, ②335, ②342, ②343, ②353, ②371, ②412, ②459, ②489, ③50, ③54, ③61, ③198, ③206, ③212, ③216
Doethebergen（デーテベルゲン）……②500
Döffingen（デッフィンゲン）……②278
Donau（ドナウ河）……②13, ②305, ④223
Dornstetten（ドルンシュテッテン）……②345, ③80
Dortmund（ドルトムント）……②55, ②75, ②94, ②257, ②276, ②276, ②280, ②281, ④229
Dresden（ドレスデン）……④59
Durlach（ドゥルラッハ）……②412, ④320
Düsseldorf（デュッセルドルフ）……④60, ④321
Dynant（ディーナント）……②282

【E】

Eckernförde（エッケルンフェルデ）……③229
Edlingen, eedlingen（エードリンゲン）……②356
Eger（エーガー）……②305，②323
Eichsfeld（アイヒスフェルト）……①112，①113，③81
Eiderstedt（アイダーシュテット）……③212，③216
Eilenburg（アイレンブルク）……④258
Einsideln（アインジーデルン）……②348，②350
Eisleben（アイスレーベン）……④258，④335
Elbe（エルベ河）……①87，②13，④24，④223
Elberfeld（エルバーフェルト）……④321
Elbing（エルビング）……②281，②283，④100，④120，④121
Elnbogen（エルンボーゲン）……②91
Elsaß（エルザス）……①128，①325，②54，②55，②132，②276，②277，②288，②291，②315，②319，②320，②321，②322，②515，③90，④257
Emden（エムデン）……③242，④178，④229
Ems（エムス）……③317
Ems（エムス河）……①335
Emsig（エムジッヒ）……②364，②507，③198
Emsigerland（エムジガーラント）……②341，②351
Engelberg（エンゲルベルク）……②363
England（イングランド〔イギリス〕）……①78，①91，①108，①109，①113，①117，①130，①154，①163，①359，②235，②257，③320，④24，④26，④38，④39，④53，④57，④58，④59，④125，④169，④170，④171，④218，④219，④227，④230，④232，④233，④234，④253，④254，④255，④256，④258，④295，④301，④302，④316，④321，④325，④333，④336，④338，④341，④342，④343，④344
Enkhuizen（エンクフイツェン）……④169，④219
Erfurt（エルフルト）……①299，②55，②218，②276，②323，②513，③98，③161，④112，④322，④339
Erlangen（エルランゲン）……④103
Erlenbach（エルレンバッハ）……②500
Eschhorn（エシュホルン）……②278，②289
Esens（エゼンス）……③198
Eßlingen（エスリンゲン）……①433，②55，②331
Estland（エストニア）……④330，④331
Etsch（エッチュ）……②305
Exeter（エクスィーター）……①360

【F】

Falckenstein（ファルケンシュタイン）……②512
Fehmarn（フェーマルン）……②176，②231，②241，②245，②355，②357，②457，②510，③78，③321，③322
Festenberg（フェステンベルク）……②20
Fivelgo（フィーフェルゴー）……②341，②351，②352，②354，②507
Flander（フランドル）……①335，①416，①426，②85，②86，②96，②257，②259，②282，②285，②514
Flensburg（フレンスブルク）……①425，②89
Florenz（フィレンツェ）……④23，④24
Franken（フランケン）……②276，②277，②278，②291，②294，②299，②304，②308，②310，②315，②319，②320，②328，②382，②411，②442，②514，②515，③90，③284，③286，④60，④104，④105，④338
Frankfurt（フランクフルト）……①296，①384，①412，①423，①433，①438，②23，②25，②48，②49，②52，②54，②55，②69，②75，②76，②134，②135，②136，②137，②143，②146，②147，②148，②151，②152，②155，②161，②162，②163，②165，②166，②233，②234，②249，②276，②291，③73，③85，③90，③92，③119，③158，③160，③162，③163，③165，③166，③167，③168，③169，③170，③171，③172，③173，③174，③175，③176，③177，③178，③179，③180，③221，③226，③229，③261，③278，④8，④20，④229，④249，④321，④322，④323，④326，④328，④328
Frankfurt a.M.（フランクフルト・アン・マイン）…… ②71，②74，③158
Frankreich（フランス）……①404，①405，①426，②75，②88，②235，③102，③160，③223，③311，③324，④9，④24，④27，④30，④31，④58，④59，④122，④124，④136，④139，④146，④147，④164，④165，④169，④215，④217，④219，④221，④230，④232，④254，④256，④257，④258，④295，④303，④304，④316，④321，④333，④338，④341，④342，④343，④344
Frauenstein（フラウエンシュタイン）……②74
Freiberg（フライベルク）……②232，④208
Freiburg（フライブルク）……①377，①411，①420，①440，①441，②23，②31，②45，②47，②48，②52，②55，②69，②88，②143，②148，②149，②152，②153，②162，②163，②168，②233，②276，②288，②361，②363，②515
Freiburg i.Br.（フライブルク・イン・ブライスガウ）…… ①440
Freiburg im Uechtlande（フライブルク・イン・ユヒトラント）……①440
Friedberg（フリードベルク）……②249，②310〔ブルク―〕
Friedeberg（フリーデベルク）……①433，②276
Friesland, Friesen（フリースラント）……①29，①60，①66，①69，①72，①96，①116，①316，①335，①336，②265，②270，②335，②340，②341，②342，②344，②353，②

358, ②359, ②360, ②365, ②371, ②384, ②427, ②489, ②507, ③206, ③242, ③243, ④136, ④219
Fronhausen（フロンハウゼン）……③82
Fronneker, Froneker（フロンネッカー）……②352
Fulda（フルダ）……①417, ①455, ②294, ②513, ④107, ④108, ④109, ④110, ④112, ④114, ④118
Fürth（フュルト）……④223

【G】

Gelder（ゲルダー）……①335
Geldern（ゲルデルン）……②315, ②341
Gelnhausen（ゲルンハウゼン）……①438, ②155, ②249, ②276
Gemünd（ゲミュント）……③106
Genf（ジュネーヴ）……③318, ④340
Genua（ジェノア）……④167, ④224
Gera（ゲーラ）……④229
Germania（ゲルマーニア）……①146
Gersau（ゲルザウ）……①113
Glarn（グラルン）……②506
Glarus（グラールス）……②337, ②349, ②350, ②361, ②362, ②467, ②506, ②507, ③82
Gnadau（グナーダウ）……③327
Gollnow（ゴルノウ）……②20
Görlitz（ゲルリッツ）……②48
Goslar（ゴスラール）……①298, ①386, ①433, ①438, ②42, ②50, ②135, ②139, ②142, ②143, ②146, ②149, ②224, ②225, ②226, ②232, ②242, ②281, ④326
Gotha（ゴータ）……③76, ③119, ③159, ③167, ③169, ③174, ③175, ③176, ③177, ③179, ③180, ③181, ③279, ④136, ④137, ④229, ④323, ④340
Gothland（ゴットランド）……②83, ②84, ②86, ②93, ②94, ②95, ②96, ②281, ②285
Göttingen（ゲッティンゲン）……②381, ③231, ④24
Graubünden（グラウビュンデン）……②363
Greifswald（グライフスヴァルト）……①364, ②155, ②258, ②280, ②281, ③56, ③91, ③104, ③105, ④20, ④269, ④321
Griechenland, griechisch（ギリシア）……④27, ④217
Groningen（グローニンゲン）……②351, ④330
Gruben（グルーベン）……③231
Grubenhagen（グルーベンハーゲン）……④330, ④332
Grünberg（グリューンベルク）……④114

Grüningen（グリューニンゲン）……②503
Güstrow（ギュストロフ）……④268, ④321
Gützkow（ギュツコウ）……③57

【H】

Hackbühl（ハックビュール）……②502
Hadeln（ハーデルン）……②352, ②371, ②412, ②426, ③212
Hadersleben（ハーダースレーベン）……③215
Hagen（ハーゲン）……③231, ④229
Hagenau（ハーゲナウ）……①412, ①433, ①438, ②55, ②135, ②149
Hahn（ハーン）……③201
Halberstadt（ハルバーシュタット）……②173, ③257, ④319
Hall（ハル）……②211
Halle（ハレ）……②55, ②135, ②145, ②147, ②151, ②281, ④25, ④61, ④212, ④213
Hamburg（ハンブルク）……①370, ①416, ①417, ①440, ②17, ②20, ②46, ②91, ②146, ②150, ②155, ②163, ②193, ②224, ②256, ②257, ②280, ②281, ②282, ②283, ②285, ③91, ③104, ③105, ③322, ④24, ④26, ④58, ④100, ④103, ④104, ④106, ④107, ④108, ④109, ④110, ④112, ④114, ④115, ④116, ④117, ④118, ④125, ④126, ④136, ④137, ④140, ④178, ④180, ④218, ④223, ④224, ④228, ④264, ④317, ④318, ④321, ④323, ④324, ④325, ④327, ④329, ④330, ④331, ④338
Hamm（ハム）……④60, ④326
Hanau=Lichtenbergschen（ハーナウ＝リヒテンベルクシェン）……①111
Hannover（ハノーファー）……①421, ②194, ②281, ②382, ②410, ③53, ③73, ③76, ③77, ③119, ③122, ③123, ③128, ③160, ③161, ③162, ③163, ③164, ③165, ③166, ③167, ③168, ③169, ③170, ③172, ③173, ③174, ③175, ③176, ③177, ③178, ③179, ③180, ③196, ③197, ③201, ③212, ③213, ③215, ③216, ③218, ③221, ③223, ③227, ③229, ③230, ③231, ③232, ③263, ③278, ③279, ④125, ④136, ④229, ④265, ④269, ④322, ④323, ④325, ④328, ④348
Harden（ハルデン）……②342
Harz（ハルツ）……②224, ②225, ②232
Harzland（ハルツラント）……②173
Hauenstein（ハウエンシュタイン）……②302, ②345, ②372
Hechingen（ヘッヒンゲン）……②172, ③158, ③162, ③169, ③170, ③172, ③173, ③174, ③176, ③177, ③179
Heddersdorf（ヘッダースドルフ）……④335
Heidelberg（ハイデルベルク）……②217, ②305, ②320
Heilbronn（ハイルブロン）……①433, ②291, ②330, ②516

Hemmen（ヘンメン）……②507, ②508
Herford（ヘルフォルト）……②281
Hessen（ヘッセン）……①128, ②294, ②308, ②315, ②321, ②382, ②413, ②425, ②426, ②432, ②504, ②505, ③50, ③62, ③64, ③73, ③77, ③84, ③85, ③86, ③120, ③158, ③159, ③160, ③162, ③163, ③164, ③165, ③166, ③167, ③169, ③170, ③171, ③172, ③173, ③174, ③175, ③176, ③177, ③178, ③179, ③180, ③201, ③226, ③227, ③233, ③258, ③262, ③263, ③278, ③279, ③317, ④55, ④60, ④104, ④113, ④125, ④136, ④207, ④317, ④320, ④322, ④328, ④339, ④348
Hessenhomburg（ヘッセンホンブルク）……③233, ④125
Hessingen（ヘッシンゲン）……③119
Hildesheim（ヒルデスハイム）……②173, ②281, ②410, ③231, ④330
Hinte（ヒンテ）……③242
Hinterpommern（ヒンターポンメルン）……②421
Hochberg=Rötteln（ホッホベルク＝レッテルン）……②173
Hohenlohe（ホーエンローエ）……①112
Hohenzollern（ホーエンツォルレルン）……②513, ③85, ③86, ③170, ③172, ③173, ③174, ③179, ③213, ③227, ③278, ④139, ④329
Holland（オランダ）……①335, ①404, ①425, ②88, ②283, ②284, ②341〔ホラント〕, ④168, ④169, ④219
Holstein（ホルスタイン）……①180, ②315, ②341, ②342, ②355, ②383, ②412, ②425, ②426, ②430, ②431, ③73, ③77, ③121, ③141, ③158, ③161, ③162, ③165, ③168, ③169, ③170, ③171, ③172, ③174, ③175, ③176, ③177, ③178, ③180, ③195, ③196, ③206, ③215, ③216, ③217, ③221, ③223, ③227, ③229, ③230, ③232, ③279, ③322, ④38, ④125, ④136, ④219, ④269, ④318, ④319, ④322, ④330
Holthausen（ホルトハウゼン）……③78
Holzmark（ホルツマルク）……②500
Homburg（ホンブルク）……③215, ④136, ④207, ④229
Hoorn（ホールン）……④169, ④219
Höxter（ヘクスター）……②135, ②148, ②281
Hoya（ホーヤ）……③231, ③257
Hull（ハル）……②83
Humsterland（フムスターラント）……②507
Hunsingo（フンジンゴー）……②341, ②351, ②354
Husum（フーズム）…… ③322

【I】

Iglau（イグラウ）……②232, ③104, ④221
Indien（インド）……④248
Ingersheim（インゲルスハイム）……③78
Ingolstadt（インゴルシュタット）……②305, ②374, ②375, ②376, ②377, ②404, ②414, ②415, ④27
Innsbruck（インスブルック）……④60
Innthal（インタール）……②516
Ipswich（イプスウィッチ）……②83
Irland（アイルランド）……④52
Island（アイスランド）……①108, ④219
Italia, Italien（イタリア）……②75, ②88, ②90, ②214, ④24, ④27, ④166, ④168, ④316

【J】

Jena（イェーナ）……④24
Jerusalem（イェルサレム）……②202
Jülich（ユーリッヒ）……②382, ②412, ③317
Jülich=Berg（ユーリッヒ＝ベルク）……③250, ③257, ④208
Jura（ユーラ）……②351, ④341
Jütland（ユトラント）……②315

【K】

Kaiserswerth（カイザースヴェルト）……④59
Kalber Mark（カルバー・マルク）……②498
Kalenberg（カーレンベルク）……③231, ④324, ④330, ④332
Kalmar（カルマール）……②285
Karlsruhe（カールスルーエ）……④321
Kärnthen（ケルンテン）……①127, ②309, ②391, ②410, ②411, ②515, ④207
Kassel（カッセル）……③158, ③215, ③216, ③221, ③222, ③223, ③229, ③230, ③232, ③233, ③258, ④324
Katzenellenbogen（カッツェンエルレンボーゲン）……②295
Kempen（ケンペン）……②345
Kempten（ケンプテン）……②372, ②515, ②516
Kerebateswilare（ケレバテスウィラーレ）……①128
Kiel（キール）……②281, ②283, ④322
Klagenfurt（クラーゲンフルト）……④60
Kleinbasel（クラインバーゼル）……②156

Kleve（クレーフェ）……②295，②309，③100，③317
Koblenz（コブレンツ）……②303，④106，④107，④108，④109，④110，④111，④112，④114，④115，④116，④117，④118
Koburg（コーブルク）……②305，④103，④104，④136，④137
Kochen（コッヘン）……②331
Kolmar（コルマール）……①433
Köln（ケルン）……①289，①290，①296，①297，①298，①299，①370，①377，①383，①389，①397，①398，①416，①418，①419，①421，①422，①423，①426，①431，②16，②20，②21，②36，②42，②45，②47，②48，②49，②50，②51，②52，②53，②54，②55，②56，②65，②67，②68，②69，②71，②73，②76，②82，②88，②89，②90，②91，②132，②134，②135，②136，②137，②141，②143，②147，②148，②153，②154，②158，②159，②161，②162，②163，②166，②167，②168，②170，②210，②211，②214，②217，②234，②246，②257，②266，②267，②270，②272，②276，②281，②285，②286，②287，②310，②311，②320，②384，②385，③90，③105，③257，④147，④148，④150，④208，④322，④325
Königsberg（ケーニヒスベルク）……②74，③106，③327，④24，④58，④100，④120，④121，④229
Königsbrück（ケーニヒスブリュック）……④336
Konstanz（コンスタンツ）……①416，①417，①430，②52，②54，②55，②143，②144，②172，②291，②515
Kopenhagen（コペンハーゲン）……②93
Kornthal（コルンタール）……③320
Köslin（コェスリン）……④328
Kostnitz（コストニッツ）……②209
Köthen（ケーテン）……③263，③278，④28，④53，④321
Krain（クライン）……①127，②309，②391，②410，②411，④207
Krakau（クラカウ）……②262，②285
Krauchthal（クラウフタール）……②506
Kreutz（クロイツ）……②96
Kurmark（クールマルク）……②419，④319，④320
Kurzenberg（クルツェンベルク）……②501

【L】

Laderam（ラーデラーム）……②74
Laibach（ライバッハ）……④60
Landau（ランダウ）……②136，②147，②167
Land Delbrück（ラント・デルブリュック）……②345，②357
Land Drenthe（ラント・ドゥレンテ）……②341，②352，②353

Land Hadeln（ラント・ハーデルン）……②341，②425
Landkirchen（ラントキルヒェン）……③322
Landshut（ランツフート〔ランズフート〕）……②375，②376，②379，②414
Land Westerwoldt（ラント・ウェスターウォルト）……②341，②355
Langewolda（ランゲウォルダ）……②355
Langobarden（ランゴバルド）……①116，①178
Lauenburg（ラウエンブルク）……②382，②412，③264，④322
Lausitz（ラウジッツ）……②404，②411，③90
Leeds（リーズ）……④338
Leichlingen（ライヒリンゲン）……④323
Leipzig（ライプチッヒ）……②48，②218，③98，④25，④59，④60，④223，④229，④321，④322，④323
Lemgo（レムゴー）……②281
Leubus（ロイブス）……④336
Liefland, Lievland（リーフラント）……②86，②285
Lille（リール）……④337
Limburg（リンブルク）……②96，②193
Limburg=Dürkheimer Mark（リンブルク＝デュルクハイマー・マルク）……②514
Lindau（リンダウ）……②291
Linz（リンツ）……④60
Lippe（リッペ）……②412，②427，③49，③122，③167，③169，③173，③175，③325，④322
Lippstadt（リップシュタット）……②280，②281
Litthauen（リットハウエン）……③198，④135
Lombard（ロンバルド）……①431
London（ロンドン）……①377，①384，①423，②81，②82，②83，②91，②92，②259，②282，④26，④57
Lothringen（ロートリンゲン）……①404，②96，②315，②322
Löwen（レーヴェン）……②75
Löwenberg（レーヴェンベルク）……②20
Löwenstein（レーヴェンシュタイン）……②74
Lübbeke（リュッベケ）……④114，④118
Lübeck（リューベック）……①370，①377，①426，①430，①440，①441，①456，②17，②25，②32，②45，②46，②47，②48，②49，②52，②55，②56，②57，②74，②76，②86，②88，②91，②93，②94，②95，②96，②97，②113，②134，②135，②137，②138，②139，②140，②141，②142，②143，②144，②145，②146，②147，②149，②150，②151，②152，②153，②154，②155，②156，②159，②160，②161，②162，②163，②164，②166，②167，②168，②169，②170，②171，②172，②231，②233，

②256, ②257, ②258, ②260, ②261, ②263, ②266, ②267, ②280, ②281, ②282, ②283, ②285, ③90, ③91, ③93, ③105, ④8, ④20, ④21, ④22, ④100, ④125, ④126, ④136, ④137, ④180, ④223, ④229, ④264, ④323
Lund（ルント）……②93
Lüneburg（リューネブルク）……②46, ②281, ②381, ②404, ②411, ②413, ②425, ②426, ②427, ②429, ②430, ②431, ②432, ③77, ③104, ③105, ③231, ③235, ④114, ④330, ④331
Lützen（リュッツェン）……④61
Luxemburg（ルクセンブルク）……②315, ②321, ④229
Luzern（ルツェルン）……①113, ②290, ②361, ②363, ②501, ②515
Lynn（リン）……②83

【M】

Maas（マース）……④219
Madras（マドラス）……①112
Magdeburg（マクデブルク）……①386, ①387, ①389, ①397, ①412, ①416, ①440, ②17, ②25, ②48, ②52, ②55, ②135, ②136, ②149, ②173, ②276, ②281, ②285, ②320, ②321, ②428, ③105, ③317, ④100, ④103, ④120, ④121, ④229, ④318, ④319, ④321
Mähren（メーレン）……②384, ②411, ③90, ③241, ③257, ③320, ③321
Main（マイン河）……④223
Mainz（マインツ）……①296, ①297, ①299, ①416, ①421, ①422, ①430, ②17, ②21, ②23, ②25, ②46, ②50, ②52, ②54, ②55, ②57, ②77, ②136, ②144, ②148, ②155, ②166, ②169, ②172, ②233, ②249, ②269, ②270, ②272, ②275, ②286, ②288, ②290, ②291, ②294, ②310, ②311, ②319, ②321, ②331, ②410, ④109, ④110, ④112, ④114, ④115, ④318
Malmö（マルメー）……②91, ②93
Malta（マルタ）……②201
Manchester（マンチェスター）……④317, ④343, ④344
Mänidorf（メーニドルフ）……③84
Mannheim（マンハイム）……④24
Mantua（マントゥア）……①417
Marbach（マルバッハ）……②305
Marienwerder（マリーエンウェルダー）……④321
Mark（マルク）……②296, ②309, ②382, ②383
Mark Altenhaslau（マルク・アルテンハスラウ）……②345
Mark Bellersheim（マルク・ベルレルスハイム）……②504
Mark Fulda（マルク・フルダ）……①127

Mark Heppenheim（マルク・ヘッペンハイム）……①127
Mark Huxori（マルク・フクソーリ）
Mark Sinzig（マルク・ジンチッヒ）……②504
Markloh（マルクロー）……①77
Mecklenburg（メクレンブルク）……②315, ②321, ②383, ②410, ②412, ②413, ②417, ②423, ②425, ②425, ②426, ②427, ②428, ②431, ③59, ③160, ③235, ③242, ③243, ③245, ③257, ③264, ③279, ④116, ④123, ④224, ④269, ④321, ④330, ④331, ④349
Meiningen（マイニンゲン）……③63, ③119, ③159, ③161, ③162, ③164, ③166, ③167, ③169, ③171, ③173, ③174, ③175, ③176, ③177, ③178, ③201, ③233, ③278, ④136, ④137, ④229, ④328, ④350
Meißen（マイセン）……②48, ②173, ②320, ②382, ④258, ④333, ④334, ④335
Meldorf（メルドルフ）……①111, ③54
Memel（メーメル）……④100, ④120, ④121
Memmingen（メンミンゲン）……②74
Mercia（マーシア〔メルキア〕）……①152
Mergentheim（メルゲントハイム）……②320
Merseburg（メルゼブルク）……②173, ④61
Merzig（メルツィッヒ）……①111
Metz（メッツ）……①426, ②65, ②270
Middelburg（ミッデルブルク）……②87
Miltenberg（ミルテンベルク）……②166, ②305
Minden（ミンデン）……②281, ②385, ②412, ②418, ②429, ③320
Mittelhaingeraide（ミッテルハインゲライデ）……②514
Mittelmark（ミッテルマルク）……②388, ②389
Mohrungen（モールンゲン）……④60
Montjoie（モンジョア）……④335
Mühlhausen（ミュールハウゼン）……②48, ②74, ②276, ②323
Mullburg（ムルブルク）……②173
München（ミュンヘン）……②374, ②375, ②377, ②379, ②404, ②415, ②416, ②424, ④24, ④223, ④321, ④325
Münden（ミュンデン）……②502
Münder（ミュンダー）……③80
Münster（ミュンスター）……①335, ②135, ②257, ②276, ②280, ②285, ②309, ②320, ②341, ②352, ②386, ②387, ②412, ②413, ②418, ②426, ②430, ③94, ③260, ④322
Münsterdorf（ミュンスタードルフ）……③322
Murten（ムルテン）……②288

【N】

Nassau（ナッサウ）……①111，②241，②295，②320，②513，③37，③67，③73，③119，③120，③158，③160，③161，③162，③163，③164，③165，③166，③167，③171，③173，③174，③175，③176，③177，③178，③179，③180，③215，③227，③278，③325，④124，④136，④207，④228，④328
Naumburg（ナウムブルク）……②140
Neapel（ナポリ）……④23
Nefftenbach（ネフテンバッハ）……②498
Neubrandenburg（ノイブランデンブルク）……④268，④321
Neuenburg（ノイエンブルク）……②20，②363
Neumark（ノイマルク）……②419，③99
Neuvorpommern（ノイフォルポンメルン）……③141，③157，③178，④318
Nidwalden（ニートワルデン）……③82
Niederich（ニーデリッヒ）……②65，②67
Niederlande（オランダ〔ニーダーラント〕）……②295，②304，②360，③318，③319，④9
Niederlausitz（ニーダーラウジッツ）……②391，②404，②410，②421，②425，④333
Niedersachsen（ニーダーザクセン）……①57，①128，②342，②360，②371，②442，②488，②489，③53，③206，③318
Nimwegen（ニムヴェーゲン）……②285
Nordamerika（北アメリカ）……③326
Norden（北欧諸国）……①130，①154
Norden（ノルデン）……④321
Nordhausen（ノルトハウゼン）……①438，②55，②276，②323
Norwegen（ノルウェー）……①109，①113，②92，②260，②281，④218
Norwich（ノルウィッチ）……②83
Nowgorod（ノヴゴロド）……②81，②84，②91，②93，②94，②282
Nürnberg（ニュルンベルク）……①433，①438，②25，②46，②50，②51，②55，②138，②287，②291，③90，③92，③97，④20，④22，④114，④218，④228，④341

【O】

Oberägeri（オーバーエーゲリ）……③78
Oberdorf（オーバードルフ）……③82
Oberhasli（オーバーハスリー）……②349
Oberhessen（オーバーヘッセン）……①112，①113，②504
Ober=Lausitz（オーバーラウジッツ）……②382，②421，③231，③233，④333
Oberursel（オーバーウルゼル）……②498，②512
Obwalden（オプワルデン）……③82
Odense（オーデンゼー〔オーデンセ〕）……②89

Oehringen（エーリンゲン）……①299
Oelrichs（エルリックス）……②169
Oethmarsen（オェトマルゼン）……①247
Oettingen（オェッティンゲン）……②511
Oetting=Oetting（エッティング＝エッティング）……④108
Oetting=Spielberg（エッティング＝シュピールベルク）……④108, ④109
Ofen（オーフェン）……④23
Oldeampt（オルデアムプト）……②351
Oldenburg（オルデンブルク）……②353, ②357, ②359, ②489, ③49, ③86, ③87, ③122, ③159, ③160, ③161, ③163, ③164, ③166, ③167, ③169, ③171, ③173, ③175, ③176, ③177, ③180, ③181, ③182, ③198, ③199, ③229, ③233, ③279, ③325, ③326, ③328, ④125, ④127, ④136, ④137, ④180, ④224, ④269
Oppenheim（オッペンハイム）……①433, ①438, ②25, ②57, ②155, ②158, ②269, ②275, ②286, ②288
Ordensland（オルデンスラント）……②140, ③91, ③104, ③239
Osnabrück（オスナブリュック）……②320, ②341, ②385, ③76, ③231
Ostende（オストエンデ）……④178
Ostergo（オスターゴー）……②341
Osterland（オスターラント）……②382
Österreich（オーストリア）……②195, ②211, ②233, ②296, ②305, ②309, ②331, ②349, ②385, ②391, ②410, ②411, ②432, ②515, ③85, ③104, ③123, ③132, ③136, ③158, ③161, ③162, ③163, ③164, ③165, ③166, ③167, ③169, ③170, ③171, ③172, ③173, ③174, ③175, ③176, ③177, ③179, ③180, ③181, ③197, ③209, ③247, ③279, ③311, ③326, ④33, ④34, ④56, ④59, ④60, ④68, ④109, ④113, ④117, ④118, ④122, ④125, ④128, ④129, ④133, ④136, ④137, ④138, ④207, ④211, ④228, ④348
Ottweiler（オットヴァイラー）……①111

【P】

Paderborn（パーデルボルン）……②281, ②285, ②294, ②309, ②320, ②321, ②356, ②413, ②418, ④326
Padua（パドヴァ）……②217
Panthaleon（パンタレオン）……②56, ②68
Paris（パリ）……①384, ②216, ②217, ②218, ④257, ④328, ④342, ④343, ④344
Pegnitz（ペグニッツ）……④24
Perleberg（ペルレベルク）……②55
Persia（ペルシア）……④219
Pesth（ペスト）……②96

Petersburg（ペテルスブルク）……④228
Pfalz（プファルツ）……①112, ②489, ②513, ②515, ②516, ③61, ③77, ③81, ③87, ③159, ③160, ③262, ④207, ④208
Pforzheim（プフォルツハイム）……④323
Pfronten（〔アルプマルク・〕プフロンテン）……②500
Pfullendorf（プフルレンドルフ）……②56, ②58
Ploen（プレーン）……③229
Polen（ポーランド）……②285, ②315, ②319, ②392, ③228, ④27, ④60, ④136, ④328
Pommern（ポンメルン）……②147, ②285, ②315, ②389, ②390, ②391, ②396, ②410, ②411, ②412, ②413, ②418, ②419, ②422, ②426, ③56, ③90, ③104, ③218, ③228, ③231, ③232, ③235, ③258, ③317, ④20, ④223, ④229, ④328
Portugal（ポルトガル）……③324, ④219
Posen（ポーゼン）……③220, ③231, ④229, ④332
Potsdam（ポツダム）……④60
Prag（プラハ）……②85, ②96, ②217, ②218, ②233, ②309, ④60
Preßburg（プレスブルク）……②96, ②280
Pretz（プレッツ）……④319
Preußen（プロイセン）……②20, ②74, ②86, ②149, ②203, ②204, ②205, ②258, ②392, ②513, ②514, ②515, ③37, ③49, ③86, ③87, ③93, ③98, ③101, ③102, ③105, ③106, ③122, ③123, ③128, ③129, ③134, ③137, ③139, ③141, ③144, ③145, ③146, ③159, ③161, ③162, ③163, ③164, ③165, ③166, ③168, ③169, ③170, ③171, ③172, ③173, ③174, ③175, ③176, ③177, ③178, ③179, ③180, ③181, ③184, ③185, ③187, ③188, ③193, ③194, ③195, ③196, ③197, ③198, ③199, ③200, ③201, ③202, ③209, ③211, ③218, ③220, ③225, ③228, ③231, ③232, ③257, ③258, ③261, ③262, ③264, ③278, ③279, ③311, ③317, ③319, ③320, ③324, ③325, ③327, ③328, ④8, ④27, ④33, ④34, ④35, ④53, ④56, ④57, ④59, ④60, ④96, ④98, ④100, ④102, ④104, ④105, ④106, ④107, ④108, ④109, ④110, ④111, ④112, ④114, ④115, ④116, ④117, ④118, ④119, ④121, ④122, ④126, ④132, ④133, ④135, ④136, ④137, ④138, ④139, ④165, ④210, ④211, ④212, ④213, ④218, ④222, ④223, ④224, ④228, ④229, ④232, ④233, ④235, ④265, ④266, ④269, ④277, ④278, ④279, ④316, ④317, ④318, ④319, ④320, ④322, ④323, ④324, ④325, ④326, ④327, ④328, ④329, ④330, ④331, ④332, ④333, ④336, ④347, ④348, ④349, ④350, ④351
Pyrmont（ピルモント）……③320

【Q】

Quedlinburg（クヴェートリンブルク）……①384, ①417
Querfurt（クヴェアフルト）……④319

【R】

Rammelsberg（ランメルスベルク）……③232，④326
Ransfelder Mark（ランスフェルダーマルク）……②503
Ravengirsberg（ラーフェンギルスベルク）……②345，②383
Ravensberg（ラーフェンスベルク）……②382
Ravensburg（ラーフェンスブルク）……②74
Regensburg（レーゲンスブルク）……①289，①296，①405，①410，①412，①416，①419，①421，①422，①427，①430，①431，②16，②21，②31，②45，②47，②48，②50，②51，②52，②53，②57，②65，②87，②287，②305，③93，③105
Reuß（ロイス）……②412，②413，③181，③264，④136，④137
Reutlingen（ロイトリンゲン）……②55，②289，③106
Reval（レファール）……②281，④330
Rhein（ライン）……①91，②13，②88，②270，②276，②299，②308，②319，②320，②321，②323，②328，②411，②418，②489，③53，③72，③78，③87，③90，③93，③121，③157，③160，③162，③163，③166，③167，③166，③168，③170，③172，③174，③175，③176，③177，③178，③179，③180，③196，③197，③206，③223，③226，③227，③228，③229，③231，③284，③286，④28，④124，④147，④149，④223，④322，④341
Rheinbaiern（ラインバイエルン）……③325
Rheinerz（ラインエルツ）……④24
Rheingau（ラインガウ）……①128，②345，②356，②515，③78，③102
Rheinland（ラインラント）……③220，③325
Rhodus（ロードス）……②201
Riga（リガ）……②93，②95，②96，②281
Ripen（リーペン）……③322
Rodheimer Mark（ロートハイマー・マルク）……②500
Rom（ローマ）……①131，④23，④103，④168，④217
Roßkämmen（ロスケンメン）……②309
Rostock（ロストック）……②46，②142，②150，②155，②163，②260，②280，②281，②283，②321，②391，②427，③98，③102，③104，③105，③108，④120，④229，④321
Rotenburg（ローテンブルク）……①438，②291
Rotterdam（ロッテルダム）……④219
Rottweil（ロットヴァイル）……②288
Rotwyl（ロートヴュール）……②363
Rüdesheim（リューデスハイム）……②241，②246
Rudolstadt（ルドルシュタット）……②413，②433，③159，③163，③169，③172，③174，③176，③178，③179，③278

Rügen（リューゲン）……②390
Rußland（ロシア）……①111, ②257, ②262, ④27, ④219, ④222, ④328
Rüstringer（リュストリンガー）……①58, ①342, ②341〔―ラント〕, ②343, ②353, ②355, ②365, ②508
Rustringland（ルストリングラント）……②354

【S】

Saalfeld（ザールフェルト）……②48, ④103, ④104, ④106, ④107, ④108, ④109, ④110, ④111, ④112, ④114, ④115, ④116, ④117, ④118
Saarburg（ザールブルク）……①111
Sachsen（ザクセン）……①29, ①60, ①72, ①180, ①335, ②86, ②134, ②177, ②235, ②258, ②276, ②294, ②315, ②382, ②410, ②411, ②412, ②432, ②505, ②515, ③49, ③61, ③63, ③77, ③87, ③90, ③119, ③159, ③161, ③162, ③163, ③164, ③165, ③166, ③167, ③169, ③170, ③172, ③173, ③174, ③175, ③176, ③177, ③178, ③179, ③180, ③181, ③193, ③194, ③197, ③201, ③220, ③223, ③226, ③228, ③231, ③233, ③263, ③264, ③278, ③320, ③325, ③328, ④56, ④57, ④60, ④96, ④103, ④106, ④107, ④108, ④109, ④110, ④111, ④112, ④114, ④115, ④116, ④117, ④118, ④125, ④127, ④136, ④137, ④139, ④157, ④210, ④211, ④212, ④223, ④319, ④320, ④322, ④325, ④328, ④330, ④331, ④332, ④333, ④334, ④349, ④350
Sagan（ザーガン）……④339
Salfranken（ザールフランケン）……①29, ①30
Salzburg（ザルツブルク）……②385, ②413, ②515
Salzwedel（ザルツヴェーデル）……②55, ②93, ②150, ②157
Sand（ザント）……②507, ②508
S.Brigiden（ザンクト・ブリギーデン）……②66, ②67
St.Gallen（ザンクト・ガルレン）……①272, ①417, ②277, ②322, ②363, ②467, ②501, ②506, ③78
S.Martin（ザンクト・マルティン）……②66
St.Wendel（ザンクト・ウェンデル）……①111
Sardinien（サルジニア）……①112
Schaffhausen（シャフハウゼン）……①417, ②361
Schemnitz（シェムニッツ）……②232
Schiltach（シルタッハ）……④114
Schleiden（シュライデン）……④323
Schlesien（シュレージエン）……①117, ①440, ②20, ②52, ②134, ②151, ②235, ②309, ②382, ②410, ②411, ③37, ③90, ③104, ③220, ③228, ③229, ③231, ③232, ③320, ④59, ④208, ④277, ④318, ④322, ④328, ④329, ④340

Schleswig（シュレスヴィッヒ）……①363, ①425, ②342, ②353, ②355, ②359, ②371, ②383, ②425, ②426, ②427, ②430, ②431, ③73, ③77, ③121, ③141, ③158, ③161, ③162, ③165, ③168, ③169, ③170, ③171, ③172, ③174, ③175, ③176, ③177, ③178, ③180, ③195, ③196, ③206, ③215, ③216, ③217, ③221, ③227, ③229, ③230, ③232, ③279, ③323, ④38, ④125, ④136, ④269, ④319, ④322, ④330
Schneidemühl（シュナイデミュール）……③327
Schonen（ショーネン〔スコーネン〕）……②84, ④20
Schottland（スコットランド）……①35, ①112, ①384, ③318, ④346
Schottwyl（ショットウュール）……②503
Schwaben（シュヴァーベン）……①325, ①340, ①430, ②54, ②276, ②277, ②278, ②289, ②290, ②294, ②295, ②296, ②299, ②305, ②315, ②319, ②320, ②321, ②322, ②326, ②328, ②331, ②378, ②411, ②515, ③90, ③94, ③106, ③206, ③284, ③286, ④25, ④221
Schwäbisch=Gemünd（シュヴェービッシュ＝ゲミュント）……②55, ④20
Schwäbisch=Hall（シュヴェービッシュ＝ハル）……②74
Schwanheimer Mark（シュワンハイマーマルク）……②503
Schwarzburg（シュヴァルツブルク）……②412, ②413, ②433, ③159, ③172, ③174, ③179, ③278, ④208
Schwarzwald（シュヴァルツヴァルト）……②302, ②345, ②442, ②496
Schwatz（シュワッツ）……④207
Schweden（スウェーデン）……①109, ①113, ①117, ②84, ②86, ②413, ③320, ④219, ④221
Schwedisch=Pommern（シュウェーディッシュ＝ポンメルン）……③235
Schwedt（シュヴェート）……④268, ④321
Schweidnitz（シュヴァイトニッツ）……②140, ②145, ②150
Schweinfurt（シュワインフルト）……②305, ④24
Schweinheim（シュワインハイム）……②499
Schweiz（スイス）……①91, ①112, ①128, ①316, ①325, ①335, ②276, ②278, ②321, ②336, ②340, ②344, ②345, ②348, ②457, ②499, ②500, ②502, ②504, ②515, ③47, ③53, ③61, ③66, ③81, ③87, ③120, ③160, ③203, ③318, ③319, ③320, ④224, ④227, ④228, ④269
Schwerin（シュヴェーリン）……①440, ①441, ②513, ③279
Schwiz（シュヴィッツ）……①113, ①335, ②336, ②337, ②349, ②350, ②360, ②361, ②362, ②442, ②501, ③66
Seeland（ゼーラント）……①335, ①342, ②283, ②284, ②341, ②351, ②353, ②358, ②360, ②365, ②501〔ベルンの―〕
Sempach（ゼムパッハ）……②349

Seulberg（ゾイルベルク）……②500
Sickingschen（ジッキングシェン）……①111
Siebenbürgen（ジーベンビュルゲン）……③320
Siegen（ジーゲン）……①113，③201
Sigmaringen（ジグマーリンゲン）……③85，③86，③158，③162，③163，③164，③165，③166，③167，③169，③170，③172，③173，③174，③175，③176，③177，③179，③180，③227，③278，④329，④339
Skandinavien（スカンジナヴィア）……①41，①78，①96，①151，①360，②84，②257，②261，②499，④320
Smolensk（スモレンスク）……②93
Soest（ゾースト）……①435，②94，②257，②276，②280，③105，④215
Sögler Mark（ゼーグラー・マルク）……②496
Soldin（ゾルディン）……②419
Solingen（ゾーリンゲン）……④322
Solothurn（ゾロトゥルン）……②288，②290，②361，②501，②502，②503，②515，③81
Sondershausen（ゾンダースハウゼン）……③160
Spanien（スペイン）……②214，③324，④27，④219
Speier（シュパイヤー）……①296，①297，①384，①398，①412，①416，①420，①421，①422，①423，①430，②16，②20，②31，②47，②48，②49，②50，②51，②52，②53，②54，②55，②68，②69，②74，②75，②76，②77，②88，②152，②154，②155，②156，②172，②249，②288，②291，②304，②311，②330，②513，②515，③81，③93，③105，③106
Spielberg（シュピールベルク）……④108
Stade（シュターデ）……②257，②280，②281，③105
Stäfa（シュテーファ）……③61，③82
Stans（シュタンス）……③82
Stapelholm（シュターペルホルム）……③198
Steiermark（シュタイエルマルク）……②296，②309，②391，②410，②411，④207
Stemmen（シュテンメン）……②500
Stendal（シュテンダール）……①421，①440，②55，②150
Stettin（シュテッティン）……②93，②155，②258，②280，②281，②420，③91，③104，④45，④100，④120，④121，④223，④264，④319
Steyer（シュタイヤー）……②57
Stockholm（ストックホルム）……②93，②285，④228
Stolp（シュトルプ）……④321
Stralsund（シュトラルズント）……②46，②47，②155，②163，②258，②280，②281，②283，③91，③98，③104，③105
Strasburg（シュトラスブルク）……①278，①279，①296，①384，①405，①410，①412，

①416, ①417, ①418, ①419, ①422, ①423, ①430, ①431, ②21, ②31, ②48, ②50, ②51, ②52, ②53, ②55, ②56, ②57, ②74, ②77, ②132, ②144, ②151, ②152, ②153, ②167, ②168, ②270, ②272, ②288, ②291, ②304, ②311, ③93, ③105, ④9, ④111
Straubing（シュトラウビング）……②375, ②414, ②415, ②431
Stuttgart（シュトゥットガルト）……④61, ④325
Sudersee（ズーダーゼー）……②285
Suffolk（サフォーク）……④345
Surinam（スリナム）……④219

【T】

Taunus（タウヌス）……②494
Thobehoringen（トーベホーリンゲン）……③322
Thorn（トルン）……②283
Thurgau（トゥールガウ）……②501
Thüringen（テューリンゲン）……①127, ①180, ②48, ②52, ②134, ②173, ②211, ②276, ②294, ②295, ②309, ②315, ②319, ②320, ②321, ②322, ②323, ②515, ③90, ③94, ④60, ④125, ④126, ④128, ④137, ④139, ④229, ④338, ④349
Tilsit（ティルジット）……④100, ④120, ④121
Tirol（チロル）……①325, ②296, ②345, ②371, ②382, ②410, ②411, ②427, ②506, ②515, ③158, ③167, ③169, ③173, ③174, ③176, ③206, ③237, ④136, ④269
Toggenburg（トッゲンブルク）……②363
Toul（トゥール）……①426
Travemünde（トラーフェミュンデ）……②155
Trier（トリーア）……①111, ①113, ①278, ①279, ①389, ①397, ①405, ①410, ①416, ①425, ①426, ②17, ②25, ②211, ②235, ②270, ②310, ②319, ②321, ②411, ②412, ②413, ③239, ③262, ④208, ④209
Triest（トリエスト）……④223, ④321
Tscheremissen（チェレミッセン）……①112
Tübingen（テュービンゲン）……③301, ④24

【U】

Ueberlingen（ユーバーリンゲン）……②74
Ulm（ウルム）……①412, ①433, ①438, ②25, ②49, ②54, ②55, ②77, ②291, ②322, ②515, ③92, ③94
Ungarn（ハンガリー）……②235, ②296, ②515
Unterwalden（ウンターヴァルデン）……①335, ②337, ②349, ②350, ②361, ②501, ②505, ②506, ②509, ③53, ③80

Upstallboom, Upstallesbom（ウプスタルボーム〔ウプスタルレスボム〕）……②340，②351，②352，②353，②358，②364，②365
Uri（ウーリ）……①113，①335，②336，②337，②348〔一谷〕，②350，②360，②361，②496，②501，③66，③80
Urseler Mark（ウルゼラー・マルク）……②494
Ursern（ウルゼルン）……②496，③80
Usedom（ウーゼドーム）……①113，③57
Utrecht（ウトレヒト）……①416，②341，②352

【V】

Venedig（ヴェネツィア）……②90，④23，④218
Verden（フェルデン）……②412，③231，④330，④332
Vespringen（フェスプリンゲン村）……①127
Viborg（フィーボルク）……③322
Villingen（フィルリンゲン）……②288
Vogtland（フォークトラント）……②382
Voigtland（フォイクトラント）……②173
Vorarlberg（フォアアールベルク）……③158，③167

【W】

Waldeck, waldeckisch（ヴァルデック）……②194，②412，③160，③328，④136，④137
Waldstätte（ヴァルトシュテッテ）……②349，②350，②360，②361，②365
Wallis（ヴァリス）……②363
Waltersberg（ワルタースベルク）……③82
Warschau（ワルシャワ）……④228
Weggis（ウェッギス）……②363
Weichselniederung（ヴァイクセルニーデルング）……④318，④319
Weimar（ワイマル）……③87，③120，③159，③161，③162，③163，③164，③165，③166，③167，③169，③172，③173，③174，③175，③176，③177，③178，③179，③201，③278，③279，④137，④229，④328，④350
Weißenburg（ヴァイセンブルク）……①297
Wend, wendisch（ヴェンド）……②86，②285
Wendhagen（ヴェントハーゲン）……②511
Wesel（ヴェーゼル）……②285
Weser（ヴェーザー河）……①335，②13
Wessex（ウェセックス）……①152
Westergo（ウェスターゴー）……②341，②354，②508
Westerreich（ウェスターライヒ）……②305

Westerwolde（ウェスターウォルデ〔ウェスターウォルト〕）……②351，②352，②355
westindisch（ウェスト〔西〕インド）……④223
Westphalen（ウェストファーレン）……①92，①113，①128，①325，①340，②86，②257，②258，②268，②276，②285，②287，②294，②306，②315，②319，②320，②323，②385，②411，②412，②418，②426，②442，②488，②499，②503，②505，②514，③53，③61，③72，③81，③90，③121，③157，③160，③161，③162，③163，③165，③166，③167，③168，③169，③170，③171，③172，③173，③174，③175，③176，③177，③178，③179，③180，③206，③212，③220，③226，③227，③228，③229，③231，③262，③263，③325，④124，④136，④213，④322，④323，④329
Wetterau（ヴェッテラウ）……①169，①338，①339，②275，②276，②277，②288，②291，②305，②306，②308，②315，②319，②320，②322，②442，③76
Wetzlar（ヴェッツラール）……①433，①438，②55，②147，②158，②276，④106，④109，④116
Wiedenmark（ヴィーデンマルク）……②500
Wien（ウィーン）……①296，①299，①440，②31，②87，②132，②135，②139，②148，②201，②217，②231，②309，③163，④23，④43，④178，④218，④229，④321，④323，④325
Wiesbaden（ウィースバーデン）……③215，③216，③221，③222，③227，③229，③230，③231，③232
Wilhelmsdorf（ウィルヘルムスドルフ）……③320
Wimpfen（ヴィンプフェン）……②291
Wirzburg（ウィルツブルク）……④107，④109
Wisby（ヴィスビー〔ヴィスビュー〕）……①377，②83，②93，②95，②96，②258，②281，②282，②284
Wismar（ヴィスマル）……②45，②93，②155，②163，②258，②280，②281，②283，②427，③91，③98，③104，③105
Wittenberg（ヴィッテンベルク）……④60
Wolgast（ウォルガスト）……②420，②421，③57
Worms（ウォルムス）……①215，①246，①277，①279，①296，①299，①398，①405，①410，①412，①416，①420，①421，①422，①426，②16，②20，②21，②23，②31，②45，②46，②47，②48，②49，②50，②51，②52，②53，②54，②57，②65，②134，②139，②140，②142，②144，②147，②151，②155，②168，②249，②269，②270，②271，②272，②275，②278，②286，②288，②288，②291，②302，②308，③93，③105，③106
Württemberg（ヴュルテンベルク）……②278，②295，②302，②321，②331，②345，②357，②382，②412，②425，②426，②427，②432，②433，②504，②513，②515，③62，③77，③87，③120，③133，③159，③162，③163，③164，③165，③166，③167，③169，③170，③172，③173，③175，③176，③177，③178，③179，③187，③197，③

206, ③224, ③233, ③245, ③250, ③257, ③260, ③262, ③278, ③320, ③325, ③328, ④22, ④56, ④114, ④116, ④119, ④124, ④126, ④136, ④139, ④208, ④209, ④217, ④267, ④320, ④322, ④330, ④331, ④332, ④339
Würzburg（ヴュルツブルク）……①336, ①416, ①421, ②17, ②148, ②286, ②287, ②515, ②516, ③81, ④136

【Y】

Yarmouth（ヤーマウス）……②83
York（ヨーク）……②83
Ystadt（イシュタット）……②93

【Z】

Zeeland（ツェーラント）……④219
Zittau（ツィッタウ）……②150
Zudersee（ズーダーゼー）……②284
Zug（ツーク）……②290, ②337, ②362, ②365, ②502, ③78, ③82
Zürich（チューリッヒ）……①246, ①416, ①417, ①430, ②24, ②31, ②45, ②46, ②49, ②50, ②52, ②54, ②74, ②76, ②132, ②147, ②167, ②168, ②277, ②288, ②290, ②291, ②350, ②360, ②361, ②365, ②503, ②515, ③81, ③94, ③106, ③318, ③321, ④224, ④338
Zweibrücken（ツヴァイブリュッケン）……②305, ④207

【以　上】

【第四分冊・付録１・ギールケ「株式会社論」事項索引】（目次に順ずる内容順）

株式会社 Aktiengesellschaft……④354-372
　ドイツ的な総有権とゲノッセンシャフトの結合……④354
株式会社の歴史的発展……④354，④355
　イタリアのモンテス……④354
　イギリス会社法の株式会社……④355
　フランス商法典のソシエテ・アノニム……④355
　オーストリア社団法 Oesterr. Vereinsgesetz（1852）……④356
　1843年プロイセン法律……④356
　ドイツ商法典の株式会社法 ein gemeines A.=Recht……④356
株式会社の法的性質……④356-358
　諸学説の概観と整理……④357
　株式会社の真の本質……④357，④358
設立 Errichtung……④358，④359〔契約ではなく創設的行為〕，④360
　設立の準備行為 vorbereitende Handlungen……④358，④359〔契約〕
　生成中の株式会社 die werdende Aktiengesellschaft……④358
　発起人 Gründer……④359
　定款 Statut……④359，④365
　商業登記簿への登記 Eintragung in das Handelsregister……④359
　ケルパーシャフト人格 Körperschaftspersönlichkeit……④359
　事実商号 Sachfirma……④359
　基礎資本金 Grundkapital……④360
　株主総会 Generalversammlung……④360，④362，④363
　監査役会 Aufsichtsrath……④360，④362，④363，④364
　取締役会構成員 Vorstandsmitglieder……④359，④362
構成員地位 Mitgliedschaft……④361
　株式 Aktie……④361
　　優先株式 Prioritätsaktien……④361
　　普通株式 Stammaktien……④361，④368
　　記名株式 Namenaktien……④361，④366
　　無記名株式 Inhaberaktien……④361，④366
　　株式持分 Aktienantheile……④361
　株券 Aktie……④361
　　有価証券 Werthpapier……④361，④362，④368
　株主名簿 Aktienbuch……④361
　株主権 Aktionärrechte……④361，④362

組織体制 Verfassung……④362-364
組織〔有機的組織〕Organisation……④362
機関 Organ……④362
取締役会〔取締役〕Vorstand……④363，④364，④365
対外的法律関係……④364-365
固有の法人格 eigene Rechtspersönlichkeit……④364
対内的法律関係……④365-367
社員権 Mitgliederrechte……④365
株主権〔株式権〕Aktienrecht……④365
議決権 Stimmrecht……④366
未払出資金債務 Rückstand……④366
配当金 Dividende……④366
建設利息 Bauzinsen……④367
株式会社の変更 Veränderung……④367，④368
定款変更 Statutenänderung……④367
基礎資本金の減少 Verminderung……④367
自己株式 eigene Aktien……④367
株式の無効宣告 Amortisation……④367
社債 Obligation……④368
株式会社の解散 Auflösung……④369，④370
解散原因 Auflösungsgründe……④369
破産開始 Konkurseröffnung……④369
合併 Fusion……④369
株式会社法の改革 Reform……④370
株式詐欺 Aktienschwindel……④370
ゲノッセンシャフト的要素の強化……④371

【以　上】

【第四分冊・付録２・シュトゥッツ「ギールケの思い出」・事項索引と人名索引】

【シュトゥッツ・事項索引】（目次に準ずる内容順）

出生から教授資格取得まで……④377-385
父母の死と親族による養育……④377-378
ギムナジウム時代……④379
　哲学と歴史への傾斜と特色……④379, ④380
　国民的ロマン主義……④379
　ヘーゲルの影響……④379
ハイデルベルクの教授たち……④380
アレマンニア……④380
ベーゼラー教授との出会い……④380
　博士学位請求論文〔ディセルタチオン〕……④381
教授資格請求論文〔ハビリタチオン〕……④381
　ドイツゲノッセンシャフト法史……④383, ④384
　ゲノッセンシャフトとヘルシャフトの闘争……④384
　ドイツケルパーシャフト概念の歴史……④383
　ホーマイヤーの承認……④383
　従軍……④385
チューリッヒ大学からの招聘を拒絶……④385
ベルリン大学員外教授……④385
ブレスラウ大学教授時代……④386-392
　結婚と家庭生活……④386
　ザクセンシュピーゲルの演習……④387
　ドイツ国家史およびドイツ法制史研究の大集成……④387
　ホルツェンドルフ＝コーラーの百科事典……④389, ④414
　ドイツ団体法論第二巻……④389
　　ケルパーシャフト人格……④390
　ヨハンネス・アルトゥジウス……④390, ④419
　ドイツ団体法論第三巻……④391
　　中世のコルポラチオン理論……④391
ハイデルベルク大学教授時代……④392-393
　ゲノッセンシャフト理論とドイツ判例……④393
　バーデン歴史委員会……④392
ベルリン大学教授時代……④394-420
　ベルリンへの招聘……④394

ベーゼラーの尽力……④394
社会政策学会の設立……④395
法律家会議……④395-396
国際歴史家会議……④396-397
ベルリン大学学長就任……④397
有機的団体説……④397
歴史法学とゲルマニステン……④397
シュタインの都市条例……④397-398
ベルリンの教授活動……④398
ザクセンシュピーゲル……④398, ④400
講義風景……④399
ドイツ私法論の講義……④399
シュトゥッツの博士論文試験……④400
ブルンナーとの関係……④384, ④394, ④401, ④414
公的問題への態度……④402
立憲君主主義の信奉……④402
秩序意識……④403
ベーゼラーとの関係……④402, ④410, ④416
ロマン主義の一滴……④403
法制史と現行法の結合……④404
研究作業・執筆態度……④405
ドイツ団体法論第四巻……④405-406
ドイツ民法典の制定……④
ドイツ民法第一草案の批判……④406-407
権利能力なき社団の研究……④409
ドイツ私法論……④409, ④411-412
プロイセン一般ラント法……④413
ギールケの晩年……④415-418
祝賀と栄誉……④415-416
祖国愛……④416-418
エマヌエル・ガイベル……④417
八十歳祝賀……④418
ザクセンシュピーゲルの演習……④418
サヴィニー……④419
ゲーテ……④420

【以　上】

【シュトゥッツ・人名索引】（ABC 順）

Althoff, Friedrich（アルトホフ，フリードリッヒ）……④394
Althusius, Johannes（アルトゥジウス，ヨハンネス）……④390，④419
Auerswald-Hansemann（アウエルスヴァルト‐ハンゼマン内閣）……④377
Bar, Karl Ludwig von（バール，カール・ルードヴィッヒ・フォン）……④386
Below, Georg von（ベロウ，ゲオルク・フォン）……④384
Beseler, Georg（ベーゼラー，ゲオルク）……④380，④381，④382，④383，④385，④387，④393，④394，④402，④406，④410，④411，④416
Binding, Karl（ビンディング，カール）……④409
Boretius, Alfred（ボレーティウス，アルフレート）……④385
Brentano, Lujo（ブレンターノ，ルヨ）……④386，④395
Brie, Siegfried（ブリー，ジークフリート）……④387
Brunner, Heinrich（ブルンナー，ハインリッヒ）……④376，④384，④385，④394，④394，④398，④400，④412
Chilperich（キルペリヒ王）……④413
Deinhardt（ダインハルト）……④378
Dernburg, Heinrich（デルンブルヒ，ハインリッヒ）……④400，④409，④412，④414
Dilthey, Wilhelm（ディルタイ，ヴィルヘルム）……④386
Dove, Alfred（ドーフェ，アルフレッド）……④386
Endemann（エンデマン）……④388
Geibel, Emanuel（ガイベル，エマヌエル）……④417
Gerber, Carl Friedrich（ゲルバー，カール・フリードッヒ）……④381
Gierke, Jurius（ギールケの父，ユリウス）……④377，④378
Gierke, Lili geb. Loening（リリー，ギールケの妻）……④386，④396
Gierke, Otto Friedrich von（ギールケ，オットー・フリードリッヒ・フォン）……④373-420
Gierke, Threse geb. Zitelmann（テレーゼ，ギールケの母）……④377
Giesebrecht, Ludwig（ギーゼブレヒト，ルードヴィッヒ）……④378，④379
Giesebrecht, Wilhelm von（ギーゼブレヒト，ヴィルヘルム・フォン）……④378
Gneist, Rudolf von（グナイスト，ルドルフ・フォン）……④376，④386，④400，④404，④408，④419
Grimm, Jacob（グリム，ヤコブ）……④389，④403
Goethe, Johann Wolfgang von（ゲーテ，ヨハン・ウォルフガング・フォン）……④420
Goldschmidt, Levin（ゴールドシュミット，レヴィン）……④388，④412
Graßmann, Hermann（グラスマン，ヘルマン）……④379
Harnack, Adolf von（ハルナック，アドルフ・フォン）……④396
Hegel, Georg Wilhelm Friedrich（ヘーゲル，ゲオルク・ヴィルヘルム・フリードリッヒ）……④379

Heusler, Andreas（ホイスラー，アンドレアス）……④394，④409
Heußer, Ludwig（ホイサー，ルードヴィッヒ）……④380
Heydemann, Ludwig Eduard（ハイデマン，ルードヴッヒ・エドゥアルト）……④419
Hinschius, Paul（ヒンシウス，パウル）……④412
Holtzendorff, Franz von（ホルツェンドルフ，フランツ・フォン）……④389，④414
Homeyer, Gustav（ホーマイヤー，グスタフ）……④381，④383
Huber, Eugen（フーバー，オイゲン）……④408
Ilberg, Hugo（イルベルク，フーゴー）……④379
Jolly（ヨリー）……④380
Klimsch, Fritz（クリムシュ，フリッツ）……④377
Kohler（コーラー）……④389，④414
Laband, Paul（ラーバント，パウル）……④388
Landsberg, Ernst（ランズベルク，エルンスト）……④391
Maitland, Frederic William（メイトランド，フレデリック・ウィリアム）……④392
Martitz, Ferdinand von（マルティッツ，フェルディナント・フォン）……④414
Michelangelo（ミケランジェロ）……④399
Mommsen, Theodor（モムゼン，テオドール）……④384
Pange, Jean de（ポンジュ，ジャン・ドゥ）……④392
Pappenheim, Max（パッペンハイム，マックス）……④387
Renaud, Achill（ルノー，アヒル〔アヒレス〕）……④392
Rosin, Heinrich（ロジン，ハインリッヒ）……④387
Roth, Paul（ロート，パウル）……④385
Savigny, Friedrich Carl von（サヴィニー，フリードリッヒ・カール・フォン）……④407，④419
Schmidt, Karl Ernst August（シュミット，カール・エルンスト・アウグスト）……④379
Schmoller, Gustav（シュモラー，グスタフ）……④395，④397，④407
Schönfeld, Walther（シェーンフェルト，ワルター）……④395
Schröder, Richard（シュレーダー，リヒャルト）……④385，④394，④413
Schulze, Hermann（シュルツェ，ヘルマン）……④386，④392
Sohm, Rudolph（ゾーム，ルドルフ）……④394，④407，④408
Stein, Freiherr von（シュタイン，フライヘル・フォン）……④397，④398
Stobbe, Otto（シュトッベ，オットー）……④385
Strohal, Emil {シュトローアル，エミール}……④414
Stutz, Ulrich（シュトゥッツ，ウルリッヒ）……④373-420
von Vangerow（フォン・ファンゲロウ）……④380
Wagner, Adolph（ワグナー，アドルフ）……④395
Zeumer, Karl（ツォイマー，カール）……④388
Zitelmann, Ernestine（ツィーテルマン，エルネスティーネ）……④378
Zitelmann, Otto（ツィーテルマン，オットー）……④378

【以　上】

【第四分冊・付録３・ヴィーラント「ギールケ」・索引】（ABC 順）

Deutsches Privatrecht……④423
Die Genossenschaftstheorie und die deutsche Rechtsprechung……④422
Endeman（エンデマン）……④424
Goldschmidt, Levin（ゴールドシュミット，レヴィン）……④422
Holtzendorff, Franz von（ホルツェンドルフ，フランツ・フォン）……④424
Koch（コッホ）……④425
Kohler（コーラー）……④424
Thöl, Heinrich（トェール，ハインリッヒ）……④422

【以　上】

【第四分冊・庄子良男「解説」・事項索引と人名索引】

【庄子「解説」・事項索引】（目次に準ずる内容順）

一　はじめに……④428
二　本書訳出の動機と意図……④429-439
1．本書とわが国の会社法……④429-430
団体法の歴史的発展……④429
平成十七年会社法……④429
2．会社法の規定と通説の立場……④430-432
社団規定の削除……④430
対価柔軟化……④430
株主利益最大化原則……④431
コーポレート・ガバナンス……④431-432，④434
3．私見の立場……④432-435
4．ギールケを中心に見たわが国の学説……④435-436
ギールケの機関論……④435
ギールケの法人実在説……④435
社員権否認論……④436
株式債権説……④436
5．ギールケとの関連でのドイツの状況……④436-438
ドイツ企業法委員会……④437
共同決定制度……④437
ギールケ思想の影響……④438
6．まとめ……④438
ギールケの法人論と機関論……④438
三　ギールケと『ドイツ団体法論』……④439-446
1．ギールケの生涯と業績……④439-444
ドイツ団体法論第一巻・第二巻・第三巻……④440
アルトゥジウス……④441
ベルリン大学教授……④442
ドイツ私法論……④442
ドイツ団体法論第四巻……④443
2．個人史的な諸断片……④444-446
家庭と親族……④445
ルノーの後継者……④445
ベーゼラー教授との出会い……④445

四　本書『ドイツゲノッセンシャフト法史』について……④446-459
1．ギールケのゲノッセンシャフト概念・その一……④447-448
2．ギールケのゲノッセンシャフト研究に向けられた諸影響……④448-450
3．ギールケのゲノッセンシャフト概念・その二……④450-451
4．『第一巻　ドイツゲノッセンシャフト法史』の内容……④451-456
五つの時期の各特徴……④451，④452，④453
株式会社……④454
ギールケの抱いた社会像……④455
5．『ドイツゲノッセンシャフト法史』に対する評価……④456-459
歴史研究に対する批判……④456
理念史としての評価……④457
ゲルマン民族の叙事詩……④458
五　『ドイツ団体法論』の翻訳と本書の付録について……④459-464
1．翻訳の底本……④459
2．従来の翻訳の諸例……④459-460
3．本書の付録について……④461-462
六　翻訳に用いた辞書類……④462-464
ゲルマン法の精神……④463
七　おわりに……④464-467
付記　ギールケに関する若干の重要文献の紹介……④468-479
1．エリック・ウォルフ……④468-471
フランツ・ヴィーアッカー……④470
2．アンドレアス・フィヤール……④471
3．ヤーン・シュレーダー……④471-472
4．カルステン・シュミット……④472-474
5．アントニー・ブラック……④474-475
メアリ・フィッシャー……④474
6．カール・S・バーダー……④475
7．マルチン・ペーテルス……④475-478
8．アルベルト・ヤンセン……④478-479

【以　上】

【庄子「解説」・人名索引】（ABC順）

Althusius, Johannes（アルトゥジウス，ヨハンネス1557-1638）……④441，④442
青木順三（Aoki, Junzo）……④471
Bader, Karl Siegfried（バーダー，カール・ジークフリート）……④449，④457，④475
Barker, Ernest（バーカー，アーネスト1874-1960）……④460，④461

Beseler, Georg（ベーゼラー，ゲオルク1809-1888）……④439，④441，④442
Beuthien, Volker（ボイティーン，フォルカー）……④476
Binding, Karl（ビンディング，カール1841-1920）……④472
Black, Antony（ブラック，アントニー）……④447，④448，④457，④458，④459，④460，④461，④465，④474-475
Brunner, Heinrich（ブルンナー，ハインリッヒ1840-1915）……④435，④444，④451，④456
Carr, E. H.（カー1892-1982）……④457
Dahn, Felix（ダーン，フェリックス1834-1912）……④450
Dernburg, Heinrich（デルンブルヒ，ハインリッヒ1829-1907）……④445
Dilthey, Wilhelm（ディルタイ，ヴィルヘルム1833-1911）……④449
Duden, Konrad（ドゥーデン，コンラード1907-1979）……④437
江頭憲治郎（Egashira, Kenjiro）……④431，④434
Engelhardt, W. W.（エンゲルハルト）……④456
Fijal, Andreas（フィヤール，アンドレアス）……④471
Fischer, Mary（フィッシャー，メアリ）……④459，④474
Gierke, Anna von（ギールケ，アンナ・フォン〔子〕1874-1943）……④446
Gierke, Edgar von（ギールケ，エドガー・フォン〔子〕1877-1945）……④446
Gierke, Jurius（ギールケ，ユリウス〔父〕1805-1855）……④439
Gierke, Jurius von（ギールケ，ユリウス・フォン〔子〕1875-1965）……④446
Gierke, Otto Friedrich von（ギールケ，オットー・フリードリッヒ・フォン1841-1921）……④427-480
Gierke, Threse, geb. Zitelmann（ギールケ，テレーゼ〔母〕1807-1855）……④439
Gneist, Rudolf von（グナイスト，ルドルフ・フォン1816-1895）……④445
Goldschmidt, Levin（ゴールドシュミット，レヴィン1829-1897）……④435，④462，④465
Grimm, Jacob（グリム，兄ヤコブ1785-1861）……④463
Grimm, Wilhelm（グリム，弟ヴィルヘルム1786-1859）……④463
服部栄三（Hattori, Eizo）……④436，④465，④466
林健太郎（Hayashi, Kentaro）……④437
Heiman, George（ヘイマン，ジョージ）……④460，④461
広中俊雄（Hironaka, Toshio）……④462
Holtzendorff, Franz von（ホルツェンドルフ，フランツ・フォン）……④461
Homeyer, Carl Gustav（ホーマイヤー，カール・グスタフ1795-1874）……④440
本間信長（Honma, Nobunaga）……④441
稲葉威雄（Inaba, Takeo）……④430
石田文次郎（Ishida, Bunjiro）……④430
Janssen, Albert（ヤンセン，アルベルト）……④448，④449，④471，④478-479
Jhering, Rudolf von（イェーリング，ルドルフ・フォン1818-1892）……④449，④450，④472
神田秀樹（Kanda, Hideki）……④431，④434，④436

河本一郎（Kawamato, Ichiro）……④429
小橋一郎（Kobashi, Ichiro）……④443
小山貞夫（Koyama,Sadao）……④466
Kroeschel, Karl（クレーシェル，カール1927-）……④442
Kunze, Otto（クンツェ，オットー1904-1982）……④437，④465，④466
Laux, Frank（ラウクス，フランク）……④438
Lexer, Matthias（レクサー，マチアス1830-1892）……④463
Loening, Edgar（レーニング，エドガー1843-1919）……④445
Loening, Karl Frdr.（レーニング，カール・フリードリッヒ1810-1884）……④445
Loening, Marie Cäcilie Elise〔Lili〕（レーニング，マリエ・チェチリエ・エリーゼ〔ギールケの妻〕1850-1936）……④445
Loening, Richard（レーニング，リヒャルト1848-1913）……④445
Maitland, Frederic William（メイトランド，フレデリック・ウィリアム1850-1906）……④460
Mann, Thomas（マン，トーマス1875-1955）……④470
増田明彦（Masuda, Akihiko）……④441
松田二郎（Matsuda, Jiro）……④436
松本烝治（Matsumoto, Joji）……④435，④436，④465
Mitteis, Heinrich（ミッタイス，ハインリッヒ1889-1952）……④462，④464
Mommsen, Theodor（モムゼン，テオドール1817-1903）……④440
村上淳一（Murakami, Junichi）……④479
Netter（ネッター）……④436
Nietzsche, Friedrich（ニーチェ，フリードリッヒ1844-1900）……④470，④471
落合誠一（Ochiai, Seiichi）……④431
Oexle, O. G（エクスレー.）……④456
岡野敬次郎（Okano, Keijiro）……④435
大隅健一郎（Osumi, Kenichiro）……④430，④436
大塚久雄（Otsuka, Hisao）……④430
Peters, Martin（ペーテルス，マルチン）……④447，④448，④457，④475-478
Raiser, Thomas（ライザー，トーマス1935-）……④437
Rathenau（ラテナウ）……④436
Renaud, Achilles（ルノー，アヒレス1819-1884）……④445，④465
Saleilles（サレイユ）……④435
笹川紀勝（Sasagawa, Norikatsu）……④441
Savigny, Friedrich Carl von（サヴィニー，フリードリッヒ・カール・フォン1779-1861）……④428，④443，④450
Schilling, Wolfgang（シリング，ウォルフガング）……④437，④438
Schmidt, Karsten（シュミット，カルステン）……④438，④472-474
Schröder, Jan（シュレーダー，ヤーン）……④471-472

Schulze - Delitzsch, Hermann（シュルツェ - デリッチュ，ヘルマン）……④446，④447，④448
世良晃志郎（Sera, Terushiro）……④462
清水幾太郎（Shimizu, Ikutaro）……④457
荘子邦雄（Shoji, Kunio）……④466
庄子良男（Shoji, Yoshio）……④437
Stryk, Karin Nehlsen-von（シュトリーク，カリン・ネールゼン・フォン）……④442
Stutz, Ulrich（シュトゥッツ，ウルリッヒ1868-1938）……④445，④456，④461，④462
菅原菊志（Sugawara, Kikushi）……④465，④466
鈴木竹雄（Suzuki, Takeo）……④435，④436
鈴木ハツヨ（Suzuki, Hatsuyo）……④466
鈴木禄弥（Suzuki, Rokuya）……④466，④470
田中耕太郎（Tanaka, Kotaro）……④435，④436，④451，④465
田中輝和（Tanaka, Terukazu）……④466
Thöl, Heinrich（トェール，ハインリッヒ1807-1884）……④462，④465
戸田三郎（Toda, Saburo）……④449
Wagner, Richard（ワーグナー，リヒャルト1813-1883）……④470，④471，④472
Wieacker, Franz（ヴィーアッカー，フランツ1908-1994）……④470
Wieland, Carl（ヴィーラント，カール1864-1936）……④462
Windscheid, Bernhard（ヴィントシャイト，ベルンハルト1817-1892）……④442，④472
Wolf, Erik（ウォルフ，エリック1902-1977）……④442，④449，④450，④468-471，④471
八木弘（Yagi, Hiroshi）……④436
柳瀬良幹（Yanase, Yoshimoto）……④435
矢沢惇（Yazawa, Makoto）……④435
Zedler（ツェードラー）……④447
Zitelmann, Ernst（ツィーテルマン，エルンスト）……④439

【以　上】

【第二分冊・追加】

②233頁〔第42章〕注(21)の末尾に次の文章【ギールケが執筆した巻末の補遺】を加える。

……「楽師たちの諸兄弟団体について，および，鼓笛王 Pfeiferkönige と鼓笛隊長の選挙とレーン付与については，オーゼンブリュッゲン Osenbrüggen, Studien zur deutschen und schweizerischen Rechtsgeschichte, Schaffhausen 1868, S. 136 f. および，そこに示された諸証明を参照せよ。」

【第一分冊～第三分冊・正誤表】

以下の箇所を訂正する。【索引】には訂正後のものを示した。

【第一分冊の訂正】

①前〔訳者まえがき〕39頁11行「二四五頁と二七四頁」を「二五一頁と二八〇頁」に。

①前〔第四巻のまえがき〕59頁14行「私にとって研究」を「私によって研究」に。

①33頁11行「社会からの」を「団体からの」に。

①113頁17行「アイスフェルト」を「アイヒスフェルト」に。

①118頁18行「Weitz」を「Waitz」に。

①192頁20行「クロタッヘル二世（Chlotacher Ⅱ）」を「クロタカール二世（Chlotachar Ⅱ）」に。

①199頁19行「Schltheiß」を「Schultheiß」に。

①208頁19行「Rechtsweisung」を「Rechtweisung」に。

①286頁18行「家士法」を「家人法」に。

①302頁9行「Vasallen…」を「Vassallen…」に。

①395頁12行「王」を「皇帝」に。

①424頁24行「EnnenI」を「Ennen Ⅰ」に。

【第二分冊の訂正】

②52頁注49「チュービンゲン」を「テューリンゲン」に。

②96頁1行「Liga」を「Riga」に。

②155頁13行「パッヒェラッハ」を「バッヒェラッハ」に。
②194頁最終行「ヴァルデッキッシュ」を「ヴァルデック」に。
②232頁9行「ランメル鉱山」を「ランメルスベルク鉱山」に。
②234頁2行「Schneidler」を「Scheidler」に。
②244頁9行「Sozietät」を「Societät」に。
②260頁19行「Bündnisvertag」を「Bündnißvertrag」に。
②284頁20行「Wisbysche Seerecht」を「das Wisbysche Seerecht」に。
②291頁12行「ヴィッテラウ」を「ヴェッテラウ」に。
②320頁14行「Ludwig」を「Ludewig」に。
②330頁11行「K.. アルブレヒト」を「皇帝アルブレヒト」に。
②331頁15行「エスリング」を「エスリンゲン」に。
②345頁13行「アルテンハウスラウ」を「アルテンハスラウ」に。
②348頁10行「アインフィーデルン」を「アインジーデルン」に。
②354頁18行「ガッフェル Gaffel」を「カッセル Cassel」に。
②355頁9行「(普通アハト〔追放〕について)」を「(共同の八人の裁判官団)について」に。
②359頁19行「Reichsgraffschaft」を「Reichsgrafschaft」に。
②360頁2行「ニーダーラント」を「ニーダーランデ〔オランダ〕」に。
②363頁8行「ゾロートゥルム」を「ゾロートゥルン」に。
②372頁4行「ハイエンシュタイン」を「ハウエンシュタイン」に。
②398頁14行「男系親」を「男系親族」に。
②426頁 9 行「Freyssig」を「Kreyssig」に。
②434頁6行「フランク王国」を「フランク帝国」に。
②471頁 3 行「をを」を「を」に。
②472頁13行「補償」を「保証」に。
②496頁13行「ウルフェルン」を「ウルゼルン」に。
②496頁19行「ブロードマン」を「ボードマン」に。
②503頁8行「Niefert」を「Niesert」に。
②503頁20行「ミュース Myß」を「ウィス Wyß」に。
②508頁17行「ザンダー」を「ザント」に。

【第三分冊の訂正】

③77頁13行と17行「「当局」」を「〔当局〕」に。

③107頁20行「comfirmatione」を「confirmatione」に。

③204頁最終行「オルトゲマインデにの上では」を「オルトゲマインデの上では」に。

③229頁22行「エッカーフェルデ」を「エッケルンフェルデ」に。

③249頁13行「ルイ十六世」を「ルイ十四世」に。

③282頁13行「Verein-」を「Vereins-」に。

③301頁最終行「福音協会」を「福音教会」に。

③316頁7行「福音協会〕を「福音教会」に。

③317頁2行「偽書」を「匿名書」に。

③320頁6行「Babtisten」を「Baptisten」に。

③320頁20行「Rosenkreuz……」を「Rosenkreuzer……」に。

【以　上】